FRANCE

THIRD EDITION

THÈME ET VARIATIONS

THIRD EDITION

THÈME ET VARIATIONS

M. PETER HAGIWARA
University of Michigan

FRANÇOISE DE ROCHER
University of Alabama

John Wiley & Sons

New York   Chichester   Brisbane   Toronto   Singapore

Cover Art: Henri Matisse *La Gerbe*, 1953
Paper on canvas, 10 × 12 feet
Regents of the University of California,
Los Angeles, Frederick S. Wight Art Gallery,
Gift of Mr. and Mrs. Sidney F. Brody
Photo credit: Janice Felgar

Interior Illustrations: Hal Barnell

Designer: Laura C. Ierardi
Production Supervisor: Jan M. Lavin
Photo Editor: Linda Gutierrez

Library of Congress Cataloging in Publication Data:

Hagiwara, M. Peter
  Thème et variations.

  Includes index.
    1. French language—Grammar—1950–   . 2. French
language—Text-books for foreign speakers—English.
I. Rocher, Françoise de.   II. Title.

PC2112.H27 1985   448.2′421   84-15170
ISBN 0-471-88264-X

Printed in the United States of America

10 9 8 7 6 5 4 3

PREFACE

Thème et Variations is a first-year French program, designed to introduce students to basic French structures and vocabulary, as well as contemporary French culture and civilization. It consists of a textbook, a student workbook (*Cahier d'exercices*), an instructor's manual (*Guide pédagogique*), and a laboratory tape program which comprises recorded tapes and a complete script (*Tape Program for Laboratory Directors*). The tapes are available for purchase or on loan for local duplication.

The third edition of *Thème et Variations* is based on reviews and suggestions from the numerous users of the second edition, as well as our own classroom experience with it. We have concentrated our revision on improving aspects suggested by the users, and have retained the features which contributed to the strength of the first and second editions. The textbook consists of preliminary exercises on pronunciation, twenty-six lessons, and a supplementary lesson on literary tenses. The basic format has been retained: Each lesson revolves around a topic, which is developed and expanded through a wide variety of learning activities, much as a theme is varied in musical compositions. All exercise directions are in French, in order to create an all-French classroom atmosphere. New patterns and vocabulary are practiced in situational contexts, which encourage students to learn the vocabulary and express themselves creatively and spontaneously.

1 CONVERSATIONS

Mini-dialogues and/or a series of questions about a drawing serve as a point of departure for the main topic or key structures of each lesson. They are designed to be used in warm-up activities for each class meeting; the *Guide pédagogique* offers suggestions for variations and expansion. English equivalents of these mini-dialogues appear in each lesson of the *Cahier d'exercices*.

2 DIFFÉRENCES

The first fifteen lessons contain a short section in English called **Différences**, which discusses a fundamental aspect of contemporary French civilization related to the topic of the lesson. Pertinent vocabulary is presented in both English and French, and is frequently used in the subsequent sections of the same lesson. As students progress, the **Différences** is gradually replaced with reading passages in French, which appear in **Applications**.

3 EXPLICATIONS ET EXERCICES ORAUX

Grammar explanations and oral exercises form a single unit. The explanations are distinguished from the exercises by the use of different type styles. They are succinct and explicit, provide comparison with English when necessary, and include a definition of all pertinent grammatical terms. They are accompanied by abundant examples, diagrams, and drawings that illustrate important structures. The explanations are in English so that beginning students can read them on their own without falling into the trap of gross oversimplification or incorrect generalization of rules. We continue to provide French grammatical terms so that the instructor may briefly summarize the day's grammar in class using simple French.

The *Guide pédagogique* provides helpful hints for grammar explanation and exercises, as well as suggestions for the use of related pronunciation exercises. It also suggests possible abridgement or deletion of certain items in the light of active and passive control of structures by students.

Each grammar point is followed by a series of oral exercises, progressing rapidly from simple structural manipulation to open-ended questions that invite students to express their opinions and describe daily activities. In order to encourage greater student participation, the third edition contains more exercises that involve two student responses to a single cue. The instructor need not do all the oral exercises in any given lesson. Approximately sixty percent of the oral exercises are included in the tape program, so that students can practice them in the language laboratory or at home with their own recorders. The tape program also includes a few supplementary oral exercises, for which the script is provided in both the *Cahier d'exercices* and the *Guide pédagogique*.

4 APPLICATIONS

In **Applications**, the grammatical patterns and vocabulary students have already acquired in **Conversations** and **Exercices oraux** are grouped together in more natural contexts. In a series of activities, beginning with **Dialogue et questions**, students now apply what they have learned. The first thirteen dialogues take place in North America, with numerous references to contemporary French culture. The vocabulary and phrases in these dialogues are selected in order to encourage students to talk about their own environments, activities, and plans: family, home, friends, course work, sports, travel, past experiences, future plans, and so on. The remaining dialogues take place in France. In several dialogues the *niveau-seuil* approach has been incorporated with a description of specific circumstances in which students learn how to make requests, how to give, accept, or decline invitations, how to apologize, how to express appreciation, feelings, opinions, and so on.

The **Expressions utiles** summarize words and phrases pertinent to the theme of the lesson; most have already occurred in **Conversations**, **Exercices oraux**, and **Dialogue et questions**. They are put to immediate use through a series of questions under **Pratique**, and through other activities: role-play, stories for interrogative expressions, dehydrated stories, compositions, personalized questions for short conversations, and others. All these activities provide a review and reinforcement of the basic vocabulary and structures of the lesson. From Lesson 10 on, except for Lessons 12 and 13, short readings with special exercises for comprehension and vocabulary focus on a specific aspect of French culture and tradition introduced by the dialogue. A wide variety of activities is offered, so that the instructor may select those most suited to his or her class and schedule. English equivalents of the **Dialogue** and **Expressions utiles** are provided in the corresponding lessons of the *Cahier d'exercices*.

5 VOCABULAIRE

The lesson vocabulary lists lexical items occurring in the **Conversations**, **Exercices oraux**, and **Dialogue et questions**—a minimum vocabulary for each lesson. Words and idioms appearing exclusively in **Conversations** and **Dialogue et questions** are preceded by a small dot, for the benefit of accelerated or review courses that may wish to concentrate on oral grammar exercises. English equivalents of the **Vocabulaire** are provided in the corresponding lessons of the *Cahier d'exercices*; the French words are given as well to facilitate self-testing.

6 COMPRÉHENSION AUDITIVE

Each lesson is accompanied by a wide variety of listening comprehension exercises on tape. The answer sheets and scoring key are in the *Cahier d'exercices*. The tapescript for these exercises is in the *Guide pédagogique*. These exercises are integrated with other recorded materials (**Conversations**, **Exercices oraux**, **Dialogue et questions**) in order to simplify the structure of each lesson.

7 EXERCICES ÉCRITS

The *Cahier d'exercices* contains writing exercises corresponding to each grammar point of the lesson. Many call for individualized answers and thus prepare students gradually to produce original sentences. Students evaluate their work by checking the answers or sample answers at the end of each workbook lesson. In the third edition, only answers to the first two-thirds of each exercise are given, and a short review exercise without an answer key has been included at the end of every three lessons. We continue to give simple word games, designed to review some of the structures and vocabulary; the key to these games is now in the *Cahier d'exercices*.

8 EXERCICES DE PRONONCIATION

Twenty-six mini-lessons focus on the basic pronunciation problems encountered by speakers of American English. We continue to separate these mini-lessons from the rest of the text because this arrangement not only makes lesson planning more flexible but also facilitates frequent review of specific phonological features. The exercises are also available on tape. Brief contrastive explanations of French and English pronunciation are included in the *Cahier d'exercices*.

ACKNOWLEDGEMENTS

Since the publication of the first edition in 1977, we have received many comments and suggestions from users throughout the United States. We appreciate their contribution to the preparation of the third edition. For their review of the second edition and suggestions for this edition we are grateful to Alan R. Bettler, Eastern Kentucky University; Richard K. Dixon, University of Missouri-Columbia; Clifford J. Gallant, Bowling Green State University; Madeline Hage, University of Maryland; Sylvie Debevec Henning, University of Rochester; Geoffrey Hope, University of Iowa; José Llanes, College of Marin; Jeannette Ludwig, State University of New York, Buffalo; Carol Murphy, University of Florida; Robert Naimark, City College of New York; Helene Neu, University of Michigan; Mary Paschal, North Carolina State University, Raleigh; Debra Popkin, Baruch College (CUNY); Arlette M. Smith, Temple University; and Marguerite Todorov. We would also like to express our special thanks to Professor Gregory de Rocher of the University of Alabama and Anne Lindell of Eastern Michigan University for their many helpful suggestions and corrections during the preparation of the manuscript for this edition.

M. P. H.
F. de R.

CONTENTS

THIRD EDITION

THÈME ET VARIATIONS

À la terrasse
d'un café.
Gordon Cahan/Photo Researche

Au restaurant universitaire.
M.P. Hagiwara.

Après le cours.
Owen Franken/Stock Boston.

Une mère
au parc.
Dana Hyde/Photo
Researchers.

Une partie
de pétanque.
Berlitz from K

Une grand-mère
en costume traditionnel.
Linda Bartlett/Photo Researchers.

Des écoliers en classe.
Fournier/Rapho-Photo Researchers.

Un fermier et son fils.
Owen Franken.

Ils réparent un moteur d'avion.
James Anderson/Sygma.

Il coupe du jambon.
Richard Kalvar/Magnum.

Il garde les moutons.
Owen Franken.

Elle fabrique des sacs à main.
Martine Franck/Magnum.

Le Mont Saint-Michel.
Mopy/Rapho-Photo Researchen

Le petit
château
de Bussière.
M.P. Hagiwara.

Le Gros-Horloge de Rouen.
M.P. Hagiwara.

Gordes, en cours de restauration.
M.P. Hagiwara.

Dinan, ville médiévale.
M.P. Hagiwara.

St.-Martin du Canigou.
M.P. Hagiwara.

Le château de Chenonceaux.
Berlitz from Kay Reese.

Carcassonne, ville fortifiée.
Owen Franken.

Du haut de Notre-Dame.
Craig Aurness/West Light.

La rue Royale à Noël.
S. Guichard/Sygma.

Une rue tranquille dans le Quartier Latin.
Mark Antmann/The Image Works.

Paris, Ville Lumière.
Owen Franken.

ON PARLE FRANÇAIS . . .

. . . aux Antilles françaises . . .
Berlitz from Kay Reese.

. . . à la Martinique . . .
Berlitz from Kay Reese.

. . . à Mali . . .
Ian Berry/Magnum.

. . . au Maroc . . .
Tom Hollyman/Photo Researchers.

. . . en Côte-d'Ivoire.
© Richard Saunders/Kay Reese.

Le chêne d'Évangéline
à St. Martinville
(Louisiane).
M.P. Hagiwara.

Monaco.
Jonathan Blair/Black Star.

Ancien Hôtel de ville
de Montréal.
Berlitz from Kay Reese.

La Grand-Place (Bruxelles).
M.P. Hagiwara.

EXERCICES DE PRONONCIATION[1]

NOTATION PHONÉTIQUE

Voyelles

/a/	la	/la/		/ə/	premier	/pRəmje/
/ɑ/	pâte	/pɑt/		/y/	sur	/syR/
/e/	clé	/kle/		/ø/	deux	/dø/
/ɛ/	père	/pɛR/		/œ/	jeune	/ʒœn/
/i/	ici	/isi/		/ɑ̃/	enfant	/ɑ̃fɑ̃/
/o/	beau	/bo/		/ɛ̃/	vin	/vɛ̃/
/ɔ/	porte	/pɔRt/		/õ/	bon	/bõ/
/u/	vous	/vu/		/œ̃/(/ɛ̃/)	un	/œ̃/(/ɛ̃/)

Semi-consonnes

/j/	fille	/fij/		/ɥ/	minuit	/minɥi/
/w/	oui	/wi/				

Consonnes

/b/	bien	/bjɛ̃/		/ɲ/	ligne	/liɲ/
/d/	dans	/dɑ̃/		/p/	page	/paʒ/
/f/	font	/fõ/		/R/	rose	/Roz/
/g/	gauche	/goʃ/		/s/	sont	/sõ/
/ʒ/	joli	/ʒɔli/		/ʃ/	chaise	/ʃɛz/
/k/	café	/kafe/		/t/	tu	/ty/
/l/	livre	/livR/		/v/	vont	/võ/
/m/	métro	/metRo/		/z/	zéro	/zeRo/
/n/	non	/nõ/				

• 1 ORTHOGRAPHE FRANÇAISE ET PRONONCIATION

/i/	taxi, critique, livre, difficile, y, stylo, Yves
/e/ ; /ɛ/	rosé, clé, et, cahier ; merci, derrière, chaise, être, Seine
/a/	madame, à la carte, table, façade, garage, Canada

[1]Explanations of French pronunciation are in the **Cahier d'exercices**.

/u/	b**ou**tique, dét**our**, r**ou**te, t**ou**ché, s**ou**pe, bonj**our**, v**ous**, **où**
/o/ ; /ɔ/	p**au**se, b**eau**, tabl**eau**, styl**o** ; m**o**de, n**o**te, p**o**rte, al**o**rs
/y/	men**u**, déb**u**t, ét**u**de, **u**ne, m**u**r, s**u**r, m**u**sique, b**u**reau, c**u**lture
/ø/ ; /œ/	mili**eu**, p**eu**, bl**eu**, d**eux** ; chauff**eur**, profess**eur**, j**eu**ne, s**eu**l
/ɛ̃/	Chop**in**, v**in**, médec**in**, b**ien**, m**ain**tenant, tr**ain**, **un**
/ɑ̃/	dét**en**te, nu**an**ce, **en**sem**ble**, d**an**s, fr**an**çais, **en**f**an**t
/õ/	cray**on**, b**on**, b**on**jour, rép**on**se, m**on**tre, garç**on**
/wa/	réserv**oir**, répert**oir**e, cr**oi**ssant, v**oi**là, coul**oir**, hist**oir**e
/k/	bou**qu**et, li**qu**eur, co**qu**ette, **qu**estion, **qu**atre, **qu**and, **qu**i
/ɲ/	filet mi**gn**on, co**gn**ac, vi**gn**ette, li**gn**e, pei**gn**e, a**gn**eau
/ʃ/	**ch**auffeur, **ch**ef, **ch**emise, atta**ch**é, **Ch**arlotte, **ch**aise, **ch**aque
/j/	Versa**ill**es, Marse**ill**e, bou**ill**on, corbe**ill**e, jeune f**ill**e

● 2 **RYTHME ET ACCENT**

Deux syllabes (‿–)
ph**o**to, **au**to, mus**i**que, vis**i**te, tour**i**ste, beau**té**, bonj**our**, mons**ieur**, parl**ez**, enc**or**e, quest**ion**

Trois syllabes (‿‿–)
monum**ent**, anim**al**, téléph**one**, libert**é**, écout**ez**, répét**ez**, s'il vous pl**aît**, après m**oi**, vous parl**ez**

Quatre syllabes (‿‿‿–)
académ**ie**, intellig**ent**, démocrat**ique**, économ**ie**, voici la t**able**, c'est un cah**ier**, écoutez b**ien**, comment ça v**a** ?

Cinq syllabes (‿‿‿‿–)
universit**é**, possibilit**é**, internation**al**, répétez la phr**ase**, voici la rép**onse**, où sont les journ**aux** ?

Exercice supplémentaire

a—ab**ou**t—about**ir**—aboutissem**ent**
m**o**de—mod**ule**—modul**er**—modulat**ion**
f**il**—phil**o**—philos**o**phe—philosoph**ie**
b**arre**—barr**ique**—barric**ade**—barricad**er**
pr**of**—proph**è**te—prophét**ique**—prophétis**er**
orgue—org**ane**—organ**ique**—organis**er**—organisat**ion**
c**entre**—centr**al**—central**ise**—centralis**er**—centralisat**ion**

● 3 **ALPHABET FRANÇAIS**

a	a	/a/	**j**	ji	/ʒi/	**s**	esse	/ɛs/
b	bé	/be/	**k**	ka	/ka/	**t**	té	/te/
c	cé	/se/	**l**	elle	/ɛl/	**u**	u	/y/
d	dé	/de/	**m**	emme	/ɛm/	**v**	vé	/ve/
e	e	/ə/	**n**	enne	/ɛn/	**w**	double vé	/dubləve/
f	effe	/ɛf/	**o**	o	/o/	**x**	iks	/iks/
g	gé	/ʒe/	**p**	pé	/pe/	**y**	i grec	/igʀɛk/
h	hache	/aʃ/	**q**	ku	/ky/	**z**	zède	/zɛd/
i	i	/i/	**r**	erre	/ɛʀ/			

é « e » accent aigu	ç « cé » cédille
è « e » accent grave	e « e » minuscule
ê « e » accent circonflexe	E « e » majuscule
ë « e » tréma	- trait d'union

stylo : **s-t-y-l-o**
jambe : **j-a-m-b-e**
lettre : **l-e-**_deux_ **t-r-e**
été : **e** _accent aigu_-**t-e** _accent aigu_
là-bas : **l-a** _accent grave-trait d'union_-**b-a-s**
Noël : **n** _majuscule_-**o-e** _tréma_-**l**

Signes de ponctuation

,	virgule	!	point d'exclamation
.	point	?	point d'interrogation
;	point-virgule	. . .	points de suspension
:	deux points	—	tiret

4 VOYELLES /i/, /e/, /ɛ/

/i/ livre, disque, lit, **ici**, **midi**, difficile, il finit, il arrive, six livres, île, **y**, stylo, **myrte**

/e/ été, clé, télévision, écoutez, répondez, répéter, céder, **aimer**, maison, j'**ai**, des, les, mes, ces, et

/ɛ/ père, mère, frère, fenêtre, être, avec, fer, sel, serviette, chaise, j'**aime**, seize, treize, elle accepte, elle **aide**, elle aime

/e/-/ɛ/ cé-seize, et-elle, fée-faire, j'ai-j'aime, né-neige, thé-thème, blé-blême, gré-grêle, clé-clair ; élève, préfère, répète, sévère, Hélène, Thérèse, les pères, les mères, des frères, ces chaises

/ɛ/-/e/ fermez, servez, cherchez, perdez, bercer, restez, fermé, percé, pèse-les, mène-les, jette-les

Exercices supplémentaires

Lisez les mots suivants. Essayez de distinguer entre les mots français et les mots anglais.[1]

qui-key	**lit**-lea	**ni**-knee
mie-me	**ses**-say	**des**-day
fée-Fay	**quai**-Kay	**nez**-nay

Je vais lire des mots français et anglais. Si vous entendez un mot français, écrivez « O ». Si vous entendez un mot anglais, écrivez « X ».[2]

Modèle : **lit**-**si**-sea-lea-**vit**
Réponse :   O-O-X-X-O

1. **fit**-lea-vee-knee-**dit**
2. **des**-**fée**-Jay-lay-**quai**
3. may-nay-**les**-**des**-sea
4. **ses**-day-**mes**-bee-**ni**
5. **si**-Fay-lea-**fit**-**ces**
6. **des**-**ses**-key-may-**les**

---

[1]*Read the following words. Try to distinguish between the French and English words. (This exercise is not on the tape.)*
[2]*I am going to read French and English words. If you hear a French word, write ''O.'' If you hear an English word, write ''X.'' (This exercise is not on the tape.)*

● **5 VOYELLES** /u/, /o/, /ɔ/

/u/	**ou**, s**ou**s, n**ou**s, v**ou**s, j**ou**rnal, t**ou**s les j**ou**rs, n**ou**s tr**ou**vons, **où**, g**oû**ter, c**oû**ter
/o/	r**ô**le, p**ô**le, bient**ô**t, r**o**se, ch**o**se, p**o**ser, pr**o**se, métr**o**, styl**o**, m**o**t, n**o**s, v**o**s, anim**aux**, journ**aux**, **eau**, b**eau**coup, tabl**eau**, chât**eau**
/ɔ/	j**o**li, p**o**lice, fr**o**mage, pr**o**fesseur, **o**béir, p**o**ème, phil**o**s**o**phie, p**o**rte, n**o**te, p**o**ste, h**o**mme, d**o**nne
/o/-/ɔ/	b**eau**-b**o**l, s**o**t-s**o**tte, d**o**s-d**o**rt, f**au**t-f**o**lle, m**o**t-m**o**lle, n**o**s-n**o**tre, v**o**s-v**o**tre, p**eau**-P**au**l, t**ô**t-t**o**rt, cl**o**s-cl**o**re, p**o**t-p**o**ste, n**o**s-n**o**te, s**o**t-s**o**l, fl**o**t-fl**o**tte, n**ô**tre-n**o**tre, v**ô**tre-v**o**tre
/ɔ-o/	d**o**d**o**, m**o**t**o**, ph**o**t**o**, c**o**t**eau**, L**o**t**o**, p**o**mm**eau**, r**o**b**o**t, G**o**d**o**t, p**o**t**eau**, t**o**nn**eau**, chr**o**n**o**

Exercices supplémentaires

Lisez les mots suivants. Essayez de distinguer entre les mots français et les mots anglais.[1]

bout-boo	**chou**-shoe	**loup**-Lou
beau-bow	**dos**-doe	**mot**-mow
note-note	**poste**-post	**botte**-bought

Je vais lire des mots français et anglais. Si vous entendez un mot français, écrivez « O ». Si vous entendez un mot anglais, écrivez « X ».[2]

1. boo-**loup**-**chou**-goo-**mou**
2. Lou-bow-Sue-**bout**-**doux**
3. foe-**faut**-**loup**-do-**botte**
4. **beau**-**dos**-no-sow-toe
5. **dos**-mow-**note**-**poste**-**beau**
6. bought-**dot**-note-sow-**eau**

● **6 VOYELLES** /y/, /ø/, /œ/

/y/	d**u**, **u**ne, s**u**r, m**u**r, min**u**te, ét**u**de, m**u**sique, b**u**reau, f**u**tur, s**u**cre, c**u**lture, de l**u**xe, **u**ne r**u**e, **u**ne min**u**te, d**û**, s**û**r
/ø/	d**eu**x, bl**eu**, q**ueu**e, p**eu**, v**eu**t, f**eu**, j**eu**, chev**eu**x, curi**eu**x, danger**eu**x, creus**er**, vend**eu**se, séri**eu**se
/œ/	**œu**f, s**œu**r, b**eu**rre, l**eu**r, fl**eu**r, h**eu**re, s**eu**l, j**eu**ne, profess**eu**r, vend**eu**r, amat**eu**r, ils v**eu**lent, ils p**eu**vent, pl**eu**rer, déj**eu**ner, fl**eu**ri
/i-u-y/	s**i**-s**ou**s-s**u**, d**i**t-d**ou**x-d**u**, f**i**t-f**ou**-f**u**t, l**i**t-l**ou**p-l**u**, m**i**s-m**ou**-m**u**, r**i**-r**ou**e-r**u**e, v**ie**-v**ou**s-v**u**e, n**i**-n**ou**s-n**u**
/e-o-ø/	**et**-**eau**-**eu**x, c**é**-s**eau**-c**eu**x, f**ée**-f**au**t-f**eu**, m**e**s-m**o**t-m**eu**t, n**é**-n**o**s-n**œu**d, v**é**-v**eau**-v**eu**t
/ɛ-ɔ-œ/	**air**-**or**-h**eu**re, B**e**rre-b**o**rd-b**eu**rre, s**e**rre-s**o**rt-s**œu**r, s**e**l-s**o**l-s**eu**l, m**e**r-m**o**rt-m**eu**rt, p**è**re-p**o**rt-p**eu**r, fl**ai**re-fl**o**re-fl**eu**r
/y-ø-œ/	s**u**-c**eu**x-s**œu**r, d**u**-d**eu**x-d'h**eu**re, m**u**r-m**eu**t-m**eu**rt, p**u**-p**eu**t-p**eu**vent, v**u**-v**eu**t-v**eu**lent, pl**u**-pl**eu**t-pl**eu**re
/y-ø/	s**u**-c**eu**x, d**u**-d**eu**x, f**u**t-f**eu**, j**u**s-j**eu**, m**u**-m**eu**t, n**u**-n**œu**d, p**u**-p**eu**x, v**u**-v**œu**, pl**u**-pl**eu**t, cr**u**-cr**eu**x
/u-ø/	d**ou**x-d**eu**x, **où**-**eu**x, c**ou**-q**ueu**e, f**ou**-f**eu**, j**ou**e-j**eu**, m**ou**-m**eu**t, n**ou**s-n**œu**d, p**ou**-p**eu**, s**ou**s-c**eu**x, v**ou**s-v**eu**t, pr**ou**e-pr**eu**x, d**ou**zième-d**eu**xième, d**ou**ze h**eu**res-d**eu**x heures

[1]Not on the tape.
[2]Not on the tape.

/y-œ/ sur-sœur, dur-d'heure, pur-peur, mur-meurt, plu-pleure, couru-coureur, vaincu-vainqueur, **eu-heure**, valu-valeur, répondu-répondeur, vu-veulent, pu-peuvent

/u-œ/ prouve-preuve, sourd-sœur, soûle-seul, vous-veulent, bout-beurre, joue-jeune, cour-cœur, pour-peur, d'où-d'heure, flou-fleur, mou-meurt, loup-leur

Exercice supplémentaire

Lisez les mots suivants. Essayez de distinguer entre les mots français et les mots anglais.[1]

vue-view	**fut**-few	**nu**-new
deux-dew	**ceux**-sue	**leur**-lure
jeune-June	**meurt**-moor	**sœur**-sewer

● **7 VOYELLES** /a/, /ɑ/

/a/ la, ma, ta, sa, chat, mal, madame, cinéma, patte, garçon, quatre, quart, Canada, ça va mal, à, là, femme, évidemment, prudemment

/ɑ/ pâte, tâche, mâle, bas, las, classe, tasse

/i-e-ɛ-a/ si-ces-cette-sa, mis-mes-mette-mal, fit-fée-faites-femme, qui-quai-quel-car, dit-des-dette-dame

/u-o-ɔ-ɑ/ bout-beau-botte-bas, poule-pôle-Paul-pâte, loup-l'eau-lors-las, tout-tôt-tonne-tâche, mou-mot-molle-mâle

● **8 VOYELLES** /ɛ̃/, /ɑ̃/

/ɛ-ɛ̃/ belle-bain, sel-sain, faites-faim, mettent-main, pelle-pain, tête-teint, plaire-plein, frère-frein, grêle-grain

/ɛ̃/ cousin, jardin, médecin, simple, timbre, syndicat, sympathique, pain, train, faim, plein, atteint, Reims, bien, rien, viens, combien, examen, lycéen, européen ; un, lundi, brun, parfum, humble, Verdun, Melun[2]

/ɛ̃-ɛn/ américain-américaine, sain-saine, vain-vaine, plein-pleine, mexicain-mexicaine, train-traîne, frein-freine, ancien-ancienne, italien-italienne, canadien-canadienne, vient-viennent, mien-mienne, tien-tienne, sien-sienne

/ɑ̃/ dans, grand, quand, Jean, blanc, champ, chambre, parent, président, enfant, temps, exemple, ensemble, novembre

/ɑ-ɑ̃/[3] bas-banc, las-l'an, mât-ment, pas-pan, pâte-pente, tâche-tant, cas-quand, passer-penser, j'apprends-j'en prends, on attend-on entend, ils attendent-ils entendent, grammaire-grand-mère

/ɑ̃-an/ plan-plane, **an-Anne**, Jean-Jeanne, pan-panne, vent-Vannes, Caen-Cannes, ment-manne, paysan-paysanne, partisan-partisane, catalan-catalane, artisan-artisane

/ɛ̃-ɑ̃/ bain-banc, lin-lent, main-ment, pain-pan, sein-sans, teint-tant, vingt-vent, rein-rend, plein-plan, blin-blanc, grain-grand, éteint-étang, faim-fend, mainte-menthe, atteindre-attendre, rien-riant

---

[1] Not on the tape.
[2] Both **un** and **um** could also be pronounced /œ̃/ (see the explanation in the **Cahier d'exercices**).
[3] Some of the words contain /a/ rather than /ɑ/.

Exercice supplémentaire[1]

à la mode, ambiance, au contraire, ballet, bon voyage, bouillon, bourgeois, buffet, carte blanche, femme fatale, coup d'état, critique, début, débutante, en masse, ensemble, esprit de corps, hors-d'œuvre, crème de menthe, lingerie, liqueur, menu, milieu, nuance, première, rapport, réservoir, par excellence, de rigueur, soupe du jour, suite

- **9 VOYELLE** /ō/

/o-ō/	**eau-on, beau-bon, faut-font ; vont, mont, non, long, longue, oncle, onze, montons, montre, garçon, répond, tomber, compter, combien, composition**
/ɔn-ō/	**bonne-bon, nonne-non, sonne-son, donne-dont, pardonne-pardon, mentionne-mention, stationne-station, raisonne-raison, abandonne-abandon**
/ɛ̄-ā-ō/	**saint-sans-sont, vain-vent-vont, lin-l'an-long, pain-pan-pont, bain-banc-bon, main-ment-mont, teint-tant-ton, rein-rend-rond, frein-franc-front**
/ɛ̄-ā-ō/[2]	**un pantalon, on invente, un long temps, cent cinq ponts, cinquante maisons, un menton, un bon temps, empruntons, invention, implantons, inconscient, inconvénient, un mensonge, intention, convaincant, on prend du vin blanc**

Exercice supplémentaire[3]

Alain, Albert, André, Antoine, Charles, Daniel, Étienne, Frédéric, François, Georges, Gérard, Guy, Henri, Jacques, Jean, Julien, Jules, Laurent, Louis, Marc, Marcel, Michel, Paul, Pierre, Philippe, René, Yves, Jean-Paul, Jean-Jacques, Jean-François

Andrée, Anne, Caroline, Catherine, Chantal, Cécile, Christine, Danielle, Denise, Françoise, Frédérique, Gilberte, Gisèle, Hélène, Isabelle, Jacqueline, Jeanne, Janine, Laurence, Marie, Marcelle, Martine, Michèle, Monique, Renée, Simone, Suzanne, Sylvie, Yvette, Anne-Marie, Marie-Claire, Marie-Catherine

- **10 CONSONNE** /ʀ/

/gʀ-ʀ/	gris-rit, gré-ré, grève-rêve, gras-rat, grouille-rouille, grue-rue, grince-rince, gronde-ronde
/ʀ/	rit, ride, réponse, récent, règle, rêve, rat, ravi, roue, rouge, rose, rôde, robe, **R**ome, rue, **r**hume, rang, rente, rein, rince, rond, ronron, repas, revenir, regarder, relire
/ʀ/	prix, près, proue, prude, tri, très, trou, truc, cri, craie, croup, cru, frit, frais, froufrou, fruste, brie, brait, brou, brut, propre, prendre, craindre, frustre, grisâtre, traître
/ʀ/	cire, lire, finir, dire, partir, père, mère, frère, faire, rare, part, retard, gare, quart, lourd, court, sourd, jour, pour, fort, mort, sort, tort, port, sur, mur, pur, dur, sœur, peur, heure, beurre, pleure
/ʀ/	firme, myrte, cirque, ferme, Berne, servent, cherche, parle, partent, arme, carte, arbre, parc, courbe, lourde, courte, sourde, porte, forte, morte, sortent, dorment, mordent, corde

---

[1]These are French expressions used in English. Compare the French and the typical American pronunciation.
[2]Unlike the preceding exercise, all the nasal vowels are mixed.
[3]These are typical male and female names. Pronounce the vowels as accurately as you can.

Exercice supplémentaire[1]

André Ampère, Brigitte Bardot, Simone de Beauvoir, Georges Bizet, Albert Camus, Paul Cézanne, Maurice Chevalier, Frédéric Chopin, Pierre et Marie Curie, Claude Debussy, Alain Delon, René Descartes, Gustave Flaubert, Paul Gauguin, Charles Gounod, Victor Hugo, Édouard Manet, Paul Matisse, Yves Montand, Louis Pasteur, Maurice Ravel, Auguste Renoir, Alain Robbe-Grillet, Jean-Jacques Rousseau, Jean-Paul Sartre, François Truffaut

● **11 SEMI-CONSONNES** /j/, /w/, /ɥ/

/i-j/	y-hier, si-ciel, dit-dieu, fie-fière, lit-lier, mie-mieux, nie-nier, pie-piège, rit-rien, tire-tiers, vit-vieux
/j/	Dieu, premier, dernier, janvier, payer, essayer, employer, voyage, travail, soleil, sommeil, pareil, billet, juillet, travailler, famille, fille, corbeille, fouille, nouille
/u-w/	ou-oui, doux-doué, fou-fouet, joue-jouer, loup-louer, nous-nouer, vous-vouer, sous-souhait, chou-chouette
/w/	Louis, Louise, jouer, ouest, mois, oiseau, toi, voix, soir, loi, boîte, voyage, emploi, coin, loin, soin, moins, besoin
/y-ɥ/	bu-buée, du-duel, fut-fuite, lu-lueur, mu-muet, nu-nuage, pu-puer, rue-ruine, sue-sueur, tu-tuer
/ɥ/	huit, lui, cuire, cuisine, cuillère, suite, ensuite, nuit, minuit, aujourd'hui, je suis, nuage, nuance, muet, tuer, luire, fuir, produire, traduire
/ɥ-w/	buée-bouée, suer-souhait, fuir-fouir, lui-Louis, nuer-nouer, muette-mouette, rué-roué, juin-joint, huit-oui
/y-jø/	du-dieu, lu-lieu, mu-mieux, pu-pieux, rue-rieux, ruse-rieuse, vu-vieux, su-cieux
/ø-jø/	séreux-sérieux, deux-dieux, meut-mieux, ceux-cieux, eux-yeux, peu-pieux, veut-vieux

● **12 CONSONNE** /l/

/l/	lit, les, l'air, la, loup, l'eau, lors, las, lu, pleut, leur, lampe, linge, longe, la loi, les lois, le livre, les livres
/l/	il, mil, elle, sel, mal, bal, poule, moule, pôle, saule, Paul, col, pâle, pull, nul, seul, l'animal, l'école, l'échelle
/l/	table, capable, probable, possible, lisible, meuble, oncle, socle, simple, temple, ongle, angle
/l/	film, filtre, calme, palme, halte, salve, calque, palpe, les Alpes, Malte, soldat, le golfe, Adolphe
/al-o/	journal-journaux, animal-animaux, général-généraux, cheval-chevaux, hôpital-hôpitaux, métal-métaux, national-nationaux, régional-régionaux, capital-capitaux, principal-principaux, oral-oraux

Exercice supplémentaire[2]

Bâton Rouge, Butte, Boisé, Belle Fontaine, Belle Fourche, Coquille, Cœur d'Alène, Crève-Cœur, Détroit, Des Moines, Dubuque, Du Bois, Duluth, Des Plaines, Eau Claire,

---

[1]These are well-known names in France. How many can you identify?
[2]These are names of American cities. Do you know in what states they are? Compare the French and typical American pronunciation.

Fond du Lac, Grosse Pointe, Montclair, Pontchartrain, Pierre, Paris, Pioche, Racine, Saint-Louis, Saint-Cloud, Terre Haute, Versailles, Vincennes

• 13 LIAISONS OBLIGATOIRES

1. *Mettez le sujet de chaque phrase à la forme* **vous**.
   j'écoute, j'arrive, je mange, j'aime, je parle, je suis, j'ai, je vais, je paie, j'essaie, je cherche, j'étudie

2. *Mettez chaque verbe à l'affirmatif.*
   vous n'arrivez pas, vous n'avez pas, vous n'êtes pas, vous ne regardez pas, vous ne payez pas, nous n'écoutons pas, nous ne faisons pas, nous n'essayons pas

3. *Mettez chaque nom au pluriel.*
   à l'étudiant, de l'étudiante, dans un hôtel, du médecin, de l'armoire, à l'enfant, dans une armoire, dans un appartement, dans un livre, à un ami, sous l'arbre

4. *Mettez chaque nom au pluriel.*
   une amie, l'étudiant, la table, cet oiseau, ce cahier, quel étudiant, mon oncle, ton armoire, son cousin, son examen, sa valise, notre étude, votre assiette, votre couteau, leur voiture, leur étudiante

5. *Mettez chaque phrase au pluriel.*
   C'est un vieil arbre ; C'est un bel hôtel ; C'est un grand hôtel ; J'ai une autre armoire ; Tu cherches cette ancienne usine ; Elle aime bien le petit enfant.

6. *Ajoutez la préposition* **en** *devant chaque nom.*
   voiture, avion, train, ville, été, hiver, décembre, octobre, automne, juin, avril, classe

7. *Ajoutez* **très** *puis* **bien** *devant chaque adjectif.*
   agréable, important, difficile, intelligent, curieux, patient, impatient, utile, ennuyeux, bête

• 14 LIAISONS INTERDITES ET LIAISONS FACULTATIVES [1]

1. *Lisez les phrases suivantes.*
   Jean est ici ; Jeanne est ici.
   Raymond est là ; Raymonde est là.
   Robert arrive ; Roberte arrive.
   L'avocat est là ; l'avocate est là.
   L'étudiant américain ; l'étudiante américaine
   Le client impulsif ; la cliente impulsive
   L'Américain énergique ; l'Américaine énergique
   Le président impatient ; la présidente impatiente

2. *Lisez les phrases suivantes.*
   Jean est un bon élève ; Jean et un bon élève
   Michel est ingénieur ; Michel et un ingénieur
   Les ordres ; les hors-d'œuvre
   Les autres montagnes ; les hautes montagnes
   Les huîtres ; les huit enfants

[1] **Liaisons facultatives** are not treated in these exercises.

Les ondulations ; les onze nations
Les zéros ; les héros
Il est en eau ; il est en haut

3. *Lisez les phrases suivantes.*[1]
Quand arrive-t-il ?
Quand est-ce qu'il arrive ?
Quand Anne arrive-t-elle ?
Je ne sors pas quand il pleut.
Elle chante quand elle est heureuse.
Comment allons-nous chez Paul ?
Comment allez-vous ?
Comment arrive-t-il à Paris ?

• 15 SYLLABATION ET ENCHAÎNEMENT CONSONANTIQUE

Lisez chaque phrase lentement, ensuite rapidement.[2]

1. Que—lle heu—re es—t-il ?
   I—l est di—x heu—res et demie.
2. Que—l â—ge a—vez-vous ?
   J'ai vingt et un ans.
3. Que—l â—ge a Mo—nique ?
   Mo—ni—que a quin—ze ans.
4. Mi—chè—le es—t en retard ?
   Non, e—lle a—rri—ve à l'heure.
5. Com—bien d'en—fants ont-ils ?
   Ils ont qua—tre en—fants.
6. Que—lle est la date ?
   C'est le sei—ze a—vril.
7. Vo—tre on—cle es—t à Pa—ris ?
   Non, i—l ha—bi—te à Di—jon.
8. Où va Ma—rianne ?
   E—lle va chez le mé—decin.
9. Ro—bert es—t à la mai—son ?
   Non, i—l es—t en—co—re en classe.
10. Qui va ré—pon—dre à la que—stion ?
    Moi, Ma—demoi—selle !
11. Qu'est-ce que vous faites ?
    Nou—s a—tten—dons no—s a—mis.
12. Com—bien de sœu—rs a-t-il ?
    I—l a u—ne sœur.
13. À que—lle heure dé—jeu—nez-vous ?
    Je dé—jeu—ne à u—ne heure.
14. À quoi est-ce que vous pen—sez ?
    Je pen—se à mo—n a—venir.

---

[1]**Liaisons obligatoires** after **quand** and **comment** occur in sentences 2, 4, 5, and 7. Consult the explanations in the **Cahier d'exercices**.
[2]Ties ‿ indicate both liaison and linking, and dashes show the syllabic division of words in spoken French.

16 INTONATION DESCENDANTE[1]

1. **Par**lez. **Par**lez français.
2. **Ré**pondez. **Ré**pondez à la question.
3. **É**coutez. **É**coutez la phrase.
4. **Li**sez. **Li**sez cette phrase.
5. **At**tendez. **At**tendez ici.
6. **Ré**pétez. **Ré**pétez la question.
7. **Dé**jeunons. **Dé**jeunons à midi.
8. **Où** est le cahier ? **Où** est le cahier de Jean-Paul ?
9. **Com**ment allez-vous ? **Com**ment allez-vous aujourd'hui ?
10. **Quelle** est la date ? **Quelle** est la date de son anniversaire ?
11. **Qui** parle ? **Qui** parle français ?
12. À **qui** pensez-vous ? À **qui** pensez-vous souvent ?
13. **Qu'est-ce** que vous faites ? **Qu'est-ce** que vous faites ce matin ?
14. **Que** voulez-vous ? **Que** voulez-vous faire ce soir ?

17 INTONATION MONTANTE[2]

1. Vous dan**sez** ? Vous dansez **bien** ?
2. Vous déjeun**ez** ? Vous déjeunez à mi**di** ? Vous déjeunez à midi dans un restau**rant** ?
3. Voulez-**vous** ? Voulez-vous aller au ciné**ma** ? Voulez-vous aller au cinéma avec **nous** ?
4. Est-ce que c'est un **livre** ? Est-ce que c'est un livre de fran**çais** ? Est-ce que c'est un livre de français de mon profes**seur** ?
5. Tu com**prends** ? Tu comprends la ques**tion** ? Tu comprends la question de ce mon**sieur** ?
6. Parlez-**vous** ? Parlez-vous fran**çais** ? Parlez-vous français avec **elle** ? Parlez-vous français avec elle tous les **jours** ?

Posez des questions d'après ce modèle.

Je parle français.
Parlez-vous français ?

1. Je parle anglais.
2. Je suis professeur.
3. Je choisis une réponse.
4. J'ai une montre.
5. J'obéis à l'agent.
6. Je vends cette voiture.
7. J'attends un taxi.
8. Je vais à l'université.

18 INTONATION MONTANTE-DESCENDANTE ET GROUPE RYTHMIQUE[3]

1. **Nous dînons**. Nous dînons **ensemble**. Nous dînons ensemble **dans le restaurant**.
2. **Elle parle français**. Elle parle français **avec Jean-Paul**. Elle parle français avec Jean-Paul **tous les jours**.
3. **Il arrive**. Il arrive **de Marseille**. Il arrive de Marseille **à trois heures**.

---

[1]The syllable receiving the highest pitch is in boldface.
[2]The syllable receiving the highest pitch is in boldface.
[3]The sentence, phrase, or word receiving the descending intonation is in boldface.

4. **Il fait froid.** Il fait froid **en hiver.** Il fait froid en hiver **dans cette région.**
5. **Je ne sais pas.** Je ne sais pas **s'il pleut.** Je ne sais pas s'il pleut beaucoup **à Paris.** Je ne sais pas s'il pleut beaucoup à Paris **en hiver.**
6. **Je ne comprends pas.** Je ne comprends pas **la question.** Je ne comprends pas la question **de ce monsieur.**
7. **Il est étudiant.** Il est étudiant **de première année.** Il est étudiant de première année **à l'université.** Il est étudiant de première année à l'université **de Montpellier.**
8. **Nous déjeunons.** Nous déjeunons **ensemble.** Nous déjeunons ensemble **à midi.** Nous déjeunons ensemble à midi dans la **salle à manger.** Nous déjeunons ensemble à midi dans la salle à manger **de la maison.**

● **19 VOYELLE** /ə/[1]

1. premier, prenez, crevaison, secret, gredin, degré, pauvreté, Grenoble, Bretagne, atelier, Montpellier, nous appelions, ce soir, ceci
2. samødi, médøcin, promønadø, envøloppø, cøla, maintønant, lentøment, certainøment, amøner, vous jøtez, vous appølez, dévøloppøment
3. la fønêtrø-unø fenêtrø, la sømainø-unø semainø, ma røcettø-cettø recettø, la dømandø-cettø demandø, la røssourcø-unø ressourcø, nous appølons-nous appelions, vous épølez-vous épeliez
4. *Mettez chaque nom au singulier d'après ce modèle.*

   Voilà les cahiers.
   Voilà lø cahier.

   Voilà les crayons.   Voilà les murs.   Voilà les couloirs.
   Voilà les livres.   Voilà les stylos.   Voilà les médecins.
5. *Répondez aux questions d'après ce modèle.*

   Avez-vous des pommøs ?
   Non, jø n'ai pas dø pommøs.

   Avez-vous des stylos ?   Avez-vous des cahiers ?
   Mangez-vous du pain ?   Mangez-vous dø la viandø ?
   Attendez-vous un taxi ?   Posez-vous des questions ?
6. /ə-e/ : leçon-laissons, le livre-les livres, il le sait-il les sait, ce fruit-ces fruits, je lève-j'élève, je fais-j'ai fait, je dis-j'ai dit, je finis-j'ai fini, je choisis-j'ai choisi, je joins-j'ai joint, je parle de vacances-je parle des vacances
7. /a-ə/ : la page-le page, la poste-le poste, la mode-le mode, la tour-le tour, la livre-le livre, la somme-le somme, j'avais-je vais, j'apprends-je prends, j'amène-je mène, j'avoue-je voue, jaloux-je loue, j'apportais-je portais

● **20 CONSONNES** /n/, /ɲ/

/ɛ̃-ɛn/   **pain-pei**ne, **sein-Sei**ne, **plein-plei**ne, **vient-vien**nent, améric**ain-améric**aine, ancien-anci**enne**
/ɑ̃-an/   **Jean-Jean**ne, **quand-can**ne, **plan-plan**e, **paysan-paysan**ne, **an-An**ne

---

[1]The letter ø represents the **e caduc** that is not pronounced.

/ō-ɔn/ b**on**-b**onne**, d**on**-d**onne**, s**ont**-s**onne**, stati**on**-stati**onne**
/ɲ/ li**gn**e, pei**gn**e, campa**gn**e, champa**gn**e, Espa**gn**e, Allema**gn**e, espa**gn**ol, sei**gn**eur, ensei**gn**er, soi**gn**é, ma**gn**ifique, si**gn**ification, si**gn**al, a**gn**eau, monta**gn**e
/ɲ-n/ pei**gn**e-pei**n**e, a**gn**eau-a**nn**eau, rè**gn**e-rei**n**e, di**gn**e-dî**n**e, plai**gn**e-plai**n**e, pei**gn**ait-pei**n**ait, ensei**gn**e-en scè**n**e

- ### 21 CONSONNES /p/, /t/, /k/

  1. **p**ire, **p**ère, **p**art, **p**our, **p**ôle, **p**orte, **p**u, **p**eut, **p**eur, **p**ain, **p**an, **p**ont ; **t**ire, **t**aire, **t**ard, **t**out, **t**ôt, **t**ort, **t**u, **t**hé, **t**héâtre, **t**hème, **t**héorie ; **qu**i, **qu**ai, **qu**el, **c**ar, **c**ourt, **c**orps, **qu**eue, **c**œur, **k**ilo, **k**iosque, **ch**rétien, **ch**romatique
  2. ty**p**e, tuli**p**e, crê**p**e, Die**pp**e, na**pp**e, fra**pp**e, grou**p**e, sou**p**e, envelo**pp**e, ju**p**e, oc-cu**p**e ; vi**t**e, me**tt**ent, pa**tt**e, dou**t**e, bo**tt**e, chu**t**e, pein**t**e ; typi**qu**e, publi**c**, chè**qu**e, blo**c**, tru**c**, cin**q**, ban**qu**e

- ### 22 CONSONNES /b/, /d/, /g/

  1. **b**illet, **b**é**b**é, **B**erne, **b**at, **b**out, **b**eau, **b**otte, **b**u, **b**ain, **b**anc, **b**on ; **d**it, **d**es, **d**ette, **d**ate, **d**oute, **d**os, **d**u, **d**'eux, **d**'heure, **d**ent, **d**ont ; **G**uy, **g**ai, **g**uerre, **g**are, **g**oût, **g**orge, **g**ueule, **g**ant
  2. sylla**b**e, ara**b**e, jam**b**e, tom**b**e, glo**b**e, her**b**e, cour**b**e, ver**b**e ; rapi**d**e, lai**d**e, sta**d**e, cou**d**e, co**d**e, étu**d**e, su**d** ; fati**gu**e, lè**gu**e, va**gu**e, dro**gu**e, fu**gu**e, lan**gu**e, lon**gu**e
  3. ren**d**-ren**d**ent, ron**d**-ron**d**e, sour**d**-sour**d**e, lon**g**-lon**gu**e, il ven**d**-ils ven**d**ent, il des-cen**d**-ils descen**d**ent, il atten**d**-ils atten**d**ent, il répon**d**-ils répon**d**ent, il n'atten**d** pas-ils n'atten**d**ent pas, il ne ven**d** pas-ils ne ven**d**ent pas

- ### 23 CONSONNES /s/, /z/

  1. **s**i, **s**es, **s**a, **s**ur, mon**s**ieur, **s**œur, pa**ss**er, lai**ss**er, me**ss**e, **s**cience, **s**cène, niè**c**e, piè**c**e, commen**c**er, commen**c**ions, **ç**a, fran**ç**ais, re**ç**u, gar**ç**on, commen**ç**ons, ex-pliquer, exprimer, expre**ss**, nata**t**ion, pa**t**ience
  2. **z**ig**z**ag, **z**éro, a**z**ur, mu**s**ique, cho**s**e, voi**s**in, mai**s**on, sai**s**on, choi**s**i**ss**ent, exer**c**ice, e**x**amen, e**x**emple, e**x**act, e**x**orcisme
  3. occa**s**ion, divi**s**ion, télévi**s**ion, éli**s**ion, vi**s**ion, préci**s**ion, infu**s**ion, confu**s**ion ; situ-a**t**ion, addi**t**ion, pen**s**ion, condi**t**ion, na**t**ion, na**t**ional, sensa**t**ion, sensa**t**ionnel, pa-**t**ient, pa**t**ience, con**s**cience, con**s**cient
  4. poi**ss**on-poi**s**on, ce**ss**e-sei**z**e, ru**ss**e-ru**s**e, dou**c**e-dou**z**e, bai**ss**er-bai**s**er, chau**ss**e-cho**s**e, ba**ss**e-ba**s**e, les Cau**ss**es-les cau**s**es, ils **s**ont-ils‿ont, vous **s**avez-vous‿avez, nous **s**avons-nous‿avons, ils **s**'aiment-ils‿aiment

- ### 24 CONSONNES /ʃ/, /ʒ/

  /ʃ/ **Ch**ine, **ch**ez, **ch**aise, **ch**at, **ch**ou, **ch**ose, **ch**âteau, **ch**ute, **ch**ien, **ch**ant, ri**ch**e, fraî**ch**e, ca**ch**e, bou**ch**e, gau**ch**e, po**ch**e, ru**ch**e, fran**ch**e, tran**ch**e, **ch**eval, **ch**evaux, **ch**eveux
  /ʒ/ **G**igi, **j**'ai, **G**ermaine, **j**amais, **j**our, **j**oli, **j**upe, **J**ean, **g**ens, a**g**ir, â**g**é, dé**j**à, nei**g**e, gara**g**e, rou**g**e, **j**u**g**e, collè**g**e, baga**g**e, **G**eorges, Peu**g**eot, man**g**eons, corri**g**eons, plon**g**eons

● **25 CONSONNES** /m/, /f/, /v/

1. J'aime, poème, femme, homme, système, troisième, programme, calme, charme ; bref, rosbif, soif, sauf, neuf ; brave, grave, élève, rêve, trouve, arrive
2. actif-active, positif-positive, attentif-attentive, naïf-naïve, neuf-neuve, négatif-négative, bref-brève, sauf-sauve, affirmatif-affirmative
3. il boit-ils boivent, il reçoit-ils reçoivent, elle doit-elles doivent, elle sert-elles servent, il écrit-ils écrivent, il s'inscrit-ils s'inscrivent

● **26 ACCENT D'INSISTANCE**

1. Elle est exceptionnelle !   Elle est extraordinaire !
   Il est sensationnel !   Il est magnifique !
   C'est incroyable !   C'est formidable !
   C'était déplorable !   C'était désastreux !

2. Quelle propagande !   Quelle stupidité !
   Quelle catastrophe !   Quelle coïncidence !
   Quel désastre !   Quelle belle femme !
   Quel joli cadeau !   Quelle bonne surprise !

3. Vous êtes vraiment gentil !
   C'est un problème très délicat !
   Vous êtes extrêmement difficile !
   Ce gâteau est drôlement bon !
   C'est un problème extrêmement compliqué !
   Qui a eu cette malencontreuse idée ?

PREMIÈRE LEÇON

CONVERSATIONS[1]

TABLEAU 1

 A. Bonjour !

JACQUELINE	Bonjour, Monsieur (Madame, Mademoiselle).
PROFESSEUR	Bonjour, Mademoiselle. Comment allez-vous ?
JACQUELINE	Très bien, merci. Et vous ?
PROFESSEUR	Bien, merci.

 B. Au revoir !

JACQUELINE	Excusez-moi, je suis en retard.
PROFESSEUR	Au revoir, Mademoiselle.
JACQUELINE	À demain, Monsieur.

[1]Conversations A and B represent formal speech, while C and D are more typical of informal speech among friends. All the mini-dialogues in **Conversations** are recorded on tape (but not the questions concerning a picture, for example B of Lesson 3), and their English equivalents are in the **Cahier d'exercices**.
Note: indicates that the given material is recorded on tape as is.

indicates that the given material is recorded in modified form.

TABLEAU 2

 C. Salut !

PHILIPPE	Salut, Bernard.
BERNARD	Tiens, salut, Philippe. Comment ça va ?
PHILIPPE	Pas mal. Et toi ?
BERNARD	Comme ci comme ça.

 D. À tout à l'heure !

ROBERT	Excuse-moi, je suis en retard.
MARTINE	À tout à l'heure, Robert.
ROBERT	Oui, à tout à l'heure.

DIFFÉRENCES[1]

aperçu de la France

Les salutations

The words **Monsieur** /məsjø/, **Mademoiselle** /madmwazɛl/, and **Madame** /madam/ are used in French as a sign of politeness. Their meaning is similar to English *sir, Miss,* and *ma'am.* Although the use of these terms is optional in English, the French terms are usually obligatory in formal speech. As titles, they are abbreviated in writing as **M., Mlle,** and **Mme** (**M. Chabrier, Mlle Lacombe, Mme Georget**), and correspond to English *Mr., Miss,* and *Mrs.* French has no equivalent for English *Ms.* Family names are usually omitted in greeting people: **Bonjour, Madame** rather than **Bonjour, Madame Georget.**

Comment allez-vous ? is a polite way of saying *How are you?* **Comment ça va ?** is more informal. **Bonjour** *Hello* can be either formal or informal, but **Salut** is always informal, and corresponds to English *Hi.* Likewise, **Excusez-moi** *Excuse me* is formal, and **Excuse-moi** is informal. You will learn to make a distinction between the formal and informal levels of speech as you make progress in learning French.

In France, expressions of greeting and leave-taking are accompanied by a fairly firm and brief handshake, even among friends who see each other every day. Relatives and close friends customarily kiss each other lightly on both cheeks while clasping hands.

[1]The section **Différences** in Lessons 1–15 will give you a glimpse of contemporary French culture and civilization.

« Bonjour ! »

EXPLICATIONS ET EXERCICES ORAUX

• 1 NOM (SINGULIER ET PLURIEL) ET ARTICLE INDÉFINI

1. Nouns are words that designate persons, animals, things, places, or ideas. All French nouns have a gender (**genre**), either masculine (**masculin**) or feminine (**féminin**). The gender of each noun must be learned thoroughly.[1] The indefinite article, corresponding to English *a* or *an*, is **un** /ɛ̃/ (or /œ̃/)[2] before a masculine noun, and **une** /yn/ before a feminine noun.

MASCULINE			FEMININE		
un livre	/ɛ̃livʀ/	*a book*	**une** chaise	/ynʃɛz/	*a chair*
un stylo	/ɛ̃stilo/	*a pen*	**une** table	/yntabl/	*a table*
un mur	/ɛ̃myʀ/	*a wall*	**une** clé	/ynkle/	*a key*

[1]The gender of certain nouns can be determined from their meaning. Appendix A (p. A1) presents typical masculine and feminine endings of nouns.

[2]Both pronunciations are possible, but /ɛ̃/ is more common in Parisian French. See Pronunciation Lesson 8 of the **Cahier d'exercices**.

Before a word beginning with a vowel sound, **un** is pronounced /ɛ̃n/ because of *liaison*.[1] The feminine article **une** is pronounced /yn/, but the /n/ is pronounced as the first sound of the following word, in this case the noun.

| un étudiant | /ɛ̃netydjɑ̃/ | a (male) student |
| une étudiante | /ynetydjɑ̃t/ | a (female) student |

2. The plural of nouns is usually formed by adding -**s** to the singular. But the -**s**, like most other word-final consonants, is not pronounced; as a result, you cannot tell, simply by listening to a noun alone, whether it is singular or plural.

| livre | /livʀ/, | **livres** | /livʀ/ | book, books |
| table | /tabl/, | **tables** | /tabl/ | table, tables |

The singular indefinite articles **un** and **une** become **des** before a plural noun; **des** is pronounced /de/ before a consonant sound and /dez/ before a vowel sound. Thus in spoken French the article provides a clue as to whether the noun that follows it is singular or plural. English has no equivalent for **des**; its closest counterpart is *some.*

un cahier → **des** cahiers	a notebook → (some) notebooks
une clé → **des** clés	a key → (some) keys
un étudiant → **des** étudiants	a student → (some) students
une étudiante → **des** étudiantes	a student → (some) students

3. Some nouns do not form their plural by adding -**s** to the singular. For instance, singular nouns that already end in -**s** do not change their form in the plural. All such nouns are masculine.

| un cours, des **cours** | a course, (some) courses |
| un campus, des **campus** | a campus, (some) campuses |

4. The expression **c'est** corresponds to *it is, this is, that is.* It is pronounced /sɛ/ before a consonant and /sɛt/ in liaison.

Qu'est-ce que c'est ? /kɛskəsɛ/	What is it?
C'est un livre.	It/This/That is a book.
C'est une montre.	It/This/That is a watch.

The plural of **c'est** is **ce sont** /səsõ/; it corresponds to *they are, these are, those are.*

Ce sont des livres.	They/These/Those are books.
Ce sont des montres.	They/These/Those are watches.
Ce sont des étudiants.	They/These/Those are students.

---

[1]The final consonant letter of most French words is not pronounced. *Liaison* means that a normally silent final consonant is pronounced when it is followed by a word beginning with a vowel sound. See Pronunciation Lesson 13 of the **Cahier d'exercices** for explanations. All liaisons will be marked with a tie ‿ in the **Explications** of Lessons 1–8. (The tie ‿ is not a part of written French.)

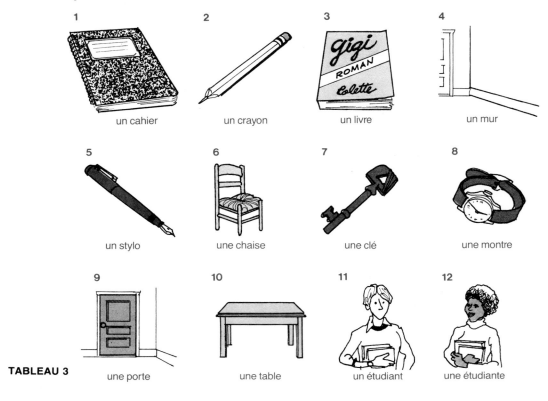

1 un cahier
2 un crayon
3 un livre
4 un mur
5 un stylo
6 une chaise
7 une clé
8 une montre
9 une porte
10 une table
11 un étudiant
12 une étudiante

TABLEAU 3

A *Écoutez bien et répétez après moi.*[1]

1. un cahier	5. un stylo	9. une porte
2. un crayon	6. une chaise	10. une table
3. un livre	7. une clé	11. un étudiant
4. un mur	8. une montre	12. une étudiante

B *Maintenant, répétez après moi.*[2]

1. C'est un cahier.	5. C'est un stylo.	9. C'est une porte.
2. C'est un crayon.	6. C'est une chaise.	10. C'est une table.
3. C'est un livre.	7. C'est une clé.	11. C'est un étudiant.
4. C'est un mur.	8. C'est une montre.	12. C'est une étudiante.

C *Écoutez les questions et les réponses.*[3]

Qu'est-ce que c'est ? — C'est un crayon.
Qu'est-ce que c'est ? — C'est une table.
Qu'est-ce que c'est ? — C'est une chaise.

[1]*Listen carefully and repeat after me.*
[2]*Now, repeat after me.*
[3]*Listen to the questions and answers.*

Maintenant, répondez aux questions.[1]

1. Qu'est-ce que c'est ? (stylo)
2. Qu'est-ce que c'est ? (montre)
3. Qu'est-ce que c'est ? (table)
4. Qu'est-ce que c'est ? (mur)

5. Qu'est-ce que c'est ? (porte)
6. Qu'est-ce que c'est ? (crayon)
7. Qu'est-ce que c'est ? (livre)
8. Qu'est-ce que c'est ? (cahier)

 D *Regardez et écoutez bien.*[2]

C'est un stylo ; ce sont des stylos.
C'est une chaise ; ce sont des chaises.
C'est un étudiant ; ce sont des étudiants.
C'est une étudiante ; ce sont des étudiantes.

Maintenant, mettez les phrases siuvantes au pluriel.[3]

1. C'est une porte.
2. C'est un mur.
3. C'est une clé.
4. C'est un livre.

5. C'est un cahier.
6. C'est une étudiante.
7. C'est un étudiant.
8. C'est un crayon.

 E *Regardez bien et répondez aux questions.*[4]

Modèle : Qu'est-ce que c'est ? (stylo)
C'est un stylo.
Qu'est-ce que c'est ? (clés)
Ce sont des clés.

1. Qu'est-ce que c'est ? (cahier)
2. Qu'est-ce que c'est ? (cahiers)
3. Qu'est-ce que c'est ? (crayon)
4. Qu'est-ce que c'est ? (stylos)

5. Qu'est-ce que c'est ? (murs)
6. Qu'est-ce que c'est ? (livre)
7. Qu'est-ce que c'est ? (porte)
8. Qu'est-ce que c'est ? (chaises)

• 2 FORME INTERROGATIVE : **EST-CE QUE. . . ?** ; FORME NÉGATIVE : **NE. . .PAS**

1. To change a statement into a question, just add **Est-ce que** /ɛskə/ to the beginning of the statement. This type of question is usually accompanied by a rising intonation.

STATEMENT

C'est un livre.
It is a book.
Ce sont des livres.
They are books.

QUESTION

Est-ce que c'est un livre ?
Is it a book?
Est-ce que ce sont des livres ?
Are they books?

---

[1]*Now, answer the questions.*
[2]*Look and listen carefully.*
[3]*Now, put the following sentences into the plural.* When you hear a sentence in the singular (**C'est un stylo**), you put it into the corresponding plural (**Ce sont des stylos**).
[4]*Look carefully and answer the questions.*

2. To form a negative sentence, add **ne** /n(ə)/[1] (**n'** before a vowel sound) before the verb, and **pas** /pɑ/ (/pɑz/ in liaison) immediately after it. The verbs in the examples below are **est** and **sont**. **C'est** /sɛ/ becomes **Ce n'est pas** /snɛpɑ/, and **Ce sont** /səsõ/ becomes **Ce ne sont pas** /sənsõpɑ/.

C'est un livre.	*It is a book.*
→Ce **n'**est **pas** une livre.	*→It is not a book.*
C'est une montre.	*It is a watch.*
→Ce **n'**est **pas** une montre.	*→It is not a watch.*
Ce sont des crayons.	*They are pencils.*
→Ce **ne** sont **pas** des crayons.	*→They are not pencils.*
Ce sont des clés.	*They are keys.*
→Ce **ne** sont **pas** des clés.	*→They are not keys.*

 A *Écoutez bien.*

Est-ce que c'est un livre ? — Oui, c'est un livre.
Est-ce que c'est un stylo ? — Oui, c'est un stylo.
Est-ce que ce sont des clés ? — Oui, ce sont des clés.

Répétez après moi.

Est-ce que, Est-ce que, Est-ce que, Est-ce que

Maintenant, posez des questions.[2]

1. C'est une table.
2. Ce sont des livres.
3. Ce sont des chaises.
4. C'est un étudiant.
5. C'est une étudiante.
6. Ce sont des étudiants.
7. C'est une porte.
8. Ce sont des cahiers.

 B *Regardez et répétez.*

Ce n'est pas un stylo. Ce n'est pas une clé. C'est un crayon !
Ce ne sont pas des clés. Ce ne sont pas des crayons. Ce sont des stylos !

Maintenant, répétez après moi.

C'est, Ce n'est pas ; C'est, Ce n'est pas ; C'est, Ce n'est pas
Ce sont, Ce ne sont pas ; Ce sont, Ce ne sont pas ; Ce sont, Ce ne sont pas

Mettez les phrases au négatif.[3]

1. C'est un crayon.
2. Ce sont des montres.
3. C'est un étudiant.
4. Ce sont des portes.
5. C'est une chaise.
6. Ce sont des étudiants.
7. Ce sont des livres.
8. C'est une clé.

---

[1]The vowel /ə/ is pronounced in some cases, and omitted in others. It is discussed in Pronunciation Lesson 19 of the **Cahier d'exercices**.
[2]*Now, ask questions. You put* **Est-ce que** *in front of each statement and change the intonation.*
[3]*Put the sentences into the negative.*

C *Maintenant, faites des phrases d'après ce modèle.*[1]

(stylo, crayon)
ÉTUDIANT A **Qu'est-ce que c'est ? Est-ce que c'est un stylo ?**
ÉTUDIANT B **Non, ce n'est pas un stylo, c'est un crayon !**

1. (crayon, stylo)
2. (crayons, stylos)
3. (porte, mur)
4. (cahier, livre)

5. (montre, clé)
6. (tables, chaises)
7. (clés, stylos)
8. (portes, murs)

• 3 ARTICLE DÉFINI

1. The definite article, corresponding to English *the*, is **le** /l(ə)/ before a masculine singular noun, and **la** /la/ before a feminine singular noun. If the word following it begins with a vowel sound, both **le** and **la** become **l'**. In the examples below, **voilà** is an expression used in pointing out a person or a thing; it corresponds to English *there is* or *there are* (as in *There is the book!*, *There it is!*).

Voilà **un** cahier.	There is a notebook.
→Voilà **le** cahier.	→There is the notebook.
Voilà **une** montre.	There is a watch.
→Voilà **la** montre.	→There is the watch.
Voilà **un** étudiant.	There is a student.
→Voilà **l'**étudiant.	→There is the student.
Voilà **une** étudiante.	There is a student.
→Voilà **l'**étudiante.	→There is the student.

2. The plural form of the definite article, used before both masculine and feminine nouns, is **les** /le/ (/lez/ in liaison).

Voilà **des** clés.	There are (some) keys.
→Voilà **les** clés.	→There are the keys.
Voilà **des** étudiants.	There are (some) students.
→Voilà **les** étudiants.	→There are the students.

The chart below is a summary of the forms of the indefinite and definite articles. The abbreviations *m* and *f* stand for *masculine* and *feminine*, respectively.

		BEFORE A CONSONANT	BEFORE A VOWEL
Singular	*m*	un : le	un ⎱ : l'
	f	une : la	une ⎰
Plural	*m, f*	des : les	des : les

---

[1] *Now, make up sentences according to this model.*

A *Répétez après moi.*

un livre, le livre un étudiant, l'étudiant
une montre, la montre une étudiante, l'étudiante
des stylos, les stylos des étudiants, les étudiants
des clés, les clés des étudiantes, les étudiantes

B *Maintenant, modifiez les phrases suivantes.*[1]

Modèle : Voilà un livre. Voilà des cahiers.
Voilà le livre. **Voilà les cahiers.**

1. Voilà un cahier. 6. Voilà des livres.
2. Voilà une montre. 7. Voilà des stylos.
3. Voilà un étudiant. 8. Voilà des étudiants.
4. Voilà une porte. 9. Voilà un étudiant et une étudiante.
5. Voilà une table. 10. Voilà un professeur et des étudiants.

• 4 PRÉPOSITIONS LOCATIVES ET PRONOMS PERSONNELS SUJET : IL, ELLE, ILS, ELLES

1. The prepositions **dans, devant, derrière, sous,** and **sur** indicate the location of a person or thing. The interrogative expression **Où est. . .?** (plural: **Où sont. . .?**) corresponds to English *Where is. . .? (Where are. . .?).*

Où est le crayon ? *Where is the pencil?*

1. Le crayon est **dans** le livre. *in, inside*
2. Le crayon est **devant** le livre. *in front of*
3. Le crayon est **derrière** le livre. *behind*
4. Le crayon est **sous** le livre. *under*
5. Le crayon est **sur** le livre. *on, on top of*

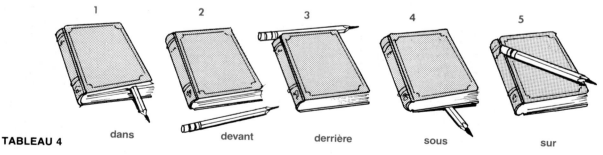

TABLEAU 4 dans devant derrière sous sur

2. **Il** *and* **elle.** The subject pronoun **il** can replace any masculine singular noun, and **elle** can replace any feminine singular noun. **Il** corresponds to *he* or *it,* and **elle** to *she* or *it.*

Où est **Paul** ? — **Il** est dans la salle de classe.[2] *He is in the classroom.*

---

[1]*Now, change the following sentences.*
[2]**salle de classe** *classroom;* often shortened to **classe** *f.*

Où est **Marie** ? — **Elle** est dans le couloir.　　*She is in the corridor.*
Où est **le stylo** ? — **Il** est dans la serviette.　　*It is in the briefcase.*
Où est **la montre** ? — **Elle** est sur la table.　　*It is on the table.*

3. **Ils** *and* **elles.** These pronouns correspond to English *they.* **Elles** is used only for feminine plural nouns. **Ils** is used both for masculine plural nouns and for a combination of masculine and feminine nouns.

Où sont **Robert** et **Paul** ?　(*m* and *m*)　　— **Ils** sont dans la salle de classe.
Où sont **Anne** et **Jeanne** ?　(*f* and *f*)　　— **Elles** sont dans le couloir.
Où sont **Paul** et **Jeanne** ?　(*m* and *f*)　　— **Ils** sont dans un restaurant.
Où sont **le livre** et **le cahier** ?　(*m* and *m*)　　— **Ils** sont sur la table.
Où sont **les clés** ?　(*f plural*)　　— **Elles** sont dans la serviette.
Où sont **le stylo** et **les clés** ?　(*m* and *f*)　　— **Ils** sont dans la serviette.

 A *Regardez bien et répétez après moi.*

Le crayon est dans le livre.　　　　Le crayon est sous le livre.
Le crayon est devant le livre.　　　Le crayon est sur le livre.
Le crayon est derrière le livre.

Répétez.

dans le livre　　　　　　　　sous le livre
devant le livre　　　　　　　sur le livre
derrière le livre

Le professeur et les étudiants sont dans la salle de classe.

B *Maintenant, regardez et répétez après moi.*

Voilà un cahier ; il est sur la table.
Voilà un crayon ; il est sous le cahier.
Voilà une montre ; elle est devant le cahier.
Voilà des stylos ; ils sont dans le cahier.
Voilà des clés ; elles sont derrière le cahier.

Maintenant, répondez aux questions.

1. Où est le cahier ?
2. Où est le crayon ?
3. Où sont les clés ?

4. Où est la montre ?
5. Où sont les stylos ?
6. Où est la table ?

C *Regardez le Tableau 5. C'est une salle de classe. Répondez aux questions.*

1. Regardez le tableau et le professeur. Où est le tableau ? Où est le professeur ?
2. Regardez la montre et le livre. Où est la montre ? Où est le livre ?
3. Regardez la table. Où sont le livre et la montre ? Où est la serviette ? Où est la corbeille ? Où sont la serviette et la corbeille ?
4. Est-ce que le professeur est dans le couloir ? Est-ce que la chaise est dans le couloir ?

TABLEAU 5

• 5 PRONOMS PERSONNELS SUJET ET **ÊTRE**

1. The personal pronouns used as the *subject* of a sentence are **je, tu, il, elle** in the singular, and **nous, vous, ils, elles** in the plural. The chart below lists them along with their English equivalents.

	SINGULAR		PLURAL	
First Person	**je**	*I*	**nous**	*we*
Second Person	**tu**	*you*	**vous**	*you*
Third Person *m*	**il**	*he, it*	**ils**	*they*
f	**elle**	*she, it*	**elles**	*they*

2. **Tu** *and* **vous**. These two pronouns correspond to English *you*. **Tu** is known as the "familiar" form. It is used among close friends, family members, and when addressing children and animals. **Vous** is the plural form of **tu**, used when addressing more than one person you call **tu**. But **vous** is also referred to as the "polite" form, used in addressing people you do not call **tu**. As a polite form, **vous** is used both in the singular and in the plural. In many language classes, students call each other **tu** but address the instructor as **vous**.

3. *Conjugation.* Verbs must agree with the subject in *number* (singular, plural) and *person* (first, second, third person). The different verb forms that agree with the subject make up the conjugation (**la conjugaison**) of the verb. The verb **être** *to be* is conjugated in the following way.

AFFIRMATIVE				NEGATIVE	
je **suis**	/ʒəsɥi/	*I am*		je ne **suis** pas	*I am not*
tu **es**	/tyɛ/	*you are*		tu n'**es** pas	*you are not*
il **est**	/ilɛ/	*he/it is*		il n'**est** pas	*he/it is not*
elle **est**	/ɛlɛ/	*she/it is*		elle n'**est** pas	*she/it is not*
nous **sommes**	/nusɔm/	*we are*		nous ne **sommes** pas	*we are not*
vous **êtes**	/vuzɛt/	*you are*		vous n'**êtes** pas	*you are not*
ils **sont**	/ilsõ/	*they are*		ils ne **sont** pas	*they are not*
elles **sont**	/ɛlsõ/	*they are*		elles ne **sont** pas	*they are not*

suis	sommes
es	êtes
est	sont

4. **Est-ce qu'**. The interrogative expression **Est-ce que**, which you learned in Lesson 1.2, becomes **Est-ce qu'** before a word beginning with a vowel sound (such as **il**, **elle**, **ils**, **elles**, and proper names like **Anne**).

Est-ce que je suis dans la classe ?
Est-ce que tu es devant la porte ?
Est-ce que nous sommes dans une classe ?
Est-ce que vous êtes derrière la maison ?

BUT

Est-ce qu'il est dans le couloir ?
Est-ce qu'elle est devant la maison ?
Est-ce qu'ils sont derrière la maison ?
Est-ce qu'elles sont dans un jardin ?
Est-ce qu'Anne est devant la porte?

5. In French, the indefinite article **un, une, des** is omitted when a noun denoting profession follows **être**. Note that in English, *a* or *an* must be used before singular nouns.

Je suis **étudiant**.	*I am a student.*
Vous n'êtes pas **médecin**.	*You are not a doctor.*
Ils ne sont pas **professeurs**.	*They are not professors.*
Elle n'est pas **journaliste**.	*She is not a journalist.*

6. In French, adjectives agree in gender and number with the noun or pronoun which they describe. When they describe a combination of masculine and feminine nouns, the masculine plural form is used. Note also that adjectives denoting nationality do not begin with a capital letter (**la majuscule**).

Bill est **américain**.	*Bill is (an) American.*
Christine est **américaine**.	*Christine is (an) American.*
Les étudiants sont **américains**.	*The students are American(s).*
Les étudiantes sont **américaines**.	*The students are American(s).*
Bill et Christine sont **américains**.	*Bill and Christine are American(s).*
Jean-Paul est **français**.	*Jean-Paul is French.*
Monique est **française**.	*Monique is French.*
Les étudiants sont **français**[1].	*The students are French.*
Les étudiantes sont **françaises**.	*The students are French.*
Jean-Paul et Monique sont **français**[1].	*Jean-Paul and Monique are French.*

[1]Since **français** ends in **-s** in the masculine singular, the masculine plural form does not change.

Ils sont étudiants. Ils sont français.

A *Exercice de contrôle*[1]

Je suis dans la classe.

1. Tu	3. Les étudiants	5. Nous
2. Le professeur	4. Vous	6. Je

Je ne suis pas dans le couloir.

1. Vous	3. Nous	5. Les étudiants
2. Le professeur	4. Tu	6. Je

 B *Parlons de nous.*[2] *Répondez aux questions.*

> *Modèle :* Est-ce que vous êtes professeur ?
> **Non, je ne suis pas professeur, je suis étudiant(e).**

1. Est-ce que vous êtes médecin ?
2. Est-ce que vous êtes français(e) ?
3. Est-ce que je suis étudiant(e) ?
4. Est-ce que je suis médecin ?
5. Est-ce que (Michel) est professeur ?
6. Est-ce que (Pauline) est française ?
7. Est-ce que (Robert) est français ?
8. Est-ce que (Jeanne) et (Marie) sont françaises ?
9. Est-ce que (Jacqueline) est médecin ?
10. Est-ce que les étudiants sont français ?

C *Où est-ce que nous sommes ? Répondez aux questions.*

1. Est-ce que nous sommes dans une classe ? Est-ce que nous sommes dans le couloir ?
2. Est-ce que vous êtes dans une maison ? Où est-ce que vous êtes ?
3. Regardez (Robert). Est-ce qu'il est dans un jardin ? Est-ce qu'il est devant ou derrière (Marie) ?
4. Regardez (Caroline). Est-ce qu'elle est devant ou derrière (Paul) ? Qui[3] est devant (derrière) (Caroline) ?
5. Regardez (Jacqueline) et (Marie). Est-ce qu'elles sont françaises ? Est-ce qu'elles sont dans le couloir ?

D *Formez de petits groupes et faites des dialogues d'après ce modèle.*[4]

Monsieur Dubois est dans la classe.
ÉTUDIANT A **Pardon, Monsieur.[5] Est-ce que vous êtes Monsieur Dubois ?**
ÉTUDIANT B **Ah non, Monsieur (Mademoiselle, Madame).**

---

[1]**Contrôle** means *check* or *verification.* This type of exercise is designed to see if you have learned the conjugation well enough to use the correct form of the verb with each changing subject. First repeat the entire model sentence after the instructor. Then, as you hear the substitution words, use each in the appropriate place (subject position), and give the new sentence, making any other necessary changes (in this case, the appropriate verb form for the subject).
[2]*Let's talk about ourselves.*
[3]**Qui** *Who*
[4]*Form small groups and make up dialogues according to this model.*
[5]Use **Madame** for question 2, and **Mademoiselle** for question 3.

ÉTUDIANT A **Où est Monsieur Dubois ?**
ÉTUDIANT B **Il est là[1], dans la classe.**

1. Monsieur Dubois est dans le jardin.
2. Madame Chabrier est derrière la maison.
3. Mademoiselle Durand est devant la porte.

« Non, ce n'est pas le cahier d'exercices ! »

APPLICATIONS

 A Dialogue et questions[2]

Bonjour !
Christine Johnson est étudiante. Elle est américaine. Elle est dans un cours de français.[3] Le cours est terminé. Christine est maintenant dans le couloir. Voilà Jean-Paul Chabrier. Il est français. Il est étudiant en sciences économiques[4].

JEAN-PAUL Excuse me. I am looking for Room 206. Do you know where it is?
CHRISTINE It's over there, on your left. Say, are you French?
JEAN-PAUL Oui. Est-ce que vous parlez français ?[5]

5

---

[1]**là** *there* (Do not confuse this word, with an *accent grave* over **a**, with the definite article **la**.)
[2]English equivalents of the **Dialogues** are in the **Cahier d'exercices**.
[3]**un cours de français** *a French class (course).* Note that **de français** means *of the French language*: **un cours de français, un livre de français** *a French (text)book,* **un professeur de français** *a French teacher (a teacher who teaches French).*
[4]**sciences économiques** *economics*
[5]*Do you speak French?*

CHRISTINE   Oui, un peu. Je suis dans un cours de français.
JEAN-PAUL · Ah oui ? Et où est la salle de classe ?
CHRISTINE   Là, devant vous. Et voilà le professeur, M. Dubois, devant le tableau.
JEAN-PAUL   Est-ce qu'il est français ?   10
CHRISTINE   Non, il est américain.
JEAN-PAUL   Qu'est-ce que c'est ? Est-ce que c'est le livre de français ?
CHRISTINE   Oui, et voilà le cahier d'exercices.

(lignes 1–3)

1. Est-ce que Christine est dans un cours de français ?
2. Est-ce qu'elle est française ?
3. Est-ce qu'elle est dans la salle de classe maintenant ?
4. Est-ce que Jean-Paul est américain ?
5. Est-ce qu'il est étudiant en sciences économiques ?

(lignes 4–13)

6. Est-ce que Jean-Paul est dans le couloir ?
7. Où est la classe de Christine ?
8. Où est le professeur ?
9. Est-ce que M. Dubois est français ?

B Expressions utiles[1]

Les salutations

Bonjour, { Monsieur.
Mademoiselle.
Madame. }

Salut, { Michel.
Martine. }

Comment allez-vous ?
Comment ça va ? } { (Très) bien, merci.
Pas mal, merci.
Comme ci comme ça.
Pas très bien. } { Et vous ?
Et toi ? }

Au revoir.
À demain.
À tout à l'heure.

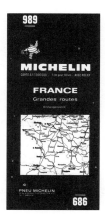

En classe

Écoutez bien,
Regardez (le tableau),
Répétez (après moi),
Lisez (la phrase),
Écrivez (le mot),
Répondez (en français),
Encore une fois,
Plus fort, } (s'il vous plaît).

---

[1]English equivalents of **Expressions utiles** are in the **Cahier d'exercices**.

C *Nous sommes dans la classe. Complétez le passage suivant.*[1]

(1) Je/être/dans/cours de français. (2) Nous/être/dans/salle de classe,/mais/professeur/ ne pas/être/là. (3) Voilà/livre de français. (4) Cahier d'exercices/être/sous/chaise. (5) Voilà/Anne/et/professeur. (6) Ils/être/dans/couloir,/devant/porte. (7) Anne/être/ américaine,/mais/professeur/ne pas/être/américain. (8) Il/être/français. (9) Ils/être/dans/ classe/maintenant. (10) Je/être/devant/Anne.

D *Renseignements et opinions*

1. Comment allez-vous ?
2. Est-ce que vous êtes étudiant(e) ? Est-ce que vous êtes américain(e) ? Où est-ce que nous sommes maintenant ?
3. Où est le livre de français ? Et le cahier d'exercices ?
4. Est-ce que je suis professeur ou médecin ?
5. Regardez. Est-ce que je suis devant ou derrière la table ? Et où est-ce que je suis maintenant ?
6. Est-ce que le cours de français est terminé maintenant ?

VOCABULAIRE[2]

Noms masculins

cahier	étudiant	médecin	stylo
couloir	•exercice	monsieur	tableau
•cours	jardin	mur	
crayon	livre	professeur	

Noms féminins

chaise	étudiante	montre	serviette
classe	madame	porte	table
clé	mademoiselle	salle (de classe)	
corbeille	maison	•sciences économiques	

Verbe
être *irrég*[3]

---

[1] In order to make complete sentences out of these "dehydrated" ones, select the verb form that goes with the subject, and add the appropriate articles and prepositions where they are needed. For example, the first sentence would become **Je suis dans un cours de français.**

[2] Each lesson ends with a list of new words and phrases occurring in **Conversations, Exercices oraux,** and **Dialogue et questions** (but excluding those occurring in the directions). New words and phrases appearing exclusively in **Conversations** and **Dialogue et questions** are preceded by a dot. Verbs that are not fully presented in their entire conjugation patterns are shown in the exact forms in which they occur in the text. English equivalents of the lesson vocabularies are given in the **Cahier d'exercices.** The vocabulary for Lesson 1 excludes articles and subject pronouns.

[3] This designation (abbreviation of *irrégulier*) refers to verbs whose conjugation patterns cannot be predicted from the infinitive form.

Adjectifs

américain(e)	français(e)	·terminé(e)

Adverbes

·bien	·maintenant	où	·un peu
là	·pas mal	·très	

Prépositions

dans	derrière	·en	sur
de	devant	sous	

Autres expressions

·à demain	·Comment allez-vous ?	·merci	qui
·ah (oui/non)	·Comment ça va ?	ne. . .pas	regardez
·à tout à l'heure	·en retard	non	·salut
·au revoir	est-ce que	ou	·tiens
·bonjour	et	oui	voilà
·ça	·excuse-moi	pardon	·vous parlez
·comme ci comme ça	·excusez-moi	Qu'est-ce que c'est ?	

DEUXIÈME LEÇON

CONVERSATIONS

TABLEAU 6

 A. Le cours de chimie est très difficile !

PROFESSEUR	Est-ce que vous étudiez la chimie ?
JACQUELINE	Oui, je suis étudiante en chimie.
PROFESSEUR	Comment est le cours de chimie ?
JACQUELINE	Il est très difficile !

TABLEAU 7

B. J'aime beaucoup la botanique.

MICHEL Est-ce que tu travailles beaucoup pour le cours de botanique ?
MIREILLE Oui, presque deux heures par jour[1].
MICHEL Mon Dieu,[2] deux heures par jour ! Tu travailles trop.
MIREILLE Tu trouves ?[3] C'est parce que j'aime beaucoup la botanique.

C. L'horloge avance de dix minutes.

MIREILLE Regarde l'horloge. Il est presque deux heures ! Je suis en retard !
MICHEL Non, tu n'es pas en retard !
MIREILLE Comment cela ?
MICHEL L'horloge avance de dix minutes. À ma montre il est deux heures moins dix.

TABLEAU 8

DIFFÉRENCES

Les études universitaires

The system of higher education in France has undergone a series of reforms since the famous political upheaval of **Mai 68**, a massive combined student and labor strike in 1968 that paralyzed the entire nation for several weeks. The reforms resulted in the creation of more universities and branch campuses. The students also won the right to participate actively in university administration. Some specific curriculum reforms included the establishment of the **Unité de Valeur**, comparable to the American credit-hour system, the traditional large lecture courses that allowed hardly any personal contact with the professors (**cours magistraux**) to be supplemented by small recitation sections (**cours de travaux pratiques**), the requirement of more papers and definite assignments, and more frequent feedback regarding student progress (**contrôle continu**).

Specialization begins early in the French school system. While still in the **lycée** (equivalent of our high school and the first year of college), students must select their field from several disciplines, such as humanities (**philosophie-lettres**), social

[1] **par jour** *per day, a day*
[2] *Good heavens*
[3] *Do you think so?* (literally, *Do you find?*) **Trouver** *to find* is often used to elicit or express an opinion.

science (**économie-sciences sociales**), physical science (**mathématiques-sciences physiques**), natural science (**mathématiques-sciences naturelles**), and several others. In order to enter the university, they must not only finish the **lycée** but also pass a written and oral examination called **le baccalauréat**, administered nationally by the Ministry of Education. In recent years, the overall failure rate has been a little over one-third.

The university begins in late October, and the academic year lasts until late June. Many courses run for the entire year, meeting only once or twice a week. Students are graded on a scale of 0 to 20: 10 is more or less the lowest passing grade, and 19–20 are hardly ever given. The first two years of study, called **le premier cycle**, lead to **DEUG** (**Diplôme d'études universitaires générales**). Two more years, or **le deuxième cycle**, lead to **la Licence**. Then comes **la Maîtrise**, generally considered to be a little more advanced than the American master's degree, and finally **le Doctorat**. Tuition is virtually free at French universities, the majority of which are government-financed. Food at university cafeterias (**les restaurants universitaires**), also financed by the government, costs very little. In addition, many students receive scholarships or a modest stipend (**les bourses**) from the government to defray part of their study and living expenses.

« Alors, comment est le cours ?
— Il n'est pas facile ! »

EXPLICATIONS ET EXERCICES ORAUX

- **1 VERBES DU PREMIER GROUPE : -ER (1)**[1]

1. Verbs whose infinitive (**infinitif** *m*), or unconjugated form as listed in dictionaries, ends in **-er** /e/ are known as first conjugation verbs (**verbes du premier groupe**

---

[1]There are several subclasses of first conjugation verbs. They will be discussed fully in Lesson 7.4 (p. 138).

m). The conjugated forms consist of a stem (**la racine**) and endings (**les termi-naisons** *f*) attached to the stem. In a verb like **parler** *to speak*, **parl-** is the stem, and it remains unchanged throughout the conjugation. The endings to be attached to the stem are **-e, -es, -e** for the singular, and **-ons, -ez, -ent** for the plural. Note below that four out of six conjugated verb forms (for **je, tu, il, ils**) are pronounced alike, and that the **vous** form is pronounced like the infinitive.

parler /paʀle/ *to speak*

je **parle**	/paʀl/	nous **parlons**	/paʀlõ/
tu **parles**	/paʀl/	vous **parlez**	/paʀle/
il/elle **parle**	/paʀl/	ils/elles **parlent**	/paʀl/

The subject pronoun **je** (first person singular) becomes **j'** before a verb that begins with a vowel sound.

je parle	**je** cherche	**je** regarde
j'arrive	**j'**entre	**j'**aime

2. The present indicative tense (**le présent de l'indicatif**) expresses an action or event that takes place in the present. We will be using this tense exclusively until Lesson 10. The present indicative corresponds to three different constructions in English.

je parle $\begin{cases} \textit{I speak} \\ \textit{I am speaking} \\ \textit{I do speak} \end{cases}$ **il travaille** $\begin{cases} \textit{he works/studies} \\ \textit{he is working/studying} \\ \textit{he does work/study} \end{cases}$

Of the three English equivalents shown above, the first two are the most common. As for the distinction between these two, the context will indicate which is more appropriate.

Je **parle** français dans le cours de français.	*I speak French in the French class.*
Écoutez Marianne. Elle **parle** !	*Listen to Marianne. She is speaking!*
Je **travaille** deux heures pour le cours de chimie.	*I study two hours for the chemistry course.*
Je ne suis pas libre ; je **travaille** maintenant.	*I am not free; I am working now.*

3. The third person plural ending **-ent** is silent. In spoken French, the difference between the third person singular (**il, elle**) and plural (**ils, elles**) can be heard only if there is liaison in the plural form between the subject pronoun and the verb.

DIFFERENCE CANNOT BE HEARD		DIFFERENCE CAN BE HEARD	
il **cherche**	/ilʃɛʀʃ/	il **arrive**	/ilaʀiv/
ils **cherchent**	/ilʃɛʀʃ/	ils **arrivent**	/ilzaʀiv/
elle **parle**	/ɛlpaʀl/	elle **aime**	/ɛlɛm/
elles **parlent**	/ɛlpaʀl/	elles **aiment**	/ɛlzɛm/

4. Verbs ending in -ayer, such as **essayer** *to try, to try on* and **payer** *to pay for*, change the **y** in the stem to **i** in the present indicative, except for the **nous** and **vous** forms.

j'essaie	je paie
tu essaies	tu paies
il/elle essaie	il/elle paie
nous_essayons	nous payons
vous_essayez	vous payez
ils/elles_essaient	ils/elles paient

5. *Question by inversion.* In most cases, a statement can be changed into a question in one of three different ways. The first is to place **Est-ce que** in front of the statement and use rising intonation, as you learned in Lesson 1.2. The second is to use rising intonation alone, with no other change in the statement. This interrogative form occurs frequently in colloquial French, but almost never in written French. A third way is to *invert* (reverse the order of) the subject pronoun and the verb, using rising intonation. In written language, a hyphen connects the verb and the inverted subject pronoun. For the moment, we will use inversion only for the **vous** form. (Inversion with other subject pronouns will be presented fully in Lesson 5.2.)

Vous cherchez la vendeuse. →
{ Est-ce que **vous cherchez** la vendeuse ?
Vous cherchez la vendeuse ?
Cherchez-vous la vendeuse ?

6. *Negation.* Note below that **ne/n'** comes before the verb, and **pas** after. In inversion, **pas** comes after the subject pronoun, which is connected to the verb with a hyphen.

Je cherche la vendeuse.	→Je **ne** cherche **pas** la vendeuse.
Elle essaie le blouson.	→Elle **n'**essaie **pas** le blouson.
Parlez-vous français ?	→**Ne** parlez-vous **pas** français ?
Regardez-vous la montre ?	→**Ne** regardez-vous **pas** la montre ?

7. *Imperative forms.* Imperative sentences *(Do something, Don't do something)* are formed by deleting the subject pronouns **vous**, **tu**, or **nous**. They are pronounced with a descending intonation.

INDICATIVE	IMPERATIVE
Vous **regardez** les blousons.	→**Regardez** les blousons !
Vous n'**essayez** pas le blouson.	→N'**essayez** pas le blouson !

The **tu** form command drops the **s** of the ending -**es** (no difference in pronunciation).

Tu **entres** dans la boutique.	→**Entre** dans la boutique !
Tu ne **cherches** pas la boutique.	→Ne **cherche** pas la boutique !

The **nous** form command corresponds to English *let's (do something), let's not.*

Parlons français en classe[1] !	*Let's speak French in class!*
Ne **parlons** pas anglais !	*Let's not speak English!*

[1]**en classe** *in class* (cf. **dans la classe** *in the classroom*)

TABLEAU 9

1 arriver	2 regarder	3 entrer	4 chercher
5 parler	6 essayer	7 aimer	8 payer

 A *Regardez le Tableau 9 et répétez après moi.*

1. La jeune fille[1] arrive à la boutique.
2. Elle regarde les blousons.
3. Elle entre dans la boutique.
4. Elle cherche la vendeuse.
5. Elle parle à la vendeuse.
6. Elle essaie le blouson.
7. Elle aime le blouson.
8. Elle paie le blouson à la vendeuse.

 B *Écoutez bien et ajoutez des phrases d'après ce modèle.[2]*

Elle arrive à la boutique.
Moi aussi[3], j'arrive à la boutique.

Elle regarde les blousons.
Moi aussi, je regarde les blousons.

1. Elle entre dans la boutique.
2. Elle cherche la vendeuse.
3. Elle parle à la vendeuse.
4. Elle essaie le blouson.
5. Elle aime le blouson.
6. Elle paie le blouson à la vendeuse.

---

[1]**jeune fille** *girl (pl* **jeunes filles***)*
[2]*Listen carefully and add sentences according to this model.*
[3]**Moi aussi** *Me too, I also (Here, you are playing the role of a copycat.)*

La cliente regarde les chemisiers.

 C *Maintenant, répondez aux questions d'après ce modèle.*

Est-ce que j'arrive à la boutique ?
Oui, vous arrivez à la boutique.

Est-ce que je regarde les blousons ?
Oui, vous regardez les blousons.

1. Est-ce que j'entre dans la boutique ?
2. Est-ce que je cherche la vendeuse ?
3. Est-ce que je parle à la vendeuse ?
4. Est-ce que j'essaie le blouson ?

5. Est-ce que j'aime le blouson ?
6. Est-ce que je paie le blouson à la vendeuse ?

D *Donnez des phrases impératives d'après ce modèle.*[1]

Je parle anglais ?[2]
ÉTUDIANT A **Oui, parlez anglais.**
ÉTUDIANT B **Mais non[3], ne parlez pas anglais !**

1. J'arrive en retard ?
2. Je parle anglais ?
3. Je regarde le livre ?

4. Je ferme la porte ?
5. Je déjeune maintenant ?
6. Je rentre à la maison[4] ?

 E *Exercice de contrôle*

J'aime le cours de français.

1. Le professeur
2. Nous

3. Tu
4. Les étudiants

5. Vous
6. Je

---

[1]*Give imperative sentences according to this model.*
[2]The meaning here is *Shall I speak English?* rather than *Do I speak English?*
[3]**Mais non** is more emphatic than **non** alone.
[4]**rentrer à la maison**   *to go/come home*

Je n'arrive pas en retard.

1. Le professeur
2. Tu
3. Nous
4. Vous
5. Les étudiants
6. Je

F *Répondez aux questions.*

1. Est-ce que je parle français ? Parlez-vous français ? Est-ce que (Jean) parle français ?
2. Est-ce que je regarde le tableau ? Regardez-vous la porte ? Est-ce que (Marie) regarde le livre de français ?
3. Est-ce que nous travaillons beaucoup ? Travaillez-vous trop ? Est-ce que (Robert) travaille trop ?
4. Est-ce que je déjeune maintenant ? Déjeunez-vous maintenant ? Est-ce que le cours est terminé ?

• 2 CONTRACTION DE L'ARTICLE DÉFINI AVEC À

The preposition **à** means *to*, *in*, or *at*. When it precedes the definite article, **à** + **le** becomes **au**, and **à** + **les** becomes **aux**. Both forms are pronounced /o/ (in liaison, **aux** is pronounced /oz/). No change in form occurs in the combination **à** + **la** and **à** + **l'**. In exercise A, **à** corresponds to English *to*. In exercise B, it corresponds to *at* or *in*, indicating location.[1]

Voilà **le** professeur.	Je parle **au** professeur.
Voilà **la** vendeuse.	Je parle **à la** vendeuse.
Voilà **l'**étudiant.	Je parle **à l'**étudiant.
Voilà **les** médecins.	Je parle **aux** médecins.
Voilà **les** étudiants.	Je parle **aux** étudiants.

TABLEAU 10

La jeune fille parle **au** vendeur.
Le vendeur parle **à la** jeune fille.

Les jeunes filles parlent **à l'**enfant.
L'enfant parle **aux** jeunes filles.

---

[1]The preposition **dans**, which you learned in Lesson 1.4, means specifically *inside* something, whereas **à** simply refers to a general location.

A *Répétez après moi.*

Voilà le vendeur. Nous parlons au vendeur.
Voilà la vendeuse. Nous parlons à la vendeuse.
Voilà l'étudiant. Nous parlons à l'étudiant.
Voilà l'étudiante. Nous parlons à l'étudiante.
Voilà les professeurs. Nous parlons aux professeurs.
Voilà les étudiants. Nous parlons aux étudiants.

Continuez de la même façon.[1]

1. Voilà le professeur.
2. Voilà les étudiantes.
3. Voilà le médecin.
4. Voilà les vendeuses.
5. Voilà la vendeuse.
6. Voilà l'étudiant.

B *Répondez aux questions d'après ce modèle.*

Voilà Jacques. Voilà la bibliothèque. Où est Jacques ?
Il est à la bibliothèque.

1. Voilà Jean-Paul. Voilà le restaurant. Où est Jean-Paul ?
2. Voilà Marie. Voilà le cinéma. Où est Marie ?
3. Voilà les étudiants. Voilà l'université. Où sont les étudiants ?
4. Voilà les médecins. Voilà l'hôpital. Où sont les médecins ?
5. Voilà l'étudiante. Voilà le laboratoire. Où est l'étudiante ?
6. Voilà le professeur. Voilà l'hôpital. Où est le professeur ?
7. Voilà la vendeuse. Voilà la boutique. Où est la vendeuse ?
8. Voilà l'étudiant. Voilà la maison.[2] Où est l'étudiant ?

• 3 CONTRACTION DE L'ARTICLE DÉFINI AVEC DE

1. The preposition **de** has several meanings, one of which is *of*. It occurs commonly in the construction noun + **de** + noun, where the second noun (excluding proper names[3]), without any article, describes or modifies the first noun. Note that English places two nouns next to each other, the first one describing the second.

un cours **de** psychologie	*a psychology class (course)*
un livre **de** français	*a French (text)book*
un cahier **d'**exercices	*a workbook (exercise book)*
la salle **de** classe	*the classroom*
le professeur **de** chimie	*the chemistry professor*

2. **De** is also used to indicate *possession*. In this construction, the second noun is the possessor and is preceded by an article, unless it is a proper name: noun + **de** + article + noun (or noun + **de** + proper name). Note that English often uses noun**'s** + noun, the first one indicating the possessor.

la montre **de** Michel	*Michel's watch* [*the watch of Michel*]
le livre **de** l'étudiant	*the student's book* [*the book of the student*]

---

[1] *Continue in the same way.*
[2] **La maison** by itself means *the house*, but **être à la maison** means *to be (at) home*.
[3] A proper name represents names of people and places: Jean-Paul, Christine, Mme Chabrier, New York, Paris.

les clés **de** Robert   *Robert's keys [the keys of Robert]*
le jardin **de la** maison   *the garden of the house*

3. The preposition **de** combines with the definite articles **le** and **les** to form **du** /dy/ and **des** /de/ (/dez/ in liaison). No change occurs in the combination **de + la** and **de + l'**. In the sentences below, **parler de** corresponds to English *to speak/talk about* or *of* (**parler à**, in Lesson **2.2** corresponds to *to speak to*).

Voilà **le** vendeur.   Je parle **du** vendeur.
Voilà **la** vendeuse.   Je parle **de la** vendeuse.
Voilà **l'**étudiant.   Je parle **de l'**étudiant.
Voilà **les** médecins.   Je parle **des** médecins.
Voilà **les** étudiantes.   Je parle **des** étudiantes.

4. Do not confuse the combined form **des** (**de + les**) and the plural indefinite article **des** *some* (singular: **un**, **une**), presented in Lesson **1.1**.

Voilà les clés **des** vendeurs.   *of the* (**de + les**)
Nous parlons **des** vendeuses.   *of/about the* (**de + les**)
Voilà **des** vendeurs.   *some* (plural of **Voilà un vendeur.**)
Nous cherchons **des** vendeuses.   *some* (plural of **Nous cherchons une vendeuse.**)

TABLEAU 11   Il parle **du** livre.   Elle parle **de la** table.   Il parle **des** chaises.

5. The chart below summarizes the contraction of the definite articles with **à** and **de**.

SINGULAR			PLURAL	
Before a Consonant	Before a Vowel	Before a Vowel	Before a Consonant	Before a Vowel
Masculine	*Feminine*	*Masculine and Feminine*	*Masculine* and *Feminine*	
le	**la**	**l'**	**les**	**les**
au	**à la**	**à l'**	**aux**	**aux**
du	**de la**	**de l'**	**des**	**des**

A *Répétez après moi.*

Voilà le professeur ; je parle du professeur.
Voilà la maison ; je parle de la maison.
Voilà l'étudiant ; je parle de l'étudiant.
Voilà les étudiants ; je parle des étudiants.

Continuez de la même façon.

1. Voilà le jardin.
2. Voilà la vendeuse.
3. Voilà les blousons.
4. Voilà le restaurant.
5. Voilà les étudiants.
6. Voilà le laboratoire.

B *Modifiez les phrases suivantes d'après ce modèle.*

C'est le livre ; c'est le professeur.
C'est le livre du professeur.

1. C'est le stylo ; c'est le professeur.
2. C'est le livre ; c'est l'étudiant.
3. C'est la porte ; c'est la maison.
4. C'est la bibliothèque ; c'est l'université.
5. Ce sont les chaises ; ce sont les étudiants.
6. Ce sont les clés ; ce sont les vendeurs.
7. C'est l'hôpital ; ce sont les médecins.

C *Formez de petits groupes et faites des dialogues d'après ce modèle.*

Le médecin est à l'hôpital.
ÉTUDIANT A **De qui[1] est-ce que tu parles ?**
ÉTUDIANT B **Je parle du médecin.**
ÉTUDIANT A **Où est le médecin ?**
ÉTUDIANT B **Il est à l'hôpital.**

1. Le professeur est au laboratoire.
2. L'étudiant est à la bibliothèque.
3. Les étudiants sont à la maison.
4. Les jeunes filles sont au restaurant.

● 4 NOMBRES CARDINAUX (DE 0 À 60) ; IL Y A ; COMBIEN DE . . . ?

1. Study the cardinal numbers below.

0	**zéro**	/zeʀo/		11	**onze**	/õz/
1	**un (une)**	/ɛ̃/(/yn/)		12	**douze**	/duz/
2	**deux**	/dø/		13	**treize**	/tʀɛz/
3	**trois**	/tʀwɑ/		14	**quatorze**	/katɔʀz/
4	**quatre**	/katʀ/		15	**quinze**	/kɛ̃z/
5	**cinq**	/sɛ̃k/		16	**seize**	/sɛz/
6	**six**	/sis/		17	**dix-sept**	/dissɛt/
7	**sept**	/sɛt/		18	**dix-huit**	/dizɥit/
8	**ḥuit**	/ɥit/		19	**dix-neuf**	/diznœf/
9	**neuf**	/nœf/		20	**vingt**	/vɛ̃/
10	**dix**	/dis/		21	**vingt et un**	/vɛ̃teɛ̃/

[1]*About/Of whom*

22	**vingt-deux**	/vɛ̃tdø/		41	**quarante et un**	/kaʀɑ̃teɛ̃/
29	**vingt-neuf**	/vɛ̃tnœf/		45	**quarante-cinq**	/kaʀɑ̃tsɛ̃k/
30	**trente**	/tʀɑ̃t/		50	**cinquante**	/sɛ̃kɑ̃t/
31	**trente et un**	/tʀɑ̃teɛ̃/		51	**cinquante et un**	/sɛ̃kɑ̃teɛ̃/
32	**trente-deux**	/tʀɑ̃tdø/		57	**cinquante-sept**	/sɛ̃kɑ̃tsɛt/
40	**quarante**	/kaʀɑ̃t/		60	**soixante**	/swasɑ̃t/

2. Change in the pronunciation of the final consonants occurs in some of the numbers when they are used as numerical adjectives before a noun. The final consonant of **cinq, six, ḥuit, dix** as well as their related numbers (**vingt-cinq, trente-six, quarante-huit**, etc.) becomes silent before a word beginning with a consonant sound; all final consonants are pronounced when there is liaison.

BY ITSELF		BEFORE A CONSONANT		BEFORE A VOWEL	
1	/ɛ̃/	**un** livre	/ɛ̃/	**un** enfant	/ɛ̃n/
2	/dø/	**deux** livres	/dø/	**deux** enfants	/døz/
3	/tʀwɑ/	**trois** livres	/tʀwɑ/	**trois** enfants	/tʀwaz/
5	/sɛ̃k/	**cinq** livres	/sɛ̃/	**cinq** enfants	/sɛ̃k/
6	/sis/	**six** livres	/si/	**six** enfants	/siz/
8	/ɥit/	**ḥuit** livres	/ɥi/	**ḥuit** enfants	/ɥit/
10	/dis/	**dix** livres	/di/	**dix** enfants	/diz/
20	/vɛ̃/	**vingt** livres	/vɛ̃/	**vingt** enfants	/vɛ̃t/

Un and other numbers ending in **un** must change **un** to **une** before a feminine noun.

un crayon, **vingt et un** crayons   *one pencil, twenty-one pencils*
une chaise, **vingt et une** chaises   *one chair, twenty-one chairs*

3. *The* **h** **muet** *and* **h** **aspiré**. The letter **h** is never pronounced in French. However, there are two kinds of **h** in French. One is known as **h muet** *mute h* and allows both liaison and elision, as if it did not exist at all: **les hôtels** /lezotɛl/, **l'hôtel** /lotɛl/. The other, known as **h aspiré** *aspirate h*, blocks both liaison and elision, as if it were an invisible consonant: **les ḥaricots** /leaʀiko/, **le ḥaricot** /ləaʀiko/. All instances of **h aspiré** in our text will be marked with a dot under it: **ḥ**. The word **ḥuit** begins with an **h aspiré**. Although the word **onze** does not, it too behaves as if it did.

Où sont les//**ḥuit** étudiants ?
Je cherche les//**onze** livres.

4. **Il y a**. The expression **il y a** corresponds to English *there is, there are*, in the general sense of *there exist(s)*.

Est-ce qu'**il y a** des chaises dans la classe ?   *Are there any chairs in the classroom?*

— Oui, **il y a** vingt-deux chaises dans la classe.   *Yes, there are twenty-two chairs in the classroom.*

Do not confuse **il y a** and **voilà**, both of which correspond to *there is/are* in English. **Voilà**, presented in Lesson 1.3, is used specifically to *point out* someone or something (in English, *There it is!*, *There's the book!*, *There's Paul!*). **Il y a** does not refer to a location and is usually followed by an expression of location.

Il y a un livre sur la table.	*There is a book on the table.*
Est-ce qu'**il y a** des étudiants à la bibliothèque ?	*Are there any students at the library?*
Voilà un livre.	***There**'s a book.*
Voilà la maison du médecin.	***There**'s the doctor's house.*

5. **Combien de . . . ?** The interrogative phrase **combien de** (**d'** before a vowel sound) + noun is an equivalent of English *how many/how much* + noun. It can be used with **est-ce que** and with inversion of the subject pronoun and the verb.

Combien de chaises est-ce qu'il y a dans la classe ?	*How many chairs are there in the classroom?*
Combien d'enfants avez-vous ?	*How many children do you have?*
Combien d'étudiants est-ce qu'il y a à la bibliothèque ?	*How many students are there at the library?*
Combien de tables cherchez-vous ?	*How many tables are you looking for?*

A *Répétez après moi.*

0, 1, 2, 3, 4 . . . 10 ; 10, 9, 8 . . . 0.
11, 12, 13 . . . 20 ; 20, 19, 18 . . . 0.
21, 22, 23, 30, 31, 32, 40, 41, 42, 50, 51, 52, 60

Maintenant, comptez par deux de 0 à 30.[1]

Comptez par cinq de 0 à 60.

Comptez par trois de 30 à 60.

B *Répétez après moi.*

Un : un professeur et un étudiant
Deux : deux professeurs et deux étudiants
Trois : trois professeurs et trois étudiants

On continue jusqu'à dix.[2]

C *Répondez aux questions.*

1. Combien d'heures est-ce qu'il y a dans un jour ? Et combien de minutes est-ce qu'il y a dans une heure ? Combien de secondes est-ce qu'il y a dans une minute ?
2. Regardez la classe. Combien de chaises est-ce qu'il y a dans la classe ? Combien d'étudiants est-ce qu'il y a ? Et combien de jeunes filles ?
3. Regardez le livre de français. Combien de pages est-ce qu'il y a dans la leçon 2 ? Et dans la leçon 3 ?
4. Combien de lettres est-ce qu'il y a dans le mot *professeur* ? Et dans le mot *enfant* ? Et dans le mot *boutique* ?

---

[1]*Now, count by two's from 0 to 30.*
[2]*Continue up to ten.*

Regardez les horloges. Quelle heure est-il ?

• 5 L'HEURE

1. Study the time expressions below; they go with Tableau 13 (p. 47) used in oral exercise A.

Quelle heure est-il ?	*What time is it?*
Il est neuf heures du matin.	*It is nine in the morning.*
Il est dix heures et quart.	*It is a quarter past ten.*
Il est onze heures vingt.	*It is twenty past eleven.*
Il est midi et demi.	*It is half past twelve (noon).*
Il est deux heures moins vingt de l'après-midi.	*It is twenty to two in the afternoon.*
Il est cinq heures moins le quart.	*It is a quarter to five.*
Il est six heures et demie du soir.	*It is half past six in the evening.*
Il est minuit et demi.	*It is half past twelve (midnight).*

a) The word **heures** *o'clock*[1] (**heure** in the case of **une heure**) is always used for time expressions, except for **midi** *noon* and **minuit** *midnight*. The **f** of **neuf heures** is pronounced /v/: /nœvœʀ/. The phrase **est-il** is an inverted form of **il est**, used in questions.

b) The phrase **et demie** is used after the feminine noun **heure(s)**, and **et demi** (without the **e**) after the masculine nouns **midi** and **minuit**.

c) In French, fifteen minutes past the hour is expressed by the phrase **et quart** /ekaʀ/, and a quarter to the hour by **moins le quart** /mwɛ̃lkaʀ/ (note the definite article **le**). **Moins** *to, of* (literally, *less, minus*) is used to indicate time remaining to the hour, but only in the second half of the hour. **Et** occurs only with **et demi(e)** and **et quart**.

[1]literally, *hours*

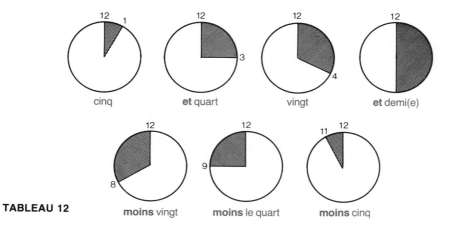

TABLEAU 12

cinq   **et** quart   vingt   **et** demi(e)

moins vingt   **moins** le quart   **moins** cinq

d) Use of the phrases **du matin** *in the morning,* **de l'après-midi** *in the afternoon,* and **du soir** *in the evening* is optional in French, as in English. They are used only for emphasis or clarification.

2. Be careful to distinguish between **quelle heure** and **à quelle heure**. The first is used only in asking what time it is; the second, with the preposition **à**, asks for the time when *something takes place.*

Quelle heure est-il ?	*What time is it?*
— Il est dix heures dix.	*It's ten past ten o'clock.*
À quelle heure déjeunez-vous ?	*What time do you eat lunch?*
— Je déjeune **à** midi et demi.	*I eat lunch at twelve-thirty.*

3. In France as in the rest of Europe, office, store, and business hours, transportation schedules, and the starting times for public events such as concerts, plays, movies, and lectures are indicated in terms of the twenty-four-hour clock, eliminating the problem of having to specify *A.M.* and *P.M.* The word **heure(s)** is normally abbreviated **h**.

10 h 10	dix heures dix
12 h 35	douze heures trente-cinq (=une heure moins vingt-cinq)
20 h 30	vingt heures trente (=huit heures et demie du soir)
23 h 45	vingt-trois heures quarante-cinq (=minuit moins le quart)

Heures normales d'ouverture

Du lundi
au vendredi:
8 h à 16 h
Samedi:
9 h à 13 h

fuseaux horaires
(valable pour l'heure d'hiver)

**ne réveillez pas
vos correspondants !**

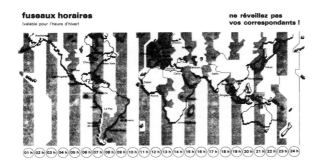

TABLEAU 13

A *Quelle heure est-il ? Regardez le Tableau 13 et répétez après moi.*

1. Il est neuf heures du matin.
2. Il est dix heures et quart.
3. Il est onze heures vingt.
4. Il est midi et demi.
5. Il est deux heures moins vingt de l'après-midi.
6. Il est cinq heures moins le quart.
7. Il est six heures et demie du soir.
8. Il est minuit et demi.

Maintenant, répondez aux questions.

1. Regardez le numéro 3. Quelle heure est-il ?
2. Regardez le numéro 6. Quelle heure est-il ?
3. Regardez le numéro 4. Quelle heure est-il ?

On continue de la même façon.

B *Répondez aux questions.*

1. Est-ce qu'il y a une bibliothèque à l'université ? À quelle heure est-ce qu'elle est ouverte?
2. Est-ce qu'il y a un restaurant universitaire à l'université ? À quelle heure est-ce qu'il est ouvert[1] ?
3. Est-ce que nous sommes dans un cours de français ? À quelle heure est-ce qu'il commence ?

[1]**Ouvert** *open* is used with **restaurant**, a masculine noun, while **ouverte** is used with **bibliothèque**, a feminine noun. The agreement of adjectives with nouns will be presented in Lesson 8.

4. À quelle heure déjeunez-vous ? À quelle heure rentrez-vous à la maison ?
5. Regardez le Tableau 13. Chaque montre avance de cinq minutes. Quelle heure est-il en réalité[1] ?
6. Lisez les phrases suivantes, puis redites l'heure d'une autre façon.[2]

Le train arrive à 9 h 50.   Le concert commence à 20 h 15.
Le film commence à 19 h 30.   Le restaurant est ouvert à 19 h 15.

Le cours est difficile, mais le professeur est amusant. (Université de Perpignan)

APPLICATIONS

 A **Dialogue et questions**

Tu travailles trop !

Il est dix heures et quart. Christine et Jean-Paul quittent le bâtiment et marchent ensemble à travers le « campus »[3]. Bientôt ils arrivent à un petit restaurant près de la cité[4]. Ils entrent dans le restaurant et cherchent une table libre. Ils trouvent une

---

[1] **en réalité** *actually* (literally, *in reality*)
[2] *Read the following sentences, then say the time again in another way.* Use the normal twelve-hour system: **9 h 50** as **dix heures moins dix du matin**.
[3] **à travers le « campus »** *across the campus.* The word **campus** /kɑ̃pys/ is a borrowing from English and often applies in French to newer universities and their branches created outside city limits.
[4] **près de la cité** *near the dormitory area.* The area of the university where student dormitories (**résidences** *f*) are located is known as **la cité universitaire**, or simply **la cité**.

table dans un coin. Ils parlent du cours de biologie de Christine. Elle montre le livre
de biologie à Jean-Paul. Il regarde les illustrations avec intérêt[1].   5

JEAN-PAUL   Alors, comment est le cours de biologie ?
CHRISTINE   Il est difficile, mais le professeur est amusant.
JEAN-PAUL   Est-ce que tu travailles beaucoup pour le cours ?
CHRISTINE   Cela dépend, mais en général presque deux heures par jour.
JEAN-PAUL   Deux heures par jour ! Mon Dieu, tu travailles trop.   10
CHRISTINE   Tu trouves ? C'est parce que j'aime beaucoup la biologie.
JEAN-PAUL   Mais tu ne travailles pas tout le temps[2] ! Est-ce que tu es libre à dix
            heures tous les jours[3] ?
CHRISTINE   Non, seulement deux fois par semaine[4].
JEAN-PAUL   C'est dommage ![5] Est-ce que tu es libre demain à midi ?   15
CHRISTINE   Oui. Pourquoi ?
JEAN-PAUL   Déjeunons ensemble au restaurant universitaire.
CHRISTINE   Bonne idée !

(lignes 1–5)
 1. Qui[6] marche à travers le campus ?
 2. Quand[7] est-ce qu'ils arrivent au restaurant ?
 3. Où est le restaurant ?
 4. Où est-ce qu'ils trouvent une table libre ?
 5. Qui montre le livre de biologie à Jean-Paul ?
 6. Comment est-ce que Jean-Paul regarde le livre ?

(lignes 6–18)
 7. Comment est le cours de biologie ?
 8. Comment est le professeur ?
 9. Combien de temps[8] est-ce que Christine travaille ?
10. Pourquoi[9] est-ce qu'elle travaille beaucoup ?
11. Combien de fois par semaine[10] est-ce qu'elle est libre à dix heures ?
12. Quand est-ce qu'elle est libre à midi ?

[1]**avec intérêt**   *with interest*
[2]**tout le temps** /tultã/   *all the time*
[3]**tous les jours**   *every day* (literally, *all the days*)
[4]**deux fois par semaine**   *twice a week* (literally, *two times per week*)
[5]*That's too bad!*
[6]*Who*
[7]*When. When followed by* **est-ce que**, **d** *is pronounced* /t/: /kãtɛskil/.
[8]*How long* (literally, *how much time*)
[9]*Why (The answer begins with* **parce que** *because.)*
[10]*How many times a (per) week*

B Expressions utiles

Les cours[1]

l'anatomie	l'électronique	la philosophie
l'anthropologie	la géographie	la photographie
l'architecture	la géologie	la physique
l'astronomie	l'histoire	la psychologie
les beaux-arts *m*	l'informatique	
la biologie	le journalisme	économiques
la botanique	la linguistique	les sciences *f* { humaines / naturelles
la chimie	la littérature	physiques
le commerce	les mathématiques *f*	politiques
le droit	la médecine	la sociologie
l'écologie	la musique	la zoologie

les sciences *f* { économiques / humaines / naturelles / physiques / politiques }

Les études

être étudiant(e) en { chimie / journalisme }   étudier { la chimie / le journalisme }

étudier / travailler } { (un) peu / beaucoup / trop }

aimer / détester } { le cours / le professeur / les travaux pratiques[2] }

Le cours est { facile (difficile). / utile (inutile). / intéressant (ennuyeux). / facultatif (obligatoire). }

UNIVERSITÉ DE DROIT, D'ÉCONOMIE
ET DES SCIENCES D'AIX-MARSEILLE
FRANCE

INSTITUT D'ÉTUDES FRANÇAISES
POUR ÉTUDIANTS ÉTRANGERS

23, Rue Gaston-de-Saporta
13625 AIX-EN-PROVENCE
FRANCE

Pratique

1. Quel cours[3] est très difficile ? Quel cours est intéressant ? Quel cours est utile ?
2. Quel cours aimez-vous beaucoup ? Pourquoi ?
3. Quel cours détestez-vous ? Pourquoi ?
4. Comment est le cours de français ? Travaillez-vous un peu ou beaucoup pour le cours ?

C *Je parle à Bill. Complétez le passage suivant.*

(1) Il/être/onze/heure/et/cours de français/être/terminé. (2) Je/quitter/salle de classe/et/ je/rencontrer/Bill/dans/couloir. (3) Bill/être/étudiant/en/sociologie. (4) Moi aussi,/je/étudier/ sociologie. (5) Je/montrer/livre de français/à/Bill/et/il/regarder/illustrations/avec intérêt. (6) Nous/parler/de/cours de français/et/de/professeur. (7) Bill/demander/ combien de fois/par semaine/je/être/libre/onze/heure. (8) Je/déjeuner/avec/Bill/demain/midi/demi.

---

[1] All nouns in this list are feminine, except **beaux-arts**, **commerce**, **droit**, and **journalisme**. Note that some are used in the plural.
[2] *laboratory* or *recitation work*. This expression is always in the plural.
[3] *What course*

Elle travaille beaucoup parce qu'elle aime le cours.

D *Christine aime le cours de français. Lisez le passage suivant et posez des questions sur les parties soulignées.*[1]

Je déjeune avec Jean-Paul (1) au restaurant universitaire. Je suis libre à midi (2) deux fois par semaine. (3) Après le déjeuner, j'étudie à la bibliothèque. Je rentre à la maison (4) à quatre heures et demie. Le cours de français est (5) intéressant. Il commence (6) à dix heures du matin. (7) M. Dubois est le professeur. J'aime le cours (8) parce que M. Dubois est très amusant.

Clé : (1) Où (2) Combien de fois par semaine (3) Quand (4) À quelle heure (5) Comment (6) À quelle heure (7) Qui (8) Pourquoi

E *Renseignements et opinions*

1. Où est-ce que nous sommes ? Quelle heure est-il ?
2. Combien d'étudiants est-ce qu'il y a dans le cours ? À quelle heure est-ce que le cours commence ?
3. Où êtes-vous à dix heures du matin ? À quelle heure déjeunez-vous ?
4. Demandez-moi[2] où je déjeune et à quelle heure.

[1]*Read the following passage and ask questions about the underlined parts.* Begin each question with an appropriate interrogative word, as supplied in the key (**Clé**), provided for Lessons 2 and 3 only. For example, the first question would be **Où est-ce que vous déjeunez avec Jean-Paul ?** and the second, **Combien de fois par semaine est-ce que vous êtes libre à midi ?** Go over the questions to the **Dialogue et questions** to see how these interrogative expressions are used.
[2]*Ask me*

VOCABULAIRE[1]

Noms masculins

anglais	concert	laboratoire	restaurant
après-midi	enfant	matin	soir
·bâtiment	film	midi	·temps
blouson	français	minuit	train
·campus	hôpital	mot	vendeur
cinéma	·intérêt	numéro	
·coin	jour	quart	

Noms féminins

bibliothèque	façon	jeune fille	seconde
·biologie	·fois	leçon	·semaine
·botanique	heure	lettre	université
boutique	·horloge	minute	vendeuse
·chimie	·idée	page	
·cité	·illustration	phrase	

Verbes

aimer	déjeuner	·marcher	regarder
arriver	entrer	·montrer	rentrer
avancer	essayer	parler	travailler
chercher	·étudier	payer	·trouver
commencer	fermer	·quitter	

Adjectifs

·amusant(e)	chaque	·libre	suivant(e)
autre	demi(e)	ouvert(e)	universitaire
·bon (bonne)	·difficile	·petit(e)	

Adverbes

·alors	·comment	·pourquoi	·seulement
beaucoup	·demain	·presque	trop
·bientôt	·ensemble	·quand	

Autres expressions

à	·combien de fois	moi aussi	puis
à la maison	·combien de temps	moins	Quelle heure est-il ?
à quelle heure	·Comment cela ?	·Mon Dieu	redites
·à travers	·en général	·par	·tous les jours
·avec	en réalité	·parce que	·tout le temps
·cela dépend	il y a	·par jour (semaine)	·Tu trouves ?
·c'est dommage	lisez	·pour	
combien de	·mais	·près de	

[1]Numerals are excluded.

TROISIÈME LEÇON

CONVERSATIONS

JANVIER	FÉVRIER	MARS	AVRIL	MAI	JUIN	JUILLET	AOÛT	SEPTEMBRE	OCTOBRE	NOVEMBRE	DÉCEMBRE

TABLEAU 14

A. Le calendrier

Regardez le Tableau 14. C'est un calendrier. Il y a sept jours dans une semaine et douze mois dans une année. Répétez les jours de la semaine après moi.

Lundi, mardi, mercredi, jeudi, vendredi, samedi, dimanche.
Combien de jours est-ce qu'il y a dans une semaine ?
Quels sont les jours de la semaine ?
Quels sont les jours de congé ?
Quel est le premier jour de la semaine ? Et le dernier jour ?

Maintenant, répétez les mois de l'année après moi.

Janvier, février, mars, avril, mai, juin, juillet, août, septembre, octobre, novembre, décembre.
Combien de mois est-ce qu'il y a dans une année ?
Quels sont les mois de l'année ?

Quels sont les mois d'automne /ɔtɔn/ ?
Quels sont les mois d'été ?
Quel est le premier mois de l'année ? Et le dernier mois ?
Combien de jours est-ce qu'il y a en septembre ? Et en janvier ?

 B. Où ?

VÉTÉRINAIRE	Où est ton petit chat ?
PIERROT	Mon chat ? Il est à la maison.
VÉTÉRINAIRE	Alors, qu'est-ce qu'il y a dans ton panier ?
PIERROT	C'est mon lapin. Il est malade.

DIFFÉRENCES

Les jours fériés[1]

Holidays in France are a time for festivities, family get-togethers, sumptuous feasts, and joyous celebrations. Many French holidays are religious in origin, dating back to the early Middle Ages. On such days, all businesses close down and solemn worship services are held. In some towns and villages, colorful religious processions take place. **La Fête Nationale**, Bastille Day (July 14), commemorates the Revolution of 1789. On July 14, 1789, the revolutionaries stormed the Bastille fortress in Paris, long used as a prison and considered a symbol of despotism and oppression. This spontaneous act marked the entry of the lower classes into the Revolution. People celebrate the day with a great deal of enthusiasm by singing the *Marseillaise*, the French national anthem, organizing parades, dancing in the streets, and watching fireworks.

French workers receive at least twenty-four paid vacation days during the year (usually in August) in addition to the holidays listed below. When a holiday falls on a Thursday (which is always the case for Ascension), many employers make a long, four-day weekend by closing their businesses on Friday; this custom is known as **faire le pont**.

Le Jour de l'An (1er janvier)	*New Year's Day*
Le Lundi de Pâques (mars ou avril)	*Easter Monday*
La Fête du Travail (1er mai)	*May Day (Labor Day)*
L'Ascension (mai, un jeudi)	*Ascension Day (40 days after Easter)*
Le Lundi de Pentecôte (mai ou juin)	*Whit Monday (49 days after Easter)*
La Fête Nationale (14 juillet)	*Bastille Day*
L'Assomption (15 août)	*Assumption Day*
La Toussaint (1er novembre)	*All Saints' Day (Memorial Day)*
La Fête de la Victoire (11 novembre)	*Armistice Day*
Noël (25 décembre)	*Christmas*

[1] *Holidays*

Le quatorze juillet est le jour de la Fête Nationale en France.

Congés scolaires[1]

In public schools, classes are held all day (until four or five in the afternoon) on Monday, Tuesday, Thursday, and Friday, and until noon on Saturday. School children have the following vacation periods (most universities also follow the same schedule).

vacances[2] de février (vacances de mi-Carême)	close to a week, in the second half of February
vacances de printemps (vacances de Pâques)	two to two-and-a-half weeks in May
vacances d'été (grandes vacances)	about ten weeks, beginning in late June
vacances de Toussaint	close to a week, from the end of October to early November
vacances de Noël	two weeks, from December to January

---

[1]*School holidays* (**congés** literally, *off-days*)
[2]*vacation.* In this meaning, the word **vacances** is always in the plural.

EXPLICATIONS ET EXERCICES ORAUX

● **1 NOMBRES ORDINAUX ET LA DATE**

1. The ordinal numbers (*first, second, third*) are formed by adding **-ième** to the corresponding cardinal numbers (except for **premier** *m* and **première** *f*). If the cardinal number ends in **e**, the **e** is dropped before adding **-ième**: **quatre→quatrième**, **onze→onzième**. Note also the irregular formation in the case of **cinq→cinquième** and **neuf→neuvième**.

un, une	→**premier, première**	dix	→**dixième**
deux	→**deuxième**[1]	onze	→**onzième**
trois	→**troisième**	vingt	→**vingtième**
quatre	→**quatrième**	vingt et un	→**vingt et unième**
cinq	→**cinquième**	vingt-deux	→**vingt-deuxième**
six	→**sixième**	trente	→**trentième**
sept	→**septième**	quarante	→**quarantième**
huit	→**huitième**	cinquante	→**cinquantième**
neuf	→**neuvième**	soixante	→**soixantième**

Ordinal numbers are often represented by Roman or Arabic numerals followed by **e** or **ème**.

premier, première	**Iᵉʳ, Iᵉʳᵉ ; 1ᵉʳ, 1ᵉʳᵉ**
deuxième	**IIᵉ (IIᵉᵐᵉ) ; 2ᵉ (2ᵉᵐᵉ)**
cinquième	**Vᵉ (Vᵉᵐᵉ) ; 5ᵉ (5ᵉᵐᵉ)**
vingtième	**XXᵉ (XXᵉᵐᵉ) ; 20ᵉ (20ᵉᵐᵉ)**

2. Names of the days of the week and the months of the year have been presented in **Conversations**. Review the pronunciation as given below.

LES JOURS DE LA SEMAINE
lundi /lɛ̃di/ *Monday*
mardi /maʀdi/ *Tuesday*
mercredi /mɛʀkʀədi/ *Wednesday*
jeudi /ʒødi/ *Thursday*
vendredi /vɑ̃dʀədi/ *Friday*
samedi /samdi/ *Saturday*
dimanche /dimɑ̃ʃ/ *Sunday*

LES MOIS DE L'ANNÉE
janvier /ʒɑ̃vje/ *January*
février /fevʀije/ *February*
mars /maʀs/ *March*
avril /avʀil/ *April*
mai /mɛ/ *May*
juin /ʒɥɛ̃/ *June*
juillet /ʒɥijɛ/ *July*
août /u, ut/ *August*
septembre /sɛptɑ̃bʀ/ *September*
octobre /ɔktɔbʀ/ *October*
novembre /nɔvɑ̃bʀ/ *November*
décembre /desɑ̃bʀ/ *December*

In France, Monday is considered the first day of the week. Unlike English, days of the week and months are not capitalized in French unless they begin a sentence

---

[1]**Second** and **seconde** /sgɔ̃/, /sgɔ̃d/ also occur, but usually only to denote the second item in a series of two.

(**Lundi est le premier jour de la semaine**) or all letters are spelled out in capitals
(**LUNDI ET JEUDI, EN SEPTEMBRE**).

BELIER
*(21 mars-
20 avril.)*

TAUREAU
*(21 avril-
20 mai.)*

GEMEAUX
*(21 mai-
21 juin.)*

CANCER
*(22 juin-
22 juillet.)*

LION
*(23 juillet-
23 août.)*

VIERGE
*(24 août-
22 septembre.)*

BALANCE
*(23 septembre-
23 octobre.)*

SCORPION
*(24 octobre-
22 novembre.)*

SAGITTAIRE
*(23 novembre-
21 décembre.)*

CAPRICORNE
*(22 décembre-
20 janvier.)*

VERSEAU
*(21 janvier-
19 février.)*

POISSONS
*(20 février-
20 mars.)*

3. Dates are always preceded by the definite article **le** when they occur in a sentence. The ordinal number is used only for the first of the month.

Quelle est la date aujourd'hui ?	*What is today's date?*
— C'est **le premier** octobre.	*It's the first of October.*
Quelle est la date de Noël ?	*What is the date of Christmas?*
— C'est **le vingt-cinq** décembre.	*It's December 25th.*

4. The phrase **c'est** *it is* is used to express dates in French. **Aujourd'hui** *today* is never the subject of a sentence. The phrase **est-ce** is an inverted form of **c'est**, used in questions.[1]

Quel jour **est-ce** aujourd'hui ?	*What day is it today?*
— **C'est** (aujourd'hui) jeudi.	*It's Thursday (today).*

You will recall from Lesson 2.5 that **il est** *it is* and **est-il ?** are used to express *time* in French.

Quelle heure **est-il** ?	*What time is it?*
— **Il est** dix heures et quart.	*It's quarter past ten.*

5. Unlike English, dates and the days of the week in French are not preceded by a preposition.

Nous arrivons à Paris **mardi**.	*We arrive in Paris on Tuesday.*
L'hiver /ivɛʀ/ commence **le 22 décembre**.	*Winter begins on December 22nd.*

6. When the definite article **le** is used before a day of the week, it usually corresponds to English *every*.

J'ai quatre cours **le lundi**.	*I have four classes on Mondays (every Monday).*
Le mardi je déjeune à midi.	*On Tuesdays (Every Tuesday) I eat lunch at noon.*

A *Donnez le nombre ordinal qui correspond à chaque nombre cardinal.*[2]

Modèle : un
   premier

a. quatre
b. six
c. onze
d. neuf

e. un
f. vingt
g. trente
h. quatorze

i. deux
j. vingt et un
k. cinquante
l. quarante-trois

[1] **C'est** and **est-ce** can be replaced by **nous sommes** and **sommes-nous**: **Quel jour sommes-nous aujourd'hui ?
— Nous sommes** (aujourd'hui) mercredi.
[2] *Give the ordinal number that corresponds to each cardinal number.*

B *Parlons du calendrier. Répondez aux questions.*

1. Quel est le deuxième jour de la semaine ? Et le cinquième jour de la semaine ?
2. Quel est le quatrième jour de la semaine ? Et le sixième jour de la semaine ?
3. Quel est le premier mois de l'année ? Et le sixième mois de l'année ?
4. Quel est le troisième mois de l'année ? Et le neuvième mois de l'année ?
5. Combien de jours est-ce qu'il y a en juillet ? Et en octobre ?
6. Quels sont les mois d'été ? Et les mois d'automne /ɔtɔn/ ?
7. Quels sont les mois d'hiver ? Et les mois de printemps /pʀɛ̃tɑ̃/ ?
8. Quel est la date de Noël ? Et la date de la Fête Nationale en France ?
9. Quelle est la date de la Fête du Travail en France ? Et aux États-Unis[1] ?

• 2 AVOIR ET PAS DE

1. Study the conjugation of **avoir** /avwaʀ/ *to have* below. Note that the third person plural **ils ont** and **elles ont** are pronounced /ilzɔ̃/, /ɛlzɔ̃/ in liaison. Be careful to distinguish between these forms and the corresponding forms of **être**: **ils sont**, **elles sont** /ilsɔ̃/, /ɛlsɔ̃/ (presented in Lesson 1.5).

j'**ai** /ʒe/	nous **avons** /nuzavɔ̃/		ai	avons
tu **as** /tya/	vous **avez** /vuzave/		as	avez
il/elle **a** /ila/, /ɛla/	ils/elles **ont** /ilzɔ̃/, /ɛlzɔ̃/		a	ont

2. **Pas de** /pɑd/. In negative sentences, **un/une/des** + noun coming after the verb becomes **de** + noun (**d'** before a vowel sound).

Avez-vous **un** stylo ?	*Do you have a pen?*
— Non, je n'ai pas **de** stylo.	*No, I don't have a pen.*
Avez-vous **des** crayons ?	*Do you have pencils?*
— Non, je n'ai pas **de** crayons.	*No, I don't have any pencils.*
Est-ce qu'il a **des** enfants ?	*Does he have any children?*
— Non, il n'a pas **d'**enfants.	*No, he doesn't have any children.*

The negative form of **il y a** + **un/une/des** is **il n'y a pas de**.

Est-ce qu'**il y a des** chats dans la classe ?	*Are there any cats in the classroom?*
— Non, **il n'y a pas de** chats.	*No, there aren't any cats.*

The only exception is with **être**. After **être**, the indefinite articles **un/une/des** do not change to **de**. You learned the following constructions in Lesson 1.2.

Est-ce que c'est un livre ?	*Is it a book?*
— Non, ce **n'**est **pas un** livre.	*No, it is not a book.*
Est-ce que ce sont des chaises ?	*Are they chairs?*
— Non, ce **ne** sont **pas des** chaises.	*No, they are not chairs.*

[1]**aux États-Unis** *in the United States*

A *Exercice de contrôle*

J'ai des cours aujourd'hui.

1. Le professeur
2. Vous
3. Tu
4. Les étudiants
5. Nous
6. Je

Je n'ai pas de cours le samedi.

1. Tu
2. Nous
3. Vous
4. Le professeur
5. Les étudiants
6. Je

 B *Répondez aux questions.*

1. Avez-vous un cours à midi ? Demandez à[1] (Jeanne) si elle a un cours à midi.
2. Est-ce que j'ai un stylo ? Est-ce que (Paul) a un stylo ? Demandez à (Jacques) s'il[2] a un stylo.
3. Demandez à (Bernard) s'il a une montre. Regardez (Martin) et (Mireille). Est-ce qu'ils ont des montres ?
4. Est-ce qu'il y a un chat dans la classe ? Est-ce qu'il y a un chien dans le couloir ?
5. Est-ce qu'il y a des lapins dans la classe ? Demandez à (Gisèle) si elle a des lapins à la maison.
6. Est-ce que nous avons une corbeille dans la classe ? Et dans le couloir ?

• 3 ADJECTIFS POSSESSIFS : **MON, TON** ET **VOTRE**

1. Words corresponding to English *my, your, his, her, its, our,* and *their* are known as possessive adjectives. In French, the possessive adjective agrees in gender and number with the noun that follows it. The possessive adjective for the first person singular (**je**) is **mon** /mõ/ before a masculine singular noun, and **ma** /ma/ before a feminine singular noun.

Où est **mon** stylo ?	*Where is my pen?*
Où est **ma** montre ?	*Where is my watch?*

If the word following the possessive adjective begins with a vowel sound, **mon** /mõn/ is used regardless of whether the noun is masculine or feminine.

Voilà **mon** appartement (*m*).	*There's my apartment.*
Voilà **mon** adresse (*f*).	*There's my address.*

2. **Mes** is used before both masculine and feminine plural nouns.

Où sont **mes** livres ?	*Where are my books?*
Où sont **mes** clés ?	*Where are my keys?*
Où sont **mes** amis ?	*Where are my friends?*

---

[1]**Demandez à** *Ask* (not *demand*)
[2]**Si** *if* and **il, ils** combine to become **s'il, s'ils**. But **elle** and **elles** do not combine with **si**: **si elle, si elles**.

3. The forms of the possessive adjective for **tu** are **ton** /tō/ before a masculine singular noun, and **ta** /ta/ before a feminine singular noun; **ton** /tōn̪/ is used before both masculine and feminine singular nouns that begin with a vowel sound.

Où est **mon** chat ?	— Voilà **ton** chat.
Où est **ma** mère ?	— Voilà **ta** mère.
Où est **mon** ami (*m*) ?	— Voilà **ton** ami (*m*).
Où est **mon** amie (*f*) ?	— Voilà **ton** amie (*f*).

4. The possessive adjective for the **vous** form is **votre** before a masculine or feminine noun. It is pronounced /vɔtʀə/ before a consonant,[1] and /vɔtʀ/ before a vowel sound.

Où est **mon** crayon ?	— Voilà **votre** crayon. /vɔtʀə/
Où est **ma** chaise ?	— Voilà **votre** chaise. /vɔtʀə/
Où est **mon** appartement ?	— Voilà **votre** appartement. /vɔtʀ/
Où est **mon** adresse ?	— Voilà **votre** adresse. /vɔtʀ/

Before a plural noun, **votre** becomes **vos** /vo/, /voz̪/.

Où sont **mes** frères ?	— Voilà **vos** frères.
Où sont **mes** sœurs ?	— Voilà **vos** sœurs.
Où sont **mes** amis ?	— Voilà **vos** amis.

TABLEAU 15

Est-ce que c'est **votre** livre ?
— Ah oui, c'est **mon** livre.

Est-ce que c'est **ta** chaise ?
— Oui, c'est **ma** chaise.

 A *Remplacez* un, une, des *par* **mon, ma, mes** *d'après les modèles.*

Voilà un cahier.
Voilà mon cahier.

C'est une classe.
C'est ma classe.

1. Voilà un livre.	7. C'est une classe.
2. Voilà un appartement.	8. C'est un voisin.
3. Voilà une chaise.	9. C'est une voisine.
4. Voilà une maison.	10. C'est un ami.
5. Voilà des crayons.	11. C'est une amie.
6. Voilà des professeurs.	12. Ce sont des amis.

[1]In colloquial French, **votre** /vɔtʀə/ is often shortened to /vɔt/ before a consonant sound.

B *Répétez l'exercice précédent. Remplacez* **un, une, des** *par* **votre** *ou* **vos,** *d'après les modèles.*

Voilà un cahier.
Voilà votre cahier.

Ce sont des clés.
Ce sont vos clés.

C *Regardez bien et répondez d'après les modèles.*

Est-ce que c'est mon cahier ? (livre)
Non, ce n'est pas votre cahier, c'est votre livre !
Est-ce que c'est votre cahier ? (livre)
Non, ce n'est pas mon cahier, c'est mon livre !

1. Est-ce que c'est mon livre ? (cahier)
2. Est-ce que c'est mon stylo ? (crayon)
3. Est-ce que ce sont mes crayons ? (clés)
4. Est-ce que c'est mon frère ? (étudiant)
5. Est-ce que c'est votre cahier ? (livre)
6. Est-ce que c'est votre stylo ? (montre)

D *Maintenant, répondez aux questions.*

1. Avez-vous votre livre de français ? Est-ce que j'ai mon livre de français ?
2. Le (23 novembre) est la date de mon anniversaire. Quelle est la date de votre anniversaire ?
3. Voici mon argent. Où est-ce que vous avez votre argent — dans votre poche, dans votre sac, ou dans votre portefeuille ?
4. (Jeanne), qui est votre voisin(e) de gauche[1] ? (Jacques), qui est votre voisin(e) de droite ?
5. Est-ce que j'ai votre livre de français ? Avez-vous mon livre de français ?
6. Regardez-vous ma montre ? Est-ce que je regarde votre montre ?

E *Posez-vous des questions[2] d'après ce modèle.*

ÉTUDIANT A	**Où est ton père ?**
ÉTUDIANT B	**Mon père est à San Francisco.**
ÉTUDIANT A	**Où est ta mère ?**
ÉTUDIANT B	**Ma mère est aussi à San Francisco.**
ÉTUDIANT A	**Est-ce que tu as des sœurs ?**
ÉTUDIANT B	**Non, je n'ai pas de sœurs.**
ÉTUDIANT A	**Est-ce que tu as des frères ?**
ÉTUDIANT B	**Oui, j'ai un frère.**
ÉTUDIANT A	**Comment s'appelle ton frère ?[3]**
ÉTUDIANT B	**Mon frère s'appelle David.**

---

[1] **voisin** /vwazɛ̃/, **voisine** /vwazin/ **de gauche** *neighbor on the left;* **voisin(e) de droite** *neighbor on the right*
[2] **Posez-vous des questions** *Ask each other questions*
[3] *What is your brother's name?* **Comment s'appelle . . . ?** *roughly corresponds to* What is the name of + noun in English.

• 4 ADJECTIF INTERROGATIF **QUEL**

1. The interrogative adjective **quel** corresponds to English *Which?, What?* and at times *Whose?* It has four different forms (**quel, quelle, quels,** and **quelles**) to agree in gender and number with the noun it modifies. These forms are all pronounced /kɛl/, except when there is liaison in the plural forms (/kɛlz/).

Quel livre est sur la table ?	*Which/What/Whose book . . .*
— **Mon** livre est sur la table.	
Quelle étudiante est-ce que tu cherches ?	*Which/What student . . .*
— Je cherche une étudiante **française**.	
Quels étudiants est-ce qu'elle cherche ?	*Which/What/Whose students . . .*
— Elle cherche les étudiants **de M. Durand**.	
Quelles clés sont ici ?	*Which/What/Whose keys . . .*
— Les clés **de ma voiture** sont ici.	

2. If the noun modified by the interrogative adjective **quel** is preceded by a preposition, then the preposition must begin the question. Note that in English the preposition is normally left at the end of the question.

Vous parlez **de la maison de vos parents**.	
→**De quelle maison** parlez-vous ?	*Which/What/Whose house are you talking about?*
Elle travaille **pour le professeur de Bernard**.	
→**Pour quel professeur** est-ce qu'elle travaille ?	*Which/What/Whose professor does she work for?*
Ils sont **dans le bureau de M. Durand**.	
→**Dans quel bureau** est-ce qu'ils sont ?	*Which/What/Whose office are they in?*

3. When used with **être**, the interrogative adjective may be separated from the noun it modifies. But it still agrees in gender and number with the noun that it modifies, which comes after **être**. This construction corresponds to English *What is . . . + noun.*

Quel est votre **nom** ?	*What is your name?*
— Marie-Claire Pouleur.	
Quelle est votre **nationalité** ?	*What is your nationality?*
— Je suis française.	
Quelle est votre **profession** ?	*What is your profession?*
— Je suis journaliste.	
Quelle est votre **adresse** ?	*What is your address?*
— 28, rue de Seine.[1]	
Quel est votre **sport** préféré ?	*What is your favorite sport?*
— C'est le camping. /kɑ̃piŋ/	

[1]Note the use of a comma after the house number.

« Et quelle est l'adresse de votre frère ? »

4. *Cognates.* Words that are spelled more or less alike and have the same meaning in two languages are known as cognates. Many French nouns ending in **-ité** (feminine) have English cognates ending in *-ity*. Likewise, many French nouns ending in **-sion**, **-ssion**, or **-tion** (all feminine) usually have English cognates with the same endings. You can increase your passive vocabulary—words whose meaning you recognize when you encounter them in listening or reading—by paying attention to cognates. Appendix A (p. A1) gives you a list of easily recognizable cognates.

-ité /ite/	**-sion** /zjō/, /sjō/[1]	**-ssion** /sjō/	**-tion** /sjō/
capacité	conclusion	expression	affirmation
générosité	décision	mission	éducation
liberté	vision	omission	nation
mentalité	émulsion	possession	négation
nationalité	inversion	profession	option

[1]The pronunciation /zjō/ always occurs when the **s** is between two vowel sounds, as in the first three examples. If it is preceded by a consonant, it is pronounced /sjō/, as in the last two examples.

TABLEAU 16   Je pense **à un livre**.   **À quel livre** est-ce que tu penses ?

 A *Regardez le Tableau 9 à la page 37. Posez des questions d'après ce modèle.*

J'arrive à la boutique.
À quelle boutique est-ce que vous arrivez ?

1. J'arrive à la boutique.
2. Je regarde les blousons.
3. J'entre dans la boutique.
4. Je cherche la vendeuse.

5. Je parle à la vendeuse.
6. J'essaie le blouson.
7. J'aime le blouson.
8. Je paie le blouson.

 B *Nous posons des questions à Jean-Paul Chabrier. Répétez après moi.*

Quel est votre nom ? — Jean-Paul Chabrier.
Quelle est votre nationalité ? — Je suis français.
Quelle est votre profession ? — Je suis étudiant.
Quelle est votre adresse ? — 27, rue de la Ferme.
Quel est votre sport préféré ? — C'est le tennis /tɛnis/.

Maintenant, posez des questions.

1. Jacqueline Chaumière.
2. Je suis canadienne.
3. Je suis infirmière.
4. 17, avenue Victor Hugo.
5. C'est le camping.

6. Jim Wilson.
7. Je suis dentiste.
8. C'est le football[1].
9. C'est 16, rue du Commerce.
10. Je suis américain.

C *Comment est-ce que vous demandez les renseignements suivants ?[2]*

1. L'heure
2. La date
3. Le nom d'une personne
4. La nationalité de la personne

5. La profession de la personne
6. L'adresse de la personne
7. Le sport préféré de la personne
8. L'adresse des parents de la personne

---

[1]**Le football** in French always means *soccer,* a very popular sport in Europe. **Le football américain** *American-style football* is rarely played in Europe.
[2]*How do you ask for the following information?* **Renseignements** *information* is usually used in the plural, as in **Renseignements et opinions** of our **Applications.**

• 5 ADJECTIFS POSSESSIFS : **SON, NOTRE** ET **LEUR** (CONCLUSION)

1. The possessive adjective for the third person singular (**il, elle**) is **son** before a masculine singular noun, **sa** before a feminine singular noun, and **son** /sōn/ before any singular noun beginning with a vowel sound. Note below that all these forms correspond to English *his, her,* and *its.* In French, unlike English, possessive adjectives agree in gender and number with the *noun possessed,* not with the *possessor.*

le frère **de Paul**	→**son** frère	*his* brother
le frère **de Marie**	→**son** frère	*her* brother
le mur **de l'église**	→**son** mur	*its* wall
la sœur **de Paul**	→**sa** sœur	*his* sister
la sœur **de Marie**	→**sa** sœur	*her* sister
la porte **de l'église**	→**sa** porte	*its* door
l'adresse (*f*) **de Paul**	→**son** adresse	*his* address
l'appartement (*m*) **de Marie**	→**son** appartement	*her* apartment
l'horloge (*f*) **de l'église**	→**son** horloge	*its* clock

Ses is used before a masculine or feminine plural noun. Again, it corresponds to *his, her,* or *its.*

les frères **de Paul**	→**ses** frères	*his* brothers
les frères **de Marie**	→**ses** frères	*her* brothers
les sœurs **de Paul**	→**ses** sœurs	*his* sisters
les sœurs **de Marie**	→**ses** sœurs	*her* sisters
les portes **de l'église**	→**ses** portes	*its* doors

« Voilà ma sœur avec son mari et leurs deux enfants. »

2. The possessive adjective for **nous** is **notre** /nɔtRə/[1] before a singular noun; the final vowel /ə/ of **notre** is dropped before a vowel sound. **Nos** is used before a plural noun. Both **notre** and **nos** correspond to *our* in English.

Cherchez-vous **votre** journal ?	— Oui, nous cherchons **notre** journal.
Où est **votre** maison ?	— Voilà **notre** maison.
Est-ce que c'est **votre** enfant ?	— Non, ce n'est pas **notre** enfant.
Aimez-vous **vos** cours ?	— Oui, nous aimons **nos** cours.
Où sont **vos** amis ?	— Voilà **nos** amis.

3. The possessive adjectives for **ils** and **elles** are **leur** /lœR/ before a singular noun and **leurs** before a plural noun. Both **leur** and **leurs** correspond to *their* in English.

Ils ont **leur** cahier.	→Ils ont **leurs** cahiers.
Ils aiment **leur** enfant.	→Ils aiment **leurs** enfants.
Elles apportent **leur** livre.	→Elles apportent **leurs** livres.
Elles cherchent **leur** hôtel.	→Elles cherchent **leurs** hôtels.

4. The chart below summarizes the forms of all the possessive adjectives.

SINGULAR			PLURAL		
Before a Consonant		Before a Vowel	Before a Consonant	Before a Vowel	
Masculine	*Feminine*	*Masculine and Feminine*	*Masculine and Feminine*		
mon	**ma**	**mon**	**mes**	**mes**	*my*
ton	**ta**	**ton**	**tes**	**tes**	*your*
son	**sa**	**son**	**ses**	**ses**	*his, her, its*
	notre		**nos**	**nos**	*our*
	votre		**vos**	**vos**	*your*
	leur		**leurs**	**leurs**	*their*

 A *Regardez et répondez aux questions d'après les modèles.*

Où est le livre de (Paul) ?
Voilà son livre.

Où est le livre de (Jeanne) ?
Voilà son livre.

1. Où est le livre de (Gisèle) ?
2. Où est la montre de (Robert) ?
3. Où est la chaise de (Martine) ?
4. Où est le stylo de (Françoise) ?
5. Qui sont les voisins de (Jacques) ?
6. Où est la table du professeur ?
7. Où sont les clés du professeur ?
8. Où est le crayon du professeur ?

[1]In colloquial French, **notre** is often pronounced /nɔt/ before a consonant sound.

B *Répondez aux questions. Utilisez des adjectifs possessifs dans vos réponses.*

1. Est-ce que c'est notre classe ? Est-ce que ce sont nos chaises ?
2. Regardez-vous le livre de (Paul) ? Regardez-vous la montre de (Jacqueline) ?
3. Où habitent vos parents ? Est-ce que leurs voisins sont français ?
4. Est-ce que les Français[1] ont une Fête du Travail ? Quelle est la date de leur Fête du Travail ?
5. Demandez à (Anne) où habitent ses parents. Demandez si ses parents parlent français. Demandez si leurs amis parlent français.

M. Brunot

Mme Brunot

Philippe

Cécile

Anne-Marie

TABLEAU 17

C *Révision.[2] Regardez le Tableau 17. C'est la famille Brunot. Ils habitent à Dijon. Il y a M. et Mme Brunot et leurs trois enfants, Philippe, Anne-Marie et Cécile. Répétez les phrases suivantes après moi.*

Le frère est devant la voiture.
Le père est derrière la voiture.
La mère est dans la voiture.
Les sœurs sont dans la voiture, derrière la mère.
La famille habite à Dijon.

1. Vous êtes Philippe. Décrivez la scène.[3] (*Je suis Philippe. Je suis devant la voiture. Mon père est derrière la voiture,* etc.)
2. Vous êtes un(e) camarade de Philippe. Vous parlez à Philippe. Décrivez la scène. (*Je suis un(e) camarade de Philippe. Je parle à Philippe. Tu es devant la voiture,* etc.)
3. Vous êtes un(e) camarade de Philippe. Mais vous ne parlez pas à Philippe. Décrivez la scène. (*Je suis un(e) camarade de Philippe. Philippe est devant la voiture. Son père est derrière la voiture,* etc.)
4. Vous êtes Anne-Marie et Cécile. Décrivez la scène. (*Notre frère est devant la voiture,* etc.)

---

[1]*the French (people);* nouns (but not adjectives) denoting nationality always begin with a capital letter.
[2]*Review.* In this exercise, various forms of all the possessive adjectives occur.
[3]*Describe the scene.*

5. Vous parlez à Anne-Marie et à Cécile. Décrivez la scène. (*Je parle à Anne-Marie et à Cécile. Votre frère est devant la voiture,* etc.)
6. Vous êtes un(e) camarade d'Anne-Marie et de Cécile. Décrivez la scène. (*Leur frère est devant la voiture,* etc.)

Il y a un film formidable.

APPLICATIONS

 A Dialogue et questions

Allons au cinéma demain soir.[1]

Jean-Paul partage une chambre à la résidence[2] avec Bill Broussard. Bill est américain, mais il parle très bien français. Pourquoi ? Parce qu'il vient[3] du sud de la Louisiane où il y a beaucoup de gens[4] d'origine française. Ils sont maintenant dans leur chambre. Bill regarde la télévision et Jean-Paul regarde le journal universitaire.

JEAN-PAUL   Est-ce que tu es libre demain soir ?   5
BILL   Non, le jeudi j'ai toujours un devoir d'anglais[5].

[1] *Let's go to the movies tomorrow night.*
[2] **la résidence** *the dormitory*
[3] **il vient** *he comes*
[4] **beaucoup de gens** *many people*
[5] **un devoir d'anglais** *English homework*

JEAN-PAUL C'est dommage. Il y a un film formidable[1] au ciné-club.

BILL Ah oui ? Quel film ?

JEAN-PAUL *Robert et Robert* de Claude Lelouch. C'est une comédie très amusante. 10

BILL À quelle heure est-ce que le film commence ?

JEAN-PAUL À sept heures. Et l'entrée est gratuite parce que c'est le premier film de l'année.

BILL D'accord.[2] Allons au cinéma demain soir.

JEAN-PAUL Mais ton devoir d'anglais ?   15

BILL Après le film, si nous ne rentrons pas trop tard.

(lignes 1–4)

1. Avec qui[3] est-ce que Jean-Paul partage sa chambre ?
2. De quelle région des États-Unis est-ce que Bill vient ?
3. Comment est-ce que Bill parle français ?
4. Où sont Bill et Jean-Paul maintenant ?
5. Quel journal est-ce que Jean-Paul regarde ?

(lignes 5–16)

6. Quel devoir est-ce que Bill a le jeudi ?
7. Quel film est-ce qu'il y a au ciné-club ?
8. À quelle heure est-ce que le film commence ?
9. Pourquoi est-ce que l'entrée est gratuite ?

B Expressions utiles

Le campus

Les étudiants sont
- au bâtiment de langues modernes.
- au laboratoire de langues.
- au restaurant universitaire.
- au stade.
- à l'université.
- à la piscine.
- à la cité (universitaire).
- à la librairie[4].
- à la bibliothèque.
- à la résidence.

Le secrétariat / La (salle de) classe / Le laboratoire / Le bureau **est**
- près d'ici / loin d'ici.
- à gauche / à droite.
- au rez-de-chaussée[5].
- au premier / au deuxième étage[6].

[1] **formidable** *great*
[2] *OK, Agreed*
[3] *With whom*
[4] **librairie** *bookstore* (not *library*, which is **bibliothèque**)
[5] *on the first floor (ground floor)*
[6] *on the second/third floor.* Note the difference in counting floors in the French and American systems.

Les langues vivantes[1]

le français	le chinois	le japonais
l'allemand	l'espagnol	le polonais
l'anglais	l'hébreu	le portugais
l'arabe	l'italien	le russe

Pratique

1. Quelles langues parlez-vous ? Quelles langues est-ce que vos parents parlent ? Quelles langues est-ce que je parle ?
2. Dans quel bâtiment est notre classe ? À quel étage ? Est-ce que le laboratoire de langues est près d'ici ?
3. Où est le secrétariat de notre section[2] ? Dans quel bâtiment ? À quel étage ? Est-ce qu'il est près de notre classe ?
4. Est-ce qu'il y a une bibliothèque sur notre campus ? À quelle heure est-ce qu'elle est ouverte ? Quel est son nom ?
5. Est-ce qu'il y a un stade à notre université ? Est-ce qu'il est près ou loin d'ici ?

C *Je vais au cinéma demain soir. Complétez le passage suivant.*

(1) Je/être/dans/mon/chambre/à/résidence. (2) Je/regarder/télévision. (3) Il/être/presque/dix/heure. (4) D'après[3]/Jean-Paul,/il y a /film/formidable/à/ciné-club/demain soir. (5) La/entrée/être/gratuite/parce que/ce/être/premier/film/de/le/semestre. (6) Film/commence/à/sept/heure. (7) Mais/le/jeudi,/je/avoir/toujours/un/devoir/anglais. (8) Alors,/mon/devoir ? (9) Après/film,/si/je/ne pas/rentrer/trop tard.

D *Lisez le passage suivant et posez des questions sur les parties soulignées.*

C'est aujourd'hui (1) lundi. Il est maintenant (2) deux heures et demie. Je suis (3) au laboratoire de langues. Mon dernier cours commence (4) à quatre heures. (5) Après le cours, je rentre à la maison. Le lundi, j'ai toujours un devoir (6) de psychologie. Mais (7) demain soir il y a un film au ciné-club. C'est un film français. (8) D'après Charles, il est formidable.

Clé : (1) Quel jour (2) Quelle heure (3) Où (4) À quelle heure
(5) Quand (6) Quel devoir (7) Quand (8) D'après qui[4]

E *Renseignements et opinions*

1. Quelle est la date aujourd'hui ? Quelle heure est-il ?
2. Quel est votre premier cours demain ? À quelle heure ? Quel est votre dernier cours ?
3. Quelle est la date de votre anniversaire ? Et la date de l'anniversaire de votre père ? Et la date de l'anniversaire de votre mère ?
4. Comment s'appelle (Quel est le nom de) votre voisin(e) de gauche (droite) ? Quelle est sa nationalité ?

---

[1] *Modern* (literally, *living*) *languages.* The gender of languages in French is masculine. The definite article is omitted only with the verb **parler** and in expressions like **en français** and **de français**. In all other cases, the article must be used: **J'étudie le français ; Le français n'est pas difficile.** (See Lesson 8.1.)
[2] **section** *department*: **la section d'anglais, la section de français, la section de sciences sociales**, etc.
[3] *According to*
[4] *According to whom*

5. Donnez les dates suivantes d'après votre calendrier scolaire.

Les vacances de Thanksgiving *(Elles commencent mercredi le 23 n durent cinq jours.)*
Les vacances de Noël
Les vacances de printemps (de Pâques)
Les vacances d'été

VOCABULAIRE[1]

Noms masculins

ami	dentiste	juin	portefeuille
anniversaire	·devoir	lapin	printemps
août	dimanche	lundi	sac
appartement	États-Unis *pl*	mai	samedi
argent	été	mardi	septembre
automne	février	mars	sport
avril	football	mercredi	·sud
·calendrier	Français	mois	tennis
camarade	frère	Noël	travail
camping	·gens *pl*	nom	vendredi
chat	hiver	novembre	·vétérinaire
chien	janvier	octobre	voisin
·ciné-club	jeudi	·panier	
·congé	·journal	parent	
décembre	juillet	père	

Noms féminins

adresse	date	mère	·résidence
amie	·entrée	nationalité	rue
année	famille	·origine	scène
avenue	fête	personne	sœur
camarade	France	poche	·télévision
·chambre	infirmière	profession	voisine
·comédie	·Louisiane	·région	voiture

Verbes

avoir *irrég*	demander	habiter	·partager

Adjectifs

canadien(ne)	·gratuit(e)	préféré(e)
·dernier (dernière)	·malade	premier (première)
·formidable	national(e)	quel (quelle)

Adverbes

aujourd'hui	aussi	·tard	·toujours

Autres expressions

·allons	décrivez	il s'appelle	si
·après	de droite	·il vient	
·d'accord	de gauche	pas de	

[1]Possessive adjectives and ordinal numbers are excluded.

QUATRIÈME LEÇON

CONVERSATIONS

TABLEAU 18

📼 **A. C'est trop loin d'ici.**

ANNE-MARIE	Allons à la bibliothèque.
CHARLES	Mais il pleut à verse ![1]
ANNE-MARIE	Comment ! Tu n'as pas de parapluie ?
CHARLES	Si[2], mais la bibliothèque est trop loin d'ici.

📼 **B. Quel temps fait-il ?[3]**

ROBERT	Allons au jardin botanique.
JACQUELINE	D'accord. Quel temps fait-il ?
ROBERT	Il fait un peu frais.[4]
JACQUELINE	Attends une minute. Je vais chercher[5] mon blouson.

[1]*But it's pouring out!*
[2]*Yes (See Lesson* **5**.2, *p.* 96 *for an explanation.)*
[3]*What's the weather like?*

[4]*It's a little cool.*
[5]**aller chercher** *to go get*

TABLEAU 19

C. Le restaurant en face de[1] la gare

Voici un touriste. Il consulte l'annuaire. Il va téléphoner à un restaurant. Le restaurant s'appelle Santenay.

LE TOURISTE	Allô.[2] C'est Santenay ?
UNE VOIX	Pardon ? Je n'entends pas. Parlez plus fort, s'il vous plaît.
LE TOURISTE	Est-ce que c'est Santenay, le restaurant en face de la gare ?
UNE VOIX	Ah, non. Vous avez le mauvais[3] numéro.
LE TOURISTE	Ah, excusez-moi.
UNE VOIX	Je vous en prie.[4]

DIFFÉRENCES

Le climat en France

France is a relatively small country, though it is the second largest in Europe after the Soviet Union. In terms of the United States, it is about the same size as three midwestern states put together: Kansas, Missouri, and Iowa. Its northern latitude corresponds to that of Winnipeg, Canada, and its southern latitude to that of Detroit. Although France is situated farther north than much of the United States, its climate is among the most temperate in Western Europe. Temperatures do vary greatly within the country. The Atlantic regions enjoy mild winters—the temperature rarely goes below freezing, and the summer is cool and humid. In the Mediterranean area, which includes the French Riviera, the winter is also very mild, but the summer is quite hot and generally dry. The mountainous areas, especially in the Alps, the Pyrenees, and the central part of France known as **le Massif Central**, have long, harsh winters and short, cool summers.

---

[1] **en face de** *opposite, across from*
[2] *Hello* (used only in telephone calls)
[3] **Bon/mauvais** (*good/bad*), preceded by the definite article, means *right/wrong*.
[4] *It's all right.* **Je vous en prie** can also mean *You're welcome.*

The French are more energy-conscious than most Americans. Gas and electricity cost much more than in the United States, and electricity is the main source of heating energy in winter. French homes and buildings are not heated as much as they are in the U.S. People simply wear heavier clothing, use down quilts or more blankets on their beds, and avoid drafts (**les courants d'air**) as much as possible in their rooms.

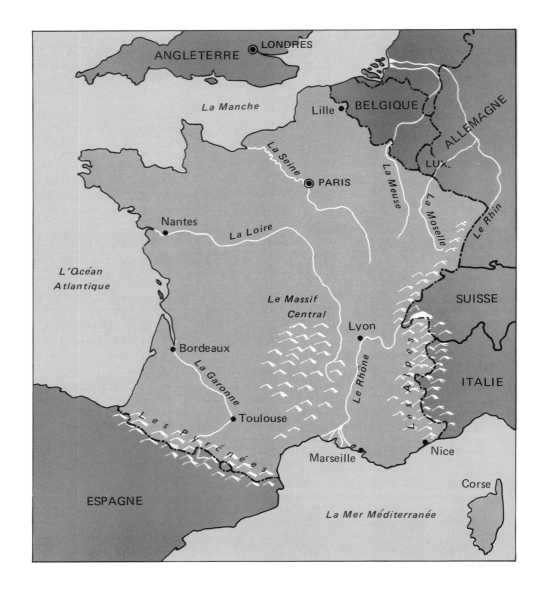

Quel temps fait-il ?

EXPLICATIONS ET EXERCICES ORAUX

• 1 LE TEMPS QU'IL FAIT

1. Study the expressions below. The verb **faire** (to be presented fully in Lesson **5.1**) is used to express weather conditions, except in the case of **neiger** *to snow* and **pleuvoir** (an irregular verb) *to rain*.

Quel temps fait-il ?	*What is the weather like?*
Il fait **beau**.	*It is nice (weather).*
Il fait **du soleil**.	*It is sunny.*
Il fait **chaud**.	*It is hot.*
Il fait **frais**.	*It is cool.*
Il fait **froid**.	*It is cold.*
Il fait (très) **mauvais**.	*It is (very) bad weather.*
Il fait **du vent**.	*It is windy.*
Il **neige**.	*It snows/It is snowing.*
Il **pleut**.	*It rains/It is raining.*

In a negative sentence, **du soleil** and **du vent** become **de soleil** and **de vent**.

Il fait **du soleil**.	→Il ne fait pas **de soleil**.
Il fait **du vent**.	→Il ne fait pas **de vent**.

2. As an equivalent of English *in* + season, the preposition **en** is used with **été** *summer*, **automne** /ɔtɔn/ *autumn, fall*, and **hiver** /ivɛʀ/ *winter*, but **au** is used with **printemps** /pʀɛ̃tɑ̃/ *spring*.

Il fait très chaud **en été**.	*It is very hot in summer.*
Il fait frais **en automne**.	*It is cool in autumn.*
Il fait froid **en hiver**.	*It is cold in winter.*
Il pleut souvent **au printemps**.	*It often rains in spring.*

When the name of a season modifies a noun, the preposition used is **de/d'**.[1]

Juillet est un mois **d'été**.	*July is a summer month.*
Quels sont les mois **d'hiver** ?	*What are the winter months?*
J'aime les vacances **de printemps**.	*I like spring vacation.*

Nous sommes **en été**.
Il fait **beau**.
Il fait **du soleil**.
Il fait **chaud**.
TABLEAU 20

Nous sommes **en hiver**.
Il fait **froid**.
Il **neige**.

Nous sommes **en automne**.
Il fait **frais**.

Nous sommes **au printemps**.
Il fait très **mauvais**.
Il fait **du vent**.
Il **pleut**.

 A *Regardez le Tableau 20. Répétez toutes les phrases[2] après moi . . . Maintenant, parlons un peu des saisons et du climat de notre région. Répondez aux questions.*

1. Quelle saison vient[3] après l'été ? Et quelle saison vient après l'hiver ?
2. En quelle saison est-ce qu'il neige ? En quelle saison est-ce qu'il pleut souvent ?
3. Quels sont les mois d'hiver ? Quels sont les mois d'été ?
4. Dans notre région, quel temps fait-il en été ? Et en hiver ?
5. Quel temps fait-il aujourd'hui ? Quelle heure est-il ?

B *Regardez le Tableau 21. Quelle saison est-ce que c'est dans chaque dessin[4] ? Faites une description du temps qu'il fait.[5]*

---

[1]See Lesson **2**.3 for the use of **de** + noun as a modifier.
[2]**toutes les phrases** *all the sentences*
[3]**vient** *comes* (du verbe **venir**, Leçon **10**.2, p. 192)
[4]**chaque dessin** *each drawing*
[5]*Make a description of the weather.*

TABLEAU 21

• 2 ALLER

1. Study the conjugation of **aller** *to go, to be going.* It is followed by a mention of where one is going. Be careful to distinguish the conjugated forms of **aller** from those of **avoir** (Lesson 3.2).

vais	allons
vas	allez
va	vont

Je **vais** à Paris. /vɛ/   Nous **allons** au restaurant. /alõ/
Tu **vas** à Dijon. /va/   Vous **allez** à l'université. /ale/
Il/Elle **va** à Chicago. /va/   Ils/Elles **vont** au cinéma. /võ/

The **tu** form of **aller** drops the **-s** in imperative sentences.

Tu **vas** au cinéma ce soir.   →**Va** au cinéma ce soir !
Tu ne **vas** pas à Paris.   →Ne **va** pas à Paris !

2. As you saw in Lesson 1 (**Conversations**), **aller** is also used in reference to health.

Comment **allez**-vous aujourd'hui ?   *How are you today?*
— (Je **vais**) Bien, merci.   *(I'm) Fine, thank you.*
Comment **va** votre père ?   *How is your father?*
— (Il **va**) Comme ci comme ça.   *(He's) So-so.*

3. **Aller** + infinitive is used to express actions or events in the near future (**le futur proche**). It corresponds to the English construction *to be going* + infinitive.

Je **parle** français.   → Je **vais parler** français.
Elle **déjeune** à midi.   → Elle **va déjeuner** à midi.
Ils ne **travaillent** pas.   → Ils ne **vont** pas **travailler**.

Allez-vous **travailler** maintenant ?   *Are you going to work now?*
— Non, je **vais regarder** la télé[1].   *No, I'm going to watch TV.*
Est-ce que Paul **va téléphoner** ?   *Is Paul going to call (telephone)?*
— Non, il ne **va** pas **téléphoner**.   *No, he isn't going to call.*

[1]**télé (télévision)** *TV*

A *Exercice de contrôle*

Je vais au cinéma.

1. Les étudiants   3. Tu   5. Le professeur
2. Nous   4. Vous   6. Je

Je ne vais pas parler anglais.

1. Le professeur   3. Les étudiants   5. Nous
2. Vous   4. Tu   6. Je

B *Mieux vaut tard que jamais.*[1] *Ajoutez des phrases d'après ce modèle.*

Vous ne déjeunez pas maintenant ?
Non, je vais déjeuner plus tard[2].

1. Vous ne mangez pas maintenant ?
2. Vous ne regardez pas la télé maintenant ?
3. Je ne mange pas maintenant ?
4. Je ne rentre pas à la maison maintenant ?
5. Nous ne quittons pas la classe maintenant ?
6. Nous ne parlons pas anglais maintenant ?

C *Répondez aux questions.*

1. Comment allez-vous aujourd'hui ? Demandez à (Françoise) comment elle va. Demandez-moi[3] comment je vais.
2. Allez-vous au laboratoire de langues ? Combien de fois par semaine ? Demandez à (Jean-Pierre) s'il va au laboratoire de langues.
3. Où allez-vous après le cours de français ? Demandez à (Mireille) où elle va après le cours. Demandez-moi où je vais après le cours.
4. À quelle heure allez-vous dîner ? Demandez-moi où je vais dîner. Demandez à (Charles) où il va dîner.

 D *Révision de la contraction de l'article défini. Faites des phrases d'après ce modèle.*

Je vais . . . premier étage . . . deuxième étage.
Je vais du premier étage au deuxième étage.

1. Je vais . . . deuxième étage . . . troisième étage.
2. Tu vas . . . rez-de-chaussée . . . premier étage.
3. Il va . . . restaurant . . . université.
4. Nous allons . . . classe . . . laboratoire de langues.
5. Vous allez . . . restaurant . . . cinéma.
6. Ils vont . . . laboratoire . . . résidence.

---

[1]*Better late than never* (un proverbe).
[2]**plus tard** *later*
[3]*Ask me*

Obéissez-vous à l'agent de police ?

• 3 VERBES DU DEUXIÈME GROUPE : **-IR**

1. The infinitives of second conjugation verbs end in **-ir**. Note that the plural forms all contain **-iss-** /is/ between the stem and the ending.

finir /finiʀ/ *to finish*

je **fin**is	/fini/	nous **fin**issons	/finisõ/
tu **fin**is	/fini/	vous **fin**issez	/finise/
il/elle **fin**it	/fini/	ils/elles **fin**issent	/finis/

2. Compare the conjugation of the third person singular and plural forms. The difference lies in the presence of the /s/ in the plural. Liaison, when it occurs, also indicates that the verb is in the plural.

il chois**it**	/ʃwazi/	elle obé**it**	/ɔbei/
ils chois**issent**	/ʃwazis/	elles obé**issent**	/ɔbeis/
elle rempl**it**	/ʀɑ̃pli/	il applaud**it**	/aplodi/
elles rempl**issent**	/ʀɑ̃plis/	ils applaud**issent**	/aplodis/

A *Exercice de contrôle*

Je finis mes devoirs¹.

1. Les étudiants	3. Tu	5. L'étudiant
2. Nous	4. Vous	6. Je

Je choisis mes cours.

1. Vous	3. L'étudiant	5. Nous
2. Tu	4. Les étudiants	6. Je

B *Répondez aux questions.*

1. Choisissez-vous vos cours ? Est-ce que vos parents choisissent vos cours ? Est-ce que je choisis mes étudiants ?
2. Finissez-vous toujours vos devoirs ? Demandez à (Mireille) si elle finit toujours ses devoirs. Demandez-moi si je finis toujours mon travail.
3. Obéissez-vous toujours aux agents de police² ? Demandez à (Robert) s'il obéit toujours à ses parents. Demandez-moi si j'obéis toujours aux agents.
4. Applaudissez-vous après un bon discours ? Et après un mauvais discours ? Applaudissez-vous quand le cours est terminé ?

● **4 VERBES DU TROISIÈME GROUPE : -RE**

1. The infinitives of third conjugation verbs end in **-re**. As with first (**-er**) and second (**-ir**) conjugation verbs, the singular forms are all pronounced alike. The sound /d/ is heard only in the plural forms.³

vendre /vɑ̃dʀ/   *to sell*

je **vends**	/vɑ̃/	nous **vend**ons	/vɑ̃dō/
tu **vends**	/vɑ̃/	vous **vend**ez	/vɑ̃de/
il **vend**	/vɑ̃/	ils **vend**ent	/vɑ̃d/

2. The difference in spoken French between the third person singular and plural forms is that the consonant /d/ is heard only in the plural. Presence of liaison also indicates that the verb is in the plural.

il descend	/desɑ̃/	elle entend	/ɑ̃tɑ̃/
ils descend**ent**	/desɑ̃d/	elles entend**ent**	/ɑ̃tɑ̃d/
elle répond	/ʀepō/	il attend	/atɑ̃/
elles répond**ent**	/ʀepōd/	ils attend**ent**	/atɑ̃d/

3. Here is a summary of the three regular conjugation patterns in spoken French (phonetic transcription). Note that the plural forms of both second and third conjugation patterns have a stem consonant not heard in the singular forms (/s/ and /d/, respectively).

---

¹**Devoirs** *homework* is usually in the plural unless it is modified by an adjective or a phrase, as in **mon devoir de français, c'est un devoir difficile.** In the **Exercice de contrôle**, make the possessive adjectives agree with the subject (for example: **Les étudiants finissent leurs devoirs ; Vous choisissez vos cours**).

²**un agent de police, un agent** *policeman.* Note that **obéir** *to obey* takes **à** + noun.

³Since the verb forms for **elle** and **elles** are identical with those of **il** and **ils**, the mention of **elle** and **elles** will be omitted from verb paradigms from now on.

Combien de personnes attendent l'autobus ?

FIRST CONJUGATION		SECOND CONJUGATION		THIRD CONJUGATION	
/paʀle/		/finiʀ/		/ʀepõdʀ/	
/paʀl/	/paʀlõ/	/fini/	/finisõ/	/ʀepõ/	/ʀepõdõ/
/paʀl/	/paʀle/	/fini/	/finise/	/ʀepõ/	/ʀepõde/
/paʀl/	/paʀl/	/fini/	/finis/	/ʀepõ/	/ʀepõd/

 A *Exercice de contrôle*

Je réponds à la question.

1. Vous	3. L'étudiant	5. Nous
2. Tu	4. Les étudiants	6. Je

Je n'entends pas la question.

1. L'étudiant	3. Vous	5. Tu
2. Les étudiants	4. Nous	6. Je

B *Répondez aux questions.*

1. Je pose des questions. Répondez-vous à mes questions ? Entendez-vous mes questions ?
2. Où est votre livre de français ? Vendez-vous votre livre ? Est-ce que je vends mon livre ?
3. Est-ce que vous attendez le professeur ? Est-ce que j'attends les étudiants ?
4. Est-ce que vous répondez aux lettres de vos parents ? Est-ce que vos parents répondent à vos lettres ?

C *Révision des verbes. Répondez aux questions suivantes.*[1]

1. Avez-vous des cours le samedi ?
2. Allez-vous au cinéma demain soir ?
3. Êtes-vous dans la classe ?
4. Posez-vous des questions ?
5. Répondez-vous au professeur ?
6. Arrivez-vous en retard ?
7. Attendez-vous le professeur ?
8. Obéissez-vous aux agents ?
9. Avez-vous des chats ?
10. Choisissez-vous vos cours ?
11. Cherchez-vous des crayons ?
12. Vendez-vous des montres ?

• 5 NOMBRES CARDINAUX (APRÈS 60)

1. In French, numbers between 61 and 99 are counted in sets of twenty. Associate any number in the 60s and 70s with **soixante**, and any number in the 80s and 90s with **quatre-vingt**, and then add 1–9 for those in the 60s and 80s, and 10–19 for those in the 70s and 90s.[2] Note also that **et** occurs in 21, 31, 41, 51, 61, and 71 but not in 81, 91, 101, 201, and so on. The plural marker **-s** appears only in **quatre-vingts** *eighty* and in multiples of **cent** *hundred* not followed by another numeral (**deux cents**, **trois cents**, and so on).

60	**soixante** /swasɑ̃t/		80	**quatre-vingts** /katRəvɛ̃/
61	soixante **et un**		81	quatre-vingt-**un** /katRəvɛ̃ɛ̃/
62	soixante-**deux**		82	quatre-vingt-**deux**
63	soixante-**trois**		83	quatre-vingt-**trois**
69	soixante-**neuf**		89	quatre-vingt-**neuf**
70	soixante-**dix**		90	quatre-vingt-**dix**
71	soixante **et onze**		91	quatre-vingt-**onze**
72	soixante-**douze**		92	quatre-vingt-**douze**
79	soixante-**dix-neuf**		99	quatre-vingt-**dix-neuf**

100 **cent** /sɑ̃/
101 **cent un** /sɑ̃ɛ̃/
102 **cent deux**
112 **cent douze**
180 **cent quatre-vingts**
200 **deux cents**
203 **deux cent trois**
333 **trois cent trente-trois**
500 **cinq cents** /sɛ̃sɑ̃/
666 **six cent soixante-six** /sisɑ̃swasɑ̃tsis/
777 **sept cent soixante-dix-sept** /sɛtsɑ̃. . ./
888 **huit cent quatre-vingt-huit** /ɥisɑ̃. . ./
900 **neuf cents**
1000 **mil, mille** (Both are used and pronounced /mil/.)

Informations pratiques

Les services d'urgence par téléphone

S.O.S. Ambulances	707.37.39
S.O.S. Amitié	825.70.50
(in english)	723.80.80
S.O.S. Couture	553.45.95
S.O.S. Dépannage auto	707.99.99
S.O.S. Garde d'enfants handicapés ou inadaptés	508.45.15
S.O.S. Intoxication	205.63.29
S.O.S. Médecins	337.77.77
S.O.S. Oxygène	655.25.35
S.O.S. Plomberie	345.67.68
S.O.S. Problèmes d'enfants	322.35.35
S.O.S. SAMU	567.50.50
S.O.S. Télé	306.41.23
S.O.S. Tous dépannages (eau-gaz-électricité)	707.99.99
Urgence para-médicale	828.50.54
S.O.S. Vétérinaires	288.67.99

---

[1]When you reply negatively to affirmative questions containing **des**, you must change it to **pas de**.
[2]In Switzerland, people often say **septante** (70), **octante** (80), and **nonante** (90), and in Belgium, **septante**, **quatre-vingts**, and **nonante**.

2. Study the numbers below. Instead of a comma, a period (**un point**) is used in French with numbers in the thousands and millions. A comma (**une virgule**) is used to indicate the decimal point (see Lesson 9, **Différences**). **Mille** does not add an **s** in the plural. Note that **un** is used with **un million**, and **de** + noun is used when **million(s)** is not followed by a smaller number.

1.000	**mille**
2.000	**deux mille**
2.500	**deux mille cinq cents**
3.640	**trois mille six cent quarante**
10.011	**dix mille onze**
258.300	**deux cent cinquante-huit mille trois cents**
1.000.000 habitants	**un million d'**habitants
3.500.000 voitures	**trois millions cinq cent mille** voitures

3. *Telephone numbers.* They are given in three groups of numbers. The first group consists of either a three- or a two-digit number (the latter is for small cities). The two others consist of two-digit numbers.

033 32 45	**zéro trente-trois, trente-deux, quarante-cinq**
121 07 16	**cent vingt et un, zéro-sept, seize**
765 00 76	**sept cent soixante-cinq, zéro-zéro, soixante-seize**

In Paris, the old system used three letters, rather than numbers, for the telephone exchange: **INV**alides, **DAN**ton, **OD**Éon, **SÉG**ur, **ÉTO**ile, **BAL**zac, **VOL**taire. In some advertisements, you may still find some telephone numbers listed this way.

DAN 25 12	**DANton, vingt-cinq, douze**
VOL 97 78	**VOLtaire, quatre-vingt-dix-sept, soixante-dix-huit**

 A *Lisez à haute voix les nombres suivants.*[1]

40, 41, 44, 49, 50, 51, 55, 58, 60, 61, 62, 63, 70, 71, 72, 75, 76, 77, 79, 80, 81, 82, 84, 89, 90, 91, 92, 93, 94, 95, 96, 97, 98, 99, 100, 101.

B *Maintenant, nous allons compter.*

1. Comptez par dix de 10 à 100.
2. Comptez par cinq de 5 à 50.
3. Comptez par cinq de 55 à 100.
4. Comptez par deux de 60 à 100.

 C *Lisez à haute voix les nombres suivants.*

188, 197, 124, 241, 269, 283, 313, 393, 373, 488, 555, 595, 616, 674, 699, 888, 824, 848, 926, 979, 999, 1000.

[1]*Read the following numbers out loud.*

D *Maintenant, répondez aux questions.*

1. Regardez votre livre de français. Combien de pages est-ce qu'il y a dans le livre ?
2. À quelle page commence notre leçon ? À quelle page est-ce qu'elle finit ?
3. Regardez la page 289. Quelle leçon est-ce qu'il y a à cette page ? Et à la page 178 ?
4. Combien de jours est-ce qu'il y a dans une année ? Combien de minutes est-ce qu'il y a dans deux heures ?
5. Combien de secondes est-ce qu'il y a dans une minute ? Et dans trois minutes ?
6. Quel est votre numéro de téléphone ? Demandez à (Adèle) son numéro de téléphone.
7. Cherchez dans l'annuaire les numéros de téléphone suivants.

Ambulance   Bureau du président de l'université
Police   Hôtel de ville[1]

E *Répondez aux questions.*

1. Combien d'étudiants est-ce qu'il y a dans notre université ?
2. Quelle est la population de notre ville ?
3. Lisez le passage suivant à haute voix :

La France a plus de[2] 50.000.000 d'habitants. Il y a 39 villes qui[3] dépassent 100.000 habitants (158 aux États-Unis). Paris, capitale de la France, a 2.300.000 habitants et, dans son agglomération, il y a 8.550.000 habitants. Dans l'agglomération de Lyon, la deuxième ville de France, il y a 1.171.000 habitants. Après Lyon, c'est Marseille, avec sa population de 1.071.000 habitants. Vient ensuite[4] Lille, avec 936.000 habitants dans l'agglomération.

[1]*City Hall*
[2]**plus de** *more than*

[3]**qui** *which*
[4]*Then comes*

« Allô. . .c'est toi, Bernard ? »

APPLICATIONS

A Dialogue et questions

Allons au jardin botanique !

Il est trois heures de l'après-midi. Jean-Paul est dans sa chambre. Il finit son travail, il bâille et regarde par la fenêtre. Le ciel est bleu et le soleil brille. Les arbres du campus sont magnifiques, car c'est l'automne et les feuilles commencent à[1] changer de[2] couleur. Le téléphone sonne. Jean-Paul décroche le récepteur.

CHRISTINE	Allô . . . c'est toi, Jean-Paul ?	5
JEAN-PAUL	Oui. Bonjour, Christine. Comment ça va ?	
CHRISTINE	Pas mal, merci. Écoute, tu es libre vers[3] quatre heures ?	
JEAN-PAUL	Vers quoi ? Je n'entends pas très bien.	
CHRISTINE	Est-ce que tu es libre vers quatre heures ?	
JEAN-PAUL	Vers quatre heures ? Oui. Pourquoi ?	10
CHRISTINE	Je suis chez Barbara[4]. Bill est là[5] aussi. Nous allons au jardin botanique.	
JEAN-PAUL	Ah oui, les arbres sont magnifiques en ce moment[6].	
CHRISTINE	Oui. Viens avec nous.[7] Nous allons faire des photos[8].	
JEAN-PAUL	D'accord. Mais dis-moi[9], est-ce que l'hiver arrive tôt dans cette région ?	
CHRISTINE	Pas avant décembre. Mais il neige beaucoup. Tu n'aimes pas l'hiver ?	15
JEAN-PAUL	Pas tellement.[10] D'ailleurs[11], mes vêtements d'hiver ne sont pas encore ici.	
CHRISTINE	Tu as quand même[12] ton blouson. Alors, c'est entendu[13] ? À quatre heures, à l'entrée du jardin ?	
JEAN-PAUL	D'accord. Au revoir et à tout à l'heure.	20
CHRISTINE	Oui, à tout à l'heure.	

(lignes 1–4)
1. Quelle heure est-il ?
2. Quel temps fait-il ?
3. Comment sont les arbres du campus ?
4. Quand est-ce que Jean-Paul décroche le récepteur ?

---

[1]When followed by an infinitive, **commencer** *to begin* requires the preposition **à** before the infinitive.
[2]**changer de** *to change* (from one thing to another)
[3]**vers** *around* (literally, *toward*)
[4]**chez Barbara** *at Barbara's*; **chez** means *at the home of.*
[5]In this context, **là** means *here* (rather than *there*).
[6]**en ce moment** *right now*

[7]*Come with us.*
[8]**faire des photos** *to take pictures*
[9]**dis-moi** *tell me*
[10]*Not really* (literally, *not so much*)
[11]*Besides*
[12]**quand même** *anyway, all the same*
[13]**c'est entendu** *it's agreed, it's OK*

(lignes 5–21)

  5. Vers quelle heure est-ce que Jean-Paul est libre ?

  6. Qui est chez Barbara ?[1]

  7. Où est-ce qu'ils vont vers quatre heures ?

  8. Où est-ce qu'ils vont faire des photos ?

  9. Quand est-ce que l'hiver arrive dans cette région ?

10. Quelle sorte de[2] vêtements est-ce que Jean-Paul n'a pas encore ?

B Expressions utiles

Le téléphone

téléphoner à ⎱
rappeler   ⎰ quelqu'un

chercher ⎰ un téléphone
       ⎱ une cabine téléphonique

consulter ⎱
chercher le numéro dans ⎰ l'annuaire *m*

décrocher ⎱ le récepteur ; ⎰ composer le   ⎱ numéro
raccrocher ⎰   ⎱ avoir le bon / mauvais ⎰

La ligne est occupée.
Il n'y a pas de réponse.

Allô ! — Qui est à l'appareil, s'il vous plaît ?
Ici Pierre Roland. Est-ce que M. Raymond est là ?
— Ne quittez pas.

Le temps et les saisons

Il fait beau (temps). ⎱ J'aime le beau temps.
Il fait mauvais (temps). ⎰

Il fait froid. ⎱   ⎰ le froid.
Il fait chaud. ⎬ Je déteste ⎨ la chaleur.
Il fait du vent. ⎰   ⎱ le vent.

Il pleut. ⎱   ⎰ la pluie.
Il pleut à verse. ⎬ Je n'aime pas ⎨ la neige.
Il neige. ⎰

Au printemps ⎱ il fait frais.
En automne ⎰

En été ⎱ il fait ⎰ jour ⎱ ⎰ très tôt.
En hiver ⎰   ⎱ nuit ⎰ ⎱ très tard.

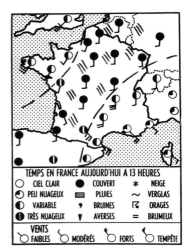

[1] Attention : la question n'est pas **Qui est Barbara ?**
[2] *What kind of.* **Quelle sorte de** is invariable.

Pratique

Les phrases suivantes ne sont pas logiques. Corrigez le sens de chaque phrase.[1]

1. Je suis dans ma chambre. Le téléphone sonne. Je raccroche le récepteur.
2. Je vais téléphoner à quelqu'un. Mais je n'ai pas son numéro de téléphone. Je vais consulter l'appareil.
3. Je téléphone à mon ami. La ligne est occupée. Je décroche le récepteur.
4. Quand je téléphone, d'abord[2] je compose le numéro, ensuite je décroche le récepteur.
5. Je cherche une cabine téléphonique parce que j'ai le mauvais numéro.
6. Je n'aime pas l'hiver parce que je déteste la chaleur.
7. Il fait jour très tard en hiver. Mais en été, il fait nuit très tôt.
8. J'aime beaucoup l'été parce que j'aime la neige et le froid.

C *Voici une série de situations et d'actions. Mettez ces actions dans l'ordre logique*[3] *et ajoutez un sujet à chaque verbe. N'oubliez pas de faire accorder les verbes.*[4]

1. *Le téléphone*
   raccrocher le récepteur
   chercher un téléphone
   composer le numéro
   décrocher le récepteur
   consulter l'annuaire
   parler au téléphone

2. *Ma journée*
   quitter le dernier cours
   aller au premier cours
   déjeuner à midi et demi
   regarder la télévision
   rentrer à la maison
   dîner à six heures et demie

3. *Dans une boutique*
   essayer un blouson
   entrer dans la boutique
   payer le blouson
   choisir un blouson
   arriver à une boutique
   regarder la vitrine

4. *Dans un restaurant*
   quitter le restaurant
   payer l'addition[5]
   finir le repas
   commander un repas
   regarder le menu
   attendre l'addition

D *Il fait très beau. Complétez le passage suivant.*

(1) Il/faire/frais/mais/très/beau/aujourd'hui. (2) Charles/et/Jacqueline/aller/à/jardin/botanique/de/université. (3) Ils/ne pas/avoir/cours/parce que/ce/être/samedi. (4) Ils/arriver/à/jardin/vers/quatre/heure. (5) Ils/choisir/un/banc/et/ils/regarder/arbres. (6) Soleil/briller/et/il y a/ne pas/nuage/dans/ciel. (7) Hiver/aller/bientôt/arriver. (8) Jacqueline/attendre/hiver/parce que/elle/aimer/beaucoup/le/ski.

E *Renseignements et opinions*

1. En quelle saison est-ce que nous sommes ? Quel temps fait-il en ce moment ?
2. Quel jour est-ce aujourd'hui ? Comment allez-vous aujourd'hui ?
3. Combien de fois par jour utilisez-vous le téléphone ? À qui[6] est-ce que vous téléphonez souvent ?
4. Combien de jours est-ce qu'il y a dans une année ? Combien de secondes est-ce qu'il y a dans une heure ? Combien de minutes est-ce qu'il y a dans un jour ?

---

[1]*Correct the meaning of each sentence.*
[2]**d'abord . . . (ensuite . . .)** *first . . . (then . . .)*
[3]*Put these actions in the logical order*
[4]*Don't forget to make the verbs agree with the subject.*
[5]**addition** *bill (in a restaurant)*
[6]*Who(m)*

5. Quand est-ce que l'hiver arrive dans notre région ? Quel temps fait-il en hiver ?
6. À quelle heure est-ce que notre cours finit ? Attendez-vous la fin du cours ? Où allez-vous après le cours ?

VOCABULAIRE[1]

Noms masculins

agent (de police)
annuaire *telephone directory*
·arbre
bureau
·ciel
discours *speech*

étage
habitant
Hôtel de ville
million
·moment
·parapluie

passage
président
·récepteur
rez-de-chaussée
soleil
téléphone

temps
·touriste
vent
·vêtement

Noms féminins

agglomération
ambulance
capitale
·couleur
·entrée

·fenêtre
·feuille
·gare
langue
·photo

police
population
question
saison
·sorte

télé
ville
·voix *voice*

Verbes

aller *irrég*
applaudir
attendre
·bâiller *yawn*
·briller *shine*
·changer (de)

choisir
compter
·consulter
·décrocher *lift (phone)*
dépasser *exceed*
dîner

·écouter
entendre *hear*
finir
manger
·neiger
obéir (à)

pleuvoir
poser
répondre (à)
·sonner *ring; sound*
·téléphoner (à)
vendre

Adjectifs

beau (bel, belle)
·bleu(e)
·botanique

ce (cet, cette)
chaud(e)
frais (fraîche)

froid(e)
haut(e)
·magnifique

mauvais(e)

Adverbes

ensuite
·ici

·loin (de)
·(pas) encore

souvent
·tôt

Prépositions

·avant

·chez

·en face de

·vers

Autres expressions

à haute voix
·aller chercher
·Allô.
·car
cent
·c'est entendu
·d'ailleurs

·dis-moi
·en ce moment
·faire des photos
il fait beau (chaud,
    du vent, frais, froid,
    mauvais)
il pleut (·à verse)

·Je vous en prie.
mille
·pas tellement
plus de
·plus fort
plus tard
poser une question

·quand même
·quelle sorte de
Quel temps fait-il ?
·quoi
·si
·s'il vous plaît
·viens

[1]Cardinal numbers in the lesson are not included here.

CINQUIÈME LEÇON

CONVERSATIONS

TABLEAU 22

 A. Un champion de tennis

GILBERTE   Regarde ce jeune homme là-bas[1]. Est-il français ?

CHANTAL   Non, il est américain.

GILBERTE   Ah bon ![2] Fait-il du sport ? Il est bien[3] musclé.

CHANTAL   Du sport ? C'est Greg Wilson, le champion de tennis !

 B. D'accord pour ce soir

JACQUES   Allons au cinéma cet après-midi.

MARTINE   Désolée, mais je suis prise[4] cet après-midi.

JACQUES   C'est dommage ! Alors, ce soir ?

MARTINE   Ce soir ? Oui, d'accord.

---

[1] **là-bas** *over there*
[2] *Really?*
[3] *très*
[4] je suis occupée, je ne suis pas libre (**pris** *m*, **prise** *f*)

TABLEAU 23

C. Le maire va parler aux étudiants.

DANIEL   Tiens[1], qu'est-ce qui se passe ?[2] Où vont ces étudiants ?

MONIQUE   Ils vont écouter Raymond Massieux.

DANIEL   Qui ? Qui va parler ?

MONIQUE   Raymond Massieux, le maire de notre ville. Il va faire un discours.[3]

[1]*Well*
[2]*What's going on?*

[3]**faire un discours**   *to deliver a speech*

Les champions du Tour de France arrivent à Paris !

DIFFÉRENCES

Les sports

The French, especially today's youth, are very sports-minded. As many different kinds of competitive and non-competitive athletic activities are available in France as in the United States and Canada: **le golf**, **le tennis**, **le ski**, **le patinage** (*skating*), **la natation** (*swimming*), **l'équitation** (*horseback riding*), **le cyclisme** (*bicycle riding*), **la gymnastique**, **l'escrime** (*fencing*), **le handball**, **le volley-ball**, **le basketball**, **le football** (*soccer*), **le rugby**, and numerous others. At French universities there are many sport clubs for students to join; but since the universities are organized around academic work, there are no official teams and no inter-university games as in North America. For each sport in France, there is a **Fédération** that supplies all information regarding affiliated clubs and associations and sponsors regional and national public events. It is worth noting that the Olympic Games were revived in the late nineteenth century by a Frenchman, Pierre de Coubertin.

Among the so-called **sports-spectacles**, the most popular are soccer, horse racing, and bicycle racing. **Le football** is an equivalent of soccer; **le football américain**, or American football, is hardly played in Europe. As for soccer, many teams are organized by city and regional sport clubs. **La Fédération française de football** sponsors **les Championnats de France** every year for both amateurs and professionals, and **la Coupe de France** for professional teams. **Les courses de chevaux** (*horse racing*) are also well-attended events; the best known is **le Grand Prix de Longchamp** in Paris, held in June. As for **les courses automobiles**, you may have heard of the grueling **24 heures du Mans** and **le Rallye de Monte Carlo**.

One event that has no real equivalent in North America is **le Tour de France**. This international cross-country bicycle race by professional cyclists takes place in July, and was first held in 1903. It covers more than 4,000 km in a little over 20 days, winding through mountains and plains, and ending in Paris. The race is divided into **étapes**, or daily stages, each 150–250 km long, depending on the terrain. Each day's progress is treated as a major sports event by radio, TV, and newspapers, and despite heavy commercialization in recent years, many watch it with avid interest.

EXPLICATIONS ET EXERCICES ORAUX

• 1 FAIRE

1. The basic meaning of **faire** is *to do* or *to make*, as in the examples below. The -ai- of **faisons** is pronounced /ə/, and the **vous** form does not end in -**ez**.

Je **fais** mes devoirs. /fɛ/	*I do my homework.*
Tu **fais** ton devoir d'anglais. /fɛ/	*You do your English homework.*
Il **fait** son lit. /fɛ/	*He makes his bed.*
Nous **faisons** notre travail. /fəzõ/	*We do our work.*
Vous **faites** des fautes. /fɛt/	*You make mistakes.*
Ils **font** des exercices oraux. /fõ/	*They do oral exercises.*

Note also that you have had four verbs whose **ils/elles** form ends in **-ont**.

être : ils/elles **sont**   **aller** : ils/elles **vont**
avoir : ils/elles **ont**   **faire** : ils/elles **font**

2. Weather expressions using **faire** were presented in Lesson 4.1. **Faire** also means *to study, to play* (sports, music, etc.), *to go* (and do some kind of sport activity). In this usage, the name of the activity must be preceded by **de** + definite article.

Je **fais de la** musique.	*I play (study) music.*
Tu **fais du** français.	*You study French.*
Elle **fait de la** natation.	*She swims (she does/goes swimming).*
Nous **faisons du** tennis.	*We play tennis.*
Vous **faites du** ski.	*You ski (go skiing).*
Ils **font du** football.	*They play soccer.*

The definite article drops out in a negative sentence.

Elle fait **du** golf.	→Elle **ne** fait **pas de** golf.
Je fais **de la** natation.	→Je **ne** fais **pas de** natation.
Ils font **du** français.	→Ils **ne** font **pas de** français.

3. Although **faire** means *to do*, in a question like **Qu'est-ce que vous faites ?** *What do you do (are you doing)?*, the answer does not necessarily contain **faire** unless the expression used in the answer requires it.

Qu'est-ce que vous **faites** ?	*What are you doing?*
— Je **fais** mon lit.	*I'm making my bed.*
Qu'est-ce que vous **allez faire** ?	*What are you going to do?*
— Je **vais téléphoner** à Charles.	*I'm going to call Charles.*

TABLEAU 24   Il **fait** du ski.   Elle **fait** de la natation.   Ils **font** du tennis.

 A *Exercice de contrôle*

Je fais mon devoir de français.

1. Nous   3. Tu   5. Les étudiants
2. L'étudiant   4. Vous   6. Je

Ils font du jogging. C'est bon pour la santé, n'est-ce pas ?

Je ne fais pas de musique.

1. Le professeur
2. Vous
3. Les étudiants
4. Tu
5. Nous
6. Je

B *Répondez aux questions.*

1. Est-ce que vous faites toujours vos devoirs ? Demandez à (Jean) s'il fait toujours ses devoirs.
2. Est-ce que vous faites toujours votre lit ? Demandez à (Anne-Marie) si elle fait toujours son lit.
3. Est-ce que vous faites du tennis ? Demandez à (Michel) s'il fait de la natation.
4. Aimez-vous les sports ? Qu'est-ce que ces gens font comme sport ?[1]

Eric Heiden	Kareem Abdul-Jabbar
Jack Nicklaus	Tony Dorsett et Dan Fouts
Dorothy Hamill	Chris Evert Lloyd et Andrea Jaeger
Nancy Lopez	Fernando Valenzuela et Reggie Jackson

[1]*What sport do these people play?*

5. Qu'est-ce que vous faites le vendredi soir ? Qu'est-ce que vous faites le dimanche après-midi ?

6. Qu'est-ce que vous allez faire après le cours ? Qu'est-ce que vous allez faire ce soir ?

● **2 FORMES INTERROGATIVES : N'EST-CE PAS ? ET INVERSION ; EMPLOI DE SI**

1. A statement can be changed into a question in four ways. In Lesson **2**.1 we briefly discussed three of them. The most informal way is to keep the declarative sentence and simply change the intonation from that of a normal statement (usually rising and falling) to a rising one. This is very common in spoken French, but not in written language.

STATEMENT

Vous cherchez un restaurant.

QUESTION

→Vous cherchez un restaurant ?

2. Another way to change a statement into a question is to add **Est-ce que** in front of the statement and use a rising intonation. This was presented in Lesson **1**.2.

STATEMENT

Vous cherchez un restaurant.

QUESTION

→**Est-ce que** vous cherchez un restaurant ?

3. A third way is to add **n'est-ce pas ?** at the end of the statement. This type of question usually implies that the speaker is expecting agreement or confirmation from the listener. It can be added to both affirmative and negative sentences.

STATEMENT

Vous cherchez un restaurant.

QUESTION

→Vous cherchez un restaurant, **n'est-ce pas ?**

Robert parle français, **n'est-ce pas ?** *Robert speaks French, doesn't he?*
Vous faites du tennis, **n'est-ce pas ?** *You play tennis, don't you?*
Il n'est pas français, **n'est-ce pas ?** *He is not French, is he?*

4. A fourth and final way to form a question is to invert the subject pronoun and the verb, except in the case of the **je** form.[1] Inversion is considered more formal than (1) or (2) above.

STATEMENT

Vous cherchez un restaurant.

Nous allons au cinéma.
Tu parles anglais.

QUESTION

→**Cherchez-vous** un restaurant ?

→**Allons-nous** au cinéma ?
→**Parles-tu** anglais ?

[1]Inversion with **je** is possible with a few verbs. You may hear, for example: **Suis-je en retard ?** ; **Ai-je votre réponse ?** Normally, however, **Est-ce que . . . ?** is preferred whenever the subject is **je**.

In negative questions, **ne** (**n'** before a vowel sound) still precedes the verb, but **pas** comes after the subject, which is connected to the verb with a hyphen and cannot be separated from it.

Tu ne **vas** pas à la bibliothèque.	→Ne **vas-tu** pas à la bibliothèque ?
Vous ne **faites** pas de ski.	→Ne **faites-vous** pas de ski ?
Nous déjeunons à midi.	→Ne **déjeunons-nous** pas à midi ?

5. The third person singular and plural forms involve a change in pronunciation. When inverted, the subject pronouns **il**, **elle**, **ils**, **elles** are *always* pronounced /til/ or /tɛl/ after the verb. The source of this /t/ is described below.

a) The plural forms always end in -ent or, in a few cases, -ont. This final letter -t is pronounced in liaison with the following **ils** or **elles**.

Ils parlent français.	→**Parlent-ils** français ?
Elles arrivent aujourd'hui.	→**Arrivent-elles** aujourd'hui ?
Ils ne **font** pas leur travail.	→Ne **font-ils** pas leur travail ?
Elles n'**ont** pas de frères.	→N'**ont-elles** pas de frères ?

b) The singular form of some verbs ends in -t or -d. In liaison, these letters are pronounced /t/.

Il est à la maison.	→**Est-il** à la maison ?
Elle ne **fait** pas de natation.	→Ne **fait-elle** pas de natation ?
Il finit son repas.	→**Finit-il** son repas ?
Elle attend la vendeuse.	→**Attend-elle** la vendeuse ?

c) If the verb form does not end in -t or -d, then -t- must be inserted between the verb and **il** or **elle** so that the spelling can correspond to the pronunciation /til/ or /tɛl/. This applies to all verb forms that end in a vowel letter, including *all* first conjugation verbs.

Il a une sœur.	→**A-t-il** une sœur ?
Elle va au cinéma.	→**Va-t-elle** au cinéma ?
Il y **a** des livres sur la table.	→Y **a-t-il** des livres sur la table ?
Il n'y **a** pas de cahiers.	→N'y **a-t-il** pas de cahiers ?
Il entre dans la boutique.	→**Entre-t-il** dans la boutique ?
Elle ne **regarde** pas le livre.	→Ne **regarde-t-elle** pas le livre ?

d) If the subject of the sentence is a noun, the inversion occurs with a corresponding third person pronoun (**il**, **elle**, **ils**, **elles**). It is as though there were two subjects in such a sentence: the real subject (noun) and the inverted subject (pronoun).

Robert parle-t-**il** français ?	**Vos parents** sont-**ils** à la maison ?
Marie fait-**elle** son travail ?	**Marie et sa sœur** ne font-**elles** pas de ski ?
Le train va-t-**il** arriver ?	**Les étudiants** vont-**ils** travailler ?

6. *Use of* **si**. In French there are two words that correspond to *yes* in English. **Oui** is used for all affirmative answers to affirmative questions. **Si** must be used for all affirmative answers to *negative* questions.

Paul a-t-il des frères ?
— **Oui**, il a deux frères.
Parlez-vous français ?
— **Oui**, un peu.

Paul n'a-t-il pas de frères ?
— **Si**, il a deux frères.
Ne parlez-vous pas français ?
— **Si**, un peu.

TABLEAU 25

 A *Posez des questions d'après ces modèles.*

> Nous sommes dans la classe.
> **Nous sommes dans la classe ?**
> **Est-ce que nous sommes dans la classe ?**
> **Sommes-nous dans la classe ?**
> **Nous sommes dans la classe, n'est-ce pas ?**

1. Nous sommes dans un cours de français.
2. Nous travaillons beaucoup pour le cours.
3. Vous êtes mon professeur.
4. Vous avez des frères.
5. Les étudiants entendent le professeur.
6. L'exercice est terminé.

 B *Nous allons parler de deux étudiants. Ils vont déjeuner avec leur professeur. Vous allez poser des questions d'après ce modèle.*

> Les étudiants sont à l'université.
> **Les étudiants sont-ils à l'université ?**

1. Les étudiants vont au bureau du professeur.
2. Le professeur est dans son bureau.
3. Les étudiants et le professeur quittent le bureau.
4. Ils marchent à travers le campus.
5. Ils vont déjeuner ensemble.

6. Ils trouvent une table libre dans un coin.
7. Ils commandent leur repas.
8. Le professeur paie le repas des étudiants.

C *Répondez aux questions.*

1. Est-ce que nous sommes dans la classe ? (Robert) n'est-il pas dans la classe ?
2. Je fais du ski. Ne faites-vous pas de ski ? N'aimez-vous pas les sports ?
3. Je parle anglais. Ne parlez-vous pas anglais ? (Mireille) ne parle-t-elle pas anglais?
4. N'y a-t-il pas sept jours dans une semaine ? N'y a-t-il pas treize mois dans une année ?
5. N'y a-t-il pas d'étudiants à la bibliothèque ? N'y a-t-il pas d'étudiantes dans notre cours ?

● **3 ADJECTIF DÉMONSTRATIF CE ; LES DÉTERMINANTS**

1. The demonstrative adjective is used to point out a noun being mentioned: *this book*, *that man*, *these rooms*, *those classes*. In French, the demonstrative adjective has four written forms to agree with the noun in gender and number. **Ce** is used before a masculine singular noun, and **cette** before a feminine singular

SPORTS DE GLACE ET NATATION
SPECTACLES - MANIFESTATIONS
CONGRÈS ET SÉMINAIRES

*le palais
des sports
et des
congrès*

☆ PATINOIRE ARTIFICIELLE
☆ PISTES DE CURLING
☆ PISCINE 25 x 12,5
☆ BASSIN POUR ENFANTS
☆ TENNIS
☆ SNACK-BARS
☆ CLUB LOISIRS - VACANCES

Tél. (50) 21.15.71

*Cette partie de boules est
très intéressante.*

noun. If the masculine singular noun begins with a vowel sound, **cet** /sɛt/ is used. As a result, the forms of the demonstrative adjective sound the same before a noun that begins with a vowel sound: /sɛt/ (**cet**, **cette**). **Ce**, **cet**, and **cette** correspond to English *this* or *that*.[1]

Ce professeur parle français.	*This/That professor . . .*
Cette vendeuse est française.	*This/That salesperson (saleslady) . . .*
Cet étudiant cherche son livre.	*This/That (male) student . . .*
Cette étudiante est américaine.	*This/That (female) student . . .*

Ces, used before a plural noun, corresponds to *these* or *those*.

Ces professeurs parlent anglais.	*These/Those professors . . .*
Ces étudiants travaillent beaucoup.	*These/Those students . . .*
Ces étudiantes sont américaines.	*These/Those students . . .*

2. *Determinatives.* Determinatives (**les déterminants** *m*) always occur in front of a noun and identify what kind of noun it is: definite, indefinite, something possessed by someone, something being pointed out, and so on. Only one determinative can be used before the same noun. The chart below summarizes the various forms of the determinatives; for the possessive adjectives, only the forms for **je** and **vous** are given (a complete list was presented in Lesson 3.5). For the nouns that might follow these determinatives and that begin with a consonant, think of words like **livre(s)** and **chaise(s)**; for those beginning with a vowel sound, think of **étudiant(s)** and **étudiante(s)**.

	SINGULAR				PLURAL			
	BEFORE CONSONANT		BEFORE VOWEL		BEFORE CONSONANT		BEFORE VOWEL	
	m	*f*	*m*	*f*	*m*	*f*	*m*	*f*
INDEFINITE ARTICLE	un	une	un	une	des		des	
DEFINITE ARTICLE	le	la	l'		les		les	
INTERROGATIVE ADJECTIVE	quel	quelle	quel	quelle	quels	quelles	quels	quelles
POSSESSIVE ADJECTIVE	mon ma votre		mon votre		mes vos		mes vos	
DEMONSTRATIVE ADJECTIVE	ce	cette	cet	cette	ces		ces	

[1] French normally does not differentiate between *this* and *that*, or between *these* and *those*.

A *Regardez bien et ajoutez des phrases d'après ces modèles.*

Voilà un tableau.
Nous regardons ce tableau.
Voilà une porte.
Nous regardons cette porte.

Voilà des murs.
Nous regardons ces murs.

1. Voilà un livre.
2. Voilà des photos.
3. Voilà un étudiant.
4. Voilà une étudiante.
5. Voilà des étudiants.

6. Voilà une table.
7. Voilà des chaises.
8. Voilà un professeur.
9. Voilà une jeune fille.
10. Voilà un jeune homme.

 B *Je vais acheter des vêtements dans une boutique. Ajoutez des phrases d'après ces modèles.*

J'arrive à la boutique.
Vous arrivez à cette boutique.

Je parle à une vendeuse.
Vous parlez à cette vendeuse.

1. Je téléphone à une boutique.
2. Je descends de l'autobus.
3. J'entre dans la boutique.
4. Je regarde les blousons.
5. J'essaie un blouson.
6. Je parle à un vendeur.

7. Je regarde aussi des chemises.
8. Je choisis une chemise.
9. J'attends le vendeur.
10. Je paie le blouson et la chemise.
11. Je quitte la boutique.
12. J'attends l'autobus.

• 4 STRUCTURE DES PHRASES

As you make further progress in French, it will become increasingly important for you to understand the basic sentence patterns of French—especially the patterns involving verbs—and know how they differ from those of English. In this lesson we will discuss the concept of *objects*.

1. A complete sentence in French consists, at a minimum, of a *subject* (**le sujet**) and a verb (**le verbe**). The verb describes what the subject does.

SUJET	VERBE
Je	travaille.
Marie	arrive.
Nous	déjeunons.

2. Some verbs, like **aimer** *to like*, **finir** *to finish*, and **entendre** *to hear*, are called *transitive verbs* and usually require the presence of a *direct object* (**complément d'objet direct**, or simply **objet direct**). The direct object "receives" the action of the verb performed by the subject; it is not preceded by a preposition.

SUJET	VERBE	OBJET DIRECT
Paul	aime	ce cours.
Vous	finissez	vos devoirs.
Tu	entends	l'autobus.

3. Other verbs, like **parler** *to speak*, **obéir** *to obey*, and **répondre** *to answer*, take an *indirect object* (**complément d'objet indirect**, or simply **objet indirect**). The indirect object is always preceded by the preposition **à**; but expressions of time or place with **à** (**à midi**, **à une heure**; **à Paris**, **au restaurant**) are not indirect objects.

SUJET	VERBE	OBJET INDIRECT
Tu	parles	**à** mon père.
Nous	obéissons	**à** l'agent.
Vous	répondez	**aux** questions.

4. Some verbs, like **montrer** *to show*, **donner** *to give*, and **vendre** *to sell* can take both direct and indirect objects. The direct object usually precedes the indirect object.

SUJET	VERBE	OBJET DIRECT	OBJET INDIRECT
Je	montre	mon livre	**à** Jean-Paul.
Jeanne	donne	un crayon	**au** professeur.
Vous	vendez	la voiture	**à** cette étudiante.

5. Noun phrases that are preceded by a preposition other than **à** are called *objects of a preposition* or a *prepositional phrase* (**groupe prépositionnel**).

SUJET	VERBE	GROUPE PRÉPOSITIONNEL
Michel	travaille	**pour** mon professeur.
Sylvie	danse	**avec** son ami.
Nous	parlons	**de** nos cours.

6. French verbs do not always take the same types of objects as their English counterparts: **J'écoute la radio** (direct) but *I listen to the radio* (indirect); **Je réponds à la question** (indirect) but *I answer the question* (direct); **Je paie le livre au vendeur** (direct and indirect) but *I pay the salesperson for the book* (direct and a prepositional phrase with *for*). You will need to learn the following verbs thoroughly because they show conflicting patterns between French and English.

attendre	J'**attends** l'autobus.	*I **wait for** the bus.*
chercher	Je **cherche** un taxi.	*I **look for** a taxi.*
écouter	J'**écoute** la radio.	*I **listen to** the radio.*
regarder	Je **regarde** la maison.	*I **look at** the house.*
obéir à	J'**obéis à** l'agent.	*I **obey** the policeman.*
répondre à	Je **réponds à** la question.	*I **answer** the question.*
téléphoner à	Je **téléphone à** Marie.	*I **phone** Marie.*
entrer dans	J'**entre dans** la classe.	*I **enter** the classroom.*
demander	Je **demande** le livre à Paul.	*I **ask** Paul **for** the book.*
payer	Je **paie** le livre à Jeanne.	*I **pay** Jeanne **for** the book.*
penser à	Je **pense à** mon ami.	*I **think of** my friend.*
monter dans	Je **monte dans** l'autobus.	*I **get on** the bus.*
descendre de	Je **descends du** train.	*I **get off** the train.*

7. In dictionaries, the objects are sometimes abbreviated as **qqn** (for **quelqu'un** *someone*) and **qqch** (for **quelque chose** *something*). This abbreviation is also used in our end vocabulary.

demander **qqch à qqn**
Je demande **le livre à Jeanne**.

to ask someone for something
I ask Jeanne for the book.

téléphoner **à qqn**
Vous téléphonez **à vos parents**.

to telephone someone
You telephone your parents.

1 traverser

2 entrer

3 choisir

4 regarder

5 commander

6 finir

7 demander

8 payer

9 quitter

10 attendre

11 monter

12 descendre

TABLEAU 26

A *Regardez le Tableau 26. C'est Jean-Paul. Il est à Paris. Répétez après moi.*

1. Jean-Paul traverse la rue.
2. Il entre dans le restaurant.
3. Il choisit la table.
4. Il regarde le menu.
5. Il commande le repas à la serveuse.
6. Il finit le repas.
7. Il demande l'addition à la serveuse.
8. Il paie l'addition à la serveuse.
9. Il quitte le restaurant.
10. Il attend l'autobus.
11. Il monte dans l'autobus.
12. Il descend de l'autobus.

 B *Maintenant, ajoutez des phrases d'après ce modèle.*

Je traverse la rue.
Nous aussi, nous traversons la rue.
J'entre dans le restaurant.
**Nous aussi, nous entrons dans le
restaurant.**

Je choisis la table.
Nous aussi, nous choisissons la table.

On continue avec les phrases basées sur[1] l'exercice A.

Maintenant, répondez aux questions d'après ce modèle.

Traversez-vous la rue ?
Non, je ne traverse pas la rue.

Entrez-vous dans le restaurant ?
Non, je n'entre pas dans le restaurant.

On continue avec les phrases basées sur l'exercice A.

[1]**basées sur** *based on*

*Vite, montez dans
l'autobus !*

C *Formez de petits groupes et posez des questions d'après ce modèle.*

> À quelle heure/déjeuner . . . ? Où/aller/après . . . ?
>
> ÉTUDIANT A **À quelle heure déjeunes-tu (aujourd'hui) ?**
> ÉTUDIANT B **Je déjeune à une heure.**
> ÉTUDIANT A **Et où vas-tu après ?**
> ÉTUDIANT B **Après, je vais à mon cours d'anglais.**

1. À quelle heure/avoir/premier cours . . . ? À quelle heure/finir/dernier cours . . . ?
2. Qu'est-ce que/faire/comme sport . . . ? Ne pas/aimer/la gymnastique . . . ? Ne pas/aimer/le football américain . . . ?
3. Quelle/nationalité . . . ? Quelle/profession . . . ? Où/habiter . . . ?
4. Avoir/frères . . . ? Combien de frères . . . ? Avoir/sœurs . . . ? Combien . . . ?
5. Finir/toujours/devoirs . . . ? Où/faire/devoir de français . . . ? Quand/aller/à/laboratoire de langues . . . ?
6. Entendre/questions . . . ? Répondre/à/questions . . . ? Attendre/la fin/de/cours ?
7. Où/aller/après/dernier cours . . . ? Qu'est-ce que/faire/ce soir . . . ?
8. Regarder/souvent/la télé . . . ? Quel/programme/aimer . . . ? Quand/regarder/ce/programme . . . ?

D *Maintenant, choisissez quelques-unes des questions[1] de l'exercice C et posez-les-moi[2].*

• 5 PRONOM INTERROGATIF : SUJET

1. Interrogative pronouns (in English *who* and *what*) occur frequently in all kinds of conversations. In French, it is important to distinguish between interrogative pronouns used as subject, direct object, or object of a preposition in a sentence. Both French and English make distinctions between pronouns designating human beings (English *who*) and those referring to animals, things, and ideas (English *what*).

2. The interrogative pronoun used as the subject of a sentence is **qui** /ki/ *who* when the subject is a human being, and **qu'est-ce qui** /kɛski/ *what* in all other cases. Note how the pronoun stands for a noun.

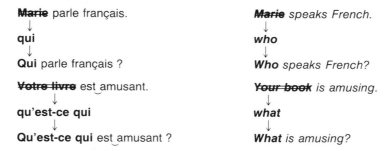

---

[1]**quelques-unes des questions** *some of the questions*
[2]*ask me them*

3. Both **qui** and **qu'est-ce qui** are always in the third person singular and masculine (just like the subject pronoun **il**); thus the verb following it is also in the third person singular. Note in the last question that the adjective **ouvert**, modifying **qu'est-ce qui**, is in the masculine.

Nos amis sont ici.	*Our friends are here.*
→**Qui est** ici ?	→*Who is here?*
Nous faisons du tennis.	*We play tennis.*
→**Qui fait** du tennis ?	→*Who plays tennis?*
Cette boutique est ouverte.	*That store is open.*
→**Qu'est-ce qui est** ouvert ?	→*What is open?*

4. Be careful to distinguish between the interrogative pronoun **qu'est-ce qui** *what* and the interrogative adjective **quel(le)(s)** *what*, which you learned in Lesson 3.4. Although both correspond to English *what*, only the latter is an adjective; it must have a noun in the same sentence with which it agrees in both gender and number. The interrogative adjective also implies *which* or *whose*, suggesting that there are several possible answers to the question.

ADJECTIVE

Quelle est votre **question** ?	*What is your question?*
Quel livre est sur la table ?	*What book is on the table?*

PRONOUN

Qu'est-ce qui est amusant ?	*What is amusing?*
Qu'est-ce qui est sur la table ?	*What is on the table?*

TABLEAU 27   **Qui** tombe de l'arbre ?   **Qu'est-ce qui** tombe du bureau ?

 A *Posez des questions sur le sujet de chaque phrase d'après ce modèle.*

Quelqu'un regarde la fenêtre.
Qui regarde la fenêtre ?

1. Quelqu'un regarde le tableau.
2. Quelqu'un regarde le mur.
3. (Paul) répond à ma question.
4. Je pose des questions.
5. Les étudiants sont ici.
6. Nous travaillons beaucoup.
7. Vous parlez bien français.
8. Vous faites du français.

B *Posez des questions sur le sujet de chaque phrase d'après ce modèle.*

Notre cours commence à (dix) heures.
Qu'est-ce qui commence à dix heures ?

1. Notre cours finit à (onze) heures.
2. Mon livre n'est pas sur la table.
3. Le français n'est pas difficile.
4. Mes crayons sont sur la table.

5. Cet exercice est facile.
6. Ma question n'est pas difficile.
7. La natation est bonne pour la santé.

 C *Maintenant, posez des questions en employant* **qui** *ou* **qu'est-ce qui** *selon le cas.*[1]

1. Nous parlons bien français.
2. Notre cours commence à (dix) heures.
3. Les étudiants sont dans la classe.
4. La gymnastique est bonne pour la santé.

5. Je pose des questions aux étudiants.
6. Notre cours finit dans (vingt) minutes.
7. J'aime beaucoup la natation.
8. Mes clés sont sur la table.

[1]*Now, ask questions using* **qui** *or* **qu'est-ce qui,** *as the case may be.*

Il donne une leçon de judo, et j'ai envie d'apprendre ce sport.

APPLICATIONS

A Dialogue et questions

Un grand champion de judo

Bill Broussard, le camarade de chambre[1] de Jean-Paul, est très sportif[2]. Il fait partie de[3] l'équipe de tennis de l'université. Il fait de la natation quatre fois par semaine et il assiste à[4] presque tous les matchs[5] de football et de basket-ball. C'est aujourd'hui mardi. Il est quatre heures de l'après-midi. Bill rentre à la résidence. Jean-Paul est dans la chambre et écoute des disques.   5

BILL	Bonjour, Jean-Paul.
JEAN-PAUL	Bonjour, Bill. Quoi de neuf ?[6]
BILL	Pas grand-chose.[7] Dis-moi, tu es libre à cinq heures aujourd'hui, n'est-ce pas ?
JEAN-PAUL	À cinq heures ? Oui. Qu'est-ce qui se passe ?[8] 10
BILL	Shintaro Yamada va donner une leçon[9] de judo.
JEAN-PAUL	Qui ?
BILL	Shintaro Yamada. C'est un grand champion de judo.
JEAN-PAUL	De judo ?
BILL	Oui. J'ai envie d'apprendre[10] ce sport. 15
JEAN-PAUL	Encore un autre sport ![11] Bon, d'accord. Allons voir[12] la leçon avant le dîner.
BILL	Ça va être très intéressant.
JEAN-PAUL	Intéressant, peut-être[13]. Curieux, certainement.
BILL	Tu vas adorer ça. Ça va être passionnant pour toi. 20
JEAN-PAUL	Pour moi ? Tu parles ![14]

(lignes 1–5)

1. Qui est le camarade de chambre de Jean-Paul ?
2. De quelle équipe fait-il partie ?
3. Qu'est-ce qu'il[15] fait quatre fois par semaine ?
4. À quels matchs assiste-t-il ?
5. Qu'est-ce que Jean-Paul fait dans la chambre ?

---

[1]*roommate*
[2]*athletic, fond of sports*
[3]*He belongs to* (**faire partie de** *to belong to*)
[4]*he attends* (**assister à** *to attend*)
[5]**presque tous les matchs** *almost all the games.* **Match** denotes a specific *set* or *competition* between two players or teams.
[6]*What's new?*
[7]*Not much.*

[8]*What's going on?*
[9]*(here) demonstration*
[10]*I feel like learning* (**avoir envie de** + infinitive *to feel like doing something*)
[11]*Still (Yet) another sport!*
[12]*Let's go (and) see*
[13]*perhaps, maybe*
[14]*You're joking (kidding)!*
[15]**Qu'est-ce que** *What* (a direct object)

(lignes 6–21)

6. À quelle heure Jean-Paul est-il libre ?
7. Qui va donner une leçon de judo ?
8. Qui est Shintaro Yamada ?
9. Quand Jean-Paul et Bill vont-ils voir la leçon ?
10. Qu'est-ce qui va être très intéressant ?

B Expressions utiles

Les sports

faire
- de l'athlétisme
- du cyclisme
- du patin (à glace / à roulettes)
- du ski / du ski nautique
- du tennis
- du yachting /jɔtiŋ/
- de la gymnastique
- du judo
- de la natation

jouer[1]
- au basket-ball
- au golf
- au ḥandball
- au ḥockey
- au football
- au tennis

regarder (à la télévision) / assister à ⎱ un match ⎰ de tennis / de basket-ball

L'équipe
- est bonne.
- est médiocre / comme ci comme ça.
- est mauvaise / n'est pas bonne.

L'équipe ⎰ gagne / ne gagne pas / perd[2] ⎱ ⎰ toujours. / souvent. ⎱

Expressions de fréquence

tous les jours	de temps en temps /d(ə)tɑ̄zɑ̄tɑ̄/
tout le temps	une fois par semaine / mois
(presque) toujours	rarement[3]
(très) souvent	ne . . . pas

Pratique

1. Quels sont les sports d'été ? Quels sont les sports d'hiver ?
2. Dans un match de football, combien de joueurs y a-t-il dans chaque équipe ? Et dans un match de base-ball ? Et dans un match de basket-ball ?
3. Quels sont les sports de plein air[4] ?

---

[1]**jouer** *to play* takes **à** + definite article before the name of a game or sport.
[2]from **perdre** *to lose*, a third conjugation verb: **je perds, tu perds, il perd, nous perdons, vous perdez, ils perdent**
[3]**Rarement** usually follows the verb directly: **Je fais rarement du ski ; Elle joue rarement au golf.**
[4]/dəplɛnɛʀ/ *outdoor.* Sample answer: **Le ski et le golf sont des sports de plein air.** Use of **des** rather than **les** in this answer will be explained in Lesson **8**.1.

4. Qu'est-ce que vous faites souvent ? Qu'est-ce que vous faites rarement ? Utilisez les expressions dans les deux colonnes suivantes.

ACTIVITÉ	FRÉQUENCE
assister / à / matchs / football	(presque) tous les jours
faire / natation	(très) souvent
faire / jogging *m*	de temps en temps
faire / gymnastique	(une) fois par semaine / mois
en / été / regarder / matchs / base-ball	rarement
faire / patin à glace	ne . . . pas

C *Je vais au match de basket-ball. Lisez le passage suivant et posez des questions sur les parties soulignées.*

C'est aujourd'hui (1) samedi. (2) Ce soir, je vais assister à un match de basket-ball. (3) Notre équipe est très bonne. (4) Nous gagnons presque tout le temps. (5) L'équipe adverse[1] est bonne aussi. (6) Le match va être intéressant. Je vais (7) au match avec Robert. Robert est (8) canadien. (9) Il aime beaucoup les sports. Il fait partie de l'équipe (10) de hockey.[2] Il parle bien français (11) parce que sa famille est d'origine française. (12) Le match commence à huit heures.

D *Renseignements et opinions*

1. Qu'est-ce que vous allez faire cet après-midi ? Et qu'est-ce que vous allez faire ce soir ?
2. Qu'est-ce que vous faites tous les jours ? Et qu'est-ce que vous faites une fois par semaine ?
3. Y a-t-il une équipe de football à notre université ? Gagne-t-elle souvent ? Comment est notre équipe ?
4. Quel est votre sport préféré à la télévision ? Regardez-vous souvent les matchs ?
5. Y a-t-il une équipe de basket-ball professionnelle dans notre ville ? Quelle est votre équipe préférée ?
6. Qui fait partie d'une équipe de sport ? De quelle équipe faites-vous partie ? Est-ce que c'est votre sport préféré ?
7. Qu'est-ce que vous faites comme sport en été ? Qu'est-ce que vous faites comme sport en hiver ?

[1]**adverse** *opponent.* In the question with **Qu'est-ce qui**, the adjective **bonne** *f* becomes **bon** *m*.
[2]**De quelle équipe . . . ?**

VOCABULAIRE

Noms masculins

autobus	·dîner	lit *bed*	programme
·basket-ball	·disque	·maire	repas
·camarade de chambre	·homme	·match	ski
·champion	·judo	menu	

Noms féminins

addition	·équipe	musique	santé *health*
chemise	fin	natation	serveuse
·envie *desire*	gymnastique	·partie *part*	

Verbes

·adorer	descendre	monter
·assister (à)	·donner	·se passer *happen*
commander	faire *irrég*	traverser

Adjectifs

ce (cet, cette, ces)	facile	·jeune	·passionnant(e)
·curieux (curieuse)	·grand(e)	·musclé(e)	·pris(e) *busy*
·désolé(e)	·intéressant(e)	·neuf (neuve)	·sportif (sportive)

Adverbes
·certainement
·là-bas
·peut-être

Autres expressions
·Ah bon !
·allons voir
·apprendre
·avoir envie de
comme
·faire du sport
·faire partie de
·faire un discours
n'est-ce pas ?
·pas grand-chose
quelqu'un
qu'est-ce que
qu'est-ce qui
·Quoi de neuf ?
·Tu parles !
voir

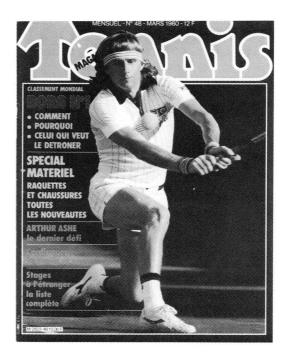

SIXIÈME LEÇON

CONVERSATIONS

TABLEAU 28

 A. Le concierge¹ est un peu dur d'oreille².

ANNE-MARIE	Bonjour, Monsieur. Je cherche M. Bernard.
LE CONCIERGE	Pardon, Mademoiselle. Qu'est-ce que vous cherchez ?
ANNE-MARIE	Je cherche M. Bernard. Est-ce qu'il est ici ?
LE CONCIERGE	Pardon, qui est-ce que vous cherchez ?
ANNE-MARIE	MONSIEUR BERNARD ! Est-il ici ?
LE CONCIERGE	Ah, vous cherchez M. Bernard ? Non, il n'est pas ici.

¹See **Différences** of Lesson 11 (p. 214) for an explanation of this word.
²**être dur d'oreille** *to be hard of hearing* (**Le concierge n'entend pas très bien.**)

TABLEAU 29

 B. Dans un restaurant

Ḥors-d'œuvre

LE GARÇON   Bonjour, Monsieur. Voulez-vous des ḥors-d'œuvre ?
LE CLIENT   Oui. Voyons . . . apportez-moi des huîtres.

Viande

LE GARÇON   Bien, Monsieur. Que voulez-vous comme viande ?
LE CLIENT   Voyons . . . apportez-moi un bifteck.

Légumes

LE GARÇON   Bien, Monsieur. Que voulez-vous comme légumes ?
LE CLIENT   Voyons . . . apportez-moi des asperges.

Boisson

LE GARÇON   Bien, Monsieur. Et comme boisson ?
LE CLIENT   Voyons . . . apportez-moi une demi-bouteille de Bordeaux.

(plus tard) *Addition*

LE CLIENT   Garçon, l'addition, s'il vous plaît.
LE GARÇON   Oui, Monsieur. Voilà, Monsieur.
LE CLIENT   Oh! là ! là ! 260 F ! Vous plaisantez, j'espère !
LE GARÇON   Ah non, Monsieur. Et le service n'est pas compris.[1]

DIFFÉRENCES

Les repas

Breakfast in France is usually less elaborate than in the United States and is akin
to what is popularly called a "continental breakfast." Typically, it consists of slices
of French bread with butter and jam and sometimes **brioches** (*light, round rolls*)

---

[1]The service charge, which includes the tip, is generally 12–15% of the bill for the food.

or **croissants** (*crescent-shaped rolls*). The drink usually served with breakfast is **café au lait**, strong coffee mixed with hot milk and sugar, or **chocolat** (*hot chocolate*). The French traditionally eat their main meal at noon—hence they take a long lunch break, normally lasting two hours. This custom is still prevalent in the provinces, though in large cities like Paris some working people are beginning to take a shorter lunch break. The noon meal consists of several courses, starting with **hors-d'œuvre** (various appetizers), followed by a meat or fish dish, vegetables or potatoes, and bread. After that comes a salad, cheese, and a dessert of fresh fruit, pastry, or ice cream. Supper is usually a light meal. It is served later than in the United States, typically around eight o'clock. It often includes soup (**la soupe**, **le potage**), which replaces the **hors-d'œuvre**, omelette or cold meat, vegetables, cheese and bread, and fresh fruit or pudding. The French generally drink wine or mineral water with lunch and dinner. Coffee is served after dessert. Preparation as well as enjoyment of good meals has always been considered one of the most important daily activities in France, where the average family is said to spend close to 40% of its budget on food.

Le menu ou la carte ?

The fame of French cuisine has spread to all corners of the world. Included in its great variety is everything from cheeses to meats cooked in the finest sauces and the most delicate pastries. When you travel in France, you will find that dining in a restaurant can be a gastronomic delight. But first it helps to distinguish between **le menu** and **la carte**. **Le menu** consists of complete dinners at several different prices: **le menu à 50 francs**, **le menu à 65 francs**, and so forth. Each **menu** has its own choice of hors d'oeuvres, entrées, and desserts. If you don't like the choices offered in the **menus**, you can order from **la carte** (cf. the English expression *to order à la carte*). This will cost you much more, if you order all the courses offered, but there will be a much wider choice of hors d'œuvres, meat dishes, vegetables, and desserts. Menu-related vocabulary is found in the **Expressions utiles** of this lesson, and a typical restaurant **carte** in Lesson 21 (p. 440).

Un déjeuner en famille.

EXPLICATIONS ET EXERCICES ORAUX

● **1 PRONOM INTERROGATIF : COMPLÉMENT D'OBJET DIRECT**

1. The interrogative pronoun used as the direct object of a verb is **qui est-ce que** /kiɛskə/ *who(m)* for human beings, and **qu'est-ce que** /kɛskə/ *what* in all other cases. The basic process involves replacing the direct object noun with an interrogative pronoun and placing it at the beginning of the question. Note that the **que** of **est-ce que** is reduced to **qu'** /k/ before a word beginning with a vowel sound (second and fourth examples below).

Vous cherchez ~~un médecin~~.

┌──── **qui est-ce que**

Qui est-ce que vous cherchez ?

You are looking for ~~a doctor~~.

┌──────── *who(m)*

Who(m) are you looking for?

Elle attend ~~la serveuse~~.

┌ **qui est-ce que**

Qui est-ce qu'elle attend ?

She is waiting for ~~the waitress~~.

┌──────── *who(m)*

Who(m) is she waiting for?

Vous traversez ~~la rue~~.

┌──── **qu'est-ce que**

Qu'est-ce que vous traversez ?

You are crossing ~~the street~~.

┌──────── *what*

What are you crossing?

Ils attendent ~~le taxi~~.

┌ **qu'est-ce que**

Qu'est-ce qu'ils attendent ?

They are waiting for ~~the taxi~~.

┌──────── *what*

What are they waiting for?

2. The **est-ce que** of **qui est-ce que** and **qu'est-ce que** can be replaced by an inversion of the subject pronoun and the verb (except for the **je** form).

Qui **est-ce que tu attends** ? →Qui **attends-tu** ?

Qui **est-ce qu'il regarde** ? →Qui **regarde-t-il** ?

Qu'**est-ce que vous choisissez** ? →Que **choisissez-vous** ?

Qu'**est-ce qu'elles vendent** ? →Que **vendent-elles** ?

TABLEAU 30   **Qui est-ce qu'**elle cherche ?   **Qu'est-ce qu'**elle cherche ?

A *Posez des questions en employant* **qui est-ce que** *d'après ce modèle.*

Je cherche mon ami.
Qui est-ce que vous cherchez ?

1. Je cherche mes parents.
2. J'écoute mes étudiants.
3. J'attends mon ami.

4. Je regarde un étudiant.
5. Je n'aime pas les agents.
6. Je n'entends pas mes étudiants.

 B *Posez des questions en employant* **qu'est-ce que** *d'après ce modèle.*

Je cherche mon stylo.
Qu'est-ce que vous cherchez ?

1. Je cherche mon crayon.
2. Je regarde mon livre.
3. J'aime le cours de français.

4. (Marie) étudie le français.
5. (Jean) regarde la montre.
6. (Paul) attend la fin du cours.

 C *Je déjeune dans un restaurant. Posez des questions en employant* **qui est-ce que** *ou* **qu'est-ce que** *selon le cas.*

1. Je choisis une table.
2. Je regarde le menu.
3. J'écoute la serveuse.
4. Je commande mon repas.
5. Je mange un steak.

6. Je finis mon repas.
7. J'attends la serveuse.
8. Je demande l'addition.
9. Je paie l'addition.
10. Je quitte le restaurant.

• 2 PRENDRE, APPRENDRE, COMPRENDRE

1. The verb **prendre** *to take* is conjugated like a third conjugation verb (**-re**) only in the singular. It is also used in the general sense of *to eat* and *to drink*. Nouns designating meals, such as **le repas** *meal*, **le petit déjeuner** *breakfast*, **le déjeuner** *lunch*, and **le dîner** *dinner*, cannot be used as a direct object of **manger** *to eat*.

Je **prends** un bain. /pRã/
Tu **prends** une douche. /pRã/
Il **prend** des photos. /pRã/
Nous **prenons** le petit déjeuner. /pRənõ/
Vous **prenez** vos repas au restaurant. /pRəne/
Ils **prennent** leur dîner à sept heures. /pRɛn/

prends	prenons
prends	prenez
prend	prennent

2. **Apprendre** *to learn* and **comprendre** *to understand* are conjugated like **prendre**. Note that **apprendre** can be followed by a noun or **à** + infinitive.

J'**apprends** le français.
Tu **apprends** l'espagnol.
Il **apprend** la leçon.
Nous **apprenons** le dialogue.
Vous **apprenez** à faire du ski.
Ils **apprennent** à compter.

Je **comprends** le français.
Tu **comprends** l'espagnol.
Il **comprend** la leçon.
Nous **comprenons** le dialogue.
Vous **comprenez** ce sport.
Ils **comprennent** la question.

« Qu'est-ce que tu ne comprends pas ? »

A *Exercice de contrôle*

Je prends mon petit déjeuner.

1. Vous	3. Le professeur	5. Nous
2. Tu	4. Les étudiants	6. Je

J'apprends et comprends le français.

1. Nous	3. Tu	5. L'étudiant
2. Les étudiants	4. Vous	6. Je

B *Maintenant, posez-moi des questions.*

1. Demandez-moi à quelle heure je prends mon petit déjeuner.
2. Demandez-moi où je prends mon déjeuner.
3. Demandez-moi à quelle heure je prends mon dîner.
4. Demandez-moi si j'apprends à faire du ski.
5. Demandez-moi si je comprends mes étudiants.
6. Demandez-moi quelles langues je comprends.

C *Répondez aux questions.*

1. À quelle heure prenez-vous votre petit déjeuner ? Demandez à (Rose) où elle prend son dîner.
2. Combien de repas prenez-vous par jour ? Demandez à (Jean-Jacques) combien de repas il prend par jour.
3. Quelle langue apprenons-nous dans ce cours ? Quelle leçon apprenons-nous cette semaine ?
4. Qui est-ce que vous ne comprenez pas bien ? Qui comprenez-vous bien ?
5. Qu'est-ce que nous apprenons à faire dans ce cours ? Demandez-moi quel sport je ne comprends pas.
6. En général, prenez-vous un bain ou une douche ? Qui ne prend pas de bain ?

● **3 ARTICLE PARTITIF**

1. French, like English, has two kinds of nouns: "count" and "noncount" (or "mass"). A count noun designates an object that you can count; it has singular and plural forms (*a book, two books; a knife, three knives*). You already know that in French, an indefinite or unspecific count noun is usually preceded by **un, une** in the singular, and **des** in the plural.

Je cherche **un** couteau.	*I'm looking for a knife.*
Apportez-moi **une** fourchette.	*Bring me a fork.*
Il y a **des** chaises dans la classe.	*There are chairs in the classroom.*

2. A noncount or mass noun designates an object that you usually do not count (*sugar, water, bread, money, patience*). In French, an indefinite or unspecific noncount noun is usually preceded by the *partitive article*: **du, de la**, or, before a vowel sound, **de l'**. In many cases, the partitive article corresponds to English *some* or *any*. But note that use of the partitive article is obligatory in French to express an undetermined or indefinite quantity, whereas use of *some* and *any* is often optional in English.

Avez-vous **de l'**argent ?	*Do you have {some / any / ___} money?*

Nous avons **du** vin et **de la** bière.	*We have (some) wine and beer.*
Voilà **du** pain et **de la** viande.	*There's (some) bread and meat.*
Je cherche **de l'**eau.	*I'm looking for (some) water.*
Avez-vous **du** café ?	*Do you have (any) coffee?*

3. Do not confuse the partitive article (which often corresponds to *some* or *any*) with the preposition **de** + **le/la/l'** meaning *of the* or *about the* (Lesson **2.3**). The context will usually clear up any ambiguity.

Prenez **du** vin.	*Have (Take) some wine.*
Voilà le prix **du** vin.	*There's the price of the wine.*

Je mange **de la** viande.	*I eat (some) meat.*
Je parle **de la** viande.	*I'm speaking of the meat.*

4. **Pas de.** In a negative sentence, both the indefinite article (**un, une, des**) and the partitive article (**du, de la, de l'**) become **de** or **d'** before the direct object.

Je prends **un** bain.	→Je ne prends pas **de** bain.
Vous faites **une** faute.	→Vous ne faites pas **de** faute.
Nous avons **des** stylos.	→Nous n'avons pas **de** stylos.
Je prends **du** sucre.	→Je ne prends pas **de** sucre.
Elle mange **de la** viande.	→Elle ne mange pas **de** viande.
Cherches-tu **de l'**eau ?	→Ne cherches-tu pas **d'**eau ?

The only exception is after **être**: **être** always requires **un, une, des,** or **du, de la, de l'** in both affirmative and negative sentences.

C'est **un** cahier.	→Ce n'est pas **un** cahier.
C'est **une** montre.	→Ce n'est pas **une** montre.
Ce sont **des** crayons.	→Ce ne sont pas **des** crayons.
C'est **du** café.	→Ce n'est pas **du** café.
C'est **de l'**eau.	→Ce n'est pas **de l'**eau.

5. Two of the weather expressions (Lesson **4.**1) and **faire** + activity (Lesson **5.**1) also use the partitive article. In these expressions, the negative partitive article is **de**.

Il fait **du** soleil.	→Il **ne** fait **pas de** soleil.
Il fait **du** vent.	→Il **ne** fait **pas de** vent.
Je fais **du** football.	→Je **ne** fais **pas de** football.
Elle fait **de la** natation.	→Elle **ne** fait **pas de** natation.
Ils font **du** ski.	→Ils **ne** font **pas de** ski.

TABLEAU 31

A *Regardez le Tableau 31. C'est une salle à manger[1]. Répétez après moi.*

1. une assiette
2. une bouteille
3. un couteau
4. une cuillère
5. une fourchette
6. un verre

7. des légumes *m*
   des carottes *f*
   des petits pois *m*
   des haricots verts *m*
8. du beurre
9. du pain

10. du poivre
11. du sel
12. du sucre
13. de la viande
14. un buffet
15. une nappe
16. une serviette

 B *Continuez à regarder le Tableau. Répondez à ces questions.*

1. Y a-t-il des bouteilles sur la table ?
2. Et des couteaux[2] ?
3. Et des assiettes ?
4. Y a-t-il des montres sur la table ?
5. Et des cahiers ?
6. Et des légumes ?
7. Y a-t-il du café sur la table ?

8. Et de la viande ?
9. Et du pain ?
10. N'y a-t-il pas de sel sur la table ?
11. N'y a-t-il pas de beurre ?
12. N'y a-t-il pas de buffet dans la salle
    à manger ?

C *Répondez aux questions.*

1. Mangez-vous de la viande ? Est-ce que les végétariens mangent de la viande ? Qu'est-ce qu'ils mangent ?
2. Prenez-vous du lait au petit déjeuner ? Demandez-moi si je prends du vin au petit déjeuner. Demandez à (Anne) si elle prend du chocolat.
3. Y a-t-il des chats dans la classe ? Y a-t-il du café ? Y a-t-il des chaises ?
4. Avez-vous du papier ? Demandez-moi si j'ai du papier. Est-ce que c'est du papier ?
5. Avez-vous de l'argent dans votre poche ? Demandez-moi si j'ai de l'argent. Demandez à (Jeanne) si elle a de l'argent.
6. Faites-vous de la gymnastique ? Qui fait du football ? Qui ne fait pas de tennis ?
7. Est-ce qu'il fait du soleil aujourd'hui ? Fait-il du vent ? Quel temps fait-il aujourd'hui ?

• 4 VOULOIR

1. Study the conjugation of **vouloir** *to want*. Note that the stem vowel alternates between -eu- /ø/, /œ/[3] and -ou- /u/. The consonant /l/ occurs throughout the plural forms and in the infinitive, but not in the singular forms.

Je **veux** du café. /vø/
Tu **veux** du chocolat. /vø/
Il ne **veut** pas d'eau. /vø/
Nous **voulons** de la bière. /vulō/
Vous ne **voulez** pas de pain. /vule/
Ils **veulent** du Coca-Cola. /vœl/

veux	**voulons**
veux	**voulez**
veut	**veulent**

---

[1]**salle à manger** *dining room*
[2]Singular nouns ending in **-eau** add **-x** to form the plural: **couteau, couteaux; tableau, tableaux**. This point will be taken up in Lesson **8**.4 (p. 160).
[3]The alternation of /ø/ and /œ/ is automatic here; /ø/ occurs when the form ends in a vowel sound (an open syllable), as in **veux**, and /œ/ occurs when the form ends in a consonant sound (a closed syllable), as in **veulent**.

2. **Vouloir** may take a direct object, as in the examples above, or it may be followed by an infinitive. When it is, it corresponds to the English construction *to want/wish + to +* infinitive.

Je **veux déjeuner** maintenant.	*I want to eat lunch now.*
Veux-tu **aller** au cinéma ?	*Do you want to go to the movies?*
Ils ne **veulent** pas **travailler**.	*They don't want to work.*

3. **Vouloir dire**. The expression **vouloir dire** (literally, *to want to say*) corresponds to the English verb *to mean*. It takes a direct object or **que** *that* + sentence (known as a "dependent" or "subordinate" clause). The use of **que** is obligatory in French before a dependent clause, whereas use of *that* is optional in English.

Qu'est-ce que le mot « viande » **veut dire** en anglais ?	*What does the word "viande" mean in English?*
— Cela **veut dire** « meat ».	*That means "meat."*
Vous avez un appétit d'oiseau[1].	*You eat like a bird.*
— Que **voulez**-vous **dire** ?	*What do you mean?*
Je **veux dire** que vous mangez très peu.	*I mean (that) you eat very little.*

[1] **avoir un appétit d'oiseau**   literally, *to have a bird's appetite*

Qu'est-ce que vous voulez manger ?

A *Exercice de contrôle*

Je veux manger une pomme.

1. Le professeur	3. Vous	5. Nous
2. Les étudiants	4. Tu	6. Je

Je ne veux pas faire mon travail.

1. Cet enfant	3. Nous	5. Vous
2. Tu	4. Ces enfants	6. Je

B *Répondez aux questions.*

1. Voulez-vous une pomme ? Est-ce que j'ai une pomme ?
2. Voulez-vous du café ? Est-ce qu'il y a du café dans la classe ?
3. Voulez-vous de l'eau ? Y a-t-il de l'eau dans la classe ?
4. Voulez-vous aller en France ? Demandez à (Jacques) s'il veut aller en France.
5. Voulez-vous voir un film ? À quel cinéma voulez-vous aller ?
6. Que voulez-vous faire ce week-end ? Demandez à (Marianne) si elle veut faire du tennis ce week-end.
7. Qu'est-ce que le mot « serviette » veut dire en anglais ? Et le mot « bouteille » ?
8. Que veut dire[1] « avoir un appétit d'oiseau » ? Que veut dire « être dur d'oreille » ?

• 5 PRONOM INTERROGATIF : APRÈS UNE PRÉPOSITION ; AUTRES MOTS D'INTERROGATION

1. The interrogative pronoun used for the indirect object is **à qui est-ce que** for human beings, and **à quoi est-ce que** in all other cases.

Vous répondez **à l'agent**.   *You answer* **the policeman**.

    ⌐————**à qui est-ce que**   ⌐————**who(m)**
À qui est-ce que vous répondez ?   **Who(m)** *do you answer?*

Vous pensez **à vos vacances**.   *You are thinking of* **your vacation**.

    ⌐————**à quoi est-ce que**   ⌐————**what**
À quoi est-ce que vous pensez ?   **What** *are you thinking of?*

2. Other constructions involving preposition + noun (except for expressions of time and place) can be replaced by preposition + **qui/quoi est-ce que**. **Qui** is used for human beings, and **quoi** in all other cases. You have probably noticed by now that in French, unlike in English, the preposition cannot come at the end of a question.

Vous parlez **de vos amis**.   *You are speaking of your friends.*
→**De qui est-ce que** vous parlez ?   →*Who(m) are you speaking of?*
Vous parlez **de vos vacances**.   *You are speaking of your vacation.*
→**De quoi est-ce que** vous parlez ?   →*What are you speaking of?*

---

[1]**Que veut dire . . . ?** est un équivalent de **Qu'est-ce que . . . veut dire ?**

« Qui est à l'appareil, s'il vous plaît ? À qui voulez-vous parler ? »

Elle danse **avec Jean-Paul**.	*She dances with Jean-Paul.*
→**Avec qui est-ce qu'**elle danse ?	*→Who(m) does she dance with?*
Il travaille **avec un livre**.	*He works with a book.*
→**Avec quoi est-ce qu'**il travaille ?	*→What does he work with?*

3. Again, except for the **je** form, **est-ce que** can be replaced by an inversion of the subject pronoun and the verb.

À qui **est-ce que tu penses** ?	→À qui **penses-tu** ?
De qui **est-ce qu'elle parle** ?	→De qui **parle-t-elle** ?
Avec quoi **est-ce que vous travaillez** ?	→Avec quoi **travaillez-vous** ?
De quoi **est-ce que nous parlons** ?	→De quoi **parlons-nous** ?

4. Here is a summary of the interrogative pronouns you have studied.

	PERSON	OTHERS
Subject	**qui**	**qu'est-ce qui**
Direct Object	**qui est-ce que** **qui** + inversion	**qu'est-ce que** **que** + inversion
Indirect Object	**à qui est-ce que** **à qui** + inversion	**à quoi est-ce que** **à quoi** + inversion
After a Preposition (e.g., **de**)	**de qui est-ce que** **de qui** + inversion	**de quoi est-ce que** **de quoi** + inversion

TABLEAU 32   À qui est-ce qu'elle pense ?   À quoi est-ce qu'elle pense ?

5. *Other interrogative expressions.* You have also encountered interrogative expressions other than pronouns. Here is a summary.

TIME: **quand, à quelle heure**
Jean-Paul arrive **demain à midi**.
   Quand est-ce que Jean-Paul arrive ?   *When. . . ?*
   À quelle heure est-ce qu'il arrive ?   *What time. . . ?*

PLACE: **où**
Nous allons **au restaurant**.
   Où est-ce que nous allons ?   *Where. . . ?*
De + place is replaced by **d'où**.

Il vient **de Louisiane**.
   D'où vient-il ?   *Where . . . from?*

MANNER: **comment**
Elle regarde le livre **avec intérêt**.
   Comment regarde-t-elle le livre ?   *How. . . ?*

QUANTITY: **combien de** (+ noun)
Nous avons **deux** livres.
   Combien de livres avons-nous ?   *How many. . . ?*
Ils travaillent **deux heures par jour**.
   Combien de temps travaillent-ils ?   *How long (How much time). . . ?*

REASON: **pourquoi**
Il prend un parapluie **parce qu'il pleut**.
   Pourquoi prend-il un parapluie ?   *Why. . . ?*

 A *Posez des questions sur la dernière partie de chaque phrase, d'après ce modèle.*

   Je déjeune avec un ami.
   Avec qui déjeunez-vous ?

1. Je parle à un étudiant.
2. J'obéis à quelqu'un.
3. Je réponds aux étudiants.

4. Je pense à mes parents.
5. Je parle de mes amis.
6. Je travaille pour quelqu'un.

B *Posez des questions en employant* **à quoi**, **avec quoi** *ou* **de quoi**.

1. Je pense à mes vacances.
2. Je parle d'un restaurant.
3. Je réponds à une question.
4. Je travaille avec un livre.
5. J'obéis à vos ordres.
6. Je parle d'un repas.

 C *Maintenant, posez des questions en employant* **à qui**, **à quoi**, **de qui**, **de quoi**, *etc.*

1. Je parle d'un professeur.
3. Je pense à mes vacances.
3. Je réponds aux questions.
4. J'obéis aux agents.
5. Je téléphone à un ami.
6. Je parle à un ami.
7. Je réponds à une étudiante.
8. Je pense à quelqu'un.
9. Je parle d'un restaurant.
10. Je travaille avec des livres.

D *Posez une question sur la dernière partie de chaque phrase. Employez* **que**, **où**, **à quelle heure**, **quand**, **comment**, **combien** *et* **pourquoi**.

Modèle :   Je suis dans la classe.   Je déjeune à midi.
       Où êtes-vous ?   **À quelle heure déjeunez-vous ?**

1. Je vais à mon cours.
2. J'arrive à onze heures.
3. Le cours est intéressant.
4. Je déjeune à midi et demi.
5. Je travaille deux heures.
6. Je vais très bien.
7. Je travaille bien.
8. Je prends deux livres.
9. Je suis au laboratoire.
10. J'aime mon travail parce qu'il est intéressant.

E *Révision. Parlons de Jean-Paul. Il est midi et il va déjeuner dans un restaurant. Posez une question sur la partie répétée de chaque phrase*[1] *d'après ce modèle.*

Jean-Paul traverse la rue ; la rue.
Qu'est-ce que Jean-Paul traverse ?

1. Jean-Paul déjeune à midi et demi ; à midi et demi.
2. Il entre dans un restaurant ; dans un restaurant.
3. Il y a vingt clients dans la salle à manger ; vingt.
4. Jean-Paul choisit une table ; une table.
5. La serveuse parle à Jean-Paul ; la serveuse.
6. Jean-Paul regarde le menu ; le menu.
7. Il commande son déjeuner ; son déjeuner.
8. Le déjeuner est excellent ; excellent.
9. Il finit son repas ; son repas.
10. Il demande l'addition ; l'addition.
11. Il paie l'addition à la serveuse ; à la serveuse.
12. Il quitte le restaurant ; le restaurant.
13. Il attend l'autobus ; l'autobus.
14. L'autobus arrive bientôt ; l'autobus.
15. Il monte dans l'autobus ; dans l'autobus.
16. Il descend de l'autobus ; de l'autobus.

---

[1]*Ask a question on the repeated part of each sentence*

Le restaurant universitaire est bondé. Tout le monde veut déjeuner à la même heure !

APPLICATIONS

 A Dialogue et questions

Au restaurant universitaire

Il est midi et quart. Jean-Paul et Christine vont déjeuner ensemble. Ils sont à l'entrée du restaurant universitaire où il y a une queue interminable. La salle est bondée. Tout le monde[1] veut déjeuner à la même heure[2] ! Ils font la queue[3] et attendent presque dix minutes. Bientôt c'est leur tour[4]. Ils prennent chacun un couteau, une fourchette, une cuillère et une serviette en papier[5].   5

CHRISTINE	Tu vas prendre une salade ?
JEAN-PAUL	Oui, une salade composée[6]. Et toi ?
CHRISTINE	Une salade de tomates. Qu'est-ce que tu prends comme viande ?
JEAN-PAUL	Oh, je ne sais pas[7] . . . Du rosbif, avec des frites.
CHRISTINE	Pour moi[8], du poulet et des petits pois[9]. Tu ne veux pas de lé- 10 gumes ?

[1]*Everyone*
[2]*at the same hour (time)*
[3]**faire la queue** *to stand in line*
[4]**tour** *turn*
[5]*a paper napkin*

[6]*a combination (tossed) salad*
[7]*I don't know*
[8]*For me*
[9]**petits pois** *peas*

JEAN-PAUL   Si, des haricots verts. Tu ne veux pas de petit pain[1] et de beurre ?

CHRISTINE   Non, merci. Je veux un verre de lait écrémé[2].

JEAN-PAUL   Tu as un appétit d'oiseau ![3] Tu es au régime[4] ?

CHRISTINE   Non, mais j'ai un match de tennis dans une demi-heure[5].   15

JEAN-PAUL   C'est vrai. Avec Barbara, non ?

CHRISTINE   Oui, et avec ses copains[6].

(lignes 1–5)

1. Quelle heure est-il ?
2. Où est-ce que Jean-Paul et Christine font la queue ?
3. Qui veut déjeuner à la même heure ?
4. Combien de temps est-ce qu'ils attendent leur tour ?[7]
5. Qu'est-ce qu'ils prennent chacun ?

(lignes 6–17)

6. Quelle sorte de salade prennent-ils ?
7. Qu'est-ce qu'ils prennent comme viande ?
8. Qu'est-ce qu'ils prennent comme légumes ?
9. Christine prend-elle un petit pain ?
10. Quelle boisson prend-elle ?
11. Est-ce qu'elle est au régime ?
12. Avec qui va-t-elle jouer au tennis ?

cafétéria

la cafétéria est une formule de restauration, saine, rapide, économique; elle vous propose un choix de menus variés.

BAR RESTAURANT EN LIBRE SERVICE

 zup sud – rennes

B Expressions utiles

Les repas

prendre
commander } { un repas
le petit déjeuner
le déjeuner
le dîner }   demander
payer } l'addition

Viande et Volailles f

un bifteck   de la dinde
une saucisse   du poulet
du rosbif   une omelette
du jambon   un sandwich (au jambon / au fromage)

---

[1] **un petit pain**   *a roll*

[2] *skimmed milk*

[3] *You eat like a bird!*

[4] **être au régime**   *to be on a diet*

[5] *half hour*

[6] **Copain** *m* (**copine** *f*) in colloquial French denotes a fairly close friend (*a buddy*); **camarade** *m, f* indicates a more casual and less close friend; **ami(e)**, used especially in the plural, can mean *friends* in a general sense, but used in the singular, it can imply a very close friend (like a *boyfriend* or a *girlfriend*).

[7] Answer: **Ils attendent leur tour presque dix minutes.**

Légumes m
des asperges *f*
des carottes *f*
des petits pois *m*
des haricots verts *m*

du riz
des pommes de terre frites / des frites
une salade composée
une salade de tomates / concombres

Fruits m
une banane
une pomme
une poire
une orange

un pamplemousse
des cerises *f*
des fraises *f*
du raisin[1]

Boissons f
du café
du thé
du chocolat
du lait
du jus /ʒy/ d'orange

du jus de tomate
du Coca-Cola
de l'eau (minérale)
du vin
de la bière

Pratique

1. Vous êtes au restaurant universitaire. Qu'est-ce que vous voulez manger ?
2. Vous êtes au restaurant universitaire. Vous avez seulement vingt minutes pour manger. Qu'est-ce que vous allez choisir ?
3. Indiquez le mot qui n'appartient pas à chaque série, et dites pourquoi.

   a) du café, du chocolat, du riz, de l'eau
   b) une orange, une saucisse, une pomme, une banane
   c) des carottes, des haricots verts, des asperges, des cerises
   d) de la bière, de la dinde, du poulet, du rosbif
   e) du thé, du raisin, des pommes de terre, des nappes

C *Deux étudiants déjeunent ensemble. Lisez le passage suivant et posez des questions sur les parties soulignées.*

Barbara et Bill sont (1) au resto-U[2]. Il est (2) midi, et (3) le restaurant est bondé. Ils font (4) la queue et ils attendent (5) leur tour. Bill prend du rosbif, des frites, des haricots verts, une salade et un dessert. Comme boisson, il prend (6) deux verres de lait. Il mange beaucoup (7) parce qu'il fait du football. (8) Barbara prend seulement un sandwich. Ils mangent (9) vite, (10) parce qu'ils ont un cours dans une demi-heure. Ils parlent (11) de leur cours d'histoire. Ils parlent aussi (12) de leur professeur. Ils aiment beaucoup (13) leur professeur. (14) Le déjeuner est terminé. Ils paient leur repas (15) à la caissière.

---

[1]**Raisin** *grape, grapes* is a noncount noun in French.
[2]**Resto-U** veut dire **restaurant universitaire.**

D *Charles et Marie sont au resto-U. Complétez le passage suivant. N'oubliez pas l'article partitif quand il est nécessaire.*

(1) Il/être/un/heure/moins/quart. (2) Charles/et/Marie/aller/déjeuner/ensemble. (3) Ils/être/maintenant/à/entrée/de/restaurant universitaire. (4) Ils/commander/poulet/et/asperges. (5) Ils/ne pas/prendre/pommes de terre/et/ils/ne pas/vouloir/pain. (6) Pourquoi/ils/ne pas/manger/beaucoup ? (7) Ce/être/parce que/ils/vouloir/jouer à/tennis/juste après/leur/déjeuner. (8) Comme/boisson,/Charles/prendre/lait/et Marie,/thé. (9) Restaurant/être/bondé,/mais/ils/trouver/table libre/dans/coin,/près de/entrée. (10) Ils/payer/leur/repas/quand/ils/quitter/restaurant.

E *Composition. Choisissez un des sujets suivants et écrivez une composition d'à peu près 150 mots.*[1]

1. Quelles sont vos activités préférées[2] en été (ou en hiver) ? Où allez-vous ? Que faites-vous ? Que voulez-vous manger ? Pourquoi ?

2. Quels sont vos projets pour ce week-end ? Où voulez-vous aller ? Qu'est-ce que vous allez faire ? Pourquoi ?

3. Qu'est-ce que vous faites le vendredi (ou un autre jour de la semaine) ? Décrivez vos activités de dix heures du matin à quatre heures de l'après-midi, ou de quatre heures de l'après-midi à dix heures du soir.

4. Faites une interview d'un de vos camarades dans le cours de français. Ensuite, préparez une description de cette personne.

F *Renseignements et opinions*

1. À quelle heure prenez-vous votre petit déjeuner ? Qu'est-ce que vous prenez d'habitude[3] comme boisson ?

2. À quelle heure déjeunez-vous ? Où ? Qu'est-ce que vous prenez d'habitude comme légumes ?

3. Combien de langues parlez-vous ? Quelle langue apprenez-vous en ce moment ?

4. Qui comprenez-vous bien ? Qui est-ce que vous ne comprenez pas très bien ? Pourquoi ?

5. À qui pensez-vous souvent ? Qui est cette personne ?

---

[1] *write a composition of about 150 words* (approximately 50% longer than the dehydrated paragraph of **Application D**)

[2] *your favorite activities*

[3] **d'habitude** *usually*

VOCABULAIRE

Noms masculins

appétit	couteau	papier	steak
bain	déjeuner	petit déjeuner	sucre
beurre	·garçon	·petit pain	·tour
·bifteck	ḥaricot vert	petits pois *pl*	végétarien
buffet	·hors-d'œuvre	poivre	verre
café	lait	·poulet	vin
chocolat	légume	·régime	week-end
client	oiseau	·rosbif	
·concierge	ordre	sel	
·copain	pain	·service	

Noms féminins

·asperge	cuillère	·huître	salle à manger
assiette	·demi-heure	nappe	serviette
·boisson	douche	oreille	·tomate
bouteille	eau	pomme	vacances *pl*
carotte	fourchette	·queue	viande
·copine	·frites *pl*	·salade	

Verbes

·apporter	·espérer	prendre *irrég*
apprendre *irrég*	·jouer (à)	vouloir *irrég*
comprendre *irrég*	·plaisanter	vouloir dire

Adjectifs

·bondé(e)	·compris(e)	·interminable
·chacun(e)	·écrémé(e)	·même
·composé(e)	·excellent(e)	·vrai(e)

Autres expressions

avoir un appétit d'oiseau	·faire la queue	·pour moi
·être au régime	·je ne sais pas	qui est-ce que
être dur(e) d'oreille	·jouer au tennis	·tout le monde
	·Oh ! là ! là !	·voyons

SEPTIÈME LEÇON

CONVERSATIONS

TABLEAU 33

A. Au supermarché

CHERYL   Excusez-moi, Madame. Où sont les cigarettes, s'il vous plaît ?

L'EMPLOYÉE   On ne vend pas de cigarettes au supermarché.

CHERYL   Où vend-on des cigarettes, alors ?

L'EMPLOYÉE   Au bureau de tabac.

B. On va faire des courses.[1]

BETTY   J'ai besoin de viande. Où peut-on acheter de la viande ?

MME SAVIN   Quelle sorte de viande voulez-vous ?

BETTY   Un kilo de veau.

MME SAVIN   Allez à la boucherie près du bureau de tabac.

C. Voilà un café.

MONIQUE   Comme il fait chaud ![2]

JACQUES   Je suis fatigué et j'ai chaud.

MONIQUE   Moi aussi. Voilà un café. Prenons quelque chose de frais[3].

JACQUES   Pourquoi pas ?

DIFFÉRENCES

Les magasins

When French people go shopping, they take along a basket, a mesh bag (**filet** *m*) or a small folding shopping cart with two wheels. Large brown bags are not available in most stores. In fact, people think nothing of carrying home those long, hard-crusted thin loaves of bread (**baguettes** *f*) without any wrapping. Although chains of supermarkets (**supermarchés** *m*) and combinations of supermarkets and discount stores (**hypermarchés** *m* or **grandes surfaces** *f*) have sprung up in every French city, most people still prefer the open market and individual neighborhood specialty stores for their fresher food, better and friendlier service, and convenience. In contrast to the impersonal nature of the **supermarché** and **hypermarché**, the merchants of specialty shops always greet each customer who enters with a hearty « **Bonjour, Madame** » or « **Bonjour, Monsieur** », and an equally warm « **Merci, Madame** » and « **Au revoir, Monsieur** » upon leaving. Customers are not afraid to ask questions, and the merchants give personal attention and even advice to them.

Here is a list of typical small stores and their products (for the French equivalent of the products, see **Expressions utiles**, p. 144). Sometimes a store may combine two specialties: **boucherie-charcuterie, épicerie-alimentation**[4], **boulangerie-pâtisserie, librairie-papeterie**, etc.

la boulangerie	bakery products, especially all kinds of bread
la boucherie	beef, veal, lamb, and fowl
le bureau de tabac /taba/	tobacco, stamps, newspapers, magazines
la charcuterie	pork, fowl, and prepared meats (ham, sausages, pâtés, certain kinds of salad, etc.)

---

[1]**faire des courses** *to do (some) errands*

[2]*How hot it is!*

[3]*something cold* (literally, *something cool*)

[4]At the **épicerie-alimentation**, one can buy, in addition to the products mentioned under **épicerie**, other items such as fresh produce and fruits, milk, and a limited selection of cold cuts and cheeses.

la confiserie	all kinds of candy
la crémerie	dairy products (milk, cream, butter, cheese), eggs
l'épicerie *f*	general grocery (coffee, tea, bottled mineral water, wine, seasonings, canned food, eggs)
la librairie	books
la maison de la presse	newspapers, magazines, paperbacks, comics
le marchand de vin	all kinds of alcoholic beverages, bottled mineral water
le marchand des quatre saisons (de primeurs)	fruits and vegetables
la papeterie /papɛtʀi/	paper products, office and school supplies
la pâtisserie	pastry
la pharmacie	drugs, medicine, articles of personal hygiene
la poissonnerie	seafood

EXPLICATIONS ET EXERCICES ORAUX

● **1 PRONOM INDÉFINI : ON**

1. **On** is a subject pronoun corresponding to *one, they,* or *you.* It is used in all cases where the subject denotes a human being that is either indefinite or unspecified. Grammatically, **on** is a third person singular masculine pronoun, just like **il.** Note that in inversion **on** is pronounced /tõ/. If the verb does not end in **-t** or **-d,** then **-t-** must be inserted.

On ne fait pas cela.
$\left\{\begin{array}{l} \textit{One does not do that.} \\ \textit{You don't do that.} \\ \textit{That is not done.}^1 \end{array}\right.$

Parle-**t-on** français au Canada ?
$\left\{\begin{array}{l} \textit{Does one speak French in Canada?} \\ \textit{Do they speak French in Canada?} \\ \textit{Is French spoken in Canada?} \end{array}\right.$

Où vend-**on** du porc ?
$\left\{\begin{array}{l} \textit{Where does one sell pork?} \\ \textit{Where do they sell pork?} \\ \textit{Where is pork sold?} \end{array}\right.$

2. In colloquial French, **on** often replaces **nous.**

Nous allons manger à une heure.	→**On va** manger à une heure.
Allons-nous faire cela ?	→**Va-t-on** faire cela ?
De quoi est-ce que **nous parlons** ?	→De quoi est-ce qu'**on parle** ?

---

[1]**On** + active voice can be used as a substitute for the English passive voice. The passive voice is discussed in Lesson **25**.1 (p. 513).

On a beaucoup de choix au supermarché, mais les petits magasins sont plus agréables.

 A *Je vais vous proposer certaines choses. Vous allez être d'accord*[1]*. Ajoutez des phrases d'après ces modèles.*

Parlons français.
D'accord, on va parler français.
Ne parlons pas anglais.
D'accord, on ne va pas parler anglais.

1. N'allons pas au cours.
2. Regardons la télévision.
3. Jouons aux cartes.[2]
4. Ne faisons pas les devoirs.
5. Ne travaillons pas ce soir.
6. Ne restons pas à la maison.[3]
7. Allons au cinéma.
8. N'attendons pas l'autobus.
9. Prenons un taxi.
10. Rentrons à minuit.

B *Répondez aux questions.*

1. Quelle langue parle-t-on dans ce cours ? Quelles langues parle-t-on au Canada ?
2. En général, à quelle heure est-ce qu'on prend le dîner aux États-Unis ? Et en France ?
3. En quelle saison fait-on du camping ? En quelle saison fait-on du ski ?
4. Est-ce qu'on vend des cigarettes au supermarché aux États-Unis ? Et en France ?
5. Qu'est-ce qu'on fait dans ce cours ? Nommez plusieurs choses.

[1]**être d'accord (avec)** *to agree (with)*
[2]**jouer aux cartes** *to play cards*
[3]**rester à la maison** *to stay (remain) home*

• 2 EXPRESSIONS DE QUANTITÉ : **BEAUCOUP DE**, **UN KILO DE**, ETC.

1. Adverbs that express quantity (such as **beaucoup** *much, a lot,* and **trop** *too much*) can occur with the construction **de/d'** + noun. In this pattern, count nouns are in the plural, and noncount nouns are in the singular.

(très) peu de   *(very) few, little*
Michel a **peu d'**amis.   *Michel has few friends.*
Mireille a **très peu d'**argent.   *Mireille has very little money.*

assez de   *enough*
Je mange **assez de** fruits.   *I eat enough fruit.*
Je mange **assez de** viande.   *I eat enough meat.*

beaucoup de   *a lot of, many, much*
Nous faisons **beaucoup d'**exercices.   *We do a lot of exercises.*
Nous avons **beaucoup de** patience.   *We have a lot of patience.*

trop de   *too many, too much*
Il y a **trop de** chaises.   *There are too many chairs.*
Il y a **trop d'**argent.   *There is too much money.*

combien de   *how many, how much*
Combien de livres avez-vous ?   *How many books do you have?*
Combien de café voulez-vous ?   *How much coffee do you want?*

« Donnez-moi cinq cents grammes de ce fromage, s'il vous plaît. »

TABLEAU 34   **peu de** livres   **assez de** livres   **beaucoup de** livres   **trop de** livres

2. **Un peu de/quelques. Peu de** *few, little* can be used with both count and noncount nouns, and it may be preceded by **très** *very*. On the other hand, **un peu de** *a little* can only occur with noncount nouns. For count nouns, the indefinite adjective **quelques** *a few* is used.

> J'ai **un peu d'**argent sur moi.   *I have a little money on me.*
> J'ai **quelques amis** au Canada.   *I have a few friends in Canada.*

3. In order to express a definite or specific quantity of a noncount noun, use the construction number + measuring unit + **de** + noun.

> (a) **du** papier   →**un morceau (une feuille) de** papier   *a piece (sheet) of paper*
> (b) **du** pain   →**trois morceaux de** pain   *three pieces of bread*
> (c) **du** vin   →**une bouteille de** vin   *a bottle of wine*
> (d) **du** lait   →**deux verres de** lait   *two glasses of milk*
> (e) **du** café   →**cinq tasses de** café   *five cups of coffee*
> (f) **de la** viande   →**deux kilos de** viande   *two kilograms of meat*

TABLEAU 35

 A *Modifiez les phrases suivantes d'après ce modèle.*

> Il y a du jambon et du rosbif.
> ÉTUDIANT A **Il y a beaucoup de jambon.**
> ÉTUDIANT B **Mais il n'y a pas assez de rosbif.**

1. Il y a des légumes et de la viande.
2. Il y a de l'eau et du vin.
3. Il y a du lait et de la crème.
4. Il y a des étudiants et des chaises.
5. On a du papier et des crayons.
6. J'ai des amis et de l'argent.

B *Parlons de notre cours. Modifiez les phrases suivantes en employant les expressions* **très peu de**, **peu de**, **un peu de**, **quelques**, **assez de**, **beaucoup de** *ou* **trop de**, *d'après ce modèle.*

Le professeur a de la patience.
Le professeur a beaucoup de patience.

1. Le professeur a de l'imagination.
2. Le professeur a de l'argent.
3. Le professeur pose des questions.
4. Le professeur donne des devoirs.

5. Les étudiants ont du travail.
6. Les étudiants ont de l'énergie.
7. Les étudiants font des fautes.
8. Les étudiants font des exercices.

C *Maintenant, répondez aux questions en employant* **trop de**, **beaucoup de**, **assez de**, **un peu de**, **quelques**, **peu de** *ou* **pas de**.

1. Mangez-vous de la viande ? Et vos parents ? Et les végétariens ?
2. Avez-vous de l'argent ? Et vos parents ? Et le président des États-Unis ?
3. Prenez-vous du lait ? Et vos parents ? Et le professeur ?
4. Faites-vous des fautes de grammaire ? Et les étudiants ? Et le professeur ?
5. Avez-vous des amis au Canada ? Et vos parents ? Le professeur a-t-il des amis en France ?

D *En France, on ne mange pas beaucoup au petit déjeuner. On prend une grande tasse ou un bol de café au lait ou de chocolat. On mange des tartines de beurre et de confiture[1] ou parfois des croissants ou des brioches.[2] Aux États-Unis, le petit déjeuner est plus varié. Regardez le Tableau 36 et répétez le vocabulaire après moi.*

TABLEAU 36

1. du bacon /bakō/
2. du beurre
3. du café ou du chocolat
4. de la confiture
5. de la crème
6. du jus /ʒy/ d'orange

7. du lait
8. un œuf[3]
9. des saucisses *f*
10. un bol de céréales *f*[4]
11. du sucre
12. un toast /tost/

[1] *slices of bread with butter and jam*
[2] See **Différences** of Lesson 6 (p. 112).
[3] /œf/ au singulier, /ø/ au pluriel : **un œuf** /ɛ̃nœf/, **deux œufs** /døzø/.
[4] On emploie le mot **céréales** *cereal* au pluriel.

Maintenant, parlons du petit déjeuner aux États-Unis.

1. Qui prend du jus d'orange ? Combien de jus d'orange prenez-vous ?
2. Qui prend du café ? Combien de café prenez-vous ?
3. Qui prend des céréales ? Combien de bols de céréales ?
4. Qui mange des saucisses ou du bacon ? Combien de saucisses [de bacon] ?
5. Qui mange des œufs ? Combien d'œufs ?
6. Qu'est-ce que je mange au petit déjeuner ? Devinez !
7. Qu'est-ce que votre voisin ou voisine de gauche prend au petit déjeuner ? Devinez !

• 3 POUVOIR

Pouvoir *to be able, can* is conjugated like **vouloir**, presented in Lesson 6.4. It is usually followed by an infinitive.

Je **peux** répondre.
Tu **peux** parler à Paul.
Il **peut** rester à la maison.
Nous **pouvons** aller au cinéma.
Vous ne **pouvez** pas toucher le plafond !
Ils ne **peuvent** pas déjeuner maintenant.

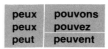

peux	pouvons
peux	pouvez
peut	peuvent

Il y a trop de voitures. Elle ne peut pas avancer.

A *Exercice de contrôle*

Je peux comprendre mes parents.

1. Nous
2. Tu
3. Vous
4. Les étudiants
5. Cet étudiant
6. Je

Je ne peux pas comprendre mon professeur !

1. Les étudiants
2. Nous
3. Vous
4. Tu
5. Cet étudiant
6. Je

B *Répondez aux questions.*

1. Regardez le plafond. Pouvez-vous toucher le plafond ? Est-ce que (Louise) peut toucher le plafond ?
2. Qu'est-ce que vous pouvez faire à la maison, mais pas en classe ?
3. Peut-on fumer au cinéma ? Peut-on fumer dans un restaurant ? Et dans un avion ?
4. En France, peut-on acheter du porc à la boucherie ? Peut-on acheter du veau à la charcuterie ?
5. Qu'est-ce qu'on peut acheter à la boulangerie ? Où peut-on acheter des cigarettes ?
6. Qu'est-ce qu'on peut faire en hiver, mais pas en été ? Qu'est-ce qu'on peut faire en été, mais pas en hiver ?

● 4 VERBES DU PREMIER GROUPE : -ER (2)

All first conjugation verbs, as introduced in Lesson 2.1, have the same ending: **-e, -es, -e** in the singular, and **-ons, -ez, -ent** in the plural. But several subclasses of verbs in this group show irregularities either in spelling or in the last vowel of the stem (before the endings are attached).

1. **Manger** and **commencer** type
In spoken French, verbs of this type are completely regular. But their written forms change so that orthography corresponds to pronunciation. In order to represent the /ʒ/ and /s/ sounds of the stem before **-ons**, an **e** is inserted in verbs like **manger**, and **c** becomes **ç** in verbs like **commencer**.

manger /mãʒe/ *to eat*		commencer /kɔmãse/ *to begin*	
je **mange**	/mãʒ/	je **commence**	/kɔmãs/
tu **manges**	/mãʒ/	tu **commences**	/kɔmãs/
il **mange**	/mãʒ/	il **commence**	/kɔmãs/
nous **mangeons**	/mãʒɔ̃/	nous **commençons**	/kɔmãsɔ̃/
vous **mangez**	/mãʒe/	vous **commencez**	/kɔmãse/
ils **mangent**	/mãʒ/	ils **commencent**	/kɔmãs/

Other verbs conjugated like **manger** and **commencer**:

nager	*to swim*	**effacer**	*to erase*
corriger	*to correct*	**prononcer**	*to pronounce*

2. **Payer, employer,** and **ennuyer** type
   These verbs share the common feature of having **y** in the infinitive form. The **y** is retained in the **nous** and **vous** forms, but in all other forms it becomes **i**. (**Payer** type was presented in Lesson 2.1.)

payer /pɛje/ *to pay for*		**employer** /ɑ̃plwaje/ *to use*	
je **paie**	/pɛ/	j'**emploie**	/ɑ̃plwa/
tu **paies**	/pɛ/	tu **emploies**	/ɑ̃plwa/
il **paie**	/pɛ/	il **emploie**	/ɑ̃plwa/
nous **payons**	/pɛjõ/	nous **employons**	/ɑ̃plwajõ/
vous **payez**	/pɛje/	vous **employez**	/ɑ̃plwaje/
ils **paient**	/pɛ/	ils **emploient**	/ɑ̃plwa/

ennuyer /ɑ̃nɥije/ *to bore, bother*			
j'**ennuie**	/ɑ̃nɥi/	nous **ennuyons**	/ɑ̃nɥijõ/
tu **ennuies**	/ɑ̃nɥi/	vous **ennuyez**	/ɑ̃nɥije/
il **ennuie**	/ɑ̃nɥi/	ils **ennuient**	/ɑ̃nɥi/

Other verbs conjugated like **payer, employer,** and **ennuyer:**

essayer *to try, try on*	**envoyer** *to send*	**essuyer** *to wipe*
effrayer *to frighten*	**nettoyer** *to clean*	**appuyer** *to press*

3. **Répéter** type
   Verbs whose infinitive ends in **é** + consonant + **er** change the **é** /e/ to **è** /ɛ/ in all but the **nous** and **vous** forms.

répéter /ʀepete/ *to repeat*			
je **répète**	/ʀepɛt/	nous **répétons**	/ʀepetõ/
tu **répètes**	/ʀepɛt/	vous **répétez**	/ʀepete/
il **répète**	/ʀepɛt/	ils **répètent**	/ʀepɛt/

Other verbs conjugated like **répéter:**

compléter	*to complete*	**exagérer**	*to exaggerate*
considérer	*to consider*	**préférer**	*to prefer*
espérer	*to hope*	**suggérer** /sygʒeʀe/	*to suggest*

4. **Acheter** and **appeler** type
   Verbs whose infinitive ends in **e** + consonant + **er** either change **e** to **è** /ɛ/, or double the consonant. The vowel sound /ɛ/ occurs in all forms that undergo this change; it is normally dropped in the **nous** and **vous** forms.

acheter /aʃte/ *to buy*		**appeler** /aple/ *to call*	
j'**achète**	/aʃɛt/	j'**appelle**	/apɛl/
tu **achètes**	/aʃɛt/	tu **appelles**	/apɛl/
il **achète**	/aʃɛt/	il **appelle**	/apɛl/
nous **achetons**	/aʃtõ/	nous **appelons**	/aplõ/
vous **achetez**	/aʃte/	vous **appelez**	/aple/
ils **achètent**	/aʃɛt/	ils **appellent**	/apɛl/

Other verbs conjugated like **acheter**:

amener *to bring*
lever *to raise*

Other verbs conjugated like **appeler**:

épeler *to spell*
jeter *to throw*

 A *Donnez la forme* **je** *et la forme* **nous** *de chaque verbe d'après ce modèle.*

corriger
je corrige, **nous corrigeons**

1. payer	5. envoyer	9. acheter
2. essayer	6. répéter	10. amener
3. essuyer	7. espérer	11. jeter
4. employer	8. préférer	12. appeler

 B *Mettez tous les éléments de chaque phrase au singulier[1] d'après ce modèle.*

Vous payez les additions.
Tu paies l'addition.
Nous préférons nos amis.
Je préfère mon ami.

Ils achètent des livres.
Il achète un livre.

1. Vous amenez vos enfants.
2. Nous répétons les phrases.
3. Ils emploient des crayons.
4. Elles achètent des stylos.

5. Vous appelez les étudiants.
6. Ils essaient les blousons.
7. Nous effrayons les enfants.
8. Vous nettoyez vos chambres.

C *Répondez aux questions.*

1. Nettoyez-vous votre chambre ? Combien de fois par mois ?
2. Quels ustensiles emploie-t-on pour manger ?
3. Quelle saison préférez-vous? Quel sport préférez-vous ?
4. Qu'est-ce que vous répétez en classe ? Après qui ?
5. En France, quand on a une question à poser[2], on lève le doigt. Aux États-Unis, qu'est-ce qu'on fait quand on a une question à poser ?[3]
6. Épelez le mot **préfère**, comme dans l'expression **je préfère**. Où est-ce qu'il y a un accent aigu[4] ? Y a-t-il un accent grave[5] dans ce mot ?

• 5 EXPRESSIONS AVEC **AVOIR**

1. **Avoir** means *to have* (Lesson 3.2); but it is used in a number of expressions in which it is an equivalent of English *to be* rather than *to have*. The subject in such expressions usually denotes human beings or animals. The words **faim**,

---

[1]*Put all the elements of each sentence into the singular*
[2]*a question to ask*
[3]Employez la locution **lever la main**.

[4]*acute accent (´)*
[5]*grave accent (`)*

soif, chaud, and **sommeil** may be preceded by modifiers such as **très** and **un peu.**

Nous **avons faim.**	*We are hungry.*
Avez-vous très **soif** ?	*Are you very thirsty?*
Regarde le chien ; il **a chaud.**	*Look at the dog; he is hot.*
Ces enfants **ont froid.**	*These children are cold.*
J'**ai** un peu **sommeil.**	*I am a little sleepy.*
Quel âge avez-vous ?	*How old are you?*
J'**ai dix-neuf ans.**	*I am nineteen (years old).*

2. With regard to **chaud** and **froid,** note that they can be used with **faire, avoir,** and **être** with three different meanings.

   a) *Weather expressions*

Il **fait chaud** aujourd'hui.	*It is hot today.*
Il va **faire froid** ce soir.	*It is going to be cold tonight.*

   b) *Human beings and animals*

Ce chien **a chaud.**	*This dog is hot.*
Nous **avons froid.**	*We are cold.*

   c) *Other objects*

Ce chocolat **est** très **chaud.**	*This chocolate is very hot.*
Le lait n'**est** pas **froid.**	*The milk is not cold.*

3. **Avoir besoin de** means *to need* (literally, *to have need of*). Note in the last two examples that when it is followed by **le/les** + noun, **de** combines with the article to form **du** and **des,** respectively.

J'**ai besoin de** ton livre.	*I need your book.*
As-tu **besoin de** ce verre ?	*Do you need this glass?*
Michel **a besoin d'**un stylo.	*Michel needs a pen.*
Nous **avons besoin de** la table.	*We need the table.*
Avez-vous **besoin du** livre ?	*Do you need the book?*
Elle **a besoin des** clés.	*She needs the keys.*

   If **avoir besoin de** is followed by the indefinite article **des** or the partitive article **du, de la, de l',** indicating unspecified quantity, the article is dropped: the sequence **de** + **des/du/de la/de l'** simply becomes **de.**

Voilà **des** stylos. J'ai besoin **de** stylos.	*I need (some) pens.*
Voilà **du** lait. J'ai besoin **de** lait.	*I need (some) milk.*
As-tu **de la** crème ? J'ai besoin **de** crème.	*I need (some) cream.*
Y a-t-il **de l'**argent ? J'ai besoin **d'**argent.	*I need (some) money.*

A *Répondez aux questions.*

   1. Avez-vous faim ? Demandez à (Jacques) s'il a faim. Moi, je veux manger quelque chose. Pourquoi ?

2. Avez-vous soif ? Demandez à (Nicole) si elle a soif. Moi, je veux un verre d'eau. Pourquoi ?
3. En quelle saison fait-il chaud ? Quand est-ce qu'on a chaud ?
4. En quelle saison fait-il froid ? Quand est-ce qu'on a froid ?
5. Quel âge avez-vous ? Et quel âge a votre père ? Et votre mère ? Demandez à votre voisin ou voisine quel âge ont ses parents.

 B *Modifiez les phrases suivantes d'après ce modèle.*

Pour[1] acheter du bœuf, allez à la boucherie.
Quand on a besoin de bœuf, on va à la boucherie.

1. Pour acheter du porc, allez à la charcuterie.
2. Pour acheter du pain, allez à la boulangerie.
3. Pour acheter de l'agneau, allez à la boucherie.
4. Pour acheter du jambon, allez à la charcuterie.
5. Pour acheter du café et du thé, allez à l'épicerie.
6. Pour acheter du papier et des crayons, allez à la papeterie /papɛtʀi/.

[1]**Pour** + infinitif est un équivalent de *(In order) to* + verbe en anglais.

Au marché en plein air, on peut acheter des légumes bien frais.

APPLICATIONS

A Dialogue et questions

Allons faire les courses.

C'est samedi matin. Jean-Paul passe[1] le week-end chez M. et Mme Wilson, des amis de ses parents. Ce soir, les Wilson[2] vont donner un grand dîner pour présenter Jean-Paul à leurs amis. Mme Wilson et Jean-Paul vont faire les courses ensemble pour le dîner.

JEAN-PAUL	Où allons-nous ?	5
MME WILSON	D'habitude[3], je vais au supermarché. Mais aujourd'hui, pour la viande, on va à la boucherie de la quinzième rue.	
JEAN-PAUL	Il y a des boucheries aux États-Unis ?	
MME WILSON	Pas beaucoup. La viande coûte cher[4] chez les bouchers, mais la qualité est excellente.	10
JEAN-PAUL	Et où achetez-vous les légumes ?	
MME WILSON	Au supermarché aussi, d'habitude, mais on peut aller au « Farmer's Market ». J'ai besoin d'asperges.	
JEAN-PAUL	Qu'est-ce que c'est, le « Farmer's Market » ?	
MME WILSON	C'est un petit marché en plein air[5] où on vend des fruits et des légumes très frais.	15
JEAN-PAUL	Ah bon ! Vous avez aussi des boulangeries et des pâtisseries ?	
MME WILSON	Oui, il y a une très bonne pâtisserie près de la poste[6]. On va acheter un gâteau.	
JEAN-PAUL	C'est intéressant. Il y a encore des petits magasins spécialisés aux États-Unis !	20
MME WILSON	Dans certaines villes seulement. Ce n'est pas comme en France.	

(lignes 1–4)
1. Chez qui Jean-Paul passe-t-il le week-end ?
2. Qu'est-ce que les Wilson vont faire ce soir ?
3. Pourquoi vont-ils donner un grand dîner ?
4. Qui va faire les courses pour le dîner ?

(lignes 5–22)
5. Où Mme Wilson achète-t-elle la viande d'habitude ?
6. Où va-t-elle acheter la viande aujourd'hui ?
7. De quelle sorte de légumes a-t-elle besoin ?
8. Qu'est-ce qu'on vend au « Farmer's Market » ?
9. Où est-ce que Mme Wilson va acheter un gâteau ?
10. Où est cette pâtisserie ?

---

[1] **passer** *to spend (time)*
[2] *the Wilsons.* Note that in French the family name, preceded by **les**, is kept in the singular.
[3] *Usually*

[4] **coûter cher** coûter beaucoup
[5] **un marché en plein air** *an outdoor market*
[6] **le bureau de poste** *post office* is often abbreviated to **la poste**.

B Expressions utiles

Les magasins

ON VA :	POUR ACHETER :
à la boulangerie chez le boulanger[1]	du pain, des croissants, des brioches
à la boucherie chez le boucher	du bœuf, du veau, de l'agneau, des volailles (des poulets, des dindes)
à la charcuterie chez le charcutier	du porc, des volailles, des plats cuisinés[2], du jambon, du salami, des saucisses, du pâté
à la confiserie chez le confisier	des bonbons
à la crémerie chez le crémier	du lait, de la crème, du beurre, des œufs, du fromage
à l'épicerie chez l'épicier	du thé, du café, du chocolat, du vin, de l'eau minérale, du sel, du sucre, du poivre, des œufs, des conserves (des boîtes de conserves[3])
à la pâtisserie chez le pâtissier	des gâteaux[4], de la pâtisserie
à la poissonnerie chez le poissonnier	des poissons, des fruits de mer[5]
à la librairie chez le libraire	des livres
à la papeterie /papɛtʀi/ chez le papetier /paptje/	des articles scolaires, des articles de bureau
à la pharmacie chez le pharmacien	des médicaments[6], des produits d'hygiène
au bureau de tabac chez le buraliste	des cigarettes, des timbres-poste[7], des journaux[8]
à la maison de la presse	des journaux, des revues, des hebdomadaires, des livres de poche[9], des bandes illustrées[10]
chez le marchand de vin	du vin, de l'apéritif, de l'eau minérale
chez le marchand des quatre saisons (marchand de primeurs)	des fruits, des légumes

---

[1] to the baker's; **chez** at the home of can be extended to apply to stores and offices: **chez le boucher, chez le médecin.**
[2] prepared food
[3] **boîte** can, **boîte de conserves** canned food: **une boîte de sardines, une boîte de petits pois**
[4] pluriel de **gâteau** cake
[5] shellfish
[6] On emploie le mot **médicaments** medicine au pluriel.
[7] postage stamps
[8] pluriel de **journal** newspaper
[9] pocketbooks (paperbacks)
[10] comic books

Qu'est-ce qu'on vend dans ces magasins ?

Pratique

1. Voici les ingrédients pour une omelette. Où peut-on acheter ces aliments ?

des œufs	du sel	des fines herbes[1]
du jambon	du poivre	du lait

2. Où vend-on les produits suivants ?

un dictionnaire	des crayons	des huîtres
des poulets	des journaux	de la moutarde
des asperges	des bananes	des cahiers
des croissants	de l'aspirine	une boîte de sardines

3. Il fait beau et chaud. Plusieurs étudiants décident de faire un pique-nique au lieu de déjeuner au restaurant universitaire. De quoi ont-ils besoin ? Où vont-ils acheter ces aliments ?
4. Aux États-Unis, qu'est-ce qu'on peut acheter au « delicatessen » ? Est-ce que le « deli » est la même chose que[2] la charcuterie en France ?

C *Dans un café. Lisez le passage suivant et posez des questions sur les parties soulignées.*

Il fait (1) chaud cet après-midi. J'ai très soif. J'ai besoin (2) de quelque chose de frais. J'entre (3) dans un café. Je commande (4) un verre de Coca-Cola. (5) Le garçon apporte la boisson. (6) Le Coca-Cola n'est pas assez frais. J'appelle (7) le garçon. Je demande des glaçons (8) au garçon.[3] Je finis (9) mon Coca-Cola. J'ai encore soif ! Je commande (10) de l'eau minérale.

D *Je vais préparer un dîner. Complétez le passage suivant.*

(1) Je/inviter/trois/copains/à/dîner/chez moi. (2) Je/aller/préparer/un/repas/simple. (3) Je/être/maintenant/à/supermarché/près de/mon/appartement. (4) Il y a/encore/ beaucoup/pommes de terre/et/assez/petits pois/à/maison. (5) Je/avoir besoin de/ viande. (6) Je/vouloir/acheter/steaks,/mais/je/ne pas/pouvoir/parce que/ils/coûter/trop cher. (7) Je/acheter/jambon,/et/aussi/légumes/pour/salade. (8) Anne/aller/apporter/ dessert. (9) Je/espérer/que/mon/copains/avoir faim. (10) À/trois/heure/je/aller/nettoyer/ appartement.

E *Renseignements et opinions*

1. Qu'est-ce qu'on peut faire et qu'est-ce qu'on ne peut pas faire dans ce cours ?
2. Qu'est-ce qu'on peut acheter au supermarché aux États-Unis, mais pas en France ?
3. Y a-t-il des pâtisseries dans notre ville ? Y a-t-il des papeteries ?
4. Quand vous avez très soif, qu'est-ce que vous voulez boire ? Est-ce que c'est votre boisson préférée ?
5. Quelle est votre librairie préférée ? Pourquoi ?
6. Y a-t-il un marché en plein air dans notre ville ? Dans quelle sorte de ville peut-on trouver un marché en plein air ?

---

[1]combination of several herbs for seasoning
[2]*the same thing as*
[3]**un glaçon** *an ice cube.* In many cafés in France, ice cubes for drinks are often furnished only upon request, since the drinks are kept cold before serving.

VOCABULAIRE

Noms masculins

accent	bœuf	·gâteau	porc
âge	bol	jambon	supermarché
agneau	·boucher	jus	taxi
·air	·bureau de tabac	·kilo	thé
an	·café	·magasin	toast
avion	Canada	·marché	ustensile
bacon	doigt	œuf	veau
besoin	·fruit	plafond	

Noms féminins

boucherie	confiture	faim	patience
boulangerie	·course	faute	·pâtisserie
carte	crème	grammaire	·poste
céréales *pl*	·employée	imagination	·qualité
charcuterie	énergie	main	saucisse
chose	épicerie	orange	soif
cigarette	expression	papeterie	tasse

Verbes

acheter	effrayer	jeter	préférer
amener	employer	lever	·présenter
appeler	envoyer	nettoyer	répéter
corriger	épeler	nommer	rester
·coûter	essuyer	·passer	toucher
deviner	fumer	pouvoir *irrég*	

Adjectifs

aigu (aiguë)	·fatigué(e)	plusieurs
·certain(e)	grave	quelque(s)
·cher (chère)	·plein(e)	·spécialisé(e)

Adverbes

assez de	·comme	trop de
beaucoup de	peu de	

Autres expressions

avoir besoin de	·coûter cher	jouer aux cartes	·quelque chose
avoir (dix) ans	·d'habitude	lever la main	
avoir chaud (faim, froid, soif)	·en plein air	pour + *inf*	
	·faire des courses	Quel âge avez-vous ?	

HUITIÈME LEÇON

CONVERSATIONS

 A. La famille de Jean-Paul et les Brunot

Regardez le Tableau 37. La famille de Jean-Paul est à gauche et les Brunot sont à droite. Ils sont quatre dans la famille Chabrier. Ils sont cinq dans la famille Brunot. Regardez les Chabrier et dites après moi :

Jean-Paul est le **frère** de Monique.
Monique est la **sœur** de Jean-Paul.

Jean-Paul est le **fils** /fis/ de M. et Mme Chabrier.
Monique est leur **fille** /fij/.
Jean-Paul et Monique sont leurs **enfants**.

M. Chabrier est le **père** de Jean-Paul.
Mme Chabrier est la **mère** de Jean-Paul.
M. Chabrier est le **mari** de Mme Chabrier.
Mme Chabrier est la **femme** de M. Chabrier.

M. Bernard Chabrier est le **grand-père** de Jean-Paul.
Mme Marie Chabrier est sa **grand-mère**.
M. et Mme Bernard Chabrier sont ses **grands-parents**.

Jean-Paul est le **cousin** de Cécile.
Monique est la **cousine** de Cécile.
M. Brunot est l'**oncle** de Jean-Paul.
Mme Brunot est la **tante** de Jean-Paul.

B. *Maintenant, parlons de Cécile. Regardez Cécile. Elle a neuf ans. Elle est petite et mignonne.*

Qui est sa mère ? Quel âge a-t-elle ?
Qui est son père ? Quel âge a-t-il ?
Qui est sa sœur ? Qui est son frère ? Quel âge ont-ils ?
Qui est son cousin ? Qui est sa cousine ? Quel âge ont-ils ?

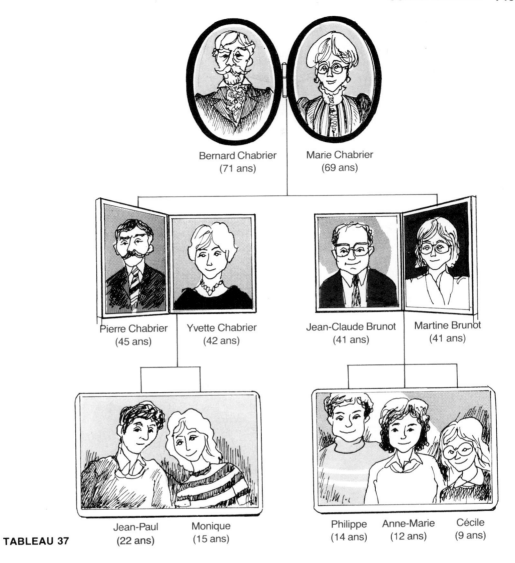

Bernard Chabrier
(71 ans)

Marie Chabrier
(69 ans)

Pierre Chabrier
(45 ans)

Yvette Chabrier
(42 ans)

Jean-Claude Brunot
(41 ans)

Martine Brunot
(41 ans)

Jean-Paul
(22 ans)

Monique
(15 ans)

Philippe
(14 ans)

Anne-Marie
(12 ans)

Cécile
(9 ans)

TABLEAU 37

C. *Voici encore des questions.*[1] *Remarquez qu'il y a plusieurs réponses possibles à chaque question.*

Qui est Martine Brunot ?
Qui est Philippe Brunot ?

Qui est Yvette Chabrier ?
Qui est Pierre Chabrier ?

[1]*Here are some more questions.* **Voici** is used with persons and objects nearest the speaker, while **voilà** is generally used for persons and things away from the speaker.

DIFFÉRENCES

La famille

France tends to be a more family-oriented society than the United States. French children grow up in a closely knit family structure that remains an important part of their social life, even after they become adults and have their own families. Most French people look for a marriage partner within their own geographic, economic, and social milieu, and this to some extent explains why French families seem so homogeneous. The divorce rate is substantially lower than it is in the United States: about 0.8 per population of 1,000, as against the American rate of 5.3 per 1,000.

Most social activities in France revolve around parents, siblings, and relatives—grandparents, aunts, uncles, in-laws, cousins and more cousins—rather than neighbors, school friends or business associates. Close friends or relatives, usually of the same age group as the parents, often become a child's godfather (**parrain** *m*) or godmother (**marraine** *f*). They share in all the important events in the child's life (baptism, confirmation, school years, engagement, marriage, and so on), and are kept informed by the parents and the child about his or her progress and future plans. Family get-togethers are very common in France, especially on holidays. The traditional **dîner du dimanche**, often resembling a feast that can last as long as three hours, with spirited conversation over food and drink, is an occasion to invite members of the clan. French people seldom invite other couples and families to dinner (a very time-consuming and expensive activity) unless they are relatives or very close friends. Children celebrate their birthdays or their saint's day, but adults rarely do.

The French government has an extensive program of subsidies and benefits for all expectant mothers and families with children (as will be discussed in the **Différences** of Lesson 13). In order to combat the declining birth rate, the government encourages large families with generous financial supplements, even though many couples these days prefer to have fewer children. Many French women are working mothers and face the same needs for adequate child care that American women do. Children are raised much more strictly in France. In the traditional French view, they are to be trained for adulthood, and the parents play a definite role in "shaping" their growth. When in the company of adults, they are expected to be as polite and unobtrusive as possible. Many young men and women continue to live with their parents, rather than move out, until they marry or find a job far from home.

« C'est notre premier enfant. »

EXPLICATIONS ET EXERCICES ORAUX

- **1 EMPLOI DE L'ARTICLE DÉFINI**

  In Lesson **1**.3 you learned that the definite article in French (**le**, **la**, **l'**, **les**) corresponds to English *the*. However, there are several cases in which the definite article is obligatory in French, although it is never used in English.

  1. Names of languages (they are all masculine singular) take **le** or **l'**, except when they are used with the verb **parler** or after the prepositions **de** and **en**. Names of languages in French do not begin with a capital letter (**majuscule** *f*).

Nous apprenons **le français**.	*We are learning French.*
Mon père comprend **l'allemand**.	*My father understands German.*
Le japonais est très difficile.	*Japanese is very difficult.*
Étudiez-vous **l'espagnol** ?	*Are you studying Spanish?*
Le russe est une langue importante.	*Russian is an important language.*

  BUT

Vous **parlez français**, n'est-ce pas ?	*You speak French, don't you?*
Voilà mon professeur **de français**.	*There's my French teacher.*
Parlez **en français**, s'il vous plaît.	*Speak in French, please.*

2. The idea of totality or generality is expressed by the definite article. A sentence like **Les chats sont des animaux** *Cats are animals* implies that *all cats* (totality) are *a part* of the animal category (hence **des animaux**). **Les légumes sont importants pour la santé** *Vegetables are important for health* implies that *vegetables in general* (generality) or *all vegetables* (totality) are important for health. Health, an abstract noun, also requires the definite article as discussed in section 3.

Les enfants aiment **les** bonbons.[1]	*Children like candy.*
Les roses sont **des** fleurs.	*Roses are flowers.*
Je déteste **les** examens.	*I hate exams.*
Le fer est **un** métal, et **le** cuivre aussi.	*Iron is a metal, and so is copper (and copper also).*
Vous n'aimez pas **les** escargots ?	*You don't like snails?*

Certain verbs in French are considered to express generalization: **aimer** *to like*, **adorer** *to love*, **détester** *to hate*, and **préférer** *to prefer*. These verbs take the definite article rather than **des**, **du**, **de la**, or **de l'**.

Marie a quatre chats ; elle **aime les chats** !	*Marie has four cats; she likes cats!*
Je ne prends pas de vin ; je n'**aime** pas **le vin**.	*I don't drink wine; I don't like wine.*
Vous avez des fraises ? Moi, j'**adore les fraises**.	*Do you have strawberries? I love strawberries.*
Il ne mange pas de poisson ; il **déteste le poisson**.	*He doesn't eat fish; he hates fish.*
Moi, je **préfère le thé** (**au café**).	*I prefer tea (to coffee).*
Qu'est-ce que tu **préfères**, **le cinéma** ou **la télé** ?	*What do you prefer, the movies or TV?*

[1]*candy* (usually used in the plural)

Le bébé aime beaucoup la glace.

3. Abstract nouns (they are usually noncount nouns, in the singular) also take the definite article in French.

La vie est belle.	*Life is beautiful.*
La liberté ou **la mort**, alors !	*Liberty or death, then!*
Mange cela, c'est bon pour **la santé**.	*Eat that, it's good for health.*
La chimie est une science.	*Chemistry is a science.*

 A *Répondez aux questions d'après ce modèle.*

Voulez-vous une poire ?
Non, merci, je n'aime pas les poires.

1. Voulez-vous une pomme ?
2. Voulez-vous des carottes ?
3. Prenez-vous du lait ?
4. Prenez-vous du vin ?

Maintenant, répondez d'après ce modèle.

Voulez-vous une banane ?
Oui, merci. J'aime beaucoup les bananes.

5. Voulez-vous du café ?
6. Voulez-vous de la bière ?
7. Prenez-vous des asperges ?
8. Prenez-vous des haricots verts ?

B *Répondez aux questions.*

1. Parlons des légumes. Quels légumes préférez-vous ? Quels légumes détestez-vous ? Et quels légumes mangez-vous souvent ?
2. Parlons des fruits. Quels fruits aimez-vous ? Quels fruits n'aimez-vous pas ? Quels fruits voulez-vous manger ?
3. Parlons des boissons. Quelle boisson préférez-vous ? Quelle boisson n'aimez-vous pas ? Quelle boisson prenez-vous quand vous avez froid ?
4. Parlons des jus de fruits. Aimez-vous le jus d'orange ? N'aimez-vous pas le jus de tomate ? Détestez-vous le jus de carotte ?
5. Parlons des sports. Quel sport aimez-vous ? Faites-vous de la natation ? Est-ce que la natation est bonne pour la santé ?
6. Parlons des langues. Quelle langue parlez-vous ? Quelle langue étudiez-vous ? Quelle langue est difficile ? Quelle langue voulez-vous apprendre ?
7. Parlons des cours. Qui apprend la chimie ? Est-ce que la chimie est facile ? Quels cours aimez-vous ? Et quels cours détestez-vous ?

• 2 ADJECTIFS ATTRIBUTS DU SUJET : SINGULIER

1. Adjectives describe nouns, and in French they agree in gender (masculine/feminine) and number (singular/plural) with the noun. Examine the four forms of the adjective **intelligent** below.

Jacques est **intelligent**. *m, sing*	*Jacques is intelligent.*
Gisèle est **intelligente**. *f, sing*	*Gisèle is intelligent.*
Mes frères sont **intelligents**. *m, pl*	*My brothers are intelligent.*
Vos sœurs sont **intelligentes**. *f, pl*	*Your sisters are intelligent.*

In this section, you will learn the masculine and feminine singular forms of adjectives that come after **être** (called **attribut du sujet** because they describe the subject).

2. There are three basic types of adjectives in French: (*a*) those that do not show any gender distinction; (*b*) those that make this distinction only in written French; (*c*) those that make the distinction in both written and spoken French.

a) Some adjectives are *invariable*: They show no distinction between masculine and feminine forms. Nearly all such adjectives end in **-e**.

Jacques est **optimiste** ; Gisèle est **optimiste**.
Ce devoir est **acceptable** ; cette réponse est **acceptable**.
Mon père est **énergique** ; ma mère est **énergique**.
Le japonais est **difficile** ; cette langue est **difficile**.
Jean-Paul est **jeune** ; Christine est **jeune**.

b) Some adjectives show gender distinction in written French, but sound the same in spoken French. The masculine form ends in **-al**, **-el**, **-r**, or a vowel other than **-e**, and the corresponding feminine form ends in **-ale**, **-elle**, **-re**, or **-e**.

Son projet est **original** ; sa réponse est **originale**.
Le produit est **naturel** ; la décision est **naturelle**.
Ce chat est **noir** ; cette voiture est **noire**.
Le ciel est **bleu** ; la robe est **bleue**.

c) Other adjectives show gender distinction in both written and spoken French. The difference between the masculine and feminine forms occurs mostly in the *final consonant* of the adjective.

1) If the masculine form ends in **-if** /if/, the feminine form changes the ending to **-ive** /iv/.

Jean-Paul est **attentif** ; Christine est **attentive**.
Jacques est très **actif** ; Jacqueline est très **active**.

2) If the masculine form ends in a consonant (not pronounced), the feminine form usually ends in that consonant plus **-e** (the consonant is pronounced).

Mon oncle est **discret** ; ma tante est **discrète**.[1]	/diskʀɛ/, /diskʀɛt/
Michel est **heureux** ; sa femme est **heureuse**.	/œʀø/, /œʀøz/
Ce fromage est **mauvais** ; cette viande est **mauvaise**.	/mɔvɛ/, /mɔvɛz/
Mon frère est **grand** ; ma sœur est **grande**.	/gʀɑ̃/, /gʀɑ̃d/
Cet exercice est **long** ; cette leçon est **longue**.[2]	/lõ/, /lõg/
Le sucre est **blanc** ; la maison est **blanche**.[3]	/blɑ̃/, /blɑ̃ʃ/

---

[1]When the masculine form ends in **e** + consonant, the feminine form is **è** + consonant + **e**: **discret—discrète**, **complet—complète**, **léger—légère**, **premier—première**.
[2]Note that the feminine form ends in **-gue**.
[3]Note that the feminine form ends in **-che**.

Elle est charmante, n'est-ce pas ?

3) If the masculine form ends in **-n**, the feminine form adds **-e**. The **-n** is doubled if the masculine ending is **-on** or **-ien**. In spoken French, the difference is between a nasal vowel (masculine) and an oral vowel followed by a nasal consonant: /ɛ̃/-/ɛn/, /õ/-/ɔn/.

Il est **américain** ; elle est **américaine**.	/ameʀikɛ̃/, /ameʀikɛn/
Ce vin est **bon** ; cette orange est **bonne**.	/bõ/, /bɔn/
Le verre est **italien** ; la voiture est **italienne**.	/italjɛ̃/, /italjɛn/

4) Finally, a few adjectives show more marked differences between the masculine and feminine forms.

Michel est **beau** ; sa cousine est **belle**.	/bo/, /bɛl/
Le client est **nouveau** ; la cliente est **nouvelle**.	/nuvo/, /nuvɛl/
Cet hôtel est **vieux** ; cette maison est **vieille**.	/vjø/, /vjɛj/
Paul est **travailleur** ; Marie est **travailleuse**.	/tʀavajœʀ/, /tʀavajøz/

3. *Cognates.* Many French adjectives have cognates in English. By learning to recognize them, you can increase your passive vocabulary considerably.

-iste (*-ist/-istic*)	**-able** (*-able*)	**-ible** (*-ible*)
idéaliste	acceptable	accessible
optimiste	capable	horrible
pessimiste	probable	possible
réaliste	sociable	visible

-ique (*-ic/-ical*)	**-al** (*-al*)	**-el** (*-al*)
énergique	médical	artificiel
logique	musical	confidentiel
pratique	national	impersonnel
romantique	régional	intellectuel

-if (*-ive*)	**-ien** (*-ian*)	**-eux** (*-ous*)[1]
actif	canadien	curieux
imaginatif	italien	dangereux
impulsif	parisien	religieux
négatif	sicilien	sérieux

 A *On va parler d'un couple. C'est un mariage heureux. Le mari ressemble beaucoup à sa femme, et la femme ressemble beaucoup à son mari. Ajoutez des phrases d'après ce modèle.*

> Cette femme est belle.
> **Oui, elle est belle, et lui aussi[2], il est beau.**

1. Cette femme est petite.
2. Cette femme est active.
3. Cette femme est jeune.
4. Cette femme est énergique.
5. Cette femme est heureuse.
6. Cette femme est généreuse.
7. Cette femme est travailleuse.
8. Cette femme est patiente.

 B *Répétez les antonymes suivants et donnez les formes féminines d'après ce modèle.*

> beau—laid
> **beau—laid, belle—laide**

1. bon—mauvais
2. froid—chaud
3. beau—laid
4. grand—petit
5. facile—difficile
6. léger—lourd
7. riche—pauvre
8. long—court
9. jeune—vieux
10. discret—indiscret
11. content—mécontent
12. heureux—malheureux
13. intelligent—bête
14. intéressant—ennuyeux
15. travailleur—paresseux

 C *Maintenant, ajoutez des phrases en employant des antonymes d'après ce modèle.*

> Ce cours est-il ennuyeux ?
> **Il n'est pas ennuyeux ; il est très intéressant !**

1. Cet exercice est-il difficile ?
2. Cette leçon est-elle courte ?
3. Cette classe est-elle petite ?
4. Cette chaise est-elle lourde ?
5. Cet étudiant est-il paresseux ?
6. Cette étudiante est-elle bête ?
7. Est-ce que je suis pessimiste ?
8. Est-ce que je suis mécontent(e) ?

[1]Exceptions in this lesson include **ennuyeux** *boring*, **heureux** *happy*, **malheureux** *unhappy*, and **paresseux** *lazy*.
[2]**lui aussi** *he too, he also*

D *Maintenant, répondez aux questions d'après ce modèle.*

Êtes-vous bête ?
Au contraire[1], je suis très intelligent(e)[2] !

1. Êtes-vous indiscret(ète) ?
2. Êtes-vous laid(e) ?
3. Êtes-vous paresseux(euse) ?
4. Êtes-vous riche ?
5. Êtes-vous pessimiste ?
6. Êtes-vous vieux (vieille) ?
7. Êtes-vous mécontent(e) ?
8. Êtes-vous bête ?

• 3 CONNAÎTRE ET SAVOIR

1. The verb **connaître** *to know* is used in the sense of *to be familiar with* or *to be acquainted with* (someone or something). It is *always* used with nouns that denote human beings, animals, and places. Note that the *accent circonflexe* occurs only before **t**.

   Je **connais** Brigitte.
   Tu **connais** cette dame.
   Il **connaît** ce restaurant.
   Nous **connnaissons** bien Paris.
   Vous **connaissez** mes parents.
   Ils **connaissent** ces chiens.

connais	connaissons
connais	connaissez
connaît	connaissent

2. The verb **savoir** *to know* is used in the sense of knowing something for certain (for example, through study or memorization), rather than merely being familiar or acquainted with something. **Savoir** is *never* used with direct objects denoting human beings, animals, or places.

   Je **sais** la réponse.
   Tu **sais** bien la leçon.
   Il **sait** mon numéro de téléphone.
   Nous **savons** votre âge.
   Vous **savez** notre adresse.
   Ils **savent** l'heure.

sais	savons
sais	savez
sait	savent

3. Like **connaître**, **savoir** takes a direct object. But with **savoir**, this direct object slot may be occupied by a word or phrase (as in the sentences above), or by **que** *that*, **quand** *when*, **si** *if*, or **pourquoi** *why* followed by a sentence. English has similar constructions.

   Je sais { **la vérité.** / **que tu parles espagnol.** / **quand elle va arriver.** }

   I know { the truth. / (that) you speak Spanish. / when she is going to arrive. }

   Savez-vous { **mon adresse ?** / **si elle est ici ?** / **pourquoi il est là ?** }

   Do you know { my address? / if she is here? / why he is there? }

---

[1] *On the contrary*
[2] The alternative feminine form of adjectives will be indicated in Lessons 8–18 only.

Vous ne connaissez pas ces jeunes gens. Savez-vous où ils sont ?

4. **Savoir** + infinitive corresponds to English *to know how to do (something)*. Note that in English, *can* can imply either *to be able to* (physically, at a given moment, at a given place) or *to know how to*. But in French, a distinction must be maintained between **pouvoir** *to be able to* and **savoir** *to know how to*.

Je **sais nager**.	*I can swim (I know how).*
Je ne **peux** pas **nager** maintenant.	*I can't swim now (I do know how to).*
Savez-vous **faire** du ski ?	*Can you ski (do you know how to)?*
Êtes-vous libre ? **Pouvez**-vous **faire** du ski avec nous ?	*Are you free? Can you ski/go skiing with us?*

TABLEAU 38   Il ne **sait** pas faire du ski.   Il ne **peut** pas faire du ski.

A *Exercice de contrôle*

Je connais bien mon professeur.

1. Nous
2. Tu

3. Vous
4. Les étudiants

5. Cet étudiant
6. Je

Je ne sais pas toujours la réponse.

1. Vous
2. Tu

3. Cet étudiant
4. Nous

5. Les étudiants
6. Je

B *Répondez aux questions.*

1. Connaissez-vous (Jean-Paul) ? Est-ce qu'il connaît vos parents ?
2. Connaissez-vous Paris ? Quelle ville est-ce que je connais bien ?
3. Qui est-ce que vous connaissez bien ? Est-ce que je connais cette personne ?
4. Connaissez-vous l'histoire de *Cendrillon* ? Et l'histoire du *Petit chaperon rouge* ? Et l'histoire de *La Belle au bois dormant* ?[1]
5. Savez-vous ma nationalité ? Savez-vous mon âge ? Savez-vous mon numéro de téléphone ?
6. Savez-vous que je suis très travailleur(euse) ? Est-ce que je sais que vous êtes intelligent(e) ?
7. Savez-vous nager ? Savez-vous faire du ski ? Pouvez-vous faire du ski en été ?
8. Pouvez-vous nager en ce moment ? Pourquoi pas ?

 C *Répétez les expressions suivantes en ajoutant* **Je sais, Je sais que** *ou* **Je connais** *devant chaque expression.*

1. . . . le président de l'université.
2. . . . mon voisin de droite.
3. . . . il parle français.
4. . . . il est très travailleur.
5. . . . son numéro de téléphone.
6. . . . quel âge il a.
7. . . . ses camarades.
8. . . . mon professeur.
9. . . . le journal *New York Times*.
10. . . . compter de 1 à 10.
11. . . . San Francisco.
12. . . . le cours n'est pas terminé.
13. . . . les étudiants dans ce cours.
14. . . . cette leçon.

• 4 ADJECTIFS ATTRIBUTS DU SUJET : PLURIEL ; LE PLURIEL DES NOMS : -AUX, -EAUX

1. Most adjectives form their plural by adding **-s** to the singular form.

Mon cousin est **petit**.	→Mes cousins sont **petits**.
Cette maison est **petite**.	→Ces maisons sont **petites**.
Cet exercice est **long**.	→Ces exercices sont **longs**.
Cette leçon est **longue**.	→Ces leçons sont **longues**.

[1]En anglais, ce sont *Cinderella*, *Little Red Riding Hood* et *Sleeping Beauty*. Ces histoires sont dans les *Contes de ma mère l'Oye* (1697) de Charles Perrault. Remarquez que le mot **histoire** correspond en anglais à *story* et aussi à *history*.

2. If the masculine singular form already ends in **-s** or **-x**, no plural marker is added to the masculine plural form. The feminine forms are not affected by this rule.

Cet hôtel est **vieux**.	→Ces hôtels sont **vieux**.
Cet enfant est **heureux**.	→Ces enfants sont **heureux**.
Ce fruit est **mauvais**.	→Ces fruits sont **mauvais**.
Cette maison est **vieille**.	→Ces maisons sont **vieilles**.
Cette jeune fille est **heureuse**.	→Ces jeunes filles sont **heureuses**.
Cette orange est **mauvaise**.	→Ces oranges sont **mauvaises**.

3. If the masculine singular form ends in **-al**, its ending changes to **-aux** in the plural. If it ends in **-eau** in the singular, it becomes **-eaux** in the plural. Again, the feminine form is not affected by this rule.

Cet examen est **oral**.	→Ces examens sont **oraux**.
Ce problème est **régional**.	→Ces problèmes sont **régionaux**.
Cet arbre est très **beau**.	→Ces arbres sont très **beaux**.
Cette question est **médicale**.	→Ces questions sont **médicales**.
Cette voiture est **belle**.	→Ces voitures sont **belles**.

4. If an adjective modifies two or more nouns consisting of masculine as well as feminine genders, the adjective assumes the masculine plural form.

Paul est **intelligent**.
Marie est **intelligente**. } →Paul et Marie sont **intelligents**.

Elle est très **travailleuse**.
Il est très **travailleur**. } →Ils sont très **travailleurs**.

5. *Singular nouns ending in* -al, -eau. If a noun ends in **-al** or **-eau** in the singular, the plural is formed by changing the ending to **-aux** or **-eaux**. This parallels what we have discussed above. You have already encountered examples such as **journal—journaux** and **morceau—morceaux**.

C'est un chat ; c'est un **animal**.	*It's a cat; it's an animal.*
Les chats sont des **animaux**.	*Cats are animals.*
C'est un **journal** ; mon père achète beaucoup de **journaux**.	*It's a newspaper; my father buys a lot of newspapers.*
Il mange un **morceau** de pain . . . non, deux **morceaux** de pain.	*He is eating a piece of bread . . . no, two pieces of bread.*
Regardez ce **tableau**[1] . . . ces deux **tableaux**.	*Look at this blackboard . . . these two blackboards.*

6. *Listing of adjectives.* Look over the **Vocabulaire** of this lesson (p. 167). Note that only the masculine singular form is listed in full. The feminine form of an adjective is given in parentheses. This system, used in many dictionaries, is also adopted in our lesson vocabularies as well as in the **Lexique** (*End Vocabulary*, beginning on p. V-1). The explanation below will serve as a review of the basic differences between the masculine and feminine forms.

[1]The word **tableau** has several meanings, depending on the context: *blackboard* (also **tableau noir**), *picture*, and *chart*.

If there is no indication of the feminine form, then it is identical to the masculine form.

optimiste	*m* **optimiste**, *f* **optimiste**
difficile	*m* **difficile**, *f* **difficile**

If the feminine form can be derived by adding -**e** to the masculine form, it is indicated by (**e**).

petit(e)	*m* **petit**, *f* **petite**
spontané(e)	*m* **spontané**, *f* **spontanée**

If there is a change in the vowel preceding the last consonant before the addition of -**e**, the vowel change is indicated.

premier(ère)	*m* **premier**, *f* **première**
discret(ète)	*m* **discret**, *f* **discrète**

If the masculine form ends in -**eux** or -**eur** and the feminine in -**euse**, the feminine is shown by (**euse**).

sérieux(euse)	*m* **sérieux**, *f* **sérieuse**
heureux(euse)	*m* **heureux**, *f* **heureuse**
travailleur(euse)	*m* **travailleur**, *f* **travailleuse**

If the masculine form ends in -**if** and the feminine in -**ive**, the feminine is shown by (**ive**).

actif(ive)	*m* **actif**, *f* **active**
attentif(ive)	*m* **attentif**, *f* **attentive**

If the feminine form doubles the final consonant of the masculine form before adding -**e**, it is shown by (**le**), (**ne**).

exceptionnel(le)	*m* **exceptionnel**, *f* **exceptionnelle**
parisien(ne)	*m* **parisien**, *f* **parisienne**

When the feminine form differs substantially from the masculine form (the adjective is usually very short), the entire feminine form is given in parentheses.

bon (bonne)	*m* **bon**, *f* **bonne**
long (longue)	*m* **long**, *f* **longue**
blanc (blanche)	*m* **blanc**, *f* **blanche**

 A *Mettez le sujet de chaque phrase au pluriel, d'après ce modèle.*

> Notre professeur n'est pas bête ; il est intelligent.
> ÉTUDIANT A **Nos professeurs ne sont pas bêtes.**
> ÉTUDIANT B **Ils sont intelligents.**

1. Notre professeur n'est pas paresseux ; il est travailleur.
2. Notre cours n'est pas ennuyeux ; il est intéressant.
3. Notre exercice n'est pas écrit ; il est oral.
4. Cet étudiant n'est pas bête ; il est intelligent.
5. Ce bâtiment n'est pas laid ; il est beau.

6. Ce problème n'est pas régional ; il est national.
7. L'examen n'est pas difficile ; il est facile.
8. L'examen ne va pas être difficile ; il va être facile.

B *Maintenant, répondez aux questions. Utilisez plusieurs adjectifs dans chaque réponse.*

1. Comment sont les étudiants dans ce cours ?
2. Comment sont vos parents ?
3. Comment sont les leçons dans notre livre ?
4. Où habitez-vous ? Comment sont vos voisins ?

• 5 DIRE

1. Study the conjugation of **dire** *to say, to tell.*

Je **dis** mon_opinion.
Tu **dis** au revoir à tes camarades.
Il **dit** la vérité à son_amie.
Nous **disons** bonjour au professeur.
Vous **dites** des choses intelligentes.
Ils **disent** des choses bêtes.

dis	disons
dis	*dites*
dit	disent

Dire is one of three verbs whose **vous** form of the present indicative does not end in **-ez**. Note that the *accent circonflexe* occurs only in **vous_êtes**.

être : vous_**êtes**   **faire** : vous **faites**   **dire** : vous **dites**

2. **Dire** can be followed by a direct object noun (as in the sentences above) or by **que**, **quand**, **si**, **pourquoi**, or other words followed by a sentence (such sentences are called *dependent clauses*). English has similar constructions.

Je vais dire $\begin{cases}\text{mon\_opinion.}\\\text{que Paul est\_ici.}\end{cases}$ I am going to say $\begin{cases}\textit{my opinion.}\\\textit{(that) Paul is here.}\end{cases}$

Dites-moi[1] $\begin{cases}\text{si vous\_avez faim.}\\\text{pourquoi il est là.}\end{cases}$ Tell me $\begin{cases}\textit{if you are hungry.}\\\textit{why he is there.}\end{cases}$

3. **Dire** + **à** + person + **de** + infinitive *to tell someone to do something* is an indirect command.

Je vais **dire à** Jacques **de** finir son travail.

I am going to tell Jacques to finish his work.

Dites aux_étudiants **d**'apprendre la leçon.

Tell the students to learn the lesson.

Les parents **disent à** leurs_enfants **d**'obéir aux règles.

The parents tell their children to obey the rules.

A *Exercice de contrôle*

Je dis bonjour à mon professeur.

1. Nous
2. Tu
3. L'étudiant
4. Les étudiants
5. Vous
6. Je

[1]*Tell me*

Je dis que je comprends le français.

1. Le professeur   3. Mes camarades   5. Nous
2. Vous   4. Tu   6. Je

B *Répondez aux questions.*

1. Qu'est-ce que je dis quand j'arrive dans la classe ? Et qu'est-ce que vous dites ?
2. Qu'est-ce que je dis quand je quitte la classe ? Et qu'est-ce que vous dites ?
3. Qu'est-ce qu'on dit quand on rencontre un camarade dans la rue ? Et quand on rencontre un professeur ?
4. Dites-moi de finir mon travail. Dites à (Monique) d'aller au cinéma. Qu'est-ce que je dis aux étudiants de faire ?
5. Dites-moi quand il va neiger. Dites à (Jeanne) où vous allez ce soir. Dites à (Danielle) pourquoi vous apprenez le français.

Les Cottard ont trois filles. Ils habitent dans la banlieue parisienne.

APPLICATIONS

 A Dialogue et questions

Voilà ma famille.

Jean-Paul et Christine sont dans un petit restaurant près de la cité. Jean-Paul prend un café[1] et Christine, un chocolat. Jean-Paul montre des photos de sa famille. Christine ne connaît pas la famille de Jean-Paul. Sur la première photo, il y a un monsieur

---

[1] *a cup of coffee.* Certain noncount nouns can be used as count nouns when the meaning implied is *a serving of* or *a portion of:* **Apportez-moi un café ; Voulez-vous une bière ?**

à moustache[1], une dame blonde et une jeune fille en short. Elle regarde la photo
avec beaucoup d'intérêt.   5

JEAN-PAUL   Voilà ma famille : mon père, ma mère et ma sœur.
CHRISTINE   Ta mère a l'air jeune[2].
JEAN-PAUL   Elle a quarante-deux ans. Elle est chimiste et travaille dans un
laboratoire.
CHRISTINE   Et que fait ton père ?[3]   10
JEAN-PAUL   Il est ingénieur. Il travaille chez Renault.
CHRISTINE   Ah oui ? Ma mère a une Renault[4]. Elle aime bien sa voiture. Quel âge
a ta sœur ?
JEAN-PAUL   Monique a quinze ans. Elle est en Seconde au lycée[5]. Elle est sportive
et très intelligente . . . tout à fait comme toi[6].   15
CHRISTINE   Vous habitez à Paris, n'est-ce pas ?
JEAN-PAUL   Pas tout à fait. Nous sommes à Sceaux. Tu sais où est Sceaux ?
CHRISTINE   Non. Dans la banlieue parisienne ?
JEAN-PAUL   Oui, tout[7] près de Paris.

(lignes 1–5)
1. Qu'est-ce que Jean-Paul et Christine prennent comme boisson ?
2. Qu'est-ce que Jean-Paul montre à Christine ?
3. Combien de personnes y a-t-il sur la première photo ?
4. De quelle couleur sont les cheveux de Mme Chabrier ?

(lignes 6–19)
5. Quel âge a la mère de Jean-Paul ?
6. Où travaille-t-elle ?
7. Quelle est la profession de M. Chabrier ?
8. À quelle école Monique va-t-elle ?
9. D'après Jean-Paul, comment est Monique ?
10. Où habitent les Chabrier ?

[1]*with a mustache*
[2]*seems young.* **Avoir l'air** + adjective, referring to human beings and animals, corresponds to English *to seem* +
adjective. The adjective agrees in gender and number with the subject.
[3]Quelle est la profession de ton père ?
[4]Les marques (*makes*) des voitures sont féminines en français : **une Renault, une Buick, une Volkswagen, une
Toyota.**
[5]**Lycée** is a public school in France, more or less an equivalent of the American high school. French students begin
their education at the age of six. The first grade is **la Onzième,** the second **la Dixième,** the third **la Neuvième,** and
so on, counting backward. The last two grades are **la Première** and **la (Classe) Terminale,** approximately corresponding to the first one or two years of college in the United States in terms of academic work.
[6]*just like you;* **tout à fait** est un équivalent de *quite* ou *completely* en anglais.
[7]très. Sceaux is a suburb just outside the Paris city limits to the south.

B Expressions utiles

La famille

les parents $\begin{cases} \text{le père (Papa)} \\ \text{la mère (Maman)} \end{cases}$ $\begin{cases} \text{le mari} \\ \text{la femme} \end{cases}$

les enfants $\begin{cases} \text{le fils} \\ \text{la fille} \end{cases}$ $\begin{cases} \text{le frère} \\ \text{la sœur} \end{cases}$

les parents[1] $\begin{cases} \text{l'oncle} \\ \text{la tante} \end{cases}$ $\begin{cases} \text{le neveu} \\ \text{la nièce} \end{cases}$ $\begin{cases} \text{le cousin} \\ \text{la cousine} \end{cases}$

les grands-parents $\begin{cases} \text{le grand-père} \\ \text{la grand-mère} \end{cases}$

les petits-enfants $\begin{cases} \text{le petit-fils} \\ \text{la petite-fille} \end{cases}$

la belle-famille $\begin{cases} \text{le beau-père} \\ \text{la belle-mère} \end{cases}$ $\begin{cases} \text{le beau-frère} \\ \text{la belle-sœur} \end{cases}$ $\begin{cases} \text{le beau-fils} \\ \text{la belle-fille} \end{cases}$

être $\begin{cases} \text{marié(e) / divorcé(e)} \\ \text{célibataire} \\ \text{veuf / veuve} \end{cases}$

$\left. \begin{array}{l} \text{ressembler} \\ \text{ne pas ressembler} \end{array} \right\}$ (beaucoup) à quelqu'un

avoir l'air $\begin{cases} \text{sympathique}^2 \\ \text{intelligent} \end{cases}$

Les couleurs (1)[3]

De quelle couleur[4] sont vos yeux ?
— J'ai les yeux bleus[5] (bruns / noirs / gris).
De quelle couleur sont vos cheveux[6] ?
— J'ai les cheveux bruns (noirs / blonds / châtains / roux / gris).

Pratique

Robert Jourlait est ingénieur. Il est marié. Il parle de sa famille et de ses parents. Complétez les phrases avec les termes de parenté appropriés.[7]

1. Je suis marié et j'ai deux enfants, Jean-Pierre et Sophie. Jean-Pierre est mon (   ), et Sophie, ma (   ). Je suis leur (   ). Ma femme Monique est leur (   ). Nous sommes leurs (   ).

---

[1]**Parents** can mean either *parents* or *relatives*. The context usually clears up any ambiguity.
[2]*friendly*
[3]D'autres adjectifs de couleur sont dans les **Expressions utiles** de la Leçon 9 (p. 184).
[4]*What color*; remarquez l'emploi de **de** dans cette expression.
[5]*I have blue eyes*; remarquez l'emploi de l'article défini.
[6]On utilise le mot **cheveux** *hair* au pluriel.
[7]*Complete the sentences with the appropriate kinship terms.*

2. Ma sœur a un enfant, Marianne. Je suis l' ( ) de Marianne, et elle est ma ( ). Je suis aussi le ( ) de la ( ) de Marianne. Marianne est la ( ) de mes enfants. Mes enfants sont ses ( ).

3. Mes parents habitent près de Bordeaux. Mon père est le ( ) de ma femme Monique, et ma mère est sa ( ). Ma mère est la ( ) de mes enfants, et mon père, leur ( ). Sophie est la ( ) de mes parents, et Jean-Pierre est leur ( ). Monique est la ( ) de mes parents, et le mari de ma sœur est leur ( ).

C *Ma sœur fait des études en France. Lisez le passage suivant et posez des questions sur les parties soulignées.*

Savez-vous que ma sœur Anne est en France ? Elle habite (1) à Aix-en-Provence. Regardez cette photo en couleur. (2) Ma sœur est devant la voiture. Elle a les cheveux (3) bruns. Elle a les yeux (4) bleus. Elle a (5) vingt et un ans. Elle étudie (6) le français et l'histoire. Le jeune homme à gauche d'Anne est (7) Fernando. Pilar, sa femme, est à droite d'Anne. Ils sont (8) espagnols. Fernando étudie (9) les sciences économiques. Anne aime beaucoup (10) Fernando et Pilar.

D *Une photo de ma famille. Complétez le passage suivant.*

(1) Vous/ne pas/connaître/mon/famille,/n'est-ce pas ? (2) Regarder/ce/photo. (3) Mon/père/être/chimiste ; /il/avoir/43/an. (4) Mon/mère/avoir/42/an ; /elle/être/institutrice[1]. (5) La/jeune fille/entre[2]/mon/parents/être/mon/sœur. (6) Elle/avoir/16/an. (7) Elle/être/très/intelligent/et/sportif. (8) Notre/maison/être/derrière/voiture. (9) Elle/être/vieux,/mais/très/beau. (10) On/dire/que/ce/arbre/près de/maison/avoir/100/an.

E *Renseignements et opinions*

1. Quelle langue apprenez-vous ? Quelles langues parlez-vous ? Dans quel cours êtes-vous maintenant ? Quels autres sujets étudiez-vous ?
2. De quelle couleur sont vos cheveux ? De quelle couleur sont mes cheveux ?
3. De quelle couleur sont vos yeux ? De quelle couleur sont mes yeux ?
4. Est-ce que je connais votre famille ? Combien êtes-vous dans votre famille ? Quels sont les membres de votre famille ? Quel âge ont-ils ?
5. Apportez une photo de quelqu'un. Faites une description de cette personne. (son nom, son âge, son passe-temps préféré[3], la couleur de ses cheveux et de ses yeux, son sport préféré, où elle[4] habite, comment elle est, etc.)

[1]**instituteur** *m*, **institutrice** *f*   *school teacher*
[2]*between*
[3]*hobby, favorite pastime*
[4]**Elle** is used here only because it refers to **personne** *f*; the picture you bring can be of a male or a female.

VOCABULAIRE

Noms masculins

·cheveux *pl*	examen	·grand-père	·mari
·chimiste	·fils	·ingénieur	·oncle
·cousin	·grands-parents *pl*	·lycée	·short

Noms féminins

banane	·cousine	·fille	poire
·banlieue	·dame	·grand-mère	réponse
bière	·école	histoire	·Seconde
·chimiste	femme	·moustache	·tante

Verbes

connaître *irrég*	dire *irrég*	savoir *irrég*
détester	nager	

Adjectifs

actif(ive)	énergique	long (longue)	patient(e)
beau (bel, belle)	ennuyeux(euse)	lourd(e)	pauvre
bête	généreux(euse)	malheureux(euse)	pessimiste
·blond(e)	heureux(euse)	mécontent(e)	régional(e)
content(e)	indiscret(ète)	optimiste	riche
court(e)	intelligent(e)	oral(e)	rouge
discret(ète)	laid(e)	paresseux(euse)	travailleur(euse)
écrit(e)	léger(ère)	·parisien(ne)	vieux (vieil, vieille)

Autres expressions

au contraire	·d'après	lui aussi
·avoir l'air + *adj*	*La Belle au bois dormant*	·tout à fait
Cendrillon	*Le Petit chaperon rouge*	·tout (près)

NEUVIÈME LEÇON

CONVERSATIONS

A. Les vêtements

Regardez le Tableau 39.[1] *Jean-Paul est à gauche. Il porte une chemise* (1), *un blouson* (2) *et un blue-jean* (5). *Il ne porte pas d'imperméable* (19). *Il n'a pas de parapluie* (20).

Regardez Monique. Elle est à droite de Jean-Paul. Elle porte un pull à col roulé (9), *une veste* (10) *et une jupe* (11). *Elle ne porte pas de manteau* (22) *ni de*[2] *gants* (23).

Maintenant, répondez aux questions.

Est-ce que Jean-Paul porte un pull (18) ? Regardez son blouson. Est-ce que le blouson a des poches (4) ? A-t-il des boutons (3) ?

Est-ce que Monique porte un pantalon (17) ? Porte-t-elle un chemisier (21) ? Porte-t-elle une veste ? La veste a-t-elle des poches ?

Regardez vos camarades. Qui porte un blue-jean ? Qui porte une chemise ? Qui porte un pull ? Quelle sorte de vêtements portez-vous aujourd'hui ?

Maintenant, regardez mes vêtements. Quelle sorte de vêtements est-ce que je porte ? Est-ce que j'ai des poches ? Combien de poches ? Qu'est-ce qu'il y a dans cette poche ? Devinez.

B. La taille

Il y a deux mots en français qui[3] *indiquent la dimension des vêtements. On utilise* **la taille** *pour les chemises, les chemisiers, les vestons, les vestes, les pulls, etc. L'autre mot,* **la pointure,** *est pour les chaussures, les chaussettes et les gants.*

Quelle est votre taille de chemise (chemisier) d'après le système français ? Demandez à votre voisin(e) sa taille. Est-il (elle) plus grand(e) que vous ? Devinez ma taille.

Quelle est votre taille de veston (veste) ? Demandez à votre voisin(e) sa taille. Est-ce qu'il (elle) porte un veston (une veste) plus grand(e) que vous ? Devinez ma taille.

---

[1] Le vocabulaire de ce tableau (**Expressions utiles**, p. 184) est sur la bande magnétique.
[2] **ni de** *nor*
[3] **qui** *that, which*

TABLEAU 39

Parlons de la taille des chemises. Est-ce que la taille 14 du système américain est plus grande que la taille 38 du système français ? Trente-huit signifie 38 centimètres autour du[1] cou. Qu'est-ce que 14 signifie ?[2]

---

[1]**autour de** *around*
[2]*Utilisez le mot* **pouce** *(inch) dans votre réponse.*

CHEMISIERS, PULLS		CHEMISES		AUTRES VÊTEMENTS			
				DAMES		HOMMES	
France	U.S.	France	U.S.	France	U.S	France	U.S.
40	32	36	14	38	10	46	36
42	34	37	14½	40	12	48	38
44	36	38	15	42	14	50	40
46	38	39	15½	44	16	52	42
48	40	40	16	46	18	54	44

DIFFÉRENCES

Le système métrique

The French use the metric system for measurement. The metric system was developed by a commission of French scientists shortly after the Revolution of 1789, in an attempt to establish a compatible decimal system for length, weights, and liquid measures. It finally became the obligatory standard of measure in 1840. The meter was originally defined as one ten-millionth of the distance from the earth's pole to the equator. The original measure, a platinum bar, is still kept in the **Bureau International des Poids et Mesures** near Paris. Most other nations have since adopted the metric system. The British officially adopted it in 1965. Only a dozen countries in the world have yet to convert to the system: the United States is the only major nation, the rest being mini-states such as Tonga, Oman, and Barbados. Nowadays, however, most American products are based on metric measurements in order to facilitate their exportation.

« Oui, c'est bien votre taille. Vous voulez peut-être une chemise bleue ? »

Here is a conversion table between the metric and the American systems, which will be used in some of the exercises in this lesson. Note that in French a comma (**une virgule**) indicates a decimal point.

un **pouce** = 2,54 cm	**deux** centimètres **cinquante-quatre**
un **pied** = 30,5 cm	**trente** centimètres **cinq**
un **mille** = 1,609 km	**un** kilomètre **six cent neuf**
un **kilomètre** = 0,621 mille	**zéro** mille **six cent vingt et un**
un **gallon**[1] = 3,785 l	**trois** litres **sept cent quatre-vingt-cinq**
une **livre** = 454 g	**quatre cent cinquante-quatre** grammes
un **mètre** = 39,37 pouces	**trente-neuf** pouces **trente-sept**
un **kilo** = 2,20 livres	**deux** livres **vingt**

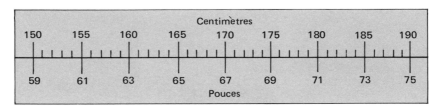

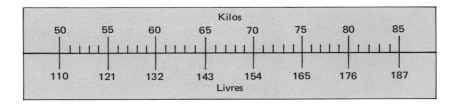

EXPLICATIONS ET EXERCICES ORAUX

• 1 METTRE

1. **Mettre** to put (something somewhere) is conjugated somewhat like a third conjugation verb (**-re**). The sound /t/, represented by **-tt-**, occurs only in the plural forms.[2]

Je **mets** un livre sur la table.

Tu **mets** le crayon dans ton livre.

Il **met** son enfant au lit.

Nous **mettons** du sucre dans le café.

Vous **mettez** de l'argent dans le portefeuille.

Ils **mettent** les verbes au singulier.

mets	mettons
mets	mettez
met	mettent

[1]**un gallon américain** ; il y a 4,545 litres dans un gallon impérial.

[2]There are verbs that derive from **mettre** and are conjugated like it, but they do not occur in this lesson: **admettre** to admit, **commettre** to commit, **compromettre** to compromise, **émettre** to emit, to broadcast/telecast, **permettre** to permit, **promettre** to promise, **remettre** to postpone, **soumettre** to submit, **transmettre** to transmit. Note that many have cognates in English.

2. **Mettre** also means *to put on* (clothes). **Porter**, as in the **Conversations** of this lesson (p. 168), means *to wear* (clothes) as well as *to carry, to take* (something somewhere).

Je **mets** un pull quand j'ai froid.	*put on*
On **met** des vêtements légers en été.	*puts on*
Mettez ce pull ; il fait froid ici.	*Put on*
Elle **porte** une belle robe bleue.	*is wearing*
Portez cette valise, s'il vous plaît.	*Carry*
Portez ce document à son bureau.	*Take*

 A *Exercice de contrôle*

Je mets mes livres près de la chaise.

1. Vous
2. Tu
3. L'étudiant
4. Les étudiants
5. Nous
6. Je

Je mets des vêtements chauds quand j'ai froid.

1. Les étudiants
2. On
3. Tu
4. Nous
5. Vous
6. Je

B *Répondez aux questions.*

1. Où est-ce que je mets mon cahier ? Qu'est-ce que je mets dans mon cahier ?
2. Voici une lettre et une enveloppe. Qu'est-ce que je mets dans l'enveloppe ? Où est-ce que je mets l'enveloppe ?
3. Quand mettez-vous des gants ? Demandez à (Hélène) quand elle met un maillot de bain[1].
4. Avez-vous des cravates, (Paul) ? Quand mettez-vous une cravate ?
5. Quand est-ce qu'on met des vêtements chauds ? Et des vêtements légers ?
6. Dites à votre voisin ou voisine quels vêtements vous portez aujourd'hui. Demandez quels vêtements il ou elle porte aujourd'hui.

• 2 ADJECTIFS POSTPOSÉS ET PRÉPOSÉS

1. Most adjectives, when they modify a noun directly, come after the noun (**postposé** *"postposed"*). After a singular noun, no liaison can be made between the noun and the adjective.

Il cherche un journal **français**.
C'est un‿enfant//**intelligent**.
Ce médecin//**anglais** est un‿ami de mon père.

[1]*swimsuit*

After a plural noun, liaison is optional between the noun and the adjective (**liaison facultative**, shown by ‿ in the examples below).[1]

Voilà des réponses‿**originales**.
Il veut acheter des cigarettes‿**américaines**.
Vous proposez des projets‿**intéressants**.

2. But about a dozen commonly used adjectives usually come in front of the nouns they modify (**préposé** "*preposed*"). You will need to learn these adjectives thoroughly. Liaison is obligatory when these adjectives are followed by a word beginning with a vowel sound.

un **gros** homme, une **grosse** voiture	*big (fat)*
un **grand** arbre, une **grande** maison	*big, tall*
un **petit** enfant, une **petite** montre	*small, little*
un **bon** journal, une **bonne** chaise	*good*
un **mauvais** stylo, une **mauvaise** montre	*bad*
un **jeune** étudiant, une **jeune** étudiante	*young*
un **nouveau** vendeur, une **nouvelle** vendeuse	*new*
un **vieux** bâtiment, une **vieille** maison	*old*
un **beau** garçon, une **belle** dame	*beautiful (handsome)*
un **joli** jardin, une **jolie** fleur	*pretty, nice*
un **long** voyage, une **longue** distance	*long*
un‿**autre** cousin, une **autre** cousine	*other (another)*

3. Before any singular noun that begins with a vowel sound, the masculine singular form of all the adjectives listed above, except **gros** and **grand**, is pronounced just like the feminine form.

Cet hôtel est **petit**.	/pti/	→C'est un **petit** hôtel.	/ptit/
Ma table est **petite**.	/ptit/	→C'est ma **petite** table.	/ptit/
Cet étudiant est **bon**.	/bõ/	→C'est un **bon** étudiant.	/bɔn/
Cette montre est **bonne**.	/bɔn/	→C'est une **bonne** montre.	/bɔn/
Cet enfant est **mauvais**.	/movɛ/	→C'est un **mauvais** enfant.	/movɛz/
Cette banane est **mauvaise**.	/movɛz/	→C'est une **mauvaise** banane.	/movɛz/

Beau, **nouveau**, and **vieux** have special forms that are pronounced like the feminine forms.

Cet arbre est **beau**.	/bo/	→C'est un **bel** arbre.	/bɛl/
Cette maison est **belle**.	/bɛl/	→C'est une **belle** maison.	/bɛl/
Cet hôtel est **vieux**.	/vjø/	→C'est un **vieil** hôtel.	/vjɛj/
Cette voiture est **vieille**.	/vjɛj/	→C'est une **vieille** voiture.	/vjɛj/
Cet étudiant est **nouveau**.	/nuvo/	→C'est un **nouvel** étudiant.	/nuvɛl/
Cette clé est **nouvelle**.	/nuvɛl/	→C'est une **nouvelle** clé.	/nuvɛl/

---

[1]In Lessons 1–8, the liaisons that must be made (**liaisons obligatoires**) are indicated in **Explications**. After Lesson 8, no liaison will be marked unless it is pertinent to a structure being discussed.

BUT

Cet homme est **gros**. /gʀo/	→C'est un **gros** homme. /gʀoz/
Cette valise est **grosse**. /gʀos/	→C'est une **grosse** valise. /gʀos/
Cet hôtel est **grand**. /gʀɑ̃/	→C'est un **grand** hôtel. /gʀɑ̃t/
La classe est **grande**. /gʀɑ̃d/	→C'est une **grande** classe. /gʀɑ̃d/

4. In the sequence **des** + preposed adjective + plural noun, **des** may become **de** or **d'**. Use of **des** is more typical of informal French.[1]

Il y a **une** belle maison.	→ Il y a **des** belles maisons. Il y a **de** belles maisons.
Je fais **un** autre exercice.	→ Je fais **des** autres exercices. Je fais **d'**autres exercices.
C'est **un** bon livre.	→ Ce sont **des** bons livres. Ce sont **de** bons livres.

A *Exercice de contrôle. Faites attention à la place de chaque adjectif.*

Voilà un beau cadeau.

1. petit	3. original	5. autre
2. imaginatif	4. joli	6. grand

Je connais un professeur sympathique[2].

1. jeune	3. bon	5. amusant
2. exceptionnel	4. beau	6. mauvais

B *Répondez aux questions.*

1. Êtes-vous un(e) étudiant(e) travailleur(euse) ? (Jacques) est-il un vieil étudiant ?
2. Avez-vous un livre amusant ? Comment s'appelle ce livre ?
3. Faisons-nous des exercices oraux ? Où faites-vous les exercices écrits ?
4. Y a-t-il un restaurant français dans notre ville ? Connaissez-vous un restaurant chinois ? Comment s'appelle ce restaurant ?
5. Y a-t-il de vieux bâtiments sur notre campus ? Y a-t-il aussi des bâtiments laids ?
6. Où est-ce qu'on peut manger de la bonne soupe ? Où est-ce qu'on mange de mauvaises pizzas /piza/ ?
7. Vos parents ont-ils une voiture américaine ? Demandez-moi quelle sorte de voiture j'ai.
8. Est-ce que nous avons une bonne équipe de football ? Quelle université a une mauvaise équipe ?

---

[1]Mostly de/d' (rather than **des**) will be used in the rest of the text. Note, however, that there are a few "compound nouns" in which the combination adjective + noun constitutes a single meaning. In such cases, **des** is always used: **des jeunes filles** *girls*, **des grands magasins** *department stores*, **des petits pois** *peas*, **des petits gâteaux** *cookies*, **des grands-parents** *grandparents*, **des petits-enfants** *grandchildren*.
[2]*friendly* (in colloquial French, often reduced to **sympa**, invariable)

C *Regardez et écoutez. Ajoutez une phrase d'après ce modèle. Faites attention à la place et à la forme de chaque adjectif.*

Cette étudiante est imaginative.
C'est une étudiante imaginative.

1. Cette étudiante est jeune.
2. Cet étudiant est imaginatif.
3. Cet étudiant est beau.
4. Cet étudiant est travailleur.
5. Cette étudiante n'est pas vieille.
6. Ces étudiants sont très attentifs.
7. Ces étudiants ne sont pas vieux.
8. Ce professeur est amusant.
9. Cette montre est bonne.
10. Ces chaises sont solides.
11. Ces photos sont belles.
12. Ce livre n'est pas mauvais.
13. Ce livre n'est pas petit.
14. Cet exercice n'est pas difficile.

• 3 COMPARATIF DE L'ADJECTIF

1. The construction **aussi** + adjective + **que** *as . . . as* expresses equality in comparing two items. Inequality is expressed by **plus** + adjective + **que** *more . . . than* or **moins** + adjective + **que** *less . . . than.* Compare the sentences below with Tableau 40 of the oral exercises.

Monique est **aussi grande que** Philippe.   *as tall as*
Philippe est **aussi grand que** Monique.   *as tall as*
Jean-Paul est **plus grand que** Monique.   *taller than*
Philippe est **plus grand que** Cécile.   *taller than*
Cécile est **moins grande que** les autres.   *less tall than (not as tall as)*

2. The comparative forms of **bon** and **mauvais** are irregular: **meilleur** /mɛjœʀ/ and **pire**.

Cette montre est **aussi bonne que** les autres.   *as good as*
Ma montre est **moins bonne que** les autres.   *less good than (not as good as)*
Votre montre est **meilleure que** les autres.   *better than*

Ce journal est **aussi mauvais que** les autres.   *as bad as*
Ce journal est **moins mauvais que** les autres.   *less bad than (not as bad as)*
Ce journal est **pire que** les autres.   *worse than*

In informal French, **pire** is usually replaced by the regular comparison form **plus mauvais**.

Mon vin est **plus mauvais que** ce vin.   *worse than*
C'est une **plus mauvaise** solution.   *worse*

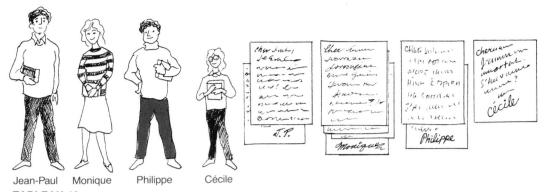

Jean-Paul   Monique   Philippe   Cécile

TABLEAU 40

 A *Regardez le Tableau 40 et dites après moi.*

Monique est aussi grande que Philippe.
Philippe est aussi grand que sa cousine.
Jean-Paul est plus grand que Monique et ses cousins.
Cécile est moins grande que son frère.
Monique et Philippe sont plus grands que Cécile.
Monique et Philippe sont moins grands que Jean-Paul.

Maintenant, répondez à ces questions.

1. Qui est aussi grand que Philippe ?
2. Qui est plus grand que Philippe ?
3. Qui est moins grand que Philippe ?
4. Qui est plus petit que Philippe ?
5. Qui est plus grand que Cécile ?
6. Qui est plus petit que Jean-Paul ?

 B *Maintenant, regardez les quatre lettres.*

1. Comparez la lettre de Jean-Paul et la lettre de Cécile.
2. Comparez la lettre de Cécile et la lettre de Monique.
3. Comparez la lettre de Jean-Paul et la lettre de Monique.
4. Comparez la lettre de Monique et la lettre de Philippe.

C *Répondez aux questions.*

1. Combien de centimètres y a-t-il dans un pouce ?[1] Est-ce qu'un crayon de 4 pouces est plus court qu'un stylo de 10 centimètres ? Est-ce qu'un chat qui pèse 8 livres est plus léger qu'un chien qui pèse 20 kilos ?
2. Combien mesurez-vous ?[2] Demandez à (Mireille) combien elle mesure. Est-elle plus grande que vous ? Demandez-moi combien je mesure. Est-ce que je suis moins grand(e) que vous ?

---

[1] Utilisez le tableau dans les **Différences** de cette leçon (p. 171).
[2] Dites, par exemple : « Je mesure un mètre soixante-douze. »

« Moins chères que des soldes » ? Est-ce possible ?

3. Combien pesez-vous ?[1] Demandez à (Jacques) combien il pèse. Est-il moins léger que vous ? Demandez-moi combien je pèse. Est-ce que je suis plus léger(ère) que vous ?

4. Quel âge avez-vous ? Demandez à (Marie) quel âge elle a. Est-elle plus âgée[2] que vous? Savez-vous mon âge ? Est-ce que je suis moins âgé(e) que vous ?

5. Dans quel restaurant allez-vous souvent ? Pourquoi ? Y a-t-il un meilleur restaurant dans notre ville ?

6. Vous avez plusieurs cours, n'est-ce pas ? Choisissez deux de vos cours et comparez ces cours. Utilisez **intéressant**, **ennuyeux**, **utile**, **difficile** ou **facile**.[3]

---

[1]Dites, par exemple : « Je pèse quatre-vingts kilos. »
[2]**âgé** *old*; **vieux** is not normally used when comparing the age of people directly.
[3]Dites, par exemple : « Le cours de chimie est plus difficile que le cours de français. »

• 4 SUPERLATIF DE L'ADJECTIF

1. The superlative of adjectives is formed by adding the definite article immediately before the comparative form.

Jean-Paul est **le plus grand**.	*the tallest*
Cécile est **la plus petite**.	*the smallest, the shortest*
Jean-Paul est **le moins petit**.	*the least small*
Cécile est **la moins grande**.	*the least tall*

Meilleurs Vœux

The comparative form of **bon** is **meilleur**; the word **plus** occurs in neither the comparative nor the superlative form of **bon**.

Ces pommes sont **bonnes**.	*good*
Ces pommes sont **meilleures**.	*better*
Ces pommes sont **les meilleures**.	*the best*

2. The position of the adjective with regard to the noun it modifies usually follows the patterns discussed in Lesson 9.2.

C'est une **belle** maison.
→C'est **la plus belle** maison.
Je connais de **bons** restaurants.
→Je connais **les meilleurs** restaurants.
C'est un étudiant **sérieux**.
→C'est l'étudiant **le plus sérieux**.
Le ciné-club donne des films **intéressants**.
→Le ciné-club donne les films **les plus intéressants**.

3. The only preposition used after the superlative of an adjective is **de**. Note below that **sur**, **dans**, and **à** are replaced by **de**.

Il y a de grands bâtiments **sur** notre campus.
   Mais voilà **le plus grand** bâtiment **de** notre campus.
Il y a des étudiants attentifs **dans** la classe.
   Mais Michèle est l'étudiante **la plus attentive de** la classe.
Il y a de très bons professeurs **à** l'université.
   Mais vous êtes **le meilleur** professeur **de** l'université.

 A *Regardez le Tableau 40 à la page 176. Répondez aux questions.*

1. Qui est le plus petit ? Qui est le plus grand ?
2. Quelle lettre est la plus longue ? Quelle lettre est la plus courte ?
3. Quelle lettre est la moins longue ? Quelle lettre est la moins courte ?

 B *Regardez le Tableau 37 à la page 149. Répondez aux questions.*

1. Quel âge a Jean-Paul ? Qui est plus jeune que Jean-Paul ? Qui est la plus jeune personne ?

2. Regardez Mme Brunot. Est-elle plus jeune que son mari ? Est-elle plus âgée que son frère ? Qui est son frère ?

3. Qui est la personne la plus âgée ? Quel âge a-t-il ? Combien d'enfants a-t-il ? Combien de petits-enfants a-t-il ?

4. Regardez Monique et ses cousins. Comparez les quatre enfants en employant les adjectifs **âgé** et **jeune**.

C *Regardez le Tableau 21 à la page 77. Regardez le premier dessin et donnez un nom à chaque personne. Maintenant, comparez (Robert) et (Jacques) d'après ces modèles.*

(Robert) est plus grand que (Jacques).
(Jacques) n'est pas aussi grand que (Robert).
(Jacques) est plus jeune que (Robert).

Regardez le deuxième dessin et donnez un nom à chaque membre de la famille. Comparez M. (Dubois), Mme (Dubois) et leurs deux enfants.

D *Répondez aux questions.*

1. Qui est la personne la plus âgée de la classe ? Et la plus jeune personne ?

2. Qui a les cheveux les plus longs ? Et les cheveux les plus courts ?

3. Vous voulez inviter vos parents à dîner au restaurant. Quel est le meilleur restaurant de la ville ?

4. Vous voulez faire des courses. Vous allez préparer le dîner. Quel est le meilleur supermarché ?

5. Vous voulez acheter des livres comme cadeaux. Vous voulez acheter des livres de voyage, avec beaucoup de photos. Quelle est la meilleure librairie ?

6. Choisissez plusieurs bâtiments sur notre campus ou dans notre ville. Comparez ces bâtiments en employant les adjectifs **grand**, **haut**, **vieux**, **beau** et **laid**.

• 5 EMPLOI DE **IL EST** ET **C'EST**

1. We saw in Lesson 1.5 that when a noun denoting profession follows **être**, the indefinite article **un**, **une**, or **des** is omitted. However, the indefinite article is used with such a noun if it is modified by an adjective.

Vous êtes **médecin**.   →Vous êtes *un bon* **médecin**.
Nous sommes **étudiants**.   →Nous sommes *des* **étudiants** *sérieux*.
Michèle est **vendeuse**.   →Michèle est *une jeune* **vendeuse**.

2. When the subject is in the third person, two patterns occur: **il est** + noun and **c'est un** + noun. The **il est** pattern can be the answer to questions (real or implied) like **Quelle est sa profession ?**; the **c'est un** pattern is used in all other cases.

Quelle est sa profession ?   Qui est-ce ?
— **Il est** ingénieur.   — **C'est une** vendeuse.

Que fait votre mère ?   Qui est là ?
— **Elle est** chimiste.   — **C'est votre** médecin.

Nouns and adjectives of nationality. The **il est** pattern is used with adjectives denoting nationality. As adjectives, such words do not begin with a capital letter. The **c'est un** pattern is used with nouns, which, as in English, begin with a capital letter.

Quelle est sa nationalité ?	Qui est cette personne ?
— **Il est** américain.	— **C'est un** Américain.
Est-elle américaine ?	**Est-ce une** Américaine ?
— Non, **elle est** française.	— Non, **c'est une** Française.

3. The **c'est un** pattern must be used if the noun denoting profession or nationality is modified by an adjective.

Il est ingénieur. ⎫
Il est inventif. ⎭ → **C'est un** ingénieur inventif.

Elle est américaine.   ⎫
Elle est exceptionnelle. ⎭ → **C'est une** Américaine exceptionnelle.

Ils sont médecins. ⎫
Ils sont jeunes.   ⎭ → **Ce sont de(s)** jeunes médecins.

4. With all other nouns, regardless of whether they are modified by an adjective or not, the **c'est un** pattern is used.

Je **suis un** homme sérieux.	Nous **sommes des** enfants.
Tu **es un** enfant.	Vous **êtes une** femme.
C'**est un** garçon.	Ce **sont des** chats.

C'est une jeune artiste canadienne dans son atelier.

TABLEAU 41

Il est mécanicien.
C'est un bon mécanicien.

Elle est journaliste.
C'est une bonne journaliste.

A *Voici une liste de personnes célèbres. Identifiez leur nationalité et leur profession en employant les mots suggérés[1].*

NATIONALITÉ
italien
français
allemand
espagnol
américain

PROFESSION
écrivain
peintre
compositeur

Modèle : Debussy
ÉTUDIANT A **Il est français.**
ÉTUDIANT B **Il est compositeur.**
ÉTUDIANT C **C'est un compositeur français.**

1. Matisse
2. Cervantès
3. Bizet

4. Verdi
5. Goethe /gøt/
6. Hugo

7. Goya
8. Hemingway
9. Beethoven

B *Répondez aux questions d'après ce modèle.*

Voilà (Paul). Il est étudiant. Est-il sérieux ?
Oui, c'est un étudiant sérieux.

1. Voilà (Marianne). Elle est étudiante. Est-elle travailleuse ?
2. Voilà (Jacques). Il est étudiant. Est-il jeune ?
3. Voilà (Marie). Elle est étudiante. Est-elle sérieuse ?
4. Voilà (Marc et Jeanne). Ils sont étudiants. Sont-ils attentifs ?
5. Voilà (Michel et Renée). Ils sont américains. Sont-ils beaux ?
6. Voilà une table. Est-elle lourde ?
7. Voilà des chaises. Sont-elles solides ?
8. Je suis professeur. Est-ce que je suis patient(e) ?

[1] *by using the words suggested*

C *Décrivez[1] un objet, un animal ou une personne en cinq phrases. Deux de ces phrases commencent par* **il** *ou* **elle***, et deux autres phrases commencent par* **c'est***.*

Modèles : Voilà la photo de mon chien. Il s'appelle Pepper. C'est un bon chien. C'est un chien très intelligent. Il est très attentif quand je parle.

Regardez ce blouson. C'est le blouson de (Michel). Il est bleu. Il a cinq gros boutons. C'est un blouson très confortable.

Voici une photo de mon frère Robert. Il a quinze ans. C'est un garçon très sportif. Il est beau et musclé, n'est-ce pas ? C'est un bon joueur de football.

[1]*Describe*

Elle cherche un cadeau pour sa mère.

APPLICATIONS

A Dialogue et questions

C'est la meilleure solution !

Dans dix jours, Monique va avoir seize ans. Jean-Paul veut trouver un joli cadeau pour son anniversaire. Quelque chose de petit et de léger[1], car il va envoyer le cadeau par avion[2]. Il cherche dans plusieurs magasins près du campus, mais il ne trouve pas grand-chose. Il décide de consulter Christine, qui a toujours des idées géniales.   5

CHRISTINE	Quelque chose pour sa chambre ? Une gravure ?
JEAN-PAUL	Non, elle a déjà trop de choses sur ses murs.
CHRISTINE	Un bracelet ou une chaîne en or[3] ?
JEAN-PAUL	Euh . . . je ne sais pas. Elle a déjà assez de bijoux[4].
CHRISTINE	Tu es difficile. Est-ce qu'elle aime les vêtements ? Aujourd'hui, d'après 10 le journal, il y a des soldes en ville[5].
JEAN-PAUL	Quelle sorte de vêtements ?
CHRISTINE	Des chemisiers, des jupes, des pantalons, des pull-overs[6]. . .
JEAN-PAUL	Attends, un pull-over blanc, pour jouer au tennis . . . C'est peut-être la meilleure solution. 15
CHRISTINE	Ça ne pèse pas lourd, et tu dis que Monique aime beaucoup le tennis. Quelle est sa taille ?
JEAN-PAUL	Quarante, je pense.
CHRISTINE	Quarante ! Ah, oui, c'est le système français. Quel est l'équivalent américain ? 20
JEAN-PAUL	Je ne sais pas . . . Elle est un peu plus petite que toi.
CHRISTINE	Bon, allons en ville cet après-midi.

(lignes 1–5)
1. Quel âge a Monique en ce moment ?
2. Quelle sorte de cadeau Jean-Paul cherche-t-il ?
3. Comment va-t-il envoyer le cadeau ?
4. Où est-ce qu'il cherche son cadeau ?
5. Pourquoi décide-t-il de consulter Christine ?

(lignes 6–22)
6. Pourquoi est-ce qu'une gravure n'est pas un bon cadeau ?
7. Pourquoi Jean-Paul ne veut-il pas acheter un bracelet ou une chaîne en or ?
8. Qu'est-ce qu'il y a en ville aujourd'hui ?
9. Quelle est la taille de Monique ?
10. Comparez Monique et Christine.

---

[1]**Quelque chose** *something* is modified by **de** + masculine adjective.
[2]*by airmail*
[3]**en or** *gold*

[4]*pieces of jewelry (sing **bijou**)*
[5]**en ville** *downtown*
[6]/pylovɛʀ/, /pulovɛʀ/, or more commonly, **des pulls** /pyl/, /pul/

B Expressions utiles

 Les vêtements   (Tableau 39, page 169)

1. une chemise
2. un blouson
3. un bouton
4. une poche
5. un blue-jean (*pl* des blue-jeans)
6. une ceinture
7. des chaussettes *f*
8. des chaussures *f*
9. un pull à col roulé
10. une veste
11. une jupe (10 + 11 : un tailleur)
12. un collant
13. un sac
14. une cravate

15. un veston
16. un mouchoir
17. un pantalon (15 + 17 : un complet)
18. un pull (un pull-over)
19. un imperméable
20. un parapluie
21. un chemisier
22. un manteau
23. des gants *m*
24. des lunettes de soleil *f*
25. un short
26. un maillot (de bain)
27. des bottes *f*
28. un T-shirt /tiʃœʀt/

une bague
des boucles d'oreilles *f*
un bracelet

une broche
un collier

Les couleurs (2)

beige	gris(e)	rose
blanc (blanche)	jaune	rouge
bleu(e)	noir(e)	vert(e)
brun(e)	orange[1]	violet (violette)

Pratique

1. Il neige. Il fait froid. Mais vous allez à pied[2] jusqu'à une boutique en ville. Quelle sorte de vêtements mettez-vous ?
2. Vous êtes à la piscine. Il fait très beau et vous prenez un bain de soleil. Qu'est-ce que vous portez ?
3. Qu'est-ce qu'on met quand on assiste à une réception[3] ?
4. Quels vêtements portez-vous en ce moment ? De quelle couleur sont-ils ?
5. De quelle couleur est le drapeau américain ? Et le drapeau français ?

C *On a besoin de vêtements. Lisez le passage suivant et posez des questions sur les parties soulignées.*

(1) L'hiver va arriver bientôt. Il fait déjà (2) frais. J'ai besoin (3) de vêtements d'hiver. Je vais en ville (4) cet après-midi. D'après le journal, il y a des vêtements en solde[4] (5) dans plusieurs magasins. Je vais acheter (6) des gants et des pulls. J'ai besoin d'un blouson (7) plus chaud[5]. J'ai (8) cent dollars. J'espère (9) que c'est assez. Je vais en ville avec Suzanne. (10) Elle veut faire des courses avec moi.

---

[1]invariable : **les jupes orange, les manteaux orange**
[2]*on foot*
[3]*reception, a formal early evening party*

[4]*on sale*
[5]Employez **De quelle sorte de . . . ?**

DAMES | HOMMES

DAMES		HOMMES	
BONNETERIE	R DE C	BONNETERIE	1ER ETAGE
BOTTES	1ER ETAGE	BOTTES	,,
CHAPEAUX	2EME ,,	BOUTIQUE "SIMPSON"	,,
CHAUSSURES	1ER ,,	CHAPEAUX	,,
CHEMISIERS	R DE C	CHAUSSURES	,,
COORDONNES	,,	CHEMISERIE	,,
COUTURE	2EME ETAGE	COSTUMES	,,
EQUITATION	R DE C	EQUITATION	,,
IMPERMEABLES	2EME ETAGE	IMPERMEABLES	,,
JUPES	R DE C	LODEN	,,
MANTEAUX	2EME ETAGE	MESURE INDUSTRIELLE	,,
PARAPLUIES	R DE C	PANTALONS	,,
ROBES	,,	PARAPLUIES	,,
TAILLEURS	2EME ETAGE	PARDESSUS	,,
VESTES 3/4	R DE C	VESTONS	,,
VETEMENTS DE CHASSE	,,	VETEMENTS DE CHASSE	,,
,, DE PEAU	2EME ETAGE	,, DE PEAU	,,
,, DE SPORT	R DE C	,, DE SPORT	,,
VOYAGE	,,	VOYAGE	R DE C

ENFANTS JEUNES FILLES | JEUNES GENS

ENFANTS JEUNES FILLES		JEUNES GENS	
BOTTES	1ER ETAGE	MANTEAUX	3EME ETAGE
BONNETERIE	3E ,,	MESURE INDUSTRIELLE	,,
BOUTIQUE AGE TENDRE	R DE C	PANTALONS	,,
,, COMMANDO	3EME ETAGE	PARDESSUS	,,
CHAUSSURES	1ER ETAGE	ROBES	,,
CHEMISERIE	3EME ETAGE	TABLIERS	,,
CHEMISIERS	,,	TAILLEURS	
COSTUMES	,,	VESTES BLAZER	
IMPERMEABLES	,,	VESTONS	,,
JUPES		VETEMENTS SPORTIL	,,

De quoi avez-vous besoin ? À quel étage allez-vous ?

D *Un cadeau d'anniversaire. Complétez le passage suivant.*

(1) Mon/sœur/aller/avoir/13/an/dans/un/semaine. (2) Ce/être/personne/le/moins/âgé/de/ notre/famille. (3) Je/vouloir/trouver/un/cadeau/pour/son/anniversaire. (4) Je/cherche/ quelque chose/de/léger,/car/je/aller/envoyer/cadeau/par avion. (5) Je/mettre/mon/ manteau/et/quitter/maison. (6) Je/chercher/cadeau/dans/plusieurs/magasin/mais/je/ ne pas/trouver/grand-chose. (7) Je/passer/devant/un/petit/boutique. (8) Il y a/joli/ broches/dans/vitrine. (9) Je/entrer/dans/boutique/et/je/choisir/plus/beau/broche. (10) Prix/de/broche/être/raisonnable.

E *Composition. Choisissez un des sujets suivants et écrivez une composition d'à peu près 150 mots.*

1. Bientôt c'est l'anniversaire de votre père (mère, frère ou sœur). Vous voulez trouver un cadeau, mais vous avez seulement vingt dollars. Quelle sorte de personne est-ce ? Qu'est-ce que vous pouvez acheter comme cadeau ? Mentionnez deux ou trois possibilités et expliquez pourquoi ces objets peuvent être de bons cadeaux.

2. Choisissez quelqu'un qui est très connu (par exemple, le président des États-Unis, une vedette de film[1] ou le président de votre université). Faites un portrait comique de cette personne.

3. Vous êtes en France. Vous avez un petit appartement. Vous invitez trois de vos copains à dîner chez vous. Vous voulez préparer quelque chose de bon. Qu'est-ce que vous allez servir ? Quels sont les ingrédients nécessaires pour faire ce dîner et où allez-vous acheter ces ingrédients ?

4. C'est l'hiver. Vous habitez dans un état du nord des États-Unis. Un de vos copains, qui est maintenant en Floride, va passer les vacances de Noël chez vous. Écrivez[2] une lettre à votre copain. Qu'est-ce qu'on peut faire en hiver dans la région ? De quelle sorte de vêtements a-t-il besoin, et pourquoi ?

F *Renseignements et opinions*

1. Quel temps va-t-il faire demain ? Quelle sorte de vêtements allez-vous mettre demain matin ?

2. Dans quels magasins allez-vous d'habitude pour acheter des vêtements ? Est-ce que ce sont les meilleurs magasins de la ville ?

3. À votre avis[3], quel est la meilleur restaurant de la ville, du point de vue des[4] prix et de la cuisine ?

4. Êtes-vous plus énergique aujourd'hui qu'hier ? Quel jour êtes-vous le (la) plus énergique ? Quel jour êtes-vous le (la) moins fatigué(e) ?

5. Vous allez avoir deux cents dollars pour votre anniversaire. Vous voulez acheter quelque chose avec cet argent. Quel objet dans la liste suivante est le plus intéressant pour vous ? Pourquoi ? Et quel objet est le moins intéressant, et pourquoi ?

une bicyclette	un complet / un tailleur
un téléviseur portable	un appareil photographique[6]
un piano d'occasion[5]	un magnétophone à cassette[7]
une moto d'occasion	une montre en or

---

[1]*movie star*
[2]*Write*
[3]*In your opinion*
[4]**du point de vue de** *from the viewpoint of*

[5]**d'occasion** *used, second-hand*
[6]*camera;* le mot **caméra** existe en français, mais c'est un équivalent de *movie camera.*
[7]*cassette recorder*

VOCABULAIRE

Noms masculins

adjectif	·chemisier	·imperméable	peintre
·bijou	·col	joueur	petit-enfant
·blue-jean	compositeur	maillot de bain	pouce
·bouton	·cou	·manteau	·pull(-over)
·bracelet	écrivain	mètre	·système
cadeau	·équivalent	·or	·veston
centimètre	gant	·pantalon	voyage

Noms féminins

- chaîne
- chaussette
- chaussure
- cravate

enveloppe
- gravure
- jupe
- librairie

livre
pizza
- pointure
- solde

- solution
soupe
- taille
- veste

Verbes

comparer
- décider (de)
inviter

mesurer
mettre *irrég*
- penser (à)

peser
- porter
préparer

- signifier
utiliser

Adjectifs

âgé(e)
allemand(e)
attentif(ive)
- blanc (blanche)
chinois(e)

confortable
espagnol(e)
exceptionnel(le)
- génial(e)
gros (grosse)

imaginatif(ive)
italien(ne)
joli(e)
meilleur(e)
original(e)

- roulé(e)
sérieux(euse)
solide
sympathique
utile

Adverbes

aussi . . . que

- déjà

moins . . . que

plus . . . que

Autres expressions

- à col roulé
- à droite
- à gauche

- autour de
- en ville
- Euh . . .

- ni de
- par avion
- quelque chose (de)

DIXIÈME LEÇON

CONVERSATIONS

A. Dans la ville

Regardez le plan. C'est un vieux quartier[1] de la ville de Québec. La ville est entourée de[2] remparts. Vous êtes entré(e) dans la ville par la porte Saint-Louis. Vous avez stationné votre voiture dans le parking près du bureau de tourisme. D'abord vous voulez visiter[3] la Citadelle. Alors, vous prenez la rue d'Auteuil jusqu'à[4] la rue Saint-Louis. Là, vous tournez à droite. Puis vous prenez la première rue à gauche. C'est la Côte de la Citadelle. Elle mène à l'entrée de la Citadelle. Maintenant, répondez à ces questions.

1. La visite de la Citadelle est terminée. Vous voulez aller au musée du fort. Avez-vous trouvé le musée sur le plan ? Comment va-t-on de la Citadelle au musée du fort ?
2. Vous avez visité le musée du fort. Maintenant, vous allez au vieux quartier en bas[5]. Trouvez l'église Notre-Dame-des-Victoires. Comment va-t-on du musée à l'église ?
3. Vous avez visité le vieux quartier où il y a beaucoup de boutiques de souvenirs. Vous êtes un peu fatigué(e). Vous prenez le funiculaire pour monter. Où êtes-vous maintenant ? Quel monument est-ce qu'il y a à votre droite ? Comment s'appelle le grand et beau bâtiment devant vous ?
4. Vous voulez aller à l'Hôtel de ville et puis retourner au parking. Quelles rues prenez-vous ?
5. Au bureau de tourisme vous trouvez une chambre dans un petit hôtel, rue Laporte, devant le jardin des Gouverneurs. Il y a de la place, peut-être, dans le parking du Château Frontenac. Comment allez-vous du parking du bureau de tourisme à votre hôtel ?

[1]**vieux quartier** *Old Town* (old and often historic part of a city)
[2]*surrounded by, with*
[3]On **visite** un monument, un musée ou une ville, mais on **rend visite à** une personne : **Je visite New York** ; **Je rends visite à mes parents**.
[4]*until, up to*
[5]*down below*

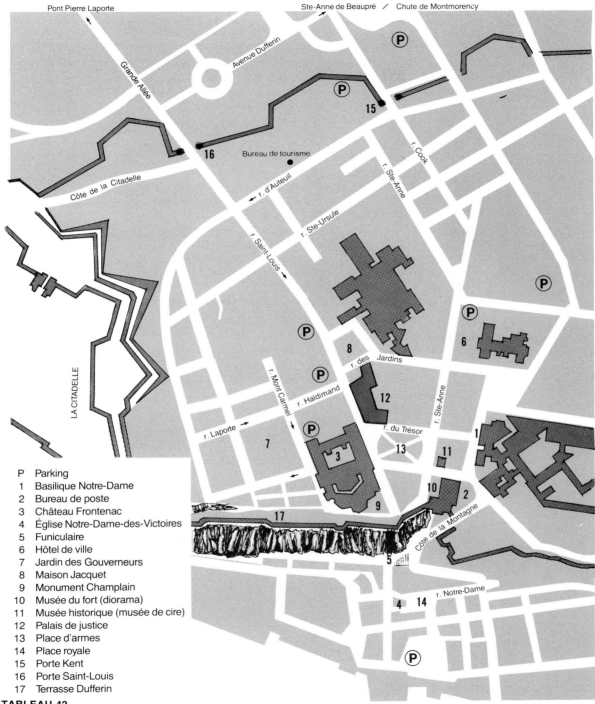

Pont Pierre Laporte

Ste-Anne de Beaupré / Chute de Montmorency

Avenue Dufferin

Grande Allée

Côte de la Citadelle

Bureau de tourisme

r. d'Auteuil

r. Cook

r. Ste-Anne

r. Ste-Ursule

r. Saint-Louis

LA CITADELLE

15

16

r. des Jardins

8

r. Mont Carmel

r. Haldimand

r. Laporte

r. Ste-Anne

12

r. du Trésor

7

3

13

11

9

1

6

10

2

17

Côte de la Montagne

5

r. Notre-Dame

4   14

P   Parking
1   Basilique Notre-Dame
2   Bureau de poste
3   Château Frontenac
4   Église Notre-Dame-des-Victoires
5   Funiculaire
6   Hôtel de ville
7   Jardin des Gouverneurs
8   Maison Jacquet
9   Monument Champlain
10 Musée du fort (diorama)
11 Musée historique (musée de cire)
12 Palais de justice
13 Place d'armes
14 Place royale
15 Porte Kent
16 Porte Saint-Louis
17 Terrasse Dufferin

TABLEAU 42

B. Non, pas du tout[1] **!**

LOUISE	Tu es allé au cinéma avec Marie hier soir ?
CHARLES	Non, pas du tout ! Je suis resté à la maison toute la soirée !
LOUISE	Et qu'est-ce que tu as fait, à la maison, toute la soirée ?
CHARLES	J'ai regardé la télévision avec Ma . . . avec ma sœur !

DIFFÉRENCES

Je me souviens[2]

France once maintained a vast territory in North America, called **la Nouvelle-France.** (You will read more about the French in early America in the **Lecture** of this lesson.) Britain, through a series of military campaigns and diplomatic moves, eventually took control of **la Nouvelle-France** by the mid-eighteenth century. Through **l'Acte de Québec** (1774), the French retained the rights to their language, civil law, and religion in what was to become the province of Quebec. Today Quebec is the largest of the ten provinces in Canada in terms of area, and the second largest after Ontario in population. French is also spoken in parts of New Brunswick, Ontario, and Manitoba.

Much of the industry and natural resources of Quebec have been traditionally in the hands of English-speaking Canadian and U.S. corporations. Access to high-

[1] **pas du tout** *not at all*
[2] *I remember;* official motto (**la devise**) of the province of Quebec (you will find it, for example, on the license plate for automobiles)

Un cours de physique dans une école secondaire québécoise.

paying jobs was often denied to French Canadians. The resentment toward the Anglo-Saxon dominance in economy, politics, and culture culminated in the formation of **le Parti Québécois** in 1968. In 1974 the provincial government voted to make French the only official language, and **le Parti Québécois** pledged to seek independence for Quebec. The language legislation, especially as applied to commerce and education, has resulted in the departure of some large corporations, as well as part of the English-speaking population. Recent polls have shown a decline in support for the separatist movement. The New Charter of Rights, formulated as part of the new constitution of Canada (1982), conflicts with the economic and political interests of several provinces, especially Quebec. The Quebec provincial government has yet to accept the Charter entirely since it would make the language law invalid.

EXPLICATIONS ET EXERCICES ORAUX

• 1 SUIVRE

Suivre means *to follow*. **Suivre un cours** means *to take a course* (at school). Note that the first person singular **je suis** is identical with that of **être**; the context in which it occurs normally clears up any ambiguity.

Je **suis** vos conseils.[1]
Tu **suis** cette rue.
Il **suit** le mouvement séparatiste.
Nous **suivons** cinq cours.
Vous **suivez** un cours de français.
Ils **suivent** le mouvement politique.

suis	suivons
suis	suivez
suit	suivent

 A *Exercice de contrôle*

Je suis un cours de français.

1. Nous
2. Tu
3. L'étudiant
4. Vous
5. Les étudiants
6. Je

Je suis les conseils de mes parents.

1. Vous
2. L'étudiant
3. Les étudiants
4. Tu
5. Nous
6. Je

B *Répondez aux questions.*

1. Combien de cours suivez-vous ce semestre ? Combien de cours est-ce qu'on suit d'habitude ?
2. Quels cours allez-vous suivre le semestre prochain ? Quel cours est-ce que vous ne voulez pas suivre ?

---

[1]On peut utiliser le mot **conseil** (*advice*) au singulier et au pluriel : **Il suit mon conseil** ; **Tu vas suivre mes conseils**.

Suivez-vous le mouvement pour la libération de la femme ?

3. Connaissez-vous bien notre ville ? Quelles rues suivez-vous pour aller de ce bâtiment à l'Hôtel de ville ?
4. Quelles rues est-ce qu'on suit pour aller de ce bâtiment au bureau de poste ?
5. Qui aime les sports ? Quels événements sportifs suivez-vous ?
6. Qui suit le mouvement séparatiste au Québec[1] ? Qui suit le mouvement pour la libération de la femme ? Qu'est-ce qu'on peut faire pour ce mouvement ?

• 2 **VENIR** ET **TENIR**

1. Study the conjugation of **venir** *to come*. Note that the consonant sound /n/ is pronounced only in the plural forms, and that the **nous** and **vous** forms have the same stem as the infinitive.[2]

Je **viens** au cours. /vjɛ̃/
Tu **viens** à midi. /vjɛ̃/
Il **vient** avec Jeanne. /vjɛ̃/
Nous **venons** à Québec. /v(ə)nõ/
Vous **venez** de Montréal. /v(ə)ne/
Ils **viennent** de Chicago. /vjɛn/

viens	venons
viens	venez
vient	viennent

---

[1]**Au Québec** veut dire **dans la province de Québec** ; **à Québec** signifie **dans la ville de Québec**.
[2]Several verbs derive from **venir** and are conjugated like it (none are used in the exercises for **venir**): **convenir à** *to suit, to be all right with*, **devenir** *to become*, **intervenir** *to intervene*, **parvenir à** *to succeed*, **prévenir** *to warn*, **revenir** *to come back*.

2. **Venir** + **de** + infinitive expresses action that has just taken place in the immediate past. Literally, it means *to come from doing* (something) and is the equivalent of English *to have just done* (something).

Allez-vous déjeuner ?   *Are you going to have lunch?*
— Non, je **viens de manger**.   *No, I have just eaten.*
Qu'est-ce qu'elle **vient de faire** ?   *What has she just done?*
— Elle **vient de jouer** au tennis.   *She has just played tennis.*

3. **Tenir**, conjugated just like **venir**, basically means *to hold*.[1]

Je **tiens** la main de cet enfant.   *I am holding this child's hand.*
Tu **tiens** le livre près de la lampe. *You are holding the book near the lamp.*
Il **tient** trois boutiques en ville.   *He has/manages three shops in town.*
Nous **tenons** toujours nos promesses. *We always keep our promises.*
Vous **tenez** ma clé dans votre main.   *You are holding my key in your hand.*
Ils **tiennent** ce magasin.   *They have/manage this store.*

4. **Tiens** and **Tenez** correspond to English *Here, Look here, Listen,* and are used to get the listener's attention. **Tiens !** *Well!* (and sometimes **Tiens, tiens !** *Well, well!*) indicates surprise.

Je ne comprends pas vos difficultés.   *I don't understand your difficulties.*
—**Tenez**, voici un exemple.   *Listen, here is an example.*
Regardez par la fenêtre.   *Look out the window.*
—**Tiens !** il neige !   *Well, it's snowing!*

 A *Exercice de contrôle*

Je viens au cours de français.

1. Le professeur   3. Tu   5. Nous
2. Vous   4. Les étudiants   6. Je

Je ne tiens pas toujours mes promesses.

1. Tu   3. Mes parents   5. Vous
2. Mon père   4. Nous   6. Je

B *Répondez aux questions.*

1. De quelle ville venez-vous ? Demandez à (Josiane) d'où elle vient. Demandez-moi d'où je viens.

---

[1]Other verbs that derive from **tenir** and are conjugated like it: **appartenir à** *to belong to,* **contenir** *to contain,* **détenir** *to detain,* **entretenir** *to entertain,* **maintenir** *to maintain,* **obtenir** *to obtain,* **retenir** *to retain,* **soutenir** *to sustain.* Note that most of these words have cognates in English.

2. Qui vient à l'université à pied ? Qui vient en voiture ? Qui vient en autobus ? Et qui vient à bicyclette ?
3. Tenez-vous toujours vos promesses ? Peut-on toujours tenir ses promesses ? Que veut dire ce proverbe : « Promettre et tenir sont deux » ?
4. Quand vous mangez, tenez-vous votre fourchette dans la main gauche ? En Europe, dans quelle main est-ce qu'on tient sa fourchette ?
5. Tenez mon livre. Qu'est-ce que vous tenez ? Tenez mon stylo. Qu'est-ce que vous tenez ? Est-ce que le livre est plus léger que le stylo ?

 C *Répondez aux questions.*

1. Regardez bien. Je ferme mon livre. Qu'est-ce que je viens de faire ? Maintenant, je regarde le plafond. Qu'est-ce que je viens de faire ?
2. Regardez mon livre. Qu'est-ce que vous venez de faire ? Fermez votre livre. Qu'est-ce que vous venez de faire ?
3. Dites à (Georges) de regarder sa montre. Qu'est-ce que vous venez de dire ? Qu'est-ce qu'il vient de faire ?
4. Dites bonjour à (Christine). Qu'est-ce que vous venez de faire ? Qu'est-ce qu'elle vient de dire ?

• 3 PASSÉ COMPOSÉ : AVEC L'AUXILIAIRE **AVOIR**

The *passé composé* is a verb tense denoting actions completed in the past. In construction, it corresponds to the present perfect in English, that is, *have* + past participle as in *I have spoken, she has sung.* The *passé composé* consists of two elements: the present tense of the auxiliary verb ("helping verb") **avoir** or **être**, and the past participle of the verb that expresses the action. Verbs that take **avoir** are discussed below. Those that take **être** will be presented in Lesson **10**.5. You might want to review the conjugation of **avoir** (Lesson 3.2) and **être** (Lesson **1**.5) so that you will not confuse these two verbs.

1. The past participle of regular verbs is formed by replacing the infinitive endings **-er**, **-ir**, **-re** with **-é**, **-i**, **-u**, respectively. Note how **parler**, **finir**, and **répondre** are conjugated in the *passé composé.*

parler → parlé	finir → fini	répondre → répondu
j'**ai parlé**	j'**ai fini**	j'**ai répondu**
tu **as parlé**	tu **as fini**	tu **as répondu**
il **a parlé**	il **a fini**	il **a répondu**
nous **avons parlé**	nous **avons fini**	nous **avons répondu**
vous **avez parlé**	vous **avez fini**	vous **avez répondu**
ils **ont parlé**	ils **ont fini**	ils **ont répondu**

The *passé composé* usually corresponds to three English constructions; the most common equivalent is the first one.

J'ai parlé.
{ *I spoke.*
{ *I have spoken.*
{ *I did speak.*

Vous avez répondu.
{ *You answered.*
{ *You have answered.*
{ *You did answer.*

2. Below is a list of irregular verbs you have learned so far that are conjugated with **avoir**.

   a) **-u** ending

avoir	*to have*	J'ai **eu** /y/ un accident.
connaître	*to know*	J'ai **connu** cette personne.
pleuvoir	*to rain*	Il a **plu** hier soir.
pouvoir	*to be able*	J'ai **pu** finir mon travail.
savoir	*to know*[1]	J'ai **su** la réponse.
tenir	*to hold*	J'ai **tenu** sa main.
vouloir	*to want*	J'ai **voulu** voyager.

   b) **-is** ending

apprendre	*to learn*	Vous avez **appris** la leçon.
comprendre	*to understand*	Vous avez **compris** la question.
mettre	*to put on*	Vous avez **mis** un manteau.
prendre	*to take*	Vous avez **pris** mon parapluie.

   c) other

dire	*to say*	Elle a **dit** bonjour.
être	*to be*	Elle a **été** très contente.
faire	*to do*	Elle a **fait** ses devoirs.
suivre	*to follow*	Elle a **suivi** le conseil.

3. *Negation.* The negative construction is subject + **ne** + auxiliary + **pas** + past participle. In other words, you negate the auxiliary verb, and place the past participle after **pas**.

J'**ai** fini mon travail.	→Je **n'ai pas** fini mon travail.
Elle **a** déjeuné.	→Elle **n'a pas** déjeuné.
Vous **avez** vendu la voiture.	→Vous **n'avez pas** vendu la voiture.
Ils **ont** acheté des journaux.	→Ils **n'ont pas** acheté de journaux.

4. *Inversion.* Inversion in questions occurs between the subject pronoun and the auxiliary.

Tu as répondu.	→**As-tu** répondu ?	→**N'as-tu pas** répondu ?
Il a neigé.	→**A-t-il** neigé ?	→**N'a-t-il pas** neigé ?
Vous avez compris.	→**Avez-vous** compris ?	→**N'avez-vous pas** compris ?
Elles ont mangé.	→**Ont-elles** mangé ?	→**N'ont-elles pas** mangé ?

[1] **Savoir** in the *passé composé* usually means *to find out*.

Qu'est-ce que vous **avez fait** hier soir ?   J'**ai travaillé**.   (Mais non, tu **as regardé** la télévision.)

TABLEAU 43

 A *Exercice de contrôle*

J'ai regardé la télé hier soir.

1. Nous
2. Tu

3. Vous
4. Le professeur

5. Les étudiants
6. Je

Je n'ai pas fini mon travail.

1. Vous
2. Les étudiants

3. Le professeur
4. Tu

5. Nous
6. Je

 B *Répondez aux questions d'après ce modèle.*

Allez-vous déjeuner ?
Non, j'ai déjà déjeuné.

1. Allez-vous travailler ?
2. Allez-vous manger ?
3. Allez-vous finir votre travail ?
4. Allez-vous faire votre travail ?
5. (Jacques) va-t-il répondre à ma question ?
6. (Gisèle) va-t-elle prendre le petit déjeuner ?
7. (Danielle) va-t-elle choisir mon cours ?
8. Les étudiants vont-ils dire bonjour ?

 C *Bill Broussard achète une voiture. Il est avec Jean-Paul. Écoutez ces phrases, ensuite mettez chaque phrase au passé composé.*

1. Nous cherchons le vendeur.
2. Nous attendons le vendeur.
3. Le vendeur dit bonjour.
4. Nous parlons au vendeur.
5. Il montre des voitures.
6. Nous regardons une Fiat.
7. Bill choisit une Toyota.

8. Il veut essayer la Toyota.
9. Le vendeur donne la clé.
10. Bill écoute le moteur.
11. Il prend le volant.
12. Nous essayons la voiture.
13. Le vendeur vend la Toyota.
14. Bill achète la Toyota.

D *Répondez aux questions d'après ce modèle. Remarquez que votre camarade va être en contradiction avec vous.*

Avez-vous dit la vérité ?
ÉTUDIANT A **Bien sûr, j'ai dit la vérité.**
ÉTUDIANT B **Mais non, tu n'as pas dit la vérité !**

1. Avez-vous su la vérité ?
2. Avez-vous mis une cravate ?[1]
3. Avez-vous eu un accident ?[1]
4. Avez-vous appris la leçon ?
5. Avez-vous dit des choses bêtes ?[1]
6. Avez-vous suivi mon conseil ?
7. Avez-vous connu des Québécois ?[1]
8. Avez-vous pu aller à Toronto ?
9. Avez-vous été à Montréal ?
10. Avez-vous voulu aller à Paris ?
11. Avez-vous fait un voyage ?[1]
12. A-t-il plu à Québec ?

E *Maintenant, parlons d'hier soir. Moi, j'ai travaillé pendant deux heures. Et vous, qu'est-ce que vous avez fait ? Répondez aux questions.*

1. Avez-vous regardé la télé ? Demandez à (Lucien) s'il a regardé la télé.
2. Avez-vous pu finir vos devoirs ? Demandez à (Gisèle) si elle a pu finir ses devoirs.
3. À quelle heure avez-vous pris votre dîner ? Demandez-moi à quelle heure j'ai pris mon dîner.
4. Avez-vous téléphoné à vos parents ? Demandez-moi à qui j'ai téléphoné.
5. Qu'est-ce que vous avez fait hier soir ? Qu'est-ce que vous n'avez pas fait ?

● 4 PARTIR ET SORTIR

1. **Partir** *to leave* and **sortir** *to go out* are conjugated in the same way. The consonant sound /t/ occurs only in the plural forms. These verbs are intransitive. They can occur without any complement. To indicate a place, **partir** can be used with **de** (*from*) or **pour** (*for*), and **sortir**, with **de** (*from*).

Je **pars**.
Tu **pars** de la gare.
Il **part** pour Montréal.
Nous **partons** ce soir.
Vous **partez** pour Québec.
Ils **partent** avec leurs parents.

Je **sors**.
Tu **sors** de la gare.
Il **sort**.
Nous **sortons** ce soir.
Vous **sortez**.
Ils **sortent** avec leurs parents.

pars	partons
pars	partez
part	partent

sors	sortons
sors	sortez
sort	sortent

2. **Quitter** also means *to leave* (a place or a person). It cannot be used without a direct object.

Je quitte **le restaurant**.
Elle quitte **son mari**.

Nous quittons **la ville**.
Ils quittent **Paris**.

[1]N'oubliez pas que l'article indéfini (**un, une, des**) devient **de** au négatif.

A *Exercice de contrôle*

Je pars pour Toronto.

1. Le professeur	3. Tu	5. Vous
2. Les étudiants	4. Nous	6. Je

Je sors de la classe.

1. Vous	3. Le professeur	5. Nous
2. Tu	4. Les étudiants	6. Je

B *Répondez aux questions.*

1. Sortez-vous ce soir ? Demandez à (Michel) s'il sort ce soir.
2. À quelle heure avez-vous votre premier cours ? À quelle heure sortez-vous de la maison ?
3. À quelle heure sortez-vous de votre dernière classe ? Demandez à (Marie) à quelle heure elle sort de sa dernière classe.
4. Quand est-ce que les vacances commencent ? Quand partez-vous en vacances[1] ?
5. Voici plusieurs phrases. Répétez chaque phrase. Ensuite, remplacez **partir** ou **sortir** par **quitter** quand c'est possible.

Je pars de San Francisco.	Sortez-vous ce soir ?
Elle part pour New York.	Nous partons à midi.
Sortons du restaurant.	Il part en vacances.
On va sortir de Paris.	Je pars avec mes parents.

• 5 PASSÉ COMPOSÉ : AVEC L'AUXILIAIRE **ÊTRE**

1. About a dozen verbs, commonly called "verbs of motion" (**les verbes de mouvement**) are conjugated with **être** in the *passé composé.* You will need to learn the following list thoroughly. Note that some, such as **rester** *to stay, to remain,* do not imply motion as such.[2] These verbs are arranged here more or less in pairs of opposite meanings.

aller	Il est **allé** à Dijon.	*He went to Dijon.*
venir	Il est **venu** de Paris.	*He came from Paris.*
partir	Il est **parti** ce matin.	*He left this morning.*
arriver	Il est **arrivé** à minuit.	*He arrived at midnight.*
sortir	Il est **sorti** avec Anne.	*He went out with Anne.*
entrer	Il est **entré** dans le jardin.	*He entered the garden.*
monter	Il est **monté**.	*He went up (got on).*

---

[1] **partir en vacances** *to leave/go on vacation*
[2] Not all verbs denoting motion are conjugated with **être**: Il a voyagé au Québec; Il a traversé la rue; Il a marché à travers le campus.

Montréal est une des plus grandes villes francophones du monde.

descendre	Il est **descendu**.	*He went down (got off).*
naître[1]	Il est **né** à Sherbrooke.	*He was born in Sherbrooke.*
mourir[2]	Il est **mort** à Marseille.	*He died in Marseilles.*
tomber	Il est **tombé** dans l'eau.	*He fell into the water.*
rester	Il est **resté** à Montréal.	*He stayed in Montreal.*

2. Verbs that are derived from those above by the addition of a prefix are also conjugated with **être**.

devenir	Il est **devenu** très riche.	*He became very rich.*
revenir	Il est **revenu** ce soir.	*He came back tonight.*
repartir	Il est **reparti** ce matin.	*He left again this morning.*
ressortir	Il est **ressorti**.	*He went out again.*
rentrer	Il est **rentré** tard.	*He came home late.*

[1]**Naître** is irregular. In the present tense it is conjugated like **connaître** (Lesson **8**.3).
[2]**Mourir** is irregular; it will be presented in Lesson **23**.3.

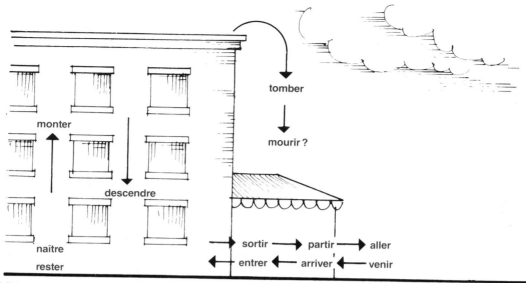

TABLEAU 44

3. The past participle of verbs conjugated with **être** must agree in gender (masculine/feminine) and number (singular/plural) with the *subject* of the sentence, just like an adjective after **être**. Examine the nature of the subject and the forms of the past participle in the examples below. The symbols *s*, *pl* refer to *singular*, *plural*, and *m*, *f* to *masculine*, *feminine*, respectively.

SUBJECT	NUMBER	GENDER	EXAMPLE
Je	*s*	*m*	**Je** suis **allé** au cinéma.
		f	**Je** suis **allée** au cinéma.
Tu	*s*	*m*	**Tu** es **resté** à la maison.
		f	**Tu** es **restée** à la maison.
Il Elle	*s*	*m*	**Il** est **parti** à midi.
		f	**Elle** est **partie** à midi.
Nous	*pl*	*m*	**Nous** sommes **arrivés** hier.
		m + f	**Nous** sommes **arrivés** hier.
		f exclusively	**Nous** sommes **arrivées** hier.
Vous	*s*	*m*	**Vous** êtes **venu** à Paris.
		f	**Vous** êtes **venue** à Paris.
	pl	*m*	**Vous** êtes **venus** à Paris.
		m + f	**Vous** êtes **venus** à Paris.
		f exclusively	**Vous** êtes **venues** à Paris.
Ils	*pl*	*m*	**Ils** sont **rentrés** à minuit.
		m + f	**Ils** sont **rentrés** à minuit.
Elles	*pl*	*f* exclusively	**Elles** sont **rentrées** à minuit.

4. The agreement of the past participle is always indicated in written French, but it is not heard in spoken French, except in the case of **mourir: mort, morts** *m* /mɔʀ/, but **morte, mortes** *f* /mɔʀt/.

Es-tu **sortie** hier soir, Louise ?
— Oui, je suis **allée** au cinéma.

Adèle et Marie sont-elles **venues** ?
— Non, elles ne sont pas encore **arrivées**.

Mon grand-père est **mort** à Toronto.
Ma tante est **morte**.

5. Study these negative and inverted forms of verbs conjugated with **être**. Like verbs that are conjugated with **avoir**, the auxiliary verb is negated, and inversion occurs between the subject pronoun and the auxiliary.

Je suis allé chez Paul. →**Je ne suis pas** allé chez Paul.
Elle est sortie avec Jacques. →**Elle n'est pas** sortie avec Jacques.
Nous sommes arrivés à l'heure. →**Sommes-nous** arrivés à l'heure ?
Vous êtes venu à midi. →**Êtes-vous** venu à midi ?
Ils ne sont pas rentrés. →**Ne sont-ils pas** rentrés ?
Vous n'êtes pas parti. →**N'êtes-vous pas** parti ?

TABLEAU 45 Elle **est montée** dans l'autobus. Ils **sont entrés** dans ma chambre. Elle **est morte** en 1930.

 A *Exercice de contrôle*

Je suis allé(e)[1] au cinéma.

1. Le professeur	3. Tu	5. Vous
2. Les étudiants	4. Nous	6. Je

Je ne suis pas resté(e) à la maison.

1. Nous	3. Vous	5. Les étudiants
2. Tu	4. Le professeur	6. Je

[1]The alternative feminine form of past participles will be indicated for Lessons 10–18 only.

B *L'été dernier, Barbara, une étudiante américaine, a passé une semaine à Montréal. Voici comment elle a passé son premier jour dans la ville. Mettez chaque phrase au passé composé.*

1. Je viens à Montréal.
2. J'arrive à une heure.
3. Je vais à mon hôtel.
4. Je monte dans ma chambre.
5. Je reste dans ma chambre.
6. Je descends en ascenseur.
7. Je vais dans les vieux quartiers.
8. J'entre dans une boutique.

9. Je sors de la boutique.
10. Je vais à l'église Notre-Dame.
11. Je reviens à mon hôtel.
12. J'entre dans ma chambre.
13. Je ressors à six heures.
14. Je repars de mon hôtel.
15. Je vais à un restaurant.
16. Je rentre après le dîner.

 C *Regardez le Tableau 9 à la page 37. Mettez chaque phrase au passé composé d'après ce modèle.*

Elle arrive à la boutique.
ÉTUDIANT A **Est-elle arrivée à la boutique ?**
ÉTUDIANT B **Oui, elle est arrivée à la boutique.**

Maintenant, regardez le Tableau 26 à la page 102. Faites des phrases d'après ce modèle.

Nous traversons la rue.
ÉTUDIANT A **Avons-nous traversé la rue ?**
ÉTUDIANT B **Nous avons traversé la rue.**

MONTRÉAL

Prenez l'tour
du Québec

D *Voici l'histoire d'un voyage. Christine a invité Jean-Paul chez ses parents pendant le week-end. Il a fait très mauvais et le voyage n'a pas été agréable. Mettez chaque phrase au passé composé.*

1. Je vais chez mes parents.
2. Je téléphone à ma mère.
3. Nous partons à neuf heures.
4. Il pleut et il neige.
5. Il ne fait pas beau.
6. La chaussée est glissante.
7. Nous ne faisons pas bon voyage[1].
8. Je ne veux pas continuer.
9. Mais nous arrivons chez mes parents.
10. Nous descendons de la voiture.

11. Mon père sort de la maison.
12. Nous entrons dans la maison.
13. Nous dînons ensemble.
14. Jean-Paul parle de sa famille.
15. Nous jouons aux cartes.
16. Je monte dans ma chambre.
17. Je prends un bain chaud.
18. Je sors de ma chambre.
19. Nous mangeons des fruits.
20. Nous regardons la télévision.

E *Répondez aux questions.*

1. Quelle est la date de votre anniversaire ? En quelle année êtes-vous né(e) ?[2]
2. À quelle heure êtes-vous venu(e) à l'université ? À quelle heure est-ce que je suis arrivé(e) au cours ?

---
[1]**faire bon voyage** *to have a good trip*
[2]Dites, par exemple : « Je suis né(e) en 1964 (dix-neuf cent soixante-quatre). »

3. Parlons de samedi dernier. Qui est sorti samedi dernier ? Où êtes-vous allé(e) ? Qu'est-ce que vous avez fait après ? Qui est rentré très tard ? À quelle heure ? Qui est resté à la maison ? Pourquoi ?

4. Demandez à votre voisin(e) ce qu'il (elle)[1] a fait pendant le week-end. Posez au moins[2] six questions.

Le Château Frontenac.

APPLICATIONS

 A Dialogue et questions

Quelle ville passionnante ![3]
Bill, sa sœur Barbara et Jean-Paul sont allés à Québec pendant les vacances de Thanksgiving. Ils sont partis mercredi matin à six heures (oui, très tôt !) et ils sont arrivés à Québec vers quatre heures de l'après-midi. Ils ont trouvé un hôtel pas cher[4]

---

[1]**ce que** *what, that which*
[2]*at least*

[3]*What an exciting city!*
[4]*inexpensive*

mais confortable près du jardin des Gouverneurs, à quelques minutes[5] du Château
Frontenac. Quelle ville passionnante ! Il y a des remparts, de vieux quartiers avec 5
des maisons pittoresques, aussi bien que[2] des quartiers ultramodernes. Il est maintenant cinq heures — trop tard pour faire la sieste[3], mais trop tôt pour aller dîner. Ils
font une promenade[4] à la terrasse Dufferin[5].

BILL	Ah ! quel beau paysage ! Le Saint-Laurent est magnifique !
BARBARA	Et regarde en bas, ce vieux quartier pittoresque.
JEAN-PAUL	Ça ressemble à un petit village français.
BARBARA	Et ce bâtiment magnifique — est-ce que c'est vraiment un château ?
JEAN-PAUL	Non, c'est un hôtel. Il date de la fin du dix-neuvième siècle.
BARBARA	Frontenac — c'est le nom de quelqu'un ?
JEAN-PAUL	Comment, tu ne sais pas ? C'est un des gouverneurs les plus célèbres du Québec.
BILL	Quelle érudition ! Monsieur a sans doute[6] consulté des guides touristiques[7] avant son voyage.
JEAN-PAUL	Bien sûr. Sais-tu qu'il y a aussi des visites accompagnées[8] à pied, en mini-car[9] et même en calèche[10] ?
BARBARA	Demain je veux visiter les remparts et la Citadelle.
JEAN-PAUL	N'oublions pas, messieurs-dames[11], les discothèques et les restaurants français.
BILL	Cherchons d'abord un bon restaurant.
BARBARA	Toi, Bill, tu as toujours faim !
BILL	Allons goûter des spécialités québécoises. Vous êtes d'accord ?
JEAN-PAUL ET BARBARA	Formidable !

Lines referenced on the right: 10, 15, 20, 25

(lignes 1–8)
1. Quand est-ce que les trois étudiants sont allés à Québec ?
2. Combien de temps est-ce que le voyage a duré ?
3. Quelle sorte d'hôtel ont-ils trouvé ?
4. Que font-ils à la terrasse Dufferin ?

[1]*a few minutes (away)*
[2]*as well as*
[3]**faire la sieste** *to take a nap*
[4]**faire une promenade** *to take a walk*
[5]A wide and long boardwalk in front of the Château Frontenac and at the very edge of the cliff overlooking the St. Lawrence River (**le Saint-Laurent**).
[6]*probably* (**sans aucun doute** *without a doubt, undoubtedly*)
[7]*tourist (travel) guidebooks* (le mot **guide** peut signifier *guide* aussi bien que *guidebook*)
[8]*guided tours*
[9]*van(s)* (**un car** signifie *a bus*)
[10]*even by horse and buggy* (a **calèche** is a horse-drawn carriage)
[11]*ladies and gentlemen* (forme informelle de **mesdames et messieurs**, souvent utilisée par les guides d'un monument en France)

(lignes 9–27)

5. Qu'est-ce qu'il y a en bas de la terrasse ?
6. À quoi est-ce que le vieux quartier ressemble ?
7. De quelle époque date le Château Frontenac ?
8. Comment peut-on visiter la ville de Québec ?
9. Qu'est-ce que Barbara veut faire demain ?
10. Qu'est-ce qu'ils veulent faire ce soir ?

B Expressions utiles

La ville

consulter
$\begin{cases} \text{un guide} \\ \text{un plan de la ville} \end{cases}$

Bureaux, bâtiments et monuments

un bureau de poste / bureau des P.E.T.[1]	un jardin
une cathédrale (une église)	un marché (en plein air)
le centre ville[2]	un monument
un château	un musée
un cinéma	un palais
le commissariat de police	un parc
une fontaine	une place
une gare	une statue
un gratte-ciel[3]	un syndicat d'initiative[4]
un hôpital	une tour
un hôtel	la vieille ville (le vieux quartier)
l'Hôtel de ville (la mairie)	

[1]**P.E.T.** (en France)   Postes et Télécommunications ; ces deux expressions signifient à peu près la même chose.
[2]c'est-à-dire, le centre de la ville (*downtown*)
[3]Le mot ne change pas au pluriel : **des gratte-ciel**.
[4]bureau d'information pour les touristes (On dit aussi **un bureau** ou **un office de tourisme**.)

Le monument
L'édifice } est {
- beau, splendide, extraordinaire, magnifique.
- laid, grotesque, étrange, pittoresque.
- moderne, ultramoderne.
- vieux, délabré, historique.

Pour demander son chemin

Pardon, Monsieur. Pour aller place Maubert (rue des Moines), s'il vous plaît ?
—Vous êtes place Maubert.[1]

prendre
suivre } une rue / une avenue / un boulevard

prendre la deuxième rue
tourner } { à gauche
à droite

aller
continuer } tout droit

traverser un pont / une place / une rue

Le bureau est {
- dans cette rue.
- dans / sur cette avenue.
- sur ce boulevard.

Le musée est {
- devant / derrière le cinéma.
- à côté du cinéma.

Pratique

1. Examinez la liste suivante. Indiquez si ces bureaux et ces monuments existent dans notre ville (utilisez **il y a** ou **nous avons**) ; mentionnez aussi près de quel autre bâtiment ou endroit on trouve le bureau, le bâtiment ou le monument.

une cathédrale	un hôpital	un palais
un château	un hôtel	une place
un cinéma	un jardin public	une statue
une fontaine	un marché en plein air	un quartier ou une
une gare	un musée	maison historique

2. Hier après-midi vous avez envoyé un paquet à vos parents. Comment êtes-vous allé(e) de votre résidence au bureau de poste ?

3. Vous êtes allé(e) au cinéma le week-end dernier. Comment s'appelle le cinéma ? Quel chemin avez-vous suivi pour aller au cinéma ?

C *Une visite aux chutes du Niagara. Lisez le passage suivant, ensuite posez des questions sur les parties soulignées.*

Hier matin nous avons visité (1) les chutes du Niagara. Nous sommes partis (2) de Toronto. Nous sommes arrivés aux chutes (3) vers neuf heures. Nous sommes montés

---

[1]On supprime (*deletes*) souvent les prépositions **à**, **sur**, **dans**, etc. et l'article défini quand on utilise des verbes comme **aller**, **être** et **habiter** avec l'indication d'un endroit.

Ils ont fait une promenade en calèche.

(4) en haut d'une[1] tour. (5) La tour est très haute. Nous avons eu un panorama splendide (6) du haut de[2] la tour. (7) J'ai pris beaucoup de photos. Ensuite, nous avons visité le bassin des chutes (8) en bateau. (9) Après la visite, nous avons acheté des cartes postales[3]. J'ai envoyé des cartes (10) à mes amis.

D *Barbara Broussard parle de sa journée[4] à Québec. Complétez le passage en employant le passé composé.*

(1) Ce/matin/nous/décider/de/visiter/le/vieux/quartier/en bas de[5]/terrasse Dufferin.
(2) Nous/sortir/de/hôtel/à/neuf/heure/et/nous/prendre/petit déjeuner/dans/petit café.
(3) Nous/descendre/à/Place Royale/et/nous/visiter/la/église/et/maisons/ancien/et/ historique. (4) Je/acheter/souvenirs/et/Jean-Paul/prendre/photos. (5) Vers/midi,/nous/ prendre/funiculaire/et/nous/monter/sur/terrasse. (6) Après/le/déjeuner,/nous/faire/un/ promenade/en/calèche. (7) Ensuite/nous/aller/à/Citadelle. (8) Après/visite/de/Citadelle,/ je/profiter de[6]/mon/voyage/pour/acheter/cadeaux/de/Noël. (9) À/sept/heure,/nous/ dîner/dans/restaurant/québécois/et/après,/nous/aller/à/cinéma. (10) Je/passer/journée/ très/intéressant.

E *Renseignements et opinions*

1. Avez-vous un appareil photographique ? Prenez-vous beaucoup de photos ? Avez-vous pris des photos hier ?
2. Donnez la date la plus importante de votre vie depuis 1980. Pourquoi cette date est-elle importante ?
3. À quelle heure êtes-vous parti(e) de la maison ce matin ? Quel chemin avez-vous pris pour venir à l'université ?

---

[1]**en haut de** *to the top of*
[2]**du haut de** *from the top of*
[3]*postcards*

[4]*(entire) day*
[5]**en bas de** *at the bottom of*
[6]**profiter de** *to take advantage of*

4. Qu'est-ce que vous avez fait hier ? Mentionnez deux choses. Qu'est-ce que vous n'avez pas fait ? Mentionnez deux choses.
5. Préparez une question à poser à votre professeur au sujet de[1] la province ou de la ville de Québec.

F Lecture

*The last section of the **Applications** in Lessons 10, 11, and 14–26 will consist of short reading passages. In order to increase your reading proficiency, you might try the following procedure: it involves at least three readings of the passage, the first and the last readings being very rapid.*

1. *Read the text quickly to get a general idea of what it is about. Don't look up the meaning of any word, but try to **guess** the meaning from the **context**.*
2. *Read again, this time carefully, underlining the words and phrases you don't know. Wait until you reach a punctuation mark before you look up the meaning of underlined words. Jot down their meaning **in the margin**. If there are phrases you simply cannot understand, ask your instructor about them in class.*
3. *Read again, fairly rapidly, making sure that you understand the text (except for any parts you plan to ask your instructor about). Do the exercises that are assigned as homework.*

Les Français en Amérique

Vous savez déjà qu'on parle français au Canada, surtout dans la province de Québec. Quand est-ce que les Français sont arrivés en Amérique du Nord ? L'histoire du Canada français remonte loin[2], au seizième siècle. Entre 1534[3] et 1541 Jacques Cartier a fait trois longs voyages au Canada. Pendant son deuxième voyage, il a découvert[4] le Saint-Laurent. Il a planté une grande croix sur une colline et il a nommé   5 la colline Mont Réal[5]. Un autre explorateur, Samuel de Champlain, a exploré le golfe du Mexique, la Nouvelle-Angleterre[6], et ensuite l'est[7] du Canada. Il a établi des colonies françaises en Acadie — aujourd'hui les provinces maritimes canadiennes de la Nouvelle-Écosse[8] et du Nouveau-Brunswick — et il a fondé la ville de Québec en 1608. Québec est ensuite devenu la capitale de la Nouvelle-France, un vaste   10 territoire français en Amérique du Nord.

Le dix-septième siècle a été la période la plus active de l'exploration de l'Amérique. À la demande du[9] comte de Frontenac, gouverneur de la Nouvelle-France, Louis Joliet et le père Marquette ont visité les régions au sud des Grands Lacs[10]. Avec des compagnons intrépides, indiens et français, ils sont allés jusque dans[11] le Min-   15 nesota, puis ils ont découvert de grandes rivières : le Wisconsin, l'Illinois, l'Ohio, le Missouri, l'Arkansas. Ils ont voyagé presque 3000 milles sur le Mississippi. Le père François-Xavier de Charlevoix, Louis Joliet et Robert de la Salle ont exploré cet immense arrière-pays[12] à travers les plaines et les prairies, et la Salle, après de

---

[1] *concerning*
remonter loin *to go back far*
[3] Lisez « mil cinq cent trente-quatre » ou « quinze cent trente-quatre ».
[4] participe passé de **découvrir** *to discover*
[5] **Réal** in the sixteenth century was another form of **royal**.
[6] *New England*

[7] **est** /ɛst/ *east*
[8] *Nova Scotia* (literally, *New Scotland*)
[9] **à la demande de** *upon request by*
[10] *Great Lakes*
[11] **jusque dans** *up to, as far as*
[12] *hinterland*

nombreux dangers, est arrivé à l'embouchure du Mississippi dans le golfe du Mexique. 20
Il a pris possession des terres le long du[1] Mississippi. En l'honneur de son roi, Louis
XIV, il a nommé ce pays la Louisiane.

L'exploration a continué au siècle suivant. Daniel Duluth a exploré le lac Supérieur[2]
et la région qui est aujourd'hui le Minnesota. Antoine de la Mothe Cadillac a fondé
Détroit. Auguste Chouteau a établi un village sur le Missouri pour le commerce des 25
fourrures et il a nommé ce village Saint-Louis, en l'honneur de Louis IX, ancêtre de
son roi. Le lac Champlain, Duluth, Détroit, Joliet, Charlevoix, Marquette — vous avez
sans doute remarqué l'origine française de plusieurs noms géographiques en Amérique. Mais quel a été le sort de la Nouvelle-France, ce vaste territoire ? Nous allons
bientôt parler des événements d'après[3] 1755 qui ont mis fin aux[4] colonies françaises. 30

*La Place Royale,
un des quartiers les
plus anciens de
Québec.*

A *Répondez aux questions.*

1. Dans quelle province du Canada parle-t-on français ?
2. Combien de fois Jacques Cartier est-il venu au Canada ?
3. Qui a découvert le Saint-Laurent ? Quand ?
4. Qui a fondé la ville de Québec ?
5. Qui a découvert les grandes rivières du « Midwest » ?
6. Qui est arrivé le premier à l'embouchure du Mississippi ?
7. De quelles terres la Salle a-t-il pris possession ?

---

[1]**le long de** *along*
[2]*Lake Superior* (literally, *Upper Lake*)

[3]**d'après** ici, *following, after*
[4]**mettre fin à** *to put an end to*

8. Qui a fondé la ville de Détroit ?
9. Pourquoi Chouteau a-t-il établi un village sur le Missouri ?
10. Qui a fondé la ville de Saint-Louis ? Pourquoi est-ce qu'il a nommé ce village « Saint-Louis » ?

B *Trouvez dans le texte les équivalents français des noms propres suivants.*

North America	New Brunswick
The Saint Lawrence River	The Great Lakes
The Gulf of Mexico	Louisiana
New England	Lake Superior
Nova Scotia	Detroit

C *Quelles sont les origines des noms propres suivants ?*

Montréal	Marquette (Wisconsin)
le lac Champlain	Charlevoix (Michigan)
le château Frontenac	la Louisiane
Joliet (Illinois)	Saint-Louis (Missouri)
Détroit (Michigan)	Duluth (Minnesota)

VOCABULAIRE

Noms masculins

accident	•gouverneur	•paysage	semestre
ascenseur	•guide	pied	•siècle
bureau de poste	hôtel	•plan	•souvenir
•château	•mini-car	proverbe	•tourisme
conseil	•monument	•quartier	•village
•doute	moteur	Québec	volant
événement	mouvement	Québécois	
•fort	•musée	•rempart	
•funiculaire	•parking	•Le Saint-Laurent	

Noms féminins

bicyclette	église	•place	•spécialité
•calèche	•époque	•promenade	•terrasse
chaussée	•érudition	promesse	vérité
•citadelle	Europe	•sieste	•victoire
•discothèque	libération	•soirée	•visite

Verbes

continuer	•oublier	ressortir *irrég*	tenir *irrég*
•dater de	partir *irrég*	•retourner	•tourner
•durer	promettre *irrég*	revenir *irrég*	venir *irrég*
•goûter	remplacer	sortir *irrég*	venir de + *inf irrég*
•mener (à)	repartir *irrég*	•stationner	•visiter
naître *irrég*	•ressembler à	suivre *irrég*	

Adjectifs

- ·accompagné(e)
- ·célèbre
- glissant(e)

- ·pas cher (chère)
- ·pittoresque
- possible

- prochain(e)
- ·québécois(e)
- séparatiste

- ·touristique
- ·ultramoderne

Adverbes

après

hier

·même

·vraiment

Autres expressions

à pied
au moins
·aussi bien que
bien sûr
ce que
de . . . à

·en bas
·être d'accord
faire bon voyage
·faire la sieste
·faire une promenade
faire un voyage

·jusqu'à
·messieurs-dames
né(e)
partir en vacances
·pas du tout
pendant

·sans
·sans doute
suivre un cours
·toute la soirée

ONZIÈME LEÇON

CONVERSATIONS

TABLEAU 46

A. La maison

*Regardez le Tableau 46. Qu'est-ce que c'est ? Oui, c'est une maison française.
Visitons la maison. L'entrée est à droite. Il y a plusieurs pièces[1] dans cette maison.
Au rez-de-chaussée[2], il y a une salle de séjour[3], une salle à manger et une cuisine.
Au premier étage[4], il y a des chambres à coucher[5] et une salle de bains[6].*

[1]*rooms*
[2]*On the first floor (ground floor)*
[3]*living room* (on dit aussi **un séjour**)

[4]*On the second floor*
[5]*bedrooms* (on dit aussi **des chambres**)
[6]*bathroom*

À quel étage est la salle de bains ? Elle est au-dessus de[1] la salle à manger. Quelle pièce y a-t-il au-dessus de la cuisine ?

À quel étage est la salle à manger ? Elle est au-dessous de[2] la salle de bains. Qu'est-ce qu'il y a au-dessous de la chambre à droite ?

Où est le sous-sol[3] ? Où est le grenier ? Qu'est-ce qu'il y a au-dessus du grenier ? Dans quelles pièces y a-t-il des lits ?

B. Ils viennent de déménager.

MME LECHAT Ah, quel désordre ! Où a-t-on mis ma commode ?

M. LECHAT Je crois qu'on l'a mise dans la chambre de Josette.

MME LECHAT Ma commode, dans la chambre de Josette !

M. LECHAT Tu disais qu'il n'y avait pas assez de place dans notre chambre.

C. Ma calculatrice est chez Robert.

JACQUES Marie, où étais-tu tout l'après-midi[4] ? Je t'ai cherchée partout.

MARIE J'étais chez Robert. Pourquoi me cherchais-tu ?

JACQUES J'avais besoin de ta calculatrice.

MARIE Ma calculatrice ? Je l'ai prêtée à Robert !

[1]/odsyd/ *above*
[2]/odsud/ *below*

[3]*basement*
[4]*all afternoon*

Voici des fenêtres avec des volets.

DIFFÉRENCES

Les maisons françaises

A French house can be recognized easily in any picture. Nearly all the windows have exterior shutters (**volets** *m*), often louvered, which are closed in the evening for privacy and security. Modern homes have hinged multiple-section metal shutters that are almost invisible when folded against the window jamb. The windows are hinged vertically (**fenêtres à deux battants**), whereas many traditional American houses have windows that are raised and lowered (**fenêtres à guillotine**). Rooms above the ground floor often have large glass doors (**portes-fenêtres**)—known as "French doors" in English—that open onto a very small balcony.

Bedrooms usually do not have built-in closets, except in some modern apartments. Instead, the French use very large wardrobes (**armoires** *f*) to store shoes and items of clothing and bedding. **La salle de bains** is where you wash or take a bath. The toilet is in a small, separate room called **les w.-c.** (often pronounced **les vé-cé**), short for "water closet." In many hotels and apartment buildings the stairway and hall light switches are timed to switch off after a few minutes (the device is called **la minuterie**). Hot water for the kitchen is produced instantaneously by a small water heater using gas for fuel. The washing machine, often kept in the kitchen, has its own electric water heater. The two-tier electricity rate is widespread: electricity is cheaper between 11 P.M. and 7 A.M. Most large water heaters for **la salle de bains**, usually kept in the same room, are heavily insulated and are designed to heat water during the night and keep it hot through the rest of the day.

Every apartment building has a **concierge**, usually a woman, who is at the same time doorkeeper, janitor, and building manager. She takes care of the mail, messages, and deliveries, keeps the stairs, halls, the courtyard, and the sidewalk clean, makes certain that no stranger enters the building without her clearance, and, to be sure, usually keeps up-to-date on all the news and gossip about the residents. Like the sidewalk café, the **concierge** is a unique institution in French society.

EXPLICATIONS ET EXERCICES ORAUX

• 1 PRONOMS PERSONNELS : COMPLÉMENT D'OBJET DIRECT

The distinction between direct and indirect objects, which you learned in Lesson 5.4, plays a very important role in the use of all pronouns. You applied it to interrogative pronouns in Lesson 6.1 and 6.5. You will learn to apply it to object pronouns in this lesson and Lesson 12.4 and 12.5. Before proceeding, you might want to review Lesson 5.4, paying special attention to the French verbs that do not have the same patterns as the corresponding verbs in English.

1. *Third person.* The object pronouns for the third person (English *him, her, it, them*) are identical in form with the definite article: **le, la, l', les.** You replace a masculine singular noun with **le,** a feminine singular noun with **la,** and any

plural noun with **les**, provided the noun is not preceded by an indefinite or a partitive article. The object pronoun is placed immediately before the verb, and **le** or **la** becomes **l'** if the verb begins with a vowel sound.

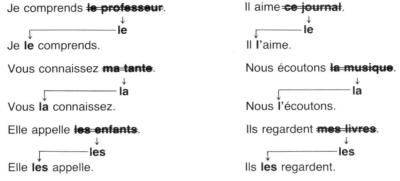

Je comprends ~~le professeur~~.

Je **le** comprends.

Vous connaissez ~~ma tante~~.

Vous **la** connaissez.

Elle appelle ~~les enfants~~.

Elle **les** appelle.

Il aime ~~ce journal~~.

Il **l'**aime.

Nous écoutons ~~la musique~~.

Nous **l'**écoutons.

Ils regardent ~~mes livres~~.

Ils **les** regardent.

Clauses introduced by such words as **que** *that*, **pourquoi** *why*, **quand** *when* and **où** *where* can be replaced by **le**; it corresponds to English *it* (or *so* as in *I said so*).

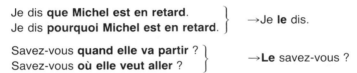

Je dis **que Michel est en retard**.
Je dis **pourquoi Michel est en retard**. } →Je **le** dis.

Savez-vous **quand elle va partir** ?
Savez-vous **où elle veut aller** ? } →**Le** savez-vous ?

2. *First and second persons.* The direct object pronouns for the first and second person singular (English *me, you*) are **me** and **te**; those for the plural (English *us, you*) are **nous** and **vous**. They all come immediately before the verb, and **me** or **te** becomes **m'** or **t'** if the verb begins with a vowel sound.

Robert **me** connaît.	*Robert knows me.*
Mes camarades **m'**attendent.	*My friends are waiting for me.*
Nous **te** comprenons.	*We understand you.*
Jean-Jacques **t'**adore.	*Jean-Jacques adores you.*
Ils **nous** cherchent.	*They are looking for us.*
Je **vous** regarde.	*I am looking at you.*

3. *Negation and inversion.* In negative sentences, **ne** comes *before* the combination object pronoun + verb, and **pas** after the verb. In inversion, **pas** comes after the inverted subject pronoun.

Je **te** comprends.	→Je **ne te** comprends **pas**.
Robert **vous** connaît.	→Robert **ne vous** connaît **pas**.
Nous **les** détestons.	→Nous **ne les** détestons **pas**.
Vous **me** comprenez.	→**Me** comprenez-vous ?
Vous **ne me** connaissez **pas**.	→**Ne me** connaissez-vous **pas** ?
Elle **les** cherche.	→**Les** cherche-t-elle ?
Elle **ne les** attend **pas**.	→**Ne les** attend-elle **pas** ?

« C'est une très bonne calculatrice. Voulez-vous l'essayer ? »

4. *With an infinitive.* If an infinitive takes a direct object pronoun, the pronoun is placed immediately before the infinitive.

Je peux **comprendre Marie**.	→Je peux **la comprendre**.
Il ne va pas **dire la vérité**.	→Il ne va pas **la dire**.
Vas-tu **manger ces pommes** ?	→Vas-tu **les manger** ?

Marie veut **nous voir**, mais elle ne peut pas **nous voir**.

5. When you hear **nous** or **vous** in a sentence, do not conclude automatically that it is the subject of the sentence. It can also be the object. The verb will give you a clue because it must agree in person (first, second, third) and number (singular, plural) with the subject.

SUBJECT	DIRECT OBJECT
Nous les **attendons**.	Ils **nous** attendent.
Nous ne la **connaissons** pas.	Elle ne **nous** connaît pas.
Vous me **comprenez** ?	Je ne **vous** comprends pas.
Est-ce que **vous** le **détestez** ?	Il ne **vous** déteste pas.

6. The expressions **voici** and **voilà** can also take a direct object pronoun (see Exercise A below).

Où est Marie ? Ah, **la voilà** !   *Where is Marie? Ah, there she is!*
Où sont-ils ? Ah, **les voici** !   *Where are they? Ah, here they are!*
Vous voilà !   *There you are!*
Enfin, **me voici** à Paris !   *Finally, here I am in Paris!*

TABLEAU 47   Le comprend-elle ?   Elle **le** comprend.

 A *Regardez. J'ai mon livre. Oui, je l'ai. Le voici. Mon cahier est à la maison. Je n'ai pas mon cahier. Je ne l'ai pas ici. Maintenant, répondez aux questions d'après ce modèle.*

Avez-vous votre cahier ?
Oui, je l'ai ; le voici. (*ou* Non, je ne l'ai pas ici.)

1. Avez-vous votre livre ?
2. Avez-vous votre portefeuille ?
3. Avez-vous votre montre ?
4. Avez-vous votre blouson ?
5. Avez-vous vos lunettes de soleil ?

6. Avez-vous votre stylo ?
7. Avez-vous vos disques ?
8. Avez-vous votre manteau ?
9. Avez-vous vos chaussures ?
10. Avez-vous votre parapluie ?

 B *Écoutez bien. Vous allez être d'accord avec ce que je vais dire.[1] Ajoutez des phrases d'après ces modèles.*

Je regarde mon livre.
Vous le regardez.
Je ne regarde pas la porte.
Vous ne la regardez pas.

Je vous regarde.
Vous me regardez.

1. Je regarde ma montre.
2. Je regarde mes étudiants.
3. Je vous regarde.
4. Je connais le Canada.
5. Je connais la ville de Québec.
6. Je vous connais.

7. J'écoute mes disques.
8. J'écoute la radio.
9. Je vous écoute.
10. Je déteste la bière.
11. Je déteste les bonbons.
12. Mais je ne vous déteste pas.

[1]*You are going to agree with what I am going to say.*

C *Répondez aux questions.*

1. Est-ce que vous me connaissez ? Est-ce que je vous connais ? Connaissez-vous (Jean-Pierre) ?
2. Est-ce que vous m'écoutez ? Est-ce que je vous écoute ? Écoutez-vous (Mireille) ?
3. Est-ce que vous me regardez ? Est-ce que je vous regarde ? Regardez-vous votre livre ?
4. Est-ce que vous me détestez ? Est-ce que je vous déteste ? Détestez-vous le cours de français ?
5. Me comprenez-vous ? Est-ce que je vous comprends ? Comprenez-vous cette leçon ?
6. Allez-vous regarder la télévision ce soir ? Allez-vous écouter vos disques ?
7. Je ne peux pas toucher le plafond. Pouvez-vous le toucher ? (Paul) est grand ; peut-il toucher le plafond ?
8. J'ai des ennuis[1] avec ma voiture. Voulez-vous savoir pourquoi ? Voulez-vous m'aider ?
9. Voici une photo. Voulez-vous regarder cette photo ? Voulez-vous savoir qui est sur la photo ?

● 2 ACCORD DU PARTICIPE PASSÉ

1. We saw in Lesson **10**.5 that the past participle of verbs conjugated with **être** ("verbs of motion") agrees in gender and number with the subject. In most cases, this agreement is not evident from pronunciation.

   Tu es **sortie** hier soir, **Marianne** ? Où es-tu **allée** ?
   Vos **cousines** ne sont pas encore **arrivées**.

2. The past participle of verbs that take a direct object (conjugated with **avoir** in the *passé composé*) agrees in gender and number with the direct object if it *precedes* the verb. There are two cases.

   a) The direct object is a pronoun.

   J'ai **acheté** cette robe.
   →Je l'ai **achetée**.
   Il a **vendu** ses livres.
   →Il **les** a **vendus**.

   Nous avons **suivi** cette rue.
   →Nous l'avons **suivie**.
   Avez-vous **fini** vos devoirs ?
   →**Les** avez-vous **finis** ?

   b) The direct object is a noun in questions.

   Quelle maison a-t-il **achetée** ?
   Quels livres avez-vous **vendus** ?
   Combien de pommes avez-vous **mangées** ?

   There is no agreement if the noun that precedes the verb is not a direct object.

   À quelle question a-t-elle **répondu** ?
   De combien d'enfants avez-vous **parlé** ?

---

[1]*trouble, problems*

3. With most verbs, the agreement of the past participle is not evident in spoken language. The only exception is with verbs whose past participle ends in a consonant. In such cases, the difference between the masculine and feminine forms can be heard.

MASCULINE	FEMININE
J'ai **fait** mon lit.	Elle a **fait** cette robe.
→Je l'ai **fait**.	→Elle l'a **faite**.
Il a **compris** mes ennuis.	Il a **compris** les leçons.
→Il **les** a **compris**.	→Il **les** a **comprises**.
Il a **mis** ce blue-jean.	Il a **mis** cette cravate.
→Il l'a **mis**.	→Il l'a **mise**.

Among the irregular verbs you have learned, the following have a past participle that ends in a consonant.

dire : dit
faire : fait
mettre : mis
prendre, apprendre, comprendre : pris, appris, compris

 A *Remplacez les noms par les pronoms appropriés d'après ce modèle. Dites si le participe passé est au masculin ou au féminin, au singulier ou au pluriel.*

J'ai posé la question.
Je l'ai posée : féminin, singulier.

1. J'ai posé les questions.
2. J'ai compris les questions.
3. J'ai cherché les réponses.
4. Je n'ai pas fait cette faute.
5. J'ai écouté le professeur.
6. Nous avons appris la leçon.
7. Nous avons mis les chaussures.
8. Nous avons dit la vérité.
9. Vous n'avez pas compris la question.
10. Vous avez pris ma montre.

 B *Maintenant, répondez aux questions en employant les pronoms appropriés.*

1. Avez-vous compris cette leçon ? Et mes questions ? Et la grammaire ?
2. Avez-vous appris cette leçon ? Et la grammaire ? Et le dialogue ?
3. Avez-vous pris ma montre ? Et mon livre de français ? Et mon cahier ?
4. Regardez. Voici une lettre. J'ai mis la lettre dans cette enveloppe. Où est-ce que j'ai mis la lettre ? Et où est-ce que j'ai mis l'enveloppe ?
5. Avez-vous fait votre lit ce matin ? Avons-nous fait les exercices oraux hier ? Regardez cette phrase au tableau. Il y a une faute. Qui a fait cette faute ?

SOYEZ A LA MODE
PARLEZ FRANCAIS

PARLEZ FRANCAIS
AVEC VOS ENFANTS
A LA MAISON

• 3 VOIR ET CROIRE

1. **Voir** *to see* can take a direct object, which can be a noun, a pronoun, or a clause introduced by a conjunction.[1]

> Je **vois** une belle maison.
> Tu **vois** le jardin derrière la maison.
> Il me **voit** deux fois par semaine.
> Nous vous **voyons** très souvent.
> Vous **voyez** pourquoi je suis fatigué ?
> Ils **voient** que tu les comprends.
> On a **vu** ce film la semaine dernière.[2]

vois	voyons
vois	voyez
voit	voient
vu	

2. **Croire** means *to think* or *to believe*. It can take a direct object, just like **voir**. **Croire à** + noun means *to believe in (something)*; but *to believe in God* is **croire en Dieu**.

> Je **crois** ces enfants.
> Tu **crois** ton ami, j'espère.
> Il **croit** à la magie noire !
> Nous **croyons** qu'il est malade.
> Vous **croyez** à l'astrologie ?
> Ils **croient** que je les déteste.
> On a **cru** cet homme.

crois	croyons
crois	croyez
croit	croient
cru	

3. In the sentences below, **croire/penser que oui (non)** corresponds to English *(not) to think so, (not) to believe so.*[3]

> Croyez-vous qu'il va neiger ?
> — Je **crois que oui**.　　　　　*I believe (think) so.*
> — Je **crois que non**.　　　　　*I don't believe (think) so.*
>
> Pensez-vous qu'il dit la vérité ?
> — Je **pense que oui**.　　　　　*I think so.*
> — Je **pense que non**.　　　　　*I don't think so.*

 A *Exercice de contrôle*

Je vois mes parents.

1. Tu	3. Les étudiants	5. Vous
2. Le professeur	4. Nous	6. Je

---

[1]Two other verbs derived from **voir**, though not used in the exercises, are conjugated like it: **prévoir** *to foresee*, **revoir** *to see again*.

[2]The past participle will be included from now on in the presentation of irregular verbs.

[3]**Penser** means *to think*, as does **croire** (which can also mean *to believe*, as explained above), but it often implies more "thinking" or deliberation than **croire**, almost an equivalent of *to consider*. **Espérer** may also take the construction mentioned here: **J'espère que oui** *I hope so*; **J'espère que non** *I hope not.*

Je crois que j'ai vu ce film.

1. Le professeur
2. Les étudiants
3. Vous
4. Nous
5. Tu
6. Je

B *Répondez aux questions.*

1. Qu'est-ce que vous voyez dans cette classe ?
2. Est-ce que je vous vois ? Me voyez-vous ? Pouvez-vous voir le tableau ?
3. Qui va voir un film ce week-end ? Quel film allez-vous voir ? Demandez à quelqu'un s'il a vu ce film.
4. Est-ce que vous me croyez toujours ? Est-ce que je vous crois toujours ? Qui est-ce que vous ne croyez pas toujours ?
5. Croyez-vous à l'astrologie ? Demandez-moi si je crois à la magie noire. Demandez à quelqu'un s'il croit au mouvement pour la libération de la femme.
6. On dit souvent : « Voir, c'est croire. » Qu'est-ce que cela veut dire ?

C *Connaissez-vous bien vos camarades dans ce cours ? Je vais poser des questions. Quelle est votre opinion ? Répondez d'après ces modèles.*

(Jacqueline) parle-t-elle français ?
Je crois que oui.
(Robert) parle-t-il japonais ?
Je crois que non.

1. (Michel) suit-il un cours de chimie ?
2. (Jeanne) est-elle née à Boston ?
3. (Jean) est-il marié ?
4. (Monique) fait-elle du judo ?
5. (Jacques) a-t-il fait ses devoirs ?
6. (Claire) a-t-elle vingt ans ?
7. (Michel) parle-t-il français ?
8. (Isabelle) est-elle mariée ?
9. (Jeanne) me comprend-elle ?
10. Est-ce que j'ai de bons étudiants dans ce cours ?

• 4 IMPARFAIT DE L'INDICATIF

1. French has two main past tenses. One is the *passé composé*, which you learned in the preceding lesson. The other is the *imparfait* (*imperfect* in English), which is presented here. These two tenses have their own different functions and cannot be used interchangeably. To conjugate a verb in the imperfect tense, you take the **nous** form of the present indicative, remove the **-ons**, and add to the stem the endings **-ais** /ɛ/, **-ait** /ɛ/, **-ions** /jõ/, **-iez** /je/, and **-aient** /ɛ/. Note that the **je, tu, il, ils** forms are pronounced alike.

nous **parl**ons	nous **finiss**ons	nous **vend**ons
je **parl**ais	je **finiss**ais	je **vend**ais
tu **parl**ais	tu **finiss**ais	tu **vend**ais
il **parl**ait	il **finiss**ait	il **vend**ait
nous **parl**ions	nous **finiss**ions	nous **vend**ions
vous **parl**iez	vous **finiss**iez	vous **vend**iez
ils **parl**aient	ils **finiss**aient	ils **vend**aient

For verbs like **manger** and **commencer**, the sound /ʒ/ or /s/ is represented by -ge- or -ç- in all but the **nous** and **vous** forms.[1] A verb such as **étudier** has -ii- in the **nous** and **vous** forms.

nous **mange**ons	nous **commenç**ons	nous **étud**ions
je **mange**ais	je **commenç**ais	j'**étud**iais
tu **mange**ais	tu **commenç**ais	tu **étud**iais
il **mange**ait	il **commenç**ait	il **étud**iait
nous **mang**ions	nous **commenc**ions	nous **étud**iions
vous **mang**iez	vous **commenc**iez	vous **étud**iiez
ils **mange**aient	ils **commenç**aient	ils **étud**iaient

aller	(nous **all**ons)	j'**all**ais, vous **all**iez
avoir	(nous **av**ons)	j'**av**ais, vous **av**iez
faire	(nous **fais**ons)	je **fais**ais /f(ə)zɛ/, vous **fais**iez /f(ə)zje/
prendre	(nous **pren**ons)	je **pren**ais, vous **pren**iez
tenir	(nous **ten**ons)	je **ten**ais, vous **ten**iez
voir	(nous **voy**ons)	je **voy**ais, vous **voy**iez
vouloir	(nous **voul**ons)	je **voul**ais, vous **voul**iez

Être is the only verb whose imperfect stem cannot be derived from the **nous** form (**nous sommes**) of the present tense.

j'**étais**	nous **étions**
tu **étais**	vous **étiez**
il **était**	ils **étaient**

The imperfect tense of **pleuvoir** is **pleuvait: il pleuvait.**

2. One of the functions of the imperfect tense is to denote *habitual* or *repeated* action in the past. In English, such actions are either implied in the past tense of the verb or expressed by the construction *used to/would* + verb.

Il **jouait** souvent avec vous quand vous **habitiez** en Louisiane.	*He played/used to play/would play . . . you lived/used to live*
Elle **parlait** français quand elle **était** petite.	*She spoke/used to speak/would speak . . . she was*
L'année dernière j'**allais** au cinéma deux fois par mois.	*I went/used to go*
Mon père **était** mécontent chaque fois que[2] tu **venais** me voir.	*My father was/used to be/would be . . . you came/used to come*

---

[1] The general spelling rule is that **g** and **c** are pronounced /ʒ/ and /s/ only before the letters **e** and **i**; the same sounds are retained before the letters **a**, **o**, or **u** if **g** and **c** are changed to **ge** and **ç**.

[2] **chaque fois que** *each time (when)*

TABLEAU 48 Je **téléphonais** souvent à ma meilleure amie quand j'**avais** douze ans.

3. Another function of the imperfect tense is to denote a *state of affairs*, that is, *what was going on* in the past. In this sense, the imperfect tense corresponds to the English past progressive construction *was/were + doing*.

Qu'est-ce que vous **faisiez** à huit heures ?	*What were you doing at eight o'clock?*
— Je **prenais** un bain.	*I was taking a bath.*
Charles **faisait** la sieste pendant que je **travaillais**.	*Charles was taking an afternoon nap while I was working.*

The imperfect tense denotes not only what was going on but also *how things were* in the past. In a narration in the past, expressions that are basically descriptive (weather, time, date), or verbs that are usually descriptive in function (being, thinking, feeling, knowing, wishing) rather than indicating physical actions, tend to be in the imperfect tense.

Il **faisait** très beau.	*It was very nice out.*
Il **était** dix heures du matin.	*It was ten o'clock in the morning.*
C'**était** mardi après-midi.	*It was Tuesday afternoon.*
Nous **avions** faim.	*We were hungry.*
Nous **étions** fatigués.	*We were tired.*
Je **voulais** sortir.	*I wanted to go out.*

TABLEAU 49 Tu **regardais** la télévision pendant que je **faisais** mes devoirs.

A *Exercice de contrôle*

Je ne parlais pas français quand j'avais dix ans.

1. Tu
2. Nous
3. L'étudiant
4. Les étudiants
5. Vous
6. Je

Je détestais les légumes quand j'étais petit(e).

1. Nous
2. Tu
3. Vous
4. Les étudiants
5. L'étudiant
6. Je

B *Nous allons comparer cette année scolaire et l'année dernière. Ajoutez des phrases d'après ce modèle.*

Je parle français maintenant.
L'année dernière je ne parlais pas français.

1. J'étudie le français maintenant.
2. Je travaille beaucoup maintenant.
3. Nous parlons français maintenant.
4. Vous me connaissez maintenant.
5. Vous comprenez vos étudiants maintenant.
6. Les étudiants vous comprennent maintenant.

C *Parlons de l'époque où*[1] *vous aviez treize ans. Répondez aux questions.*

1. Dans quelle ville habitiez-vous ? (« J'habitais à . . . »)
2. Habitiez-vous dans une maison ou dans un appartement ?
3. Comment était la maison (l'appartement) ?
4. Combien de pièces est-ce qu'il y avait ?
5. Où était votre chambre ?
6. Comment était votre chambre ?
7. Qu'est-ce qu'il y avait au-dessus de votre chambre ?
8. Quel était votre passe-temps préféré[2] ?
9. Quel programme regardiez-vous souvent à la télévision ?
10. Avec qui jouiez-vous souvent ? Est-ce que c'était votre meilleur(e) ami(e) ?
11. Maintenant, posez-moi quelques questions sur mon passé !

D *Répondez à ces questions.*

1. Combien de cours suivez-vous ce semestre ? Combien de cours suiviez-vous le semestre dernier ?
2. Quelle est la date aujourd'hui ? Quelle était la date hier ?
3. Quelle heure est-il maintenant ? Quelle heure était-il il y a[3] dix minutes ?
4. Qu'est-ce que vous faites maintenant ? Que faisiez-vous il y a dix minutes ?
5. Quel temps fait-il maintenant ? Quel temps faisait-il hier soir ?
6. Où étiez-vous hier soir à neuf heures ? Qu'est-ce que vous faisiez ?

---

[1]**l'époque où** *the time (time period) when*
[2]*hobby* (literally, *favorite pastime*)
[3]**il y a** + *time* correspond à l'expression *time* + *ago* en anglais.

• 5 LE PASSÉ COMPOSÉ ET L'IMPARFAIT

1. The imperfect tense, as you learned in the preceding section, indicates a state of affairs (what was going on, how things were). Expressions that fulfill a descriptive function in a narration are usually in the imperfect tense.

Il **parlait** au téléphone.	He was talking on the phone.
Vous l'**attendiez**.	You were waiting for him.
→Il **parlait** au téléphone pendant que vous l'**attendiez**.	→He was talking on the phone while you were waiting for him.
Mes parents **habitaient** une grande maison quand j'**avais** dix ans.	My parents were living in a large home when I was ten.

2. Actions that are not continuous or descriptive in function are usually in the *passé composé*.

J'**ai répondu** à la question.	I answered the question.
Elle **a dit** « Bon ».	She said "Fine."
→Elle **a dit** « Bon » quand j'**ai répondu** à la question.	→She said "Fine" when I answered the question.
Il **a pris** son livre et il **est sorti** de sa chambre.	He took his book and he went out of his room.

3. The imperfect and the *passé composé* may occur in the same sentence. The imperfect shows what was going on or how things were when one action took place against that "background."

J'**étais** au lit.	I was in bed.
Elle **a frappé** à la porte.	She knocked at the door.
→J'**étais** au lit quand elle **a frappé** à la porte.	→I was in bed when she knocked at the door.

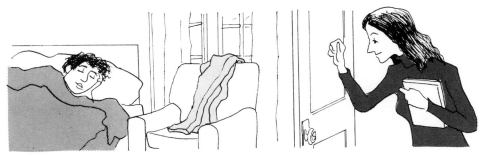

TABLEAU 50   J'**étais** au lit quand elle **a frappé** à la porte.

4. The distinction between the *passé composé* and the imperfect, which is sometimes rather subtle, is not something you will learn in a few days. But you will develop a good "feel" for it as you practice using them. It may also help you to remember that the imperfect denotes a condition, situation, or description (*how things were, how one was, what was going on*) and that certain verbs (such as **être, avoir, savoir, vouloir, pouvoir, penser, croire, ressembler**) that usually

indicate a state of affairs rather than a physical action often take the imperfect. Before you go over the oral exercises, read the following passage in English, in which a young man describes his afternoon, and decide which verbs would be in the *passé composé* and which would be in the imperfect. Then compare the passage with the accompanying French version.

(1) *It was* sunny this afternoon. (2) *I finished* my homework around four. (3) *I was* a little tired, and (4) *I decided* to take a walk. As (5) *I was leaving* my room, (6) *the telephone rang.* (7) *It was* Marie. (8) *She asked me* if (9) *I had* one of her books. (10) *I told* Marie [that] (11) *I didn't* [have it]. (12) *I asked* [her] if (13) *she wanted* to take a walk with me. (14) *She accepted* my invitation. (15) *I took* my jacket and (16) *I left* the dorm. (17) *Marie was waiting for me* when (18) *I got to* [= *arrived at*] her apartment. (19) *She was wearing* a nice red dress. (20) *We went* downtown. (21) *We walked and chatted* (**bavarder**) for (**pendant**) an hour. (22) *We were* thirsty. (23) *We found* a café and (24) *we ordered* a Coke. (35) *It was* six when (26) *I returned home.*

(1) **Il faisait** du soleil cet après-midi. (2) **J'ai fini** mes devoirs vers quatre heures. (3) **J'étais** un peu fatigué, et (4) **j'ai décidé** de faire une promenade. Comme (5) **je sortais de** ma chambre, (6) **le téléphone a sonné.** (7) **C'était** Marie. (8) **Elle m'a demandé** si (9) **j'avais** un de ses livres. (10) **J'ai dit à** Marie que (11) **je ne l'avais pas.** (12) **J'ai demandé** si (13) **elle voulait** faire une promenade avec moi. (14) **Elle a accepté** mon invitation. (15) **J'ai pris** mon blouson et (16) **j'ai quitté (je suis sorti de/je suis parti de)** la résidence. (17) **Marie m'attendait** quand (18) **je suis arrivé à** son appartement. (19) **Elle portait** une jolie robe rouge. (20) **Nous sommes allés** en ville. (21) **Nous avons marché et bavardé** pendant une heure. (22) **Nous avions soif.** (23) **Nous avons trouvé** un café et (24) **nous avons commandé** du Coca-Cola. (25) **Il était** six heures quand (26) **je suis rentré.**

 A *Exercice de contrôle*

J'avais faim quand j'ai fini mon travail.

1. Vous	3. Les étudiants	5. Nous
2. L'étudiant	4. Tu	6. Je

J'étais fatigué(e) quand je suis rentré(e).

1. Les étudiants	3. Nous	5. Vous
2. L'étudiant	4. Tu	6. Je

B *Répondez aux questions. Faites attention au temps[1] de chaque verbe.*

1. Quel temps faisait-il ce matin ?
2. Quel était votre premier cours aujourd'hui ?
3. Où êtes-vous allé(e) après le premier cours ?
4. À quelle heure êtes-vous venu(e) à notre cours ?
5. Qui était dans la classe quand vous êtes entré(e) ?
6. Qu'est-ce que (Monique) faisait quand vous êtes entré(e) ?
7. Où étiez-vous quand je suis arrivé(e) ?
8. Qu'est-ce que j'ai dit quand je suis arrivé(e) ?

[1]**temps** *tense*

C *Écoutez cette histoire. Une étudiante raconte comment elle a passé une soirée. Mettez chaque phrase au passé.*

1. Mon dernier cours finit à quatre heures.
2. J'ai froid quand je quitte mon cours.
3. Il fait du vent et il fait frais.
4. Je rentre tout de suite[1] à la résidence.
5. Je suis fatiguée et je ne veux pas travailler.
6. Je décide de faire la sieste.
7. Quelqu'un frappe à la porte quand je suis au lit.
8. C'est Marie. Elle demande si je vais bien.
9. Elle veut savoir si je suis libre ce soir.
10. Je suis libre, mais je demande pourquoi.
11. Elle dit qu'il y a un bon film en ville.
12. Nous dînons ensemble à sept heures.
13. Nous quittons la résidence après le dîner.
14. Nous arrivons au cinéma vers huit heures.
15. Il y a une longue queue devant le guichet.
16. Le film est bon, et la salle est bondée.
17. Il pleut quand nous sortons du cinéma.
18. Nous allons dans un café, car nous avons froid.
19. Nous prenons du chocolat.
20. Il est presque minuit quand nous rentrons.

[1]**tout de suite** *right away, immediately*

C'est une très vieille maison acadienne. Pouvez-vous voir la garçonnière ? Où est-elle ?

APPLICATIONS

 A Dialogue et questions

En « Acadiana »[1]

Jean-Paul passe une semaine chez les parents de Bill et Barbara, qui habitent à la Nouvelle-Orléans[2]. C'est son premier voyage dans le sud et tout[3] l'intéresse. Avant-hier[4], ils ont passé l'après-midi dans le Vieux Carré, quartier pittoresque et historique de la ville où il y a de nombreux cafés, restaurants, boutiques et boîtes de nuit[5]. Hier ils sont allés à Lafayette, « cœur de la Louisiane francophone » où les habitants ont 5 préservé l'hospitalité du sud et la joie de vivre[6] de la vieille France. Ils ont visité une maison du début[7] du dix-neuvième siècle, qui était autrefois au bord d'[8]un bayou.

BARBARA	Regarde comme[9] la salle de séjour est petite.
JEAN-PAUL	On préparait les repas dans cette cheminée autrefois ?
BILL	Non, je crois que la cuisine était dans une cabane à part[10]. Comme ça[11] 10 on évitait les odeurs et la chaleur de la cuisine.
BARBARA	Pendant que les hommes attendaient tranquillement leur repas dans la salle de séjour.
BILL	Après une longue journée de travail. Voilà la chambre des parents et, plus loin, la chambre des filles[12]. 15
BARBARA	Tu as remarqué, Bill ? Les filles traversaient la chambre des parents pour entrer dans leur chambre !
BILL	Oui, elles étaient bien surveillées et protégées.
JEAN-PAUL	Où est-ce que les garçons couchaient[13] ?
BILL	En haut, dans la garçonnière. 20
BARBARA	Mais je ne vois pas d'escalier à l'intérieur de la maison.
BILL	Il est dehors, dans un coin de la véranda.
JEAN-PAUL	Allons voir la garçonnière.
BARBARA	Alors, tu vois, avec cette entrée privée, les garçons avaient beaucoup plus de liberté que[14] les filles ! 25
BILL	Mais qu'est-ce qu'ils pouvaient faire, les pauvres[15], au-dessus des chambres de leurs parents et de leurs sœurs ?

(lignes 1–7)
1. Où habitent les parents de Bill ?
2. Où était Jean-Paul avant-hier ?

---

[1]Les habitants du pays des « Cajuns » préfèrent appeler leur région « Acadiana ». Le mot anglais *Cajun* vient de « Acadien ».
[2]*New Orleans*
[3]*everything*
[4]*The day before yesterday*
[5]*nightclubs*
[6]*joy of living*
[7]**début** *beginning*

[8]**au bord de** *on (at) the edge of*
[9]**comme** *how*
[10]**à part** *separate(d)*
[11]*That way* (literally, *Like that*)
[12]Le mot **fille** signifie *girl* (c'est-à-dire, **jeune fille**) aussi bien que *daughter* (le contraire de **fils**).
[13]**coucher** *passer la nuit, dormir*
[14]**plus de** + noun + **que** *more* + noun + *than*
[15]*the poor souls*

3. Qu'est-ce qu'il y a dans le Vieux Carré de la Nouvelle-Orléans ?
4. Où est-ce que Bill, Barbara et Jean-Paul sont allés hier ?
5. Quelle sorte de maison ont-ils visitée ?

(lignes 8–27)

6. Pourquoi la cuisine n'était-elle pas dans la maison ?
7. Qu'est-ce que les filles traversaient pour entrer dans leur chambre ?
8. Y a-t-il un escalier dans la maison ?
9. Qui avait une entrée privée ?
10. Quelle est l'attitude de Barbara vis-à-vis du sort[1] des femmes au dix-neuvième siècle en Louisiane ?[2]

B Expressions utiles

La maison (1)

La maison a :
- un toit (rouge, gris-bleu, etc.).
- un grenier.
- un étage supérieur.
- un rez-de-chaussée.
- un sous-sol (une cave).

MAISONS KERMOR

MAISONS KERMOR
CONSTRUCTION
MAISONS INDIVIDUELLES
TRADITIONNELLES
22, rue Barré, 56400 AURAY
(97) **24.35.50**

Les pièces :
- une salle de séjour / un séjour (un salon[3])
- une cuisine
- une salle à manger
- une salle de bains
- un cabinet de travail / un bureau
- une chambre (à coucher)
- une chambre d'amis

Il y a { un garage / un jardin / une pelouse } { derrière / devant / à côté de } la maison.

LE GALL S.A.R.L.

MAISONS
DLG
CONSTRUCTION
D LE GALL

Maisons individuelles
personnalisées
à vos désirs et possibilités

Z.I. de Lann Sevelin
56850 CAUDAN
(97) **76 72 55**

4, rue du Château
56320 LE FAOUET
(97) **23 00 33**

La chambre est { au bout / au fond / à gauche / à droite } { de l'escalier. / du couloir. } { au-dessus / au-dessous } de la salle de séjour.

[1] **vis-à-vis de** *in regard to;* **sort** *fate, destiny*
[2] La réponse n'est pas enregistrée sur la bande magnétique.
[3] **un salon** *a drawing room* (normally found in a very large house)

Expressions du temps passé et futur

hier $\left\{\begin{array}{l}\text{matin} \\ \text{après-midi} \\ \text{soir}\end{array}\right.$ demain $\left\{\begin{array}{l}\text{matin} \\ \text{après-midi} \\ \text{soir}\end{array}\right.$

avant-hier   après-demain

dernier : $\left\{\begin{array}{l}\text{lundi dernier} \\ \text{la semaine dernière} \\ \text{le mois dernier} \\ \text{l'été dernier} \\ \text{l'année dernière}\end{array}\right.$ prochain : $\left\{\begin{array}{l}\text{lundi prochain} \\ \text{la semaine prochaine} \\ \text{le mois prochain} \\ \text{l'été prochain} \\ \text{l'année prochaine}\end{array}\right.$

il y a quelques jours / semaines / mois

Pratique

1. Comment s'appelle la pièce où on passe la nuit ? Et la pièce où on prépare les repas ? Et la pièce où on prend un bain ?
2. Qu'est-ce qu'on fait dans la salle à manger ? Qu'est-ce qu'on met dans un garage ?[1] Qu'est-ce qu'on trouve dans un jardin ?
3. Comment s'appelle l'étage qui est au niveau de[2] la rue ? Et l'étage qui est au-dessus ? Et l'étage qui est au-dessous ?
4. Donnez l'antonyme de chaque expression.

au-dessous   après-demain   l'année prochaine
à gauche   le mois dernier   l'été prochain

C *Ma famille. Lisez le passage suivant et posez des questions sur les parties soulignées.*

Mes grands-parents habitaient près d'Abbeville en Louisiane (1) il y a soixante ans. Ils étaient cultivateurs. Ils cultivaient (2) le riz, le maïs et la patate douce[3]. Ils avaient (3) quatre enfants. Mon père est né (4) en 1932. (5) Tout le monde parlait français dans la famille. Les passe-temps préférés de la famille étaient (6) la chasse et la pêche — on chassait surtout les rats musqués[4] (7) pour vendre leur fourrure. Comme les autres Acadiens, ils adoraient les fêtes. Ils aimaient « laisser le bon temps rouler »[5]. Ils assistaient régulièrement (8) aux « fais dodo »[6] (danse du samedi soir). Mon père avait (9) vingt ans quand il est parti pour Bâton Rouge. Il est devenu (10) ingénieur-chimiste[7]. Il a épousé ma mère (11) il y a vingt-quatre ans. Ils ont trois enfants — Barbara, Daniel et moi — et ils habitent (12) près de la Nouvelle-Orléans.

---

[1] une voiture, par exemple
[2] *at the same level as* (literally, *at the level of*)
[3] **riz** *rice;* **maïs** *corn;* **patate douce** *sweet potato*
[4] *muskrats*
[5] *to have a good time* (expression acadienne)
[6] **fais dodo** literally, *go nighty-night* (**faire dodo** means *to go to bed* in child talk). Parents often brought their small children to these dances and put them to sleep in an adjacent room while they danced.
[7] *chemical engineer*

D *Bill, sa sœur Barbara et Jean-Paul ont passé une journée autour de Lafayette. C'est une région fascinante pour les gens qui veulent connaître l'Acadiana. Complétez le passage, et faites attention au temps de chaque verbe.*

(1) Nous/quitter/la Nouvelle-Orléans/vers/huit/heure. (2) D'abord/nous/visiter/Bâton Rouge,/et/il/être/presque/onze/heure/demi/quand/nous/arriver/Lafayette. (3) Bill/et/ Jean-Paul/avoir faim/et/nous/décider de/déjeuner/tout de suite. (4) Nous/goûter/ cuisine/créole ; /elle/être/délicieux. (5) Après,/nous/voir/beaucoup/églises,/vieux/ maisons/et/monuments. (6) Je/croire/que/région/aller/intéresser/Jean-Paul,/et/ce/être/ vrai. (7) Il/poser/beaucoup/questions/et/il/prendre/beaucoup/photos. (8) Je/ne pas/ savoir/que/Bill/connaître/si bien[1]/région. (9) À/Saint-Martinville/Jean-Paul/vouloir/ connaître/histoire/Évangeline. (10) Bill/la/raconter,/et/son/récit/être/passionnant. (11) Il/faire nuit/quand/nous/rentrer/chez nous.

E *Renseignements et opinions*

1. Qu'est-ce qu'il y a au-dessus de notre classe ? Qu'est-ce qu'il y a au-dessous de notre classe ?
2. Qui est sorti hier soir ? Quel temps faisait-il hier soir ? Quelle heure était-il quand vous êtes rentré(e) ?
3. Quel âge aviez-vous quand vous regardiez souvent les dessins animés[2] à la télévision ? Quel jour est-ce que vous les regardiez ? Quel était votre programme préféré ?
4. Préparez une question à poser à votre professeur au sujet de son enfance.
5. Préparez une question à poser à votre professeur au sujet de sa maison (ou de son appartement).

F Lecture

L'Acadie et la Louisiane

Nous avons déjà parlé d'un vaste pays qui s'appelait la Nouvelle-France. Vous savez peut-être que le Canada était l'objet de conflits économiques et militaires continuels entre la France et l'Angleterre au dix-huitième siècle. Les Anglais ont lutté non seulement[3] contre les Français mais aussi contre les Indiens, alliés des Français.[4] Mais les Anglais étaient plus forts et plus nombreux. Ils ont pris l'Acadie, la baie d'Hudson et 5 finalement ils ont occupé Québec et Montréal. Après le traité de Paris en 1763, la France a cédé toute la rive gauche du Mississippi. Les Anglais ont promis[5] aux Franco-Canadiens le droit de garder leur langue, leur religion et leur système légal. Aujourd'hui, le Canada est officiellement bilingue, et le français est la langue officielle de la province de Québec.[6]   10

Et les Acadiens ? Les Anglais n'ont rien[7] promis aux Français qui habitaient en Acadie. Après leur victoire, les Anglais ont déporté et dispersé sur toute la côte

---

[1] *so well*
[2] *cartoons*
[3] **non seulement** *not only*
[4] On appelle ces guerres « French and Indian Wars » en anglais.
[5] participe passé de **promettre** *to promise*
[6] À peu près 81 % (pour cent) des Québécois sont francophones, et il y a plus d'un million de Canadiens d'origine française dans les autres provinces.
[7] **ne . . . rien** *nothing*

Atlantique, en Louisiane et aux Indes occidentales[1] plus de[2] 100.000 Acadiens qui
refusaient d'obéir aux conquérants. La plupart des Acadiens déportés aux Indes occidentales sont morts de maladies tropicales. Les survivants sont rentrés en France — 15
où on ne les voulait pas — et ils sont repartis pour la Louisiane. Le voyage transatlantique durait au moins[3] trois mois à cette époque ! Vous connaissez peut-être
l'*Évangeline* de Longfellow ; ce beau poème raconte l'histoire de deux amants séparés
par la déportation et évoque les malheurs des Acadiens. Aujourd'hui, dans le sud de
la Louisiane, il y a plus d'un demi-million d'Américains d'origine française et beaucoup 20
d'entre eux[4] parlent encore français. Avez-vous remarqué que le mot *Cajun* vient du
mot français « Acadien » ?

Les longues années de guerre au Canada, l'aménagement des vastes territoires
cédés par la France, et la réorganisation des colonies en Amérique ont coûté une
fortune à l'Angleterre. Les Anglais avaient besoin d'argent. Comment payer leurs 25
dettes ? Où trouver de l'argent ? Ils ont décidé d'imposer de nouveaux impôts aux
colons américains. Pourquoi pas un impôt sur le thé, par exemple? Ainsi, comme
vous le voyez, la fin de la Nouvelle-France allait signaler le début de la Révolution
américaine.

A *Répondez aux questions suivantes.*

1. Contre qui est-ce que les Anglais ont lutté en Amérique ?
2. Quels territoires est-ce que la France a cédés à l'Angleterre ?
3. Qu'est-ce que les Anglais ont promis aux Franco-Canadiens ?
4. Quelle est la langue officielle de la province de Québec ?
5. Où est-ce que les Anglais ont déporté beaucoup d'Acadiens ?
6. Combien de temps est-ce que le voyage transatlantique durait ?
7. Dans quelle région de la Louisiane y a-t-il beaucoup d'Américains d'origine française ?
8. D'où vient le mot anglais *Cajun* ?
9. Que veut dire l'expression « Je suis *Cajun* » ?
10. À qui est-ce que les Anglais ont imposé de nouveaux impôts ?
11. Qu'est-ce qui est arrivé[5] après l'imposition du nouvel impôt sur le thé ?
12. Quelle est la date de la déclaration de l'indépendance américaine ?

[1]*West Indies*
[2]*more than*
[3]*at least*

[4]*many of them*
[5]**arriver** *to happen*

B *Que signifient les expressions suivantes ? Expliquez en français.*

un pays bilingue
l'*Évangeline*
la Nouvelle-France

les Franco-Canadiens
l'Acadie
un voyage transatlantique

C *Mettez les verbes suivants au passé composé.*

1. ils prennent
2. ils occupent
3. ils cèdent
4. ils promettent
5. ils repartent
6. ils décident
7. ils déportent
8. ils rentrent
9. ils meurent[1]

[1] le présent de l'indicatif de **mourir**

VOCABULAIRE

Noms masculins

·bayou	·désordre	guichet	·sort
bonbon	dialogue	·intérieur	·sous-sol
·bord	ennui	japonais	toit
·cœur	·escalier	passé	
·début	·grenier	passe-temps	

Noms féminins

·Acadiana	·chambre à coucher	·journée	radio
astrologie	·cheminée	·liberté	·salle de bains
·attitude	·commode	lunettes (de soleil) *pl*	·salle de séjour
·boîte de nuit	·cuisine	magie	·véranda
·cabane	·garçonnière	·La Nouvelle-Orléans	
·calculatrice	·hospitalité	·odeur	
·chaleur	·joie (de vivre)	pièce	

Verbes

aider	·déménager	·intéresser	·remarquer
·coucher	·éviter	·préserver	voir *irrég*
croire *irrég*	frapper	·prêter	

Adjectifs

·francophone	marié(e)	·nombreux(euse)	·protégé(e)
·historique	noir(e)	·privé(e)	·surveillé(e)

Adverbes

·autrefois	·dehors	·partout	·tranquillement

Autres expressions

·à part	·avant-hier	pendant que	·vis-à-vis de
·au bord de	·en haut	·tout *pron*	voici
·au-dessous de	hier soir	tout de suite	
·au-dessus de	il y a + *time*	·tout l'après-midi	

DOUZIÈME LEÇON

CONVERSATIONS

A. L'Europe

Connaissez-vous bien la géographie de l'Europe ?[1] Regardez cette carte. Voici un petit test. Après chaque commentaire, dites « C'est vrai » ou « Ce n'est pas vrai ». Corrigez les commentaires qui ne sont pas vrais.

1. Paris est la capitale de la France.
2. Les habitants de la France s'appellent[2] les Italiens.
3. On parle français en Belgique et en Suisse.
4. L'Irlande est moins grande que la France.
5. Rome est la capitale de l'Espagne.
6. On parle espagnol en Italie.
7. Lisbonne est la capitale du Portugal.
8. On parle portugais au Portugal.
9. Londres est la capitale de l'Angleterre.
10. On parle anglais en Angleterre.
11. On parle allemand en Allemagne et en Autriche.
12. Genève est la capitale de la Suisse.

B. Loin des yeux, loin du cœur[3]

ROGER	Je t'ai vu avec Marianne hier soir. Tu ne sors plus avec Isabelle ?
JEAN-PIERRE	Non, elle a déménagé à Marseille.
ROGER	Ah oui ? Mais quand même, tu ne lui écris pas ?
JEAN-PIERRE	Non, elle ne m'a jamais donné son adresse.

---

[1]La première partie des **Expressions utiles** (1–14) est enregistrée sur la bande magnétique.
[2]*are called* (literally, *call themselves*)
[3]proverbe français, équivalent de *Out of sight, out of mind*.

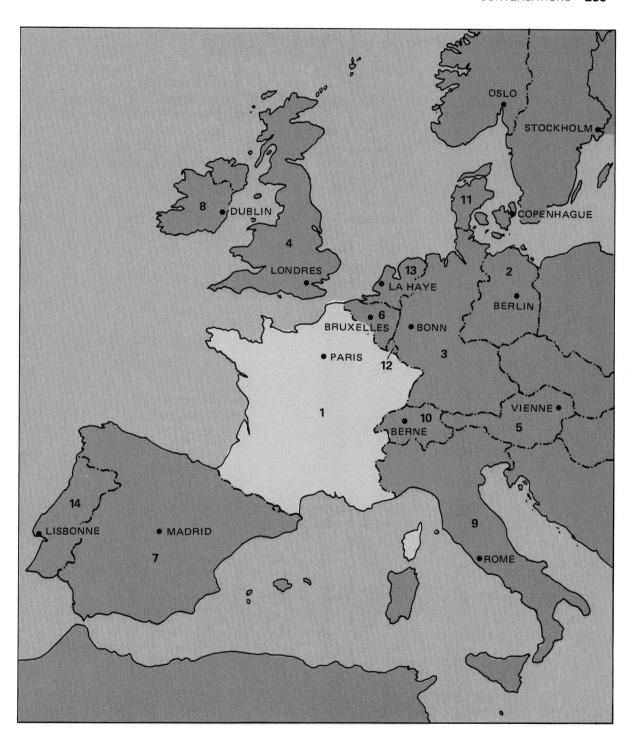

OSLO

STOCKHOLM

COPENHAGUE

11

8 DUBLIN

4

LONDRES

13
LA HAYE

2
BERLIN

6
BRUXELLES
BONN

3

PARIS
12

1

10
BERNE

VIENNE

5

14
LISBONNE

MADRID

7

9

ROME

C. Je te donne cette carte postale.

LOUISE Regarde ces cartes postales.

CHARLES Elles sont très belles.

LOUISE Tiens, je te donne cette carte des chutes du Niagara.

CHARLES Tu me la donnes ? Merci. Tu es gentille.

DIFFÉRENCES

Les pays francophones

French is spoken not only in France but also in many other parts of the world. Other European countries where French is spoken include Belgium, Switzerland, Luxembourg, and Monaco. As for North America, French has been spoken in French Canada (the Province of Quebec), parts of New Brunswick and Ontario, parts of northern New England, and in southern Louisiana for more than two centuries—ever since France attempted to maintain **la Nouvelle-France** in the New World.

France, like England, pursued a colonial expansion policy in the nineteenth century and acquired vast territories in Asia (Indochina), Africa, and other parts of the world. Nearly all of these colonies are now independent, although most still have cultural and/or economic ties with France. In Africa, French is either the official language or one of two official languages in Algeria, Cameroon, Central African Republic, Congo (Brazzaville), Gabon, Malagasy Republic (Madagascar), Mali, Maur-

L'université de Tunis, en Tunisie.

itania, Niger, Senegal, Togo, Bourkina Fasso (formerly Upper Volta), Zaire (former Belgian colony), and several others. Although they do not carry the same value as French currency, the words **franc** and **centime** are used in most of these countries to designate standard monetary units.

French is also spoken in French Polynesia and New Caledonia, in Oceania (to the east of Australia), and in four overseas **départements** (administrative units of France)— Martinique and Guadeloupe in the West Indies, French Guiana in South America, and the island of Réunion in the western part of the Indian Ocean. Creole French— a mixture of French and Black African languages—is used in Haiti and parts of Louisiana.

EXPLICATIONS ET EXERCICES ORAUX

• 1 NOMS GÉOGRAPHIQUES ET PRÉPOSITIONS

1. First, go over the names of European countries and their capitals in the **Expressions utiles** of this lesson. Most countries in Europe are feminine, except **le Danemark**, **le Luxembourg**, **les Pays-Bas** (*Holland*), and **le Portugal**. Countries in the plural are rare: **les Pays-Bas**, **les États-Unis**. The prepositions used most often with geographic names are those indicating location. Study the chart below.

ENGLISH EQUIVALENTS	CONTINENTS[1]	COUNTRIES			CITIES[2]
		Feminine	*Masculine*	*Plural*	
from	**de**	**de**	**du**	**des**	**de**
in, at, to	**en**	**en**	**au**	**aux**	**à**

M. Yewah vient **d**'Afrique et il fait ses études **en** Europe.
Pedro vient **d**'Espagne et il voyage **en** France.
Mlle Yamamoto vient **du** Japon ; elle est **au** Mexique.
La mère de Bob vient **des** Pays-Bas ; elle habite **aux** États-Unis.
Mme Brunot vient **de** Paris ; elle est **à** Dijon.

2. Some states in the United States are feminine in French, and take the same prepositions as feminine countries. Most states do not change their spelling, but the "feminine" states usually do.

la Californie	la Georgie	la Pennsylvanie /pɛ̃silvani/
la Floride	la Louisiane	la Virginie

---

[1]All the names of continents are feminine in French (**Afrique**, **Amérique**, **Asie**, **Australie**, **Europe**). They may be followed by **du Sud** /syd/ *South*, **de l'Ouest** /wɛst/ *West*, **du Nord** /nɔʀ/ *North*, or **de l'Est** /ɛst/ *East*: **en Amérique du Nord**, **en Afrique du Sud**.

[2]**Dans** *inside* may be used for a location *specifically within* a city.

North and South Carolina and West Virginia are also feminine, but in their case either **en** or **dans la**, and **de** or **de la** may be used.

Mon père est né **en** Californie, et ma mère **en** Louisiane.
Cette dame vient **de** Georgie et elle va **en** Floride.
Bob est né **en** (**dans la**) Virginie de l'Ouest ; il fait ses études à l'Université **de** Virginie.

The rest of the states are masculine and usually take **dans le/l'** (*in, at, to*) or **du/de l'** (*of, about, from*).[1]

L'été dernier je suis allée **dans le** Colorado et **dans l'**Utah.
J'habite **dans le** Maine, mais mes parents sont **dans l'**Ohio.
L'université **du** Michigan est à Ann Arbor, **dans le** Michigan.

	STATES	
	Feminine	*Masculine*
of, about, from	**de**	**du**
in, at, to	**en**	**dans le**

[1] Hawaii is treated like a city: **Je vais à Hawaii; elle vient de Hawaii.**

A *Ajoutez des phrases d'après ces modèles.*

Je vais à Paris.
Vous allez en France, alors.

Je viens de Paris.
Vous venez de France, alors.

1. Je vais à Londres.
2. Je viens d'Ottawa.
3. Je vais à Tokyo.
4. Je viens de Mexico[1].
5. Il va à Berne.

6. Elle vient de Lisbonne.
7. Je suis allé(e) à Dublin.
8. Je suis venu(e) de Vienne.
9. Il est venu de Bruxelles.
10. Ils sont venus de Rome.

B *Maintenant, parlons de pays européens.*

1. Quelle est la capitale de l'Italie ? Comment s'appellent les habitants de l'Italie ?[2] Quelle langue parle-t-on en Italie ?
2. Quelle est la capitale de la Belgique ? Comment s'appellent les habitants de la Belgique ? Quelles langues parle-t-on en Belgique ?[3]
3. Quels sont les pays voisins de la France ? Indiquez cinq pays.
4. La monarchie existe dans plusieurs pays. Dans quels pays d'Europe existe-t-elle ?
5. Connaissez-vous bien la géographie ? Où sont les pays suivants ? Indiquez leurs voisins.

   Monaco   Andorre   Liechtenstein

C *Parlons maintenant des États-Unis.*

1. Dans quel état êtes-vous né(e) ? Et vos parents ?
2. Comment s'appelle le président des États-Unis ? De quel état vient-il ? Comment s'appelle le vice-président ? D'où vient-il ?
3. Quel est le plus grand état ? Comment s'appelle le plus petit état ?
4. Où est la Louisiane ? Quels sont les états voisins de la Louisiane ?
5. Voici le nom de quelques villes américaines. Dans quel état sont-elles ?

Bâton Rouge	Cœur d'Alène	Duluth	Louisville
Beaumont	Des Moines	Eau Claire	Pierre
Boisé	Détroit	Saint-Louis	Terre Haute

• 2 FORMES NÉGATIVES : **NE . . . PLUS** ET **NE . . . JAMAIS**

1. The negation **ne . . . pas** can be replaced by **ne . . . plus** *no longer, not any more* and **ne . . . jamais** *never*. In the present and imperfect tenses, **ne** or **n'** comes before the verb (before the object pronoun, if there is any) and **pas**, **plus**, or **jamais** after the verb.

   Je **ne** comprends **pas** la question.
   Je **ne** la vois **plus**.
   Je **ne** fumais **jamais**.

   I do not understand the question.
   I no longer see her.
   I never smoked/used to smoke.

---

[1] Attention : Mexico est la capitale du Mexique.
[2] Dites, par exemple : « Les habitants de l'Italie s'appellent les Italiens. »
[3] On parle trois langues en Belgique : le français, le flamand (*Flemish*) et l'allemand.

2. In the *passé composé*, **ne** or **n'** comes before the auxiliary (before the object pronoun, if there is any), and **pas**, **plus**, or **jamais** after the auxiliary. In other words, you put the auxiliary verb into the negative.

Il **ne** comprend **pas** la question.   →Il **n'**a **pas** compris la question.
Elle **ne** voit **plus** ce garçon.   →Elle **n'**a **plus** vu ce garçon.
Tu **ne** voyages **jamais** en Europe.   →Tu **n'**as **jamais** voyagé en Europe.
Je **ne** la comprends **plus**.   →Je **ne** l'ai **plus** comprise.
Ne le faites-vous **jamais** ?   →**Ne** l'avez-vous **jamais** fait ?

Avez-vous jamais été en Algérie ? On y parle arabe et français.

3. **Jamais** can also occur in *affirmative* questions. Used without **ne** or **n'**, it corresponds to English *ever*.

Avez-vous **jamais** visité Paris ?   *Have you ever . . .?*
→Non, je **n'**ai **jamais** voyagé en   *No, I have never . . .*
  Europe.
Êtes-vous **jamais** allé en France ?   *Have you ever . . .?*
→Oui, je suis allé à Paris l'été dernier.

TABLEAU 51   On **ne** fume **pas**.   Il **ne** fume **plus**.   Il **ne** fume **jamais**.

 A *Je vais parler de quelqu'un. Autrefois, il faisait certaines choses. Maintenant, il ne les fait plus. Ajoutez des phrases d'après ce modèle.*

> Autrefois, il mangeait des escargots.
> ÉTUDIANT A **Mais il ne mange plus d'escargots.**
> ÉTUDIANT B **Moi, je n'ai jamais mangé d'escargots !**[1]

1. Autrefois, il mangeait des huîtres.
2. Autrefois, il prenait du jus de carotte.
3. Autrefois, il faisait de la gymnastique.
4. Autrefois, il habitait en Louisiane.
5. Autrefois, il fumait des cigares.
6. Autrefois, il croyait à l'astrologie.
7. Autrefois, il allait souvent dans les boîtes de nuit.
8. Autrefois, il allait souvent au Mexique.

B *Maintenant, répondez aux questions.*

1. Avec qui sortiez-vous souvent quand vous aviez seize ans ? Sortez-vous encore avec cette personne ?
2. Qui voyiez-vous souvent quand vous aviez quinze ans ? Le (La) voyez-vous encore ?
3. Quel programme de télévision regardiez-vous souvent quand vous aviez quatorze ans ? Le regardez-vous encore ? Le programme existe-t-il toujours ?
4. Avez-vous jamais mangé des croissants ? Avez-vous jamais mangé des huîtres ? Qu'est-ce que vous n'avez jamais mangé ?
5. Avez-vous jamais voyagé en France ? Êtes-vous jamais allé(e) à Dijon ? Qui n'a jamais visité l'Espagne ?
6. Qu'est-ce qu'on ne fait jamais dans ce cours ? Indiquez trois choses.

---

[1]Attention : **un**, **des**, **du** et **de la** deviennent **de** dans une phrase négative.

• 3 **LIRE** ET **ÉCRIRE**

1. The conjugation of **lire** *to read* follows a simple irregular pattern. There is no change in the stem vowel, and the consonant sound /z/, represented by the spelling -**s**-, is pronounced only in the plural.

Je **lis** un journal.
Tu **lis** des articles.
Il **lit** une annonce.
Nous **lisons** une lettre.
Vous **lisez** un roman.
Ils **lisent** beaucoup.
J'ai **lu** trois lettres.

lis	lisons
lis	lisez
lit	lisent
lu	

2. **Écrire** *to write* follows a pattern similar to **lire**, but the past participle is different. **Écrire quelque chose sur** is an equivalent of English *to write something about/concerning.*

J'**écris** peu de lettres.
Tu **écris** les réponses.
Il **écrit** un article sur Camus.
Nous **écrivons** à nos parents.
Vous **écrivez** un mot au tableau.
Ils **écrivent** des compositions.
J'ai **écrit** un poème.

écris	écrivons
écris	écrivez
écrit	écrivent
écrit	

 A *Exercice de contrôle*

Je lis beaucoup de livres.

1. Nous
2. Tu
3. Le professeur
4. Les étudiants
5. Vous
6. Je

Je n'écris pas de lettres en classe.

1. Vous
2. Les étudiants
3. Le professeur
4. Nous
5. Tu
6. Je

B *Répondez aux questions.*

1. Lisez-vous des journaux ? Quels journaux lisez-vous ? Demandez à (Jacques) s'il lit des journaux.
2. Lisez-vous des romans ? Qui a lu James Michener ? Quel roman de Michener avez-vous lu ?
3. Avez-vous lu quelque chose hier soir ? Qu'est-ce que vous allez lire ce soir ?
4. Qu'est-ce que vous écrivez dans votre cahier d'exercices ? Regardez le tableau. Qui a écrit ces mots ?
5. Avez-vous jamais écrit au président de l'université ? Et au président des États-Unis ?
6. Avez-vous écrit des compositions dans ce cours ? Sur quel sujet ?
7. Avez-vous jamais lu l'histoire de *Cendrillon* ? Qui a écrit cette histoire ?[1]

[1]Charles Perrault (voir la note à la page 159)

Où est-il ? Qu'est-ce qu'il fait ? (À Kinshasa, au Zaïre)

• 4 PRONOMS PERSONNELS : COMPLÉMENT D'OBJET INDIRECT

1. An indirect object (à + noun) designating human beings and animals can be replaced by the pronouns **lui** (singular) and **leur** (plural). In negative sentences, **ne** comes before **lui** or **leur**.

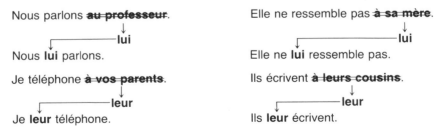

Nous parlons ~~au professeur~~.

Nous **lui** parlons.

Je téléphone ~~à vos parents~~.

Je **leur** téléphone.

Elle ne ressemble pas ~~à sa mère~~.

Elle ne **lui** ressemble pas.

Ils écrivent ~~à leurs cousins~~.

Ils **leur** écrivent.

2. Do not confuse the indirect object pronoun **leur** *them* and the possessive adjective **leur/leurs** *their*. The object pronoun precedes a *verb*, and the possessive adjective precedes a *noun*.

Nous ne **leur** répondons pas.	*We do not answer them.*
Nous n'avons pas **leur** adresse.	*We don't have their address.*
Leur parlez-vous souvent ?	*Do you speak to them often?*
Leur maison est près d'ici.	*Their house is near here.*

3. The pronouns **me/m'**, **te/t'**, **nous**, and **vous**, which you learned as direct object pronouns in Lesson 11.1, can also be used as indirect object pronouns. In the following examples, these forms are indirect objects since each verb takes à + noun.

parler à	Elle ne **me** parle plus.	*She no longer speaks to me.*
répondre à	Je **te** réponds.	*I am answering you.*
obéir à	Il ne **t'**obéit jamais.	*He never obeys you.*
téléphoner à	Elle **nous** téléphone.	*She telephones us.*
écrire à	Il **vous** écrit souvent.	*He often writes to you.*

4. Study the inverted constructions below. The object pronoun always comes immediately before the verb.

Vous ressemble-t-elle ?	*Does she look like you?*
Ne **vous** obéit-il pas ?	*Doesn't he obey you?*
Me répondez-vous ?	*Do you answer me?*
Ne **leur** téléphonez-vous plus ?	*Don't you phone them any more?*

In the *passé composé*, the pronoun immediately precedes the auxiliary verb.

Vous a-t-il téléphoné ?	*Did he phone you?*
Je ne **lui** ai pas parlé.	*I didn't speak to him.*

5. If an infinitive takes an indirect object pronoun, the pronoun comes immediately before the infinitive.

Allez-vous téléphoner **à Jeanne** ?	*Are you going to phone Jeanne?*
— Je vais **lui** téléphoner demain.	*I'm going to phone her tomorrow.*
Pouvez-vous répondre **à vos parents** ?	*Can you answer your parents?*
— Je ne peux pas **leur** répondre.	*I can't answer them.*

6. Here is a summary of the direct and indirect object personal pronouns you have learned so far.

SUBJECT	OBJECT	
	DIRECT	INDIRECT
je **tu**	**me/m'** **te/t'**	
nous **vous**	**nous** **vous**	
il **elle**	**le/l'** **la/l'**	**lui**
ils **elles**	**les**	**leur**

A *Répondez aux questions.*

1. Est-ce que je vous parle souvent ? Me parlez-vous maintenant ? Avez-vous jamais parlé au président de l'université ?
2. Est-ce que je vous ressemble ? Me ressemblez-vous ? Ressemblez-vous à (Jean-Pierre) ?
3. Je vous pose une question. Me répondez-vous ? Si (Robert) vous pose une question, lui répondez-vous ?
4. À qui téléphonez-vous souvent ? Lui (Leur) avez-vous téléphoné hier soir ?
5. À qui écrivez-vous souvent ? Quand lui (leur) avez-vous écrit ? Quand allez-vous lui (leur) écrire de nouveau[1] ?
6. Obéissez-vous toujours aux agents ? Et à vos parents ?

 B *Répondez aux questions en employant* **le**, **la**, **les**, **lui** *ou* **leur**.

1. Écoutez-vous le professeur ?
2. Regardez-vous votre montre ?
3. Connaissez-vous mes parents ?
4. Parlez-vous souvent à vos parents ?
5. Ressemblez-vous à Paul Newman ?
6. Téléphonez-vous à Elizabeth Taylor ?
7. Répondez-vous à votre professeur ?
8. Voulez-vous parler à Robert Redford ?
9. Allez-vous regarder la télé ce soir ?
10. Pouvez-vous comprendre mes questions?

● 5 PRONOMS PERSONNELS : COMPLÉMENT D'OBJET DIRECT ET INDIRECT

1. The sequence of object pronouns, when two are used, is as follows.

a) When the direct object **le/la/l'/les** is used with the indirect object **me**, **te**, **nous**, or **vous**, the indirect object comes before the direct object.

Il **me** donne **son adresse**.	→Il **me la** donne.
Je **te** vends **cette voiture**.	→Je **te la** vends.
Il ne **nous** montre pas **ses photos**.	→Il ne **nous les** montre pas.
Je **vous** ai dit **la vérité**.	→Je **vous** l'ai dite.
Il va **vous** expliquer **les problèmes**.	→Il va **vous les** expliquer.

b) When **le/la/les** is used with the indirect object **lui** or **leur**, the indirect object comes after the direct object.

Je donne **le cadeau à Marianne**.	→Je **le lui** donne.
Il explique **la leçon aux étudiants**.	→Il **la leur** explique.
J'ai dit **la vérité à mes parents**.	→Je **la leur** ai dite.
Elle a posé **les questions à l'enfant**.	→Elle **les lui** a posées.

[1]*again*

2. Here is a list of verbs that can take both direct and indirect objects. The indirect object usually denotes human beings or animals.

apporter *to bring*	**lire** *to read*
demander *to ask for*	**montrer** *to show*
dire *to say*	**payer** *to pay for*
donner *to give*	**poser** (**une question**) *to ask (a question)*
écrire *to write*	**prêter** *to lend*
envoyer *to send*	**raconter** *to tell*[1]
expliquer *to explain*	**vendre** *to sell*

TABLEAU 52   Le facteur **les lui** apporte.   Je **vous les** paie.   Vous **me les** payez.

 A *Répondez aux questions.*

1. Est-ce que je vous explique la leçon ?
2. Est-ce que je vous prête ma voiture ?
3. Est-ce que je vous raconte mes ennuis ?
4. Est-ce que je vous dis la vérité ?
5. Est-ce que vous me donnez votre montre ?
6. Est-ce que vous me racontez vos ennuis ?
7. Est-ce que vous me lisez la lettre de vos parents ?
8. Est-ce que vous me montrez vos devoirs ?

 B *Je fais certaines choses, et vous ne comprenez pas pourquoi. Vous allez donc poser des questions d'après ces modèles.*

> Je vous dis la vérité.
> **Mais pourquoi est-ce que vous me la dites ?**
> Je dis la vérité à mes amis.
> **Mais pourquoi est-ce que vous la leur dites ?**

1. Je vous donne ce crayon.
2. Je donne ce crayon à (Jacqueline).
3. Je vous raconte mes ennuis.
4. Je ne raconte pas mes ennuis à mes parents.

---

[1] **Raconter** means *to tell (about)*, specifically in the sense of telling a story (**raconter une histoire**), an adventure (**une aventure**), problems (**des ennuis**), in cases where **dire** cannot be used.

5. Je ne prête pas ma voiture aux étudiants.
6. Je ne vous montre pas ma photo.
7. Je vous pose cette question.
8. Je ne veux pas vous montrer cette photo.
9. Je ne pose pas cette question à (Roger).
10. Je ne peux pas vous expliquer la leçon.

Voulez-vous aller
en Grèce ?
En Israël ?

APPLICATIONS

 A **Dialogue et questions**

Allons en France !
Jean-Paul est à la bibliothèque. Il a passé tout l'après-midi à faire[1] des recherches pour sa dissertation[2]. Il est fatigué et il ne veut plus travailler. Il bâille, trouve le journal universitaire près de sa table et commence à le lire. Tout d'un coup[3], son visage s'éclaire[4]. En bas de la troisième page on annonce des charters[5] pour Londres et Paris. Trois de ces vols conviennent à[6] son emploi du temps[7] de l'été. Quand il   5
rentre à la cité, il téléphone tout de suite à Christine.

---

[1]**passer** + time + **à** + infinitive   *to spend* + time + *doing something*
[2]*term paper* (on dit aussi **un mémoire**)
[3]*Suddenly*
[4]*lights up*

[5]/ʃaʀtɛʀ/ *charter (flights)*
[6]**convenir à**   *to suit*
[7]*schedule*

CHRISTINE   Bonjour, Jean-Paul. Quoi de neuf ?

JEAN-PAUL   Tu as vu le journal d'aujourd'hui ? Le club de tourisme organise plusieurs
            vols pour l'Europe.

CHRISTINE   Ah oui ? On dit que ces charters sont toujours bon marché[1].   10

JEAN-PAUL   Oui, quatre cent cinquante dollars, aller-retour[2], de New York à Paris.
            C'est donné ![3]

CHRISTINE   C'est vrai. Je n'ai pas lu le journal. Veux-tu me le montrer demain ?

JEAN-PAUL   Bien sûr. Je crois que je vais rentrer en France avant mes cours d'été.

CHRISTINE   Tu as de la veine ![4]   15

JEAN-PAUL   C'est seulement pour quatre semaines, malheureusement. Écoute, veux-
            tu venir avec moi ?

CHRISTINE   Hum . . . c'est tentant. Je n'ai jamais été en Europe, tu sais.

JEAN-PAUL   Viens avec moi. Tu peux loger chez nous.

CHRISTINE   Vraiment ? C'est gentil. Je vais écrire à mes parents ce soir.   20

JEAN-PAUL   Tu ne veux pas leur téléphoner ? Imagine Paris, les grands monuments,
            les petites villes de province, les châteaux, mes amis . . .

CHRISTINE   Doucement[5], doucement ! Ce n'est pas encore décidé !

(lignes 1–6)
1. Pourquoi Jean-Paul était-il à la bibliothèque tout l'après-midi ?
2. Pourquoi ne voulait-il plus travailler ?
3. Où a-t-il trouvé l'annonce des charters pour Londres et Paris ?
4. D'où est-ce qu'il a téléphoné à Christine ?

(lignes 7–23)
5. Qui organise les charters ?
6. Combien coûte le voyage de New York à Paris ?
7. Qu'est-ce que Christine n'a pas encore lu ?
8. Combien de temps Jean-Paul peut-il passer en France ?
9. À qui Christine va-t-elle écrire ce soir ?
10. Pourquoi dit-elle « Doucement, doucement ! » ?

B Expressions utiles

 Pays, capitales, habitants (voir la carte à la page 235)

Pays féminins
1. la France, Paris, Français
2. l'Allemagne de l'est, Berlin,
   Allemands
3. l'Allemagne de l'ouest, Bonn,
   Allemands
4. l'Angleterre (la Grande-Bretagne),
   Londres, Anglais
5. l'Autriche, Vienne, Autrichiens
6. la Belgique, Bruxelles /bʀysɛl/,
   /bʀyksɛl/, Belges
7. l'Espagne, Madrid, Espagnols
8. l'Irlande, Dublin /dyblɛ̃/, Irlandais
9. l'Italie, Rome, Italiens
10. la Suisse, Berne, Suisses

---

[1]**bon marché**   *cheap*
[2]*round trip* (on dit aussi **aller et retour**)
[3]*It's a bargain!* (literally, *It's given away!*)
[4]*You're lucky!*
[5]*(Take it) easy!* (literally, *Gently!*)

Pays masculins
11. le Danemark, Copenhague, Danois
12. le Luxembourg, Luxembourg, Luxembourgeois

13. les Pays-Bas, La Haye /laɛ/, Hollandais
14. le Portugal, Lisbonne, Portugais

D'autres pays féminins
la Chine, Pékin, Chinois
l'Égypte, le Caire, Égyptiens
la Grèce, Athènes, Grecs (*f* Grecques)
la Norvège, Oslo, Norvégiens
la Pologne, Varsovie, Polonais
la Suède, Stockholm, Suédois
l'Union Soviétique (l'URSS /lyʀs/,
   la Russie), Moscou, Russes
la Yougoslavie, Belgrade, Yougoslaves

D'autres pays masculins
le Brésil, Brasilia, Brésiliens
le Canada, Ottawa, Canadiens
les États-Unis, Washington, Américains
l'Israël[1], Jérusalem, Israéliens
le Japon, Tokyo, Japonais
le Mexique, Mexico, Mexicains

Continents[2]
l'Afrique (du Nord / Centrale / du Sud)
l'Amérique (du Nord / Centrale / du Sud)
l'Asie
l'Europe (Occidentale / Centrale / de l'Est)
l'Australie

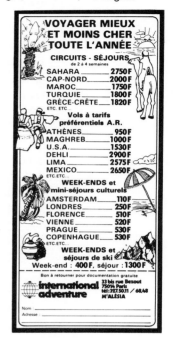

Pratique

1. La plaque internationale. Si vous voyagez en Europe en voiture, vous achetez une petite plaque ovale qui indique le pays d'immatriculation[3]. Quels pays est-ce que ces plaques représentent ?[4]

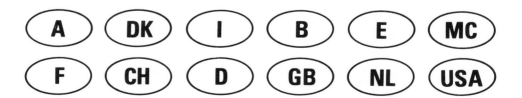

[1]On dit : **Il va en Israël** ; **Il vient d'Israël**. Lorsque le nom d'un pays commence par une voyelle, on utilise **en** et **d'** comme prépositions.
[2]Tous les continents sont féminins.
[3]*(title)* registration
[4]Voici les pays (non pas dans l'ordre donné dans la question !) : Suisse (Confédération Helvétique), Monaco, Belgique, Allemagne, Angleterre, États-Unis, Italie, Autriche, Danemark, France, Espagne, Pays-Bas.

2. Voici les noms de quelques personnes célèbres. Identifiez leur nationalité et leur profession (écrivain, peintre, compositeur).[1]

Shakespeare	Rembrandt	Michel-Ange /mikɛlɑ̃ʒ/
Beethoven	Cervantès	Flaubert
Rossini	Ravel	Bizet
Ibsen	Cézanne	Andersen

3. Certaines villes et certains pays sont célèbres pour leurs monuments. Où peut-on voir les monuments suivants ?

la Tour Eiffel	la basilique de Saint-Pierre
l'Acropole d'Athènes	le palais de Buckingham
les Pyramides	le palais de l'O.N.U.[2]
la Grande Muraille	le palais de Versailles

C *Deux étudiantes veulent aller en France l'été prochain. Elles attendent avec impatience la fin de l'année scolaire. Lisez le passage suivant et posez des questions sur les parties soulignées.*

Nous voulons aller (1) en France l'été prochain. Nous allons prendre un vol (2) organisé par une agence de voyage[3] de notre ville. J'ai commencé mon étude du français (3) il y a un an. (4) Ma sœur parle très bien français. Elle a acheté (5) plusieurs *Guides Michelin* verts. (6) Ces guides sont très utiles ; pour chaque région de la France il y a (7) des plans de villes[4], l'histoire et la description des endroits intéressants, avec beaucoup d'illustrations. Elle va les lire (8) d'un bout à l'autre. (9) J'ai obtenu la liste des Auberges de Jeunesse[5] en France. La date de notre départ est (10) le vingt juin. (11) Le voyage va être très intéressant. Je vais envoyer beaucoup de cartes postales (12) à mes parents.

D *Christine a décidé d'aller en France cet été. C'est sa première visite en France. Complétez le passage suivant. Mettez les verbes soulignés aux temps appropriés du passé.*

(1) Club/tourisme/université/venir de/organiser/vols/pour/Europe. (2) Voyage/ne pas/coûter cher/et/Jean-Paul/dire/que/je/pouvoir/loger/chez/son/parents. (3) Je/écrire/à/mon/parents/et/ils/me/dire/que/ils/aller/me/prêter/mille/dollar. (4) Je/ne jamais/être/en/Europe. (5) Je/vouloir/rester/Paris/pendant/au moins/dix/jour,/et/puis/passer/le reste/de/mon/temps/à/visiter/provinces. (6) Jean-Paul/avoir/plusieurs/*Guide Michelin*/et/il/me/les/prêter. (7) Je/les/lire/et/je/les/trouver/très/utiles. (8) Je/ne plus/les/avoir,/car/je/les/rendre/à/Jean-Paul/ce/après-midi. (9) Mais/je/prendre/beaucoup/notes. (10) Maintenant,/je/attendre/avec/beaucoup/impatience/fin/semestre.

E *Composition. Choisissez un des sujets suivants et écrivez une composition d'à peu près 150 mots.*

1. Dans quelle sorte de maison ou d'appartement habitiez-vous quand vous étiez petit(e) ? Faites une description de cette maison ou de cet appartement.

---

[1] Dites, par exemple : « Debussy était un compositeur français », « Goya était un peintre espagnol », « Hemingway était un écrivain américain ».
[2] l'O.N.U. l'Organisation des Nations Unies (ici, le mot **palais** signifie **un beau bâtiment public**)
[3] **une agence de voyage** *travel agency*
[4] *city maps*
[5] *Youth Hostels*

2. Avez-vous jamais visité un pays étranger ? Quand, et pour quelles raisons ? Faites une description de votre voyage.

3. Racontez un événement amusant qui vous est arrivé récemment.

4. Avez-vous jamais lu l'*Évangeline* de Longfellow ? Faites un résumé de ce poème sous forme de récit[1].

5. Écrivez un récit de voyage en Amérique raconté par un explorateur français du dix-septième siècle.

6. Racontez un week-end dans la vie d'un(e) Acadien(ne) en Louisiane au début du dix-neuvième siècle.

7. Quels contes de fées[2] connaissez-vous bien ? Racontez un de ces contes.

F *Renseignements et opinions*

1. Quel âge aviez-vous quand vous lisiez les contes de fées ? Est-ce que vous les lisez encore ?

2. Avez-vous jamais voyagé à l'étranger[3] ? Quels pays avez-vous visités ? Quelles villes avez-vous trouvées passionnantes ? Pourquoi ?

3. Avez-vous jamais écrit une lettre au président des États-Unis ? Si vous lui écrivez, de quoi allez-vous lui parler ?

4. Est-ce que vous me montrez toujours vos devoirs ? Comment est-ce que je sais que vous les avez faits ? Est-ce que vous les montrez à vos camarades ?

5. Un de vos camarades va passer une semaine à Paris. Il n'a jamais étudié le français. Choisissez dix expressions importantes pour lui.

[1]*in the form of a narration*
[2]*fairy tales*
[3]*abroad*

La Côte-d'Ivoire, un beau pays d'Afrique où on parle français.

6. Voici quelques réponses ; remarquez que toutes ces réponses sont au négatif. « Inventez » les questions.

Non, je ne veux jamais lui écrire !

Non, je ne vais pas la (les) leur raconter !

Non, je ne vous l'ai jamais prêté(e) !

Écoute, Papa, je ne veux pas te parler de cela !

VOCABULAIRE[1]

Noms masculins

·allemand	·dollar	·Italien	Portugal
·aller-retour	·emploi du temps	Japon	roman
Belge	escargot	Liechtenstein	sujet
·charter	·espagnol	Mexique	vice-président
cigare	état	Monaco	·visage
·club	flamand	pays	·vol
croissant	italien	·portugais	·yeux *pl*

Noms féminins

·Allemagne	Belgique	Espagne	·recherche
Andorre	·carte postale	géographie	Suisse
·Angleterre	·chute	Irlande	
·annonce	composition	Italie	
·Autriche	·dissertation	monarchie	

Verbes

·annoncer	exister	indiquer	·organiser
·convenir à *irrég*	expliquer	lire *irrég*	
écrire *irrég*	·imaginer	·loger	

Adjectifs

·gentil(le)	·tentant(e)	voisin(e)

Adverbes

de nouveau	·doucement	jamais	·malheureusement

Autres expressions

·avoir de la veine	·C'est donné !	ne . . . plus	·tout d'un coup
·bon marché	ne . . . jamais	·s'éclairer	

[1]Indirect object pronouns are excluded.

TREIZIÈME LEÇON

CONVERSATIONS

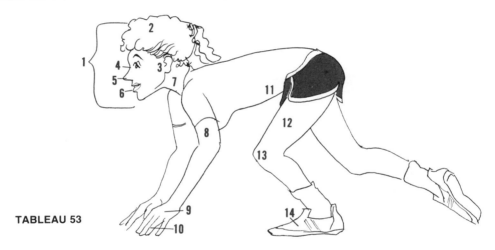

TABLEAU 53

A. Le corps humain

Regardez le Tableau 53. Qu'est-ce que c'est ? C'est un corps humain. Répétez les mots après moi. . .[1] Maintenant, répondez aux questions.

Où est votre tête ? Où sont vos cheveux ? De quelle couleur sont vos cheveux ? (« J'ai les cheveux noirs », etc.)

Où sont vos yeux ? Où sont vos oreilles ? De quelle couleur sont vos yeux ? (« J'ai les yeux bleus », etc.)

Où est votre main gauche ? Levez la main droite. Qu'est-ce que vous faites quand vous avez une question à poser ?[2]

Est-ce que vous voyez avec les yeux ? Qu'est-ce que vous faites avec les oreilles ? Qu'est-ce que vous faites avec la bouche ?

---

[1]Le vocabulaire du Tableau 53 est enregistré sur la bande magnétique.
[2]En France on lève le doigt (l'index) quand on a une question à poser.

B. Achille[1] joue avec une balle.

MME GEORGET	Jean, réveille-toi. J'entends du bruit dans la cuisine.
M. GEORGET	Hein ? . . . Je n'entends rien.
MME GEORGET	Si. Va voir ce qui se passe[2].
M. GEORGET	. . . Eh bien, il n'y a personne dans la cuisine. C'est Achille qui joue avec sa balle.

C. J'ai mal au ventre.[3]

ANNE	Je vais rentrer à la maison. Je ne me sens pas bien.
MME PAILLARD	En effet[4], vous avez mauvaise mine[5]. Qu'est-ce qui ne va pas ?
ANNE	J'ai mal au ventre.
MME PAILLARD	Ce n'est pas grave, j'espère.

[1] le nom du chat
[2] **ce qui se passe**   *what* (literally, *that which*) *is going on*
[3] *I have a stomachache;* le mot **ventre** indique l'estomac aussi bien que les intestins.
[4] *Indeed, In fact*
[5] **avoir mauvaise mine**   *not to look well* (le contraire de **avoir bonne mine** *to look well*)

« *Voilà vos médicaments, Madame.* »

DIFFÉRENCES

À votre santé[1]

An American complains of an "upset" stomach; a French person suffers from **mal au foie** (an "upset" liver). This term, perhaps derived from the traditional high consumption of wine, is used to cover many symptoms of indigestion (to be distinguished from **une maladie de foie** *a liver ailment*). The French place great faith in the ability of the local **pharmacien** to supply them with a remedy for minor illnesses, and may purchase **aspirine** (regular, or effervescent like Alka-Seltzer) or other medicine which often comes in liquid form, contained in small glass capsules (**ampoules** *f*). In more serious cases, the doctor is called—doctors make house calls in France. If hospitalization is required, the French can go to a hospital, state-subsidized, or to a smaller, privately owned clinic (**la clinique**). The French Social Security reimburses up to 75% of the doctor's fees and cost of medication, and up to 80% of hospitalization costs, in addition to compensation for lost wages.

The French government promotes good health for its citizens. A good example of this policy is the various kinds of assistance offered for pregnancy and childbirth. An expectant mother receives financial aid equivalent to 25% of her husband's salary. Her medical expenses are almost entirely covered, and she even receives a sum of money (about $200 twice) to cover extra expenses for the baby. A working woman receives about sixteen weeks of maternity leave at half pay, while still qualifying for the supplement of 25% of her husband's earnings. The husband himself is given several days of paid leave after the birth of the child in order to assist his wife. A woman with two or more children is entitled to a certain sum of money (depending on the total family income) every month to defray part of the expenses of raising her children. This allowance, known as **allocations familiales**, is given directly to the mother. Single-income families are often entitled to the **allocations de salaire unique,** and single mothers receive additional help. Families with children from 6 to 16 years of age may receive an income supplement at the beginning of the school year (**allocations de rentrée scolaire**).

The French policy for public well-being is much more socialized than in the United States and each year it costs the government an enormous amount of money. The birthrate, as in the U.S. and in other European countries, has been in decline for some time. The extensive health policy and various income supplements to families with children reflect an attempt to encourage larger families and to ensure the continuation of **la Sécurité Sociale**.

EXPLICATIONS ET EXERCICES ORAUX

• 1 VERBES RÉFLÉCHIS : AUX TEMPS SIMPLES

1. Reflexive verbs denote an action that is performed by the subject and that is "reflected back" onto the subject. In English, *I see myself in the mirror, You will hurt yourself* are reflexive constructions, but *I see you in the mirror, You will*

---

[1]*To your health* (or **À la bonne vôtre**), said when drinking a toast to someone.

hurt him are not. In French, reflexive verbs are preceded by reflexive pronouns: **me, te, se** (**m', t', s'** before a vowel sound), **nous**, and **vous**. Note the use of reflexive pronouns below. (Remember, the verb itself must be conjugated to agree with the subject.)

Je **me** lave.	*I wash myself.*	Nous **nous** lavons.	*We wash ourselves.*
Tu **te** laves.	*You wash yourself.*	Vous **vous** lavez.	*You wash yourself/*
Il **se** lave.	*He washes himself.*		*yourselves.*
Elle **se** lave.	*She washes herself.*	Ils **se** lavent.	*They wash themselves.*
On **se** lave.	*One washes oneself.*	Elles **se** lavent.	*They wash themselves.*

2. In dictionaries, reflexive verbs are usually listed under the infinitive form, preceded by **se**. Below are the reflexive verbs used in the oral and written exercises in this lesson.[1] Note that in many cases the English equivalents are nonreflexive.

s'amuser	*to have fun* (literally, *to amuse oneself*)
s'appeler[2]	*to be called, one's name is* (literally, *to call oneself*)
se brosser	*to brush oneself (off)*
se coucher	*to go to bed*
se couper	*to cut oneself*
se dépêcher	*to hurry*
s'ennuyer[3]	*to be bored* (literally, *to bore oneself*)
s'habiller	*to get dressed* (literally, *to dress oneself*)
se déshabiller	*to get undressed* (literally, *to undress oneself*)
se laver	*to wash oneself*
se lever[4]	*to get up* (literally, *to raise oneself*)
se promener[4]	*to take a walk* (literally, *to walk oneself*)
se reposer	*to rest*[5]
se réveiller	*to wake up* (literally, *to wake oneself*)
se sentir	*to feel* (in Lesson **13**.5)

---

[1]Some of these verbs can be used as nonreflexive verbs if the action is performed by the subject on someone or something else.

Elle **s'amuse**.	Elle **amuse** les enfants.
Elle **s'appelle** Marie.	Elle **appelle** un taxi.
Elle **se lave**.	Elle **lave** la voiture.
Elle **se réveille**.	Elle **réveille** son mari.

[2]**Appeler** doubles the stem consonant (see Lesson **7**.4): **je m'appelle, il s'appelle**; but **nous nous appelons, vous vous appelez**.

[3]See Lesson **7**.4 for the conjugation of **ennuyer**.

[4]Conjugated like **acheter** (Lesson **7**.4): **je me lève, je me promène, il se lève, il se promène**; but **nous nous levons, nous nous promenons, vous vous levez, vous vous promenez**.

[5]Note the meaning of **se reposer**; *to stay, to remain* is **rester**.

Je **m'appelle** Hibou.

Je **me lève** à huit heures.

Je **me lave**.

Je **me promène** dans le bois.

Je **me repose** un peu.

Je **me couche** à six heures.
Bonne nuit !

TABLEAU 54

3. *Negation and inversion.* The reflexive pronoun always precedes the verb directly. This means that **ne . . . pas** is placed around the reflexive pronoun + verb combination. In inversion, it will be placed around reflexive pronoun + verb + subject pronoun.

Je **me dépêche**.	→Je ne **me dépêche** pas.
Tu **te lèves** très tôt.	→Tu ne **te lèves** pas très tôt.
Nous **nous amusons**.	→Nous ne **nous amusons** pas.
Vous réveillez-vous tôt ?	→Ne **vous réveillez**-vous pas tôt ?
Se promènent-ils ?	→Ne **se promènent**-ils pas ?

4. *The imperative.* To form a negative command, you negate the verb and drop the subject pronoun. For an affirmative command, place the reflexive pronoun *after* the verb (**te** becomes **toi**); a hyphen is inserted between the verb and the inverted reflexive pronoun. (Remember, in the imperative, first conjugation verbs (**-er**) drop the **-s** of the **tu** form.)

Tu **te** reposes. → { Ne **te** repose pas ! / Repose-**toi** !

Nous **nous** lavons. → { Ne **nous** lavons pas ! / Lavons-**nous** !

Vous **vous** dépêchez. → { Ne **vous** dépêchez pas ! / Dépêchez-**vous** !

5. Note below that the reflexive pronoun agrees with the subject even when the reflexive verb is in the infinitive form.

Je **me lève** à sept heures. →Je vais **me lever** à sept heures.
Tu **te dépêches** un peu. →Tu ne veux pas **te dépêcher** un peu ?
Vous **vous reposez** ici. →Vous pouvez **vous reposer** ici.

6. In many cases, the reflexive pronoun is the direct object of the verb. However, there are a few verbs for which the reflexive pronoun may or may not be a direct object. Such verbs have to do with *parts of the body*. When the part of the body is not mentioned, the reflexive pronoun is the direct object, as in the examples below.

Je **me** lave. *I wash myself.*
Elle **se** coupe. *She cuts herself.*
Vous **vous** brossez. *You brush yourself (off).*

If the part of the body is mentioned, the reflexive pronoun is the indirect object. Note that, in contrast to English, the part of the body is preceded by the definite article, not by a possessive adjective.

Je **me** lave **la figure**. *I wash my face.*
Elle **se** coupe **les ongles**. *She cuts her nails.*
Vous **vous** brossez **les dents**. *You brush your teeth.*

Here is a list of verbs commonly used with parts of the body.

se brosser (les dents, les cheveux) *to brush (one's teeth, hair)*
se casser (le bras, la jambe) *to break (one's arm, leg)*

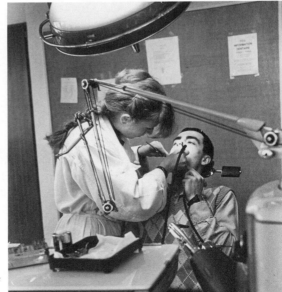

« Est-ce que vous vous brossez les dents après chaque repas ? »

se couper (les ongles, le doigt)   *to cut (one's nails, finger)*
se fouler (le doigt, la cheville)   *to sprain (one's finger, ankle)*
se laver (la figure, les mains)   *to wash (one's face, hands)*

The definite article, rather than a possessive adjective, is also used in nonreflexive constructions when the part of the body belongs to the subject of the sentence.

J'ai **les yeux** noirs.   *I have dark eyes.*
J'ai **les cheveux** blonds.   *I have blond hair.*
Il a fermé **les yeux**.   *He closed his eyes.*
Avez-vous mal **à la tête** ?   *Do you have a headache?* (literally, *Do you have a pain in the head?*)

Levez **la main** gauche.   *Raise your left hand.*

TABLEAU 55   Elle **se** brosse **les dents**.   Elle **se** lave **la figure**.   Il **se** casse **la jambe**.

A *Exercice de contrôle*

Je me couche très tard.

1. Le professeur   3. Tu   5. Vous
2. Les étudiants   4. Nous   6. Je

Je ne me lève pas très tôt.

1. Tu   3. Les étudiants   5. Le professeur
2. Vous   4. Nous   6. Je

B *Voici la description d'une journée de Cécile. Ajoutez des phrases d'après ce modèle.*

Cécile se réveille à six heures.
ÉTUDIANT A   **Moi aussi, je me réveille à six heures.**
ÉTUDIANT B   **Ce n'est pas vrai ; tu ne te réveilles pas à six heures !**

1. Cécile se réveille à sept heures.
2. Elle se lève à sept heures et quart.
3. Elle se lave la figure.
4. Elle se brosse les cheveux.
5. Elle se brosse les dents.
6. Elle s'habille lentement.
7. Cécile se dépêche.
8. Elle se promène dans un jardin.
9. Elle s'amuse dans le jardin.
10. Elle se repose avant le dîner.
11. Elle se déshabille vite.
12. Elle se couche à dix heures.

C *Écoutez bien et ajoutez des phrases affirmatives ou négatives d'après ces modèles.*

> Je ne me lave pas la figure.
> **Mais si, vous vous lavez la figure !**
> Je me repose dans la classe.
> **Mais non, vous ne vous reposez pas dans la classe !**

1. Je ne me brosse pas les dents.
2. Je ne me lave pas la figure.
3. Je m'ennuie dans ce cours.
4. Je m'appelle Napoléon Bonaparte.
5. Je ne m'appelle pas (nom du professeur).
6. Je me lève à midi.
7. Je me coupe l'oreille.
8. Je me couche à midi.

D *Répondez aux questions.*

1. Comment vous appelez-vous ? Demandez-moi comment je m'appelle. Demandez à votre voisin(e) de droite comment il (elle) s'appelle.
2. À quelle heure vous levez-vous ? Demandez-moi à quelle heure je me lève. Demandez à (Michel) à quelle heure il se lève.
3. À quelle heure vous couchez-vous ? Demandez-moi à quelle heure je me couche. Demandez à (Marion) à quelle heure elle se couche.
4. Vous ennuyez-vous dans ce cours ? Demandez-moi si je m'ennuie dans ce cours. Demandez à (Vincent) s'il s'ennuie dans ce cours.
5. Je travaille trop. Dites-moi de me reposer. (Alain) travaille trop. Dites à (Alain) de se reposer un peu.

E *Formez de petits groupes et posez-vous des questions. Utilisez les expressions suivantes.*

1. à quelle heure / se lever
2. où / se brosser / dents
3. où / s'habiller
4. à quelle heure / venir / à l'université
5. où / se déshabiller
6. à quelle heure / se coucher
7. où / vouloir / se promener
8. quand / aller / se reposer

• 2 ADJECTIF **TOUT** ; EXPRESSIONS AVEC **MONDE**

1. The singular forms **tout** and **toute** correspond to English *entire, whole,* or *all.* These forms are followed by an article, a possessive or demonstrative adjective, plus a singular noun.

Je vais lire **tout ce livre**.	*this entire book*
Il a **tout son argent** ici.	*all his money*
Vous avez compris **toute la leçon**.	*the entire lesson*
Toute la famille parle français.	*The whole family*

2. The plural forms **tous** and **toutes** correspond to English *all* or *every.*

Que faites-vous **tous les jours** ?	*every day*
Tous mes livres sont là-bas.	*All my books*
Je connais **toutes vos tantes**.	*all your aunts*
Toutes ces fleurs sont belles.	*All these flowers*

3. The word **monde** usually means *world*. Used as a noncount noun, it refers to people in general.

Tout le monde se dépêche.	*Everyone*
Il y a **du monde** ici !	*some people/a lot of people*
Je vois **beaucoup de monde**.	*a lot of people*
Tu as invité **trop de monde**.	*too many people*

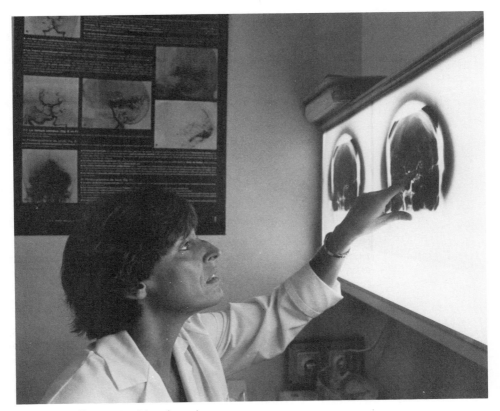

Toutes les radios montrent la même chose.

 A *Répondez aux questions en employant* **tout** *ou* **toute** *d'après ce modèle.*

Avez-vous étudié la leçon ?
Oui, j'ai étudié toute la leçon (*ou* **Je n'ai pas étudié toute la leçon**).

1. Avez-vous compris la leçon ?
2. Avez-vous fait votre devoir de français ?
3. Pouvez-vous voir le tableau ?
4. Avez-vous votre argent ici ?
5. Votre famille habite-t-elle aux États-Unis ?

B *Répondez aux questions d'après ce modèle.*

> Avez-vous étudié tous les exemples ?
> **Oui, j'ai étudié tous les exemples** (*ou* **Je n'ai pas étudié tous les exemples**).

1. Avez-vous compris tous les exemples ?
2. Allons-nous faire les exercices oraux ?
3. Comprenez-vous toujours mes questions ?
4. Faites-vous les exercices écrits ?
5. Connaissez-vous les étudiants dans ce cours ?

C *Voici encore des questions.*

1. Y a-t-il beaucoup de monde dans ce cours ? Est-ce que tout le monde est ici aujourd'hui ?
2. Connaissez-vous tout le monde dans ce cours ? Est-ce que je connais tous les étudiants ?
3. Pouvez-vous répondre à toutes mes questions ? Est-ce que je réponds à toutes vos questions ?
4. Qu'est-ce que vous allez faire demain tout l'après-midi ? Faites-vous ces choses tous les après-midi[1] ?
5. Que faites-vous tous les matins ? Mentionnez deux choses.
6. Que faites-vous tous les soirs ? Mentionnez deux choses.

● 3 FORMES NÉGATIVES : **NE . . . RIEN** ET **NE . . . PERSONNE**

1. **Rien** *nothing* is the opposite of **quelque chose** *something* or **tout** *everything*; **personne** *no one* is the opposite of **quelqu'un** *someone* or **tout le monde** *everyone*. The placement of these negative words varies according to their function in a given sentence. Note that **ne** still precedes the verb.

a) As the *subject*, they come before **ne** and the verb.

Ce livre est facile.	→**Rien n'**est facile.	*Nothing is easy.*
L'incident est arrivé.	→**Rien n'**est arrivé.	*Nothing happened.*
Marie comprend cela.	→**Personne ne** comprend cela.	*No one understands that.*
Jacques m'a parlé.	→**Personne ne** m'a parlé.	*No one spoke to me.*

b) As the *direct object* of a verb, they both follow the verb in simple tenses (tenses without an auxiliary, i.e., the present and the imperfect).

Je lis **ce livre**.	→Je **ne** lis **rien**.	*I read nothing.*
Je croyais **Jeanne**.	→Je **ne** croyais **personne**.	*I believed no one.*

In compound tenses (with an auxiliary, i.e., the *passé composé*), **personne** follows the verb; but **rien** (like **pas**, **plus**, and **jamais**) comes between the auxiliary and the past participle.

J'ai écrit **la lettre**.	→Je **n'**ai **rien** écrit.	*I wrote nothing.*
J'ai vu **le médecin**.	→Je **n'**ai vu **personne**.	*I saw nobody.*

---

[1]Remarquez que le mot **après-midi** est invariable.

c) As the *indirect object* and *object of a preposition*, they both occupy the same position as the corresponding noun objects.

Il répond **à la question**.   →Il **ne** répond **à rien**.
Il a obéi **à toutes les règles**.   →Il **n**'a obéi **à rien**.
Il a parlé **de sa santé**.   →Il **n**'a parlé **de rien**.
Elle répond **à la dame**.   →Elle **ne** répond **à personne**.
Elle a obéi **à l'agent**.   →Elle **n**'a obéi **à personne**.
Elle a parlé **de son médecin**.   →Elle **n**'a parlé **de personne**.

2. If **rien, personne, quelque chose**, or **quelqu'un** is modified by an adjective, de + masculine singular adjective is used.

Avez-vous trouvé **quelque chose d'intéressant** ?
— Non, je **n**'ai **rien** trouvé **d'intéressant**.
Connaissez-vous **quelqu'un d'amusant** ?
— Non, je **ne** connais **personne d'amusant**.

3. Both **rien** and **personne** can be used as single-word negative answers. If the verb in question takes a preposition, that preposition must also precede **rien** or **personne** in the answer.

Qu'est-ce qui se passe ?   — Rien !
Qui sait la réponse ?   — Personne !
À quoi est-ce que tu penses ?   — À rien !
De qui parle-t-elle ?   — De personne !

TABLEAU 56   Il n'y a **rien** sur la table.   Il **n**'y a **personne** dans la chambre.
                   Rien n'est sur la table.   Personne n'est dans la chambre.

A *Vous allez être en contradiction avec moi. Ajoutez des phrases négatives d'après ces modèles.*

J'achète tout.
Mais non, vous n'achetez rien !
Je connais tout le monde.
Mais non, vous ne connaissez personne !

1. Je sais tout.
2. Je fais tout.
3. Je connais tout le monde.
4. Je comprends tout.
5. J'aime tout le monde.
6. J'obéis à tout le monde.
7. Je mange tout.
8. Je parle à tout le monde.
9. Je vois tout le monde.
10. Je réponds à tout.

Maintenant, ajoutez des phrases d'après ces modèles.

J'achète tout.
Non, vous n'avez rien acheté !

Je connais tout le monde.
Non, vous n'avez connu personne !

B *Répondez négativement d'après ce modèle.*

Lisez-vous quelque chose d'intéressant ?
Non, je ne lis rien d'intéressant.

1. Voyez-vous quelque chose d'intéressant ?
2. Connaissez-vous quelqu'un de bête ?
3. Pensez-vous à quelque chose d'important ?
4. Est-ce que quelque chose est arrivé[1] ?
5. M'avez-vous dit quelque chose ?
6. Avez-vous lu quelque chose d'amusant ?

[1]**arriver**   *to happen* (= se passer)

Il n'y a rien de plus important que la santé.

7. Est-ce que quelqu'un vous a téléphoné à minuit ?
8. Est-ce que quelque chose de bizarre vous est arrivé ?

C *Révision. Répondez aux questions en employant* **rien**, **personne**, **plus** *ou* **jamais**.

1. Y a-t-il quelqu'un à la porte ?
2. Avez-vous quelque chose dans la main gauche ?
3. Allez-vous encore à la « high school »?
4. Avez-vous voyagé en Afrique ?
5. Avez-vous téléphoné à quelqu'un ce matin ?
6. Portez-vous encore des vêtements pour enfants ?
7. Avez-vous fait quelque chose d'intéressant ce matin ?
8. Avez-vous mangé des escargots ?
9. Est-ce que quelqu'un est derrière (Monique) ?
10. Est-ce que tout est trop difficile dans ce cours ?

● **4 VERBES RÉFLÉCHIS : AUX TEMPS COMPOSÉS**

1. We saw in Lesson **10**.5 that, in the *passé composé*, the past participle of verbs conjugated with **être** ("verbs of motion") agrees in gender and number with the subject. In Lesson **11**.2, you also learned that the past participle of verbs conjugated with **avoir** agrees with the direct object, if it precedes the past participle.

   Jacqueline et sa tante sont **venues** hier soir.
   Vous êtes déjà **rentrée, Marie-Claire** ?
   Regardez **ces robes** ; je **les** ai **achetées** ce matin.
   Quelle question n'a-t-il pas **comprise** ?

   All reflexive verbs take **être** as the auxiliary verb in the *passé composé*. If the reflexive pronoun is the *direct object*, the past participle agrees in gender and number with it.

Je **me** lève.	→Je **me** suis **levé/levée**.
Tu **te** lèves.	→Tu **t'**es **levé/levée**.
Il **se** lève ; on **se** lève.	→Il **s'**est **levé** ; on **s'**est **levé**.
Elle **se** lève.	→Elle **s'**est **levée**.
Nous **nous** levons.	→Nous **nous** sommes **levés/levées**.
Vous **vous** levez.	→Vous **vous** êtes **levé/levée/levés/levées**.
Ils **se** lèvent.	→Ils **se** sont **levés**.
Elles **se** lèvent.	→Elles **se** sont **levées**.

2. If the reflexive pronoun is the indirect object (as when referring to parts of the body), there is no agreement between the past participle and the reflexive pronoun.

Elle **s'**est **lavée**.	*She washed herself.*
Elle **s'**est **lavé** les cheveux.	*She washed her hair.*
Elle **s'**est **coupée**.	*She cut herself.*
Elle **s'**est **coupé** les ongles.	*She cut her nails.*

If the direct object becomes a pronoun and precedes the verb, then the past participle agrees with it in gender and number.

Il s'est coupé **les ongles.**   →Il se **les** est **coupés.**
Je me suis brossé **les dents.**   →Je me **les** suis **brossées.**
On s'est lavé **les mains.**   →On se **les** est **lavées.**

3. *Negation and inversion.* The reflexive pronoun always precedes the auxiliary verb directly. The inversion takes place between the subject pronoun and the auxiliary.

Je **me suis** dépêché.   →Je ne **me suis** pas dépêché.
Elle **s'est** lavé les mains.   →Elle ne **s'est** pas lavé les mains.

Vous êtes-vous reposé ?   →Ne **vous êtes**-vous pas reposé ?
Se sont-ils levés ?   →Ne **se sont**-ils pas levés ?

 A *Exercice de contrôle*

Je me suis couché(e) à minuit.

1. Le professeur   3. Nous   5. Vous
2. Les étudiants   4. Tu   6. Je

Je ne me suis pas levé(e) très tôt.

1. Les étudiants   3. Le professeur   5. Nous
2. Tu   4. Vous   6. Je

 B *Mettez les phrases suivantes au passé composé. C'est Cécile qui parle.*

1. Papa et maman se lèvent très tôt.
2. Moi, je me lève à sept heures.
3. Je me brosse les cheveux.
4. Je me lave la figure dans la salle de bains.
5. Je me brosse les dents.
6. Je m'habille dans ma chambre.
7. Mes parents s'habillent dans leur chambre.
8. Je vais à l'école, et papa va à son bureau.
9. Je rentre à quatre heures et demie.
10. Je prends un bain et je me coupe les ongles.
11. Papa et maman regardent la télévision.
12. Je me couche à dix heures et demie.

C *Répondez aux questions.*

1. À quelle heure vous êtes-vous levé(e) ce matin ? Demandez-moi à quelle heure je me suis levé(e).
2. Vous êtes-vous brossé les dents ? Demandez-moi si je me suis brossé les dents.

3. À quelle heure vous êtes-vous couché(e) hier soir ? Demandez-moi à quelle heure je me suis couché(e) hier soir.
4. Y a-t-il quelqu'un qui aime faire une promenade ? Qui s'est promené hier ? Où est-ce que vous vous êtes promené(e) ?
5. Où est-ce que vous vous habillez d'habitude ? Où est-ce que vous vous êtes habillé(e) ce matin ? Quels vêtements avez-vous mis ?
6. Vous êtes-vous dépêché(e) pour arriver à ce cours ? Posez-moi la même question.

D *C'est Jean-Paul Chabrier qui parle dans ce passage. Mettez chaque phrase au passé.*

(1) *Je me réveille* tôt ce matin. (2) *Je regarde* mon réveil. (3) *Il est* seulement sept heures moins le quart. (4) *Je décide* de me lever. (5) *Je me lave* la figure. (6) *Je m'habille* rapidement. (7) *Tout le monde est* encore au lit. (8) *Il fait* beau et *le ciel est* bleu. (9) *Je sors* de mon appartement. (10) *Il n'y a presque personne* dans la rue. (11) *Je marche* pendant un quart d'heure[1]. (12) *Je rencontre* Mme Jonas, notre voisine. (13) *Je lui dis* bonjour. (14) *Elle va* à la boulangerie. (15) *Nous bavardons* pendant quelques minutes. (16) *J'ai* faim et *j'ai* froid. (17) Quand *je rentre* dans l'appartement, *Maman et Monique préparent* le petit déjeuner. (18) *Mon père est* encore dans sa chambre ; *il s'habille.* (19) À sept heures et demie, *tout le monde est* dans la cuisine. (20) *Monique part* la première, ensuite (21) *mes parents partent.* (22) *Monique se dépêche,* parce qu'*elle est* un peu en retard. (23) *Moi, je reste* dans l'appartement pendant vingt minutes. (24) *Mon premier cours à l'université commence* à dix heures. (25) *Je n'ai pas besoin* de me dépêcher.

● 5 DORMIR, SERVIR, SENTIR

1. In the present tense, **dormir** *to sleep*, **servir** *to serve*, and **sentir** *to feel, to smell* are conjugated like **partir** and **sortir**: there is no change in the stem vowel throughout the conjugation, and the stem-final consonant sound (here, /m/, /v/, and /t/, respectively) occurs only in the infinitive and the plural forms.

Je **dors** beaucoup.	Je **sers** le repas.	Je **sens** une odeur.
Tu **dors** peu.	Tu **sers** le dîner.	Tu ne **sens** rien.
Il **dort** huit heures.	Il **sert** le déjeuner.	Il **sent** quelque chose.
Nous **dormons** bien.	Nous **servons** du vin.	Nous **sentons** la chaleur.
Vous **dormez** mal.	Vous **servez** du café.	Vous **sentez** le parfum.
Ils **dorment** assez.	Ils **servent** du thé.	Ils **sentent** le froid.
J'ai bien[2] **dormi**.	J'ai **servi** du rosbif.	J'ai **senti** une odeur.

dors	dormons
dors	dormez
dort	dorment
dormi	

sers	servons
sers	servez
sert	servent
servi	

sens	sentons
sens	sentez
sent	sentent
senti	

---

[1] *a quarter of an hour*
[2] On met **bien** ou **mal** devant le participe passé : **J'ai bien dormi** ; **Je n'ai pas très bien dormi** ; **J'ai mal dormi**.

2. **Sentir** is also used as an intransitive verb meaning *to smell* (good, bad), and *to smell like, to smell of* (gas, mint, for example). Note that any adjective following **sentir** remains masculine singular; any noun following it is singular, preceded by the definite article.

Ces fleurs **sentent bon**.	*These flowers smell good.*
Cette viande **sent mauvais**.	*This meat smells bad.*
Ça **sent le gaz**.	*It smells like gas.*
Ça **sent l'ail**.	*It smells like garlic.*

3. **Se sentir** refers to one's mental or physical condition. It is usually followed by an adjective (which agrees in gender and number with the subject) or the adverb **bien** or **mal**.

Je **me sens** bien.	*I feel fine (well).*
Il **se sentait** mal.	*He was feeling sick (bad).*
Nous **nous sentons** découragés.	*We feel discouraged.*
Elles **se sentaient** heureuses.	*They were feeling happy.*

 A *Exercice de contrôle*

Je ne dors pas assez.

1. Tu
2. Vous

3. Les étudiants
4. Le professeur

5. Nous
6. Je

Je sers du thé à mes amis.

1. Les étudiants
2. Tu

3. Le professeur
4. Nous

5. Vous
6. Je

Je sens une odeur.

1. Vous	3. Nous	5. Les étudiants
2. Le professeur	4. Tu	6. Je

B *Répondez aux questions.*

1. Combien de temps dormez-vous chaque jour ? Demandez-moi combien de temps je dors chaque jour.
2. Dormez-vous en classe ? Allez-vous dormir maintenant ?
3. Qui a bien dormi hier soir ? Qui n'a pas assez dormi ? Combien de temps avez-vous dormi ?
4. Dormiez-vous beaucoup quand vous étiez petit(e) ? Est-ce que vous dormiez ce matin à une heure ? À quelle heure vous êtes-vous couché(e) ?
5. Qu'est-ce qu'on sert comme boisson au restaurant universitaire ? Est-ce qu'on sert du vin ?
6. Quand vous invitez des amis chez vous, qu'est-ce que vous leur servez ? Qu'est-ce que vous ne leur servez pas ?
7. Je sens une odeur. Je crois que ça sent le gaz. Est-ce que vous sentez quelque chose ?
8. Qu'est-ce que vous faites quand vous sentez la faim ? Et quand vous sentez le froid ?
9. Citez deux choses qui sentent bon. Citez deux autres choses qui sentent mauvais.
10. Comment vous sentez-vous aujourd'hui ? Est-ce qu'il y a quelqu'un qui se sent mal ?
11. Comment est-ce que vous vous sentez après beaucoup de travail ? Comment est-ce que je me sens quand mes étudiants travaillent bien ?

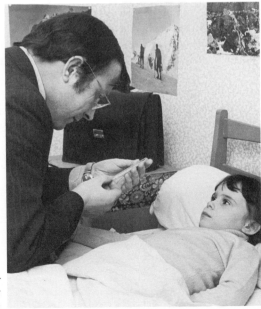

« Tu vas te sentir beaucoup mieux demain. »

APPLICATIONS

 A Dialogue et questions

J'ai la grippe !

C'était jeudi. Christine avait rendez-vous[1] avec Jean-Paul à midi. Elle l'a attendu un quart d'heure, mais il n'est pas venu. Il a peut-être oublié leur rendez-vous ? Elle a essayé de[2] lui téléphoner, mais personne n'a répondu. Elle a déjeuné seule et, l'après-midi[3], elle est allée à la bibliothèque et ensuite à ses cours. Elle est rentrée vers quatre heures. Elle écoutait des disques et écrivait une lettre quand le téléphone   5
a sonné.

JEAN-PAUL	Allô . . . Christine ?
CHRISTINE	Ah, c'est toi, Jean-Paul. Bonjour. Je ne t'ai pas vu à midi. Je t'ai attendu un quart d'heure.
JEAN-PAUL	Oui, excuse-moi, j'étais chez le médecin. 10
CHRISTINE	Ah bon ? Qu'est-ce qui ne va pas ?
JEAN-PAUL	J'ai la grippe. Hier soir je ne me sentais pas bien. J'avais des frissons et mal à la tête.
CHRISTINE	Quelle barbe ![4] Qu'est-ce que tu as fait, alors ?
JEAN-PAUL	Je n'ai rien mangé et je me suis couché tôt. Ce matin, quand je me 15 suis levé, j'avais de la fièvre.
CHRISTINE	Quelle histoire ! Le docteur t'a donné des médicaments ?
JEAN-PAUL	Il m'a dit de me reposer et de prendre de l'aspirine.
CHRISTINE	J'espère que tu vas bientôt aller mieux[5].
JEAN-PAUL	Je me sens déjà un peu mieux. Mais je vais rester à la maison et me 20 reposer tout le week-end.
CHRISTINE	Est-ce que tu as besoin de quelque chose ?
JEAN-PAUL	Oui, apporte-moi des journaux et des fruits demain, s'il te plaît[6].

(lignes 1–6)

1. À quelle heure Christine avait-elle rendez-vous avec Jean-Paul ?
2. Combien de temps l'a-t-elle attendu ?
3. Où est-elle allée l'après-midi ?
4. Qu'est-ce qu'elle faisait quand le téléphone a sonné ?

---

[1]**avoir rendez-vous** *to have a date/an appointment*
[2]**essayer** + **de** + infinitif *to try to do (something)*
[3]*in the afternoon;* remarquez qu'il n'y a pas de préposition devant **l'après-midi**.
[4]*How awful!*
[5]**aller mieux** *to be better* (**mieux** est le comparatif de **bien** *well*)
[6]*please* (on emploie **s'il vous plaît** quand on dit « vous » à quelqu'un)

(lignes 7–23)

5. Où Jean-Paul était-il à midi ?
6. Comment allait-il hier soir ?
7. Qu'est-ce qu'il a fait hier soir ?
8. Qu'est-ce que le docteur lui a dit ?
9. Qu'est-ce que Jean-Paul va faire tout le week-end ?
10. Qu'est-ce que Christine va lui apporter ?

pharmacie ganter
HOMEOPATHIE
A. et B. GANTER
3, COURS MIRABEAU
(42) 27.28.28
(42) 26.12.15

B Expressions utiles

Le corps humain (Tableau 53, page 253)

1. la tête
2. les cheveux *m*
3. l'oreille *f* (gauche / droite)
4. l'œil *m* (*pl* yeux)
5. le nez
6. la bouche
7. le cou

8. le bras (gauche / droit)
9. la main (gauche / droite)
10. le doigt
11. le ventre
12. la jambe (gauche / droite)
13. le genou (*pl* genoux)
14. le pied (gauche / droit)

Autres expressions

les dents *f*	l'estomac /ɛstɔma/ *m*	la langue
le dos	le foie	les lèvres *f*
l'épaule *f*	la gorge	les poumons *m*

La santé

être / tomber } malade ; { aller / se sentir } { bien, mieux / mal, plus mal } ; aller { voir un médecin / à l'hôpital / à la clinique

le médecin / l'infirmière } : { examiner / soigner / guérir } le / la malade

avoir mal[1] { à la tête, aux dents, au dos, / à la gorge, au ventre, etc.

avoir { de la fièvre, la grippe / un rhume, une laryngite

donner / avoir besoin d' } une ordonnance

prendre des médicaments

DISPENSAIRE
HOSTATER
633·45·15

CONSULTATIONS SUR RENDEZ-VOUS

MEDECINE GENERALE
DERMATOLOGIE
GYNECOLOGIE
OPHTALMOLOGIE
RHUMATOLOGIE
O-R-L NEZ GORGE OREILLES
GASTRO-ENTEROLOGIE
CARDIOLOGIE
ACUPUNCTURE
PNEUMO-ALLERGOLOGIE
PHLEBOLOGIE
NEURO-PSYCHIATRIE
PSYCHOTHERAPIE
PEDIATRIE
RADIOLOGIE
KINESITHERAPIE

PIQURES
EXAMENS DE LABORATOIRE

se casser / se fouler } { le bras / la jambe } : avoir { le bras / la jambe } dans le plâtre

être blessé(e) { au genou / au pied } : faire un pansement

---

[1] **Avoir mal à** + definite article + part of body means *to have an ache* or *pain* in that part of the body.

Pratique

Complétez les phrases suivantes.

1. On sent les odeurs avec . . . et on goûte avec . . .
2. On voit avec . . . et on marche avec . . .
3. On peut à peine[1] entendre quand on a mal . . .
4. On a la jambe dans le plâtre quand on . . .
5. On a très mal . . . quand on a une appendicite.
6. On peut à peine tourner . . . quand on a un torticolis.
7. On a des frissons et de la fièvre quand on a . . .
8. On peut à peine . . . quand on a une laryngite.
9. On prend souvent de l'aspirine quand on a mal . . .
10. On va chez le dentiste quand on a mal . . .
11. On a mal . . . quand on a une indigestion.
12. Le médecin donne une ordonnance ; le pharmacien vend . . .

C *Pauvre Anne ! Elle a la jambe dans le plâtre. Elle s'est cassé la jambe. Lisez le passage suivant et posez des questions sur les parties soulignées.*

(1) Cet accident est arrivé pendant les vacances de Noël. Elle est allée dans le Colorado (2) avec ses parents. Elle allait faire du ski et elle espérait rencontrer des (3) jeunes gens sympathiques. Mais (4) le troisième jour des vacances elle a eu un accident. Elle est rentrée dans un arbre[2] et elle est tombée (5) la tête la première dans la neige ! Elle ne pouvait pas se relever. Le moniteur[3] (6) l'a emmenée chez le médecin. Elle s'est cassé (7) la jambe. Mais son moniteur était (8) très sympathique. Il est venu la voir (9) tous les soirs.

D *Jean-Paul a la grippe. Relisez le Dialogue et complétez le passage suivant.*

(1) Jean-Paul/rentrer/tôt/hier/après-midi,/car/il/ne pas/se sentir/bien. (2) Il/avoir/frissons/et/mal/à/tête. (3) Il/ne rien/manger/et/se coucher/à/sept/heure. (4) Il/dormir/très mal/et,/quand/il/se réveiller/ce/matin,/il/avoir/fièvre. (5) Il/savoir/que/il/avoir/rendez-vous/avec/Christine/à/midi. (6) Il/essayer de/lui/téléphoner/mais/ne personne/répondre. (7) À/onze/heure/il/décider de/aller/à/hôpital. (8) Médecin/le/examiner/et/lui/dire/que/il/avoir/grippe. (9) Jean-Paul/rentrer/à/cité/et/se recoucher. (10) Il/se reposer/tout/après-midi.

E *Qu'est-ce qui s'est passé ? Faites une description de l'incident illustré ci-contre[4].*

F *Renseignements et opinions*

1. À quelle heure vous êtes-vous couché(e) hier soir ? À quelle heure vous êtes-vous levé(e) ce matin ? Combien de temps avez-vous dormi ? Comment avez-vous dormi ?
2. Avez-vous jamais oublié un rendez-vous ? Qu'est-ce qui s'est passé ? Racontez cet incident.
3. Avez-vous jamais eu la grippe ? Comment saviez-vous que c'était la grippe ?

---

[1]*hardly, scarcely*
[2]**rentrer dans un arbre** *to hit (bump into) a tree*
[3]*ski instructor*
[4]*on the facing page*

TABLEAU 57

4. Tout le monde connaît assez bien les avantages du téléphone. Quels sont les inconvénients[1] du téléphone ? Donnez plusieurs exemples.

5. Décrivez votre journée d'hier en utilisant les expressions suivantes. Mettez ces expressions dans l'ordre chronologique et indiquez à quelle heure ou à quel endroit vous avez fait chaque action.

s'habiller	sortir du dernier cours
dîner	aller à l'université
se coucher	faire les devoirs
déjeuner	prendre le petit déjeuner
se lever	rentrer à la maison
assister au premier cours	se brosser les dents

[1]*disadvantages*

VOCABULAIRE

Noms masculins

·bras	froid	·nez	réveil
·bruit	gaz	·œil (*pl* yeux)	·ventre
·corps	·genou	ongle	
exemple	·médicament	papa	
·frisson	monde	·rendez-vous	

Noms féminins

Afrique	dent	high school	·tête
·aspirine	·fièvre	·jambe	
·balle	figure	maman	
·bouche	·grippe	·mine	

Verbes

s'amuser	se coucher	s'habiller	se reposer
s'appeler	se couper	se laver	se réveiller
arriver	se dépêcher	se lever	sentir *irrég*
bavarder	se déshabiller	mentionner	se sentir *irrég*
se brosser	dormir *irrég*	se promener	servir
citer	s'ennuyer	rencontrer	

Adjectifs

bizarre	gauche	·seul(e)
droit(e)	·humain(e)	tout (toute, tous, toutes)

Adverbes

lentement	·mieux	rapidement	vite

Autres expressions

·aller mieux	·avoir mauvaise mine	·Hein ?	·Quelle barbe !
·avoir de la fièvre	·avoir rendez-vous	ne . . . personne	·s'il te plaît
·avoir mal à + *noun*	·en effet	ne . . . rien	un quart d'heure

QUATORZIEME LEÇON

CONVERSATIONS[1]

TABLEAU 58

A. La cuisine

Regardez le Tableau 58. C'est une cuisine moderne.

Voyez-vous la **cuisinière** et la **casserole** ? Où est la casserole ?
Regardez le **lave-vaisselle**. Est-il à gauche ou à droite du **frigo**[2] ?
Regardez la fenêtre et l'**évier**. Où est l'évier ? Qu'est-ce qu'on peut laver dans l'évier ?
    D'où vient l'eau ?
Vous allez préparer une omelette. De quoi avez-vous besoin ? Où est-ce que vous les
    trouvez ?

---

[1] Le vocabulaire des Tableaux 58, 59 et 60 est enregistré sur la bande magnétique.
[2] réfrigérateur

TABLEAU 59

B. La chambre (à coucher)

Regardez le Tableau 59. C'est une chambre à coucher. Elle est grande.

Regardez la **table de nuit**. Elle est à côté du[1] **lit**. Qu'est-ce que vous voyez sur la table de nuit ?

Voyez-vous la **commode** ? Combien de **tiroirs** a-t-elle ? Qu'est-ce qu'il y a sur la commode ?

Vous venez d'acheter une belle affiche et un flacon de parfum. Où allez-vous les mettre ?

Vous venez de prendre une douche. Vous allez sortir dans une demi-heure. Qu'est-ce que vous allez mettre ? De quoi avez-vous besoin ? Où sont ces objets ?

TABLEAU 60

C. La salle de bains

Regardez le Tableau 60. C'est une salle de bains. Les w.-c. sont dans une petite pièce à part.

Voyez-vous le **lavabo** ? Où est-ce qu'on se lave la figure ? De quoi a-t-on besoin pour se laver la figure ?

Regardez la **baignoire**. Qu'est-ce qu'on fait dans une baignoire ? Où sont les **serviettes de bain** ?

Quelles sont les différences entre la salle de bains en France et la salle de bains aux États-Unis ?

D. À la douane

LE DOUANIER	N'avez-vous rien à déclarer ?
LE VOYAGEUR	Non, Monsieur.
LE DOUANIER	Voulez-vous ouvrir cette valise, s'il vous plaît.
LE VOYAGEUR	Bien sûr . . . Ah, zut !
LE DOUANIER	Qu'est-ce qu'il y a[1], Monsieur ?
LE VOYAGEUR	Je n'ai pas la clé ! J'ai dû la laisser chez moi !

[1] *What's the matter*

Que fait le douanier ?
Que fait le voyageur ?

DIFFÉRENCES

Le pourboire

One of the problems you face when you travel in France is how much to tip whom—the custom of tipping is far more widespread than in the United States. Not only are tips given to waiters, porters, and taxicab drivers, but also to ushers in movie theaters, guides in museums, and attendants in public restrooms. The word **pourboire**, which literally means "for a drink," is supposed to be a gratuity that these workers receive in addition to their wages. In reality, however, most of them depend on tips because their wages are so low (this is also true for waiters and waitresses in many restaurants in the U.S.).

Americans traveling abroad have earned a reputation for being unaccustomed to the tipping system and for being heavy tippers. It is, of course, safer to overtip someone than to commit a faux pas by undertipping. The story goes that a taxicab driver once returned a tip to an embarrassed woman, saying sarcastically, « Madame, j'accepte un pourboire, mais pas la charité ! » Whom are you supposed to tip, and how much should you leave? Here is what is expected of a customer in France.

Restaurants and cafés. All restaurants and cafés are required by law to post the menu and prices and to mention whether or not the service charge is included (**service compris** or **service non compris**). If it is included, it is usually 12–15%. If it is not included in the prices, that same amount will be added to the bill. Many customers leave a very small extra tip of one franc per person for a meal, or 20 centimes per drink in a café, even when the service charge is included.

Hotels. You will find that the service charge of 12–15% is almost always included in the price of the room, except for the baggage porter. Some hotels charge extra for the garage, and may include a continental breakfast in their fee whether it is eaten or not. If you spend several nights in the same small or medium-sized hotel, a tip of around two francs per night for the **femme de chambre** (*cleaning woman*) will be appreciated.

Baggage porters. The baggage porters in hotels, railroad stations, and airports should be tipped at least five francs for each piece of baggage. In some airports and railroad stations, the fee is posted; free carts (**chariots** *m*) are also available at large airports and stations.

Theaters, concerts, and movies. You do not walk in and find your own seat in movie houses, theaters, and concert halls. The usher (usually a woman, **l'ouvreuse**) will take you to your seat or find you a seat, and will expect a tip amounting to about 10% of the ticket.

Taxis. The usual tip is 10–20% of the fare, depending on the distance and the quality of service. It is prudent to inquire about the price before you get into the cab—even if it has a meter—and glance at the meter when you reach your destination, before the driver (**chauffeur** *m*) turns it off.

Museums and monuments. After a guided tour of a monument (a château, palace, cathedral, monastery, etc.), most visitors tip the guide from one to two francs, depending on the quality of the tour.

Public restrooms. Public restrooms, including those in large restaurants and hotels, are kept clean by elderly attendants. The tip is expected to be from 50 centimes to one franc.

Gas stations. If you ask the attendant to do more than fill up the tank (clean the windshield, check the tire pressure, oil, etc.), or if he or she volunteers to do so, a tip of two to three francs is expected.

EXPLICATIONS ET EXERCICES ORAUX

● 1 PRONOMS PERSONNELS TONIQUES : **MOI**, **TOI**, ETC.

1. The stressed personal pronouns (also known as disjunctive pronouns) are used after a preposition.

Je suis chez **moi**.	**Nous** sommes chez **nous**.
Tu es chez **toi**.	**Vous** êtes chez **vous**.
Il est chez **lui**.	**Ils** sont chez **eux**.
Elle est chez **elle**.	**Elles** sont chez **elles**.
On est chez **soi**.	

J'ai dansé avec **eux**.	*I danced with them.*
Elle travaille pour **lui**.	*She works for him.*
Nous étions devant **vous**.	*We were in front of you.*
Vous étiez derrière **elles**.	*You were behind them.*

2. In French, subject pronouns (**je**, **tu**, **il**, etc.) cannot be stressed. To emphasize a subject pronoun, you must place the corresponding stressed pronoun at either the beginning or the end of the sentence.

Moi, je vais inviter Jean-Paul. ⎱	
Je vais inviter Jean-Paul, **moi**. ⎰	*I am going to invite Jean-Paul.*
Toi, tu connais ce garçon ? ⎱	
Tu connais ce garçon, **toi** ? ⎰	*You know this boy?*

Use of the third person subject pronoun (**il**, **elle**, **ils**, **elles**) is optional when the stressed pronoun begins the sentence.

Lui(, il) ne le veut pas. ⎱	
Il ne le veut pas, **lui**. ⎰	*He doesn't want it.*
Elles(, elles) ne fument pas. ⎱	
Elles ne fument pas, **elles**. ⎰	*They don't smoke.*

3. Stressed pronouns are also used for combined subjects. You list the separate subjects, then sum them up with **nous**, **vous**, **ils**, or **elles**. The summary pronouns **ils** and **elles** are optional.

Toi et moi, **nous** parlons français.	*You and I . . .*
Paul et moi, **nous** partons à midi.	*Paul and I . . .*
Vous et lui, **vous** allez rester.	*You and he . . .*
Jeanne et toi, **vous** allez partir.	*Jeanne and you . . .*

Marie et lui(, **ils**) sont sortis.   *Marie and he . . .*
Anne et elle(, **elles**) sont venues.   *Anne and she . . .*

4. In Lesson **12**.4, you learned that **me**, **te**, **lui** (singular) and **nous**, **vous**, **leur** (plural) are used as *indirect* object pronouns for verbs that take à + noun. A few verbs require à + stressed pronoun *after* the verb rather than these indirect object pronouns before the verb. Among them are **être à** *to belong to* and **penser à** *to think of, about.*

À qui sont ces chaussures ?   *Whose shoes are these?*
— Elles **sont à moi**.   *They're mine. (They belong to me.)*
À qui pensez-vous ?   *Whom are you thinking of?*
— Je **pense à lui**.   *I'm thinking of him.*

5. The stressed pronoun can be used as a single-word answer to a question. If the verb in the question takes a preposition, the preposition must precede the stressed pronoun in the answer.

Qui sait la réponse ?   — **Moi**, Monsieur.
À qui pense-t-elle ?   — **À lui**.
Chez qui allons-nous ?   — **Chez elle**.

6. Study the following expressions.

Je vais voir un film.   *I'm going to see a movie.*
— **Moi aussi**.   *So am I. (Me, too.)*
— **Pas moi**.   *I'm not. (Not me.)*

Je ne veux pas sortir.   *I don't want to go out.*
— (**Ni**) **moi non plus**.   *Neither do I. (Me, neither.)*
— **Moi, si**.   *I do.*

Je fume.   Moi aussi.   Pas moi !   Ni moi non plus !   Moi, si.
Je ne fume pas.

TABLEAU 61

A *Exercice de contrôle*

Je vais rentrer chez moi.

1. Ce monsieur   4. Mes parents   7. Les vendeuses
2. Tu   5. Vous   8. Je
3. Nous   6. Cette dame

B *Répondez aux questions en employant des pronoms toniques.*

1. Regardez cette montre. À qui est la montre ? À qui est ce livre ? À qui sont ces crayons ?
2. Pensez-vous souvent à vos parents ? Vos parents pensent-ils souvent à vous ? Est-ce qu'ils vous écrivent souvent ?
3. Avez-vous besoin de moi ? Est-ce que j'ai besoin de vous ? Avez-vous besoin de vos professeurs ?
4. Qui parle bien français dans ce cours ? Qui est allé au laboratoire de langues la semaine dernière ?
5. Regardez vos camarades. Avec qui voulez-vous déjeuner ? Demandez à (Gisèle) si elle veut déjeuner avec vous.
6. Est-ce que vous et moi, nous parlons français ? Est-ce que vous et (Jean), vous parlez espagnol ?
7. Est-ce que (Robert) et moi, nous comprenons l'anglais ? Quelle langue est-ce que (Daniel) et (Charlotte) comprennent ?

C *Je vais parler de moi-même*[1]. *Écoutez bien et dites* **moi aussi**, **pas moi**, **moi non plus** *ou* **moi, si** *après chaque phrase.*

1. Je me sens bien aujourd'hui.
2. Je suis professeur de français.
3. Je ne dors pas en classe.
4. Je ne suis pas paresseux(euse).
5. J'ai des amis en France.
6. J'aime beaucoup les escargots.
7. Je fais de la natation.
8. Je ne fais pas de football.
9. Je me lève à sept heures.
10. Je me couche à onze heures.

● 2 OUVRIR ET OFFRIR

Ouvrir *to open* and **offrir** *to offer* are conjugated like a first conjugation verb (**-er**) in the present indicative. Note that the past participle ending (**-ert**) cannot be predicted from any of the conjugated forms or the infinitive.

J'**ouvre** la porte.
Tu **ouvres** la fenêtre.
Il **ouvre** son livre.
Nous **ouvrons** la valise.
Vous **ouvrez** la boîte.
Ils **ouvrent** la boutique.
J'ai **ouvert** la porte avec la clé.

Je vous **offre** ce cadeau.
Tu **offres** cette chaise.
Il **offre** des fleurs.
Nous **offrons** une récompense.
Vous **offrez** de l'argent.
Ils **offrent** du vin.
J'ai **offert** la clé à Paul.

ouvre	ouvrons
ouvres	ouvrez
ouvre	ouvrent
ouvert	

offre	offrons
offres	offrez
offre	offrent
offert	

---

[1] *I am going to talk about myself;* **-même(s)** ajouté au pronom personnel tonique correspond à *-self, -selves* en anglais : **moi-même, toi-même, lui-même, elle-même, soi-même, nous-mêmes, vous-même(s), eux-mêmes, elles-mêmes.**

Other verbs conjugated like **ouvrir**:

couvrir (**de**)   *to cover (with)*   **découvrir**   *to discover, to uncover*

Another verb conjugated like **offrir**:

souffrir (**de**)   *to suffer (from)*

 A *Exercice de contrôle*

> **J'ouvre les fenêtres quand j'ai chaud.**

1. Nous	3. Les étudiants	5. Vous
2. Tu	4. Le professeur	6. Je

> **J'offre un cadeau à mes parents.**

1. Le professeur	3. Les étudiants	5. Nous
2. Vous	4. Tu	6. Je

B *Répondez aux questions.*

1. Quand est-ce qu'on ouvre les fenêtres ? Quand est-ce qu'on les ferme ?
2. Regardez la porte. Si elle est fermée à clé[1], avec quoi est-ce que vous l'ouvrez ? Est-ce que vous fermez la porte de votre chambre à clé ? Quand ?
3. Regardez la porte. Est-elle ouverte ou fermée ? Regardez votre livre. Est-il ouvert ou fermé ?
4. Je vous ai posé ces questions il y a longtemps[2]. Les voici, de nouveau. À quelle heure est-ce que la bibliothèque de l'université est ouverte ? À quelle heure est-ce que le restaurant universitaire est ouvert ?
5. Avez-vous jamais offert un bouquet de fleurs à quelqu'un ? À quelle occasion ? Avez-vous jamais offert une pomme à un professeur ?
6. En quelle année Christophe Colomb /kɔlō/ a-t-il découvert l'Amérique ? Savez-vous qui a découvert la pénicilline ?
7. Connaissez-vous les mots anglais *overt* et *covert* ? D'où viennent ces mots ?
8. Quand on a mauvaise mine, est-ce qu'on souffre de quelque chose ? Demandez-moi si je souffre d'une maladie grave.

- **3 EMPLOI DE Y**

1. The basic meaning of **y** is *there*. It can replace any expression of location such as **dans**, **devant**, **sur**, **à**, **en** + noun denoting a thing or place.

J'entre **dans le restaurant**.	→J'**y** entre.
Il est **devant la maison**.	→Il **y** est.
Le cahier n'est pas **sur la table**.	→Le cahier n'**y** est pas.
Nous n'allons pas **à Marseille**.	→Nous n'**y** allons pas.
Vous n'habitez pas **en France**.	→Vous n'**y** habitez pas.

---

[1]**fermer à clé**   *to lock*
[2]*a long time ago*

La mère et la fille sont dans la cuisine. Qu'est-ce qu'elles y font ?

2. **Y** can also replace the *indirect* object (**à** + noun) when it denotes a thing or an idea. In this construction, **y** no longer means *there*.

Ils obéissent **aux règles**.	*They obey the rules.*
→Ils **y** obéissent.	*→They obey them.*
A-t-elle répondu **à la question** ?	*Did she answer the question?*
→**Y** a-t-elle répondu ?	*→Did she answer it?*
Je vais téléphoner **au bureau**.	*I'm going to call the office.*
→Je vais **y** téléphoner.	*→I'm going to call it.*
Je pense **à mon voyage**.	*I'm thinking about my trip.*
→J'**y** pense.	*→I'm thinking about it.*

3. But **à** + noun denoting human beings and animals is replaced by **lui** or **leur** (Lesson **12**.4); in the case of **être à** and **penser à**, **à** + noun is replaced by **à** + stressed pronoun (Lesson **14**.1).

Ils obéissent **aux agents**.	*They obey the policemen.*
→Ils **leur** obéissent.	*→They obey them.*
A-t-elle répondu **au médecin** ?	*Did she answer the doctor?*
→**Lui** a-t-elle répondu ?	*→Did she answer him?*
Je vais téléphoner **à Jeanne**.	*I'm going to call Jeanne.*
→Je vais **lui** téléphoner.	*→I'm going to call her.*
Je pense **à mon frère**.	*I'm thinking of my brother.*
→Je pense **à lui**.	*→I'm thinking of him.*
Ce livre est **à mes parents**.	*This book belongs to my parents.*
→Ce livre est **à eux**.	*→This book belongs to them.*

4. When used with a direct object pronoun, **y** comes after it and immediately before the verb (which may be an infinitive).

Je mets **la lettre dans l'enveloppe**. →Je **l'y** mets.

Je **vous** ai vu **à l'hôtel**. →Je **vous y** ai vu.

Je ne vais pas envoyer **la lettre à Paris**. →Je ne vais pas **l'y** envoyer.

Elle répond **à la lettre**.
TABLEAU 62 Elle **y** répond.

Elle répond **à la dame**.
Elle **lui** répond.

Elle pense **à son ami**.
Elle pense **à lui**.

Elle pense **à sa lettre**.
Elle **y** pense.

A *Répondez aux questions en employant* **y**.

1. Allez-vous au cinéma ? Combien de fois par mois y allez-vous ?
2. Répondez-vous à mes questions ? Demandez à (Yves) s'il répond à mes questions.
3. Pensez-vous souvent à votre avenir ? Y pensez-vous en ce moment ?
4. Êtes-vous jamais allé(e) en France ? Voulez-vous y aller ?
5. Êtes-vous à la bibliothèque maintenant ? Quand y allez-vous ?

 B *Remplacez chaque nom par le pronom approprié d'après ces modèles.*

Je réponds à la question.
J'y réponds.
Je parle à mon professeur.
Je lui parle.

Je pense à mon père.
Je pense à lui.

1. Je pense à mon avenir.
2. Je parle à mon professeur.
3. Je réponds à ses questions.
4. Je pense à ma mère.
5. J'écris à mon père.
6. Je pense à sa profession.
7. Je ressemble à ma mère.
8. J'obéis à toutes les règles.
9. Je téléphone à ma sœur.
10. Je réponds à sa lettre.

C *Répondez aux questions.*

1. Regardez cette photo, (Daniel). Est-ce que je montre la photo à (Daniel) ? Maintenant, est-ce que je mets la photo dans mon livre ?
2. Voici un stylo. À qui est ce stylo ? Est-ce que je le mets dans mon livre ?
3. Voilà mes clés, sur la table. Est-ce que j'ai mis les clés sur la table ?
4. Avez-vous votre livre de français ? Où est-il ? L'avez-vous lu à la maison ?
5. Avez-vous fait vos devoirs ? Les avez-vous faits à la maison ?
6. Est-ce que je vous ai vu(e) dans le couloir ? M'avez-vous vu(e) dans le couloir ?
7. Voici une lettre. Regardez l'adresse. Est-ce que je vais envoyer cette lettre à (Paris) ?

8. Voici une autre lettre. Lisez le nom de la personne qui me l'a envoyée. Qui me l'a envoyée ? L'a-t-il envoyée à mon bureau ?

Il a reçu beaucoup de cadeaux cette année.

• 4 **RECEVOIR** ET **DEVOIR**

1. **Recevoir** *to receive* and **devoir** are conjugated alike in the present indicative, and somewhat like **pouvoir**: the stem-final consonant /v/ occurs only in the infinitive and the plural forms, and the **nous** and **vous** forms have a stem based on the infinitive and different from all the other forms. The basic meaning of **devoir** + noun is *to owe (something).* **Recevoir** can also mean *to entertain (someone) at home.*

Je **reçois** des lettres.
Tu **reçois** un cadeau.
Il **reçoit** de bonnes notes[1].
Nous **recevons** des amis.
Vous **recevez** vos étudiants.
Ils **reçoivent** leurs parents.
J'ai **reçu** une lettre anonyme !

Je **dois** de l'argent.
Tu me **dois** cent francs.
Il ne me **doit** rien.
Nous lui **devons** une fortune !
Vous me **devez** un déjeuner.
Ils me **doivent** cet argent.
Je lui ai **dû** cet argent.

reçois	recevons
reçois	recevez
reçoit	reçoivent
reçu	

dois	devons
dois	devez
doit	doivent
dû	

[1]*good grades*

2. A more common use of **devoir** is with an infinitive. **Devoir** + infinitive has two distinct meanings.

a) Obligation, corresponding to English *must, have (got) to*

Je **dois chercher** une chambre.	*I must/have to look for a room.*
Vous **devez vous reposer**.	*You must/have to rest.*
Nous avons **dû partir** très tôt.	*We had to leave very early.*

b) Conjecture (guessing): the speaker is making a guess, and it corresponds to *must* (in the past tense, *must have*).

Elle parle bien français ; elle **doit être** française.	*She speaks French well; she must be French.*
Vous travaillez trop ; vous **devez être** fatigué.	*You work too much (hard); you must be tired.*
Il n'est pas ici ; il a **dû rentrer** à la maison.	*He is not here; he must have gone home.*

3. In the imperfect, **devoir** often corresponds to English *was/were (supposed) to*, implying obligation whether or not the action took place. In the *passé composé*, it means *had to* (obligation) or *must have* (conjecture).

Je **devais** nettoyer ma chambre.	*I was supposed to clean my room.*
J'**ai dû** nettoyer ma chambre.	*I had to clean my room.*
Vous **deviez** arriver à midi.	*You were supposed to arrive at noon.*
Vous **avez dû** arriver à midi.	*You had to arrive/must have arrived at noon.*

TABLEAU 63

Elle **a dû travailler** toute la nuit.
Elle **doit être** très fatiguée !

 A *Exercice de contrôle*

Je reçois des cadeaux à Noël.

1. Nous	3. Tout le monde	5. Vous
2. Les enfants	4. Tu	6. Je

Je dois me lever tôt.

1. Le professeur
2. Les étudiants
3. Vous
4. Tu
5. Nous
6. Je

B *Répondez aux questions.*

1. Qu'est-ce que vous recevez à Noël ? Combien de cartes de Noël avez-vous reçues l'année dernière ?
2. Recevez-vous de très bonnes notes, de bonnes notes ou d'assez bonnes notes dans ce cours ?
3. Recevez-vous des amis chez vous ? Demandez à (Jeanne) si elle reçoit des amis chez elle.
4. Avez-vous jamais reçu une lettre anonyme ? Qui a jamais reçu un coup de téléphone[1] anonyme ?
5. Est-ce que vous me devez de l'argent ? Devez-vous de l'argent à quelqu'un ?
6. À quelle heure devez-vous venir à ce cours ? À quelle heure est-ce que le cours doit finir ?
7. Ce matin, j'ai dû (aller à la bibliothèque). Qu'est-ce que vous avez dû faire ce matin ?
8. Hier je devais (jouer au tennis), mais j'étais trop occupé(e). Qu'est-ce que vous deviez faire hier ?
9. À quelle heure deviez-vous vous coucher quand vous étiez petit(e) ? Demandez-moi à quelle heure je devais me coucher quand j'avais dix ans.

C *Voici quelques conjectures. Inventez une explication ou un contexte pour chaque phrase d'après ces modèles.*

Vous devez être malade.
Vous avez mauvaise mine. (*ou* **Vous n'allez pas bien ? ; Vous avez de la fièvre ?, etc.)**
Il doit être fatigué.
Il travaille trop. (*ou* **Il a travaillé dix heures ; Il n'a pas assez dormi, etc.)**

1. Elle doit être fatiguée.
2. Tu dois être malade.
3. Cette dame doit être française.
4. Vous devez avoir soif.
5. Elle a dû sortir hier soir.
6. Il a dû oublier son rendez-vous.

• 5 ADVERBES DE QUANTITÉ

1. The adverbs in boldface type in the sentences below indicate quantity or degree (extent).

Monique écrit **beaucoup**.	*a lot, very much*
Monique écrit **trop**.	*too much*
Philippe écrit **assez**.	*enough*
Cécile écrit (**très**) **peu**.	*(very) little*

---

[1] *telephone call*

Monique écrit **plus que** Philippe.	*more than*
Philippe écrit **autant que** Jean-Paul.	*as much as*
Cécile écrit **moins que** Philippe.	*less than*
Monique écrit **le plus**. /ply(s)/[1]	*the most*
Cécile écrit **le moins**.	*the least*

2. Adverbs of quantity can be followed by **de** + noun to indicate the quantity of a noun. (You learned most of the following expressions in Lesson **7**.2.)

Philippe a **beaucoup de** pommes.	*a lot of, many*
Philippe a **trop de** pommes.	*too many*
Cécile a **assez de** pommes.	*enough*
Jean-Paul a (**très**) **peu de** pommes.	*(very) few*
Philippe a **tant de** pommes !	*so many*

The construction with **de** + noun can also be used to form the comparative and superlative.

Philippe a **plus de** pommes **que** Cécile.	*more . . . than*
Cécile a **autant de** pommes **que** Monique.	*as many . . . as*
Jean-Paul a **moins de** pommes **que** Cécile.	*fewer . . . than*
Philippe a **le plus de** pommes.	*the most*
Jean-Paul a **le moins de** pommes.	*the fewest, the least*

Philippe   Cécile   Monique   Jean-Paul
TABLEAU 64

 A *Regardez le Tableau 64 et répondez aux questions.*

1. Regardez les quatre lettres. Qui écrit autant que Jean-Paul ?
2. Qui écrit plus que Jean-Paul ? Qui écrit moins que lui ?
3. Qui écrit le plus ? Qui écrit le moins ?
4. Regardez les pommes. Qui a autant de pommes que Cécile ?
5. Qui a plus de pommes que Cécile ? Qui a moins de pommes ?
6. Qui a le plus de pommes ? Qui a le moins de pommes ?

---

[1]The comparative adverb of quantity **plus** is often pronounced /plys/ at the end of a phrase or sentence, but not in **plus de** or **plus que**.

B *Répondez aux questions.*

1. J'ai (dix) dollars sur moi. Demandez à (Renée) combien d'argent elle a sur elle. Qui a plus d'argent que moi ? Qui a moins d'argent que vous ?
2. Chaque jour je prends (trois tasses de café). Qui prend autant de (café) que moi ? Qui prend plus de (café) ? Qui prend moins de (café) ? Qui ne prend pas de (café) ? Que prenez-vous ? Combien ?
3. Hier soir j'ai travaillé (trois) heures. Qui a travaillé autant que moi ? Qui a travaillé plus que moi ? Qui a travaillé moins que moi ? Qui n'a pas travaillé ?
4. J'ai dormi (sept) heures. Qui a dormi plus que moi ? Qui a dormi autant que moi ? Qui n'a pas assez dormi ? Combien de temps avez-vous dormi ?
5. Est-ce que les Américains consomment plus d'essence que les Français ? Qu'est-ce que les Américains consomment moins que les Français ?
6. Est-ce que les Japonais mangent plus de poisson que les Américains ? Qu'est-ce que les Japonais mangent moins que les Américains ?

 À la réception d'un grand hôtel.

APPLICATIONS

A **Dialogue et questions**[1]

Dans un hôtel

Vous êtes en vacances et vous voyagez en France. Vous avez trouvé une chambre confortable dans un hôtel pas trop cher[2]. Vous remarquez qu'il y a pas mal de[3] touristes étrangers dans l'hôtel.

[1] Les questions et les réponses ne sont pas enregistrées sur la bande magnétique.

[2] **pas trop cher** qui ne coûte pas très cher
[3] **pas mal de** beaucoup de

L'ÉTRANGÈRE	On nous a dit que la chambre était au troisième étage, mais je ne trouve pas le numéro 314.
SON MARI	On doit monter encore un étage, ma chérie. On est au deuxième. En France, le premier étage est au-dessus du rez-de-chaussée.

•

L'ÉTRANGER	Je voudrais me reposer un peu, mais les rideaux sont trop transparents et la lumière me gêne. Est-ce que je peux avoir une autre chambre ?
LA RÉCEPTIONNISTE	Mais Monsieur, toutes nos fenêtres ont des volets.

•

L'ÉTRANGÈRE	Ah, quel bruit dans la rue ! Je vais passer une nuit blanche[1] ! Pourquoi n'as-tu pas inspecté la chambre avant de[2] la prendre ?
SON MARI	Je ne savais pas que c'était possible.

•

L'ÉTRANGER	C'est bizarre. Je voulais éteindre la lumière et j'ai appuyé sur le bouton. Mais rien ne s'est passé.[3] Tiens, elle est éteinte[4] maintenant. C'est un hôtel hanté !
SA FEMME	Mais non, mon chéri. Tu n'as pas entendu parler de[5] la minuterie ?

•

[1]**une nuit blanche**   *a sleepless night*
[2]**avant de** + infinitif   *before doing (something)*
[3]*But nothing happened.*
[4]le participe passé, au féminin, de **éteindre** *to extinguish, turn off* (Leçon **24**.3)
[5]**entendre parler de**   *to hear about* (**minuterie** : voir les **Différences** de la Leçon **11**)

L'ÉTRANGÈRE	Mais voyons ! Pourquoi est-ce que je dois payer le petit déjeuner ? Je ne l'ai pas pris ce matin. Je n'avais pas faim et j'étais pressée.
LA RÉCEPTIONNISTE	Le petit déjeuner est compris dans le prix de la chambre, Madame.[1]

•

LE RÉCEPTIONNISTE	Voici votre facture, Monsieur.
L'ÉTRANGER	Je ne comprends pas . . . douze francs pour le garage ? Pourquoi est-ce que je dois payer ?
LE RÉCEPTIONNISTE	Je regrette, Monsieur, mais c'est un garage payant[2].

25

(lignes 1–8)

1. Quel est l'équivalent américain de « troisième étage » ?
2. Comment s'appelle l'étage qui est au niveau de la rue ?
3. Quelle est la cause de ce malentendu ?

(lignes 9–12)

4. Le client savait-il qu'il y a des volets ?
5. Dans un hôtel américain, qu'est-ce qu'il y a à la place des[3] volets ?

(lignes 13–15)

6. Qu'est-ce que le mari a négligé de[4] faire ?
7. Dans un hôtel américain, peut-on voir la chambre avant de la prendre ?

(lignes 16–20)

8. Quelle est la fonction de la minuterie ?
9. Est-ce qu'il y a des minuteries dans les hôtels américains ?
10. Y a-t-il des maisons aux États-Unis qui ont des minuteries ? À quels endroits ?

(lignes 21–24)

11. Aux États-Unis, est-ce que le petit déjeuner est compris dans le prix de la chambre ?

(lignes 25–28)

12. Qu'est-ce que le client a oublié de vérifier ?
13. Dans un hôtel américain, est-ce que le garage est toujours gratuit ?

---

[1]**compris** *included*; le prix de la chambre et le prix du petit déjeuner, s'il n'est pas compris, sont toujours affichés à la porte de la chambre.
[2]**payant** contraire de **gratuit**
[3]**à la place de** *instead of*; aux États-Unis des rideaux épais ou des stores vénétiens (*venetian blinds*) remplacent les volets.
[4]**négliger** + **de** + infinitif *to neglect to do (something)*

B Expressions utiles

La maison (2)[1]

la cuisine   (Tableau 58)

1. une casserole
2. une cuisinière
3. une étagère
4. un évier
5. un fer à repasser
6. un four
7. un lave-vaisselle
8. une poêle /pwɑl/
9. un poste de radio
10. un réfrigérateur / un frigo
11. un robinet

la chambre (à coucher)   (Tableau 59)

1. une affiche / un poster /postɛʀ/
2. une armoire[2]
3. des bibelots *m*
4. une chaise
5. une coiffeuse (avec une glace)
6. une commode (avec des tiroirs *m*)
7. une étagère
8. un fauteuil
9. une (porte-)fenêtre
10. une lampe
11. un lit
    une couverture
    un drap
    un oreiller
12. un réveille-matin / un réveil
13. un rideau
14. une table de nuit
15. une stéréo
16. des disques *m*

la salle de bains   (Tableau 60)

1. une baignoire
2. un bidet
3. une douche
4. une glace (une armoire à pharmacie avec une glace)
5. un lavabo
6. un robinet (d'eau chaude, d'eau froide)
7. du savon
8. une serviette de bain

la salle à manger   (voir le Tableau 31, page 118)

Pratique

1. En général, dans quelles pièces trouve-t-on les objets suivants ?

un canapé	un four	un buffet
une armoire	un frigo	une stéréo
un tableau	un lit	une table de nuit
un réveil	une commode	une poêle

2. Quelle est la différence entre un lavabo et un évier ?
3. Quelle est la différence entre un placard (une penderie) et une armoire ?
4. Quelle est la différence entre une chambre à la cité universitaire et une chambre dans une maison privée ?

---

[1] Voir aussi les **Expressions utiles** de la Leçon 11 (p. 229).
[2] Dans beaucoup d'appartements modernes les chambres sont petites, et on a souvent **un placard** ou **une penderie** (*closet*) au lieu d'une armoire.

C *Christine est enfin à Paris. Voici comment elle a passé son premier après-midi. Complétez le passage.*

(1) Notre/avion/devoir/arriver/10/heure/matin,/mais/il/être/en retard de[1]/un/heure.
(2) Mme Chabrier/et/Monique/nous/attendre/quand/nous/sortir/de/douane. (3) Il/être/midi/quand/nous/arriver/chez/eux. (4) Monique/mettre/mon/bagages/dans/son/chambre/parce que/je/aller/le/partager/avec/elle. (5) Dans/son/chambre/je/remarquer/que/elle/avoir/autant/affiches/sur/murs/et plus/bibelots/que/moi. (6) Quand/je/ouvrir/mon/valise,/je/découvrir/que/presque/tout/mon/robes/être/chiffonné. (7) Je/devoir/le/repasser[2],/et/Monique/le/mettre/dans/son/armoire. (8) Je/sortir/avec/Monique/parce que/elle/vouloir/me/montrer/quartier. (9) Jean-Paul/faire la sieste/quand/nous/rentrer. (10) Je/être/fatigué/mais/je/ne pas/avoir/sommeil.

D *Renseignements et opinions*

1. Recevez-vous beaucoup de lettres ? À peu près combien de lettres recevez-vous par semaine ? Qui vous écrit assez souvent ?
2. Est-ce que la porte de votre chambre est ouverte ou fermée en ce moment ? Est-elle fermée à clé ? Qu'est-ce que vous avez dans votre chambre ?
3. Qui habite à la résidence ? Combien payez-vous votre chambre ? Est-ce que c'est plus cher qu'un studio[3] ? Qu'est-ce qu'il y a comme meubles dans un studio ?
4. À peu près combien d'argent aviez-vous hier ? Avez-vous autant d'argent sur vous qu'hier ?
5. Avez-vous jamais été en France ? Quand voulez-vous y aller ? Si vous voyagez en France, combien d'argent allez-vous laisser à ces personnes comme pourboire ?[4]

   À la femme de chambre dans un hôtel où vous venez de passer cinq jours et où le service était excellent.
   Au guide, après la visite d'un château.
   À l'ouvreuse du cinéma où vous avez payé votre billet vingt-cinq francs.
   Au garçon de café ; vous avez pris un café qui a coûté 5,80 F, service compris.
   Au chauffeur de taxi, qui vous indique que le parcours a coûté quarante-deux francs.

E Lecture

Chez les Pineau
Andrea Meadows, une étudiante américaine, vient d'arriver à Paris. Elle décrit l'appartement des Pineau, chez qui elle habite, dans une lettre à son professeur de français. Voici un extrait de sa lettre.

Chère Madame Williamson,
    Me voici enfin à Paris. Mes cours d'été à la Sorbonne commencent dans trois   5
jours, et j'ai trouvé une chambre chez des gens sympathiques qui habitent dans un

---

[1]**être en retard de** + time *to be* + time + *late, to be late by* + time
[2]*to iron*
[3]*efficiency apartment*
[4]Voir les **Différences** de cette leçon.

« Je me sens chez moi dans ma chambre. »

grand appartement rue Saint-Dominique, près des Invalides.[1] M. Pineau travaille comme expert financier dans une banque. Mme Pineau fait des traductions à la maison et s'occupe en même temps de[2] ses deux enfants, Denis, dix-huit mois, et Mathilde, quatre ans. L'immeuble est moderne et comprend[3] environ vingt apparte- ments. Au rez-de-chaussée se trouve la loge de la concierge[4] qui distribue le courrier, nettoie le hall d'entrée[5] et les ascenseurs et surveille avec intérêt les allées et venues[6] des résidents et des visiteurs.

Notre appartement est situé au troisième étage. À droite du couloir central se trouvent le bureau[7], puis les w.-c., une cuisine bien équipée, la salle de bains et la chambre des parents. À gauche la grande salle de séjour communique avec la salle à manger, puis deux chambres. Au bout du couloir se trouve un grand placard. Ma chambre est spacieuse et claire. La porte-fenêtre s'ouvre sur un balcon. J'ai une grande armoire pour y ranger mes vêtements, une commode ancienne, un petit bureau et un fauteuil. Sur un des murs il y a une étagère avec des livres de poche de toutes sortes et la collection de livres d'art de Mme Pineau. J'aime beaucoup le grand tapis que les Pineau ont rapporté du Maroc. C'est une pièce très agréable et je m'y sens déjà chez moi[8].

10

15

20

---

[1]un des grands monuments de Paris (voir le **Dialogue** de la Leçon 17, p. 357).
[2]**s'occuper de**   *to take care of*; **en même temps**   *at the same time*
[3]*includes* (le verbe *to comprise* en anglais vient du participe passé de **comprendre**)
[4]Voir les **Différences** de la Leçon 11.
[5]*entrance hall*
[6]*comings and goings*
[7]ici, *study*
[8]**se sentir chez soi**   *to feel at home*

Les Français font beaucoup plus attention que nous à[1] ne pas gaspiller l'électricité. J'ai remarqué, par exemple, que les ampoules électriques[2] sont moins fortes que chez nous[3]. La lumière dans l'entrée et dans l'escalier de l'immeuble est semi-automatique : on appuie sur le bouton pour l'allumer, et une minute plus tard, elle s'éteint automatiquement. D'après Mme Pineau, l'électricité coûte moins cher après onze heures du soir et le chauffe-eau de la salle de bains s'allume seulement la nuit[4]. Mme Pineau utilise parfois la machine à laver[5] et le lave-vaisselle après onze heures.[6] L'eau chaude pour la cuisine est fournie[7] par un très petit chauffe-eau, qu'on allume chaque fois qu'on a besoin d'eau chaude. Il paraît aussi que les maisons sont moins chauffées en hiver qu'aux États-Unis . . .

A *Indiquez si les commentaires suivants sont vrais ou faux.*

1. M. Pineau a quarante ans et sa fille, dix-huit mois.
2. Il y a trois chambres à coucher dans l'appartement des Pineau.
3. Mme Pineau sait au moins une langue étrangère.
4. La concierge nettoie le couloir central de l'appartement des Pineau.
5. La chambre d'Andrea se trouve à droite du couloir.
6. On peut passer de la salle de séjour à la salle à manger sans emprunter[8] le couloir.
7. La chambre d'Andrea est claire grâce à[9] la porte-fenêtre.
8. Les Français gaspillent beaucoup plus d'électricité que les Américains.
9. Il y a deux chauffe-eau[10] dans l'appartement des Pineau.
10. La lumière dans l'entrée de l'immeuble s'allume automatiquement.
11. L'électricité coûte moins cher après onze heures du matin.
12. En général, les maisons sont plus chauffées aux États-Unis qu'en France.

B *Répondez aux questions.*

1. Pourquoi Andrea est-elle venue à Paris ?
2. Que fait Mme Pineau à la maison ?
3. Combien d'appartements y a-t-il dans l'immeuble ?
4. Que fait la concierge ?
5. Combien de pièces y a-t-il dans l'appartement des Pineau ?[11]
6. Qu'est-ce que le mot **y** remplace aux lignes 19 et 23 ?
7. Quels meubles y a-t-il dans la chambre d'Andrea ?
8. Qu'est-ce qu'il y a sur le plancher de sa chambre ?

[1] **faire attention à** *to be careful*
[2] *light bulbs*
[3] *dans notre pays*
[4] *pendant la nuit*
[5] *washing machine*
[6] Ces machines ont un chauffe-eau électrique à l'intérieur pour chauffer l'eau froide.
[7] *supplied* (du verbe **fournir** *to furnish, to supply*) ; ce chauffe-eau utilise le gaz pour chauffer l'eau instantanément.
[8] *utiliser*
[9] *thanks to*
[10] Le mot **chauffe-eau** est invariable au pluriel (comme les **lave-vaisselle**, les **gratte-ciel**).
[11] En France, quand on parle des pièces d'un appartement ou d'une maison, on ne compte pas la cuisine, la salle de bains, les w.-c. et le vestibule.

9. Pourquoi, à votre avis, l'électricité coûte-t-elle moins cher après onze heures du soir ?
10. Y a-t-il des différences entre les deux chauffe-eau qui se trouvent dans l'appartement ?

C *Définissez les mots suivants.*

machine à laver	chauffe-eau
machine à écrire	lave-vaisselle
chambre à coucher	chasse-mouches[1]
salle à manger	gratte-ciel

[1]*flyswatter*

VOCABULAIRE

Noms masculins

Américain	·étranger	·malentendu	·rideau
avenir	·évier	·niveau	·robinet
·bidet	·flacon	·objet	·tiroir
bouquet	·frigo	·parfum	·volet
·chéri	·garage	poisson	·voyageur
coup de téléphone	Japonais	·prix	·w.-c. *pl*
·douanier	·lavabo	·réceptionniste	
·endroit	·lave-vaisselle	·réveille-matin	

Noms féminins

·affiche	·douane	maladie	règle
Amérique	essence	·minuterie	·serviette de bain
·baignoire	·étrangère	note	·stéréo
·casserole	·facture	·nuit (blanche)	·table de nuit
·cause	fleur	occasion	·valise
·chérie	·fonction	·omelette	
·cuisinière	·lampe	pénicilline	
·différence	·lumière	·réceptionniste	

Verbes

·appuyer (sur)	devoir *irrég*	·négliger (de)	souffrir (de) *irrég*
consommer	·gêner	offrir *irrég*	·vérifier
couvrir *irrég*	·inspecter	ouvrir *irrég*	
·déclarer	·laisser	recevoir *irrég*	
découvrir *irrég*	·laver	·regretter	

Adjectifs

anonyme	·étranger(ère)	occupé(e)	·pressé(e)
·éteint(e)	·hanté(e)	·payant(e)	·transparent(e)

Adverbes

autant que	le plus	moins que	plus que
le moins	longtemps	•pas mal de	

Autres expressions

•à côté de	•entendre parler de	fermer à clé	•Zut !
•à la place de	•entre	(Ni) moi non plus.	
•au niveau de	•éteindre	•Qu'est-ce qu'il y a ?	
•avant de + *inf*	être à (quelqu'un)	y	

QUINZIÈME LEÇON

CONVERSATIONS

A. Viens à la surprise-party[1].

MONIQUE   Veux-tu venir chez moi samedi ? Je donne une surprise-party.

CHANTAL   Volontiers[2]. Est-ce que je connais les gens que[3] tu vas inviter ?

[1] réunion amicale de jeunes gens
[2] Certainement (littéralement, *willingly*)
[3] **que**   *that, whom*

MONIQUE Bien sûr. Tu connais presque tout le monde.
CHANTAL C'est à quelle heure, ta surprise-party ?
MONIQUE Vers 17 heures.[1] Alors, tu viens ?
CHANTAL Oui, d'accord. Et merci de ton invitation.

B. Je n'ai pas de voiture.

MICHEL Nous sommes invités chez Jacques demain soir.
RENÉE Oui, mais il habite trop loin de chez moi.
MICHEL Je pourrai t'y emmener, si tu veux.
RENÉE Volontiers, si ça ne te dérange pas.
MICHEL Pas du tout. Je viendrai te chercher[2] à 18 heures.
RENÉE D'accord. Je t'attendrai devant la porte.

DIFFÉRENCES

Joyeux Noël et Bonne Année !

Christmas is a joyous occasion in France. As in the United States, store windows are beautifully decorated and lit up; larger stores display animated figures, to the delight of children. On Christmas Eve, many families attend **la messe de minuit** (a special midnight mass) and afterward have a festive dinner known as **le réveillon.** The dessert often includes **la bûche de Noël**, a chocolate cake shaped like a Yule log. In the morning, families gather around their Christmas tree and open presents. Children are delighted by the gifts **Père Noël** (Santa Claus) has left in their shoes.

   La nuit de la saint-Sylvestre (New Year's Eve) is an occasion for big parties. People invite friends and relatives to their house or to a restaurant. The dinner is sumptuous and traditionally includes oysters, foie gras, and champagne. The guests are likely to dress up and wear masks or funny hats. There will be much eating, drinking, and dancing until 4 or 5 in the morning. Most restaurants, cafés, and discos feature special entertainment and a special menu for the evening and early morning hours.

   Most French families also celebrate **la fête de l'Épiphanie** (Epiphany) on January 6 or on the first Sunday in January. They often set up a miniature manger (**la crèche**) with **les santons,** small, hand-painted figurines, on Christmas Eve. On January 7, they move the **santons** of the three wise men who brought gifts to the infant Jesus inside the **crèche.** Some families exchange small gifts to commemorate the coming of the Magi. They serve the traditional **galette des rois**, a flat round cake with a bean in it (which is also sold at the **pâtisserie**). The person who finds the bean (**la fève**) in his or her piece of cake becomes king or queen of the party. Here are some commonly used greetings of the Christmas and New Year season.

---

[1]cinq heures de l'après-midi (voir Leçon 2.5)
[2]**venir chercher** *to come to get, to come for* (cf. **aller chercher** *to go get, to go for*)

*La messe de minuit
à la cathédrale de
Chartres.*

Joyeux Noël (et Bonne Année) !
Bonnes fêtes et bonne année !
Bonne et heureuse année !
Bonne année et bonne santé !
Je vous souhaite un joyeux Noël.
(Mes) meilleurs vœux pour Noël (et la nouvelle année).

EXPLICATIONS ET EXERCICES ORAUX

• 1 EMPLOI DE **EN**

1. The pronoun **en** can replace any noun preceded by the plural indefinite article **des** or the partitive article **du, de la, de l'** (**de/d'** in negation). In the sentences below, **en** corresponds to English *some* or *any*.

Nous avons **des verres**.	*We have (some) glasses.*
→Nous **en** avons.	*→We have some.*
Vous servez **du vin**.	*You serve (some) wine.*
→Vous **en** servez.	*→You serve some.*
Elle a mangé **de la viande**.	*She ate (some) meat.*
→Elle **en** a mangé.	*→She ate some.*
Avez-vous **de l'argent** ?	*Do you have (some) money?*
→**En** avez-vous ?	*→Do you have some?*

Je n'ai pas reçu **de cadeaux**.	*I did not receive (any) gifts.*
→Je n'**en** ai pas reçu.	*→I did not receive any.*

In the expression **il y a**, the pronoun **en** comes between **y** and the verb: **il y en a**, **il n'y en a pas**.

Il n'y a pas **de verres**.	*There aren't any glasses.*
→Il n'y **en** a pas.	*→There aren't any.*

2. In expressions of quantity (such as **beaucoup de**, **trop de**, **assez de**, as listed in Lesson 14.5), **de** + noun can be replaced by **en**. In the following sentences, **en** corresponds to English *of it* or *of them* (usually omitted in English).

Nous avons **trop d'invités**.	*We have too many guests.*
→Nous **en** avons **trop**.	*→We have too many [of them].*
Nous n'avons pas **assez de vin**.	*We don't have enough wine.*
→Nous n'**en** avons pas **assez**.	*→We don't have enough [of it].*
Il a **plus de crayons** que moi.	*He has more pencils than I.*
→Il **en** a **plus** que moi.	*→He has more [of them] than I.*

3. **En** can also replace any count noun that is preceded by a number, including the indefinite article **un** and **une**. In the sentences below, **en** corresponds to English *of them*.

J'ai **un dictionnaire** chez moi.	*I have a dictionary at home.*
→J'**en** ai **un** chez moi.	*→I have one [of them] at home.*
Jeanne a **deux frères**.	*Jeanne has two brothers.*
→Jeanne **en** a **deux**.	*→Jeanne has two [of them].*
Il y a **vingt étudiants** ici.	*There are twenty students here.*
→Il y **en** a **vingt** ici.	*→There are twenty [of them] here.*

4. The preposition **de** means *of*, *about*, or *from*. **De** + noun denoting a thing, a place, or an idea can be replaced by **en**.

Je parle **de la soirée**.	→J'**en** parle.
Avez-vous besoin **de cette chaise** ?	→**En** avez-vous besoin ?
Elle a peur **des**[1] **examens**.	→Elle **en** a peur.
Il est sorti **du jardin**.	→Il **en** est sorti.

But **de** + noun denoting human beings is replaced by **de** + stressed pronoun.

Je parle **de mes invités**.	→Je parle **d'eux**.
Avez-vous besoin **de Jacques** ?	→Avez-vous besoin **de lui** ?
Elle a peur **de cette dame**.	→Elle a peur **d'elle**.

5. When **en** is used with an indirect object pronoun (**me**, **te**, **lui**, singular; **nous**, **vous**, **leur**, plural), **en** comes between the indirect object pronoun and the verb. Since **en** refers to unspecified or indefinite quantity, the past participle in the *passé composé* remains masculine singular.

---

[1]**avoir peur de**   *to be afraid of*

Il **m'**a offert **de la bière**.	→Il **m'en** a **offert**.
Il **m'**a offert **cette bière**.	→Il **me l'**a **offerte**.
Tu **nous** as montré **deux photos**.	→Tu **nous en** as **montré deux**.
Tu **nous** as montré **les photos**.	→Tu **nous les** as **montrées**.
Vous **lui** avez écrit **des lettres**.	→Vous **lui en** avez **écrit**.
Vous **lui** avez écrit **ces lettres**.	→Vous **les lui** avez **écrites**.

As with all other object pronouns, **en** can also occur before an infinitive.

Je vais parler **de mes vacances**.	→Je vais **en** parler.
Je peux vous donner **deux photos**.	→Je peux vous **en** donner **deux**.
Je veux lui offrir **des fleurs**.	→Je veux lui **en** offrir.

TABLEAU 65	Il a une **voiture**. Il **en** a une.	Il parle **de sa voiture**. Il **en** parle.	Elle a une **sœur**. Elle **en** a une.	Elle parle **de sa sœur**. Elle parle **d'elle**.

 A *Répondez aux questions en employant le pronom* **en**.

1. Prenez-vous du lait au petit déjeuner ?
2. Mangez-vous des œufs au petit déjeuner ?
3. Mangez-vous des frites de temps en temps ?
4. Avez-vous de l'argent sur vous ?
5. Est-ce que je vous parle de Paris ?
6. Est-ce que je vous pose des questions ?
7. Y a-t-il des chaises dans la classe ?
8. Y a-t-il des chiens dans la classe ?

 B *Cette fois, répondez en employant* **trop**, **beaucoup**, **assez**, **peu**, *etc. et le pronom* **en**, *d'après ce modèle.*

> Avez-vous de l'imagination ?
> **De l'imagination ? J'en ai beaucoup (trop, assez, etc.).**

1. Avez-vous de l'argent ?	5. Est-ce que j'ai de l'imagination ?
2. Avez-vous du travail ?	6. Est-ce que j'ai de la patience ?
3. Faites-vous des exercices ?	7. Est-ce que je pose des questions ?
4. Avez-vous de la patience ?	8. Est-ce que je donne des examens ?

C *Voici encore des questions. Répondez en employant les pronoms appropriés.*

1. Avez-vous des frères ?[1] Combien de frères avez-vous ? Demandez à (Eric) combien de frères il a.
2. Avez-vous des sœurs ?[1] Combien de sœurs avez-vous ? Demandez-moi combien de sœurs j'ai.
3. Combien de cours suivez-vous ce semestre ? Combien de cours allez-vous suivre le semestre prochain ? Demandez-moi combien de cours j'enseigne.
4. Avez-vous de l'argent sur vous ? Combien ? Demandez à (Alice) si elle en a autant que vous. Demandez qui en a le moins.
5. Aimez-vous les frites ? Quand avez-vous mangé des frites ? Allez-vous en manger ce soir ?
6. Aimez-vous les petits gâteaux[2] ? Quand avez-vous mangé des petits gâteaux ? En avez-vous à la maison ?
7. Avez-vous peur des examens ? Avez-vous peur des professeurs ? Demandez à (Charles) s'il a peur de moi.
8. Voulez-vous parler de vos ennuis ? Voulez-vous parler des examens ? Voulez-vous parler de vos camarades ?

---

[1]Dites: « Oui, j'en ai » ou « Non, je n'en ai pas ».
[2]*cookies* (cf. **un gâteau** *a cake*)

« Tu n'as pas de devoirs ?
— Si, j'en ai beaucoup, mais je ne veux pas y penser maintenant ! »

• 2 BOIRE

The conjugation of **boire** *to drink* is somewhat like **pouvoir** in the present indicative: the stem-final consonant /v/ is heard only in the plural forms, and the **nous** and **vous** forms have a stem vowel that is different from all the other forms.

Je **bois** du champagne.
Tu **bois** de l'eau.
Il **boit** de la bière.
Nous **buvons** du café.
Vous **buvez** du lait.
Ils **boivent** du chocolat.
J'ai **bu** beaucoup d'eau.

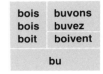

bois	**buvons**
bois	**buvez**
boit	**boivent**
bu	

A *Exercice de contrôle*

Je bois de l'eau.

1. Le professeur
2. Les étudiants
3. Nous
4. Tu
5. Vous
6. Je

Je ne bois pas de champagne.

1. Nous
2. Les étudiants
3. Le professeur
4. Vous
5. Tu
6. Je

B *Répondez aux questions.*

1. Qu'est-ce que vous buvez au petit déjeuner ? Demandez-moi si je bois du jus de carotte.
2. Qu'est-ce que vous buvez au dîner ? Demandez-moi si je bois du vin au dîner.
3. Je bois (trois tasses de café) par jour. Qui en boit autant que moi ? Qui en boit plus que moi ? Qui n'en boit pas ?
4. Êtes-vous jamais allé(e) à une soirée ? Quand ?[1] Qu'est-ce qu'on vous a servi comme boisson ? Qu'est-ce que vous avez bu ? Combien en avez-vous bu ?
5. Qu'est-ce que vous buviez souvent quand vous étiez petit(e) ? En buvez-vous encore ? En avez-vous bu ce matin ?

• 3 FUTUR DE L'INDICATIF (1)

1. The construction **aller** + infinitive (**le futur proche**), which you learned in Lesson 4.2, is usually used to express actions or events in the near future. The future tense is used for a more distant or indefinite future. In English, you use the

---

[1]Employez, si vous voulez, la locution **il y a . . .** dans votre réponse : **Je suis allé(e) à une soirée il y a deux semaines (cinq jours**, etc.).

auxiliary *will* or *shall* before the verb: *I will speak to him; We shall/will tell him that they will come*. In French, the future tense is indicated not by an auxiliary verb but by the special verb endings: **-ai, -as, -a** for the singular, and **-ons, -ez, -ont** for the plural. (Note that the endings **-ai, -as, -a, -ont** are identical with the forms of the present tense of **avoir**.) For second and third conjugation verbs, these endings are simply attached to the *infinitive*. The third conjugation verbs drop the final **-e** of the infinitive.

finir		**vendre**	
je **finir** ai	/finiʀe/	je **vendr** ai	/vɑ̃dʀe/
tu **finir** as	/finiʀa/	tu **vendr** as	/vɑ̃dʀa/
il **finir** a	/finiʀa/	il **vendr** a	/vɑ̃dʀa/
nous **finir** ons	/finiʀɔ̃/	nous **vendr** ons	/vɑ̃dʀɔ̃/
vous **finir** ez	/finiʀe/	vous **vendr** ez	/vɑ̃dʀe/
ils **finir** ont	/finiʀɔ̃/	ils **vendr** ont	/vɑ̃dʀɔ̃/

2. In principle, the future tense of first conjugation verbs is also formed by adding the future endings to the infinitive. In terms of *pronunciation*, however, it is more practical to say that it is formed by adding **-rai, -ras, -ra, -rons, -rez, -ront** to the **je** form of the present indicative.[1] Compare the spelling as well as the pronunciation of the following verbs.

donner	/dɔne/	**employer**	/ɑ̃plwaje/
je **donne**	/dɔn/	j'**emploie**	/ɑ̃plwa/
je **donner** ai	/dɔnʀe/	j'**emploier** ai	/ɑ̃plwaʀe/
nous **donner** ons	/dɔnʀɔ̃/	nous **emploier** ons	/ɑ̃plwaʀɔ̃/

acheter	/aʃte/	**appeler**	/aple/
j'**achète**	/aʃɛt/	j'**appelle**	/apɛl/
j'**achèter** ai	/aʃɛtʀe/	j'**appeller** ai	/apɛlʀe/
nous **achèter** ons	/aʃɛtʀɔ̃/	nous **appeller** ons	/apɛlʀɔ̃/

The only exception is the verbs whose infinitive ends in **é** + consonant + **er**. In spoken French, the forms of their future tense are quite regular (derived from the **je** form of the present); in spelling, however, the stem vowel /ɛ/ is spelled **-é-** in all the forms.

répéter	/ʀepete/	**préférer**	/pʀefeʀe/
je **répète**	/ʀepɛt/	je **préfère**	/pʀefɛʀ/
je **répéter** ai	/ʀepɛtʀe/	je **préférer** ai	/pʀefɛʀʀe/
nous **rép éter** ons	/ʀepɛtʀɔ̃/	nous **préf érer** ons	/pʀefɛʀʀɔ̃/

---

[1] In other words, if there is any pronunciation and/or spelling change in the present indicative singular form, that change is kept in *all* forms of the future tense. See Lesson **7.4**. The **répéter** type is the only exception.

3. The future stem of the following irregular verbs is based on the infinitive. If the infinitive ends in **-e**, the **-e** is dropped before the future endings are added.[1]

INFINITIVE	FUTURE STEM	**JE** FORM
boire	**boir-**	je boirai
connaître	**connaîtr-**	je connaîtrai
croire	**croir-**	je croirai
dire	**dir-**	je dirai
dormir	**dormir-**	je dormirai
écrire	**écrir-**	j'écrirai
lire	**lir-**	je lirai
mettre	**mettr-**	je mettrai
offrir	**offrir-**	j'offrirai
ouvrir	**ouvrir-**	j'ouvrirai
partir	**partir-**	je partirai
prendre	**prendr-**	je prendrai
sentir	**sentir-**	je sentirai
servir	**servir-**	je servirai
sortir	**sortir-**	je sortirai
suivre	**suivr-**	je suivrai

 A *Exercice de contrôle*

J'inviterai mes copains à la soirée.

1. Vous
2. Tu
3. Cet étudiant
4. Nous
5. Ces étudiants
6. Je

D'abord je finirai mon travail, ensuite je sortirai.

1. Cet étudiant
2. Ces étudiants
3. Vous
4. Tu
5. Nous
6. Je

 B *Mieux vaut tard que jamais.[2] Répondez aux questions d'après ce modèle.*

Regardez-vous la télévision aujourd'hui ?
Non, mais je la regarderai demain.

1. Écrivez-vous à vos parents aujourd'hui ?
2. Téléphonez-vous à votre ami aujourd'hui ?
3. Apprenez-vous la leçon aujourd'hui ?
4. Buvez-vous du lait aujourd'hui ?
5. Les étudiants finissent-ils leurs devoirs ?
6. Les étudiants comprennent-ils la leçon ?
7. Est-ce que je parle de l'examen aujourd'hui ?
8. Est-ce que je vous donne des devoirs aujourd'hui ?

---

[1] Verbs with irregular future stems (unpredictable from the infinitive or the present indicative singular) are presented in Lesson **15**.4.
[2] *Better late than never.*

C *Deux étudiants vont inviter quelques copains chez eux. Mettez toutes les phrases au futur.*

1. Nous invitons des copains.
2. Je nettoie la salle de séjour.
3. Tu nettoies la salle de bains.
4. Nous préparons un bon dîner.
5. J'achète des steaks.
6. Tu sers du café et du thé.
7. Michel apporte le dessert.
8. Il arrive vers six heures.
9. Nous mangeons à sept heures.
10. Nous jouons aux cartes.
11. Nous regardons la télé.
12. Ils partent avant minuit.

D *Parlons de demain. Répondez aux questions.*

1. À quelle heure vous lèverez-vous demain ?
2. Quelle sorte de vêtements mettrez-vous ?
3. À quelle heure commencera votre premier cours ?
4. Où déjeunerez-vous demain ?
5. À quelle heure finira votre dernier cours ?
6. À quelle heure rentrerez-vous à la maison ?
7. Qu'est-ce que vous étudierez demain soir ?
8. À quelle heure vous coucherez-vous ?

« Où irons-nous cet après-midi ? »

• 4 FUTUR (2) ET FUTUR ANTÉRIEUR

1. Here is a list of verbs that have irregular future stems.

POUR VOTRE FÊTE

avoir	aur-	vous aurez	/ɔʀe/
être	**ser-**	vous serez	/s(ə)ʀe/
aller	**ir-**	vous irez	/iʀe/
devoir	**devr-**	vous devrez	/dəvʀe/
envoyer[1]	**enverr-**	vous enverrez	/ɑ̃vɛʀe/
faire	**fer-**	vous ferez	/f(ə)ʀe/
pouvoir	**pourr-**	vous pourrez	/puʀe/
recevoir	**recevr-**	vous recevrez	/ʀəsvʀe/
savoir	**saur-**	vous saurez	/sɔʀe/
tenir	**tiendr-**	vous tiendrez	/tjɛ̃dʀe/
venir	**viendr-**	vous viendrez	/vjɛ̃dʀe/
voir	**verr-**	vous verrez	/vɛʀe/
vouloir	**voudr-**	vous voudrez	/vudʀe/
pleuvoir	**pleuvr-**	il pleuvra	/plœvʀa/

2. *Si clause.* In a statement referring to a future event, the verb in the *si clause* (introduced by **si** *if*) remains in the present tense, while the verb in the *main clause* is in the future. Note that, as in English, the **si** clause can be either at the beginning or at the end of the main clause.

Si j'**ai** soif, je **boirai** de l'eau.	*If I'm thirsty, I'll drink water.*
S'il **vient**, je lui **parlerai**.	*If he comes, I'll speak to him.*
Je **dirai** la vérité **s'**il **vient**.	*I'll tell the truth if he comes.*
Elle **viendra si** elle **est** libre.	*She'll come if she is free.*

3. *Quand clause.* If the *main clause* is in the future tense, then a clause introduced by **quand** *when* or **dès que** and **aussitôt que** *as soon as* must also be in the future tense. Note that in English such clauses are in the present rather than in the future tense.

Quand il **viendra**, je lui **parlerai**.	*When he comes, I'll speak to him.*
Je te **téléphonerai dès que** j'**arriverai** à Paris.	*I'll call you as soon as I arrive in Paris.*
Elle nous **écrira aussitôt qu'**elle **sera** à Rome.	*She'll write to us as soon as she is in Rome.*

4. The future perfect tense (**le futur antérieur**) indicates a future action that will have been completed *before* another future action. It consists of the future tense of the auxiliary **avoir** or **être** and the past participle of the verb expressing the action. It is equivalent to English *(will) have* + past participle.

---

[1] This verb is irregular only in the future tense. In the present and imperfect tenses, it is conjugated like **employer** and **nettoyer**.

j'**aurai** parlé
tu **auras** déjeuné
il **aura** travaillé
nous **aurons** fini
vous **aurez** terminé
ils **auront** mangé

je **serai** arrivé(e)
tu **seras** sorti(e)
il **sera** rentré
nous **serons** parti(e)s
vous **serez** descendu(e)(s)
ils **seront** revenus

J'aurai fini mon travail avant ce soir.

Il **sera parti** avant ton arrivée.
Je te verrai dès que j'**aurai fini** ce travail.
Tu me téléphoneras quand tu **auras trouvé** une chambre.

I will have finished my work before this evening.
He will have left before your arrival.
I will see you as soon as I have finished this work.
You will call me when you have found a room.

JE FERAI MES DEVOIRS, ENSUITE JE MANGERAI LE SANDWICH.

TABLEAU 66

Il **mangera** le sandwich quand il **aura fait** ses devoirs.

 A *Mettez chaque verbe au futur.*

1. je mange
2. nous faisons
3. elle veut
4. j'ai
5. vous faites
6. nous buvons
7. vous venez
8. tu dors
9. nous voyons
10. elle sait
11. ils ont
12. je peux
13. il pleut
14. je sors
15. je lis
16. j'envoie
17. tu vas
18. vous savez

 B *Nous allons parler d'une étudiante américaine. Elle ira en Europe cet été. Elle voudra faire beaucoup de choses. Mettez chaque phrase au futur.*

1. Je voyage en France cet été.
2. Je passe six semaines en Europe.
3. Je pars avec mes parents.
4. Nous prenons un avion.
5. Nous allons à Paris.
6. Mes parents vont en Italie.
7. Je veux rester à Paris.
8. Je suis donc à Paris.
9. Je sais bien parler français.
10. Je vois mes parents plus tard.
11. Il fait chaud à Paris.
12. Il ne pleut pas souvent.
13. Je connais bien Paris.
14. Je prends beaucoup de photos.
15. J'envoie des cartes postales.
16. J'écris des lettres.
17. Je reçois des lettres.
18. Je vais à Rome en juillet.
19. Je peux voir mes parents.
20. Nous rentrons en juillet.

C *Répondez aux questions en employant le futur.*

1. Quel temps va-t-il faire demain ?
2. Allez-vous être en classe demain ?
3. Allez-vous téléphoner à vos parents ce week-end ?
4. Vos parents vont-ils vous envoyer de l'argent ?
5. Est-ce qu'ils vont vous écrire ?
6. Quand est-ce que les vacances d'été vont commencer ?
7. Quand allez-vous partir en vacances ?
8. Qu'est-ce que vous allez faire cet été ?

D *Peut-on prédire l'avenir ? Complétez les suppositions suivantes en utilisant le futur.*

1. Ce week-end , si je n'ai pas de devoirs, . . .
2. Si je peux voyager pendant un mois en juillet, . . .
3. Quand j'aurai terminé mes études à l'université, . . .
4. Si, à la fin de mes études universitaires, mes parents me donnent $ 1000, . . .
5. Quand j'aurai quarante ans, . . .
6. Quand j'aurai soixante ans, . . .
7. En l'an 1990, . . .
8. En l'an 2500, . . .

• 5 PRONOMS PERSONNELS COMPLÉMENTS : RÉVISION

1. The chart below summarizes all the forms of the personal pronouns you have learned.

SUBJECT	DIRECT OBJECT	INDIRECT OBJECT	REFLEXIVE	STRESSED
je tu	me/m' te/t'			moi toi
nous vous	nous vous			
il elle	le/l' la/l'	lui		lui elle
on	—	—	se/s'	soi
ils elles	les	leur		eux elles

2. Here are a few concluding comments about the personal pronouns listed above.

a) The *subject* pronouns are **je**, **tu**, **il**, **elle**, **on**, **nous**, **vous**, **ils**, **elles**. The indefinite pronoun **on** was discussed in Lesson 7.1. All the rest were introduced in Lesson **1**.4 and **1**.5.

b) The pronouns **me**, **te** (**m'**, **t'** before a vowel sound), **nous**, and **vous** can be either *direct* or *indirect* object pronouns. They can also be *reflexive* pronouns. In the third person, however, you must distinguish between *direct* (**le**, **la**, **l'**, **les**) and *indirect* (**lui**, **leur**) object pronouns. The reflexive pronoun **se** (**s'** before a vowel sound) is used for both the singular and the plural. The direct object pronouns were presented in Lesson **11**.1, the indirect in Lesson **12**.4, and the reflexive in Lesson **13**.1.

c) The stressed pronouns are **moi**, **toi**, **lui**, **elle**, **soi** (singular) and **nous**, **vous**, **eux**, **elles** (plural). Note that gender distinction is maintained only in the third person. These pronouns were presented in Lesson **14**.1.

3. The pronoun **y** replaces the indirect object **à** + noun (*denoting a thing*) as well as any locative preposition + noun. The pronoun **en** replaces the partitive article + noun, as well as the preposition **de** + noun (*denoting a thing*). The chart below indicates the sequence in which four groups of object pronouns occur before the verb (or the auxiliary verb in compound tenses). A given sentence cannot have more than two object pronouns before the verb.

| me te se nous vous | + | le la les | + | lui leur y | + | en |

 A *Faisons une révision des pronoms compléments. Regardez le Tableau 9 à la page 37 et répondez aux questions d'après ce modèle.*

Est-ce qu'elle arrive à la boutique ?
Oui, elle y arrive.

 B *Regardez maintenant le Tableau 26. Répondez aux questions d'après ce modèle.*

Est-ce qu'il traversera la rue ?
Oui, il la traversera, mais moi, je ne la traverserai pas.

C *Vous allez en ville. Vous entrerez dans un magasin et vous achèterez une montre. Répondez affirmativement en employant le futur et les pronoms appropriés, d'après ce modèle.*

Achetez-vous cette montre ?
Oui, je l'achèterai.

1. Allez-vous en ville ?
2. Avez-vous besoin d'argent ?
3. Prenez-vous l'autobus ?
4. Attendez-vous l'autobus ?
5. Montez-vous dans l'autobus ?
6. Descendez-vous de l'autobus ?
7. Traversez-vous cette rue ?
8. Trouvez-vous le magasin ?
9. Entrez-vous dans le magasin ?
10. Parlez-vous au vendeur ?
11. Répondez-vous à ses questions ?
12. Choisissez-vous cette montre ?
13. Achetez-vous la montre ?
14. Sortez-vous du magasin ?

D *Voici l'histoire d'une soirée sympathique. M. Dubois, le professeur de français, a invité ses étudiants chez lui. Votre camarade de chambre y est allé, et maintenant il vous en parle. Ajoutez une question après chaque phrase en employant les pronoms appropriés.*

Modèle : J'ai vu Barbara chez le professeur.
Ah oui ? Tu l'as vue chez lui ?

1. Je suis allé chez M. Dubois.
2. J'y ai emmené Robert.
3. J'ai vu Jean-Paul chez le professeur.
4. J'ai présenté Robert à M. et Mme Dubois.
5. Jean-Paul nous a parlé de la France.
6. M. Dubois nous a montré des diapos[1].
7. Nous avons vu les diapos dans le séjour[2].
8. Mme Dubois a fait des crêpes[3] délicieuses.
9. Nous avons mangé beaucoup de crêpes.
10. Nous avons écouté des chansons françaises.
11. J'ai dit à Mme Dubois que la soirée était très agréable.[4]
12. Nous avons quitté leur maison vers onze heures.

---

[1]**diapositives** *f   slides*
[2]**séjour**   salle de séjour
[3]**crêpes** *f*   very thin pancakes made of milk, sugar, flour, and eggs, sometimes rolled up, and served with jam and liqueur.
[4]Toute la proposition (*clause*) qui commence par **que** devient **le** (Leçon **11**.1).

Quelle réception merveilleuse !

APPLICATIONS

A Dialogue et questions[1]

Un cocktail[2] chez les Chabrier

Les parents de Jean-Paul ont donné un cocktail pour présenter Christine à leurs amis. Monique et Jean-Paul ont aussi invité quelques-uns[3] de leurs copains.

Présentations[4]

Jean-Paul présente Christine au docteur[5] Bloch.

JEAN-PAUL	Docteur Bloch, permettez-moi de vous présenter Christine 5 Johnson.
LE DOCTEUR BLOCH	Très heureux de faire votre connaissance, Mademoiselle.
CHRISTINE	Enchantée, Monsieur.

Monique présente Christine à une copine.

MONIQUE	Mireille, je te présente Christine.	10
MIREILLE	Bonjour, Christine. Monique m'a souvent parlé de toi.	
CHRISTINE	Bonjour.	

Accepterez-vous ou refuserez-vous ?

M. Chabrier offre du Dubonnet[6].

M. CHABRIER	Un peu de Dubonnet ?	15
CHRISTINE	Oui, volontiers. Je n'en ai jamais bu. (*ou bien*[7] : Non merci, Monsieur. Je ne bois pas d'alcool[8].)	
M. CHABRIER	À votre bon séjour en France.	
CHRISTINE	Merci, et à votre santé.	

Monique offre des cacahouètes.

MONIQUE	Tu en veux ?	20
BERNARD	Oui, s'il te plaît. Elles sont très bonnes.	

Mme Chabrier offre un morceau de quiche[9].

MME CHABRIER	Vous en voulez, Christine ?

---

[1] Les réponses aux questions ne sont pas enregistrées sur la bande magnétique.
[2] *A cocktail party* (but not necessarily serving cocktails)
[3] *some*
[4] *Introductions*
[5] In French, most professional titles before a proper name are preceded by the definite article: **le docteur Bloch, le capitaine Nicolas, le professeur Raymond**. It is dropped only in direct address: **Je parlerai au docteur Pouleur**, but **Bonjour, docteur Pouleur**.
[6] vin très doux et sucré
[7] *or else*
[8] /alkɔl/ *alcohol*
[9] pie shell filled with a mixture of eggs, cream, bacon, and often onions or cheese

CHRISTINE   Je veux bien[1]. Seulement un tout petit peu[2], s'il vous plaît. (*ou* 25
bien : Merci beaucoup, mais j'ai assez mangé. Tout était
délicieux.)

Les invités commencent à partir.

Le docteur Bloch doit partir. Il parle à Mme Chabrier.

LE DOCTEUR BLOCH   Au revoir, chère amie. Je vous remercie de[3] cette excellente 30
soirée[4].

MME CHABRIER   Vous devez partir si tôt[5] ? Quel dommage ![6]

LE DOCTEUR BLOCH   Oui, hélas ! Mais j'espère vous revoir bientôt.

Bernard, un des copains de Jean-Paul, lui dit au revoir.

35

BERNARD   C'était vraiment réussi, ta soirée.

JEAN-PAUL   Tu pars déjà ? Tu ne veux pas rester encore un petit moment ?

BERNARD   J'aimerais bien[7], mais j'ai encore des devoirs à faire.

JEAN-PAUL   Dommage ! Alors, à bientôt.

BERNARD   Oui, à bientôt. Et merci, c'était très sympa.

(lignes 1–12)

1. Vous êtes chez votre professeur de français. Vous y avez amené un de vos copains. Présentez votre copain au professeur.

2. Présentez votre camarade de chambre à un de vos copains.

(lignes 13–27)

3. Votre professeur vous offre un apéritif[8]. Qu'est-ce que vous allez lui dire ?

4. Votre professeur vous offre encore un morceau de gâteau. Le gâteau est très bon, mais vous en avez déjà assez mangé. Qu'est-ce que vous allez dire ?

5. Votre copine vous offre encore du thé. Est-ce que vous en voulez ? Quelle sera votre réponse à votre copine ?

(lignes 28–39)

6. Vous avez passé une excellente soirée chez votre professeur. Vous devez partir maintenant. Qu'est-ce que vous lui direz ? Quelle sera sa réponse ?

7. Un de vos copains (Une de vos copines) a donné une surprise-party. C'était très sympathique, mais vous devez partir maintenant. Pour quelles raisons ? Qu'est-ce que vous allez dire au copain (à la copine) qui a organisé la surprise-party ?

---

[1]Volontiers (littéralement, *I'm willing)*
[2]*just a little bit*
[3]**remercier quelqu'un de**   *to thank someone for*
[4]Attention : **soirée** a deux significations en anglais : *evening* et *party*. Le contexte de ce passage suggère qu'il est question de *evening* plutôt que de *party*.
[5]**si tôt**   *so soon*
[6]*What a pity!*
[7]*I would like to*
[8]*a before-dinner drink* (voir les **Expressions utiles** de la Leçon 18)

B Expressions utiles

La soirée

L'hôte et l'hôtesse

donner { une réception / un cocktail / une soirée / une surprise-party } : servir des rafraîchissements

Les invités

Il y a { beaucoup / trop } de monde.

On { sonne à la porte. / présente ses amis aux autres. / boit, mange, chante, danse, bavarde. / enlève son veston et sa cravate. }

Les conversations

faire la connaissance de / reconnaître / voir / rencontrer } { quelqu'un / la plupart / quelques-uns } des invités

trouver quelqu'un { charmant, sympathique, très cultivé / bavard, arrogant, timide, ennuyeux }

rompre[1] { la glace / le silence }

chercher (désespérément) un sujet de conversation

parler / discuter } { de n'importe quoi / de n'importe qui[2] / d'un problème économique / social / régional }

Le buffet et les rafraîchissements[3]

des canapés
des petits gâteaux
des amuse-gueule (*pl invar*)[4]
des cacahouètes

du punch /põʃ/
un bol de punch
des verres

Diner-Piano-Bar

une ambiance inhabituelle

Ses Déjeuners
Ses Dîners
Ses Soirées
prolongées

Valentino

3, Promenade
des Anglais
NICE
Tél. 87.09.27

Pratique

1. Quelle est la différence entre un cocktail et une surprise-party ?
2. Qu'est-ce que c'est qu'une personne timide (bavarde, ennuyeuse, sympathique) ?[5]

---

[1]*to break (up)*; verbe du troisième groupe (**je romps** /rõ/, **tu romps, il rompt, nous rompons, vous rompez, ils rompent** ; le participe passé est **rompu**)

[2]**n'importe quoi** *anything*, **n'importe qui** *anyone*

[3]Pour les boissons, consultez les **Expressions utiles** des Leçons 6 et 18.

[4]de petits sandwichs, des biscuits salés, des chips, etc.

[5]*What is a shy person?* (Quelle sorte de personne est timide ?) Commencez votre réponse par : « C'est quelqu'un qui . . . »

3. Quelle est la meilleure façon de trouver des sujets de conversation quand on vient de faire la connaissance de quelqu'un ?
4. Quels sujets de conversation est-ce qu'on évite quand on parle à un(e) inconnu(e) à une soirée ?
5. Donnez des exemples de canapés et d'amuse-gueule.

C *Deux étudiantes vont donner une surprise-party. Lisez le passage suivant et posez des questions sur les parties soulignées.*

Nous donnerons une surprise-party (1) samedi prochain. Nous inviterons à peu près (2) vingt-six personnes. (3) La surprise-party commencera vers neuf heures. (4) Je vais m'occuper des[1] boissons. Jacqueline préparera (5) le buffet ; je vais l'aider, bien sûr. On pourra danser ; il y a assez de place[2] (6) dans la salle de séjour. J'emprunterai des disques (7) à notre voisine[3]. Elle a des disques (8) de danse. Oui, (9) elle est aussi invitée à notre surprise-party. Ce sera une soirée (10) très sympa.

D *Composition. Choisissez un des sujets suivants et écrivez une composition d'à peu près 150 mots. Employez le futur autant que possible.*

1. Vous allez donner une surprise-party ce week-end. Qui avez-vous invité ? Qu'est-ce que vous servirez comme rafraîchissements ? Où achèterez-vous ces choses ? Comment vous assurerez-vous que tout le monde passera une très bonne soirée ?
2. Quels sont vos projets pour les vacances de Noël (ou de Pâques) ? Où irez-vous ? Que ferez-vous ? Pourquoi ?
3. On dit souvent que rien n'est parfait. Faites une description d'un petit appartement idéal, y compris[4] le plan de l'appartement et la description des meubles et de l'immeuble où se trouve cet appartement.
4. Décrivez une heure de travail dans la vie d'un médecin généraliste ; il travaille dans son cabinet[5] et il voit trois malades par heure.
5. Écrivez le monologue d'une personne qui croit qu'elle a la grippe. C'est un jeudi et il y a beaucoup de choses à faire pendant le week-end. Va-t-elle voir un médecin ? Doit-elle annuler tous ses projets ?
6. Décrivez la vie en l'an 2200. Quelle sorte de maison habitera-t-on ? Comment les médecins soigneront-ils les malades et les blessés[6] ? Quelle sorte de soirées donnera-t-on ?

E *Renseignements et opinions*

1. Que ferez-vous ce soir ? Mentionnez trois ou quatre choses dans l'ordre chronologique.
2. Si vous voulez faire quelque chose d'original ce week-end, que ferez-vous ? Pourquoi est-ce que c'est original ?
3. Quand est-ce que les vacances d'été commencent ? Où serez-vous cet été et que ferez-vous ?

---

[1]**s'occuper de**   *to take care of*
[2]*room* (au sens de *space*)
[3]**emprunter quelque chose à**   *to borrow something from*
[4]*including*
[5]*office* (on emploie le mot **cabinet** pour désigner l'endroit où travaille un médecin ou un avocat)
[6]*personnes qui sont blessées (wounded)*

4. De qui voulez-vous faire la connaissance ? Pourquoi ? Quand avez-vous fait ma connaissance ?

5. Est-ce que vos parents vous envoient de l'argent ? Est-ce qu'ils vous en donneront pendant l'été ? Envoyez-vous des lettres à vos parents ? Est-ce que vous leur en enverrez une cette semaine ?

F Lecture

Les soirées

Aimez-vous les soirées ? Moi aussi. Voulez-vous savoir comment les jeunes Français organisent leurs soirées ? Je vais vous parler tout d'abord[1] des surprises-parties. Contrairement à[2] ce mot « surprise », ce ne sont pas des réunions imprévues ou à l'improviste[3]. Ce sont surtout des réunions amicales entre amis et copains.[4]

Carole Taillefer, une de mes camarades de Terminale[5] au lycée, va donner une surprise-party demain soir. Je vais chez elle cet après-midi pour l'aider à[6] préparer sa petite fête. Nous allons déplacer quelques meubles et nous roulerons le tapis de la salle de séjour pour pouvoir danser. Nous installerons aussi des spots lumineux de différentes couleurs pour créer une atmosphère de boîte de nuit. Il y aura une 5 trentaine d'[7]invités chez elle. Ils arriveront vers neuf heures. Les garçons porteront des blue-jeans et des chemises, mais pas de cravate, et les filles seront en jean et en T-shirt.[8] Robert apportera des disques de danse, car il en a une collection impressionnante. Carole et sa mère auront préparé un buffet : des sandwichs, des chips, des cacahouètes et des petits gâteaux au fromage[9]. Il y aura aussi du Coca- 10 Cola, des jus de fruits, de la bière et des pichets de sangria. On écoutera de la musique, on bavardera et on dansera jusqu'à une heure du matin. Et les parents de Carole ? Ils iront probablement au cinéma et rentreront vers minuit. Ensuite ils iront se coucher, mais je ne sais pas s'ils pourront dormir avec tout le bruit qu'on va faire.

Les gens plus âgés donnent un « cocktail » ou un « pot[10] ». Mon frère Jean et 15 sa femme Monique en ont donné un pour une vingtaine de personnes il y a deux semaines. Jean est ingénieur et Monique, institutrice[11]. Ils ont 25 ans tous les deux[12]. Les invités sont arrivés vers sept heures. Jean a servi du porto, du Dubonnet, du Martini,[13] du scotch et des jus de fruits. Sur la table dans le coin de la salle à manger

---

[1] *first of all*

[2] *Contrary to*

[3] **imprévues ou à l'improviste** *unexpected (unforeseen) or impromptu*

[4] Quelquefois on les appelle aussi « surboum » ou « surpatte ».

[5] **La Terminale** est la dernière classe du lycée où on prépare le Baccalauréat (examen national qui donne accès à l'université).

[6] **aider quelqu'un à faire quelque chose** *to help someone to do something*

[7] **Une** + nombre + **-aine** + **de** indique un nombre approximatif : **une quinzaine de personnes**, **une vingtaine de livres**.

[8] Parmi les jeunes Françaises, il est très à la mode de porter des blue-jeans.

[9] *cheese-flavored crackers*

[10] Un **pot** dans ce contexte est comme une « cocktail party » aux États-Unis, mais plus intime.

[11] Les **instituteurs** *m* et les **institutrices** *f* sont des personnes qui enseignent à l'école primaire.

[12] *both (of them)*

[13] **porto** *port wine*; **Dubonnet** a sweet wine somewhat like cocktail sherry; **Martini** *sweet vermouth*

il y avait des petits fours, des petits gâteaux[1], de petits sandwichs, des œufs en 20
gelée[2] et de fines tranches[3] de salami. J'ai fait la connaissance de deux couples qui
venaient de rentrer des États-Unis. Ils ont échangé leurs impressions de voyage et
cela m'a beaucoup intéressée puisque j'espère aller un jour aux États-Unis. Les
invités ont passé une excellente soirée[4] et ils sont partis vers neuf heures. Jean,
Monique, un autre couple et moi, nous avons décidé d'aller dîner dans un petit 25
restaurant. Il était onze heures et demie quand je suis rentrée chez mes parents.

A *Indiquez si les commentaires suivants sont vrais ou faux.*

1. Les surprises-parties sont des réunions à l'improviste entre amis et copains.
2. Carole a invité à peu près[5] trente personnes chez elle.
3. La soirée va durer à peu près quatre heures.
4. Robert installera des spots lumineux dans la salle à manger où les invités danseront.
5. La seule boisson alcoolique que Carole va servir est la sangria.
6. Les parents de Carole quitteront leur appartement parce qu'ils ne voudront pas déranger ses invités.
7. Jean et Monique ont invité à peu près vingt personnes chez eux.
8. Parmi les invités il y avait deux couples qui venaient de rentrer des États-Unis.
9. Jean a servi des apéritifs et des jus de fruits.
10. Monique enseigne dans une école primaire.
11. La soirée chez Jean et Monique a duré à peu près trois heures.
12. La personne qui décrit ces deux soirées est une jeune fille.

B *Répondez aux questions.*

1. Comment s'appelle la dernière année des études au lycée ?
2. Quelle sorte de vêtements est-ce qu'on porte pour aller à une surprise-party ?
3. Qu'est-ce qu'on peut faire dans une boîte de nuit ?
4. Quelle sorte de boisson est la « sangria » ?
5. Que fait un instituteur ou une institutrice ?
6. Quelle est la différence entre un porto et un jus de fruit ?
7. Qu'est-ce que le mot « soirée » signifie ?
8. Est-ce que Jean et Monique ont dîné très tard après leur soirée ?

C *Révision des verbes*

1. Décrivez la soirée chez Carole au passé.
2. Décrivez la soirée chez Jean et Monique au futur.

---

[1]**petits fours** *petits fours, miniature cakes*; **petits gâteaux** *cookies* (L'emploi de **des** devant ces expressions est obligatoire ; voir la note 1 à la page 174.)
[2]*eggs in aspic*
[3]*very thin slices*
[4]**Soirée** signifie ici *evening* (voir la note 4 à la page 314).
[5]*approximately, about*

VOCABULAIRE

Noms masculins

·alcool	·cocktail	·invité	séjour
·apéritif	dessert	·morceau	
champagne	·docteur	petits gâteaux *pl*	

Noms féminins

·cacahouète	diapositive	·présentation	·surprise-party
·connaissance	·invitation	·quiche	
crêpe	peur	·raison	

Verbes

·accepter	emmener	·refuser	terminer
boire *irrég*	enseigner	·remercier	
·déranger	·permettre *irrég*	·revoir *irrég*	

Adjectifs

agréable	·enchanté(e)	·sympa
délicieux(euse)	·réussi(e)	

Autres expressions

avoir peur de	·Hélas !	·quelques-uns
·À votre santé !	·ou bien	·un tout petit peu
d'abord	prendre des photos	·volontiers
·faire la connaissance de	·Quel dommage !	

SEIZIÈME LEÇON

CONVERSATIONS

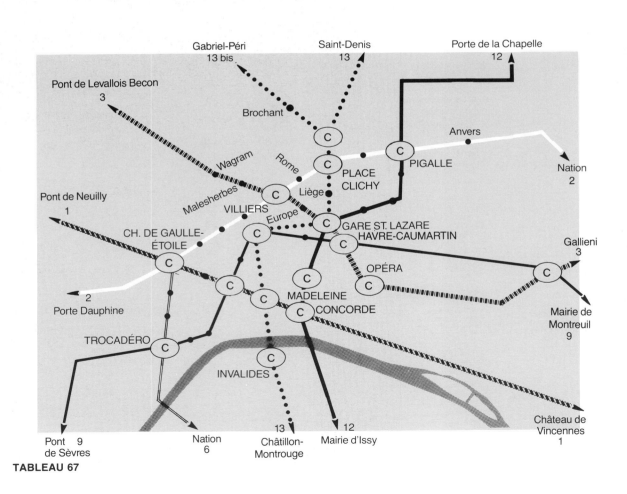

TABLEAU 67

A. Le métro

Regardez le Tableau 67. C'est une très petite partie du plan du métro de Paris. Vous avez une chambre dans un hôtel près de la station Wagram. Aujourd'hui vous allez visiter quelques grands monuments de Paris. D'abord vous voulez voir la Tour Eiffel, qui est près de la station Trocadéro. Vous prenez donc la direction Gallieni[1] et vous changez de ligne à Villiers. Vous prenez la direction Porte Dauphine, et vous changez encore une fois[2] de ligne à l'Étoile. Là, vous prenez la ligne Étoile-Nation et vous descendez à la troisième station. Maintenant, répondez à ces questions.

Vous venez de visiter la Tour Eiffel[3]. Vous voulez aller voir l'Arc de Triomphe, qui est au centre de la Place Charles de Gaulle. Comment allez-vous de la station Trocadéro à la Place Charles de Gaulle ?

Après la visite de l'Arc de Triomphe, vous voulez aller à l'Opéra. Quelle ligne prenez-vous d'abord ? Où changez-vous de ligne ?

De l'Opéra, vous voulez aller à Montmartre. Vous voulez visiter ce quartier pittoresque. Une des stations les plus proches de Montmartre, c'est Anvers. Comment allez-vous de l'Opéra à Anvers ?

Après la visite de Montmartre, vous allez aux Invalides. Vous voulez voir le tombeau de Napoléon. Dites comment vous allez d'Anvers aux Invalides.

C'est la fin de la journée. Vous êtes fatigué(e) et vous voulez rentrer à votre hôtel. Quelles lignes devez-vous prendre ?

---

[1]Toutes les lignes du métro sont numérotées. Mais quand on parle des lignes, on utilise le nom du terminus : **prendre la ligne Étoile-Nation**, **prendre la direction Porte Dauphine**, etc.
[2]**encore une fois**   *once more*
[3]Quelques-uns des noms propres (**la Tour Eiffel**, **l'Arc de Triomphe**, etc.) seront expliqués dans **Dialogue et questions** de la Leçon 17.

L'autobus va moins vite que le métro, mais on peut voir les rues.

B. Le métro ou l'autobus ?

CHRISTINE   Est-ce qu'on doit vraiment prendre le métro ?
MONIQUE   Non, pas forcément[1]. Mais on ira beaucoup plus vite dans le métro.
CHRISTINE   Moi, je voudrais voir les rues de Paris.
MONIQUE   On prendra l'autobus, alors. On n'est pas pressé.

EXPLICATIONS ET EXERCICES ORAUX

• 1 FORMATION DES ADVERBES

1. Most adverbs modify or describe verbs. There are several types of adverbs, as described below.

    a) Adverbs of place. They indicate "where."

Il est venu **ici** en voiture.	*here*
Elle habite toujours **là-bas**.	*over there*
Qu'est-ce que tu vois **au-dessus** ?	*above*

    b) Adverbs of time. They indicate "when."

Il apporte **bientôt** leur café.	*soon*
Nous sommes arrivés **hier**.	*yesterday*
Je l'ai vue **récemment**. /ʀesamã/	*recently*

    c) Adverbs of manner. They indicate "how" and "in what way."

Elle travaille **sérieusement**.	*seriously*
J'ai mangé **rapidement**.	*rapidly, fast*
Il nous parle **franchement**.	*frankly*

    d) Adverbs of quantity/degree. They indicate "how much" and may modify another adverb or an adjective.

Tu travailles **trop** !	*too much*
Elle parle **trop** rapidement.	*too (fast)*
Il est **assez** patient.	*(patient) enough, rather (patient)*

    e) Adverbs of intensity. They indicate emphasis or a high degree of intensity, and modify another adverb or an adjective.

Elle chante **très** bien.	*very (well)*
Elle parle **si** rapidement !	*so (fast)*
Vous êtes **vraiment** gentil.	*really (nice)*

2. In English, many adverbs are formed by adding *-ly* to adjectives: *kind→kindly, quick→quickly, recent→recently.* Similarly, many adverbs in French are formed by adding **-ment** /mã/ to adjectives.

---

[1](ici) pas nécessairement

a) Most adverbs are formed by adding **-ment** to the feminine form of the adjective.

sérieux, sérieuse
    Ces étudiants travaillent **sérieusement**.   *seriously*
naturel, naturelle
    Naturellement, je ne lui ai pas répondu.   *naturally*
excessif, excessive
    Votre question était **excessivement** difficile.   *excessively*
seul, seule
    Nous avons **seulement** dix francs sur nous.   *only*
oral, orale
    Répondez **oralement** aux questions suivantes.   *orally*
franc, franche
    Il nous a parlé très **franchement**.   *frankly*

b) If the masculine form of the adjective has two or more syllables and ends in **-ant** /ɑ̃/ or **-ent** /ɑ̃/, the corresponding adverb is formed by changing these endings to **-amment** /amɑ̃/ or **-emment** /amɑ̃/.

constant, constante
    Ce monsieur fume **constamment**.   /kõstamɑ̃/   *constantly*
élégant, élégante
    Mme Chabrier s'habille **élégamment**.   /elegamɑ̃/   *elegantly*
intelligent, intelligente
    Vous lui avez répondu **intelligemment**.   /ɛ̃tɛliʒamɑ̃/   *intelligently*
récent, récente
    J'ai vu Marie **récemment**.   /ʀesamɑ̃/   *recently*

c) If the masculine form of the adjective ends in the vowel sound /e/, /i/, or /y/, the corresponding adverb is formed by adding **-ment** to the masculine form.

séparé, séparée   /e/
    Je vais lui écrire **séparément**.   *separately*
vrai, vraie   /e/
    La soirée était **vraiment** excellente.   *really*
poli, polie   /i/
    Elle nous a répondu **poliment**.   *politely*
absolu, absolue   /y/
    Le métro était **absolument** bondé.   *absolutely*

d) Some adverbs are not formed in any of the three ways mentioned above.

précis, précise
    Dites **précisément** où vous êtes allé.   *precisely*
gentil, gentille   /ʒɑ̃ti/, /ʒɑ̃tij/
    Elle nous a répondu **gentiment**.   *nicely*
bref, brève
    Il a parlé **brièvement** de ses vacances.   *briefly*

A *Donnez l'adverbe qui correspond à chaque adjectif.*

1. vrai	5. lisible	9. élégant
2. franc	6. gracieux	10. patient
3. négatif	7. frugal	11. bref
4. constant	8. fréquent	12. absolu

B *Répondez aux questions d'après ce modèle.*

> (Monique) est gracieuse. Comment danse-t-elle ?
> **Elle danse gracieusement.**

1. (Françoise) est intelligente. Comment travaille-t-elle ?
2. (Philippe) est sérieux. Comment étudie-t-il ?
3. (Yves) est discret. Comment parle-t-il ?
4. (Marion) est élégante. Comment s'habille-t-elle ?
5. (René) est franc. Comment parle-t-il ?
6. Vous êtes patient. Comment travaillez-vous ?
7. Votre écriture est lisible. Comment écrivez-vous ?
8. Mon repas est frugal. Comment est-ce que je mange ?
9. Votre réponse sera affirmative. Comment répondrez-vous ?
10. Vous serez énergique demain. Comment travaillerez-vous ?

C *Complétez les phrases suivantes d'après ce modèle.*

> On doit marcher rapidement . . .
> **On doit marcher rapidement quand on est en retard (quand on veut se dépêcher, quand on traverse un grand boulevard, etc.).**

1. On doit manger rapidement quand . . .
2. On doit absolument se reposer quand . . .
3. On doit s'habiller élégamment quand . . .
4. On doit travailler sérieusement quand . . .
5. On doit parler discrètement quand . . .
6. On doit répondre poliment quand . . .

● **2 COMPARATIF ET SUPERLATIF DE L'ADVERBE**

1. The comparative of the adverb is similar to that of the adjective (Lesson 9.3), except that adverbs are always invariable and have no gender/number agreement with any noun. **Aussi . . . que** expresses equality in comparison, while **plus . . . que** and **moins . . . que** express inequality.

Jeanne écrit **lisiblement**.	*legibly*
Elle écrit **aussi lisiblement que** sa sœur.	*as legibly as*
Elle écrit **plus lisiblement que** son frère.	*more legibly than*
Mais elle écrit **moins lisiblement que** sa mère.	*less legibly than*

2. The superlative of the adverb is formed by adding **le** before **plus** or **moins**. This **le** is invariable.

Christine écrit **le plus lisiblement**.	*the most legibly*
Ses frères écrivent **le moins lisiblement**.	*the least legibly*

3. The adverb **bien** has an irregular comparative form: **mieux**.[1]

Danielle nage **aussi bien que** sa sœur.	*as well as*
Danielle nage **mieux que** moi.	*better than*
Françoise nage **le mieux**.	*the best*

Be careful to distinguish between the adverb **mieux** (from **bien**) and the adjective **meilleur(e)(s)** (from **bon**). Both correspond to *better* or *best* in English, but **meilleur**, an adjective, must agree in gender and number with the noun it modifies.

Votre réponse est **meilleure** que ma réponse.	*Your answer is better than my answer.*
Vous répondez **mieux** que moi.	*You answer better than I (do).*
Ces photos sont **bonnes** ; mes photos sont **meilleures** ; vos photos sont **les meilleures**.	*These photos are good; my photos are better; your photos are the best.*
Ces jeunes filles chantent **bien** ; ma sœur chante **mieux** ; votre mère chante **le mieux**.	*These girls sing well; my sister sings better; your mother sings the best.*

Ariane patine **mal**.
TABLEAU 68

Henri patine **mieux**.

Caroline patine **le mieux**.

Pierre patine **aussi bien que** Caroline.

 A *Répondez aux questions d'après ce modèle.*

(Jeanne), vous êtes l'étudiante la plus patiente. Comment travaillez-vous ?
Je travaille le plus patiemment.

1. Vous êtes l'étudiant le plus sérieux. Comment travaillez-vous ?
2. Vous êtes l'étudiante la plus diligente. Comment travaillez-vous ?

---

[1]The adverb **mal** also has an irregular form: **pis** /pi/. It is rarely used in colloquial French, and is usually replaced by **plus mal** and **le plus mal**, except in idiomatic expressions such as **Tant pis !** *So much the worse! (Too bad!).*

3. Vous êtes l'étudiant le plus discret. Comment parlez-vous ?
4. Vous êtes l'étudiante la plus élégante. Comment vous habillez-vous ?
5. Vous êtes les étudiants les plus énergiques. Comment travaillez-vous ?
6. Vous êtes les meilleurs étudiants. Comment travaillez-vous ?

B *Répondez aux questions.*

1. Est-ce que j'écris assez lisiblement ? Qui écrit plus lisiblement que moi ? Qui écrit moins lisiblement que moi ?
2. Est-ce que je parle trop vite ? Qui parle moins vite que moi ? Qui parle plus vite que moi ?
3. À quelle heure vous levez-vous ? Qui se lève plus tôt que (Michel) ? Qui se lève le plus tôt ?
4. Qui sait patiner ? Patinez-vous bien ? Est-ce que vous patinez mieux que Scott Hamilton ?
5. Qui parle bien français ? Parlez-vous aussi bien que moi ? Est-ce que je parle mieux que vous ?
6. Dans une grande ville, qu'est-ce qu'on prend pour se déplacer le plus rapidement : le taxi, l'autobus ou le métro ? Comparez ces trois moyens de transport[1].

C *Complétez les phrases suivantes d'après ce modèle.*

Quand on passe un examen[2] écrit, . . .
Quand on passe un examen écrit, on doit écrire aussi lisiblement que possible (plus lisiblement que d'habitude, le plus lisiblement, etc.).

1. Quand on passe un examen oral, . . .
2. Quand on prépare un examen[3], . . .
3. Quand on parle au président des États-Unis, . . .
4. Quand on explique une leçon difficile, . . .

• 3 PLACE DE L'ADVERBE DANS UNE PHRASE

1. Adverbs of place or time normally come at the end of a sentence.

On parle français **ici**.　　　　J'ai pris l'autobus **hier**.
J'ai vu deux enfants **là-bas**.　　Je prends un taxi **aujourd'hui**.

As in English, when an adverb of place or time needs highlighting, it is often placed at the beginning of a sentence.

Ici, on parle français.　　　　**Hier** j'ai pris l'autobus.
Là-bas, j'ai vu deux enfants.　**Aujourd'hui** je prends un taxi.

2. In simple tenses, most adverbs usually come immediately after the verb; unlike English, they *never* come directly before the verb.

Elle parle **souvent** de vous.　　　*She often speaks of you.*
Tu parles **très bien** français.　　*You speak French very well.*

[1] *means of transportation*
[2] **passer un examen** se présenter à un examen (*to pass a test* est **réussir à un examen**)
[3] **préparer un examen** travailler pour un examen

Nous venons **toujours** à l'heure.	*We always come on time.*
Il parle **longuement** de cela.	*He speaks at length about that.*

3. In compound tenses, most adverbs that neither end in -**ment** nor denote place or time occur immediately before the past participle.

Nous dormons **trop**.	→Nous avons **trop** dormi.
Il me parle **souvent** de toi.	→Il m'a **souvent** parlé de toi.
Vous mangez **déjà** ?	→Vous avez **déjà** mangé ?
Il dit **toujours** la vérité.	→Il n'a pas **toujours** dit la vérité.
Vous mangez **encore** ?	→Vous n'avez pas **encore** mangé ?

Of the adverbs ending in -**ment**, a few such as **vraiment**, **certainement**, and **probablement** also usually occur before the past participle.

A-t-il **vraiment** dit cela ?	*Did he really say that?*
Il a **certainement** vu cette photo.	*He certainly saw this photo.*
Il a **probablement** pris un taxi.	*He probably took a cab.*

4. Other adverbs ending in -**ment** usually come after the past participle.[1]

Elle a parlé **longuement** de ses ennuis.	*She spoke at length about her problems.*
Elle a marché **rapidement** vers la maison.	*She walked rapidly toward the house.*
Elle s'est reposée **brièvement** dans sa chambre.	*She rested briefly (for a short while) in her room.*
Elle a reçu **récemment** deux lettres.	*She recently received two letters.*

  A *Exercice de contrôle*

J'ai déjà parlé de mes ennuis.

1. souvent	3. sérieusement	5. assez
2. hier	4. trop	6. longuement

J'ai répondu prudemment à la question.

1. enfin	3. franchement	5. vraiment
2. mal	4. bien	6. aujourd'hui

  B *Quelqu'un voyage dans le métro. Mettez le verbe de chaque phrase au passé composé d'après ce modèle. Faites attention à la place de chaque adverbe.*

Il prend souvent le métro.
Il a souvent pris le métro.

1. Il prend le métro aujourd'hui.
2. Il consulte longuement le plan du métro.
3. Il descend déjà sur le quai.
4. Il va directement à l'Opéra.
5. Il change de ligne là-bas.
6. Il se déplace rapidement.
7. Il aime vraiment le métro.
8. Il préfère toujours le métro.

[1]Such adverbs may come before the past participle if they need *highlighting*; **Elle a longuement parlé de ses ennuis** ; **Elle a rapidement marché vers la maison.**

*Une station de
métro.*

C *Répondez aux questions.*

1. Étiez-vous en classe hier ? Est-ce que j'ai parlé longuement de quelque chose ? De quoi est-ce que j'ai parlé brièvement ?
2. Qu'est-ce que nous avons déjà fait aujourd'hui ? Qu'est-ce que vous n'avez pas encore fait ?
3. Avez-vous toujours dit la vérité à vos parents ? Qu'est-ce que vous ne leur avez pas encore dit ?
4. Avez-vous vraiment fait vos devoirs hier soir ? (Jacques) a-t-il probablement fait ses devoirs ?
5. Comment avez-vous répondu à ma question ? Qu'est-ce que j'ai dit après votre réponse ?

● **4 IMPÉRATIF ET PRONOMS COMPLÉMENTS**

1. Imperative sentences can be either affirmative or negative. In *negative* commands, you drop the subject pronoun (**tu**, **nous**, or **vous**) but retain the same sequence of object pronouns as in declarative sentences (summarized in Lesson **15**.5). The -**s** of the **tu** form of first conjugation verbs, as well as that of **aller**, is deleted.

$$\textbf{Ne} + \begin{bmatrix} \textbf{me} \\ \textbf{te} \\ \textbf{nous} \\ \textbf{vous} \end{bmatrix} + \begin{bmatrix} \textbf{le} \\ \textbf{la} \\ \textbf{les} \end{bmatrix} + \begin{bmatrix} \textbf{lui} \\ \textbf{leur} \\ \textbf{y} \end{bmatrix} + \boxed{\textbf{en}} + \text{verb} + \textbf{pas}$$

DECLARATIVE STATEMENT	NEGATIVE COMMAND
Tu **me** montres **cette photo**.	
→Tu **me la** montres.	→Ne **me la** montre pas.
Tu vas **au musée**.	
→Tu **y** vas.	→N'**y** va pas.
Nous **la** montrons **à Marie**.	
→Nous **la lui** montrons.	→Ne **la lui** montrons pas.
Vous **la** mettez **sur la table**.	
→Vous **l'y** mettez.	→Ne **l'y** mettez pas.
Vous **m'**offrez **des bonbons**.	
→Vous **m'en** offrez.	→Ne **m'en** offrez pas.

2. Affirmative commands also drop the subject pronoun, but they differ from negative commands in several ways: (*a*) the object pronouns come *after* the verb and are connected to it with a hyphen; (*b*) the order of the first group of pronouns (**me**, **te**, **nous**, **vous**) and the second group (**le**, **la**, **les**) is reversed; (*c*) if **me** or **te** is the last pronoun, it becomes **moi** or **toi**; (*d*) the -**s** of the **tu** form of first conjugation verbs and that of **aller** is retained if **y** or **en** comes immediately after it.[1]

Verb	+	**le** **la** **les**	+	**me (moi)** **te (toi)** **nous** **vous**	+	**lui** **leur** **y**	+	**en**

DECLARATIVE STATEMENT	AFFIRMATIVE COMMAND
Tu **me** montres **la photo**.	
→Tu **me la** montres.	→Montre-**la-moi**.
Tu penses **à ton voyage**.	
→Tu **y** penses.	→Pense**s-y**.
Tu vas **au cinéma**.	
→Tu **y** vas.	→Va**s-y**.
Vous **nous** posez **la question**.	
→Vous **nous la** posez.	→Posez-**la-nous**.
Vous **me** parlez **du musée**.	
→Vous **m'en** parlez.	→Parlez-**m'en**.
Nous **lui** envoyons **ces fleurs**.	
→Nous **les lui** envoyons.	→Envoyons-**les-lui**.

[1]When **y** or **en** immediately follows the verb in an affirmative command, an obligatory liaison occurs; in liaison, **y** and **en** are pronounced /zi/ and /zɑ̃/: **Allez-y**, **Vas-y** ; **Parlez-en**, **Parles-en**.

3. **Être**, **avoir**, and **savoir** have special imperative forms.

être	**Sois** gentil.	*Be kind. (Be nice.)*
	Soyons tranquilles.	*Let's be calm.*
	Soyez à l'heure.	*Be on time.*
avoir	**Aie** /ɛ/ de la patience.	*Have patience.*
	Ayons /ɛjō/ confiance en[1] lui.	*Let's trust him.*
	Ayez /ɛje/ confiance en moi.	*Trust me.*
savoir	**Sache** ta leçon.	*Know your lesson.*
	Sachons la vérité.	*Let's find out the truth.*
	Sachez la réponse.	*Know the answer.*

TABLEAU 69

 A *Répondez aux questions d'après ce modèle.*

Nous allons faire nos devoirs ?
ÉTUDIANT A **Ne les faisons pas aujourd'hui.**
ÉTUDIANT B **Faisons-les demain.**

1. Nous allons faire les exercices ?
2. Nous allons étudier la leçon ?
3. Nous allons répondre aux questions ?
4. Nous allons parler au professeur ?
5. Nous allons parler de l'examen ?
6. Nous allons montrer les devoirs au professeur ?
7. Nous allons parler de l'examen au professeur ?
8. Nous allons écrire ce devoir au tableau ?

 B *Regardez le Tableau 26 à la page 102. Ajoutez des phrases d'après ce modèle.*

Je vais traverser la rue.
ÉTUDIANT A **Mais non, ne la traversez pas !**
ÉTUDIANT B **Mais si, traversez-la !**

---

[1]**avoir confiance en** *to have confidence in, to trust*

C *Donnez des phrases impératives en employant les pronoms appropriés.*

1. Voici une carte postale. Dites-moi si vous voulez la voir. Dites-moi de vous la montrer.
2. (Paul), voulez-vous voir la carte, vous aussi ? Alors, dites à (Marianne) de vous la passer.
3. (Jacques), dites à (Paul) de la rendre[1] au professeur.
4. Dites-moi de vous parler du métro de Paris.
5. Voici un ticket de métro. Dites-moi de vous le montrer.
6. (Rose), avez-vous de l'argent ? Dites à (Rose) de vous prêter de l'argent.
7. Demandez à (Pauline) si elle pense à son avenir. Dites-lui d'y penser.
8. Dites à (Robert) de se laver les mains.
9. Dites à (Michel) d'aller au cinéma ce week-end.
10. Dites à (Jean) de rentrer tôt et de se coucher tôt.

• 5 FORME INTERROGATIVE : INVERSION AVEC LE NOM SUJET

1. In the case of most interrogative expressions, when the subject is a *noun* rather than a pronoun, three patterns are possible. In the examples below, pattern (*a*) uses **est-ce que . . . ?**, and pattern (*b*) uses inversion of the verb and the corresponding ("reduplicated") subject *pronoun*. You have encountered pattern (*c*), although it has not been pointed out until now, in which there is a direct inversion of the verb and the subject *noun*. This pattern occurs frequently when the verb is shorter than the subject noun, provided two conditions are met (these conditions will be explained in section 2 below).

a) Où **est-ce que Monique va** ?
b) Où **Monique va-t-elle** ?
c) Où **va Monique** ?

a) Quel âge **est-ce que votre père a** ?
b) Quel âge **votre père a-t-il** ?
c) Quel âge **a votre père** ?

a) Comment **est-ce que votre mère va** ?
b) Comment **votre mère va-t-elle** ?
c) Comment **va votre mère** ?

a) De quoi **est-ce que Jean-Paul parle** ?
b) De quoi **Jean-Paul parle-t-il** ?
c) De quoi **parle Jean-Paul** ?

a) Combien **est-ce que votre livre de français coûte** ?
b) Combien **votre livre de français coûte-t-il** ?
c) Combien **coûte votre livre de français** ?

a) À quelle heure **est-ce que le train arrive** ?
b) À quelle heure **le train arrive-t-il** ?
c) À quelle heure **arrive le train** ?

[1]**rendre** *to return*

2. The two conditions in which inversion of the verb and the subject noun are not possible are (*a*) if the verb is followed by a direct object noun, and (*b*) if there is any confusion between the subject and the direct object when the latter is the interrogative expression. In the examples below, the questions with impossible inversion are crossed out and compared with those using **est-ce que . . . ?**.

a) Presence of a direct object noun after the verb

Où est-ce que Jean-Paul **prend son déjeuner** ?
~~Où **prend** Jean-Paul **son déjeuner** ?~~

Quand est-ce que Monique **finit ses devoirs** ?
~~Quand **finit** Monique **ses devoirs** ?~~

À qui est-ce que la mère **donne la poupée** ?
~~À qui **donne** la mère **la poupée** ?~~

b) Possible confusion between the direct object and the subject

Qui est-ce que **Monique connaît** ?
~~Qui **connaît Monique** ?~~[1]

Quel enfant est-ce que **Jeanne attend** ?
~~Quel enfant **attend Jeanne** ?~~[1]

3. The word **pourquoi** never takes the direct inversion of the verb and the subject noun. In contrast, the word **que** cannot take the inversion of the verb with the "reduplicated" pronoun.

a) Pourquoi **est-ce que** les étudiants travaillent ?
b) Pourquoi les étudiants travaillent-**ils** ?
c) ~~Pourquoi **travaillent les étudiants** ?~~

a) Qu'**est-ce que** votre père fait ?
b) ~~Que votre père fait-il ?~~
c) Que **fait votre père** ?

[1]The only acceptable interpretation of these two sentences is that **Qui** and **Quel enfant** are the subjects: *Who knows Monique?*, *What child is waiting for Jeanne?*

Où **est-ce que cet enfant va** ?
Où **cet enfant va-t-il** ?
Où **va cet enfant** ?

TABLEAU 70

A *Nous voyons un client dans un café. Que fait-il ? Modifiez chaque question en employant* **est-ce que . . . ?** *d'après ce modèle.*

Quand arrive le client ?
Quand est-ce que le client arrive ?

1. À quelle heure arrive le client ?
2. Où va le client ?
3. Que dit le client au garçon ?
4. Que commande le client ?

5. À qui répond le garçon ?
6. Que fait le garçon ?
7. De quoi parle le client ?
8. Quand part le client ?

 B *Maintenant, faites le contraire d'après ce modèle.*

À quelle heure est-ce que le train pour Dijon arrive ?
À quelle heure arrive le train pour Dijon ?

1. Combien est-ce que ces deux livres coûtent ?
2. Comment est-ce que votre famille va ?
3. Où est-ce que notre professeur travaille ?
4. De quoi est-ce que ce monsieur parle ?
5. Où est-ce que cet autobus va ?
6. À quoi est-ce que la jeune fille pense ?
7. Où est-ce que vos parents habitent ?
8. Quel âge est-ce que le père de Jacques avait ?
9. Qu'est-ce que ce petit enfant mange ?
10. Pour qui est-ce que ces jeunes gens travaillent ?

C *Voici un touriste qui arrive à Paris. Écoutez bien, et posez autant de questions que possible sur la partie répétée de chaque phrase, d'après ce modèle.*

Le touriste habite à New York ; à New York.
ÉTUDIANT A **Où est-ce que le touriste habite ?**
ÉTUDIANT B **Où le touriste habite-t-il ?**
ÉTUDIANT C **Où habite le touriste ?**

1. Le touriste arrive à Paris ; à Paris.
2. Le touriste voyage en avion ; en avion.
3. Son avion arrive à dix heures ; à dix heures.
4. Le touriste cherche un taxi ; un taxi.
5. Le touriste parle au chauffeur ; au chauffeur.
6. Le touriste va à son hôtel ; à son hôtel.
7. Le touriste donne un pourboire au chauffeur ; un pourboire.
8. Le touriste cherche le réceptionniste ; le réceptionniste.
9. Le touriste sort de sa chambre ; de sa chambre.
10. Le touriste déjeune parce qu'il a faim ; parce qu'il a faim.

*« Ah, voilà une
place libre. »*

APPLICATIONS

 A Dialogue et questions[1]

Les mésaventures de Jean-Jacques

Jean-Jacques Defleau, étudiant à Nanterre[2], va se rendre[3] chez M. et Mme Reynaud.
Il donne des leçons particulières[4] d'anglais à leur fille Jacqueline. Malheureusement,
il est six heures et demie et le métro est absolument bondé.

JEAN-JACQUES	Pardon, s'il vous plaît. Pardon, Madame. Laissez-moi passer,[5] s'il vous plaît.
UNE VIEILLE DAME	Aïe ![6] Vous m'avez marché sur le pied !
JEAN-JACQUES	Je suis désolé, Madame. Je ne l'ai pas fait exprès[7].
UN MONSIEUR	Ne me bousculez pas, jeune homme.
JEAN-JACQUES	Excusez-moi. Vous descendez à la prochaine[8] ?
UN MONSIEUR	Non.
JEAN-JACQUES	Alors, laissez-moi passer.

5

10

---

[1]Les réponses aux questions ne sont pas enregistrées
sur la bande magnétique.
[2]une des universités de la région parisienne
[3]**se rendre** aller
[4]*private lessons*

[5]*Let me through*
[6]*Ouch!*
[7]*intentionally*
[8]à la prochaine station

Il se heurte à une jeune fille, qui laisse tomber[1] ses livres.

JEAN-JACQUES	Ah, je suis vraiment navré.
LA JEUNE FILLE	Ça ne fait rien. Ce n'est pas grave.
JEAN-JACQUES	Laissez-moi ramasser vos livres . . .	15

Il arrive finalement chez M. et Mme Reynaud.

JEAN-JACQUES	Excusez-moi d'arriver en retard.
MME REYNAUD	Ne vous inquiétez pas. Entrez.
JEAN-JACQUES	Le métro était absolument bondé et j'ai manqué ma station.
MME REYNAUD	Quel dommage ! Jacqueline vous attend dans le salon.	20

Qu'est-ce que vous dites dans les situations suivantes ?

1. Il est 19 heures et vous êtes dans le métro. Vous êtes coincé(e) à l'arrière du[2] wagon et vous devez descendre à la prochaine station. Qu'est-ce que vous dites ?
2. Même situation que ci-dessus.[3] Vous avez laissé tomber un gros paquet sur le pied d'un vieux monsieur. Il est en colère[4].
3. Vous arrivez en retard chez les parents de votre fiancé(e). Vous n'avez pas pu trouver de taxi.
4. Vous rencontrez un copain. Il a l'air ennuyé. Il vous dit qu'il a perdu la clé de sa voiture.
5. Vous prenez le thé chez M. et Mme Chabrier. Vous avez renversé votre tasse de thé sur le tapis du salon.
6. Votre copain a l'air bouleversé. Il vient de recevoir un coup de téléphone. Son oncle préféré est mort subitement d'une crise cardiaque. Il avait seulement quarante-deux ans.
7. Vous êtes pressé(e). Vous marchez rapidement et vous bousculez un enfant, qui laisse tomber ses jouets par terre[5].

B Expressions utiles

Une station de métro

Avant de monter dans le train

consulter } { un plan } du métro
regarder } { une carte }

---

[1] **laisser tomber** *to drop*
[2] **à l'arrière de** *in the back of*
[3] *Same situation as above.*
[4] **être en colère** *to be angry*
[5] **par terre** *on the ground*
[6] *escalator*

acheter $\begin{Bmatrix} \text{un ticket}^1 \\ \text{un carnet (de tickets)} \end{Bmatrix}$ de $\begin{Bmatrix} \text{première (classe)} \\ \text{deuxième (classe)} \end{Bmatrix}$ au guichet

passer le péage / le composteur automatique[2]

arriver
descendre $\Big\}$ sur le quai

Dans le train
aller
voyager $\Big\}$ en $\begin{Bmatrix} \text{première} \\ \text{deuxième} \end{Bmatrix}$ (classe)

prendre $\begin{Bmatrix} \text{la direction} \\ \text{la ligne} \end{Bmatrix}$ Galliéni

arriver $\begin{cases} \text{au terminus} \\ \text{à la station (de correspondance)} \end{cases}$

prendre une correspondance
changer (de train / de ligne) $\Big\}$ à la Madeleine

Un arrêt d'autobus
chercher
prendre $\Big\}$ la ligne 25[3]

composter le ticket[4] (mettre le ticket dans le composteur)

utiliser
composter $\Big\}$ $\begin{cases} \text{un ticket pour chaque section}^5 \\ \text{deux tickets pour le trajet} \end{cases}$

L'autobus est $\begin{cases} \text{(à moitié) vide.} \\ \text{(absolument) bondé.} \\ \text{complet}^6. \end{cases}$

Pratique

1. Où peut-on acheter les tickets dans une station de métro ? Est-ce qu'on les achète avant de descendre sur le quai ?
2. Qu'est-ce que c'est qu'un composteur ?
3. Comment s'appelle la plate-forme d'où on monte dans le train ?
4. Qu'est-ce que c'est qu'une station de correspondance ?
5. Qu'est-ce que c'est qu'un terminus ?
6. Comment peut-on vérifier son itinéraire avant de prendre le métro ou l'autobus ?
7. Pourquoi l'autobus peut-il coûter plus cher que le métro ?[7]

[1]En général, on dit **un ticket de métro**, **d'autobus**, **de vestiaire** (cloakroom), **de cinéma**, **de musée**, et **un billet** /bijɛ/ **d'avion**, **de train**.
[2]**péage** littéralement, *toll*; le **composteur automatique** dans le métro est une machine électro-magnétique qui « composte » (*punches*) le ticket de chaque voyageur.
[3]Toutes les lignes d'autobus à Paris sont numérotées.
[4]**composter** *to punch (a ticket)*; les voyageurs doivent mettre leurs tickets dans le composteur (*puncher*) pour les valider quand ils montent dans l'autobus.
[5]La plupart des lignes sont divisées en deux ou trois sections, selon la distance ou la longueur du trajet.
[6]*full* (il n'y a plus de places)
[7]Voir le troisième paragraphe de la **Lecture** de cette leçon.

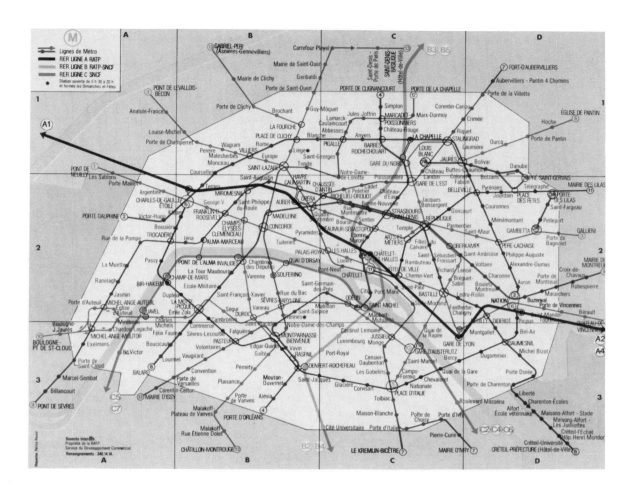

C *Christine parle de son après-midi. Lisez le paragraphe suivant et posez des questions sur les parties soulignées.*

Après le déjeuner, (1) Monique et moi, nous sommes allées à la Tour Eiffel. Monique voulait prendre le métro mais moi, (2) l'autobus. Évidemment, on voyage (3) moins rapidement en autobus, mais je voulais voir les rues de Paris. (4) La queue devant l'ascenseur de la Tour Eiffel n'était pas très longue. La vue sur Paris (5) du haut de la Tour était formidable. J'ai reconnu quelques-uns des grands monuments, et Monique (6) m'a montré les autres. (7) Après la Tour Eiffel, nous sommes allées à l'Arc de Triomphe. (8) Douze grandes avenues partent de cette place, avec l'Arc de Triomphe au centre. (9) Puisqu'il y avait trop de monde devant l'ascenseur, nous avons décidé de prendre l'escalier. Quelle montée ! Mais elle valait bien la peine.[1] De la plate-forme, (10) la vue était magnifique !

---

[1]*It (**la montée**) was well worth the trouble.*

D *Un rendez-vous. C'est un étudiant américain qui parle d'une soirée qu'il a passée avec sa cousine. Complétez le passage.*

(1) Je/rentrer/hier/vers/4/heure/et/je/trouver/un/message/téléphonique. (2) Ce/être/de/ un/de/mon/cousine. (3) Elle/aller/passer/nuit/à/Paris/et/elle/vouloir/me/voir. (4) D'après/ elle,/son/hôtel/ne pas/être/trop/loin/de/la gare de l'Est. (5) Je/consulter/brièvement/ plan/métro ; /je/devoir/changer de/ligne/3/fois. (6) Je/vouloir/aller/à/hôtel/aussi/ rapidement/possible. (7) Je/prendre/taxi/et/je/descendre/devant/gare. (8) Puisque/je/ne pas/connaître/ce/quartier,/je/demander/chemin/à/passant. (9) Il/parler/trop/rapidement/ et/je/ne pas/le/comprendre/bien. (10) Mon/cousine,/habillé/élégamment,/me/attendre/ près de/réception[1]/quand/je/arriver/enfin/à/hôtel.

E *Renseignements et opinions*

1. Avez-vous jamais pris le métro dans une grande ville ? Dans quelle ville ? Dans quelles villes des États-Unis y a-t-il un métro ? Pourquoi le métro est-il un moyen de transport très efficace ?
2. Qu'est-ce que vous avez toujours voulu faire mais que[2] vous n'avez pas encore fait ? Mentionnez deux choses.
3. Qu'est-ce que vous faites fréquemment ? Et qu'est-ce que vous faites rarement ?
4. Qu'est-ce que vous avez déjà fait aujourd'hui ? Et qu'est-ce que vous n'avez pas encore fait ?
5. Préparez une question à poser à votre professeur au sujet du métro de Paris.

F Lecture

Comment circuler[3] dans Paris[4]

Paris a plus de deux millions d'habitants. Beaucoup d'entre eux[5] doivent se déplacer tous les jours pour aller travailler. Ajoutez les milliers de Parisiens qui vont en banlieue,

---

[1]*front desk* (où travaille le/la réceptionniste)
[2]**que** *that, which*
[3]ici, se déplacer, voyager

[4]**Dans** est utilisé surtout quand il s'agit de l'intérieur d'une ville (voir la note 2 à la page 237).
[5]*Many of them*

Une station du R.E.R.

et les milliers de banlieusards qui viennent travailler à Paris : vous avez maintenant une idée du nombre de gens qui circulent tous les matins et tous les soirs dans la capitale. Mais comment circulent-ils ? 5

Le moyen le plus économique et le plus rapide de se déplacer est le métro. Il est à tarif unique[1], c'est-à-dire qu'avec un seul billet, vous pouvez aller n'importe où[2] dans Paris et prendre n'importe quelle correspondance[3]. Le métro a toutefois deux gros inconvénients[4] : aux heures de pointe[5] il est absolument bondé, et les voyageurs sont serrés comme des sardines dans une boîte[6] ; de plus[7], l'accès aux trains par 10 les couloirs souterrains est parfois long et fatigant, même si beaucoup de stations sont équipées d'escaliers roulants[8] et d'ascenseurs. Le Réseau Express Régional (le R.E.R.[9]) relie directement les banlieues au centre de Paris. Les trains du R.E.R. roulent beaucoup plus vite que les trains du métro.

Le réseau d'autobus est très dense. Mais bien sûr, ce moyen de transport est 15 beaucoup moins rapide, car Paris est la ville des embouteillages. En plus[10], l'autobus est plus cher, car le prix des tickets varie selon la distance parcourue. Si vous êtes pressé(e), ou si vous connaissez mal la ville, prenez un taxi. Les taxis sont à tarif raisonnable et ils se déplacent un peu plus rapidement que les autobus. Les chauffeurs sont en général bavards, font des commentaires sur la politique ou les événe- 20 ments du jour, et donnent au passager une passionnante leçon de « parisien parlé ».

Le plan de Paris rend la circulation difficile. Un chef-d'œuvre d'architecture comme la Place Charles de Gaulle devient un véritable cauchemar pour les automobilistes. Douze grandes avenues y débouchent, et les voitures y entrent à flots[11]. Si on est trop timide, on tourne en rond[12] pendant longtemps sans pouvoir en sortir. De plus, 25 il n'y a pas assez de ponts pour faciliter la circulation Nord-Sud. Malgré les larges[13] boulevards et la voie express le long de la Seine[14], tous les soirs vers six heures, plus de 100.000 voitures sont immobilisées dans le centre de Paris par 800 feux rouges. Même le Périphérique n'est plus suffisant. Cette grande autoroute moderne qui encercle Paris est complètement saturée aux heures de pointe. 30

Si circuler est difficile, stationner est presque impossible. Pour faciliter la circulation, le stationnement est interdit dans beaucoup de rues, ou autorisé d'un côté[15] seulement. La seule solution est de construire d'immenses garages souterrains — il y en a déjà à Paris, mais pas assez — mais ces travaux sont longs et très coûteux. Il y a parfois de grandes crises, par exemple lorsque les employés de métro et d'autobus 35

---

[1]*single fare* (**tarif**   *fare, rate*)
[2]*anywhere* (littéralement, *no matter where*)
[3]*any connection* (littéralement, *no matter what connection*)
[4]le contraire de « avantages »
[5]*rush hours* (entre 7 et 8 heures du matin et 5 et 8 heures du soir)
[6]*can*
[7]*moreover*
[8]*escalators*
[9]Ces nouvelles lignes sont beaucoup plus profondes, avec moins de stations.
[10]De plus (voir la note 7)
[11]**entrer à flots**   *to pour in*
[12]**tourner en rond**   *to go around and around*
[13]*wide*
[14]Cette petite autoroute permet aux voitures de traverser le centre de Paris, le long de (*along*) la Seine, sans rencontrer de feux rouges.
[15]*on one side*

L'avenue des
Champs-Élysées
aux heures de pointe.

sont en grève[1] en même temps. Alors, des milliers de Parisiens sont obligés de se déplacer en voiture, et cela crée des embouteillages monstrueux qui durent toute la journée. Paris n'a pas été construit pour l'automobile, et c'est justement ce qui[2] fait son charme. Mais aujourd'hui l'automobile envahit tout. Le charme de Paris résistera-t-il longtemps ?

40

A *Trouvez dans le texte les mots qui sont définis ci-dessous.*

1. aller d'un endroit à l'autre
2. qui est sous terre
3. simultanément, à la fois
4. changer de ligne, de train
5. mouvement d'automobiles dans les rues
6. personnes qui habitent dans la banlieue d'une grande ville
7. heures où tout le monde veut aller au travail ou rentrer chez soi
8. situation où la circulation est presque immobilisée
9. très mauvais rêve
10. de temps en temps

[1] on strike
[2] what (that which)

11. contraire de « avantages »
12. contraire de « permis », « autorisé »

B *Répondez aux questions.*

1. Quels moyens de transport peut-on utiliser pour circuler dans Paris ?
2. Pourquoi le métro est-il le moyen le plus économique de se déplacer ?
3. Quels sont les inconvénients du métro ?
4. Pourquoi les trains du R.E.R. roulent-ils plus rapidement que les trains du métro ?
5. Pourquoi l'autobus peut-il coûter plus cher que le métro ?
6. Quand est-ce qu'on utilise les taxis ?
7. Comment sont les chauffeurs de taxis ?
8. Pourquoi la Place Charles de Gaulle peut-elle devenir un « piège » pour l'automobiliste ?
9. Comment s'appelle l'autoroute moderne qui encercle Paris ?
10. Pourquoi est-ce que le stationnement est interdit dans certaines rues ?
11. Qu'est-ce qui arrive quand les employés de métro et d'autobus sont en grève ?
12. Pourquoi dit-on que Paris n'a pas été construit pour l'automobile ?
13. Vous êtes dans une ville. Vous ne la connaissez pas bien. Quels sont les avantages et les inconvénients de vous déplacer en taxi ou dans votre propre[1] voiture ?
14. À votre avis, y a-t-il des différences entre les problèmes de transport de Paris et de n'importe quelle grande ville aux États-Unis (telle que[2] New York, Chicago ou San Francisco) ?

[1]**Propre** devant un nom signifie *(one's) own.*
[2]*such as*

VOCABULAIRE

Noms masculins

•arc	•fiancé	•paquet	ticket
•arrière	•jouet	pourboire	•tombeau
boulevard	métro	quai	transport
•centre	moyen	•salon	•triomphe
chauffeur	•opéra	•tapis	•wagon

Noms féminins

•colère	écriture	•mésaventure	•tour
•crise	•fiancée	•situation	
•direction	•ligne	•station	

Verbes

•bousculer	•se heurter à	•perdre	•renverser
danser	•s'inquiéter	•ramasser	
se déplacer	•manquer	rendre	
•excuser	patiner	•se rendre	

Adjectifs

absolu(e)	·coincé(e)	franc (franche)	·navré(e)
affirmatif(ive)	constant(e)	fréquent(e)	négatif(ive)
·bouleversé(e)	diligent(e)	frugal(e)	·particulier(ère)
bref (brève)	élégant(e)	gracieux(euse)	·proche
·cardiaque	·ennuyé(e)	lisible	

Adverbes

absolument	énergiquement	gracieusement	poliment
affirmativement	enfin	intelligemment	probablement
brièvement	·exprès	lisiblement	prudemment
constamment	·finalement	longuement	sérieusement
diligemment	·(pas) forcément	mal	·subitement
directement	franchement	le mieux	
discrètement	fréquemment	négativement	
élégamment	frugalement	patiemment	

Autres expressions

·Aïe !	·ci-dessus	·laisser tomber	préparer un examen
·à l'arrière de	·encore une fois	·par terre	réussir à un examen
·au centre de	·être en colère	passer un examen	
·Ça ne fait rien.	·laissez-moi passer	·prendre le thé	

DIX-SEPTIÈME LEÇON

CONVERSATIONS

TABLEAU 71

A. Au voleur !

MLLE LA ROCHE   Monsieur l'agent ! Monsieur l'agent ! Quelqu'un m'a[1] volé mon sac !

L'AGENT   Avez-vous vu la personne qui vous l'a volé ?

MLLE LA ROCHE   Oui, il était plus grand que vous, Monsieur l'agent . . . mais pas aussi beau.

L'AGENT   Je vais vous aider tout de suite, Mademoiselle !

B. Qu'est-ce que c'est que le « Farmer's Market » ?

MME WILSON   Je vais au « Farmer's Market » ce matin. Voulez-vous m'accompagner ?

JEAN-PAUL   Qu'est-ce que c'est que le « Farmer's Market » ?

MME WILSON   C'est un petit marché en plein air, où on vend des légumes, des fruits et des fleurs.

JEAN-PAUL   Ah bon. Oui, j'irai avec vous.

[1]**voler quelque chose à quelqu'un**   *to steal something from someone*

C. **Elle a déménagé à Bordeaux.**

MME REYNAUD   Quand avez-vous déménagé à Bordeaux ?

MLLE LÉPINE   J'ai déménagé il y a trois ans.

MME REYNAUD   Et vous y habitez toujours ?

MLLE LÉPINE   Oui, je suis à Bordeaux depuis trois ans maintenant.

EXPLICATIONS ET EXERCICES ORAUX

• 1 PRONOM RELATIF : QUI

1. Relative pronouns are used to "embed" one sentence into another when both sentences share the same noun. The sentence that is embedded is known as the *relative clause* (**la proposition relative**), and the sentence that contains the relative clause is known as the *main clause* (**la proposition principale**). The relative clause is always embedded immediately after the same noun in the main clause, known as its antecedent (**l'antécédent** *m*), which the relative clause serves to modify or describe. The corresponding noun in the relative clause becomes a relative pronoun, which is always placed at the beginning of the clause. Examine the English examples below. The relative clauses are in italics.

There's **the guide**. ~~The guide~~ *speaks English.*

→There's **the guide** *who speaks English.*

   antecedent   relative pronoun

The museum is on the right bank. ~~The museum~~ *is well known.*

→**The museum**, *which is well known*, is on the right bank.

2. In French, the relative pronoun **qui** *who, which, that* replaces the subject of the relative clause. It is used for both persons and things.

Voilà **le guide**. $\left\{ \begin{array}{c} \text{~~Le guide~~} \\ \rightarrow\textbf{\textit{qui}} \end{array} \right\}$ *parle bien anglais.*

→Voilà **le guide** *qui parle bien anglais.*

Voilà **le monument**. $\left\{ \begin{array}{c} \text{~~Le monument~~} \\ \rightarrow\textbf{\textit{qui}} \end{array} \right\}$ *est très connu.*

→Voilà **le monument** *qui est très connu.*

The relative clause does not necessarily come at the end of the main clause. In the examples below, the antecedent is the subject of the main clause.

Le guide est absent aujourd'hui. $\left\{ \begin{array}{c} \text{~~Le guide~~} \\ \rightarrow\textbf{\textit{qui}} \end{array} \right\}$ *parle bien anglais.*

→**Le guide** *qui parle bien anglais* est absent aujourd'hui.

Le monument est trop loin d'ici. { ~~Le monument~~ / →*qui* } *est très connu.*

→**Le monument** *qui est très connu* est trop loin d'ici.

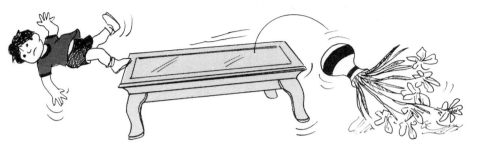

TABLEAU 72 Voilà le garçon **qui** tombe de la table !　　　　　Voilà le vase **qui** tombe de la table !

 A *Voulez-vous aller en France ? Voulez-vous visiter Paris ? On va parler d'un touriste qui visite une ville en France. Reliez[1] les deux phrases d'après ce modèle.*

> Je trouve une maison ; la maison date du seizième siècle.
> **Je trouve une maison qui date du seizième siècle.**

1. Je trouve un hôtel ; l'hôtel n'est pas loin de la gare.
2. Je prends une chambre ; la chambre n'est pas chère.
3. Je cherche le quartier ; le quartier a beaucoup de monuments.
4. Voilà un agent ; l'agent pourra me donner des renseignements.
5. Je regarde les maisons ; les maisons sont autour de la place.
6. Je vois une maison ; la maison date du quinzième siècle.
7. Voilà une vieille église ; l'église a été restaurée.
8. Voilà le monument ; le monument m'intéresse.
9. Je parle à un passant ; le passant parle bien anglais.
10. Je cherche un restaurant ; le restaurant est très connu.

 B *On parle toujours de ce touriste. Reliez les deux phrases d'après ce modèle.[2]*

> Les touristes parlent allemand ; les touristes sont là-bas.
> **Les touristes qui sont là-bas parlent allemand.**

1. L'hôtel est près de la gare ; l'hôtel ne coûte pas cher.
2. Les chambres ne coûtent pas cher ; les chambres sont petites.
3. Le quartier est loin d'ici ; le quartier a beaucoup de monuments.
4. Les touristes parlent japonais ; les touristes sont là-bas.
5. Les autocars sont pour les touristes ; les autocars sont là-bas.
6. L'église est sur la place ; l'église date du treizième siècle.
7. Le jardin est très beau ; le jardin est devant le château.
8. La visite sera en français ; la visite commence à onze heures.
9. Le guide n'est pas ici ; le guide parle bien anglais.
10. Le monument est fermé ; le monument m'intéresse.

---

[1] *Join*
[2] Dans toutes ces phrases, la proposition relative suit immédiatement le sujet de la proposition principale.

• 2 PRONOM RELATIF : **QUE**

1. Study the English examples below. They illustrate how a direct object noun in the relative clause becomes a relative pronoun (which is often deleted).

There's **the boulevard**. *You know ~~the boulevard~~.*

→There's **the boulevard** *(which/that) you know.*

The girl *was American. I saw ~~the girl~~ yesterday.*

→**The girl** *(whom) I saw yesterday was American.*

2. In French, the relative pronoun **que** (**qu'** before a vowel sound) replaces the direct object of the verb in the relative clause and is placed at the beginning of the relative clause. It is used for both persons and things. Note in the last two examples below that the past participle of transitive verbs must agree in gender and number with the preceding direct object, which is the relative pronoun **que**.

Voilà **le boulevard**. *Vous connaissez* { ~~le boulevard~~. / →*que*

→Voilà **le boulevard** *que vous connaissez.*

Je vois **la dame**. *Vous attendiez* { ~~la dame~~. / →*que*

→Je vois **la dame** *que vous attendiez.*

La jeune fille parle espagnol. *Vous avez vu* { ~~la jeune fille~~. / →*que*

→**La jeune fille** *que vous avez vue* parle espagnol.

Les journaux sont sur la table. *Il a acheté* { ~~les journaux~~. / →*que*

→**Les journaux** *qu'il a achetés* sont sur la table.

TABLEAU 73 Voilà le garçon **qu'**elle cherche.　　　　　　Voilà le vase **qu'**elle cherche.

A *Un client va dans un restaurant. Il va prendre son déjeuner. Reliez les deux phrases d'après ce modèle.*

　　Voilà la rue ; il a traversé la rue.
　　Voilà la rue qu'il a traversée.

1. Voilà le restaurant ; il connaît bien le restaurant.

2. Voilà le menu ; il a regardé le menu.
3. Il a bu la bière ; la serveuse lui a apporté la bière.
4. Il a mangé le rosbif ; il a commandé le rosbif.
5. Il a fini le dessert ; il a choisi le dessert.
6. Où est l'addition ? ; il a demandé l'addition.
7. Voilà l'addition ; il va payer l'addition.
8. C'est le pourboire ; il va laisser le pourboire.

Voilà un quartier
que tout le
monde visite.
(La Conciergerie et,
plus loin,
Notre-Dame)

 B *Vous voilà, de nouveau, avec le touriste qui visite une ville en France. Reliez les deux phrases d'après ce modèle.*[1]

Le guide[2] était très utile ; j'ai acheté le guide.
Le guide que j'ai acheté était très utile.

1. L'hôtel était près de la gare ; j'ai trouvé l'hôtel.
2. La chambre était confortable ; j'ai pris la chambre.
3. Le quartier était loin ; je voulais visiter le quartier.

---

[1]Dans toutes ces phrases, la proposition relative suit immédiatement le sujet de la proposition principale.
[2]Le mot **guide** signifie deux choses : le livre qui donne des renseignements touristiques et la personne qui accompagne les visiteurs. Ici, il s'agit d'un livre.

4. L'autobus était bondé ; j'ai pris l'autobus.
5. Le monument était fermé ; je voulais visiter le monument.
6. Les maisons étaient belles ; on a restauré les maisons.
7. L'église était sur la place ; je cherchais l'église.
8. Les photos étaient en couleur ; j'ai pris les photos.

 C *Maintenant, reliez les deux phrases avec* **qui** *ou* **que** *selon le cas, d'après ces modèles.*

Le quartier était loin ; le quartier m'intéressait.
Le quartier qui m'intéressait était loin.
Le quartier était ancien ; j'ai visité le quartier.
Le quartier que j'ai visité était ancien.

1. L'hôtel était confortable ; j'ai trouvé l'hôtel.
2. Le quartier était loin ; je voulais visiter le quartier.
3. L'autobus était bondé ; l'autobus est venu.
4. Les maisons étaient belles ; les maisons étaient autour de la place.
5. Les maisons étaient anciennes ; j'ai vu les maisons.
6. L'agent ne parlait pas anglais ; l'agent m'a donné des renseignements.
7. L'église était grande ; on a restauré l'église.
8. Le monument était fermé ; le monument était près de l'église.
9. Le château datait du seizième siècle ; le château m'intéressait.
10. L'entrée m'a coûté 15 francs ; j'ai payé l'entrée.
11. Le jardin était magnifique ; le jardin était devant le château.
12. La visite était intéressante ; la visite a duré une heure.
13. Le restaurant était sur la place ; je cherchais le restaurant.
14. Le déjeuner était délicieux ; j'ai pris le déjeuner.

3 QU'EST-CE QUE C'EST QUE

1. The interrogative form **Qu'est-ce que c'est que** *What is/are . . .* is used when asking for a definition or a description. The answer usually begins with **C'est** or **Ce sont**.

   Qu'est-ce que c'est qu'une horloge ?[1]
   — **C'est** un instrument qui indique l'heure.
   Qu'est-ce que c'est que des hors-d'œuvre ?
   — **Ce sont** des plats qu'on sert au début d'un repas.

2. In a dependent clause (as a direct object of the verb in the main clause), **Qu'est-ce que c'est que** becomes **ce que c'est que** *What . . . is/are* or **ce que c'est** *What it is/they are.*

   Savez-vous **ce que c'est qu'**une montre ?   *Do you know what a watch is?*

   Dites-moi **ce que c'est que** des « travaux pratiques ».   *Tell me what "travaux pratiques" is.*

---

[1]**Qu'est-ce que c'est que** is sometimes shortened to **Qu'est-ce que** : Qu'est-ce qu'une horloge ? ; Qu'est-ce que des hors-d'œuvre ?

— Je suis désolé, mais je ne sais pas **ce que c'est**.

I'm sorry, but I don't know what it is (what they are).

 A *Je vais vous donner quelques définitions. Écoutez bien et posez-moi une question d'après ce modèle.*

C'est un employé du bureau de poste qui distribue les lettres.
Qu'est-ce que c'est qu'un facteur ?

1. C'est un petit instrument qui indique l'heure.
2. C'est une personne qui sert des repas dans un restaurant.
3. C'est une personne qui sert des boissons dans un café.
4. Ce sont des plats qu'on sert au début d'un repas.
5. C'est un plat qu'on prend à la fin d'un repas.
6. C'est le total d'une note[1] de dépense au restaurant.
7. Ce sont des personnes qui vendent des légumes et des fruits.
8. C'est un magasin où on peut acheter du veau et du bœuf.
9. C'est quelqu'un qui ne peut pas voir. (aveugle)
10. C'est quelqu'un qui ne peut pas entendre. (sourd)

B *Maintenant, donnez la définition de ces mots.*

1. Qu'est-ce que c'est qu'un dessert ?
2. Qu'est-ce que c'est qu'une armoire ?
3. Qu'est-ce que c'est que le petit déjeuner ?
4. Qu'est-ce que c'est que les hors-d'œuvre ?
5. Qu'est-ce que c'est qu'une pendule[2] ?
6. Qu'est-ce que c'est qu'une montre ?
7. Savez-vous ce que c'est qu'un cours de français ?
8. Savez-vous ce que c'est qu'un professeur de français ?
9. Savez-vous ce que c'est qu'un bon étudiant ?
10. Dites-moi ce que c'est que le « Farmer's Market ».
11. Dites-moi ce que c'est que le déjeuner.
12. Dites-moi ce que c'est qu'une librairie.

• 4 EMPLOI DE **IL Y A**, **PENDANT** ET **DEPUIS**

1. The expression il y a + time (in English, time + *ago*) indicates the time when an event took place in the past. It can be used either at the beginning or at the end of a sentence (the latter is more common).

J'ai vu Jacqueline **il y a** trois jours.
Nous avons fini le travail **il y a** deux heures.
Il y a trois cents ans, on parlait allemand dans cette région.

The interrogative expression for il y a + time is **quand**.

Quand avez-vous visité la Tour Eiffel ?
— Je l'ai visitée **il y a** deux jours.

---

[1]**note** *bill*
[2]Une **horloge** est un instrument qui indique l'heure (terme général) ; une **pendule** est une petite horloge.

La Tour Eiffel — on l'a construite il y a à peu près un siècle.

2. **Pendant** + time (English *during/for* + time) is used to indicate the duration of an event in the past, present, or future. Note, as shown in the last two examples below, that **pendant** can be omitted if **pendant** + time follows the verb immediately.[1]

J'étais là **pendant** deux heures.
Je travaillerai à New York **pendant** l'été.
Vous avez travaillé (**pendant**) trois heures ce matin.
Elle vous a attendu (**pendant**) vingt minutes.

The interrogative expression for **pendant** + time is (**pendant**) **combien de temps** *how long.*

(**Pendant**) **combien de temps** allez-vous travailler ?
— Je vais travailler (**pendant**) six heures.

---

[1]**Pendant** is a preposition and it precedes a noun phrase; **pendant que** is a conjunction and precedes a clause with a verb: **Tu regardais la télé pendant que je travaillais.**

3. **Depuis** + time corresponds to English *since/for* + time. In the examples below, **depuis** corresponds to *since*, indicating the *beginning point* of an action. The verb is in the present tense because it expresses a *continuing* action or event that began in the past but is still going on in the present.[1]

J'ai commencé à apprendre le français en septembre.	*I began learning French in September.* (beginning point)
J'**apprends** encore le français.	*I am still learning French.* (continuing)
J'**apprends** le français **depuis** septembre.	*I **have been learning** French **since** September.* (continuing)
Il a acheté ce livre en 1980.	*He bought this book in 1980.*
Il **a** encore ce livre.	*He still has this book.*
Il **a** ce livre **depuis** 1980.	*He **has had** this book **since** 1980.*

The interrogative expression for **depuis** + time is **depuis quand** *since when, how long*, and the answer expected is the *starting point* of an action or event.

Depuis quand connaissez-vous Jean-Paul ?
— Je le connais **depuis septembre**.
Depuis quand lisez-vous ce livre ?
— Je le lis **depuis ce matin**.

4. **Depuis** can also be followed by an expression indicating the *total amount of time elapsed* since the beginning point of an action. **Depuis** + time in the following examples corresponds to *for* + time in English. Note again that the continuing action is expressed by the present tense in French.

Je suis arrivé ici il y a deux ans.	*I arrived here two years ago.* (beginning point)
J'**habite** encore ici.	*I am still living here.* (continuing)
J'**habite** ici **depuis** deux ans.	*I **have been living** here **for** two years.* (continuing)
Il a commencé son travail à dix heures.	*He began his work at ten o'clock.*
Il est midi et il **travaille** encore.	*It's noon and he is still working.*
Il **travaille depuis** deux heures.[2]	*He **has been working for** two hours.*

The interrogative expression for the amount of time elapsed is **depuis combien de temps** *for how long, how long*.

Depuis combien de temps connaissez-vous Marie ?
— Je la connais **depuis six ans**.
Depuis combien de temps lisez-vous ce livre ?
— Je le lis **depuis une demi-heure**.

---

[1] Note, on the other hand, that English uses *have/has been doing* or *have/has done* for the equivalent expression.
[2] Note that the construction **depuis** + number + **heure(s)** is ambiguous: **depuis deux heures** can mean either *for two hours* or *since two o'clock* because **heure** means both *hour* and *o'clock*.

5. When a sentence containing **depuis** is in the negative, the verb is usually in the *passé composé* rather than the present.

Je **n'ai pas vu** Renée **depuis** lundi.	*I **have not seen** Renée **since** Monday.*
Je **n'ai pas fait** mes devoirs **depuis** deux jours !	*I **have not done** my homework **for** two days!*

TABLEAU 74 Il **faisait** beau à 8 h.   Il **a commencé** à pleuvoir à 10 h.   Il **pleut** maintenant.
Il **pleut depuis** 10 h.

 A *Répondez aux questions en employant* **il y a** *d'après ce modèle. Utilisez les pronoms appropriés dans vos réponses.*

Avez-vous pris votre petit déjeuner ?
Je l'ai pris il y a deux heures (trois heures, etc.).

1. Quand avez-vous quitté la maison ce matin ?
2. Quand êtes-vous arrivé(e) à l'université ?
3. Quand êtes-vous allé(e) au cinéma ?
4. Quand a-t-il neigé ou plu ?
5. Quand vous êtes-vous coupé les ongles ?
6. Quand vous êtes-vous lavé la figure ?

 B *Répondez aux questions d'après ce modèle.*

Connaissez-vous (Jacques) ?
Oui, je le connais.
Depuis quand ?
Je le connais depuis janvier (septembre, etc.).
Depuis combien de temps ?
Je le connais depuis deux mois (trois mois, etc.).

1. Connaissez-vous (Marianne) ? Depuis quand ?
2. Me connaissez-vous ? Depuis combien de temps ?
3. Êtes-vous dans ce cours ? Depuis quand ?
4. Avez-vous votre livre de français ? Depuis quand ?
5. Avez-vous votre montre ? Depuis combien de temps ?
6. Apprenez-vous le français ? Depuis combien de temps ?

7. Êtes-vous étudiant(e) à l'université ? Depuis quand ?
8. Quel temps fait-il ? Depuis quand ?

C *Lisez le passage suivant et répondez aux questions qui l'accompagnent.*

M. Chabrier a commencé à travailler chez Renault il y a vingt-trois ans. Il y travaille encore. Il a épousé Yvette Georget en 1962. Mme Chabrier est devenue chimiste il y a dix-neuf ans. Leur premier enfant est né un an après leur mariage. Le deuxième enfant est né sept ans plus tard. Leur fils, Jean-Paul, étudie les sciences économiques aux États-Unis depuis un an.

1. Depuis quand est-ce que M. Chabrier travaille chez Renault ?
2. Depuis combien de temps M. et Mme Chabrier sont-ils mariés ?
3. Depuis combien de temps Mme Chabrier est-elle chimiste ?
4. Quand est-ce que leur premier enfant est né ?
5. En quelle année est-il né ?
6. Quand est-ce que le deuxième enfant est né ?
7. Quand est-ce que Jean-Paul est venu aux États-Unis ?
8. Depuis combien de temps étudie-t-il aux États-Unis ?

D *Répondez aux questions.*

1. Qui a regardé la télévision hier soir ? Quel programme avez-vous vu ? Combien de temps avez-vous regardé la télévision ?
2. Savez-vous depuis combien de temps je parle français ? Savez-vous depuis quand je suis professeur de français ?
3. Quand êtes-vous entré(e) à l'université ? Depuis combien de temps êtes-vous à l'université ?
4. Qui boit du café ? Quel âge aviez-vous quand vous avez goûté votre première tasse de café ? Depuis combien de temps buvez-vous du café ?
5. Qui est allé récemment au cinéma ? Quel film avez-vous vu ? Combien de temps est-ce que le film a duré ? Depuis quand n'êtes-vous pas allé(e) au cinéma ?
6. Qui aime manger ? Quand avez-vous pris votre (petit) déjeuner ? Avez-vous mangé quelque chose depuis votre (petit) déjeuner ?

● 5 **CONDUIRE**

Here is the conjugation of **conduire** *to drive, to lead.* The **-ui-** of the stem is pronounced /ɥi/, as a single syllable, as in **lui** /lɥi/, **nuit** /nɥi/, and **huit** /ɥi(t)/. In the present indicative, the consonant sound /z/ occurs only in the plural forms.

Je **conduis** cette voiture.
Tu **conduis** un camion.
Il **conduit** une ambulance.
Nous **conduisons** trop vite.
Vous **conduisez** bien.
Ils **conduisent** mal.
J'ai **conduit** prudemment.
Je **conduirai** cette voiture.

conduis	conduisons
conduis	conduisez
conduit	conduisent
conduit	
conduirai	

« Savez-vous conduire un tracteur ? »

Other verbs conjugated like **conduire**:

produire	*to produce*	**construire**	*to construct*
traduire	*to translate*	**détruire**	*to destroy*

 A *Exercice de contrôle*

Je conduis prudemment quand il neige.

1. On	3. Les chauffeurs	5. Vous
2. Nous	4. Tu	6. Je

Je construis un château de sable[1].

1. Vous	3. Les enfants	5. Nous
2. Cet enfant	4. Tu	6. Je

[1]*sand castle*

B *Répondez aux questions.*

1. Savez-vous conduire ? Depuis combien de temps ? Comment conduisez-vous quand il neige ?
2. Avez-vous jamais conduit un camion ? Voulez-vous conduire une ambulance ? Pourquoi (pas) ?
3. Est-ce que nous traduisons beaucoup de phrases dans ce cours ? Comment traduit-on en français : « There's the boy I know » ?
4. Est-ce que le Japon produit plus d'autos que les États-Unis ? Est-ce que les États-Unis produisent plus de vin que la France ?
5. Avez-vous jamais construit une maison de poupée[1] ? Un château de sable ?
6. Connaissez-vous des monuments qu'on a détruits ? Pourquoi les a-t-on détruits ?

On peut faire une promenade en bateau pour voir Paris.

APPLICATIONS

 A Dialogue et questions[2]

Les grands monuments de Paris

Il est impossible de donner une liste de tous les grands monuments de Paris, qui sont très nombreux. À la place du[3] dialogue, nous vous offrons une liste d'une

---

[1] *doll's house*
[2] Les réponses aux questions ne sont pas enregistrées sur la bande magnétique.
[3] *Instead of* (= **au lieu de**)

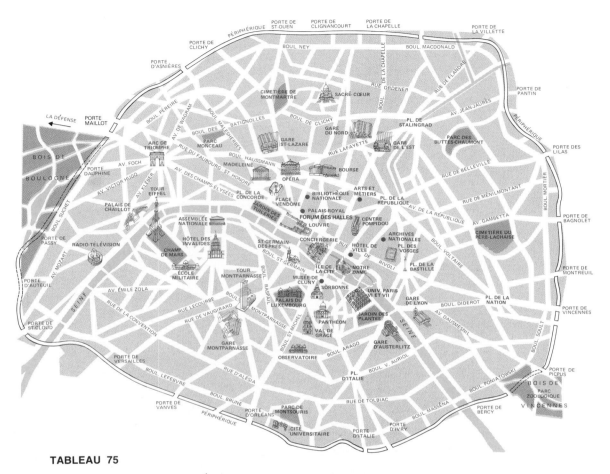

TABLEAU 75

quinzaine de[1] monuments et de sites célèbres. Quelques autres seront présentés dans les leçons suivantes.

L'Arc de Triomphe. Commencé par Napoléon en 1806 et terminé longtemps après 5
sa mort. Plus haut qu'un bâtiment de quinze étages, le monument est couvert de sculptures qui commémorent les victoires de Napoléon. Sous l'Arc se trouve le tombeau du Soldat Inconnu.

La Basilique du Sacré-Cœur. Grande église de style romano-byzantin[2], située sur la butte Montmartre et construite vers la fin du XIXᵉ siècle. Sa haute silhouette domine 10
Paris.

La Cathédrale Notre-Dame. Une des premières grandes cathédrales gothiques construites en Europe (1163–1345) ; elle se trouve dans l'Île de la Cité[3].

[1]La construction **une** + nombre + **-aine** + **de** indique un nombre approximatif.
[2]*a mixture of romanesque and byzantine* (**roman(e)** est un équivalent de *romanesque* en anglais)
[3]C'est une des deux îles de la Seine qui se trouvent au centre de Paris ; l'autre s'appelle l'Île Saint-Louis.

Le Centre Beaubourg[1]. Bâtiment extraordinaire où se trouve à l'extérieur tout ce qu'on[2] cache d'habitude : les grandes poutres, les gros tuyaux de ventilation et de climatisation[3], les escaliers, les escalators . . . Il abrite un musée d'art moderne, une cinémathèque[4], un théâtre, une bibliothèque.

La Conciergerie. Ancien[5] palais royal qui date du moyen âge[6] et qui se trouve dans l'Île de la Cité. On a démoli la plus grande partie de cet édifice pour construire le Palais de Justice[7]. La partie existante servait de[8] prison pendant la Révolution de 1789.

L'Église Saint-Germain-des-Prés. Située tout près du Quartier Latin[9]. Le clocher de cette église romane, qui faisait partie d'[10]un monastère, est un des plus anciens de France.

Le Forum des Halles. Vaste centre commercial, souterrain et ultramoderne, à plusieurs étages, qui occupe le grand espace laissé par les anciennes Halles[11]. En surface se trouve une immense place pour piétons.

L'Hôtel des Invalides. Ainsi appelé parce que Louis XIV l'a construit pour abriter les soldats blessés. Cet ensemble[12] de bâtiments abrite le musée de l'Armée et le tombeau de Napoléon, ainsi que les tombeaux de ses généraux.

Le Louvre. Ancien palais royal qui abrite un des musées les plus célèbres du monde.

Le Palais de Chaillot. Construit à l'occasion de l'Exposition de 1937. On y trouve plusieurs musées et une vaste salle de théâtre. De la terrasse entre ses deux ailes, on a une belle vue sur les jardins qui mènent à la Tour Eiffel.

La Place Charles de Gaulle. On l'appelle aussi **L'Étoile** (son ancien nom), parce que douze magnifiques avenues rayonnent de cette grande place circulaire ; au centre se dresse[13] l'Arc de Triomphe.

La Place de la Concorde. Une vaste place où circulent plus de 140.000 voitures chaque jour. Au cours de[14] la Révolution de 1789, Louis XVI, Marie-Antoinette, et plus tard Danton et Robespierre y ont été guillotinés. L'obélisque de Louksor, offert

15

20

25

30

35

40

[1]Officiellement, il s'appelle le Centre National d'Art et de Culture Georges Pompidou ; G. Pompidou (1911–1974) était un homme d'état et président de la République (1969–1974).
[2]**tout ce que** *everything that* (= **toutes les choses que**)
[3]**climatisation** *air conditioning*
[4]une sorte de « bibliothèque » pour le cinéma, où on conserve les films et où on les projette
[5]L'adjectif **ancien**, placé devant le nom, signifie *former* (placé après le nom, il signifie *old*) : **l'ancien maire** *the former mayor* ; **une maison ancienne** *an old house.*
[6]*Middle Ages*
[7]*Courthouse* (ici, **centre des services judiciaires de Paris**)
[8]**servir de** être employé comme
[9]ainsi appelé parce que la Sorbonne (une des universités les plus anciennes d'Europe) se trouvait dans ce quartier et le latin était la langue officielle de la Sorbonne jusqu'en 1789.
[10]**faire partie de** *to belong to* (= **appartenir à**)
[11]**halles** *f* grand marché couvert ; le marché des Halles Centrales (qu'on appelait « le ventre de Paris ») se trouve maintenant à Rungis, au sud de Paris et près de l'aéroport d'Orly.
[12]groupe
[13]s'élève majestueusement (*juts out*)
[14]*During (In the course of)*

par le vice-roi d'Égypte en 1829, se dresse au centre de la place. Cet obélisque a plus de 30 siècles.

La Tour Eiffel. Construite par l'ingénieur Gustave Eiffel à l'occasion de l'Exposition de Paris en 1889.

La Voie Triomphale. Vaste perspective[1] qui va du Louvre jusqu'à l'Arc de Triomphe 45 (à peu près 4 km) ; sur cette voie se trouvent le Jardin des Tuileries, la Place de la Concorde et l'avenue des Champs-Élysées.

1. Qu'est-ce qui se trouve au centre de la Place de la Concorde ?
2. Qu'est-ce qui se trouve au centre de la Place Charles de Gaulle ?
3. Où se trouve le tombeau du Soldat Inconnu ?
4. Où se trouve le tombeau de Napoléon ?
5. Quels bâtiments datent du moyen âge ?
6. Quels monuments sont des bâtiments religieux ?
7. Est-ce que tous ces bâtiments religieux datent du moyen âge ?
8. Le Palais de Chaillot était-il un palais royal ?
9. Quels bâtiments abritent des musées ?
10. Combien de bâtiments sont mentionnés dans cette liste ?
11. Où peut-on aller pour voir des bâtiments ultramodernes ?
12. Quel monument, selon vous, est le symbole de Paris ? Pourquoi ?

B Expressions utiles

Les monuments

CAISSE NATIONALE DES
MONUMENTS HISTORIQUES

visiter
{
 un quartier { historique / touristique / pittoresque / résidentiel / commercial / industriel
 le vieux quartier
}

Le monument
{
 a été { construit / détruit / restauré } { au début / vers le milieu / à la fin } du XIXe siècle.
 est / sera { en cours de restauration. / provisoirement fermé.
}

le bâtiment / l'édifice } :
{
 l'extérieur / l'intérieur
 la façade
 la partie centrale / nord / sud / est / ouest
 l'aile *f* gauche / droite
 la tour / le clocher
}

La visite (est)
{
 guidée / accompagnée.
 sur demande.
 suspendue / interdite (on ne visite pas).
}

L'accès (est)
{
 autorisé / interdit au public.
 sur demande.
}

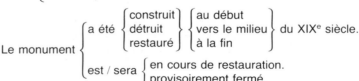

[1]panorama, vue

L'Hôtel des Invalides

La basilique du Sacré-Cœur.

La Place de la Concorde.

Le Forum des Halles.

La cathédrale Notre-Dame.

$$\left.\begin{array}{l}\text{s'adresser}\\\text{se renseigner}\end{array}\right\}\text{au}\left\{\begin{array}{l}\text{bureau d'information}\\\text{syndicat d'initiative}\end{array}\right.$$

$$\left.\begin{array}{l}\text{s'adresser au}\\\text{se renseigner auprès du}\end{array}\right\}\text{gardien}$$

Pratique

1. Vous voulez visiter une vieille tour. Sur la porte d'entrée on a affiché ceci : VISITE SUR DEMANDE. S'ADRESSER AU GARDIEN. Qu'est-ce que vous allez faire ? Que demanderez-vous au gardien ?
2. Comment s'appelle le côté d'un bâtiment où se trouve l'entrée principale ?
3. Vous visitez un château. Au bout d'un couloir vous trouvez une porte avec cette pancarte : ACCÈS INTERDIT. Qu'est-ce que cela veut dire ?
4. A-t-on besoin de laisser un pourboire au guide après la visite accompagnée d'un monument ?
5. Définissez ces mots : un quartier résidentiel, un quartier historique, un quartier commercial.
6. Quelle est la différence entre le bureau d'information et le syndicat d'initiative ?

C *Christine est allée à Montmartre. Lisez le passage suivant et posez des questions sur les parties soulignées.*

Aujourd'hui, Jean-Paul, Monique et moi, nous sommes allés à Montmartre. Monique était libre (1) parce que c'était samedi après-midi.[1] (2) Paris est vraiment plein de contrastes. Hier j'étais à la Défense, (3) un des quartiers ultramodernes de Paris. Aujourd'hui, j'étais (4) à Montmartre, un des quartiers les plus anciens et pittoresques de la ville. Les rues que nous avons prises étaient (5) étroites et sinueuses. Je pensais (6) à la « Belle Époque » où les artistes renommés fréquentaient ce quartier. J'ai beaucoup aimé (7) la Place du Tertre. (8) Des cafés, des boutiques et de vieilles maisons entourent cette petite place. Il y a aussi (9) beaucoup d'artistes qui exposent[2] leurs œuvres. J'ai passé un après-midi (10) vraiment agréable.

D *Il y a beaucoup de rues à Paris qui portent les noms de personnes très célèbres. Pouvez-vous identifier la profession de chacune des personnes suivantes ? (par exemple : artiste, compositeur, écrivain et savant) Consultez un grand dictionnaire ou une encyclopédie pour décrire sa contribution à notre civilisation.*

rue Berlioz	rue Louis-Braille	rue Degas
rue Gounod	avenue Victor-Hugo	rue Lavoisier
avenue Molière	rue Édouard-Manet	boulevard Pasteur
avenue Rodin	avenue Émile-Zola	rue Saint-Saëns /sɛ̄sɑ̄s/

E *Renseignements et opinions*

1. Y a-t-il un monument historique dans notre ville ? Pourquoi est-il historique ?
2. Que veut dire l'expression « construire un château de sable » ? Avez-vous jamais construit un château de sable ?
3. Vous rencontrez au resto-U un étudiant qui vient d'arriver de la Côte-d'Ivoire.[1] Dé-

---

[1] Les écoliers français n'ont pas de cours le samedi après-midi ni le mercredi ni le dimanche (voir les **Différences** de la Leçon 3).
[2] **exposer** *to exhibit* (= **montrer au public**)

crivez-lui le climat de notre région et les monuments et les endroits intéressants de notre ville.

4. Depuis quand êtes-vous à l'université ? En quelle année terminerez-vous vos études ? Quel diplôme recevrez-vous ?

5. Faites la description d'un site ou d'un monument sans le nommer. Demandez à vos camarades de deviner de quoi vous parlez.

F Lecture

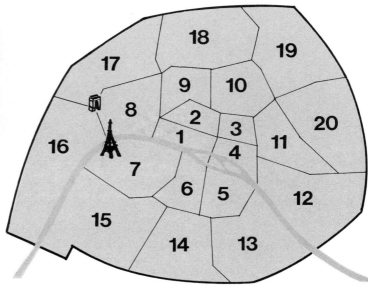

TABLEAU 76

Les arrondissements de Paris.

Paris

Paris est une ville vraiment extraordinaire. C'est le centre non seulement politique mais aussi culturel et économique d'un pays qui est un des plus centralisés d'Europe. Au moyen âge, Paris était déjà une grande ville grâce à[2] la circulation commerciale sur la Seine, qui traverse la ville de l'est à l'ouest, au succès de l'enseignement des grands maîtres qui attirait les foules d'étudiants, et aux rois qui préféraient séjourner 5 à Paris. Ces trois fonctions historiques expliquent le prestigieux développement à travers les siècles de la ville, qui est devenue aujourd'hui une des plus grandes villes du monde.

Voulez-vous parler de Paris ? Mais de quel Paris allons-nous parler ? Le plus beau, le plus célèbre est le Paris des touristes et de l'histoire, avec les grands 10 monuments du passé : Notre-Dame, le Louvre, les Invalides, l'Arc de Triomphe de la Place Charles de Gaulle, la Tour Eiffel. Mais il y a aussi le Paris des affaires[3] — ces quartiers grouillants[4] du centre, autour de la Bourse[5] et des grands Boulevards. Vous trouverez le Paris des étudiants au Quartier Latin, sur la rive gauche de la Seine, et le Paris du grand luxe dans le Faubourg saint-Honoré, connu pour ses 15

---

[1]*Ivory Coast* (un des pays africains francophones)
[2]*thanks to*
[3]transactions et entreprises commerciales

[4]*teeming* (du verbe **grouiller** *to swarm*)
[5]*Stock Market*

La Défense est un quartier ultramoderne très impressionnant.

boutiques de haute couture[1] et de bijouterie, sur la rive droite. Si vous cherchez le Paris des artistes, allez à Montmartre, pittoresque colline qui domine la ville, ou sur les quais[2] de la Seine. Si vous voulez voir le Paris des bourgeois[3] avec ses grands immeubles élégants, allez dans le 16e arrondissement[4]. Il y a aussi le Paris des taudis[5], le Paris des ouvriers, le Paris des usines. Et l'énumération peut continuer ! 20

Mais, au delà de[6] cette immense variété, on distingue nettement un vieux Paris (jusqu'au début du 20e siècle) et un Paris ultramoderne. Comme exemple du vieux Paris on peut citer le quartier du Marais. Tout près de la Seine, sur la rive droite, ce quartier est resté tel qu'[7]il était il y a plus de 300 ans. On y trouve des ensembles[8] de très belle architecture classique : la Place des Vosges, un des plus harmonieux 25 ensembles de Paris qui était, au 17e siècle, le centre de la vie aristocratique, et de nombreux hôtels particuliers[9] qui ont été restaurés récemment. La plupart des rues sont très étroites. Pas un seul immeuble moderne. Quand on s'y promène, on peut facilement imaginer qu'on a fait un saut[10] de plusieurs siècles.

Il y a aussi un Paris ultramoderne comme, par exemple, l'ensemble de bâtiments 30 à Montparnasse, dominé par la silhouette de la Tour Maine-Montparnasse, le plus haut immeuble d'Europe. Le quartier le plus impressionnant est la Défense : partant[11]

---

[1]*high fashion* (par exemple, les produits de Cardin, Courrèges, Chanel, Dior, Lanvin, Saint-Laurent)
[2]rues qui longent (*run along*) un cours d'eau, c'est-à-dire, une rivière, un canal, un fleuve
[3]**les bourgeois** *upper middle-class people*
[4]Paris est divisé en 20 arrondissements.
[5]quartiers qui sont pleins de logements misérables
[6]*beyond*
[7]**tel(le)(s) que** *such as*
[8]groupes de bâtiments
[9]domiciles privés (*private*) qui sont très somptueux
[10]**faire un saut** *to take a leap*
[11]*starting* (du verbe **partir**)

de la Place Charles de Gaulle, une immense avenue toute droite[1] traverse la Seine et soudain se trouve dans une vaste jungle de gratte-ciel[2]. Il y a des immeubles d'affaires et d'habitation gigantesques, un énorme palais d'exposition, une grande 35 station de métro, des gares pour les trains et pour les autocars. Le quartier de la Défense préfigure le 21e siècle.

Pourtant, il est certain que pour les Parisiens, comme pour beaucoup de touristes, le charme de Paris n'est pas dans ses quartiers neufs. L'architecture moderne est finalement la même à New York, à Paris, ou à Tokyo. Mais un quartier comme Saint- 40 Germain-des-Prés reste uniquement parisien. Il n'est plus « à la mode » comme il était il y a trente ans,[3] mais son charme subsiste toujours. Une vieille église, une place, un grand boulevard, de petites rues tortueuses, avec beaucoup de terrasses de café[4], de restaurants, de bistrots, de librairies, d'antiquaires, et une animation constante, un grouillement perpétuel : voilà ce qui fait le charme et la vie d'un quartier 45 parisien.

A *Indiquez si les commentaires suivants sont vrais ou faux.*

1. La Seine a beaucoup contribué au développement de Paris comme centre économique de la France au moyen âge.
2. Parmi les grands monuments du passé que beaucoup de touristes visitent sont Notre-Dame, le Louvre, la Bourse et la Défense.
3. Le Quartier Latin se trouve sur une pittoresque colline qui domine la ville.
4. Le quartier du Marais est resté tel qu'il était au moyen âge.
5. La Place des Vosges est un bel ensemble d'architecture classique.
6. Beaucoup d'hôtels particuliers dans le quartier du Marais ont été restaurés.
7. La Place Charles de Gaulle se trouve au centre du quartier le plus moderne de Paris.
8. La Défense est un des quartiers ultramodernes de Paris.

B *Quels aspects de Paris est-ce que les quartiers suivants représentent ?*

QUARTIER	ASPECT
le Quartier Latin	le Paris des affaires
le Faubourg Saint-Honoré	le Paris des artistes
le quartier de la Bourse	le Paris des étudiants
le 16e arrondissement	le Paris de la haute couture
Montmartre	le Paris du 17e siècle
le quartier de la Défense	le Paris ultramoderne
le quartier du Marais	le Paris des bourgeois
le quartier de Saint-Germain-des-Prés	le Paris des Parisiens
les grands Boulevards	le Paris des ouvriers

C *Trouvez dans le texte les antonymes des mots suivants.*

nouveau	gauche	très ancien
public	large	très petit[5]
loin (de)	difficilement	droit[6]

[1] *(very) straight (m **tout droit**)*
[2] *skyscrapers* (le mot est invariable au pluriel : **un gratte-ciel, des gratte-ciel**)
[3] Il y a à peu près trente ans, ce quartier était le centre du mouvement philosophique et littéraire appelé « l'existentialisme ».
[4] *sidewalk cafés*
[5] Il y a plusieurs mots dans le texte qui signifient «très grand ».
[6] *straight*

D *Répondez aux questions.*

1. Après la lecture de cette description de Paris, quelle sorte de quartier voulez-vous visiter ? Pourquoi ?
2. Quelle autre capitale connaissez-vous qui est en même temps le centre politique, économique et culturel d'un pays ?
3. On utilise très souvent le terme « le moyen âge ». Quels siècles est-ce qu'il représente ?
4. Pourquoi dit-on dans cette lecture que « l'architecture moderne est finalement la même à New York, à Paris, ou à Tokyo » ? Est-ce que cette généralisation vous semble juste ?

VOCABULAIRE

Noms masculins

- ·art
- autocar
- aveugle
- camion
- ·clocher
- ·édifice
- employé
- ·ensemble
- ·escalator
- ·espace
- ·extérieur
- facteur
- ·forum
- ·général
- instrument
- ·Louvre
- marchand de primeurs (des quatre saisons)
- mariage
- ·monastère
- ·moyen âge
- ·obélisque
- ·palais (de justice)
- passant
- ·piéton
- plat
- renseignement
- sable
- ·site
- ·soldat
- sourd
- ·style
- ·symbole
- ·théâtre
- total
- ·tuyau
- ·vice-roi

Noms féminins

- ·aile
- ·armée
- armoire
- auto
- ·basilique
- ·butte
- ·cathédrale
- ·cinémathèque
- ·climatisation
- dépense
- ·Égypte
- ·étoile
- ·exposition
- ·Les Halles *pl*
- ·île
- ·justice
- ·liste
- ·mort
- note
- pendule
- ·perspective
- poupée
- ·poutre
- ·prison
- ·quinzaine
- ·révolution
- ·salle de théâtre
- ·sculpture
- ·silhouette
- ·surface
- ·ventilation
- ·voie
- ·vue

Verbes

- ·abriter
- ·accompagner
- ·cacher
- ·circuler
- ·commémorer
- conduire *irrég*
- construire *irrég*
- ·démolir
- détruire *irrég*
- devenir *irrég*
- distribuer
- ·dominer
- ·se dresser
- épouser
- ·guillotiner
- ·occuper
- produire *irrég*
- ·rayonner
- restaurer
- ·servir de
- traduire *irrég*
- ·se trouver
- ·voler

Adjectifs

ancien(ne)	·existant(e)	·moderne	·royal(e)
·blessé(e)	·extraordinaire	·moyen(ne)	·sacré(e)
·circulaire	·gothique	·religieux(euse)	·situé(e)
·commercial(e)	·immense	restauré(e)	·souterrain(e)
connu(e)	·impossible	·roman(e)	·triomphal(e)
·couvert(e)	·inconnu(e)	·romano-byzantin(e)	·vaste

Autres expressions

·ainsi	·au cours de	depuis quand
·ainsi que	·Au voleur !	qu'est-ce que c'est que
·à l'extérieur	ce que c'est (que)	récemment
·à l'occasion de	depuis	·selon
·à peu près	depuis combien de temps	

DIX-HUITIÈME LEÇON

CONVERSATIONS

A. Un café célèbre

PETER   Ah, regardez. Voilà le café des Deux-Magots[1].

MME RENAULT   Oui ? Et alors ?

PETER   C'est un café dont mon professeur de français m'a souvent parlé.

MME RENAULT   Ah oui ? Voulez-vous y boire quelque chose ?

PETER   Volontiers. Prenons une table à la terrasse.

B. À la terrasse d'un café

JEAN-PAUL   Il est bien agréable de s'asseoir après une longue promenade.

CHRISTINE   Oui, on a beaucoup marché cet après-midi.

JEAN-PAUL   Voilà le garçon. Je vais commander une bière pression[2]. Et toi ?

CHRISTINE   Un Perrier-menthe[3].

C. J'ai perdu ton bouquin[4].

MARIE-LOUISE   Qu'est-ce que tu ferais si tu n'avais pas ton bouquin ?

JEAN-YVES   Oh, je ne sais pas. Je m'en achèterais un autre. Pourquoi ?

MARIE-LOUISE   Je crois que j'ai perdu ton bouquin.

JEAN-YVES   Zut ! Tu vas m'en acheter un autre, alors !

---

[1] Juste après la deuxième guerre mondiale, Jean-Paul Sartre et ses amis et disciples existentialistes se réunissaient souvent aux Deux-Magots et au Café de Flore, à Saint-Germain-des-Prés.
[2] *beer on tap*
[3] Un mélange de Perrier (eau minérale très gazeuse) et de sirop /siʀo/ de menthe.
[4] livre (expression familière)

EXPLICATIONS ET EXERCICES ORAUX

• 1 PRONOM RELATIF : **DONT**

1. If the verb in the relative clause takes the preposition **de**, then de + noun becomes **dont** *of whom, of which*. **Dont**, like other relative pronouns, is placed at the beginning of the relative clause and is used for both persons and things.

Voilà **le professeur**. *Nous avons parlé* $\begin{cases} \text{du professeur.} \\ \rightarrow dont \end{cases}$

→Voilà **le professeur** *dont nous avons parlé.*

Le livre est sur la table. *Vous avez besoin* $\begin{cases} \text{du livre.} \\ \rightarrow dont \end{cases}$

→**Le livre** *dont vous avez besoin* est sur la table.

2. Here are some of the expressions that take **de** + noun.

avoir besoin de	*to need*
avoir peur de	*to be afraid of*
être content de	*to be satisfied with*
être mécontent de	*to be dissatisfied with*
être satisfait de	*to be satisfied with*
discuter de	*to discuss*
parler de	*to speak about*

Voilà le livre **dont j'ai besoin**.	*There's the book that I need.*
Je vois le chien **dont tu as peur**.	*I see the dog that you are afraid of.*
Le film **dont il parle** est excellent.	*The movie that he is speaking about is excellent.*
Elle a vendu la voiture **dont elle n'était pas satisfaite**.	*She sold the car that she was not satisfied with.*

3. **Dont** can be an equivalent of English *whose* in a relative clause. Unlike English, however, the definite article must be retained after **dont**.

Comment s'appelle **le pays** ? *La capitale* $\begin{cases} \text{du pays} \\ \rightarrow dont \end{cases}$ *est Ottawa.*

→Comment s'appelle **le pays** *dont la capitale est Ottawa* ?

L'enfant ne sera pas en classe. *La mère* $\begin{cases} \text{de l'enfant} \\ \rightarrow dont \end{cases}$ *est malade.*

→**L'enfant** *dont la mère est malade* ne sera pas en classe.

TABLEAU 77   Voilà la lettre **dont** elle a besoin !   Voilà le garçon **dont** elle parle !

 A *Reliez les deux phrases avec* **dont** *d'après ce modèle.*

Voilà le cahier ; j'ai besoin de ce cahier.
Voilà le cahier dont j'ai besoin.

1. Voilà les livres ; j'ai besoin de ces livres.
2. Voilà le café ; vous m'avez parlé de ce café.
3. Je vois le chien ; votre enfant a peur de ce chien.
4. Il a fini le vin ; vous n'étiez pas satisfait(e) de ce vin.
5. Le problème est sérieux ; on a discuté de ce problème.
6. Le film est excellent ; vous avez parlé de ce film.
7. Le pays s'appelle la Suisse ; la capitale de ce pays est Berne.
8. Comment s'appelle l'église ? ; on voit le clocher de l'église.
9. Où est l'enfant ? ; le père de l'enfant est médecin.
10. La valise est là-bas ; on a perdu la clé de la valise.

 B *Reliez les deux phrases en utilisant* **qui**, **que** *ou* **dont**.

1. L'avion est arrivé ; vous attendiez l'avion.
2. L'avion est français ; vous voyez l'avion là-bas.
3. L'avion est en retard ; vous parlez de l'avion.
4. La valise est arrivée ; la valise est lourde.
5. La valise est petite ; vous avez perdu la valise.
6. La valise est légère ; je suis content(e) de la valise.
7. L'hôtesse n'est pas ici ; je cherche l'hôtesse.
8. L'hôtesse est occupée ; j'ai besoin de l'hôtesse.
9. L'hôtesse parle anglais ; l'hôtesse est là-bas.
10. Le taxi n'est pas libre ; vous avez appelé le taxi.
11. Le taxi est là-bas ; je connais le chauffeur du taxi.
12. Le taxi rentre au garage ; le taxi vient d'arriver.

• 2 PRONOMS RELATIFS : À QUI, AUQUEL, ETC.

1. When the noun to be replaced with a relative pronoun is preceded by a preposition other than **de**, it is necessary to distinguish between persons and things. A noun denoting human beings is replaced by a preposition + qui.

Voilà **le garçon**. *J'ai commandé mon café* $\left\{\begin{array}{l} \text{~~au garçon.~~} \\ \rightarrow\textit{à qui} \end{array}\right.$

→Voilà **le garçon** *à qui* j'ai commandé mon café.

Je connais **le monsieur**. *Vous travaillez* $\left\{\begin{array}{l} \text{~~pour le monsieur~~}. \\ \rightarrow\textit{pour qui} \end{array}\right.$

→Je connais **le monsieur** *pour qui* vous travaillez.

Le jeune homme est mon cousin. *Elle a dansé* $\left\{\begin{array}{l} \text{~~avec le jeune homme~~}. \\ \rightarrow\textit{avec qui} \end{array}\right.$

→**Le jeune homme** *avec qui* elle a dansé est mon cousin.

2. A noun that does not denote human beings is replaced by **lequel, laquelle** (singular), or **lesquels, lesquelles** (plural).[1]

Voilà **la lettre**. *Je pensais* $\left\{\begin{array}{l} \text{~~à la lettre~~}. \\ \rightarrow\textit{à laquelle} \end{array}\right.$

→Voilà **la lettre** *à laquelle* je pensais.

La machine est dangereuse. *Il travaille* $\left\{\begin{array}{l} \text{~~avec la machine~~}. \\ \rightarrow\textit{avec laquelle} \end{array}\right.$

→**La machine** *avec laquelle* il travaille est dangereuse.

Je connais **le livre**. *Tu as trouvé la réponse* $\left\{\begin{array}{l} \text{~~dans le livre~~}. \\ \rightarrow\textit{dans lequel} \end{array}\right.$

→Je connais **le livre** *dans lequel* tu as trouvé la réponse.

3. If the preposition is **à**, then **lequel, lesquels**, and **lesquelles** combine with it to form **auquel, auxquels**, and **auxquelles** (just as à + **le/les** becomes **au/aux**).

Le livre est difficile. *Vous pensez* $\left\{\begin{array}{l} \text{~~au livre~~}. \\ \rightarrow\textit{auquel} \end{array}\right.$

→**Le livre** *auquel* vous pensez est difficile.

Les lettres sont sur la table. *J'ai répondu* $\left\{\begin{array}{l} \text{~~aux lettres~~}. \\ \rightarrow\textit{auxquelles} \end{array}\right.$

→**Les lettres** *auxquelles* j'ai répondu sont sur la table.

4. Expressions of place and time are normally replaced by **où**, which corresponds to *where* or *when* in English.

Voilà **la ville**. *On va passer la nuit* $\left\{\begin{array}{l} \text{~~dans la ville~~}. \\ \rightarrow\textit{où} \end{array}\right.$

→Voilà **la ville** *où* on va passer la nuit.

Elle parle de **l'époque**. *Tout le monde était content* $\left\{\begin{array}{l} \text{~~à l'époque~~}. \\ \rightarrow\textit{où} \end{array}\right.$

→Elle parle de **l'époque** *où* tout le monde était content.

---

[1]Preposition + **lequel/laquelle/lesquels/lesquelles** may also be used for nouns denoting human beings: **Voilà le jeune homme avec lequel (avec qui) elle est sortie.** But preposition + **qui** is more common and refers exclusively to human beings.

5. Here is a summary of the relative pronouns you have learned.

FUNCTIONS IN THE RELATIVE CLAUSE

	Subject	Direct Object	After **de**	After other prepositions
Person	qui	que	dont	preposition + **qui**
Thing				preposition + **lequel**, etc.

TABLEAU 78 Où est la lettre **à laquelle** elle pense ?   Où est le garçon **à qui** elle pense ?

 A *Reliez les deux phrases en employant le pronom relatif approprié d'après ces modèles.*

Je connais l'agent ; vous avez parlé à l'agent.
Je connais l'agent à qui vous avez parlé.
Je cherche la lettre ; je dois répondre à la lettre.
Je cherche la lettre à laquelle je dois répondre.

1. Je connais le livre ; vous pensez au livre.
2. Je connais la dame ; vous avez parlé à la dame.
3. Voici la lettre ; vous pensiez à la lettre.
4. Voici la jeune fille ; vous avez dansé avec la jeune fille.
5. La question était difficile ; j'ai répondu à la question.
6. L'agent parle anglais ; vous avez répondu à l'agent.
7. Je cherche le garçon ; je comptais sur[1] le garçon.
8. J'ai la réponse ; vous comptez sur la réponse.

B *Lisez le passage suivant et mettez le pronom relatif approprié dans chaque parenthèse.*

Regardez cette photo. C'est une photo de l'appartement (   ) j'habitais[2] quand j'étais étudiant à Tours. Il était au quatrième étage d'un grand bâtiment (   ) datait du dix-huitième siècle. Le garçon (   ) vous voyez près du frigo est Daniel. L'autre garçon (   ) est à droite est Robert. Oui, ce sont les étudiants français (   ) je partageais l'appartement et (   ) je vous ai souvent parlé. La jeune fille (   ) je parle est Martine, une cousine de Daniel. L'autre, (   ) vous voyez la tête derrière moi, est Nicole, une amie de Robert. C'est une photo (   ) on a prise juste avant la surprise-party (   )

---

[1]**compter sur** *to count on*
[2]On peut dire **habiter un appartement** ou **habiter dans un appartement**.

on a donnée et (   ) a duré quatre heures. C'était une année (   ) était pleine de surprises et de joies. C'était l'époque (   ) j'étais très heureux et (   ) je pense fréquemment.

● 3 EXPRESSIONS IMPERSONNELLES

1. An infinitive clause can be the subject of a sentence. In this construction, the pronoun **ce** is used to summarize the infinitive clause before the verb **être**.

Se promener ici, c'est agréable.	*To take a walk here is pleasant.*
Parler français, c'est facile.	*To speak French is easy.*
Arriver à l'heure, ce sera important.	*To arrive on time will be important.*
Préparer un examen, c'est pénible.	*To study for a test is painful.*

2. A more common construction is to begin a sentence with **il est** + adjective, followed by **de** + infinitive.[1] It corresponds to English *it is* + adjective + *to do (something).*

Il est agréable de se promener ici.	*It is pleasant to take a walk here.*
Il est facile de parler français.	*It is easy to speak French.*
Il sera important d'arriver à l'heure.	*It will be important to arrive on time.*
Il est pénible de préparer un examen.	*It is painful to study for a test.*

3. The construction **c'est** + adjective can sum up a previous statement, including **de** + infinitive of an impersonal expression.

Ils ont passé deux heures dans ce café.
— Mais **ce** n'est pas possible !

[1] In colloquial French, **il est** and **c'est** are used interchangeably in this construction: **Il est (C'est) important de finir ce travail.**

« Il est difficile de porter mon enfant et un sac plein de baguettes en même temps ! »

Est-il nécessaire de **commander une autre bière** ?

— Oui, **c**'est nécessaire.

Il est agréable de **s'asseoir après une promenade**.

— Oui, **c**'est très agréable.

TABLEAU 79

 A *Modifiez les phrases suivantes d'après ce modèle.*

Apprendre le français, c'est utile.
Il est utile d'apprendre le français.

1. Parler français, c'est assez facile.
2. Comprendre le français, ce n'est pas facile.
3. Préparer un examen, c'est pénible.
4. Passer un examen, c'est désagréable.
5. Parler anglais en classe, c'est défendu[1].
6. Dormir en classe, c'est interdit[1].
7. Répondre aux questions, c'est simple.
8. Quitter la classe, ce sera triste.

B *Voici quelques panneaux. On les voit souvent affichés au mur. Qu'est-ce qu'ils signi-fient ? Utilisez* **il est interdit de** *ou* **il est défendu de** *dans votre explication.*[2]

TABLEAU 80

[1]**défendu**, **interdit** *forbidden*
[2]Panneau 8 : Défense de tourner à droite ; panneau 9 : Stationnement interdit.

C *Maintenant, répondez aux questions.*

1. Est-il utile d'apprendre les langues étrangères ?
2. Est-il pénible de déjeuner tous les jours ?
3. Est-il important de voyager en Europe ?
4. Est-il ennuyeux de parler de Paris ?
5. Qu'est-ce qu'il est désagréable de faire ?
6. Qu'est-ce qu'il est dangereux de faire ?
7. À quoi est-il agréable de penser ?
8. De quoi est-il désagréable de parler ?

• 4 S'ASSEOIR

1. Study the conjugation of **s'asseoir** /saswaʀ/ *to sit down.* The singular and plural forms have different stem vowels in the present indicative.

Je m'**assieds** sur cette chaise.   /asje/
Tu t'**assieds** dans ce fauteuil.   /asje/
Il s'**assied** près de nous.   /asje/
Nous nous **asseyons** ici.   /asɛjõ/
Vous vous **asseyez** là.   /asɛje/
Ils s'**asseyent** dans le coin.   /asɛj/
Je me suis **assis(e)**.
Je m'**assiérai** là-bas.

assieds	asseyons
assieds	asseyez
assied	asseyent
assis	
assiérai	

Où sont ces gens ?
Que font-ils ?

2. The verbs **s'asseoir** *to sit down* and **se lever** *to get up* denote actions. **Être assis(e/es)** *to be seated* and **être debout** *to be standing* denote states of being. **Debout** is an adverb and remains invariable.

LE PROFESSEUR Levez-vous, s'il vous plaît.
L'ÉTUDIANTE Oui, Monsieur.
(Elle se lève ; elle est debout maintenant.)
LE PROFESSEUR Merci, Mademoiselle. Asseyez-vous.
L'ÉTUDIANTE Bien, Monsieur.
(Elle s'assied ; elle est assise maintenant.)

 A *Exercice de contrôle*

Je m'assieds près du professeur.

1. L'étudiant
2. Les étudiants
3. Tu
4. Vous
5. Nous
6. Je

Je ne m'assieds pas au fond de[1] la classe.

1. Nous
2. Tu
3. L'étudiant
4. Vous
5. Les étudiants
6. Je

B *Répondez aux questions.*

1. Est-ce que je suis debout ou assis(e) ? Dites-moi de m'asseoir. Où est-ce que je me suis assis(e) ?
2. Quelle sorte d'étudiants s'asseyent au fond de la classe ? Quelle sorte d'étudiants s'asseyent près du professeur ?
3. Quel est le contraire de « se lever » ? Dites à (Charles) de se lever. Est-il debout maintenant ? Dites-lui de s'asseoir.
4. Où est-ce que vous vous assiérez demain ? Qui sera assis près de vous ?

● 5 LE MODE CONDITIONNEL : LE PRÉSENT

1. The conditional mood has two tenses, the present and the past. The conjugation of the present is a "combination" of the future and the imperfect tenses: you take the future stem of a verb (Lesson **15**.3 and **15**.4), and attach to it the imperfect endings (Lesson **11**.4). Compare the various endings of the verb **parler** in the following examples.

FUTURE INDICATIVE	IMPERFECT INDICATIVE	PRESENT CONDITIONAL
je **parlerai**	je **parlais**	je **parlerais**
tu **parleras**	tu **parlais**	tu **parlerais**
il **parlera**	il **parlait**	il **parlerait**
nous **parlerons**	nous **parlions**	nous **parlerions**
vous **parlerez**	vous **parliez**	vous **parleriez**
ils **parleront**	ils **parlaient**	ils **parleraient**

[1]*in the back of*

2. *The stem.* As has just been mentioned, the stem of the present conditional is *identical* with that of the future tense. Any verb whose future stem differs from that of the present indicative will have the same irregular stem in the conditional. (Since no new irregular verb has been presented since the future tense, you should review Lesson 15.3 and 15.4.) Here are a few examples.

INFINITIVE	PRESENT	FUTURE	CONDITIONAL
essayer	on **essaie**	on **essaiera**	on **essaierait**
répéter	on **répète**	on **répétera**	on **répéterait**
appeler	on **appelle**	on **appellera**	on **appellerait**
finir	on **finit**	on **finira**	on **finirait**
répondre	on **répond**	on **répondra**	on **répondrait**

IRREGULAR VERBS WITH A "REGULAR" FUTURE STEM

boire	on **boit**	on **boira**	on **boirait**
dire	on **dit**	on **dira**	on **dirait**
ouvrir	on **ouvre**	on **ouvrira**	on **ouvrirait**
suivre	on **suit**	on **suivra**	on **suivrait**

VERBS WITH AN IRREGULAR FUTURE STEM

avoir	on **a**	on **aura**	on **aurait**
être	on **est**	on **sera**	on **serait**
aller	on **va**	on **ira**	on **irait**
devoir	on **doit**	on **devra**	on **devrait**
envoyer	on **envoie**	on **enverra**	on **enverrait**
faire	on **fait**	on **fera**	on **ferait**
pouvoir	on **peut**	on **pourra**	on **pourrait**
recevoir	on **reçoit**	on **recevra**	on **recevrait**
savoir	on **sait**	on **saura**	on **saurait**
venir	on **vient**	on **viendra**	on **viendrait**
voir	on **voit**	on **verra**	on **verrait**
vouloir	on **veut**	on **voudra**	on **voudrait**
pleuvoir	il **pleut**	il **pleuvra**	il **pleuvrait**

3. The present conditional often—but not always—corresponds to English *would* + verb,[1] and has three main uses: (*a*) the "polite" use; (*b*) in "contrary-to-fact" statements; and (*c*) in so-called "future in the past" statements. In all of these, the conditional corresponds fairly well to the English construction just mentioned. Examine the following examples carefully.

a) *The "polite" use.* It is often used instead of the present indicative to "soften" the meaning of a verb. It is very prevalent with verbs such as **aimer**, **vouloir**, **pouvoir**, and **devoir**, followed by an infinitive.

---

[1]*Would,* for example, is used as an equivalent of *used to: He would often go fishing when he lived in the country.*

Je **veux** sortir.	I want to go out.
Je **voudrais** sortir.	I would like to go out.
J'**aimerais** sortir.	I would like to go out.
Pouvez-vous m'aider ?	Can you help me?
Pourriez-vous m'aider ?	Could you help me?

Note that the English equivalent of **devoir** in the conditional is *should* or *ought to.*

Je **dois** travailler.	I must work.
Je **devrais** travailler.	I should (ought to) work.
Ne **devriez**-vous pas travailler ?	Shouldn't you work?

b) *"Contrary-to-fact" statements.* In English, a clause introduced by *if* implies either a "real" (potential) supposition or an "unreal" (contrary-to-fact) supposition.

If I am busy, I won't come.	(real, potential)
If I were a bird, I would fly.	(unreal, contrary-to-fact—no person can be a bird)

Similar distinction exists in French. The tenses used for real suppositions are the *present* in the **si** clause and the *future* in the "result" (main) clause. (This construction was presented in Lesson **15**.4, p. 308.) Note that the **si** clause may come before or after the "result" clause.

S'il pleut, je ne **sortirai** pas.	If it rains, I won't go out.
Si elle **a** faim, elle **mangera**.	If she is hungry, she will eat.
Que **ferez**-vous **s'il pleut** ?	What will you do if it rains?
Il **viendra si** tu **es** libre.	He will come if you are free.

The tenses used for unreal or contrary-to-fact suppositions are the *imperfect* in the **si** clause and the *present conditional* in the "result" (main) clause. Compare the verb tenses in the sentences below with those in the examples given above.

S'il pleuvait, je ne **sortirais** pas.	If it were raining, I would not go out.
Si elle **avait** faim, elle **mangerait**.	If she were hungry, she would eat.
Que **feriez**-vous **s'il pleuvait** ?	What would you do if it rained?
Il **viendrait si** tu **étais** libre.	He would come if you were free.

c) *"Future in the past."* The future indicative tense in the dependent clause is replaced by the present conditional when the verb in the main clause is in the past (the imperfect or *passé composé*).

Je **sais** qu'il **pleuvra**.	I know it will rain.
→Je **savais** qu'il **pleuvrait**.	→I knew it would rain.
Il **dit** qu'il **viendra**.	He says he will come.
→Il **a dit** qu'il **viendrait**.	→He said he would come.
Il **sait** quand il **neigera**.	He knows when it will snow.
→Il **savait** quand il **neigerait**.	→He knew when it would snow.

TABLEAU 81　　　　　Qu'est-ce qu'ils **feraient** s'ils **avaient** assez d'argent ?

 A *Exercice de contrôle*

Si j'avais faim, je mangerais quelque chose.

1. Nous	3. Cet enfant	5. Vous
2. Tu	4. Ces enfants	6. Je

Je ne savais pas que je serais en retard.

1. Vous	3. Ces étudiants	5. Nous
2. Cet étudiant	4. Tu	6. Je

 B *Modifiez les phrases suivantes en employant le conditionnel d'après ce modèle.*

Voulez-vous faire une promenade ?
Voudriez-vous faire une promenade ?

1. Voulez-vous m'aider ?
2. Je veux boire quelque chose.
3. Pouvez-vous répéter la question ?
4. Elle peut vous aider.
5. Vous devez parler moins vite.
6. Ne devez-vous pas travailler ?
7. Je dois visiter Paris.
8. J'aime voyager en France.

 C *Ajoutez des phrases d'après ce modèle.*

Vous n'êtes pas bête ; vous me comprenez.
C'est vrai. Mais si j'étais bête, je ne vous comprendrais pas.

1. Vous n'êtes pas malade ; vous assistez au cours.
2. Vous n'avez pas soif ; vous ne buvez rien.
3. Vous étudiez le français ; vous êtes dans mon cours.
4. (Jean) n'est pas millionnaire ; il n'habite pas dans un château.
5. (Renée) n'a pas froid ; elle ne met pas de pull.
6. (Paul) comprend le français ; il est dans ce cours.
7. Je ne suis pas fatigué(e) ; je ne rentre pas tôt.
8. Il ne pleut pas ; je ne prends pas mon parapluie.

 D *Modifiez les phrases suivantes d'après ces modèles. Mettez les verbes* **dire** *et* **promettre** *au passé composé, et* **espérer** *et* **savoir** *à l'imparfait.*

Vous dites que vous parlerez anglais en classe.
Vous avez dit que vous parleriez anglais en classe.
J'espère que nous ferons beaucoup de progrès.
J'espérais que nous ferions beaucoup de progrès.

1. Vous dites que le cours sera intéressant.
2. Vous dites qu'il y aura peu d'examens.
3. Vous promettez que nous apprendrons beaucoup de choses.
4. Vous promettez que nous ferons beaucoup de progrès.
5. J'espère que le cours sera facile.
6. J'espère que nous recevrons de bonnes notes.
7. On ne sait pas si on aura des examens.
8. On ne sait pas que vous donnerez tant de devoirs.

« Pourriez-vous m'indiquer comment aller à la poste, s'il vous plaît ? »

APPLICATIONS

 A Dialogue et questions[1]

On demande quelque chose.
Comme en anglais, il y a plusieurs façons en français de demander à quelqu'un de faire quelque chose. C'est le niveau de politesse qui détermine votre choix.

Jean-Paul à Monique
Il fait frais. Ferme la fenêtre.
Il fait frais. Ferme la fenêtre, s'il te plaît.

5

[1] Les réponses aux questions ne sont pas enregistrées sur la bande magnétique.

Mme Chabrier à son fils
Veux-tu fermer la fenêtre ? Il fait froid ici.

Une dame à un jeune homme, dans le train
Voulez-vous bien fermer la fenêtre, s'il vous plaît ? J'ai horreur des courants d'air.
Pouvez-vous fermer la fenêtre, s'il vous plaît ? Je vais attraper un rhume.   10

Une dame à un monsieur
Voudriez-vous fermer la fenêtre, Monsieur ? On gèle dans ce compartiment.
Pourriez-vous fermer la fenêtre, Monsieur ? J'ai un rhume.

Un monsieur à une dame
Excusez-moi, Madame. Est-ce que cela vous dérangerait si je fermais cette fenêtre ? 15
Excusez-moi, Madame. Est-ce que cela ne vous dérangerait pas si je fermais cette
  fenêtre ?

Qu'est-ce que vous diriez a) *à un enfant de dix ans,* b) *à une jeune femme de vingt-cinq ans et* c) *à un vieux monsieur dans les situations suivantes ?*

1. Vous êtes dans un train qui n'est pas climatisé. Il fait horriblement chaud dans le compartiment. Vous aimeriez ouvrir un peu la fenêtre, mais vous n'êtes pas assis(e) près de la fenêtre.
2. Vous êtes dans une ville que vous ne connaissez pas bien. Vous voulez aller au bureau de poste. Vous demandez le chemin à un passant.
3. Vous êtes à l'Hôtel de ville. Vous allez remplir un formulaire[1], mais vous avez oublié votre stylo.
4. Vous êtes dans une station de métro. Vous avez perdu votre portefeuille. Vous voulez emprunter assez d'argent à quelqu'un[2] pour acheter un ticket.
5. Vous portez deux grosses valises. Vous ne pouvez pas ouvrir la porte de votre hôtel. Vous demandez à un passant de vous aider.
6. Vous êtes à la terrasse d'un café. Vous avez laissé tomber une pièce de monnaie[3]. Elle est sous la table voisine, qui est occupée. Vous demandez à votre voisin(e) de se déplacer un peu.

B Expressions utiles

Boissons typiques des cafés
Les cafés doivent afficher à l'extérieur et à l'intérieur de l'établissement les prix de toutes les consommations[4]. Si le service n'est pas compris, il est nécessaire d'indiquer le taux du service (en général, de 12 à 15 %).

---

[1] *form, paper*
[2] **emprunter quelque chose à quelqu'un**   *to borrow something from someone*
[3] *coin*: **une pièce de cinq francs**   *a five-franc coin* (cf. **un billet de cinq francs**   *a five-franc bill*)
[4] *drinks*

La terrasse d'un bistrot dans un quartier modeste.

Café et Thé
un café nature / un café noir
un crème
un café au lait / un grand crème
un (café) filtre / un express
un chocolat

un thé $\begin{cases} \text{(nature)} \\ \text{au lait} \\ \text{(au) citron} \end{cases}$
une infusion[1]

Apéritifs[2]
un porto
un petit blanc[3]
un Cinzano
un Martini

un Dubonnet
un Pastis
un Pernod
un whisky / un scotch

Digestifs[4]
un Cointreau
un Grand Marnier
une Chartreuse

un cognac
une crème de menthe
une crème de cacao

[1]*herbal tea*
[2]On les prend d'habitude avant le repas.
[3]un petit verre de vin blanc
[4]des boissons fortes qu'on prend après le repas

Boissons rafraîchissantes

une bière $\left\{\begin{array}{l}\text{blonde}\\\text{brune}\end{array}\right\}$ pression

une bouteille de bière
un jus de fruit
une limonade[1]
un Orangina
une orangeade[2]
un citron pressé[3]
un Schweppes
un Coca-Cola

un quart d'eau minérale[4]
un Perrier
un Évian
un Vittel
un Contrexéville
un Vichy
un Perrier-menthe
un diabolo-menthe[5]

Pratique

1. En général, quand est-ce qu'on commande les boissons suivantes ?

   un Cointreau
   un Orangina
   un porto

   un grand crème
   un Martini
   un Perrier-menthe

2. Quand est-ce qu'on boit un apéritif ? Et un digestif ?
3. Quelle est la différence entre un Évian et un Perrier ?
4. Quelle est la différence entre un Martini (français) et un martini (américain) ?
5. S'il fait très chaud et si vous avez chaud et soif, quelle sorte de boisson voudriez-vous commander ?
6. Le Perrier est une eau minérale très gazeuse. Avec du Perrier comme base, inventez une boisson rafraîchissante.

C *Christine et Jean-Paul sont allés à Saint-Germain-des-Prés. Complétez le passage suivant.*

(1) Nous/arriver/gare Montparnasse/vers/10/heure. (2) D'abord/nous/aller/à/la FNAC[6],/car/Jean-Paul/avoir/besoin/plusieurs/livres. (3) Moi aussi,/je/acheter/2/livre/et/3/cassette. (4) Puisque/le/quartier/de/Saint-Germain-des-Prés/ne pas/être/très/loin,/nous/décider de/y/aller/à pied. (5) Nous/flâner/dans/rues/où/il y a/beaucoup/cafés/et/de/petit/boutiques/intéressant. (6) Nous/s'arrêter/à/les Deux-Magots,/un/de/cafés/le/plus/célèbre/de/Paris. (7) Il/être/agréable/s'asseoir/à/terrasse/après/ce/long/promenade. (8) Nous/être/assis/près/vieux/monsieur/qui/lire/journal/et/un/groupe/étudiants/qui/parler/film. (9) Nous/connaître/le/film/dont/ils/parler. (10) Il/être/amusant/écouter/leur/conversation.

[1]boisson gazeuse parfumée (*flavored*) au citron (*lemon*)
[2]boisson gazeuse parfumée à l'orange
[3]boisson préparée avec du jus de citron, de l'eau et du sucre
[4]un quart est 250 cc, une petite bouteille. Le Perrier est une boisson très gazeuse et l'Évian, le Vittel et le Contrexéville sont non-gazeux ; le Vichy est entre les deux.
[5]Un mélange de limonade et de sirop de menthe (pour un Perrier-menthe, voir la note 3 à la page 366)
[6]Fédération Nationale des Achats des Cadres; a chain of discount stores specializing in books, photographic and audio equipment, and records.

D *Cause et effet. Lisez les phrases suivantes et corrigez les phrases qui ne vous semblent pas logiques.*

1. Si j'avais froid, je mettrais un pull.
2. Si je passais mes vacances en Europe, j'aurais deux mille dollars.
3. Si je mangeais quelque chose, j'aurais faim.
4. Je ne saurais pas conduire si je n'achetais pas cette voiture.
5. Je ferais une promenade s'il faisait beau.
6. Si je marchais dans la neige, j'attraperais un rhume.
7. S'il n'était pas important de recevoir un diplôme, je ne serais pas à l'université.
8. J'aurais soif si je buvais un verre d'eau fraîche.
9. Si je demandais au professeur de m'expliquer la leçon, je ne la comprendrais pas.
10. Je serais dans un café français si je commandais une bière pression.

E *Composition. Choisissez un des sujets suivants et écrivez une composition d'à peu près 180 mots.*[1]

1. Y a-t-il un établissement dans votre ville que vous aimez fréquenter ? Quand et comment l'avez-vous découvert ? Comment est l'ambiance de cet établissement ? Qu'est-ce que vous y faites ?
2. Le maire de votre ville va recevoir plusieurs visiteurs qui viennent d'un pays francophone. Il vous demande de faire une description d'un des aspects suivants de la ville.
   a) les ressources hôtelières et les restaurants
   b) les monuments et les musées
   c) le centre ville
   d) le système de transports et les différents[2] quartiers de la ville
   e) l'université et le campus

F *Renseignements et opinions*

1. Voudriez-vous vous marier un jour ? Avec quelle sorte de personne ?[3]
2. Qu'est-ce qu'il est important de faire tous les jours ? Qu'est-ce qu'il n'est pas nécessaire de faire tous les jours ?
3. Quand vous êtes dans un avion qui a trois sièges par rang, voulez-vous vous asseoir près du hublot, près du couloir ou au milieu ? Pourquoi ?
4. Que feriez-vous si vous gagniez mille dollars à la loterie ?
5. Que feriez-vous s'il n'y avait pas de cours aujourd'hui ?

---

[1] à peu près 33 % plus longue que le C des **Applications**
[2] L'adjectif **différent**, placé devant le nom, est un équivalent de *various* (placé après le nom, c'est un équivalent de *different*).
[3] **se marier avec**   épouser ; dites, par exemple : « Je voudrais me marier avec un jeune homme / une jeune fille qui / que / dont / à qui . . . »

G Lecture

Les cafés

Pour un Américain qui arrive à Paris, les cafés sont souvent une source d'étonnement et d'interrogation. Que font ces milliers de[1] gens assis aux terrasses devant une petite table ? Que boivent-ils ? Que disent-ils ? Nous avons donc interrogé quelques Français et voici ce qu'ils ont répondu.

M. Raymond, professeur de lycée   5

Les cafés ont une longue histoire. Le café Procope, un des premiers cafés en Europe, date de 1686 et existe toujours près du Quartier Latin. Cette salle où l'on[2] dégustait le café — une boisson toute nouvelle à cette époque — est très vite devenue le lieu de rendez-vous des intellectuels qui y lisaient les journaux (qui étaient alors rares et chers) et qui échangeaient des idées. Les Encyclopédistes[3], et plus tard, 10 Benjamin Franklin, Napoléon Bonaparte, Balzac, Victor Hugo, Verlaine[4] ont été parmi les habitués[5] les plus prestigieux. Le café Procope a eu tant de succès qu'on l'a imité partout, et en 1720, il y avait déjà plus de 300 cafés à Paris. Depuis cette époque, ils se sont multipliés, ont gagné la province[6] et sont devenus une véritable institution sociale dans notre pays.   15

Catherine, lycéenne

Le mardi après-midi, à la sortie des[7] cours, mes copines et moi nous nous réunissons dans un petit café près du lycée. Quand il fait beau, nous nous asseyons à la terrasse.

---

[1]*thousands of* (dérivé du mot **mille**)
[2]**L'** se place souvent devant le pronom **on** quand le mot précédent est **où**, **si** ou **que**.
[3]groupe d'écrivains et de philosophes du XVIIIe siècle qui ont contribué à la première encyclopédie française.
[4]Balzac (1799–1850), écrivain ; Hugo (1802–1885), écrivain et poète ; Verlaine (1844–1896), poète.
[5]ici, les clients (qui fréquentent régulièrement un établissement)
[6]le reste de la France
[7]au moment où on sort

Il est si agréable de se reposer et de bavarder en regardant passer les gens[1]. Nous n'avons pas beaucoup d'argent de poche, et d'habitude nous prenons une limonade, un Coca-Cola, un thé ou une menthe à l'eau[2]. Les garçons nous connaissent bien et sont très gentils avec nous. Nous parlons des cours, des profs[3], des derniers films, de nos parents et des garçons, bien sûr. Nous n'y restons pas très longtemps, une heure, peut-être. Mais pour moi, c'est un des moments les plus agréables de la semaine. 20

25

Paul, garçon de café
Je suis garçon depuis quatre ans dans un grand café du boulevard Saint-Germain. Le matin est calme, en général : quelques touristes viennent prendre leur petit déjeuner ; il y a aussi des étudiants qui viennent boire un café entre leurs cours. Vers midi, il y a plus d'activité. Les gens qui travaillent dans le quartier et qui sont trop pressés ou fauchés pour aller au restaurant viennent manger un sandwich, une pizza ou un croque-monsieur[4]. L'après-midi, les clients se donnent rendez-vous[5] chez nous[6], écrivent des cartes postales ou se reposent avec une bière ou une boisson rafraîchissante. Le soir nous servons davantage d'[7]alcools forts et de cocktails à l'américaine[8] aux gens qui sortent du spectacle[9] et qui veulent « prendre un pot[10] » avant de rentrer chez eux. 30

35

Jean-Jacques, étudiant à l'université
C'est dans les petits bistrots[11] des quartiers modestes qu'on peut observer un certain groupe de la société française « au naturel »[12]. Les habitués — ouvriers, artisans, petits retraités[13] pour la plupart — se retrouvent tous les jours au café à la même heure. Le matin, très tôt, on vient prendre un café ou un « petit blanc » avant de partir à l'usine. À midi, c'est l'heure de l'apéritif. Mais c'est surtout le soir que ces petits cafés s'animent. Les clients boivent du vin ou de la bière, jouent aux cartes, regardent la télévision, ou se groupent pour discuter de la politique, de la voiture dont ils rêvent, des femmes ou du dernier scandale. Pour eux, le café est un refuge : ils se retrouvent « entre hommes », loin de leur femme, de leurs enfants et des soucis ménagers[14]. Ils peuvent se détendre, s'exprimer librement avec d'autres hommes qui comprennent et partagent leurs difficultés et leurs espoirs. 40

45

---

[1]*while watching people go by* (la construction **en** + participe présent est présentée dans la Leçon **23**.2)
[2]un mélange de sirop de menthe et d'eau
[3]professeurs
[4]sandwich chaud au fromage et au jambon
[5]**se donner rendez-vous** *to meet each other* (littéralement, *to give each other an appointment*)
[6]dans notre café

[7]**davantage de** plus de
[8]*American-style*
[9]*show* (cinéma, théâtre, etc.)
[10]**Un pot** signifie une boisson.
[11]petits cafés
[12]*just as they are*
[13]*retired people with modest income*
[14]soucis (*cares*) qui concernent la maison et la famille

A *Indiquez si les commentaires suivants sont vrais ou faux.*

1. Le café Procope, un des premiers en Europe, date de la fin du XVIIe siècle.
2. Le café était une boisson toute nouvelle à l'époque où on a établi le café Procope.
3. Les lycéens se réunissent souvent dans un café avant d'aller au cours.
4. Il est possible de prendre un déjeuner dans un café.
5. On peut aller dans n'importe quel café sur un grand boulevard de Paris pour observer les Français « au naturel ».
6. Les lycéens aiment se retrouver tous les jours dans un café à la sortie des cours.
7. Les grands cafés des quartiers touristiques sont très animés le matin.
8. Les petits cafés des quartiers modestes sont surtout animés à midi parce qu'on y va pour prendre le déjeuner.
9. On sert seulement du vin ou de la bière dans les petits bistrots.
10. Dans un café il est possible de commander une boisson ; mais il est impossible de prendre un repas.

B *Répondez aux questions.*

1. Qu'est-ce que c'est que le café Procope ?
2. Pourquoi le café est-il un lieu de rencontre très commode ?
3. De quoi est-ce que les lycéens parlent quand ils se réunissent dans un café ?
4. Qu'est-ce qu'il est possible de faire à la terrasse d'un café ?
5. De quoi parlent les clients des petits bistrots, le soir ?
6. Pourquoi le café est-il un refuge pour certains hommes ?

C *Définissez les mots suivants.*

un lycéen	un refuge	un bistrot
un ouvrier	l'argent de poche	la terrasse d'un café
un retraité	un croque-monsieur	un scandale

VOCABULAIRE

Noms masculins

•bouquin	•courant d'air	panneau	stationnement
•chemin	fond	•Perrier-menthe	
•choix	•formulaire	progrès	
•compartiment	millionnaire	•rhume	

Noms féminins

•(bière) pression	•horreur	•pièce (de monnaie)	surprise
herbe	hôtesse	•politesse	

Verbes

s'asseoir *irrég*	cracher	•emprunter (à)
•attraper	•déterminer	•geler
•compter (sur)	discuter (de)	•remplir

Adjectifs

assis(e)	défendu(e)	interdit(e)	simple
•climatisé(e)	désagréable	pénible	triste
dangereux(euse)	important(e)	satisfait(e)	

Adverbes

debout	•horriblement	juste

Autres expressions

•avoir horreur de	courir	être debout
au fond de	dont	faire des progrès
Berne	être assis(e)	lequel, laquelle

DIX-NEUVIÈME LEÇON

CONVERSATIONS

A. Il a enfin vendu le tableau.

YANNICK   Je croyais qu'il ne voulait pas se séparer de ce tableau.
BERNARD   C'est vrai. Il y tenait[1] beaucoup.
YANNICK   Je me demande[2] pourquoi il a décidé de le vendre.
BERNARD   Il avait besoin de payer ses dettes.

 B. Elle a acheté une statuette.

M. VERNIN   Où étais-tu ? Je commençais à m'inquiéter.
MME VERNIN   J'étais chez un antiquaire. Regarde ce que j'ai acheté.
M. VERNIN   Qu'est-ce que c'est ? Une statuette ?
MME VERNIN   Oui. Chaque fois que je passais devant la boutique, j'avais envie de l'acheter.

 C. Une longue queue au cinéma

MARIE-LOUISE   Alors, combien de temps faut-il attendre ?
JEAN-JACQUES   D'après ce qu'on m'a dit, au moins une demi-heure.
MARIE-LOUISE   Une demi-heure ! Il vaudrait mieux aller ailleurs.
JEAN-JACQUES   Oui, allons voir un autre film.

EXPLICATIONS ET EXERCICES ORAUX

• 1 VERBE + INFINITIF

1. You have noticed that some verbs in French are followed directly by an infinitive, while others take **de** or **à** before an infinitive. The infinitive in such constructions, occurring after a conjugated form of another verb, is known as a *dependent infinitive*.

Je **vais déjeuner** à midi.	*I am going to eat lunch at noon.*
Ils ont **décidé de partir**.	*They decided to leave.*
Il a **commencé à pleuvoir**.	*It began to rain.*

2. The verbs below take the construction verb + dependent infinitive, without any preposition. You have already encountered these verbs, except for **désirer**.

aimer	*to like, to love*	**espérer**	*to hope*
aller	*to be going to*	**pouvoir**	*can*
désirer	*to wish*	**préférer**	*to prefer*
détester	*to hate*	**savoir**	*to know how*
devoir	*must*	**vouloir**	*to want*

[1] **tenir à quelque chose**   *to prize, cherish something*
[2] **se demander**   *to wonder*

Michel **veut voir** l'Arc de Triomphe, mais Anne **désire visiter** le Louvre.
Pierre **aimerait sortir** ce soir, mais moi, je **préfère rester** à la maison.
Nous **allons travailler** ce soir parce que nous **devons finir** nos devoirs.

3. If the dependent infinitive takes object pronouns, they are placed immediately before the infinitive.[1]

Tu dois écouter **le guide**.   →Tu dois **l'**écouter.
Je peux vous montrer **ces photos**. →Je peux vous **les** montrer.
Allez-vous **m'**envoyer **des cartes** ? →Allez-vous **m'en** envoyer ?
Il ne veut pas **nous** dire **la vérité**. →Il ne veut pas **nous la** dire.

4. If the dependent infinitive is negated, **ne pas**, **ne plus**, and **ne jamais** come immediately before the infinitive or object pronoun.

Je préfère **ne pas** rester **dans la salle**.
→Je préfère **ne pas y** rester.
Elle désire **ne plus** voir **cet étudiant**.
→Elle désire **ne plus le** voir.
Nous espérons **ne jamais** revoir **cet homme**.
→Nous espérons **ne jamais le** revoir.

Personne always follows a dependent infinitive and is placed where a corresponding object noun would be.

J'espère **ne** voir **personne** ce matin.   *(direct object)*
Je préfère **ne** dire la vérité **à personne**.   *(indirect object)*

Rien as a direct object precedes a dependent infinitive as **ne rien**. If the infinitive takes a preposition, preposition + **rien** follows the infinitive.

Je préfère **ne rien** faire ce soir.   *(direct object)*
J'aimerais **ne** parler **de rien** ce matin.   *(object of a preposition)*

 A *Répondez aux questions.*

1. Aimez-vous voyager ? Où voulez-vous aller ?
2. Allez-vous dîner ce soir ? Où désirez-vous dîner ?
3. Aimez-vous manger ? Que préférez-vous manger comme viande ?
4. Espérez-vous sortir ce soir ? Où voulez-vous aller ?
5. Devez-vous travailler ce soir ? Que préférez-vous faire ?
6. Savez-vous nager ? Pouvez-vous nager aujourd'hui ?

 B *Répétez les phrases suivantes en remplaçant les noms par les pronoms appropriés, d'après ce modèle.*

Je ne veux pas rester dans cette salle.
Je ne veux pas y rester.

1. J'espère aller en Europe l'été prochain.
2. Je vais vous envoyer des cartes postales.

---

[1]The sequence of object pronouns before a verb is summarized in Lesson **15**.5.

3. J'aime beaucoup prendre des photos.
4. Je déteste assister aux matchs de football.
5. Je ne dois pas vous parler de mes ennuis.
6. Je désire ne plus parler de mes ennuis.
7. Je préfère ne pas vous dire la vérité.
8. Je préfère ne plus faire les devoirs à la maison.

C *Répondez aux questions.*

1. Quand est-ce que vous voulez ne rien faire ?
2. Quand est-ce qu'on préfère ne voir personne ?
3. Qu'est-ce que vous espérez ne jamais faire ?
4. Quand est-ce qu'on aimerait ne parler à personne ?

2 VERBE + **DE** + INFINITIF

1. The verbs below take the construction de + dependent infinitive.

accepter	*to accept*	**finir**	*to finish*
s'arrêter[1]	*to stop*	**oublier**	*to forget*
cesser[2]	*to stop*	**refuser**	*to refuse*
décider	*to decide*	**regretter**	*to regret*
se dépêcher	*to hurry*	**venir**[3]	*to have just*
essayer	*to try*		

Pourquoi est-ce que tu **refuses de parler** à Jacques ?
— Parce que j'**ai décidé de** ne plus le **voir**.
Est-ce que Jacques **a accepté de** vous **montrer** le tableau ?
— Oui, mais il **a oublié de** me le **montrer** !

2. The following expressions with **avoir** also require **de** before a dependent infinitive.

avoir besoin	*to need*	**avoir peur**	*to be afraid*
avoir envie	*to feel like*	**avoir raison**	*to be right*
avoir l'intention	*to intend*	**avoir tort**	*to be wrong*

Avez-vous **l'intention d'aller** au Louvre ?
— Non, j'**ai besoin de travailler**.
J'**ai peur de parler** à cet agent.
— Mais tu **as tort de** ne pas lui **parler** !

3. If the action expressed by the infinitive took place before the action expressed by the main verb, the infinitive becomes avoir/être + past participle.

Il regrette de ne pas **avoir vu** le tableau.   *He regrets not having seen the painting. (He is sorry he didn't see the painting.)*

Vous avez raison d'**être venu**.   *You are right to have (for having) come.*

---

[1]**S'arrêter** *to stop* implies that the action is momentary.
[2]**Cesser** *to stop* suggests that the action is over or has been discontinued.
[3]**Venir de** expresses action occurring in the immediate past (see Lesson **10**.2).

A *Parlons un peu du travail que vous faites dans ce cours. Répondez aux questions.*

1. Qui essaie de parler français ? Qui a peur de parler français ? Qui refuse de parler français ?
2. Qui regrette d'être dans ce cours ? Avez-vous tort d'être dans ce cours ? Avez-vous raison d'être dans ce cours ?
3. Qui a cessé d'aller au labo ? Qui a décidé de ne plus y aller ? Qui a besoin d'aller au labo ?
4. Qui a envie de sécher le cours[1] demain ? Qui a l'intention de sécher le cours ? Est-ce qu'on a tort de sécher le cours ?
5. Qui vient de répondre à ma question ? Qui a fini de poser des questions ? À qui est-ce que j'ai oublié de poser des questions ?

 B *Exercice de contrôle*

J'ai oublié d'aller chez le dentiste.

1. Je ne veux pas	3. Je dois	5. Je déteste
2. J'ai peur	4. Je regrette	6. J'accepte

J'ai l'intention de sortir ce soir.

1. J'espère	3. Je vais essayer	5. Je préfère
2. J'ai raison	4. Je ne regrette pas	6. Je refuse

C *Répondez aux questions.*

1. Qu'est-ce que vous espériez faire hier ? Que regrettez-vous de ne pas avoir fait hier ?
2. Qu'est-ce que vous avez fait l'été dernier ? Qu'est-ce que vous avez l'intention de faire l'été prochain ?
3. Qu'est-ce que vous avez envie de faire quand vous êtes fatigué ? Qu'est-ce que vous ne voulez pas faire quand vous êtes fatigué ?
4. Qu'est-ce que vous refusez de faire quand il fait très chaud ? Qu'est-ce que vous préférez ne pas faire quand il fait très chaud ?
5. Quelle est la différence entre « Je m'arrête de fumer » et « Je cesse de fumer » ?

• 3 VERBE + À + INFINITIF

The verbs below require the construction à + dependent infinitive.

apprendre	*to learn*		**hésiter**	*to hesitate*
commencer	*to begin*		**réussir**	*to succeed*
continuer	*to continue*			

Laurent **apprend**-il **à parler** allemand ?
— Oui, mais il **hésite** encore **à** me **parler** en allemand.
Solange **continue**-t-elle **à utiliser** votre appareil[2] ?
— Oui, elle **a réussi à prendre** de belles photos.

---

[1]**sécher un cours** *to cut a class*
[2]**appareil (photographique)** *camera*

A *Répondez aux questions.*

1. Quand avez-vous commencé à étudier le français ?
2. Qu'est-ce que vous apprenez à faire dans ce cours ?
3. Qu'est-ce que vous continuez à apprendre dans le cours ?
4. Est-ce que vous hésitez à parler français ?
5. Avez-vous réussi à comprendre ma question ?
6. Quel âge aviez-vous quand vous avez appris à nager ?
7. Quel âge aviez-vous quand vous avez commencé à parler ?

 B *Exercice de contrôle*

Je refuse de parler français.

1. Je ne veux pas
2. Mais je dois
3. J'apprends
4. J'hésite
5. Mais je décide
6. Je vais
7. J'essaie
8. J'ai raison
9. Je commence donc
10. Maintenant, j'aime
11. Je veux
12. Je continue

 C *Répondez aux questions.*

1. Voulez-vous aller au cinéma ce week-end ? Demandez à (Sophie) si elle peut y aller avec vous.
2. Détestez-vous faire les devoirs ? Avez-vous besoin de les faire ce soir ?
3. Essayez-vous toujours de comprendre mes questions ? Réussissez-vous toujours à les comprendre ?
4. Avez-vous commencé à gagner de l'argent ? Espérez-vous en gagner beaucoup un jour ?
5. Qu'est-ce que vous continuez à faire depuis votre enfance ? Qu'est-ce que vous avez cessé de faire ?

D *Voici un exercice de révision.*

1. Donnez six verbes qui sont suivis d'un infinitif sans préposition. Parlons des étudiants dans ce cours en employant ces verbes.[1]
2. Donnez huit verbes qui sont suivis de la préposition **de** devant un infinitif. Parlons du professeur en employant ces verbes.
3. Donnez cinq verbes qui sont suivis de la préposition **à** devant un infinitif. Décrivez quelqu'un qui veut apprendre à danser (nager) en employant ces verbes.

• 4 PRONOMS RELATIFS : **CE** COMME ANTÉCÉDENT

1. The invariable pronoun **ce** can be used as the antecedent of a relative clause when referring to things and ideas. **Ce** is grammatically masculine singular. **Ce** + relative pronoun corresponds to English *what* or *that which*. **Ce qui** is the subject of a relative clause.

Je sais **la chose qui** vous intéresse.	*I know the thing that interests you.*
→Je sais **ce qui** vous intéresse.	*→I know what interests you.*
Voici **l'incident qui** s'est passé.	*Here is the incident that took place.*
→Voici **ce qui** s'est passé.	*→Here is what took place.*

[1]Dites, par exemple : « (Barbara) aime parler français » ; « (Robert) va déjeuner à la cité ».

2. **Ce que** is the direct object of the verb in a relative clause. Since **ce** is masculine singular, the past participle is also masculine singular.

Voilà **les choses que** j'ai acheté**es**.	*There are the things I bought.*
→Voilà **ce que** j'ai **acheté**.	*→There is what I bought.*
Les films que vous avez vu**s** m'intéressent.	*The movies you saw interest me.*
→**Ce que** vous avez **vu** m'intéresse.	*→What you saw interests me.*

3. If the verb in the relative clause takes **de**, the relative pronoun is **ce dont**.

Il verra **les peintures dont** j'ai parlé.	*He will see the paintings that I spoke of.*
→Il verra **ce dont** j'ai parlé.	*→He will see what I spoke of.*
Le cahier dont il a besoin est là.	*The notebook he needs is there.*
→**Ce dont** il a besoin est là.	*→What he needs is there.*

4. When **ce** + relative pronoun begins a sentence and the verb in the main clause is **être**, the entire relative clause is often summarized by the pronoun **ce** before **être**.

Ce qui m'intéresse, **c'**est le musée du Louvre.	*What interests me is the Louvre museum.*
Ce que j'ai visité hier, **c'**était la Tour Eiffel.	*What I visited yesterday was the Eiffel Tower.*

« Voilà ce que je ne comprends pas.
— Voilà ce qui m'intrigue. »

TABLEAU 82

Voilà **ce dont** j'ai besoin.
C'est **ce que** je vais acheter.

Voilà **ce qui** m'intéresse.
C'est **ce que** je veux.

 A *Modifiez les phrases suivantes d'après ces modèles.*

> J'ai apporté le livre qui vous intéresse.
> **J'ai apporté ce qui vous intéresse.**
> Je vois sur la table la montre dont j'ai besoin.
> **Je vois sur la table ce dont j'ai besoin.**

1. J'ai apporté la photo qui vous intéresse.
2. Je comprends la chose que vous avez dite.
3. Je n'ai pas le livre dont vous avez besoin.
4. Ne comptez pas sur quelque chose qui est impossible.
5. Ne dites à personne la chose que je vous ai dite.
6. La chose qui m'intéresse, c'est cette peinture.
7. La chose dont j'ai besoin, c'est mon cahier.
8. La chose que j'ai achetée, c'est cette gravure.

 B *Nous allons parler d'une dame. Elle a besoin de trouver un cadeau pour l'anniversaire de son mari. Écoutez ces phrases et modifiez-les d'après ce modèle.*

> Elle achète un cadeau.
> **C'est ce qu'elle achète.**

1. Elle veut trouver un cadeau.
2. Elle a besoin d'un cadeau.
3. Elle prend le métro.
4. Le train arrive bientôt.
5. Le train n'est pas bondé.
6. Elle cherche une galerie d'art.
7. Elle regarde des tableaux.
8. On lui montre des statuettes.
9. Elle choisit une gravure.
10. La gravure coûte cher.

Maintenant, modifiez les mêmes phrases d'après ce modèle.

> Elle achète un cadeau.
> **Ce qu'elle achète, c'est un cadeau.**

• 5 FALLOIR ET VALOIR

1. The basic meaning of **falloir** is *to necessitate* or *to require*. It is used only with the impersonal subject pronoun **il**. Il faut + infinitive denotes a compulsory action, corresponding to English *it is necessary* or *one must (do something)*.

Il faut parler français ici.	*One must speak French here.*
Il faut arriver à l'heure.	*One must arrive on time.*

The negative form **il ne faut pas** + infinitive also implies compulsion or strong necessity, corresponding to *it is necessary* **not** *to* or *one must not (do something)*.[1]

Il ne faut pas dormir en classe.	*One must not sleep in class.*
Il ne faut pas cracher par terre.	*One must not spit on the ground.*

2. **Il faut** + noun + **pour** + infinitive indicates that something is necessary in order to complete an action. It is equivalent to English *it takes* + noun + *to do (something)* or *one needs* + noun + *to do (something)*. Note in the last two examples below that this construction can also take an *indirect object*.

Il faut cinq heures pour aller à Paris.	*It takes five hours to go to Paris. (One needs five hours to go to Paris.)*
Il faut beaucoup d'argent pour acheter cela.	*It takes a lot of money to buy that. (One needs a lot of money to buy that.)*
Il faut une heure à Anne **pour manger**.	*It takes Anne an hour to eat. (Anne needs an hour to eat.)*
Il leur **faut dix jours pour finir** cela.	*It takes them ten days to do that. (They need ten days to do that.)*

3. **Valoir** means *to be worth.* **Ça/Cela**[2] **vaut la peine de** + infinitive corresponds to *it is worth the trouble to do (something).* **Il vaut mieux** + infinitive corresponds to *it is better to do (something).*

Ce tableau **vaut** bien le prix.	*This painting is certainly worth the price.*
Ça ne **vaut** rien.	*It (That) is worth nothing.*
Ça ne **vaut** pas **la peine**.	*It is not worth the trouble.*
Ça ne **vaut** pas **la peine de rester** là-bas.	*It is not worth the trouble to stay over there.*
Il vaut mieux ne pas **acheter** cet objet.	*It is better not to buy this object.*

4. Here are the future, conditional, and imperfect forms and the past participles of **falloir** and **valoir**.

Il **faudra** changer de vêtements.	Il **vaudra** mieux rester ici.
Il **faudrait** visiter ce musée.	Cela ne **vaudrait** pas la peine.
Il **fallait** sortir de la salle.	Il **valait** mieux voir ce film.
Il **a fallu** attendre dix minutes.	Ce manteau n'**a** pas **valu** le prix.

[1]*It is* **not** *necessary to do* or *One does not have to do* is **Il n'est pas nécessaire de** + infinitive or **On n'a pas besoin de** + infinitive.
[2]**Cela** and **ça** literally mean *that*; **ça** is more colloquial than **cela**.

TABLEAU 83   Il **ne faut pas** fumer !   Il **vaut mieux** prendre un parapluie.

A *Parlons d'abord de ce que nous faisons et de ce que nous ne faisons pas dans ce cours. Modifiez chaque phrase en employant* **il faut** *ou* **il ne faut pas** *d'après ces modèles.*

Nous parlons français en classe.
Oui, il faut parler français en classe.

Nous ne dormons pas en classe.
Non, il ne faut pas dormir en classe.

1. Nous disons bonjour au professeur.
2. Nous ne dormons pas en classe.
3. Nous écoutons le professeur.
4. Nous répondons à ses questions.
5. Nous ne parlons pas anglais tout le temps.
6. Nous n'écrivons pas de lettres en classe.

« Il vaut mieux ne pas y toucher, ma chérie. » (au musée Rodin)

B *Qu'est-ce qu'il faut ou ne faut pas faire dans un musée ? Ajoutez* **il faut** *ou* **il ne faut pas** *devant chaque phrase.*

1. parler à haute voix
2. écouter le guide
3. regarder attentivement
4. toucher les objets exposés[1]

5. faire du bruit
6. consulter le plan
7. fumer
8. courir[2]

C *Je vais parler de quelqu'un qui est paresseux. Donnez votre opinion sur lui en employant* **il vaudrait mieux faire** *ou* **il vaudrait mieux ne pas faire** *d'après ce modèle.*

Il est en retard tout le temps.
Il vaudrait mieux ne pas être en retard tout le temps.

1. Il regarde la télévision tout le temps.
2. Il ne se brosse pas les dents tous les matins.
3. Il nettoie sa chambre une fois par mois. (Utilisez **plus souvent** dans votre réponse.)
4. Il laisse les clés dans sa voiture.
5. Il n'ouvre jamais les fenêtres. (Utilisez **de temps en temps** dans votre réponse.)
6. Il prend une douche une fois par semaine.
7. Il sèche ses cours tout le temps.
8. Il change de vêtements une fois par semaine.

D *Maintenant, répondez à ces questions.*

1. Vous voyagez en avion de temps en temps, n'est-ce pas ? Combien de temps faut-il pour aller de New York à San Francisco ? Combien de temps faut-il pour aller de New York à Paris ?
2. D'habitude je quitte la maison à (huit heures) et j'arrive à l'université (à huit heures et demie). Combien de temps est-ce qu'il me faut pour aller à l'université ?
3. Aimez-vous les sports ? Combien de joueurs faut-il pour former une équipe de base-ball ? Et pour former une équipe de football ? Et pour une équipe de basket-ball ?
4. Est-ce qu'il vaut mieux prendre un bain tous les jours, ou est-ce que cela ne vaut pas la peine ?
5. Est-ce que ça vaut la peine d'aller à l'université ? Pourquoi (pas) ?
6. Est-ce que ça vaut la peine d'apprendre le français ? Pourquoi êtes-vous dans ce cours ?

[1]**exposé** présenté au public
[2]verbe irrégulier (Leçon **23**.3)

« Quel magnifique collage vous avez créé ! » (Matisse dans son atelier)

APPLICATIONS

A Dialogue et questions[1]

Vous faites des compliments.

Quand vous faites des compliments aux Français, vous verrez qu'ils sourient[2] mais ne disent pas « Merci beaucoup » comme le font les Américains. Les Français ont tendance à[3] minimiser l'importance de la chose sur laquelle on les complimente, par politesse et par modestie. (Mais n'oubliez pas, quand même, d'exprimer votre appréciation et de faire des compliments quand cela est nécessaire.)　　5

VOUS　Quelle jolie chambre tu as.
MONIQUE　Tu trouves ? Je viens de ranger mes affaires[4].

●

VOUS　Tu parles bien anglais. Ton accent est impeccable.
JACQUES　Tu es gentille. J'aime beaucoup les langues étrangères.

●

[1]Les réponses aux questions ne sont pas enregistrées sur la bande magnétique.
[2]du verbe **sourire** *to smile* (Leçon **26**.2)
[3]**avoir tendance à**　*to tend to, to have the tendency to*
[4]**ranger ses affaires**　*to straighten out and put away one's belongings*

VOUS   Félicitations ! Je viens d'apprendre que ton tableau a été accepté.   10

MARIE   Oui, je suis très contente. C'est mon tableau préféré.

•

VOUS   Quel appartement élégant, et quelles belles aquarelles !

M. VERNIN   Oui, nous aimons beaucoup les jolies choses.

•

VOUS   Votre vin est excellent.

M. VERNIN   C'est vrai, il n'est pas mauvais.   15

•

VOUS   Le repas était sensationnel. Vous êtes un vrai cordon-bleu[1], Madame.

MME VERNIN   Vous êtes trop gentille. J'aime beaucoup faire la cuisine.

•

VOUS   Ton ensemble est très élégant. Il te va très bien.[2]

MONIQUE   Tu trouves ? Je l'ai acheté au Printemps[3].

Que diriez-vous dans les situations suivantes ?

1. Vous félicitez un de vos copains qui a bien réussi à son examen. Il dit qu'il a beaucoup travaillé et que l'examen n'était pas très difficile.
2. Après un dîner délicieux, vous faites des compliments à votre hôtesse. Elle vous dit que c'était un repas assez simple et qu'elle l'a préparé en deux heures.
3. Vous montez dans la voiture de votre hôte. Vous admirez l'élégance et le confort de la voiture. Votre hôte dit qu'il l'a depuis quatre ans mais qu'elle roule encore très bien.
4. Vous faites des compliments à une de vos copines qui porte une très jolie robe. Elle dit qu'elle l'a faite elle-même l'année dernière.
5. Chez M. et Mme Vernin vous remarquez qu'il y a beaucoup d'objets d'art dans la salle de séjour. Vous les admirez. M. Vernin mentionne qu'ils lui ont coûté assez cher mais qu'il aime collectionner les belles choses.
6. Vous admirez la collection de timbres-poste de votre copain. Qu'est-ce qu'il vous dit ?
7. Vous admirez la collection de disques et de cassettes de votre professeur. Qu'est-ce qu'il vous dit ?
8. Vous complimentez votre copine sur son appartement. Qu'est-ce qu'elle vous répond ?

---

[1] Un « cordon-bleu » est une personne qui sait faire de la cuisine délicieuse (dérivé du Cordon-Bleu, une école de cuisine très célèbre à Paris).
[2] **aller bien à quelqu'un**   *to become someone, to suit someone*
[3] *one of the department stores in Paris*

B Expressions utiles

Les musées

Il y a toutes sortes de musées : musées consacrés . . .

à l'architecture	à la musique
aux armes et armures	à la peinture
à un(e) artiste	à la photographie
à l'aviation	à une région
au cinéma	aux sciences
aux costumes	aux sciences naturelles
à l'histoire (locale)	à la sculpture /skyltyʀ/
aux jouets	à la tapisserie
à la marine	aux transports
au mobilier et objets d'art	

aller à
assister à $\Big\}$ $\Big\{$ une exposition[1]
voir un vernissage

l'entrée (est) : $\left\{\begin{array}{l}\text{dix francs} \\ \text{gratuite} \\ \text{à demi-tarif}\end{array}\right\}$ le dimanche et les jours fériés[2]

La visite : le musée est $\left\{\begin{array}{l}\text{ouvert de 10 h à 12 h et de 14 h à 18 h.} \\ \text{fermé les mardis et les jours fériés.}[3]\end{array}\right.$

Dans la vitrine sont exposé(e)s $\left\{\begin{array}{l}\text{des maquettes } f. \\ \text{des reproductions } f. \\ \text{des modèles réduits}[4] \text{ } m. \\ \text{des objets d'art } m. \\ \text{des documents } m.\end{array}\right.$

faire
exposer $\left.\begin{array}{l}\text{un tableau} \\ \text{une peinture} \\ \text{une aquarelle} \\ \text{une gravure} \\ \text{une fresque} \\ \text{une statue / statuette} \\ \text{un buste}\end{array}\right\}$: $\left\{\begin{array}{l}\text{un nu} \\ \text{un portrait} \\ \text{une nature morte}[5] \\ \text{un paysage} \\ \text{une marine}[6]\end{array}\right.$

Pratique

1. Dans quelle sorte de musée faut-il aller pour voir les choses suivantes ?

   des poupées
   des locomotives, réelles ou en modèles réduits
   des avions, réels ou en modèles réduits

[1] *exhibition* (**exposer**   *to exhibit*)
[2] Le dimanche l'entrée est souvent à demi-tarif (*half price*).
[3] La plupart des musées en France sont fermés le mardi et parfois les jours fériés (*legal holidays*).
[4] *scale models*
[5] *still life*
[6] *seascape*

des modèles réduits de bateaux
des vêtements du moyen âge
des armoires et des chaises du seizième siècle

2. Qu'est-ce qu'on peut voir au musée des sciences naturelles ?
3. Qu'est-ce qu'on peut voir au musée Rodin ? Et au musée Victor Hugo ?
4. Quel jour est-ce que la plupart des musées publics sont fermés en France ? Et aux États-Unis ?
5. Expliquez à un enfant de six ans ce que sont les choses suivantes.

un buste	une statuette	un autoportrait
un nu	une marine	une nature morte

C *Voici les noms de quelques chefs-d'œuvre*[1]. *Pouvez-vous identifier les artistes qui les ont créés ?*

Le déjeuner sur l'herbe (un tableau)	Van Gogh /vɛ̃go/
La Vénus de Milo (une statue)	Botticelli
Le Penseur (une statue)	Bartholdi
La Joconde (un tableau)	Manet
La Création d'Adam (une fresque)	Rodin
La Liberté éclairant[2] *le monde* (une statue)	Michel-Ange /mikelɑ̃ʒ/
La Naissance de Vénus (un tableau)	Léonard de Vinci /vɛ̃si/
Autoportrait à l'oreille coupée (un tableau)	artiste inconnu ; découverte dans une île en Grèce

[1]un **chef-d'œuvre**, des **chefs-d'œuvre** ; le **f** ne se prononce pas dans ce mot.
[2]*lighting* (= qui éclaire)

Le musée du Louvre est rempli de chefs-d'œuvre.

D *Résolutions du nouvel an. C'est la veille du nouvel an et vous voulez prendre quelques résolutions. Faites des phrases en utilisant les éléments à gauche et les éléments à droite.*

À partir du[1] premier janvier,

je cesserai . . .	faire mes devoirs.
j'essaierai . . .	boire trop de bière.
je refuserai . . .	nettoyer ma chambre une fois par semaine.
je n'hésiterai plus . . .	sécher mes cours.
je n'oublierai jamais . . .	ne pas avoir peur des examens.
j'accepterai toujours . . .	essayer de comprendre mes parents.
je ne vais plus . . .	me lever à 7 h du matin.
je commencerai . . .	dire « Je t'aime » à mon ami(e).
	regarder la télé jusqu'à minuit.
	manger quatre ou cinq fois par jour.
	dormir jusqu'à 9 h du matin.

E *Renseignements et opinions*

1. Lorsqu'on veut se reposer ou dormir aussi longtemps que possible, qu'est-ce qu'on devrait ou ne devrait pas faire ? À quelle sorte de choses ne devrait-on pas penser ?
2. Avez-vous jamais refusé de faire ce qu'on vous a demandé de faire ? Pourquoi avez-vous refusé de le faire ?
3. Pourquoi faut-il avoir des musées d'art ? Qu'est-ce qui arriverait s'il n'y avait pas de musées d'art ?
4. Que veut dire le proverbe : « Il faut battre le fer pendant qu'il est chaud » ? Illustrez-le avec une anecdote.
5. Y a-t-il des choses que vous devriez faire, mais que vous ne faites pas (toujours) ? Donnez un exemple en employant les expressions suivantes.

Je sais que je devrais . . . parce que . . .
Mais il est vraiment difficile . . .
J'essaie quand même . . .
Je ne réussis pas . . . parce que . . .

MUSÉE DU LOUVRE

F Lecture

Les musées de Paris

La mère

Vous voulez visiter des musées pendant votre séjour à Paris ? Je vous conseille de commencer par le plus grand et le plus connu : le Louvre. C'est un des plus beaux musées du monde. Dans ses innombrables salles vous verrez des sculptures, des peintures, des œuvres d'art de toutes sortes qui datent de l'Antiquité jusqu'au XIXe 5 siècle. Il faut surtout voir la Joconde[2], la Vénus de Milo[3] et la Victoire de Samothrace[4]

[1] *Beginning (with)*
[2] Célèbre portrait de Mona Lisa del Giocondo (**la Joconde** en français), une dame de Florence, fait par Léonard de Vinci.
[3] statue découverte dans l'Île de Milo (Grèce) au XIXe siècle
[4] statue découverte dans l'Île de Samothrace (Grèce) au XIXe siècle

qui attirent les foules du monde entier. Et puis, si vous aimez les impressionnistes, allez au musée du Jeu de Paume. C'est là que vous trouverez les toiles de Degas, Renoir, Van Gogh, Cézanne, Monet et bien d'autres[1].

Le père   10

Il y a aussi le musée Rodin, avec un très beau jardin ; il est dans un coin caché et très tranquille de Paris, pas très loin des Invalides. Et, dans un genre tout à fait[2] différent, il y a le centre Georges Pompidou. À mon avis, c'est une horreur, un scandale, mais tout le monde veut aller voir ça.

L'enfant   15

Non, Papa, ce n'est pas une horreur, c'est formidable. Il y a toujours quelque chose d'intéressant à voir sur la place — des musiciens, des magiciens, des clowns, des acrobates — et à l'intérieur il y a des tas de[3] choses pour les enfants, et on peut monter et descendre sur les escaliers roulants. C'est très amusant !

Il y a toujours quelque chose d'intéressant à voir sur la place du centre Beaubourg.

Le père   20

C'est bien[4] ce que je disais. Ce n'est pas un musée, c'est un cirque !

La mère

Enfin[5], allez-y quand même. Au quatrième étage se trouve le musée d'art moderne, avec les œuvres des artistes du XXᵉ siècle : Braque, Matisse, Picasso, Chagall, Dali . . . Il y a aussi de bonnes expositions de photos et d'affiches.   25

[1]beaucoup d'autres peintres   [4]*indeed*
[2]complètement   [5]Eh bien
[3]beaucoup de

L'enfant

Et puis il faut aller au Palais de la Découverte. C'est le musée que je préfère. Tu verras un grand planétarium, des salles d'expériences[1], des machines, des maquettes. Ah, il y a aussi le Musée des Techniques au conservatoire des Arts et Métiers. Tu pourras y voir toutes sortes de machines anciennes. Il y en a 30 beaucoup qui se mettent en marche quand tu appuies sur les boutons . . . Ah, n'oublie pas d'aller au musée Grévin, qui est plein de figures de cire : il y a Roland qui sonne du cor, Marie-Antoinette en prison, Marat assassiné dans sa baignoire, la reine d'Angleterre, Brigitte Bardot, le général de Gaulle . . .

Le père 35

Oui, oui, mais ça, ce n'est pas de la culture. Pour l'histoire, je vous recommande le musée de Cluny, dans une grande maison du XVe siècle très bien restaurée. Vous y trouverez des bijoux, des armes, des meubles, des statues de cette époque et de très belles tapisseries, en particulier celles[2] de la Dame à la licorne. Ensuite je vous conseille d'aller au musée Carnavalet, dans le quartier du Marais, qui est le musée 40 historique de la ville de Paris. Si le moyen âge vous intéresse, n'oubliez pas de visiter le musée des Monuments Français. C'est sans doute[3] le musée le plus extraordinaire de Paris. Vous y découvrirez des portails d'églises, des fontaines, des façades de maisons, des fresques de chapelles. Ce sont tous des reconstitutions[4], bien sûr, mais ce serait une bonne préparation pour voir l'original si vous avez le temps de 45 visiter toute la France.

La mère

Il y a une cinquantaine de musées à Paris, pas tous célèbres, mais tous excellents. Vous reviendrez à Paris, et, à chaque séjour, vous aurez encore des[5] musées à découvrir. 50

Vous

Me voici bien conseillée. Je vous remercie. J'ai de quoi[6] m'occuper pendant au moins deux semaines à Paris.

A *Répondez aux questions.*

1. Combien de musées sont mentionnés dans le texte ?
2. Qu'est-ce que c'est que *la Joconde* ?
3. Qu'est-ce que c'est que *la Vénus de Milo* ?
4. Quel est le musée le plus célèbre de Paris pour la peinture impressionniste ?
5. Quel musée mentionné dans le texte vous intéresse le plus ? Quel musée vous intéresse le moins ? Pourquoi ?
6. La personne qui écoute les conseils de la famille est une étrangère. Comment le sait-on ? Écrivez un paragraphe dans lequel elle explique pourquoi elle est à Paris et pourquoi elle parle à cette famille.

[1] salles où on peut faire marcher beaucoup d'appareils et de machines (**expériences** *experiments*)
[2] *those*
[3] *probablement*
[4] *replicas*
[5] *still more*
[6] *assez de choses pour*

B *Trouvez dans le texte les expressions et les mots qui sont définis ci-dessous.*

1. installation qui reproduit le mouvement des planètes et des étoiles
2. animal fabuleux qui a une corne au milieu du front et qui ressemble à un cheval
3. modèle à l'échelle réduite d'un appareil
4. côté d'un bâtiment où se trouve l'entrée principale
5. période de l'histoire entre le cinquième et le quinzième siècle
6. partie de l'histoire qui précède l'ère chrétienne
7. personne très agile
8. peinture murale
9. pierre précieuse (diamant, rubis, émeraude, etc.)
10. peinture, tableau

VOCABULAIRE

Noms masculins

·antiquaire	·confort	infinitif	·tableau
base-ball	·cordon-bleu	labo	·timbre-poste
·compliment	·hôte	·objet d'art	verbe

Noms féminins

·affaires *pl*	·dette	·importance	·robe
·appréciation	·élégance	·modestie	statuette
·aquarelle	enfance	peine	·tendance
·cassette	·félicitation	peinture	
·collection	galerie (d'art)	préposition	

Verbes

·admirer	décrire *irrég*	·féliciter	·ranger
s'arrêter (de)	·se demander	former	·rouler
cesser (de)	désirer	gagner	·se séparer (de)
·collectionner	·exprimer	hésiter (à)	valoir *irrég*
·complimenter	falloir *irrég*	·minimiser	voyager

Adjectifs

exposé(e)	·impeccable	·nécessaire	·sensationnel(le)

Adverbes

·ailleurs	attentivement	donc

Autres expressions

·aller bien à quelqu'un	ça (cela) vaut la peine	·faire la cuisine	sécher un cours
avoir l'intention (de)	ce qui	il faut	·sourire
avoir raison (de)	de temps en temps	il ne faut pas	·tenir à quelque chose
·avoir tendance à	·faire des compliments	il vaut mieux	
avoir tort (de)	faire du bruit	·ranger ses affaires	

VINGTIÈME LEÇON

CONVERSATIONS

 A. Un appareil photographique

MME MOREAU Je vais aux Galeries Lafayette[1] demain matin.

JEAN-PIERRE Ah oui ? Qu'est-ce que vous allez acheter ?

MME MOREAU Un appareil photographique. C'est Philippe qui m'a conseillé d'aller là.

JEAN-PIERRE Savez-vous quelle sorte d'appareil vous allez acheter ?

MME MOREAU Je ne sais pas encore. Philippe m'a promis de m'aider à en choisir un.

[1] un des grands magasins (*deparment stores*) de Paris

B. Le chemisier a un défaut.

FRÉDÉRIQUE   Il faut que j'aille à Monoprix[1].

GILBERTE   Mais tu y es allée ce matin.

FRÉDÉRIQUE   Oui, mais le chemisier que j'ai acheté a un défaut. J'ai gardé le reçu.

GILBERTE   Veux-tu que j'aille avec toi ?

FRÉDÉRIQUE   Volontiers.

C. Thierry est fatigué.

ISABELLE   Alors, qu'est-ce que tu as fait aujourd'hui ?

THIERRY   J'ai passé toute la journée à la bibliothèque.

ISABELLE   Et qu'est-ce que tu vas faire ce soir ?

THIERRY   Je vais me reposer toute la soirée !

EXPLICATIONS ET EXERCICES ORAUX

• 1 VERBE + PERSONNE + DE / À + INFINITIF

1. The verbs below take the construction à + person + de + infinitive. With the exception of **promettre**, the person named in à + person is the one who performs the action expressed by the infinitive.

conseiller	*to advise*	**permettre**	*to permit, to allow*
défendre	*to forbid*	**promettre**	*to promise*
demander	*to ask*	**suggérer**[2]	*to suggest*
dire	*to say*		

Le professeur **a suggéré à Louise d'étudier** en France.
— Ah oui ? À quelle université **lui a-t-il conseillé d'aller** ?
Ses parents **lui ont permis d'aller** en France.
— **Leur a-t-elle promis d'écrire** souvent ?

2. The verbs below take the construction person + de + infinitive.

excuser	*to excuse*	**prier**[3]	*to ask*
remercier	*to thank*		

J'espère qu'il **m'excusera d'arriver** en retard.
— Bien sûr, et il **vous remerciera d'être** venu.

---

[1] un des grands magasins libre-service, à peu près comme K-Mart aux États-Unis (voir la **Lecture** de cette leçon)
[2] The two **g**'s are pronounced /gʒ/: **je suggère** /sygʒɛʀ/, **vous suggérez** /sygʒeʀe/.
[3] **Prier** (literally, *to pray*) is more polite in meaning than **demander**.

« Je vais demander à Papa de m'en acheter un ! »

3. The following verbs take the construction person + à + infinitive.

aider   *to help*   **inviter**   *to invite*
encourager   *to encourage*

Mes parents **ont invité Gilbert à passer** le week-end chez eux, et je **l'ai encouragé à accepter** leur invitation.

 A *Exercice de contrôle*[1]

J'encourage mon camarade à faire ce travail.

1. demander	4. aider	7. remercier
2. inviter	5. permettre	8. conseiller
3. prier	6. défendre	9. dire

 B *Écoutez chaque phrase, puis ajoutez une autre phrase d'après ce modèle.*

Cet étudiant n'a pas encore écrit à ses parents.   (dire)
Disons-lui d'écrire à ses parents.

1. Cet étudiant n'a pas encore répondu à la question.   (demander)
2. Cet étudiant n'a pas encore fait ses devoirs.   (dire)
3. Cet étudiant n'est jamais allé en Europe.   (suggérer)
4. Cette étudiante veut poser des questions.   (permettre)
5. Cette étudiante n'a pas encore fini ses devoirs.   (aider)

---

[1]Mettez chaque infinitif à la forme **je** et remplacez la préposition **à** par **de** quand c'est nécessaire.

6. Cette étudiante hésite à parler français.   (inviter)
7. Ces étudiants veulent fumer en classe.   (défendre)
8. Ces étudiants veulent voyager en France.   (encourager)
9. Ce monsieur va aider les enfants.   (remercier)
10. Ces étudiants veulent partir tôt.   (excuser)

C *Répondez aux questions.*

1. Est-ce qu'il y a des choses que je vous défends de faire en classe ? Mentionnez plusieurs choses.
2. Qu'est-ce que je vous demande de faire en classe ? Qu'est-ce que je ne vous permets pas de faire en classe ?
3. Qui vous a conseillé d'apprendre le français ? Quelles étaient ses (leurs) raisons ?
4. Qu'est-ce que vos parents vous disent de faire ? Et qu'est-ce que vous leur promettez de faire ?
5. Est-ce que quelqu'un vous aide à faire votre devoir de français ? Aidez-vous quelqu'un à faire son devoir de français ?
6. Avez-vous jamais conseillé à quelqu'un de faire quelque chose ? Cette personne a-t-elle suivi vos conseils ?
7. Que veulent dire les expressions suivantes ?

   PRIÈRE DE NE PAS STATIONNER   PRIÈRE DE NE PAS FUMER

● 2 **SUBJONCTIF : APRÈS DES EXPRESSIONS IMPERSONNELLES**

1. Like the indicative and the conditional, the subjunctive is a *mood* (**le mode**). It is used instead of the indicative mood in certain types of dependent clauses and in certain types of relative clauses. The main uses of the subjunctive are discussed in the next three lessons. (For an overview, you might first glance over Lesson **22**.2, which reviews the main uses.) The subjunctive has four tenses: *present, past, imperfect*, and *pluperfect*. The last two tenses are used only in written, formal language and will be presented in the last lesson of this book. A word of caution: you should not try to link the subjunctive in French with any comparable construction in English.[1] Any attempt to equate the two languages will only make your learning of the French rules more difficult.

2. As for the conjugated forms, the present subjunctive endings for the singular are **-e, -es, -e**, and for the plural, **-ions, -iez, -ent**. The stem for **je, tu, il, ils** is derived from the third person plural form (**ils, elles**) of the *present indicative*; the **nous** and **vous** forms are identical with those of the *imperfect indicative* (Lesson **11**.4).

---

[1] Some people consider the verbs in the dependent clause of sentences like the following to be in the "subjunctive": *It is important that this **be done** at once; I suggest that he **stay** here tonight; I will help you so that you **may succeed**; Think of an alternative lest the plan **should fail**.* Note, however, that it is more common to use the "indicative" mood and say *this is done, he stays, you will succeed, lest (in case) the plan fails.*

parler : ils **parl**ent[1]	finir : ils **finiss**ent	vendre : ils **vend**ent
je **parl**e	je **finiss**e	je **vend**e
tu **parl**es	tu **finiss**es	tu **vend**es
il **parl**e	il **finiss**e	il **vend**e
ils **parl**ent	ils **finiss**ent	ils **vend**ent
nous **parl**ions	nous **finiss**ions	nous **vend**ions
vous **parl**iez	vous **finiss**iez	vous **vend**iez

prendre : ils **prenn**ent	dormir : ils **dorm**ent	boire : ils **boiv**ent
je **prenn**e	je **dorm**e	je **boiv**e
tu **prenn**es	tu **dorm**es	tu **boiv**es
il **prenn**e	il **dorm**e	il **boiv**e
ils **prenn**ent	ils **dorm**ent	ils **boiv**ent
nous **pren**ions	nous **dorm**ions	nous **buv**ions
vous **pren**iez	vous **dorm**iez	vous **buv**iez

3. The subjunctive occurs in dependent clauses introduced by the conjunction **que** after *impersonal expressions.*

Il est bon que nous **sortions** aujourd'hui.
Il est douteux que je **prenne** le métro.
Il est important que tu **viennes** avec nous.
Il est juste qu'elle **finisse** son travail.
Il est naturel que vous **parliez** anglais.
Il est nécessaire que je vous **comprenne**.
Il est temps que tu **apprennes** la vérité.
Il faut que je **lise** cet article avant midi.
Il vaut mieux que vous **partiez** maintenant.

4. Note, however, that the subjunctive does not occur if the impersonal expression denotes *certainty.*

Il est certain qu'elle **va** faire des courses.
Il est clair que tout le monde **prend** le métro.
Il est évident que Monique **viendra** avec nous.
Il est sûr que nous **irons** dans un grand magasin.
Il est vrai que vous **connaissez** bien Paris.

The expression **il est possible** takes the subjunctive, but **il est probable** usually does not.

Il est possible que tu **comprennes** la vérité.
Il est probable que tu **comprends** la vérité.

---

[1] The **je, tu, il,** and **ils** forms of the present subjunctive of first conjugation verbs (**-er**) are identical with those of the present indicative.

5. The present subjunctive can refer to both *present* and *future* events (it does not have a future tense).

Il est douteux qu'elle **vienne**.

It's doubtful that
- she comes.
- she is coming.
- she will come.

Est-ce que Jean comprend le professeur ?
— Il est douteux qu'il le **comprenne**.
Est-ce que Marie comprendra le professeur ?
— Il sera (Il est) douteux qu'elle le **comprenne**.

TABLEAU 84   Il est douteux qu'il **prenne** son parapluie.   Il est certain qu'il n'a pas son parapluie.

 A *Exercice de contrôle*

Il est bon qu'elle dise la vérité.

1. Il est juste
2. Il est temps
3. Il est clair
4. Il est naturel
5. Il est vrai
6. Il est important
7. Il faut
8. Il est certain
9. Il vaut mieux

B *Répondez aux questions d'après ce modèle.*

Vous comprenez le français ; est-ce bon ?
Il est bon que je comprenne le français.

1. Vous me répondez ; est-ce nécessaire ?
2. Vous me connaissez ; est-ce évident ?
3. Vous comprenez le français ; est-ce sûr ?
4. Vous m'écoutez ; est-ce certain ?
5. J'arrive à l'heure ; est-ce juste ?
6. Je pose des questions ; est-ce vrai ?
7. Je dors en classe ; est-ce douteux ?
8. Nous finissons cet exercice ; est-ce bon ?

 C *Une jeune fille remarque dans le journal qu'un grand magasin a des vêtements en solde[1]. Elle a besoin de pantalons. Écoutez ces phrases et modifiez-les d'après le modèle.*

Elle regardera les prix ; c'est important.
Il est important qu'elle regarde les prix.

1. Elle sortira cet après-midi ; c'est vrai.
2. Elle prendra assez d'argent ; c'est important.

[1]**en solde**   *on sale*

« Il faut que je l'essaie. »

3. Elle mettra son manteau ; c'est douteux.
4. Elle connaît le grand magasin ; c'est évident.
5. Elle verra les pantalons en solde ; c'est important.
6. Elle essaiera plusieurs pantalons ; il le faut.
7. Elle choisira deux pantalons ; c'est possible.
8. Elle achètera d'autres vêtements ; c'est probable.

• 3 SUBJONCTIF : VERBES IRRÉGULIERS

1. The verbs below have special subjunctive stems. Note that the special stems for **avoir**, **être**, and **savoir** are identical with those of the imperative (Lesson **16**.4). The **nous** and **vous** forms of **aller** and **vouloir** are identical with those of the imperfect indicative.

avoir	être	savoir[1]
j'**aie** /ɛ/	je **soi**s	je **sache**
tu **aie**s	tu **soi**s	tu **sache**s
il **ai**t	il **soi**t	il **sache**
ils **aie**nt	ils **soie**nt	ils **sache**nt
nous **ay**ons /ɛjɔ̃/	nous **soy**ons	nous **sachi**ons
vous **ay**ez /ɛje/	vous **soy**ez	vous **sachi**ez

[1]The **nous** and **vous** forms of the imperative do not have the **-i-**: **sachons**, **sachez**.

aller	vouloir	faire
j'**aille** /aj/	je **veuille** /vœj/	je **fasse**
tu **ailles**	tu **veuilles**	tu **fasses**
il **aille**	il **veuille**	il **fasse**
ils **aillent**	ils **veuillent**	ils **fassent**
nous **allions**	nous **voulions**	nous **fassions**
vous **alliez**	vous **vouliez**	vous **fassiez**

pouvoir	pleuvoir	falloir
je **puisse**	il **pleuve**	il **faille**
tu **puisses**		
il **puisse**		valoir
ils **puissent**		il **vaille**
nous **puissions**		
vous **puissiez**		

2. The past subjunctive (**le passé composé du subjonctif**) consists of the auxiliary verb **avoir** or **être** in the present subjunctive and the past participle of the verb denoting the action.

j'**aie** travaillé	je **sois** sorti(e)
tu **aies** travaillé	tu **sois** sorti(e)
il **ait** travaillé	il **soit** sorti
nous **ayons** travaillé	nous **soyons** sorti(e)s
vous **ayez** travaillé	vous **soyez** sorti(e)(s)
ils **aient** travaillé	ils **soient** sortis

The present subjunctive can refer to both *present* and *future* events. But the past subjunctive usually refers to a *past* event.

Il est douteux qu'il **pleuve.**   *It's doubtful that* { *it rains.* / *it is raining.* / *it will rain.* }

Il est douteux qu'il **ait plu.**   *It's doubtful that* { *it has rained.* / *it rained.* }

The past subjunctive can refer to a future event when the context indicates that the action will be completed in the future (it replaces the future perfect tense of the indicative, Lesson 15.4).

Il est (sera) important que vous **ayez fini**   *It is (will be) important that you (will)*
ceci avant demain.   *have finished this before tomorrow.*

A *Ajoutez* **il faut que** *devant chaque phrase et mettez les verbes au subjonctif.*

1. Vous avez de la patience.
2. Vous êtes à l'heure[1].
3. Vous pouvez nous comprendre.
4. Vous savez où j'habite.
5. Vous faites votre travail.
6. Je sais ma leçon.
7. Je vais à la bibliothèque.
8. Je fais mes devoirs.
9. Je veux réussir.
10. Je finis cet exercice.

 B *Vous parlez à Mme Rolland, votre voisine. Elle est allée dans un grand magasin et elle a acheté deux chemises pour son fils. Modifiez les phrases suivantes d'après ce modèle.*

Je suis rentrée à cinq heures. C'est vrai.
Il est vrai que vous êtes rentrée à cinq heures.

1. J'ai acheté deux chemises pour mon fils. C'est vrai.
2. Mon fils a essayé les chemises. C'est important.
3. Une des chemises a un défaut. C'est étonnant.
4. Je veux échanger cette chemise. C'est naturel.
5. Je choisirai une autre chemise. C'est certain.
6. Il fait mauvais temps. C'est dommage.
7. Je n'ai pas envie de ressortir. C'est juste.
8. Je peux être libre demain matin. C'est bon.
9. Je vais au magasin demain matin. C'est nécessaire.
10. Moi, je déteste gaspiller mon temps. C'est clair.

C *Répondez aux questions suivantes d'après ce modèle.*

J'arrive toujours à l'heure. Est-ce important ?
Il est important que vous arriviez toujours à l'heure (*ou* **Il n'est pas important que vous arriviez toujours à l'heure).**

1. Je fais mon lit tous les matins. Est-ce important ?
2. J'ai téléphoné à Paris hier soir. Est-ce possible ?
3. J'ai perdu dix dollars hier. Est-ce dommage ?
4. Je peux vous aider après le cours. Est-ce nécessaire ?
5. Je suis toujours fatigué. Est-ce naturel ?
6. Je pense constamment à mon avenir. Est-ce bon ?

• 4 SUBJONCTIF : APRÈS LES EXPRESSIONS DE VOLONTÉ

1. When the verb in the main clause expresses volition of some sort (*will*, *desire*, *wish*, *command*), the verb in the dependent clause is in the subjunctive.

Je **veux** que vous **soyez** ici demain.	*I want*
J'**exige** que tout le monde **vienne** demain.	*I demand*
Je **désire** qu'on **parte** bientôt.	*I wish*
Je **demande** que vous **arriviez** à l'heure.	*I am asking*
Je **défends** que tu **ailles** chez eux.	*I forbid*
Je **permets** que tu **partes** ce soir.	*I permit/allow*

[1]**à l'heure** *on time*

2. Of the verbs listed above, **demander**, **défendre**, and **permettre** can also take an infinitive construction (presented in Lesson **20**.1).

> Je **vous demande d'arriver** à l'heure.
> Je **te défends d'aller** chez eux.
> Je **te permets de partir** ce soir.

On the other hand, **vouloir**, **exiger**, and **désirer** must always be used with **que** + dependent clause when the subject of the main clause is *different* from that of the dependent clause.

Je **veux** que vous **restiez** ici.	*I want you to stay here.*
Elle **exige** que tu **reviennes**.	*She demands that you come back. (She demands you to come back.)*
Désire-t-il que je **parte** ?	*Does he wish that I leave? (Does he wish for me to leave?)*

JE VEUX QUE VOUS LES MANGIEZ.

TABLEAU 85

 A *Exercice de contrôle*

Voulez-vous que je fasse mon travail ?

1. Demandez-vous	4. Désirez-vous	7. Permettez-vous
2. Savez-vous	5. Voyez-vous	8. Exigez-vous
3. Défendez-vous	6. Mentionnez-vous	9. Voulez-vous

 B *Voici une mère qui parle à son enfant. Modifiez chaque phrase d'après ce modèle.*

Fais tes devoirs.
Je veux que tu fasses tes devoirs.

1. Fais ton lit.	6. Va dans ta chambre.
2. Apprends à lire.	7. Prends un bain.
3. Bois ton lait.	8. Viens ici.
4. Sois plus patient.	9. Obéis à ta maîtresse[1].
5. Aie plus de patience.	10. Sache ta leçon.

C *Maintenant, répondez aux questions.*

1. Qui demande que je parle un peu plus lentement ? Est-ce que je parle assez lentement maintenant ?

[1]*schoolteacher*

2. Est-ce que je défends absolument qu'on parle anglais dans ce cours ? Quand est-il nécessaire qu'on parle en anglais ?

3. Qu'est-ce que je veux que vous fassiez dans ce cours ? Mentionnez plusieurs choses.

4. Qu'est-ce que je demande que vous ne fassiez pas dans le cours ? Mentionnez plusieurs choses.

5. Maintenant, regardez la liste. Qu'est-ce que j'exige que vous fassiez ? Qu'est-ce que je défends que vous fassiez ? Est-ce que tout cela est normal, ou est-ce que je suis un professeur exigeant ?

6. Qui désire qu'il n'y ait pas d'examens ? Comment voulez-vous que les professeurs puissent apprécier[1] les progrès de chaque étudiant ?

• 5 EMPLOI DE **MATIN, MATINÉE, JOUR, JOURNÉE**

1. **Matin**, **soir**, **jour** are used to express normal *division* of time into such units. To emphasize the entire *duration* of time, **matinée**, **soirée**, **journée** are used.[2] The idea of duration is often reinforced by the use of **tout(e)** + article before the noun.

   Je suis allé au Printemps[3] ce **matin**.

   Il faut que j'écrive à mes parents ce **soir**.

   Je veux que vous passiez au moins deux **jours** au Louvre.

   J'ai passé **toute la matinée** au Printemps.

   Il faut que je passe la **soirée** à écrire des lettres.

   J'étais fatigué, et la **journée** semblait interminable !

2. French does not usually use prepositions for the expressions corresponding to English *in the morning*, *in the afternoon*, *in the evening*, and *on the day*.

   Le matin je vais au bureau de poste.

   L'après-midi je serai à la bibliothèque.

   Je serai chez les Chabrier **le soir**.

   Je sais où je serai **le jour** de mon anniversaire.

3. As you learned in Lesson 3.1, French does not use any preposition corresponding to English *on* before nouns denoting days of the week. The definite article **le(s)** placed before the noun implies *every*.

   Il veut que je revienne **mercredi** ou **jeudi**.

   Nous sommes allés au supermarché **samedi** dernier.

   Monique a des cours **le samedi** matin, mais pas **le dimanche**.

   La boutique est fermée **le(s) dimanche(s)** et **le(s) lundi(s)**.

   As you also learned in Lesson 3.1, all dates are preceded by **le**.

   C'est aujourd'hui **le quinze mars**.

   Elle sera en France **du 14 juin au 10 juillet**.

   Le 15 août est un jour férié.

---

[1] évaluer

[2] Remember that **soirée** also means *party*, as you learned in Lesson 15.

[3] un des grands magasins de Paris

4. **An** *year* is usually preceded by a numerical adjective. The word **année** is used with other adjectives denoting indefinite numbers (**des** *some,* **quelques** *a few,* **plusieurs** *several,* **combien de** *how many*), ordinal numbers (**premier, deuxième, dixième**), and the possessive, demonstrative or interrogative adjectives (**mon, notre; ce; quel**).

M. Chabrier a passé **deux ans** aux États-Unis.
Il a **quarante-cinq ans**, et sa femme **quarante-deux ans**.
Leur fils Jean-Paul va passer **quelques années** aux États-Unis.
C'est sa **première année** aux États-Unis.
Il a beaucoup voyagé **cette année**.

A *Ajoutez des phrases d'après ce modèle.*

J'ai travaillé de huit heures du matin jusqu'à midi.
Mon Dieu, vous avez travaillé toute la matinée !

1. Je suis fatigué. J'ai travaillé de neuf heures du matin jusqu'à six heures.
2. J'ai passé trois heures et demie au Printemps. J'y suis allé à une heure et j'en suis sorti à quatre heures et demie.
3. J'ai regardé la télévision de sept heures du soir jusqu'à minuit.
4. Samedi dernier, j'ai dormi jusqu'à midi.
5. J'ai passé douze mois en France.
6. Je suis allé chez mes parents à six heures. Je suis rentré chez moi vers minuit.

B *Répondez aux questions.*

1. Où étiez-vous hier matin ? Comment avez-vous passé la matinée ?[1]
2. Où étiez-vous hier soir ? Comment avez-vous passé la soirée ?
3. Qu'est-ce que vous faites le dimanche matin ? Qu'est-ce que vous faites le samedi soir ?
4. Est-ce que c'est votre première année à l'université ? Dans combien d'années terminerez-vous vos études ?
5. Quel jour est le plus fatigant pour vous ? Quel est le moment le plus fatigant de votre journée ?
6. Si vous aviez toute une journée à passer à Paris (disons de 10 heures jusqu'à 19 heures), qu'est-ce que vous feriez ?
7. Vous consultez un guide touristique et vous trouvez les indications suivantes. Expliquez ce que cela veut dire.

   « Visite t.l.j.[2] de 10 h à 12 h et de 14 h à 15 h (18 h en saison). Fermé les dimanches et les jours fériés. »

[1]Employez la construction **passer du temps à faire quelque chose.**
[2]**t.l.j.**   tous les jours

« Cela nous a fait grand plaisir de vous revoir. — Je vous remercie de m'avoir invitée. »

APPLICATIONS

 A Dialogue et questions[1]

Vous remerciez quelqu'un.
Il y a mille façons (nous exagérons un peu, bien sûr) de remercier quelqu'un qui vous a fait un cadeau[2] ou qui vous a rendu service. Voici quelques exemples.

Vous demandez votre chemin à un passant.

VOUS	Pardon, Monsieur. Pour aller au musée Grévin, s'il vous plaît ?
LE PASSANT	Prenez la deuxième rue à droite.
VOUS	Merci, Monsieur.
LE PASSANT	De rien,[3] Monsieur.

5

Vous avez laissé vos clés au bureau de poste.

LA DAME	Monsieur, Monsieur, vous avez oublié vos clés.
VOUS	Oh, merci, Madame. Merci infiniment.
LA DAME	Il n'y a pas de quoi,[3] Monsieur.

10

[1]Les réponses aux questions ne sont pas enregistrées sur la bande magnétique.
[2]**faire un cadeau à quelqu'un**   donner un cadeau à quelqu'un
[3]*You're welcome*

Vous demandez des renseignements à un agent de police.

VOUS   Pardon, Monsieur l'agent. Y a-t-il une station de métro près d'ici ?
L'AGENT   Oui. Suivez cette rue et puis tournez à gauche.
VOUS   Merci beaucoup, Monsieur.   15
L'AGENT   À votre service, Mademoiselle.

Vous êtes dans un grand magasin.

VOUS   Excusez-moi, Madame. Où est le rayon des chaussures ?
L'EMPLOYÉE   Au troisième.
VOUS   Et où sont les toilettes ?   20
L'EMPLOYÉE   Au fond, à gauche.
VOUS   Merci, Madame.
L'EMPLOYÉE   Je vous en prie,[1] Mademoiselle.

C'est le jour de votre anniversaire.

JACQUES   Bon anniversaire ! Voici un petit cadeau. Je l'ai rapporté du Mexique.   25
VOUS   Ah, comme c'est gentil ! Je te remercie infiniment.

Vous venez de déménager.

MME VERNIN   C'est un petit quelque chose pour votre appartement.
VOUS   Vous êtes trop gentille . . . Quelle belle gravure ! Je suis confuse[2] . . .

Que diriez-vous dans les situations suivantes ?

1. Vous êtes dans un grand magasin. Vous demandez à une vendeuse s'il y a un ascenseur. Qu'est-ce que vous allez dire ?
2. Vous êtes malade et vous êtes obligé de rester au lit. Mme Georget, chez qui vous habitez, vous apporte de la soupe et des fleurs.
3. Vous avez laissé tomber des pièces de monnaie par terre. Un enfant vous aide à les ramasser.
4. Vous demandez à une passante le chemin pour aller au bureau de poste. C'est un peu compliqué, et la dame offre de vous accompagner jusque-là[3].
5. Un de vos copains vient de vous aider à terminer votre devoir de maths[4]. Il a travaillé trois heures avec vous.
6. Un de vos copains vous donne un tableau qu'il a rapporté du Japon.

B Expressions utiles

Dans un grand magasin

Le client } voit { une publicité[5] } et fait { des courses *f.*
La cliente }   { une réclame }   { des achats *m.*

---

[1] *You're welcome*
[2] *Je ne sais pas quoi dire* (**confus(e)** littéralement, *embarrassed*)
[3] *up to that point*
[4] **maths** /mat/ *mathématiques*
[5] *an advertisement*

$$\text{aller au} \left.\vphantom{\begin{array}{c}a\\b\end{array}}\right\} \text{chercher le} \left.\vphantom{\begin{array}{c}a\\b\end{array}}\right\} \text{rayon} \left\{\begin{array}{l} \text{des chemises, des chaussures,} \\ \quad \text{des jouets, des parfums} \\ \text{des vêtements pour} \left\{\begin{array}{l}\text{hommes}\\\text{dames}\end{array}\right. \\ \text{des articles pour} \left\{\begin{array}{l}\text{le camping}\\\text{le sport}\\\text{le jardin}\end{array}\right. \\ \text{des articles de ménage} \\ \text{spécial des produits hors taxe}^1 \end{array}\right.$$

acheter $\left\{\begin{array}{l}\text{à crédit (utiliser une carte de crédit)}\\ \text{au comptant (payer en espèces}^2)\end{array}\right.$

La robe va $\left\{\begin{array}{l}\text{bien}\\\text{mal}\end{array}\right\}$ à la cliente.

La marchandise est $\left\{\begin{array}{l}\text{bon marché}^3 \text{/ meilleur marché.}\\ \text{en solde.}\\ \text{de bonne / meilleure / mauvaise qualité.}\end{array}\right.$

Le prix est $\left\{\begin{array}{l}\text{trop élevé.}\\ \text{raisonnable.}\\ \text{avantageux / intéressant.}\end{array}\right.$

garder $\left.\vphantom{\begin{array}{c}a\\b\end{array}}\right\}$ montrer $\left.\vphantom{\begin{array}{c}a\\b\end{array}}\right\}$ $\left\{\begin{array}{l}\text{le reçu}\\ \text{la facture}\end{array}\right.$

rapporter
échanger
se faire rembourser^4 pour $\left.\vphantom{\begin{array}{c}a\\b\\c\end{array}}\right\}$ une marchandise (qui a un défaut)

LA BANQUE
qui ne ferme
JAMAIS

**un de vos rêves
réalisé grâce à**
LA CARTE BLEUE

Pratique

1. À quel rayon faut-il aller pour trouver les marchandises suivantes ?

des bottes	un complet	un chemisier
une poupée	des verres	un sac de couchage^5
des sandales	une casserole	un ballon
une tondeuse	une jupe	des patins à roulettes^6

2. Que signifient les phrases suivantes ? Donnez des exemples pour les illustrer.

   Ces vêtements sont en solde.
   Le prix est intéressant en ce moment.
   Ceci est meilleur marché que cela.

3. Quand est-ce qu'un client ou une cliente peut échanger une marchandise ? Donnez des exemples.
4. Qu'est-ce que c'est qu'une carte de crédit ? Quels sont les avantages et les inconvénients d'une carte de crédit ?

---

^{1}hors taxe (*tax exempt*) pour les touristes étrangers
^{2}*in cash*
^{3}expression invariable, qui signifie le contraire de **cher**

^{4}*to get reimbursed*
^{5}*sleeping bag*
^{6}*roller skates*

C *Vous faites des courses. Lisez chaque phrase et dites où vous êtes.*

Chez l'horloger.	À la librairie.	Au bureau de tabac.
À la pharmacie.	À la charcuterie.	Au bureau de poste.
À la papeterie.	À la boucherie.	À la banque.

1. Donnez-moi un kilo de côtelettes de veau[1], s'il vous plaît.
2. Est-il possible de l'acheter sans ordonnance ?
3. Deux paquets de Gitanes[2], s'il vous plaît.
4. Donnez-moi 400 grammes de ce jambon.
5. Je voudrais dix timbres à 2,50 F.
6. Avez-vous un dictionnaire anglais-français ?
7. Je voudrais changer des dollars. Quel est le cours[3] ?
8. Qu'est-ce que vous avez comme désinfectant ?
9. J'ai laissé tomber cette montre, et elle ne marche plus. Pouvez-vous la réparer ?
10. Je voudrais téléphoner aux États-Unis.
11. Je désire du scotch[4] et des enveloppes.
12. Avez-vous le guide Michelin vert pour l'Allemagne ?
13. Est-ce que vous avez des agendas[5] ?
14. Est-ce que je peux toucher un chèque de voyage[6] ?
15. J'aimerais envoyer un télégramme au Canada.
16. Je cherche un réveil, aussi petit que possible.
17. Donnez-moi 500 grammes de cette salade de tomates.
18. Qu'est-ce que vous recommandez comme livres de linguistique pour débutants[7] ?

D *Christine est allée aux Galeries Lafayette. Complétez le passage suivant.*

(1) Aujourd'hui/je/passer/tout/matinée/à/les Galeries Lafayette. (2) Je/avoir besoin/plusieurs/chose/et/ce/être/Monique/qui/me/suggérer/y/aller. (3) Je/prendre/mon/passeport,/car/il/falloir/que/je/toucher/chèques de voyage/à/banque. (4) Monique/me/conseiller/prendre/aussi/mon/billet d'avion/au cas où[8]/je/vouloir/acheter/cadeaux/à/rayon/spécial/pour/le/touristes. (5) D'abord/nous/aller/à/rayon/chaussures,/où/je/choisir/un/paire/sandales. (6) Ensuite/nous/aller/à/rayon/articles/pour/camping,/parce que/Jean-Paul/vouloir/que/nous/acheter/sac de couchage. (7) Finalement,/nous/aller/à/rayon/produits hors taxe,/où/Monique/me/aider/choisir/cadeaux/pour/mon/famille/et/mon/amis. (8) Le/caissière/me/dire/garder/reçus/pour/le/douane. (9) Je/ne plus/avoir/beaucoup/argent/quand/nous/sortir/de/magasin ! (10) Monique/me/inviter/prendre/un/pot/avant de/rentrer/maison.

E *Renseignements et opinions*

1. Est-ce que je vous encourage à parler français dans ce cours ? Quand est-ce que je permets que vous parliez anglais ?
2. À votre avis, est-il nécessaire qu'on fasse son lit tous les jours ? Quand faut-il qu'on le fasse ?

[1] *veal cutlets*
[2] *marque de cigarettes françaises*
[3] **le cours** (**de change**) *exchange rate*
[4] *Scotch tape*
[5] *appointment books* (**l'ordre du jour** *agenda*)
[6] *traveler's check*
[7] *beginners*
[8] *in case*

3. À votre avis, faut-il qu'une femme mariée perde toujours son nom de jeune fille ? Quels avantages et inconvénients y a-t-il à garder son nom de jeune fille ?
4. Quand vous étiez petit, qu'est-ce que votre mère voulait que vous fassiez ? Le faites-vous encore ?
5. Y a-t-il des grands magasins dans notre ville ? Comment s'appellent-ils ? Quand est-ce que vous y allez, et qu'est-ce que vous y achetez ?
6. Avez-vous une carte de crédit ? Quand est-ce que vous l'utilisez ? Quand est-ce que vous ne voulez pas l'utiliser ?

F Lecture

Dans un grand magasin

Madame Leloup, à Monoprix
Quand mon deuxième fils est entré à la maternelle[1], j'ai mis ma fille de deux ans à la crèche[2] et j'ai cherché du travail. Avec trois enfants, le salaire de mon mari n'était pas suffisant. J'ai finalement trouvé un emploi de vendeuse à Monoprix qui est un des plus grands magasins du quartier. Nous nous spécialisons dans les articles de 5
bonne qualité, à des prix très raisonnables, et pour cette raison, nous vendons beaucoup aux jeunes et aux gens qui ont un budget limité. C'est ma deuxième année au rayon « sport et camping » et je vends beaucoup de ballons de football, de skates[3],

---

[1]établissement financé par le gouvernement ; les (écoles) maternelles prennent les enfants à partir de 3 ans.
[2]Les crèches, établies par le gouvernement, acceptent les enfants jusqu'à l'âge de 3 ans.
[3]/skɛt/ *skateboards* (on dit aussi **planches**)

Il y a toujours des soldes à Monoprix.

de patins à roulettes, de raquettes de tennis, et aussi des sacs de couchage et des
sacs à dos[1]. Nous n'avons pas de marques prestigieuses, mais nos prix sont vraiment 10
avantageux. Regardez ces raquettes ; elles coûtent seulement 110 F, et elles sont
de bonne qualité.

Il y a beaucoup d'autres rayons dans le magasin, bien sûr. Le plus important est
le rayon des vêtements, qui est en bas au rez-de-chaussée, et nous vendons surtout
aux jeunes. Par exemple, en ce moment, nous avons un pull en laine pour 130 F et 15
il existe en plusieurs styles et en dix couleurs. C'est imbattable comme prix ! Le rayon
des articles de ménage, qui est là-bas, à gauche, a aussi beaucoup de succès. On
y trouve de la vaisselle, des verres bon marché, des plats[2], des bols, des casseroles,
et à peu près tout ce qu'il faut pour la cuisine. Il y a aussi un supermarché au sous-
sol. 20

Le magasin est ouvert de 9 h à midi et de 14 h à 19 h. Les employés qui habitent
assez près, comme moi, rentrent chez eux pour le déjeuner, et les autres mangent
dans un self-service[3] du quartier. Nous sommes fermés le dimanche et le lundi matin.
Je suis satisfaite de mon travail. Je gagne un peu plus maintenant, car c'est ma
cinquième année ici. Le patron me fait confiance[4] et me donne quelques respon- 25
sabilités. Et aussi, bien sûr, j'ai quatre semaines de congés payés. Alors je ne me
plains[5] pas. Quand on n'a pas fait d'études, il ne faut pas demander l'impossible !

Madame Arnaux, aux Nouvelles Galeries[6]
Je viens aux Nouvelles Galeries toutes les semaines, en général le mercredi, car
c'est un jour de congé pour moi.[7] Aujourd'hui, je suis venue avec une longue liste 30
de courses, et je vais probablement passer toute la matinée dans le magasin. D'abord,
il faut que j'aille au rayon des vêtements pour enfants. La semaine dernière, j'ai
acheté pour mon fils Patrick une chemise qui a un défaut et je voudrais l'échanger.
Ensuite, j'irai au rayon des chaussures. J'ai besoin d'une paire de sandales habillées[8]
pour aller à la première communion de ma nièce Marguerite. Et puis, la semaine 35
prochaine, ma fille Maryse va avoir douze ans, et elle voudrait que je lui offre un petit
transistor. Il est possible que je trouve quelque chose de pas trop cher au rayon
électro-ménager. Sinon, je lui achèterai une jupe. Elle en a vu une qui lui plaît[9]
beaucoup au rayon Junior. Il faut aussi que j'aille au rayon de la quincaillerie pour
acheter un tournevis, un pinceau et du papier de verre[10]. 40

Après tout cela, je serai sûrement crevée ! J'ai rendez-vous avec mon amie Claire
à la terrasse qui se trouve au cinquième étage du magasin. Il y a là un restaurant
très agréable, avec beaucoup de plantes vertes, et j'aime bien y aller quand j'ai fini
mes courses. Claire est décoratrice, et nous irons probablement regarder les tissus
d'ameublement[11] après le déjeuner. Je trouverai peut-être des rideaux pour la salle 45
de séjour de notre maison de campagne. Mais j'y pense tout d'un coup[12] ! Il faut
que je trouve un cadeau pour ma nièce ! . . . Finalement, non. Il vaut mieux que j'en
parle avec mon mari. Je n'ai vraiment pas d'idée, et puis Marguerite est tellement
gâtée ! En plus, il est préférable que j'aille dans un magasin de cadeaux pour ce
genre d'achat. Ils ont un meilleur choix, et la vendeuse pourra me conseiller. 50

---

[1] *backpacks*
[2] *vaisselle pour servir de la viande ou des légumes*
[3] *cafeteria* (on dit aussi **libre-service**)
[4] **faire confiance à quelqu'un** *to have confidence in, to trust someone*
[5] **se plaindre** *to complain*
[6] *un des grands magasins de Paris*

[7] Mme Arnaux est institutrice.
[8] *dressy*
[9] **qui lui plaît** ici, qu'elle aime
[10] *sandpaper*
[11] *upholstery fabrics*
[12] *all of a sudden*

A *Indiquez si les commentaires suivants sont vrais ou faux.*

1. Mme Leloup a commencé à travailler à Monoprix il y a cinq ans.
2. Monoprix vend des articles de marques prestigieuses.
3. Le rayon des articles de sport où Mme Leloup travaille se trouve au sous-sol.
4. Monoprix est fermé entre midi et deux heures.
5. Les employés de Monoprix déjeunent à la cantine du magasin.
6. D'après Mme Leloup, les prix des marchandises à Monoprix sont très raisonnables.
7. Mme Arnaux vient souvent aux Nouvelles Galeries le mercredi.
8. Elle va échanger la paire de sandales qui a un défaut.
9. Elle achètera une jupe pour sa fille qui va avoir douze ans.
10. Son mari lui a demandé d'aller à la quincaillerie pour acheter plusieurs choses.
11. Elle va déjeuner avec une amie au restaurant du magasin.
12. Elle a presque oublié de trouver un cadeau pour sa nièce.

B *Répondez aux questions.*

1. Combien de rayons sont mentionnés dans le texte ?
2. Qu'est-ce qu'on peut acheter à chacun de ces rayons ?
3. Quelle sorte de clients viennent à Monoprix ? Pourquoi ?
4. Pourquoi Mme Arnaux est-elle libre le mercredi ?
5. Quelle est la différence entre un plat et une assiette ?
6. Qu'est-ce que c'est qu'un enfant gâté ?
7. Qu'est-ce que c'est que la maternelle ?
8. Pourquoi Mme Arnaux aime-t-elle déjeuner au restaurant des Nouvelles Galeries ?

C *Indiquez le mot ou l'expression qui n'appartient pas à chaque série.*

1. des bols, des casseroles, des verres, des rideaux
2. des patins à roulettes, des ballons de football, des pulls en laine, des raquettes de tennis
3. du papier de verre, des tissus, des tournevis, des pinceaux
4. des sacs à dos, des sacs de couchage, des skates, des sandales habillées
5. un restaurant, un rayon, un self-service, une cantine
6. un jour de congé, un prix imbattable, un prix avantageux, bon marché

VOCABULAIRE

Noms masculins
·appareil photographique	jour férié	·reçu
défaut	·rayon	

Noms féminins
indication	·maths *pl*	·passante	·toilettes *pl*
maîtresse	matinée	prière	

Verbes[1]

(aider qqn (à))	(dire à qqn (de))	exiger	prier qqn (de)
apprécier	échanger	·garder	(promettre à qqn (de))
conseiller à qqn (de)	encourager qqn (à)	gaspiller	·rapporter
(défendre à qqn (de))	·exagérer	(inviter qqn (à))	(remercier qqn (de))
(demander à qqn (de))	(excuser qqn (de))	(permettre à qqn (de))	suggérer à qqn (de)

Adjectifs

clair(e)	étonnant(e)	férié(e)	·obligé(e)
·compliqué(e)	évident(e)	juste	·photographique
·confus(e)	exigeant(e)	naturel(le)	sûr(e)
douteux(euse)	fatigant(e)	normal(e)	

Autres expressions

·À votre service.	être à l'heure	·jusque-là
·Bon anniversaire !	·faire un cadeau à quelqu'un	prière de + *inf*
·De rien.	·Il n'y a pas de quoi.	·rendre service à quelqu'un
en solde	·infiniment	

---

[1]You have already encountered verbs in parentheses. They are listed here because their full structure and usage are practiced in this lesson.

VINGT ET UNIÈME LEÇON

CONVERSATIONS

Dans un restaurant français[1]

Avez-vous jamais voyagé en France ? Avez-vous jamais dîné dans un restaurant français ? Essayez de répondre aux questions suivantes. Si vous ne savez pas la réponse, dites ce qu'on fait aux États-Unis, puis demandez au professeur comment on le fait en France.

1. Qu'est-ce que c'est que les hors-d'œuvre ? Quand est-ce qu'on les sert ?
2. Quelle sorte de boisson est-ce qu'on peut commander avant le dîner ? Est-ce qu'on est obligé de commander une boisson ?

[1]La carte des **Expressions utiles** est enregistrée sur la bande magnétique.

3. Quelle sorte de boisson est-ce qu'on peut commander avec le dîner ? Avec quelle sorte de plat est-ce qu'on sert du vin blanc ? Et du vin rouge ?

4. Dans quelle main est-ce qu'on tient sa fourchette ? Et son couteau ?

5. Vous avez pris un morceau de pain. Où est-ce que vous allez le poser ? Y a-t-il du beurre sur la table ?

6. Vous voulez prendre du café. Quand est-ce que le garçon vous en apporte ?

7. Quand est-ce qu'on mange de la salade verte ? Est-ce qu'on a le choix de sauce pour la salade comme aux États-Unis ?

8. Est-ce qu'on sert le fromage avant ou après le dessert ? Avec quoi mange-t-on le fromage ?

9. Est-il possible de savoir combien coûte un repas avant d'entrer dans un restaurant ?

10. Qu'est-ce que cela veut dire quand le menu indique que le service est compris ? Et quand le menu dit : « 15 % service non compris » ?[1]

11. Si on n'a pas très faim, peut-on commander tout simplement un sandwich et une boisson rafraîchissante ?

12. Si on est pressé ou si on n'a pas très faim, peut-on commander un ou deux plats avec une boisson ?

EXPLICATIONS ET EXERCICES ORAUX

● 1 SUBJONCTIF : APRÈS LES EXPRESSIONS D'ÉMOTION

1. The subjunctive occurs in the dependent clause when the verb in the main clause expresses emotion (such as feelings of *joy*, *regret*, *sorrow*, *anger*, *fear*, and *surprise*).

Je **suis heureux** que vous **puissiez** sortir.	*I am happy (glad)*
Je **suis content** qu'on **ait choisi** ce restaurant.	*I am satisfied*
Je **regrette** que la soupe **soit** froide.	*I am sorry*
Je **suis malheureux** que le vin **soit** mauvais.	*I am unhappy*
Je **suis fâché**[2] que le steak **soit** si petit.	*I am sorry (angry)*
Je **suis mécontent** que le repas **soit** médiocre.	*I am dissatisfied*
Je **suis surpris** qu'il n'y **ait** pas de fruits.	*I am surprised*
Je **suis étonné** qu'on **ait recommandé** ce restaurant.	*I am astonished*
J'**ai peur** que ce **soit** une soirée perdue !	*I am afraid*

2. All the expressions above take de + infinitive instead of a dependent clause when the subject of the main clause also performs the action expressed by the infinitive.

Je suis heureux. **Vous** êtes venu.

→**Je** suis heureux **que vous soyez venu**.

Je suis heureux. **Je** suis venu.

→**Je** suis heureux **d'être venu**.

---

[1]Quand le service n'est pas compris, il est ajouté automatiquement à l'addition (le client doit le payer).
[2]Depending on the context, **fâché** can mean *sorry* or *angry*.

Je vous comprends. Êtes-**vous** surpris ?
→Êtes-**vous** surpris **que je** vous **comprenne** ?
Vous me comprenez. Êtes-**vous** surpris ?
→Êtes-**vous** surpris **de** me **comprendre** ?

3. Both **que** + dependent clause and **de** + infinitive can be replaced by the pronoun **en**, except in the case of **regretter**, which takes **le**.

Êtes-vous heureuse **que nous puissions dîner avec vous** ?
→Ah oui, j'**en** suis très heureuse.
Êtes-vous content **de dîner dans ce restaurant** ?
→Non, je n'**en** suis pas très content.
Jean est-il fâché **que le repas ait été médiocre** ?
→Il n'**en** est pas fâché.

BUT

Regrettez-vous **que nous n'ayons pas choisi ce restaurant** ?
— Oui, je **le** regrette beaucoup.
Regrettez-vous **de ne pas dîner dans ce restaurant** ?
— Non, je ne **le** regrette pas.

TABLEAU 86   Mais entrez donc, je **suis heureuse** que vous **ayez pu** venir.

 A *Vous avez invité quelqu'un à faire une promenade avec vous. Vous sortez ensemble mais bientôt il commence à pleuvoir. Reliez les deux phrases d'après ce modèle.*

Il pleut à verse. Je suis fâché.
Je suis fâché qu'il pleuve à verse.

1. Vous pouvez venir. Je suis très content.
2. Vous êtes venue. Je suis très heureux.
3. Il ne fait pas beau. Je le regrette.
4. Il pleut. Je suis fâché.
5. On a oublié d'apporter les parapluies. Je suis désolé.
6. Il pleut à verse. Je suis étonné.
7. Nous sommes mouillés. Je suis malheureux.
8. Vous ne voulez pas rentrer. Je suis surpris.

B *Je suis dans un restaurant que quelqu'un m'a recommandé. Mais le repas est médiocre et le service est mauvais. Je suis très mécontent. Reliez les deux phrases d'après ce modèle.*

Le repas est si médiocre. Je suis fâché.
Je suis fâché que le repas soit si médiocre.

1. Mon amie peut sortir avec moi. Je suis heureux.
2. Le restaurant n'est pas bondé. Je suis surpris.
3. Le garçon ne me comprend pas. Je suis malheureux.
4. La soupe n'est pas chaude. Je ne suis pas content.
5. La viande est dure comme du caoutchouc[1]. Je suis fâché.
6. La salade n'est pas fraîche. Je le regrette.
7. Le vin n'est pas très bon. Je suis mécontent.
8. Il n'y a pas de glace au chocolat[2]. Je suis malheureux.
9. Le repas a coûté si cher. Je suis fâché.
10. On m'a recommandé ce restaurant ! Je suis étonné.

C *Répondez aux questions d'après ces modèles. Vous n'êtes pas obligé de répondre affirmativement.*

Vous êtes dans ce cours ; en êtes-vous content ?
Je suis content d'être dans ce cours.
Je vous parle en français ; en êtes-vous content ?
Je suis content que vous me parliez en français.

1. Vous apprenez le français ; en êtes-vous heureux ?
2. Je vous parle en français ; en êtes-vous mécontent ?
3. Vous êtes dans ce cours ; le regrettez-vous ?
4. Je vous comprends très bien ; en êtes-vous surpris ?
5. Vous faites des progrès ; est-ce que j'en suis content ?
6. Je suis votre professeur ; est-ce que j'en suis malheureux ?
7. J'adore manger des escargots ; en êtes-vous étonné ?
8. J'ai fini de vous poser des questions ; en êtes-vous content ?

[1]/kautʃu/ *rubber*   [2]*chocolate ice cream*

« Je suis content que tu aies fait une fondue. »

• 2 SUBJONCTIF : APRÈS LA NÉGATION ET LES EXPRESSIONS DE DOUTE ET D'INCERTITUDE

1. When the verb in the main clause expresses any kind of negative thinking or feeling (*denial, doubt, uncertainty*), the subjunctive occurs in the dependent clause.

Je **nie** que le repas **ait été** mauvais.	*I deny*
Je **ne dis pas** que tu **sois** paresseux.	*I do not say, I'm not saying*
Je **ne crois pas** qu'il **pleuve** ce soir.	*I don't believe (think)*
Je **ne pense pas** qu'elle **puisse** venir.	*I don't think*
Je **n'espère pas** qu'il **fasse** froid ce soir.	*I'm not hoping*
Je **doute** que vous m'**ayez vu** hier.	*I doubt*
Je **ne suis pas sûr** qu'elle **soit venue**.	*I'm not sure*

2. Note, however, that all of the expressions above take the indicative if the element of denial, doubt, or uncertainty is removed from the main clause.

Je **ne nie pas** que le repas **a été** mauvais.	*I don't deny*
Je **dis** que tu **es** paresseux.	*I'm saying*
Je **crois** qu'il **pleuvra** ce soir.	*I believe (think)*
Je **pense** qu'elle **pourra** venir.	*I think*
J'**espère** qu'il **fera** froid ce soir.	*I hope, I'm hoping*
Je **ne doute pas** que vous m'**avez vu** hier.	*I don't doubt*
Je **suis sûr** qu'elle **est venue**.	*I'm sure*

3. You may hear the subjunctive in questions, after some of the preceding expressions. The mood of the verb in the dependent clause often depends on the speaker's feeling. The subjunctive is used if the speaker feels *doubt* or *uncertainty* about the event. The indicative occurs if the speaker feels either neutral or certain about it.

Croyez-vous qu'il **pleuve** demain ?	(I *doubt* it will rain)
Croyez-vous qu'il **pleuvra** demain ?	(I think it will/I have no idea)
Pensez-vous qu'elle **soit** heureuse ?	(I'm *not sure* that she is)
Pensez-vous qu'elle **est** heureuse ?	(I'm sure/I really don't know)

TABLEAU 87   **Je ne crois pas** qu'il **ait fini** ses devoirs. Le croyez-vous ?

 A *Voici une touriste. Elle a beaucoup marché ce matin et elle est un peu fatiguée. Il est trop tôt pour prendre le déjeuner. Qu'est-ce qu'elle va faire ? Reliez les phrases suivantes d'après ces modèles.*

> Est-elle fatiguée de marcher ? Je pense que oui.
> **Je pense qu'elle est fatiguée de marcher.**
> Veut-elle déjeuner ? J'en doute.[1]
> **Je doute qu'elle veuille déjeuner.**

1. Est-elle fatiguée de marcher ? J'en suis certain.
2. Veut-elle déjeuner maintenant ? J'en doute.
3. A-t-elle faim ? Je crois que non.
4. A-t-elle soif ? Je pense que oui.
5. Cherchera-t-elle un café ? J'en suis sûr.
6. Connaît-elle ce café ? Je ne le dis pas.
7. Veut-elle une boisson alcoolisée ? Je le nie.
8. Commandera-t-elle un diabolo-menthe ? J'espère que oui.
9. A-t-elle acheté des cartes postales ? Je crois que oui.
10. Écrira-t-elle des cartes postales ? Je pense que non.

---

[1]**Douter** takes **de** + noun or **que** + dependent clause; both can be replaced by the pronoun **en**: **Je doute de sa sincérité**; **Je doute qu'il soit sincère**; **J'en doute**.

B *Répondez aux questions.*

1. Croyez-vous qu'il fera beau demain ? Demandez à (Yves) s'il croit qu'il pleuvra demain.
2. Pensez-vous que le français est facile ? Demandez à (Jacques) s'il pense que le français est difficile.
3. Dites-vous que je suis intelligent ? Demandez à (Marianne) si elle dit que je suis bête.
4. Doutez-vous que je sais votre adresse ? Demandez à (Robert) s'il doute que je connais ses parents.
5. Espérez-vous que je vous pose des questions ? Demandez à (Pauline) si elle espère que je lui pose des questions.

C *Est-ce que vous me connaissez bien ? Donnez votre opinion en utilisant les expressions suivantes, d'après ce modèle.*

Je suis né aux États-Unis.
Je crois que vous êtes né aux États-Unis (*ou* **Je ne crois pas que vous soyez né aux États-Unis**).

je crois / je ne crois pas
je pense / je ne pense pas
je doute / je ne doute pas

je suis sûr / je ne suis pas sûr
je suis certain / je ne suis pas certain
je nie / je ne nie pas

1. Je suis marié.
2. J'ai des enfants.
3. J'ai quarante ans.
4. Je suis millionnaire.
5. Je parle trois langues.
6. J'habite un appartement.

7. Je fais de la gymnastique.
8. Je viens à l'université à pied.
9. J'aime la cuisine chinoise.
10. Je me couche à une heure du matin.
11. J'ai une voiture japonaise.
12. J'enseigne le français depuis un an.

3 SUBJONCTIF : DANS LES PROPOSITIONS RELATIVES

1. Use of the subjunctive to imply doubt or denial is extended to relative clauses. If the existence of the antecedent is denied, negated, or put in doubt, the verb in the relative clause is in the subjunctive. In the examples below, the first sentence of each pair indicates that the antecedent (a person or a thing) exists, hence the indicative. In the second sentence, such an existence is denied, hence the subjunctive.

Je **connais** quelqu'un qui **veut** faire ce travail.
Je **ne connais personne** qui **veuille** faire ce travail.

Il y a deux étudiants qui **font** de la gymnastique.
Il n'y a pas d'étudiants qui **fassent** de la gymnastique.

Suzanne **a un livre** qui **pourra** vous aider.
Suzanne **n'a rien** qui **puisse** vous aider.

2. If the existence of the antecedent is unknown, very uncertain or doubtful (that is, sought out but not yet found, or unlikely to be found), the verb in the relative clause is often in the subjunctive. This is the case of the second sentence in each

pair below. In the first sentence, the indicative is used because the speaker knows that the person or thing either exists or is likely to exist.

Je cherche quelqu'un qui **a promis** de m'aider.
Je cherche quelqu'un qui **puisse** m'aider ce soir.

Y a-t-il quelqu'un qui **sait** la réponse ?
Y a-t-il quelqu'un qui **sache** toujours la vérité ?

Je connais quelqu'un à qui vous **pourrez** vous adresser.
Pourriez-vous m'indiquer quelqu'un à qui je **puisse** m'adresser ?

Elle a un jouet qui **pourra** amuser cet enfant difficile.
A-t-elle un jouet qui **puisse** amuser cet enfant difficile ?

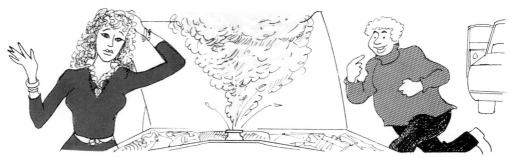

TABLEAU 88   Je ne connais personne qui **puisse** m'aider !   Mais si, je connais quelqu'un qui **pourra** vous aider !

A *Complétez les phrases suivantes.*

1. Il n'y a pas de films qui soient plus mauvais que . . .
2. Je ne connais pas de programmes à la télévision qui soient plus ennuyeux que . . .
3. Je connais plusieurs programmes à la télévision qui sont plus ridicules que . . .
4. Autant que je sache[1], il n'y a personne qui puisse . . .
5. Il n'y a pas d'ordinateurs qui puissent . . .
6. Il n'y a pas de restaurants qui soient meilleurs que . . .
7. Il y a des restaurants qui sont plus mauvais que . . .
8. Vous ne trouverez pas de cours qui soit plus difficile que . . .

 B *Répondez aux questions.*

1. Y a-t-il quelqu'un dans ce cours qui ait été sur la lune ?
2. Connaissez-vous quelqu'un qui sache toujours la vérité ?
3. Y a-t-il quelqu'un ici qui ait jamais cru à la magie noire ?
4. Y a-t-il quelqu'un ici qui connaisse Paris mieux que moi ?
5. Connaissez-vous quelqu'un qui soit plus gentil que vous ?
6. Avec quelle sorte de personne voudriez-vous vous marier ?
   (« Je voudrais me marier avec quelqu'un qui . . . »)

[1]*As far as I know*

• 4 ADJECTIF + **DE** + INFINITIF

1. Many adjectives can be followed by de + infinitive.

capable	*capable*	**fatigué**	*tired*
certain	*certain*	**fier**	*proud*
content	*satisfied*	**heureux**	*happy*
mécontent	*dissatisfied*	**malheureux**	*unhappy*
curieux	*curious*	**obligé**	*obliged*
enchanté	*delighted*	**sûr**	*sure*
étonné	*astonished*	**surpris**	*surprised*

All the adjectives above take **de** + infinitive when the subject of the main clause and the dependent clause is the same. If the subject of the dependent clause is different from that of the main clause, then the infinitive cannot be used (see also Lesson **21**.1).

Je suis heureux $\begin{cases} \textbf{d'être venu. (Je} \text{ suis venu.)} \\ \textbf{que Robert soit venu.} \end{cases}$

Marie sera enchantée $\begin{cases} \textbf{de vous voir. (Marie} \text{ vous verra.)} \\ \textbf{que vous la voyiez.} \end{cases}$

Vous êtes sûrs $\begin{cases} \textbf{d'arriver} \text{ à l'heure. (}\textbf{Vous} \text{ arriverez à l'heure.)} \\ \textbf{que Michel sera} \text{ à l'heure.} \end{cases}$

2. Both de + infinitive and de + noun, as well as que + clause, can be replaced by the pronoun **en**.

Je suis contente $\begin{cases} \textbf{d'être ici.} \\ \textbf{de votre présence.} \\ \textbf{que vous soyez ici.} \end{cases}$ →J'**en** suis contente.

Marie est certaine $\begin{cases} \textbf{de vous répondre.} \\ \textbf{de sa réponse.} \\ \textbf{que je lui répondrai.} \end{cases}$ →Marie **en** est certaine.

 A *J'ai très faim et je vais déjeuner dans un restaurant. Écoutez bien et modifiez les phrases suivantes d'après ces modèles.*

Je verrai tant de bonnes choses ; j'en serai étonné.
Vous serez étonné de voir tant de bonnes choses.
Il y aura tant de bonnes choses ; j'en serai étonné.
Vous serez étonné qu'il y ait tant de bonnes choses.

1. Je mange des sandwichs ; j'en suis fatigué.
2. Je déjeunerai dans un restaurant ; j'en suis sûr.
3. Le restaurant sera bon ; j'en suis certain.
4. Je demanderai la carte ; j'en suis sûr.
5. Il y aura tant de bonnes choses ; j'en serai surpris.
6. Je commencerai par des escargots ; j'en serai content.

La Grosse Horloge

Spécialité Poisson
Fruits de Mer
Grillades au charbon bois

22, rue St-Benoît-Paris 6ᵉ
tél. 222 22-63 - 548 28-12
Ouvert jusqu'à 1 heure du matin
tous les jours

7. Je boirai un litre de vin ; j'en suis capable !
8. Je ne commanderai pas de poulet ; j'en suis sûr.
9. Le steak sera très bon ; j'en serai heureux.
10. Le dessert sera délicieux ; j'en serai étonné.
11. Le déjeuner sera excellent ; j'en serai enchanté.
12. Je n'aurai plus faim après ce repas ; j'en suis certain.

B *Répondez aux questions.*

1. Parlons du petit déjeuner. Qu'est-ce que vous êtes certain de manger ? Qu'est-ce que vous êtes content de boire ? Demandez-moi ce que je suis content de manger et de boire.
2. Parlons du déjeuner. Qu'est-ce que vous êtes sûr de boire ? Qu'est-ce que vous êtes fatigué de manger ? Demandez-moi ce que je suis fatigué de manger et de boire.
3. Parlons du dîner. Où est-ce que vous seriez enchanté de dîner ? Où est-ce que vous êtes obligé de dîner ? Demandez-moi ce que je serais curieux de goûter.
4. Qui aime la bière ? Combien de bière êtes-vous capable de boire en une demi-heure ? Posez-moi la même question.

• 5 ADJECTIF + À + INFINITIF

1. A few adjectives are followed by à + infinitive. In the second group of examples below, use of the definite article makes the adjective act as a pronoun.

Elle est **habituée à se lever** tôt.	*used to, accustomed to*
Elle est **lente à s'habiller**.	*slow*
Elle est **prête à sortir**.	*ready*
Vous êtes **les premiers à venir**.	*the first ones*
André est **le dernier à partir**.	*the last one*
Marie est **la seule à rester** ici.	*the only one*

2. In one other case, adjectives other than those listed above may take à + infinitive. This construction is similar to that of noun + à + infinitive where the infinitive carries a passive meaning (in English, *something to be done*). In both constructions, the infinitive must be a *transitive* verb, and the noun or pronoun before à + infinitive is its direct object.

(On **verra un film**.)
Il y a **un film à voir**.   *a movie to see (to be seen)*
Voir ce film, ce sera **agréable**.
Le film sera **agréable à voir**.   *nice [for one] to see*

(On va **faire cet exercice**.)
Voici **un exercice à faire**.   *an exercise to do (to be done)*
Faire cet exercice, ce sera **simple**.
Cet exercice sera **simple à faire**.   *simple [for one] to do*

(J'**ai écrit deux lettres**.)
J'avais **deux lettres à écrire**.   *two letters to write (to be written)*
Écrire ces lettres, c'était **pénible**.
Elles étaient **pénibles à écrire**.   *painful [for me] to write*

Cette soupe est **bonne à manger**.
Vos projets seront **difficiles à faire**.
Je crois que **ce travail** est **impossible à achever**.

 A *Exercice de contrôle*

Vous êtes content de manger des escargots.

1. le seul   3. prêt   5. certain
2. heureux   4. habitué   6. mécontent

Nous ne sommes pas sûrs de commander l'apéritif.

1. prêts   3. habitués   5. les premiers
2. obligés   4. heureux   6. lents

B *Répondez aux questions.*

1. Qui était le premier à arriver au cours aujourd'hui ? Qui était le dernier à arriver ?
2. Qui est prêt à répondre à mes questions ? Qui sera lent à répondre à mes questions ?
3. Est-ce que je suis le seul à parler français en classe ? Est-ce que je suis toujours le premier à parler français ?
4. Qui est habitué à me dire bonjour ? Qui est le premier à dire au revoir à la fin du cours ?
5. Qui est certain d'être le premier à quitter la classe aujourd'hui ? Qui sera obligé d'être le dernier à quitter la classe ? Pourquoi ?

 C *Êtes-vous d'accord ? Dites votre opinion d'après ce modèle.*

Apprendre le français, c'est facile.
Oui, le français est facile à apprendre (*ou* **Non, le français n'est pas facile à apprendre**).

1. Comprendre le français, c'est difficile.
2. Réciter les dialogues, c'est amusant.
3. Manger des escargots, c'est bon.
4. Manger des frites, c'est agréable.
5. Faire cet exercice, c'est simple.
6. Passer mon examen, c'est facile.
7. Faire le devoir de français, c'est ennuyeux.
8. Boire du jus de carotte, c'est désagréable.

« Ce déjeuner est excellent. C'est très gentil de votre part de m'avoir invitée. »

APPLICATIONS

 A Dialogue et questions[1]

Accepterez-vous ou refuserez-vous ?

Quand on vous invite à un repas, à un spectacle ou à faire quelque chose ensemble, il faut d'abord remercier la personne, puis accepter ou refuser cette invitation. Si vous ne pouvez pas accepter l'invitation, il est normal que vous donniez la raison de votre refus.

[1]Les réponses aux questions ne sont pas enregistrées sur la bande magnétique.

Un de vos camarades vous invite à prendre un pot. 5

JACQUES As-tu envie d'aller prendre un pot ?

VOUS Avec plaisir. Où veux-tu aller ? (*ou bien* : Je ne peux pas. J'ai rendez-vous avec Simone dans un quart d'heure.)

•

Un ami de vos parents vous invite à déjeuner.

M. VERNIN Je connais un bon restaurant pas très loin d'ici. Voulez-vous déjeuner avec 10 nous ?

VOUS Avec plaisir. (*ou bien* : Je suis désolée, mais j'ai promis à ma camarade de chambre de rentrer avant midi.)

•

Mme Vernin vous invite à dîner.

MME VERNIN Pourriez-vous venir dîner chez nous samedi prochain ? 15

VOUS Ça me ferait grand plaisir. (*ou bien* : C'est très gentil de votre part[1], mais j'ai déjà fait des projets pour samedi soir.)

•

M. Vernin vous invite au concert.

M. VERNIN Est-ce que vous êtes libre jeudi ? Nous avons trois billets pour le concert.

VOUS Comme vous êtes aimable. Je vous remercie de votre invitation. (*ou bien* : 20 Je regrette beaucoup, mais je ne suis pas libre jeudi.)

•

M. Creussot, chez qui vous habitez, vous invite au théâtre.

M. CREUSSOT Est-ce que cela vous intéresserait d'aller au théâtre ? Nous avons trois billets pour samedi soir.

VOUS Je vous accompagnerai avec plaisir. C'est très gentil de votre part. (*ou* 25 *bien* : Je vous remercie de votre invitation. Malheureusement je suis prise samedi soir.)

•

Mme Creussot vous invite à faire une promenade.

MME CREUSSOT Voilà le jardin du Luxembourg[2]. Voulez-vous faire un petit tour[3] ?

VOUS Je veux bien. J'ai encore une heure avant de retrouver[4] mes amis. (*ou* 30 *bien* : Excusez-moi, mais il faut que je rentre tout de suite. J'ai beaucoup de travail aujourd'hui.)

---

[1]*It's very nice of you*
[2]Très grand et beau jardin qui se trouve près de Saint-Germain-des-Prés et du Quartier Latin.
[3]**un petit tour** une petite promenade
[4]**retrouver** *to meet by previous arrangement* (**rencontrer** *to meet by chance*)

Que diriez-vous dans les situations suivantes ?

1. Vous êtes devant un monument et vous prenez des photos. Un jeune couple vous offre de prendre une photo de vous avec votre appareil. Que disent-ils ? Qu'est-ce que vous dites ?
2. M. Paillard, un ami de vos parents, vous invite à déjeuner avec lui et sa femme dans un restaurant.
3. Il fait très beau. Un de vos camarades vous téléphone et vous propose d'aller faire une promenade dans le jardin public.
4. M. et Mme Bosquet, chez qui vous habitez, vous invitent à aller au théâtre.
5. Il fait chaud. Un de vos copains vous invite à aller à la piscine municipale.
6. Il y a un très bon film en ville. Un de vos copains vous invite à aller le voir.
7. Un de vos copains va donner une surprise-party et il vous invite. Il vous dit d'y amener un copain (une copine) si vous voulez.
8. Il y a une exposition intéressante au musée municipal. Un ami de vos parents vous invite à y aller.

B Expressions utiles[1]

Le menu

MENU PROMOTIONNEL[2] (TOURISTIQUE)
hors-d'œuvre
viande ou poisson
légumes
fromage ou dessert

MENU GASTRONOMIQUE
hors-d'œuvre
entrée[3]
viande ou poisson
salade
fromage
dessert

 ### La carte[4]

Service 12 % non compris[5]

HORS-D'ŒUVRE

Œuf dur en gelée	5,50	Salade niçoise	18,00
Saucisson sec au beurre	6,50	Salade de tomates	7,00
Terrine de canard	18,00	Escargots de Bourgogne	22,00
Pâté de campagne	7,50	Crudités	12,00
Jambon de Bayonne	20,00	Carottes râpées	7,00

---

[1]Voir aussi les **Expressions utiles** de la Leçon 6 (p. 126) ; pour la distinction entre **le menu** et **la carte**, voir les **Différences** de la même leçon (p. 113). Il faut noter que tous les restaurants en France doivent afficher à l'extérieur et à l'intérieur de l'établissement les menus ou les cartes du jour avec le prix des plats et les indications relatives au service.

[2]*special-priced menu*

[3]Un plat qu'on sert après les hors-d'œuvre ou après le potage et avant la pièce de résistance (*main course, main meat dish*) : omelette, poissons grillés, etc. en petites quantités.

[4]Voir l'explication de ces plats en anglais dans la Leçon 21 du **Cahier d'exercices**.

[5]**non compris** : on dit aussi **en sus** /sys/ (*in addition*).

POTAGES

Consommé chaud au vermicelle	7,50
Soupe à l'oignon gratinée	16,00

ŒUFS

Œufs brouillés au foie de volaille	14,00
Œufs brouillés aux champignons	14,00
Omelette au fromage ou au jambon	18,00

VIANDES

Jambon garni	23,00	Steak[1] pommes frites	28,00
Poulet rôti	23,00	Rôti de porc garni	25,00
Rôti de veau garni	26,00	Steak au poivre	28,00
Escalope de veau	26,00	Chateaubriand garni	38,00

PLATS DU JOUR

Coquilles St. Jacques à la provençale	26,00
Grenouilles[2] à la provençale	24,00
Côte de veau aux morilles	36,00

LÉGUMES

Pommes[3] frites	7,50	Champignons provençale[4]	13,50
Pommes vapeur	7,50	Haricots verts au beurre	7,50
Pommes au gratin	8,00	Asperges fraîches au beurre	12,00
Salade de saison	8,00	Fond d'artichaut favorite	16,00

FROMAGES

Camembert	7,00	Brie	7,00
Roquefort	7,00	Port-salut	7,00
Gruyère	6,00	Hollande	7,00
Chèvre	6,50	Pont-l'évêque	7,00

FRUITS ET DESSERTS

Fruit	5,00	Tarte maison	7,00
Parfait glacé	10,00	Mousse au chocolat[6]	9,00
Pâtisserie	10,00	Crème au caramel	7,00
Glace[5]	7,50	Sorbet maison	7,50

VOIR AU VERSO LA LISTE DE NOS VINS

La maison n'est pas responsable des vêtements perdus, échangés ou tachés.

---

[1] On peut commander le steak **saignant** (*rare*), **bien cuit** (*well done*) ou **à point** (*medium*).
[2] c'est-à-dire, **Cuisses de grenouille** (*frog legs*)
[3] **Pommes**   Pommes de terre
[4] **provençale**   à la provençale
[5] par exemple : **glace à la vanille**, **glace au chocolat**, **glace aux fraises**
[6] *chocolate mousse* (whipped cream and egg white with chocolate)

Pratique

1. Quelle est la différence entre le « menu promotionnel » ou « touristique » (un repas assez simple) et le « menu gastronomique » (un repas plus recherché) ? Préparez ces deux sortes de menus à partir de la carte que vous avez ici.[1]
2. Regardez la carte et indiquez ce que vous voulez commander. Dites pourquoi vous choisissez chaque plat et combien le repas coûtera.[2]
3. Qu'est-ce que vous voulez commander si vous n'avez pas très faim ?
4. Qu'est-ce que vous pouvez commander si vous avez seulement 100 F et si vous avez très faim ?

C *Composition. Choisissez un des sujets suivants et écrivez une composition d'à peu près 200 mots.*

1. Quel est le meilleur restaurant de votre ville ? (Ou quel restaurant est très mauvais ?) Pourquoi ? Décrivez le repas que vous y avez pris récemment et la qualité du service.
2. Faites une description de la vie d'un serveur ou d'une serveuse de restaurant. Racontez aussi ce qui s'est passé récemment sur son lieu de travail.
3. Quel est votre magasin préféré en ville ? Pourquoi le préférez-vous ? Qu'est-ce que vous y avez acheté récemment ? Pourquoi le recommanderiez-vous ?
4. Décrivez la vie d'un(e) employé(e) dans un grand magasin. À quel rayon travaille-t-il (elle) ? Qu'est-ce qu'il (elle) pense de son travail ? Qu'est-ce qui s'est passé récemment dans son travail ?
5. Y a-t-il des musées dans votre ville ? Choisissez-en un et faites une description de ce qu'on peut y voir. Décrivez aussi une de vos récentes visites.
6. Décrivez la vie d'un gardien de musée. Dans quelle sorte de musée travaille-t-il ? Que fait-il et que pense-t-il de son travail ? Qu'est-ce qui s'est passé récemment pendant son travail ?

D *Renseignements et opinions*

1. Qu'est-ce que vous êtes content de manger tous les jours ? Est-ce que vous en prenez à chaque repas ?
2. Y a-t-il des restaurants japonais dans votre ville ? Êtes-vous surpris qu'il y en ait (qu'il n'y en ait pas) ?
3. Qu'est-ce que vous êtes prêt à faire chaque matin après le petit déjeuner ?
4. Qu'est-ce que vous êtes certain de faire chaque soir ? N'êtes-vous pas fatigué de faire cela ?
5. À votre avis, quels sont des plats typiquement américains ? Et des plats typiquement italiens ? Et des plats typiquement allemands ?

---

[1] Il n'est pas nécessaire de préciser quelle sorte de fromage ou de dessert on va servir avec le repas.
[2] N'oubliez pas d'y ajouter le prix de votre boisson (à demander à votre professeur).

On peut acheter des produits délicieux chez Fauchon.

E Lecture

Les Français et la cuisine

Une dame
J'adore faire la cuisine, et en plus, mon mari est un vrai gourmet. Il est enchanté que je sois un « cordon-bleu »[1]. Je prépare mes repas avec beaucoup de soin et je n'achète que des produits de très bonne qualité dans des magasins spécialisés. Je vais régulièrement chez Fauchon[2] pour acheter du foie gras[3], des truffes, du saumon fumé[4] ou du caviar. Une fois par mois nos enfants viennent déjeuner avec nous et je fais un grand repas. Mon mari choisit quelques bonnes bouteilles et nous restons à table de midi et demi jusqu'à trois heures. Mes plats préférés sont le canard à l'orange[5], le soufflé aux crevettes[6] et la mousse au chocolat. Tous les ans, pour fêter notre anniversaire de mariage, nous allons dîner dans un restaurant trois étoiles[7]. L'année dernière nous avons dîné à la Tour d'Argent[8]. 5 10

[1]Le Cordon-Bleu est une école de cuisine très célèbre. Un « cordon-bleu » est une personne qui sait faire de la cuisine délicieuse.
[2]magasin à Paris qui vend des produits alimentaires de luxe
[3]*liver pâté* (often of specially fattened geese)
[4]*smoked salmon*
[5]*roast duckling in orange sauce*
[6]*shrimp soufflé*
[7]Dans le *guide Michelin rouge*, guide touristique et gastronomique très connu, les meilleurs restaurants sont signalés par trois étoiles.
[8]un des restaurants parisiens de renom international

Un monsieur sportif

La grande cuisine traditionnelle, c'est bien[1] pour certaines personnes, mais dans notre famille nous faisons très attention à notre santé et à notre ligne[2]. Nous sommes contents que la nouvelle « cuisine minceur »[3] soit à la mode[4], car nous comptons 15 les calories, et le cholestérol est notre ennemi numéro un ! Nous mangeons des choses très simples et, autant que possible, des produits naturels que nous achetons au marché ou dans des magasins de régime[5] : pain complet[6], lait écrémé, légumes cultivés sans engrais chimiques[7], poulets élevés en liberté. Nous ne buvons pas d'alcool. Vous ne pensez pas qu'il soit possible de préparer des plats délicieux qui 20 ne fassent pas grossir[8] ? Si, bien sûr ! La santé avant tout !

Une autre dame

Je fais mes courses tous les jours dans les magasins spécialisés de mon quartier ; chez le boulanger, j'achète du pain et des croissants frais et encore tièdes ; chez le charcutier, du porc, des saucisses, du jambon, des pâtés, et souvent des poulets et 25

[1]*fine, OK*
[2]*silhouette*
[3]*ways of cooking to stay trim*
[4]*popular*

[5]*health food stores (**régime** diet)*
[6]*whole wheat bread*
[7]*chemical fertilizers*
[8]**faire grossir** *to make (one) gain weight*

Un magasin des produits naturels.

des lapins ; chez le crémier, des fromages, des œufs, du lait, et ainsi de suite[1]. Comme la plupart des ménagères, j'ai mes magasins préférés où j'exige le meilleur et le plus frais, car un bon repas commence par le choix de bons produits. Mes deux enfants rentrent de l'école à onze heures et demie et prennent leur déjeuner avec moi, tandis que[2] mon mari déjeune à la cantine de son usine. Le dîner, que nous 30 prenons vers huit heures, n'est pas aussi copieux, mais substantiel tout de même[3]. Le déjeuner du dimanche est le repas le plus agréable de la semaine. Nous sommes tous ensemble et, pour une fois, nous avons tout l'après-midi devant nous. Je prépare un de nos plats préférés, et des amis viennent souvent prendre le dessert et le café avec nous. 35

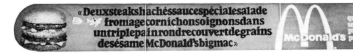

Une jeune fille

Croyez-vous que j'aie envie de faire de la grande cuisine quand je rentre chez moi à sept heures et demie, après une journée au bureau et une heure de train ? Certainement pas ! Je fais mes achats une fois par semaine au supermarché et j'achète beaucoup de conserves[4], de plats cuisinés[5] et d'aliments surgelés qui sont prêts en 40 quelques minutes. Certains sont délicieux, d'ailleurs. Pour moi, se nourrir est une nécessité et ne mérite pas une telle dépense de temps et d'argent. Je mange rapidement, et je regarde les nouvelles à la télévision en même temps. De temps en temps je reste à Paris après mon travail, et je vais à McDonald pour manger un hamburger et des frites avec quelques amis. Eux aussi trouvent que c'est une perte 45 de temps de passer deux heures à table tous les jours, et de dépenser une fortune dans de bons restaurants. Nous préférons aller au cinéma ou danser dans une boîte de nuit.

A *Indiquez si les commentaires suivants sont vrais ou faux.*

1. La dame qui parle en premier fait très attention aux calories.
2. Ce qu'elle dit des repas suggère qu'elle est assez riche.
3. Les meilleurs restaurants sont signalés par cinq étoiles dans le *guide Michelin*.
4. Le monsieur sportif ne mange pas de poulets, car ils contiennent trop de cholestérol.
5. D'après lui, il est possible de préparer des plats délicieux qui ne font pas grossir.
6. La deuxième dame fait des courses une fois par semaine dans les magasins spécialisés de son quartier.
7. Son mari rentre de l'usine à midi et prend son déjeuner avec sa femme et ses enfants.
8. Le repas du samedi est le plus somptueux de la semaine.
9. La jeune fille ne veut pas passer beaucoup de temps à préparer son dîner.
10. Pour elle, dîner dans de bons restaurants est une perte de temps et d'argent.

---

[1] *and so on*
[2] *whereas*
[3] *all the same*
[4] aliments conservés, surtout dans des boîtes (*cans*)

[5] plats préparés industriellement qu'on achète en conserve, ou plats préparés par le charcutier (rôti de porc, poulets rôtis, salades, etc.)

B *Répondez aux questions suivantes.*

1. La dame qui parle en premier est assez riche. Qu'est-ce qui l'indique ?
2. Le monsieur sportif fait très attention à ce qu'il mange. Pourquoi ? Dressez une liste des choses qu'il ne mangerait pas.
3. Pourquoi le repas du dimanche est-il le plus agréable de la semaine pour la deuxième dame ? Devinez vers quelle heure il commence et vers quelle heure il se termine.

C *Voici une liste de mots tirés de la lecture. Indiquez le mot qui n'appartient pas à chaque série.*

1. des saucisses, des pâtés, des truffes, des lapins, des poulets
2. du saumon, des frites, du caviar, du poisson, des crevettes
3. des engrais, des croissants, des œufs, du foie gras, du jambon
4. les plats cuisinés, les nouvelles, les hamburgers, les aliments surgelés, les conserves
5. des poulets, des lapins, du canard à l'orange, du pain complet, des saucisses

VOCABULAIRE

Noms masculins

·billet	·fromage	·pot	·spectacle
caoutchouc	litre	·projet	·tour
·couple	ordinateur	·refus	
diabolo-menthe	·plaisir	·sandwich	

Noms féminins

·camarade de chambre	lune	·piscine
glace	·part	·sauce

Verbes

douter (de)	nier	réciter	·retrouver
se marier (avec)	·proposer (de)	recommander	

Adjectifs

·aimable
alcoolisé(e)
capable
étonné(e)
fâché(e)

habitué(e)
japonais(e)
lent(e)
médiocre
mouillé(e)

·municipal(e)
prêt(e)
·public(ique)
·rafraîchissant(e)
ridicule

surpris(e)
·vert(e)

Autres expressions

Autant que je sache
·avec plaisir
·de votre part

·faire des projets
·faire plaisir à
·faire un tour

·Le Luxembourg
·prendre un pot
·simplement

tant de

VINGT-DEUXIÈME LEÇON

CONVERSATIONS

🎞 **A. Le film m'a plu énormément.**

FRANCE   Où étais-tu hier après-midi ? Je t'ai téléphoné plusieurs fois.

DANIEL   Je suis allé voir un film.

FRANCE   Ah oui ? Lequel ?

DANIEL   *La Balance.*

FRANCE   On dit que c'est un bon film. Il t'a plu ?

DANIEL   Oui, énormément.

B. Allons au cinéma.

ANDRÉ   Voici la liste des films qu'on donne à la cinémathèque[1] ce week-end.

LOUISE   J'en ai déjà vu la plupart.

ANDRÉ   Moi, j'en ai vu seulement quelques-uns.

LOUISE   Lequel veux-tu voir, alors ?

ANDRÉ   Le film japonais, *Kagemusha*, à moins que[2] tu l'aies déjà vu.

C. La télévision

Avons-nous parlé de la télévision récemment ? Il y a des étudiants qui la regardent tous les jours, et il y en a d'autres qui la regardent de temps en temps. Répondez aux questions.

Qui a un poste de télévision[3] ? Est-ce que c'est un poste en couleur ou en noir et blanc ? Depuis combien de temps l'avez-vous ?

Qui n'a pas de poste de télévision ? Où regardez-vous la télévision ? À qui appartient le poste ?

Quelle est votre chaîne[4] préférée pour les actualités[5] locales ? (« C'est la chaîne 7 », « Je préfère la chaîne 4 », etc.) Pourquoi ?

En quelle saison regardez-vous la télévision le plus souvent ? En quelle saison la regardez-vous le moins souvent ? Pourquoi ?

Quel jour y a-t-il beaucoup de dessins animés[6] ? Est-ce que vous les regardez ? À quel âge avez-vous cessé de les regarder ?

Qui aime les sports ? Pendant quels mois peut-on regarder les matchs de football ? Et les matchs de basket ? Et les matchs de base-ball ?

EXPLICATIONS ET EXERCICES ORAUX

• 1 SUBJONCTIF : APRÈS CERTAINES CONJONCTIONS

1. Some conjunctions do not take the subjunctive.

Je travaillais **pendant que** tu **dormais**.	*while*
Il se lève tard **puisque** c'**est** samedi.	*since*
Elle se repose **parce qu'**elle **est** fatiguée.	*because*
Je viendrai **dès que** je **serai** libre.	*as soon as*
Elle parlait français **quand** elle **était** petite.	*when*

---

[1] La cinémathèque est une sorte de bibliothèque pour le cinéma où on conserve et projette des films ; à Paris, il y a deux grandes cinémathèques, au palais de Chaillot et au centre Beaubourg.

[2] **à moins que**   *unless*

[3] **un poste de télévision**   *a television set*

[4] *channel* (littéralement, *chain*)

[5] *news*

[6] *cartoons*

2. Other conjunctions require the subjunctive. Here are the most common ones.

à moins que	*unless*	**pour que**	*so that*
avant que	*before*	**pourvu que**	*provided*
bien que	*although*	**sans que**	*without*
jusqu'à ce que	*until*		

Je vais faire une promenade **à moins qu'**il **pleuve**.
Finissez ce travail **avant qu'**elle **vienne**.
Il restera ici **jusqu'à ce que** vous **arriviez**.
Nous t'aidons **pour que** tu **puisses** réussir.
Il est sorti **sans que** ses parents le **sachent**.

3. **Avant que, pour que,** and **sans que** are not used when the subject of the dependent clause is identical with that of the main clause. In such a case, avant de/pour/sans + infinitive is used.

Finissez ce travail **avant de partir**.	*before leaving*
Je travaille **pour gagner** de l'argent.	*in order to earn*
Il est sorti **sans voir** ses parents.	*without seeing*

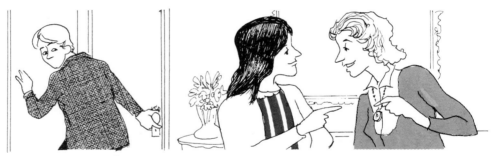

TABLEAU 89   Il est parti **sans qu'**elles le **sachent**.

A *Voici un jeune homme. Autrefois il sortait souvent avec une jeune fille qui s'appelle Nicole. Mais c'est avec une autre qu'il sort maintenant. Reliez les deux phrases en employant la conjonction indiquée, d'après ce modèle.*

Je sors ce soir. Martine est occupée.   (à moins que)
Je sors ce soir à moins que Martine soit occupée.

1. Je sors ce soir. Nicole le sait.   (sans que)
2. Je n'invite plus Nicole. Elle est libre.   (bien que)
3. Je sors avec Martine. Elle est libre.   (pourvu que)
4. Nous allons dans une discothèque. Elle veut aller ailleurs.   (à moins que)
5. Je lui téléphone. Elle me répond.   (jusqu'à ce que)
6. Martine choisit la discothèque. Elle aime danser.   (parce que)
7. Nous prenons l'autobus. Nous n'avons pas de voiture.   (puisque)
8. Nous quittons la discothèque. Martine peut rentrer avant minuit.   (pour que)

9. Nous appelons un taxi. Il commence à pleuvoir. (parce que)
10. Je rentre chez moi. Il pleut à verse. (avant que)

B *Modifiez les phrases suivantes en employant les conjonctions indiquées, d'après ce modèle.*

Je viendrai chez vous à midi. Vous partirez après. (avant que)
Je viendrai chez vous avant que vous partiez.

1. Je resterai chez moi jusqu'à midi. Vous viendrez alors. (jusqu'à ce que)
2. Je verrai ce film. Peux-tu me prêter de l'argent ? (pourvu que)
3. Je veux partir. Il pleut à verse. Je veux partir quand même. (bien que)
4. Mon père m'enverra de l'argent. Je pourrai donc finir mes études. (pour que)
5. Nous sortirons ce soir. Veux-tu rester à la maison? (à moins que)
6. Je dirai la vérité. Mais il faudra que vous m'écoutiez. (pourvu que)
7. Je te téléphonerai. Tu partiras après. (avant que)
8. Je t'aiderai. Personne ne le saura. (sans que)

C *Maintenant, achevez les phrases suivantes en employant les conjonctions et les prépositions indiquées.*

1. Les étudiants quittent la classe . . . (avant de, avant que)
2. Le professeur va travailler ce soir . . . . (bien que, puisque)
3. Les étudiants arrivent au cours . . . (sans, sans que)
4. Le professeur sera à la maison . . . (à moins que, pourvu que)

• 2 SUBJONCTIF : RÉVISION

Generally speaking, the subjunctive is used to reflect the speaker's mental atti-tude—wish, uncertainty, denial, and emotions. It usually occurs in dependent clauses introduced by **que** or by certain other conjunctions, and in relative clauses. Here are the most important "signals" that call for the use of the subjunctive.

MAIN CLAUSE	DEPENDENT CLAUSE
Subject + Verb + **que**	Subject + Verb (subjunctive)
(A) (B) (C)	

MAIN CLAUSE	RELATIVE CLAUSE
Subject + Verb + Object	Relative Pronoun + (Subject) + Verb (subjunctive)
(D)	

A) *Impersonal expressions*, except for those implying certainty (Lesson **20**.2).
B) Verbs in the main clause expressing *wish* or *command* (Lesson **20**.4); *emo-tions* (Lesson **21**.1); *doubt, uncertainty,* or *denial* (Lesson **21**.2).
C) Certain conjunctions (Lesson **22**.1).
D) In a relative clause, when the existence of the antecedent is *in strong doubt* or *denied* (Lesson **21**.3).

A *Exercice de contrôle*

Il est important que vous sachiez la vérité.

1. Il est bon
2. Il est vrai
3. Il est douteux
4. Il est temps
5. Il faut
6. Il est évident

Je veux que vous fassiez ce travail.

1. Je sais
2. Je voudrais
3. Je demande
4. Je suis content
5. Je vois
6. Je suis heureux

Je doute que vous ayez compris la question.

1. Je ne crois pas
2. J'espère
3. Je suis sûr
4. Je ne pense pas
5. Je doute
6. Je crois

Je vais faire des courses pourvu que vous soyez ici.

1. sans que
2. avant que
3. pendant que
4. bien que
5. puisque
6. à moins que

Je ne connais personne qui puisse faire cela.

1. Y a-t-il vraiment quelqu'un
2. Il n'y a personne
3. Il y a quelqu'un
4. Je connais quelqu'un
5. Je cherche quelqu'un
6. Connaissez-vous quelqu'un

B *Répondez aux questions en utilisant dans chaque réponse une proposition dépendante, d'après ces modèles.*

Qu'est-ce que vous demandez ?
Je demande que vous expliquiez la leçon.
Qu'est-ce qu'il est important de faire ?
Il est important qu'on finisse cet exercice.
De quoi êtes-vous étonné ?
Je suis étonné qu'il fasse si froid aujourd'hui.

1. De quoi êtes-vous sûr ?
2. De quoi n'êtes-vous pas certain ?
3. Qu'est-ce qu'il est temps de faire ?
4. De quoi est-ce que vous doutez ?
5. Qu'est-ce que vous ne croyez pas ?
6. Qu'est-ce que vous regrettez ?
7. De quoi êtes-vous surpris ?
8. De quoi est-ce que vous êtes content ?
9. Qu'est-ce qu'il est impossible de faire ?
10. Qu'est-ce que vous voulez ?

• 3 PRONOM INTERROGATIF **LEQUEL** ET EMPLOI DE **CE . . . -CI, CE . . . -LÀ**

1. In questions, the combination **quel** + noun can be replaced by the pronoun **lequel**. Like **quel**, the pronoun **lequel** has four forms that agree in gender and number with the noun they replace: **lequel, laquelle, lesquels, lesquelles.** They correspond to English *which, which one, which ones.*

Quel livre préférez-vous ?	*Which book*
→**Lequel** préférez-vous ?	→*Which (one)*
Quelle vendeuse connaissez-vous ?	*Which saleslady*
→**Laquelle** connaissez-vous ?	→*Which (one)*

« Il y a beaucoup de concerts cette semaine. Auquel voulez-vous aller ? »

Quels stylos sont à Jeanne ?	*Which pens*
→**Lesquels** sont à Jeanne ?	*→Which (ones)*
Quelles robes a-t-elle achetées ?	*Which dresses*
→**Lesquelles** a-t-elle achetées ?	*→Which (ones)*

The interrogative pronoun may be followed by **de** + definite article/demonstrative or possessive adjective + noun. The form of the pronoun agrees with the noun.

Lequel des films veux-tu voir ?	*Which of the movies*
(**des** = **de** + **les**)	
Laquelle de ces photos est à vous ?	*Which of these photos*
Lesquels de vos cousins sont ici ?	*Which of your cousins*
Lesquelles de mes photos veut-elle ?	*Which of my photos*

2. **Le** and **les** combine with the prepositions **à** and **de** to form **au**, **aux** and **du**, **des**. Similarly, **lequel, lesquels, lesquelles** combine with **à** to form **auquel, auxquels, auxquelles**, and they combine with **de** to form **duquel, desquels, desquelles**.

(**à** + **lequel**)	J'ai deux livres. **Auquel** pensiez-vous ?
(**à** + **lesquels**)	Voilà six enfants. **Auxquels** avez-vous parlé ?
(**à** + **lesquelles**)	**Auxquelles** de ces questions allez-vous répondre ?

(**de** + **lequel**) Voilà deux stylos. **Duquel** avez-vous besoin ?
(**de** + **lesquels**) J'ai vu plusieurs films. **Desquels** parlez-vous ?
(**de** + **lesquelles**) **Desquelles** de ces chaussures avez-vous besoin ?

3. In Lesson **5**.3 you learned that the demonstrative adjective in French can correspond to English *this*, *that*, *these*, or *those*. When it becomes necessary to distinguish between two or more similar things or groups of similar things (when **ce** alone no longer suffices), then **ce** + noun-ci and **ce** + noun-là can be used for more clarity. The first construction corresponds to *this* (*these* in the plural), derived from the adverb **ici** *here*, and the second to *that* (*those*), derived from **là** *there*.

J'ai apporté deux disques. Lequel veux-
tu ?
— **Ce** disque-**ci**.   *This record*
Lesquels de ces livres sont à vous ?
— **Ces** livres-**ci** sont à moi, et **ces** livres-   *These books . . . those books*
là sont à mon frère.

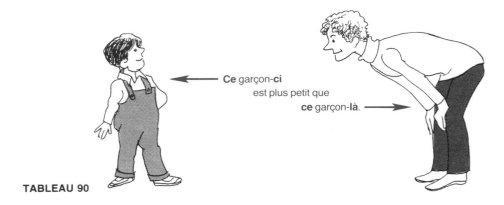

Ce garçon-**ci**
est plus petit que
    ce garçon-**là**.

TABLEAU 90

A *Posez des questions d'après ce modèle. Faites attention aux prépositions.*

Je cherche un journal.
ÉTUDIANT A   **Ah oui ? Quel journal cherchez-vous ?**
ÉTUDIANT B   **Oui, lequel cherchez-vous ?**

1. Je cherche une lettre.   6. J'ai besoin de deux cahiers.
2. Je lis un roman.   7. Je suis allé au cinéma.
3. Je connais des musées.   8. J'ai répondu à trois lettres.
4. Je pense à des films.   9. Je connais bien un étudiant.
5. J'écris avec un stylo.   10. J'ai parlé à trois étudiantes.

B *Répondez aux questions en employant l'adjectif démonstratif et le nom suivi de* **-ci** *ou*
-là.

1. Il y a beaucoup de chaises ici. Laquelle est pour vous ? Laquelle est pour moi ?
2. Regardez ces deux livres. Lequel est à moi ? Lequel est à (Léon) ?
3. Regardez ces deux crayons. Lequel est à moi ? Lequel est à (Josiane) ?

4. Regardez le tableau. J'ai écrit plusieurs mots au tableau. Lequel de ces mots est le plus long ? Lequel est le plus court ?
5. Voici deux lettres. Laquelle est-ce que j'ai écrite ? Laquelle est-ce que quelqu'un m'a écrite ?
6. Voici deux étudiants. Vous les connaissez bien, n'est-ce pas ? Comment s'appellent-ils ?

• 4 PLAIRE

1. **Plaire** *to please* takes an indirect object. The *accent circonflexe* occurs only in the third person singular form of the present indicative: **plaît**. Note that the past participle is identical with that of **pleuvoir** *to rain*.

Je **plais** à nos professeurs.
Tu **plais** à mes parents.
Il **plaît** à tout le monde.
Nous **plaisons** à Alain.
Vous **plaisez** à cette dame.
Ils **plaisent** à mon frère.
J'ai **plu** à ta sœur.
Je **plairai** à tes copains.

plais	plaisons
plais	plaisez
plaît	plaisent
plu	
plairai	

Other verbs conjugated like **plaire**:

déplaire (à)   *to displease*   **se taire**[1]   *to be (become) silent*

[1]No accent circonflexe occurs in the third person singular: **il se tait**.

Le programme plaît aux enfants, mais pas aux adultes.

2. **Plaire** is often used in the sense of *to like* (because of some inherent quality of an object or a person). Compare the two sentences below. The direct object of **aimer** becomes the subject of **plaire**, and the subject of **aimer** becomes the indirect object of **plaire**.

Raymond a beaucoup aimé **ce film**.

Ce film a beaucoup plu **à Raymond**.

Comment trouvez-**vous cette peinture** ?
— **Elle me** plaît beaucoup.
Est-ce que **Marion** aime **l'art moderne** ?
— Non, **l'art moderne** ne **lui** plaît pas du tout.

3. **S'il vous plaît** *please* is used with people you address with **vous**, and **s'il te plaît** with those you address with **tu**. These expressions usually come at the end of a sentence denoting a request.

Venez, **s'il vous plaît**.   *Please come.*
Par ici, **s'il vous plaît**.   *This way, please.*
Voulez-vous ouvrir cette valise, **s'il vous**   *Will you open this suitcase, please.*
  plaît.
Passe-moi le sucre, **s'il te plaît**.   *Please pass me the sugar.*

 A *Exercice de contrôle*

Je plais à mon patron.

1. Vous   3. Nous   5. Ces vendeurs
2. Ce vendeur   4. Tu   6. Je

Je me tais quand je n'ai rien à dire.

1. Nous   3. Tu   5. Les gens
2. On   4. Vous   6. Je

 B *Plusieurs étudiants sont allés au cinéma. Ils parlent de leurs impressions du film qu'ils ont vu. Modifiez chaque phrase en employant le verbe* **plaire**, *d'après ce modèle.*

Nous avons beaucoup aimé ce film.
Ce film nous a beaucoup plu.

1. J'ai beaucoup aimé la fin du film.
2. Est-ce que tu as aimé les décors fantastiques ?
3. Les critiques n'aiment pas le film.
4. J'aime tous les films de ce réalisateur[1].
5. Est-ce que vous aimez les films de science-fiction ?
6. Nous avons aimé le héros et l'héroïne.
7. Ce que Paul a aimé, c'est surtout le début du film.
8. Ce que Marie a aimé, c'est surtout la musique.

[1]*film director*

C *Répondez aux questions.*

1. Nous faisons beaucoup de choses dans ce cours. Qu'est-ce qui vous plaît le plus ?[1] Qu'est-ce qui ne vous plaît pas ?
2. Qui a regardé la télévision hier soir ? Quel programme avez-vous vu ? Est-ce qu'il vous a plu ?
3. Quel programme à la télévision vous plaît le plus ? Lequel vous déplaît le plus ?
4. Est-ce que vous aimez les films de science-fiction ? Quels films de ce genre vous ont plu ?
5. Je suis votre professeur et vous êtes mes étudiants. Est-ce que je vous plais ? Pensez-vous que vous me plaisez ?
6. Est-il possible de parler et de se taire en même temps[2] ? Qu'est-ce que vous faites quand je parle ? Et qu'est-ce que je fais quand vous parlez ?
7. Que dites-vous à votre ami quand il dit des choses bêtes ? Que dites-vous à vos camarades quand ils disent des choses bêtes ?
8. Quelle est la différence entre « elle s'est tue » et « elle se tue[3] » ?

• 5 PRONOMS INDÉFINIS : **LA PLUPART, QUELQUES-UNS, AUCUN, CHACUN**

1. **La plupart** *most, the majority* is a third person plural indefinite pronoun. It is usually followed by **de** + definite article/demonstrative or possessive adjective + plural noun. This phrase headed by **de** can be replaced by **en**, unless it is part of the subject of the sentence.

   Est-ce que les étudiants font leurs devoirs ?
   — **La plupart des étudiants** font leurs devoirs.   (**des** = **de** + **les**)
   Avez-vous déjà vu ces films ?
   — Oui, j'ai vu **la plupart de ces films**. (→ J'en ai vu **la plupart**.)

   La plupart can also be followed by **d'entre nous** *of us*, **d'entre vous** *of you*, or **d'entre eux/elles** *of them*.

   La plupart **d'entre nous** parlent français et anglais.   *Most of us speak French and English.*
   Connaissez-vous ces étudiants ?
   — Je connais la plupart **d'entre eux**.   *I know most of them.*

2. **Quelques-uns** and **quelques-unes** *some, a few* are pronouns. They are used in the same way as **la plupart**.

   Est-ce que les étudiants font leurs devoirs ?
   — **Quelques-uns des étudiants** font leurs devoirs.
   Avez-vous déjà lu ces pièces[4] ?
   — J'ai lu **quelques-unes de ces pièces**. (→ J'en ai lu **quelques-unes**.)

---

[1]Dites, par exemple : « Parler français me plaît le plus » ou « Ça me plaît beaucoup de parler français ».
[2]*at the same time*

[3]**se tuer** se suicider
[4]**pièce (de théâtre)** *play*

Comprenez-vous le russe ?
— Quelques-uns **d'entre nous**   *Some of us understand Russian.*
comprennent le russe.
Ces vendeuses parlent-elles russe ?
— Quelques-unes **d'entre elles** parlent *Some of them speak Russian.*
russe.

Quelques *a few* is an adjective indicating a somewhat *limited* but still indefinite quantity. It is always followed by a noun which it modifies.

Quelques étudiants sont allés voir le film.
J'ai vu **quelques films** le mois dernier.

3. **Aucun, aucune** *none, not a single one* is a third person singular pronoun, and is used in the same way as **la plupart** and **quelques-un(e)s**. Since it is a negative word, the verb is preceded by **ne**.

Est-ce que les étudiants font leurs devoirs ?
— **Aucun** des étudiants **ne** fait ses devoirs !
Avez-vous déjà lu quelques-unes de ces pièces ?
— Je **n'**ai lu **aucune** de ces pièces.

Comprenez-vous le russe ?
— **Aucun** de nous **ne** comprend le russe. *None of us understand Russian.*
Ces vendeuses parlent-elles russe ?
— **Aucune** d'entre elles **ne** parle russe. *None of them speaks Russian.*

Aucun, aucune can also be used as an *adjective* before a singular count noun.

Ces vendeurs parlent-ils russe ?
— **Aucun vendeur ne** parle russe. *No salesman speaks Russian.*
Savez-vous où ils sont allés ?
— Je **n'**ai **aucune idée**.   *I have no idea.*

4. The opposite of **aucun, aucune** as a pronoun is **chacun, chacune** *each (one)*. The opposite of **aucun, aucune** as an adjective is **chaque** *each*.

Chacun (des étudiants) fait ses devoirs.
Chaque étudiant fait ses devoirs.

J'ai lu **chacune** de ces pièces. (→ J'**en** ai lu **chacune**.)
J'ai lu **chaque** pièce.

Chacun d'entre nous parle français.
Chacune d'entre elles comprend le russe.

ADJECTIVE	**chaque**		**quelques**	——
		aucun(e)		
PRONOUN	**chacun(e)**		**quelques-un(e)s**	**la plupart**

Aucun des étudiants
ne parle anglais.

Un des étudiants
parle allemand.

Quelques-uns des étudiants
parlent espagnol.

La plupart des étudiants
parlent français.

TABLEAU 91

 A *Répondez aux questions d'après ce modèle.*

> Avez-vous visité tous les musées ?
> ÉTUDIANT A **J'ai visité la plupart des musées.**
> ÉTUDIANT B **Moi, j'ai visité quelques-uns des musées.**

1. Avez-vous lu tous les livres ?
2. Avez-vous vu tous les films ?
3. Avez-vous mangé toutes mes oranges ?
4. Avez-vous répondu à toutes mes questions ?
5. Avez-vous compris toutes ces questions ?
6. Avez-vous parlé à tous ces étudiants ?
7. Avez-vous écrit à tous vos cousins ?

 B *Cette fois-ci, répondez d'après ce modèle.*

> Mes questions sont-elles longues ?
> ÉTUDIANT A **Quelques-unes de vos questions sont longues.**
> ÉTUDIANT B **Aucune de vos questions n'est longue.**

1. Mes questions sont-elles difficiles ?
2. Mes explications sont-elles trop longues ?
3. Mes questions sont-elles trop personnelles ?
4. Mes étudiants parlent-ils russe ?
5. Vos cours sont-ils très difficiles ?
6. Vos camarades parlent-ils français ?
7. Vos camarades ont-ils vu des films français ?

 C *Je vais parler d'un étudiant. Est-il travailleur ou est-il paresseux ? Répondez aux questions d'après ce modèle.*

> Fait-il tous les exercices ?
> ÉTUDIANT A **Oui, il fait chaque exercice.**
> ÉTUDIANT B **Non, il ne fait aucun exercice !**

1. Répond-il à toutes les questions ?
2. Comprend-il toutes les leçons ?
3. Sait-il toutes les réponses ?
4. Assiste-t-il à tous les cours ?
5. Parle-t-il à tous les professeurs ?
6. Connaît-il tous les professeurs ?
7. Prépare-t-il tous les examens ?
8. Réussit-il à tous les examens ?

D *Maintenant, répondez aux questions en employant* **tous** *ou* **toutes**, **la plupart**, **quelques-uns** *ou* **quelques-unes**, *ou* **aucun**, *d'après ce modèle.*

> Vos cours sont-ils faciles ?
> **Tous mes cours sont faciles.** (*ou* **La plupart de mes cours sont faciles, quelques-uns de mes cours sont faciles, aucun de mes cours n'est facile.**)

1. Vos cours sont-ils difficiles ?
2. Vos professeurs sont-ils exigeants ?
3. Vos camarades étudient-ils le français ?
4. Aimez-vous les westerns ?
5. Comment sont les étudiants dans ce cours ?
6. Comment sont les chambres à la cité ?
7. Comment trouvez-vous les programmes à la télévision ?

« À mon avis, ce n'est pas un film d'art. »

APPLICATIONS

 A **Dialogue et questions**[1]

Comment exprimer votre opinion

Comme vous l'avez peut-être remarqué, les Français sont très individualistes. C'est le général de Gaulle qui a dit : « Comment gouverner un pays qui fabrique quatre cents sortes de fromages ? » Les Français ont une opinion personnelle sur tout, et ils aiment discuter de ce qu'ils pensent sur n'importe quel[2] sujet. La France est un pays où on aime les discussions passionnées. Voici quelques-unes des façons de 5 demander et d'exprimer des opinions personnelles.

---

[1]Les quatre projets qui accompagnent ces « conversations » ne sont pas enregistrés sur la bande magnétique.
[2]**n'importe quel** *any* (littéralement, *no matter what*)

Quand vous voulez demander son avis à quelqu'un, dites :

Que pensez-vous de ce film ?[1]

Qu'en pensez-vous ?

À votre avis[2], que signifie la fin de ce film ?   10

Dites-moi franchement votre opinion.

Quelle est votre opinion sur cette question ?

•

Si vous voulez donner votre opinion, vous pouvez dire :

Moi, je trouve qu'on a mis trop de scènes de poursuite en voiture dans ce film.

Moi, j'ai l'impression qu'on a écrit le scénario après avoir choisi la vedette.   15

Si je ne me trompe pas, le film a gagné un prix au Festival de Cannes.

À mon avis, ce n'est pas un film d'art ; c'est un échec artistique total !

Franchement, si vous voulez mon avis, c'était une soirée perdue.

La pièce m'a énormément plu. Et quelle mise en scène[3] extraordinaire !

Du point de vue[4] esthétique, je dirais que c'est un grand succès.   20

•

Si vous êtes d'accord ou si vous n'êtes pas d'accord avec quelqu'un, vous pouvez dire :

Je suis tout à fait d'accord avec vous. (*ou bien* : Je ne suis pas tout à fait d'accord avec vous.)

Je partage votre opinion. (*ou bien* : Je ne partage pas votre opinion.)   25

C'est bien vrai. (*ou bien* : Ce n'est pas vrai du tout !)

Il me semble que ce que vous dites est juste. (*ou bien* : Il me semble que ce que vous dites n'est pas juste.)

Je crois que vous avez raison. (*ou bien* : Je crois que vous avez tort.)

•

Si vous n'avez pas d'opinion ou si vous ne savez pas la réponse, vous pouvez dire : 30

Je n'en sais absolument rien.

Je n'ai aucune idée.

Je ne sais pas si j'ai bien compris cela.

Je n'ai aucune opinion là-dessus.

Franchement, je ne sais pas de quoi il s'agit[5].   35

---

[1]**Que pensez-vous de. . .** est un équivalent de **Quelle est votre opinion sur. . .** (très différent de **À quoi pensez-vous ?**).

[2]*In your opinion*

[3]*stage setting*

[4]*From the viewpoint*

[5]**de quoi il s'agit** *what it's about* (**il s'agit de** *it is a question of*)

Projets à faire

1. Choisissez un programme à la télévision et dites votre opinion sur ce programme. Ensuite demandez à vos camarades ce qu'ils en pensent.
2. Choisissez un film ou une pièce de théâtre (qui est peut-être passé(e) à la télévision tout récemment). Parlez de quelques-uns des épisodes et demandez à vos camarades ce qu'ils en pensent.
3. Parlez de quelques restaurants de votre ville que vous connaissez assez bien. Demandez à vos camarades ce qu'ils pensent de la cuisine, de la qualité du service et de l'ambiance de ces établissements.
4. Parlez de quelqu'un qui est très connu (une vedette de film, un homme politique, un peintre, une chanteuse). Donnez votre opinion sur cette personne et essayez d'obtenir l'opinion de vos camarades.

B Expressions utiles

BOURGOGNE FRANCHE-COMTE

17.00 JEUNESSE

17.15 MONSIEUR L'ORDINATEUR
L'ordinateur expliqué aux enfants.

17.25 LES VOYAGES DU PROFESSEUR LORGNON
Une façon agréable de découvrir la France.

17.40 VENDREDI
Rediffusion du magazine d'André Campana ■ Silence, on tue !

18.00 QUOI DE NEUF ?
L'actualité culturelle, musicale et artistique de la région présentée par François-Marie Lapchine.

18.30 TRIBUNE LIVRES
■ Michel Gallin présente des ouvrages sur le thème : médecins et médecines.

19.10 INFORMATIONS

19.35 FORTUNE

BRETAGNE PAYS DE LOIRE

17.00 DESSIN ANIME

17.05 LES CONTOUSES
A Bazouges La Pérouse, F. Calafuri a rencontré les témoins d'un parler ancien, resté vivant, et qui commence à s'écrire : le Gallo.

17.20 CHANTS ET DANSES
Situé entre la Basse-Bretagne, le pays bretonnant et

Au théâtre, au cinéma

prendre / acheter {
  un billet
  deux fauteuils d'orchestre
  trois fauteuils de / au balcon
}

Il y a une bonne distribution[1].

Un acteur / Une actrice { joue / interprète } { un rôle. bien / mal. }

les spectateurs : { être emballés / être déçus[2] / applaudir / siffler } après { chaque acte *m* / le film }

la pièce / le film } : être {
  un vrai triomphe / un grand succès
  un échec (total)
  triste, amusant(e), profond(e), ennuyeux(euse)
}

Dans { la pièce / le film } il s'agit d' {
  un événement historique / fictif.
  un problème social / politique / psychologique.
  un meurtre / un vol.
}

C'est un film {
  en couleur / en noir et blanc.
  en version originale.
  avec des sous-titres / doublé en anglais.
  tourné à Rome.
}

les genres

une comédie / une tragédie   un dessin animé
une comédie musicale   un western
un drame psychologique / sentimental

un film {
  comique
  policier
  à grand spectacle
  à suspense /syspās/
  interdit aux « moins de 18 ans »
}

un film {
  de catastrophe
  d'espionnage
  de guerre
  d'horreur / d'épouvante
  de science-fiction
}

[1] *cast*

[2] du verbe **décevoir** *to disappoint*

À la télévision[1]

allumer
fermer (éteindre[2]) } { le poste (de télévision)
la télévision / la télé

choisir
voir / regarder } un programme à { la télévision
la chaîne 2

les programmes

un film / une pièce
un spectacle de / des variétés
un match de football
une publicité
un dessin animé
un feuilleton

une émission en direct
le reportage / le documentaire sur . . .
le bulletin météorologique / la météo

les { actualités
informations } { régionales
nationales
internationales

Pratique

1. Que font les spectateurs après une bonne représentation[3] ? Et après une très mauvaise représentation ?

2. Citez une pièce de théâtre dans chacune des catégories suivantes.

   une comédie
   une tragédie
   une comédie musicale
   un drame psychologique

3. Donnez le titre d'un film qui représente chacun des genres suivants.

   un western
   un dessin animé
   un film de guerre
   une comédie musicale
   un film de catastrophe
   un film de science-fiction

4. Donnez un exemple de programme de télévision dans chaque catégorie suivante.

   les sports
   les feuilletons
   les comédies
   les spectacles de variétés
   les documentaires
   les actualités

C *Allez-vous au cinéma ? Aimez-vous les films américains ? Voici une liste de films américains très connus. Donnez le titre original de chaque film et indiquez à quel(s) genre(s) il appartient.*

Le seigneur des anneaux
Le jour le plus long
Un Américain à Paris
Les 101 Dalmatiens
Rencontre du troisième type
2001, l'odyssée de l'espace
Les trois jours du Condor
L'Exorciste
La conquête de l'Ouest

Chantons sous la pluie
La guerre des étoiles
Le syndrome chinois
Les aventuriers de l'arche perdue
La Belle au bois dormant
Qui a peur de Virginia Woolf ?
La nuit des morts-vivants
Le crime de l'Orient-Express
Certains l'aiment chaud

---

[1]En France, l'Office de Radiodiffusion-Télévision Française (l'O.R.T.F.) est un service gouvernemental. Il y a trois chaînes de télévision (TF 1, Antenne 2, France 3), et les personnes qui possèdent un poste de télévision paient un impôt annuel pour amortir les frais (*expenses*) de production et d'émission des programmes.
[2]verbe irrégulier (Leçon **24**.3, p. 497)
[3]*performance*

Les oiseaux   *La chatte sur un toit brûlant*
Le mystère Andromède   *Vol au-dessus d'un nid de coucou*
Les dents de la mer   *La conquête de la planète des singes*

D *Christine est allée voir « Faust » à l'Opéra il y a quelques jours. Complétez le passage suivant.*

(1) Le/semaine/dernier/Jean-Paul/acheter/trois/billet/pour/le/représentation/de/*Faust*/à/l'Opéra. (2) Monique/avoir/le/libretto/de/ce/opéra/et/elle/me/le/prêter/pour que/je/pouvoir/comprendre/ce qui/se passer/dans/chaque/scène. (3) Je/être/content/que/elle/me/suggérer/le/lire. (4) Jeudi/dernier/elle/chanter/quelques-uns/de/arias *f*/et/faire/un/parodie/très/amusant/de/opéra. (5) Vendredi/soir,/quand/nous/arriver/à/l'Opéra,/plupart/de/spectateurs/être/déjà/là. (6) Intérieur/l'Opéra/être/vraiment/splendide. (7) Représentation/plaire/beaucoup/à/spectateurs. (8) Moi-même,/je/être/emballé/non seulement/par/musique/mais aussi/par/chanteurs,/qui/être/brillant. (9) On/applaudir/et/crier/« Bravo ! »/pendant/longtemps. (10) Après,/nous/aller/dans/café/et/nous/échanger/notre/impressions/sur/représentation.

E *Renseignements et opinions*

1. Avez-vous beaucoup de cousins ? Dans quel état habitent la plupart de vos cousins ?
2. Il y a beaucoup de publicités à la télévision. Lesquelles vous plaisent ? Pourquoi ? Lesquelles vous déplaisent ? Pourquoi ?
3. Que préférez-vous, un film français doublé en anglais ou un film avec des sous-titres ? Quels sont les avantages et les inconvénients de ces deux sortes de films ?
4. Avez-vous jamais joué un rôle dans une pièce de théâtre ? Dans laquelle ? Quel rôle avez-vous joué ?
5. À peu près combien de cinémas y a-t-il dans notre ville ? Comment s'appellent-ils ? Quels films est-ce qu'on y projette cette semaine ? Lequel voulez-vous voir ? Pourquoi ?

F Lecture

Les Français et le cinéma

Malgré la concurrence d'autres distractions[1] — théâtre, musique, lecture, radio et surtout télévision — le cinéma occupe toujours une place importante parmi les récréations culturelles des Français. Écoutez ces trois personnes . . .

Un petit garçon

Mes copains et moi, nous allons au cinéma toutes les semaines. Il y a une salle[2] 5
dans mon quartier où on passe souvent nos films préférés, et nous y allons tous les mercredis. J'aime beaucoup les films de science-fiction, avec plein de vaisseaux spatiaux[3], de monstres et de robots, comme *La guerre des étoiles* et *Galactica*. Mais le film que je préfère, c'est *E.T.* Je voudrais bien qu'un petit bonhomme[4] d'une autre planète arrive dans mon jardin. Je pourrais devenir son ami et l'aider à retourner 10 chez lui comme dans le film. J'avais vraiment peur qu'il soit mort ; ça aurait été dommage. La fin était formidable, un peu triste, mais il valait mieux qu'il rentre chez lui. Il paraît qu'il y aura peut-être une suite. Pourvu que ça soit vrai ! Ça serait très chouette !

---

[1]*entertainment*
[2]*c'est-à-dire, salle de cinéma movie theater*

[3]*spaceships*
[4]*fellow*

François Truffaut, le plus célèbre metteur en scène français.

Une femme de ménage [15]
Le cinéma ? Oui, j'y vais de temps en temps, quand j'ai envie de me détendre, de rire, et d'oublier mes soucis. Je n'aime pas les films tristes ou trop réalistes. Récemment, mon mari et moi avons été[1] voir *Le cadeau*. Le héros est un employé de banque de 50 ans environ, bon mari et bon père de famille, qui va faire un voyage d'affaires[2] en Italie. Là, pour des raisons très drôles et compliquées, on le prend pour [20] un homme d'affaires riche et puissant, et il lui arrive[3] toutes sortes d'aventures invraisemblables et très amusantes. À la fin du film, enchanté que ce quiproquo lui ait donné l'occasion de passer des vacances de grand luxe, il rentre à Paris où l'attendent[4] sa femme et ses enfants.

Un étudiant d'université [25]
Le cinéma m'intéresse depuis longtemps. Il y a beaucoup de salles de cinéma, de ciné-clubs et de cinémathèques dans notre ville. Je vois à peu près trois films par semaine, mais je ne vais pas voir n'importe quel navet[5]. Les films que je préfère sont les classiques, surtout les films américains des années 30[6] et 40. Heureusement, il y a beaucoup de festivals au cinéma universitaire pendant lesquels on passe des [30] films de Bogart et de Chaplin, et j'y vais régulièrement.

---

[1][nous] sommes allés
[2]**affaires** *business*
[3]**arriver** *to happen*

[4]Le sujet, qui est plus long que le verbe, suit **attendent**.
[5]film de mauvaise qualité
[6]**des années 30** *from the 30's*

Je pense qu'il y a une différence dans l'attitude des Français et des Américains vis-à-vis du[1] cinéma. La plupart des Américains vont voir un film parce qu'ils en ont entendu parler[2], ou parce qu'ils veulent voir jouer un acteur ou une actrice célèbre. Les Français, au contraire, attachent beaucoup d'importance au metteur en scène[3]. 35 Les noms de Truffaut, Fellini ou Bergman sont pour eux une garantie d'excellence, et ils vont voir le film en toute confiance, bien que les acteurs ne soient pas toujours connus. Ce qu'ils recherchent surtout, c'est la qualité du scénario, des dialogues, de la mise en scène, de la photographie.

Je vais au cinéma pour me distraire[4], mais surtout parce que la culture cinéma- 40 tographique est une partie importante de la culture « tout court »[5]. Il faut voir certains films comme il faut lire certains livres. À mon avis, il est temps que les profs reconnaissent la valeur de certains grands films, et les mettent au programme des lycées, avec Baudelaire et Sartre.

A *Trouvez dans le texte les expressions et les mots qui sont définis ci-dessous.*

1. film de mauvaise qualité
2. transports interplanétaires
3. école secondaire en France
4. approximativement
5. artiste qui joue dans un film
6. description de l'action d'un film
7. transactions et entreprises commerciales
8. une sorte de bibliothèque pour le cinéma
9. la personne qui dirige la production d'un film
10. grand corps céleste qui tourne autour du soleil

B *Répondez aux questions suivantes.*

1. Quelles distractions y a-t-il en France ?
2. Combien de fois par semaine le petit garçon va-t-il au cinéma ?
3. Avec qui le petit garçon va-t-il au cinéma ?
4. Quelle sorte de films aime-t-il ?
5. De quoi s'agit-il dans le film *E.T.* ?
6. Pourquoi le petit garçon voudrait-il avoir un visiteur extraterrestre chez lui ?
7. Pourquoi la femme de ménage va-t-elle au cinéma ?
8. Quelle sorte de films préfère-t-elle ?
9. De quoi s'agit-il dans le film *Le cadeau* ?
10. Combien de fois par semaine l'étudiant va-t-il au cinéma ?
11. Quelle sorte de film préfère-t-il ?
12. D'après lui, quelle est la différence entre l'attitude des Américains et celle des Français vis-à-vis du cinéma ?
13. Pourquoi va-t-il au cinéma ? Quelle est son attitude vis-à-vis du cinéma ?
14. Qu'est-ce qu'il veut qu'on fasse dans les lycées ?

---

[1] **vis-à-vis de** *with respect to*
[2] **entendre parler de** *to hear about*
[3] réalisateur

[4] **se distraire** s'amuser
[5] c'est-à-dire, la culture elle-même, la culture en général

VOCABULAIRE

Noms masculins

•avis	•échec	héros	réalisateur
•basket	•épisode	•patron	russe
critique	•établissement	•point de vue	•scénario
décor	•festival	•poste (de télévision)	•succès
•dessin animé	genre	•prix	western

Noms féminins

•actualités *pl*	•discussion	•mise en scène	science-fiction
•ambiance	explication	•opinion	•vedette
•chaîne	héroïne	•poursuite	
•chanteuse	•impression	•scène	

Verbes

•s'agir de	•fabriquer	plaire à *irrég*	se tuer
•appartenir à *irrég*	•gouverner	se taire *irrég*	
déplaire à *irrég*	•obtenir *irrég*	•se tromper	

Adjectifs

•animé(e)	•esthétique	•local(e)	•politique
•artistique	fantastique	•passionné(e)	•total(e)
aucun(e)	•individualiste	personnel(le)	

Conjonctions

à moins que	bien que	pour que	puisque
avant que	jusqu'à ce que	pourvu que	sans que

Autres expressions

•à mon avis	ce . . . -là	•énormément	la plupart
aucun(e) *pron*	chacun(e) *pron*	•il s'agit de	•n'importe quel
ce . . . -ci	en même temps	•là-dessus	

VINGT-TROISIÈME LEÇON

CONVERSATIONS

TABLEAU 92

A. À la gare

Regardez le Tableau 92. Il y a une dame à gauche, un jeune homme au milieu et une jeune fille à droite.

Que fait la dame à gauche ? Où est-elle ?
Où est le jeune homme ? Que fait-il ? D'après vous, pourquoi veut-il laisser ses bagages à la consigne ?
Que fait la jeune fille ? Pourquoi composte-t-elle son billet ?[1]

---

[1]**composter**   *to punch (the ticket)*; les voyageurs doivent mettre leurs billets dans **le composteur** (*puncher*) pour les valider avant de monter dans le train ; autrement il faut payer **une amende** (*fine*) de 20 %.

TABLEAU 93

B. Dans le train

Regardez le Tableau 93. À gauche, vous voyez un compartiment.

Combien de personnes y a-t-il dans le compartiment ? Que font ces voyageurs ?

Regardez maintenant la voiture-restaurant.

Que fait le garçon ? Savez-vous dans quelle sorte de trains il y a une voiture-restaurant ?

Regardez le tableau à droite. C'est la coupe[1] d'une voiture-couchettes.

Combien de lits voyez-vous dans le compartiment ? Y a-t-il quelqu'un sur la couchette supérieure ? Voyez-vous quelqu'un sur la couchette intermédiaire ? Et sur la couchette inférieure ?

 ### C. On a pris la mauvaise[2] route.

FRANCE	Regarde ce poteau indicateur[3].
DANIEL	Zut ! On a pris la mauvaise route !
FRANCE	D'après la carte[4], c'est à Compiègne qu'il fallait tourner à droite.
DANIEL	Je peux tourner à droite au prochain village.
FRANCE	Mais non, on arrivera plus vite en retournant à Compiègne.
DANIEL	D'accord, d'accord. Je suis en train de faire demi-tour[5] !

EXPLICATIONS ET EXERCICES ORAUX

• 1 EMPLOI DE C'EST . . . QUI ET C'EST . . . QUE

1. In English it is possible to emphasize any part of a sentence by placing a heavy stress on it.

I answered him yesterday.   (maybe no one else answered him)
*I answered **him** yesterday.*   (*he*, if no one else, got my answer)
*I answered him **yesterday**.*   (not today or the day before yesterday)

---

[1] *cross section* (dérivé du verbe **couper**)
[2] **Bon** et **mauvais** signifient aussi *right* et *wrong*.
[3] *road sign*

[4] *c'est-à-dire, la carte routière road map*
[5] **faire demi-tour** *to turn around*

Le Concorde, c'est le seul avion commercial qui traverse l'Atlantique en trois heures.

In French, similar meanings are conveyed by the construction **c'est . . . qui** and **c'est . . . que**.

2. **C'est . . . qui** is used when the *subject* of a sentence is to be emphasized. The verb following **qui** agrees with the antecedent, which can be a noun or a stressed pronoun. **C'est** becomes **ce sont** before a third person plural noun or pronoun.

Je vais partir en vacances.
→**C'est moi qui** vais partir en vacances.
Ma mère veut voyager en première.
→**C'est ma mère qui** veut voyager en première.
Vous allez réserver nos places.
→**C'est vous qui** allez réserver nos places.
Ils ont laissé cette valise ici.
→**Ce sont eux qui** ont laissé cette valise ici.

If the subject to be stressed is a pronoun, a corresponding stressed personal pronoun may be added at the beginning or end of the sentence. This construction (discussed in Lesson 14.1) is not as emphatic as **c'est . . . qui**.

Comment veux-tu aller à Dijon, **toi** ?
— **Moi**, je veux y aller en autocar.

3. **C'est . . . que** is used when an element other than the subject of a sentence needs emphasis: the direct or indirect object, the object of a preposition, an adverb or adverbial phrase of place and time. A personal object pronoun that is placed between **c'est** and **que** must be in the stressed form.

Je **t'**ai vu à la gare hier.

→**C'est toi que** j'ai vu à la gare hier.

Vous avez donné le billet **à Bernard**.

→**C'est à Bernard que** vous avez donné le billet.

Elle va voyager **avec eux**.

→**C'est avec eux qu'**elle va voyager.

J'ai rencontré Jean-Paul **à la gare**.

→**C'est à la gare que** j'ai rencontré Jean-Paul.

Ils sont partis en vacances **ce matin**.

→**C'est ce matin qu'**ils sont partis en vacances.

Est-ce **toi** qui as cassé le vase ?
— Ce n'est pas **moi** qui l'ai cassé, c'est **lui** !

TABLEAU 94

 A *Exercice de contrôle*

C'est moi qui veux aller en Europe.

1. le professeur
2. nous
3. vous
4. toi
5. les étudiants
6. moi

C'est à Paris que je vais voyager.

1. nous
2. tu
3. le professeur
4. les étudiants
5. vous
6. je

B *Répondez aux questions en employant* **c'est . . . qui** *d'après ce modèle.*

Quel cahier est sur la table ?
C'est (votre cahier) qui est sur la table.

1. Quelle montre est sur la table ?
2. Qui a répondu à la première question ?
3. Qui a écrit ces mots au tableau ?
4. Quel étudiant vous connaît bien dans ce cours ?
5. Quelle langue étrangère vous intéresse le plus ?
6. Quel pays étranger vous intéresse le plus ?

C *Répondez aux questions en employant* **c'est . . . que** *d'après ce modèle.*

> Apprenez-vous le russe ?
> ÉTUDIANT A **Non, ce n'est pas le russe que j'apprends.**
> ÉTUDIANT B **C'est le français que j'apprends.**

1. Apprenez-vous le japonais ?
2. Faisons-nous un exercice écrit ?
3. Notre cours finit-il à (dix) heures ?
4. Sommes-nous dans un cours de chimie ?
5. Faites-vous les exercices écrits au labo ?
6. Êtes-vous né en 1950 ?
7. Les vacances d'été commencent-elles en avril ?
8. Répondez-vous aux questions de (Jean-Jacques) ?

D *Complétez les phrases suivantes.*

1. C'est en 1985 que . . .
2. Ce ne sera pas avant l'an 2000 que . . .
3. Ce n'est pas le président des États-Unis qui . . .
4. C'est surtout en voyant[1] les films de James Bond qu'on . . .
5. C'est en apprenant[2] le français qu'on . . .
6. C'est à la bibliothèque que . . .
7. C'est (Jean-Claude) qui . . .
8. C'est à (Laurent) que . . .

• 2 PARTICIPE PRÉSENT ET **ÊTRE EN TRAIN DE**

1. The present participle ends in **-ant**. The stem derives from the **nous** form of the present indicative (just like the imperfect indicative tense): you take the **nous** form, remove the ending **-ons**, and add the present participle ending **-ant**.

nous **parlons**	→**parl**ant	nous **prenons**	→**pren**ant
nous **finissons**	→**finiss**ant	nous **buvons**	→**buv**ant
nous **vendons**	→**vend**ant	nous **lisons**	→**lis**ant
nous **allons**	→**all**ant	nous **servons**	→**serv**ant

The only exceptions are **être**, **avoir**, and **savoir**.

(nous **sommes**)	**étant**	(nous **savons**)	**sachant**
(nous **avons**)	**ayant** /ɛjɑ̃/		

2. You have seen the construction **en** + present participle in some of the directions for exercises in this book.

> Répondez aux questions **en employant** les pronoms appropriés.
> Ajoutez « Je veux que » devant chaque phrase **en mettant** chaque verbe au subjonctif.

a) The construction **en** (or **tout en** for emphasis) + present participle implies simultaneous or near-simultaneous action. The action expressed by the present participle takes place at the same time as the action of the main verb, and both actions are performed by the same subject. This construction corresponds to English *while doing (something)*.

[1] *by (upon) seeing*
[2] *by (upon) learning*

Il chante ; il prend sa douche en même temps.	He sings; he takes his shower at the same time.
→Il chante **en prenant** sa douche.	→He sings while taking his shower.
Elle ôte son blouson ; elle s'assied.	She takes off her jacket; she sits down.
→Elle ôte son blouson **en s'asseyant**.	→She takes off her jacket while sitting down.
Je lis un journal ; je mange un sandwich.	I read a newspaper; I eat a sandwich.
→Je lis un journal **en mangeant** un sandwich.	→I read a newspaper while eating a sandwich.

b. **En** + present participle can also indicate the *method* or *means* through which the action of the main verb results. In English, a comparable meaning is expressed by the construction *by doing (something)* or *upon doing (something)*.

Vous apprendrez la vérité **en lisant** cette lettre.	You will learn the truth by reading this letter.
Nous arriverons plus tôt **en prenant** ce chemin.	We will arrive earlier by taking this road.
On connaîtra mieux la France **en apprenant** le français.	One will get to know France better by learning French.

3. In contrast to English, French never uses the present participle to express an action in progress. Normally the context can indicate whether or not a given verb (in the present or imperfect indicative) denotes a progressive action. But when it is necessary to emphasize the fact that an action is in progress, the construction **être en train de** + infinitive may be used. It corresponds to English *to be in the act/process of doing (something)*.

Je **vais** chez Paul ce soir.	I'm going to Paul's tonight.
Il **pleuvait** quand je suis rentré.	It was raining when I came home.
BUT	
Chut ! /ʃyt, ʃt/ Il **est en train de** travailler !	Sh! He's (in the process of) working!
Il **était en train de** me **téléphoner** quand je suis allée chez lui.	He was (in the process of) calling me when I went to his place.

Il regarde la télévision **en fumant** une cigarette.

Rappelle-moi dans dix minutes.
Je **suis en train de** manger.

TABLEAU 95

A *Modifiez les phrases suivantes d'après ce modèle.*

> Je travaille ; je mange en même temps.
> **Je travaille en mangeant.**

1. Je mange ; je lis un journal en même temps.
2. Vous dites bonjour ; vous entrez dans la classe en même temps.
3. Il répond à la question ; il ferme son livre en même temps.
4. J'ai corrigé mes fautes ; j'ai regardé le tableau en même temps.
5. Nous avons vérifié nos réponses ; nous avons regardé les clés.
6. On sort de la classe ; on dit au revoir en même temps.

B *Vous allez voyager en train avec Jean-Paul. Vous allez rendre visite à ses grands-parents qui habitent à la campagne. Modifiez les phrases suivantes d'après ce modèle.*

> J'ai cherché mon billet ; je suis arrivé à la gare.
> **J'ai cherché mon billet en arrivant à la gare.**

1. Nous avons composté nos billets ; nous sommes allés sur le quai.
2. J'ai marché rapidement ; j'ai regardé ma montre.
3. Nous sommes montés dans le train ; nous avons cherché notre compartiment.
4. Jean-Paul s'est assis ; il a ôté son blouson.
5. Moi aussi, j'ai ôté mon blouson et je me suis assis.
6. Nous avons mangé un sandwich ; nous avons regardé la campagne.
7. Jean-Paul a cherché son grand-père ; il est descendu du train.
8. Il a vu son grand-père ; il a quitté le quai.
9. Il lui a dit bonjour ; il l'a embrassé.
10. J'ai dit bonjour ; je lui ai serré la main[1].

C *Répondez aux questions d'après ce modèle.*

> Est-ce que je regarde le tableau ?
> **Oui, vous êtes en train de le regarder.**

1. Est-ce que je vous parle ?
2. Est-ce que vous m'écoutez ?
3. Est-ce que je pose des questions ?
4. Est-ce que vous me répondez ?
5. Est-ce que je lis mon livre ?
6. Est-ce que j'ouvre (ferme) la porte ?

INTER RAIL
Un mois de voyages
en Train-Stop
dans 20 pays pour
les moins de 23 ans.

D *Répondez aux questions.*

1. Vous êtes à la gare. Le train que vous attendez est en retard de vingt minutes. Qu'est-ce que vous pouvez faire en attendant le train ?
2. Aimez-vous voyager ? Quels états est-ce qu'on traverse en voyageant de Chicago à New York ? Quels états est-ce qu'on traverse en allant de San Francisco à Kansas City ?
3. Vous apprenez beaucoup de choses dans ce cours. Qu'est-ce que vous apprenez en suivant ce cours ? Qu'est-ce qu'on apprend en étudiant le français ?
4. Il est possible de faire deux choses en même temps. Par exemple, on peut manger un sandwich en buvant du Coca-Cola. Qu'est-ce que vous faites en lisant un journal ? Qu'est-ce que vous faites en prenant une douche ?

---

[1]**serrer la main à quelqu'un** *to shake someone's hand*

● 3 COURIR, MOURIR

1. **Courir** *to run* is conjugated with **avoir** in compound tenses. The double **r** in the future and conditional is pronounced twice as long as the single **r** in the other tenses.

Je **cours** à la maison.
Tu **cours** trop vite.
Il **court** cent mètres.
Nous **courons** ensemble.
Vous **courez** plus vite que moi.
Ils **courent** un kilomètre.
J'ai **couru** vers la gare.
Je **courrai** /kuʀʀe/ avec toi.

cours	courons
cours	courez
court	courent
couru	
courrai	

2. Study the conjugation of **mourir (de)** *to die (of, from)*. Only the **nous** and **vous** forms of the present indicative are similar to those of **courir**. **Mourir** is conjugated with **être** in compound tenses. Like **courir**, the double **r** in the future and conditional is pronounced twice as long as the single **r** in other tenses.

Je **meurs** de faim.
Tu **meurs** de soif.
Il **meurt** d'ennui.
Nous **mourons** de fatigue.
Vous **mourez** de curiosité.
Ils **meurent** de peur.
Le général de Gaulle est **mort** en 1969.
Je **mourrai** /muʀʀe/ d'ennui si je ne sors pas.

meurs	mourons
meurs	mourez
meurt	meurent
mort	
mourrai	

 A *Exercice de contrôle*

Je cours quand je suis en retard.

1. Les étudiants
2. On
3. Vous
4. Tu
5. Nous
6. Je

J'ai chaud et je meurs de soif !

1. Tu
2. Les enfants
3. On
4. Nous
5. Vous
6. Je

B *Répondez aux questions.*

1. Courez-vous à la porte quand le cours est terminé ? Quand est-ce que vous courez ?
2. Est-ce que « courir » est un synonyme de « se dépêcher »? Est-ce que « faire du jogging » est un synonyme de « courir » ?
3. Est-ce que vous venez à l'université en courant ? Combien de temps est-ce qu'il vous faut pour courir cent mètres ?
4. Qu'est-ce que vous faites quand vous mourez de faim ? Et quand vous mourez de soif ?

5. Mourez-vous d'ennui dans ce cours ? Y a-t-il quelqu'un qui meure de peur dans ce cours ?

6. Savez-vous où Jeanne d'Arc est morte ? Savez-vous comment Marie-Antoinette est morte ?

• 4 EMPLOI DE **AVANT** ET **APRÈS**

1. **Avant** *before* and **après** *after* are prepositions that express relationships of *time*.

Je pars à midi ; Jacqueline part à une heure.
Je pars une heure **avant** Jacqueline ; elle part **après** moi.

To express relationships of *space*, **devant** *in front of* and **derrière** *behind* are used.

Marie est assise au premier rang ; Jacques est assis au deuxième rang.
Marie est assise **devant** Jacques ; il est assis **derrière** elle.

2. **Avant de/avant que**. **Avant** may also take **de** + infinitive when the actions expressed by the infinitive and the main verb are performed by the same subject.

Je vous verrai **avant de partir** en vacances.	*I will see you before going on vacation.*
Elle embrasse ses enfants **avant de monter** dans le train.	*She kisses her children before getting on the train.*

If the infinitive is a reflexive verb, the reflexive pronoun must agree with the subject of the sentence.

Je me lave la figure **avant de m'habiller**.	*I wash my face before getting dressed.*
Regardez-vous la télévision **avant de vous coucher** ?	*Do you watch television before going to bed?*

When two different subjects are involved, **avant que** + dependent clause must be used. The verb in the dependent clause is in the subjunctive (see Lesson **22.1**).

Je la verrai **avant qu'**elle **parte** en vacances.	*I will see her before she goes on vacation.*
Elle sera partie **avant que** vous **soyez** à Rome.	*She will have left before you are in Rome.*

3. **Après** takes a compound infinitive, that is, **avoir/être** + past participle. Again, note that the reflexive pronoun before a dependent infinitive must agree with the subject of the sentence.

Je regarde la télévision **après avoir fait** mes devoirs.	*I watch television after doing my homework.*
Nous déjeunerons **après être rentrés**.	*We will eat lunch after going home.*
Je m'habille **après m'être brossé** les dents.	*I get dressed after brushing my teeth.*

Nous travaillerons **après nous être reposés**.

We will work after resting.

If two different subjects are involved, après que + dependent clause is used. If the main clause is in the future, the dependent clause must also be in the future, or in the future perfect (see Lesson 15.4).

Elle vous a téléphoné **après que** vous **êtes sorti**.

She called you after you went out.

Nous sortirons **après que** tu **auras fini** ton travail.

We will go out after you have finished your work.

TABLEAU 96   Je me peigne **après m'être habillée**.

Je me rase **avant de m'habiller**.

 A *Aimez-vous voyager en avion ? Voici quelques phrases qui décrivent chronologiquement un vol transatlantique. Modifiez chaque phrase d'après ces modèles.*

Je confirme mon départ ; puis je vais à l'aéroport.
Je confirme mon départ avant d'aller à l'aéroport.
Je commande une boisson ; puis on sert le dîner.
Je commande une boisson avant qu'on serve le dîner.

1. On demande mon billet ; puis on me donne la carte d'embarquement[1].
2. Je reçois la carte d'embarquement ; puis je monte à bord[2].
3. Je dis bonjour à l'hôtesse ; puis je cherche ma place.
4. Je m'assieds ; puis j'attache ma ceinture[3].
5. J'attache ma ceinture ; puis je lis un journal.
6. Je commande une boisson ; puis on sert le dîner.
7. On sert le dîner ; puis on montre un film.
8. Je dors un peu ; puis l'avion arrive à Paris.
9. Je me lave la figure ; puis je descends de l'avion.
10. Les passagers cherchent leurs bagages ; puis ils passent le contrôle des passeports.
11. Je prends un chariot[4] ; puis je sors de la douane.
12. Je cherche un hôtel ; puis je monte dans l'autocar.

[1]*boarding pass*
[2]**monter à bord** *to board* (a plane, a ship)

[3]c'est-à-dire, la ceinture de sécurité *seat belt*
[4]*cart*

B *Maintenant, changez les phrases de l'exercice A d'après ces modèles.*

Je confirme mon départ ; puis je vais à l'aéroport.
Je vais à l'aéroport après avoir confirmé mon départ.
Je commande une boisson ; puis on sert le dîner.
On sert le dîner après que j'ai commandé une boisson.

C *Connaissez-vous le proverbe « Chacun à son goût »[1] ? Mentionnez vos préférences en utilisant* **avant** *ou* **après***, d'après ce modèle.*

se brosser les dents . . . avant / après . . . prendre le petit déjeuner
Je me brosse les dents avant de prendre le petit déjeuner (*ou* **Je me brosse les dents après avoir pris le petit déjeuner).**

1. s'habiller
2. regarder la télé
3. en général, aimer s'amuser
4. faire des projets
5. voir un nouveau film
6. regarder les clés
7. aller en Europe
8. rendre l'argent emprunté

$\left.\begin{array}{l}\\\\\\\\\\\\\\\end{array}\right\}$ $\left\{\begin{array}{l}\text{avant}\\\text{après}\end{array}\right\}$ $\left\{\begin{array}{l}\\\\\\\\\\\\\\\end{array}\right.$

se peigner
faire ses devoirs
travailler
les vacances d'été commencent
lire la critique
faire les exercices écrits
terminer mes études
on le demande

D *Répondez aux questions.*

1. Qu'est-ce que vous faites le soir avant de vous coucher ? Mentionnez deux choses.
2. Qu'est-ce que vous faites après vous être levé ? Mentionnez deux choses.
3. Qu'est-ce que vous avez fait hier après être rentré à la maison ? Et qu'est-ce que vous avez fait avant de vous coucher ?
4. Est-ce que vous mourez de faim avant de dîner ? Comment vous sentez-vous après avoir très bien dîné ?
5. Est-ce que vous mourez de peur avant un examen important ? Comment vous sentez-vous après avoir passé un examen important ?
6. Quelle est la différence entre « Je me suis assis avant Marie » et « Je me suis assis devant Marie » ?

● **5 PRONOMS POSSESSIFS : LE MIEN, LE TIEN, ETC.**

1. The combination of a possessive adjective and a noun can be replaced by a possessive pronoun (in English, *my book→mine, your cousins→yours, our house→ours, her answer→hers,* etc.). In French, the possessive pronouns are always preceded by **le, la,** or **les,** and agree in gender and number with the noun they replace. Note below that the first and second person singular (*mine, yours*) have four forms.

mon billet, **mes** billets	*my ticket, my tickets*
→**le mien, les miens**	*→mine*
ma valise, **mes** valises	*my suitcase, my suitcases*
→**la mienne, les miennes**	*→mine*

---

[1]On dit aussi « À chacun son goût » et « Chacun a son goût ».

« Voici mon billet et voilà le tien. »

ton journal, **tes** journaux	*your newspaper, your newspapers*
→**le tien**, **les tiens**	*→yours*
ta clé, **tes** clés	*your key, your keys*
→**la tienne**, **les tiennes**	*→yours*

The third person singular also has four forms. Each of these forms corresponds to *his* or *hers*, depending on the context, just as the possessive adjectives (**son**, **sa**, **ses**) can correspond to either *his* or *her*.

le cousin **de Michel** ⎱ le cousin **de Monique** ⎰	→**son** cousin	→**le sien**
les cousins **de Michel** ⎱ les cousins **de Monique** ⎰	→**ses** cousins	→**les siens**
la tante **de Jacques** ⎱ la tante **de Suzanne** ⎰	→**sa** tante	→**la sienne**
les tantes **de Jacques** ⎱ les tantes **de Suzanne** ⎰	→**ses** tantes	→**les siennes**

As-tu **ton billet** ?
— Oui, voilà **le mien** ; où est **le tien** ?
Où sont **tes valises** ? Et **les valises de Jacques** ?
— **Les miennes** sont ici ; **les siennes** sont là-bas.

2. The possessive pronouns for the first, second, and third person plural (*ours, yours, theirs*) consist of three forms each. Gender distinction is maintained only in the singular forms, by **le** and **la**; the plural forms are the same.

notre hôtel, **nos** hôtels	→**le nôtre, les nôtres**[1]
notre chambre, **nos** chambres	→**la nôtre, les nôtres**
votre train, **vos** trains	→**le vôtre, les vôtres**[1]
votre couchette, **vos** couchettes	→**la vôtre, les vôtres**
leur bureau, **leurs** bureaux	→**le leur, les leurs**
leur maison, **leurs** maisons	→**la leur, les leurs**

Votre chambre est plus claire que **la nôtre**, mais je crois que la chambre la plus claire est **la leur**.

Nos billets sont ici ; **les leurs** sont ici aussi. Où sont **les vôtres** ?

3. The definite article **le**, **les** will combine with the preposition **à** or **de** to form **au**, **aux** or **du**, **des**.

Regardez ma valise. Elle ressemble beaucoup **à la vôtre**, mais pas **à la sienne**.

Je sais que ce cahier ressemble beaucoup **au mien** ; mais je vous dis qu'il appartient à Jean-Jacques.

Voilà nos passeports. Je n'ai pas besoin **du mien**. Avez-vous besoin **du vôtre** ?

Écoute-le. Il est en train de parler de ses projets. Ce n'est pas **des tiens** qu'il parle.

4. French does not use possessive pronouns in expressions corresponding to English *a friend of mine*, *a book of yours*, *an uncle of his*, and so forth.

Un de mes amis étudie le russe.	*A friend of mine (One of my friends)*
J'ai reçu **deux de vos lettres**.	*two letters of yours (two of your letters)*
Plusieurs de nos cousins sont partis en vacances.	*Several cousins of ours (Several of our cousins)*

[1]These pronouns are pronounced with /o/: /notʀ/, /votʀ/; the possessive adjectives are pronounced with /ɔ/: /nɔtʀ/, /vɔtʀ/.

TABLEAU 97

A *Modifiez les phrases suivantes d'après ce modèle.*

> Voilà mon livre.
> **Voilà le mien.**

1. Voilà mon cahier.
2. Voilà ma montre.
3. Où est votre train ?
4. Où sont vos parents ?
5. C'est la chambre de Marie.
6. Ce sont les tantes de Marie.

7. Je cherche notre valise.
8. Je cherche nos valises.
9. Avez-vous regardé votre billet ?
10. Avez-vous regardé vos billets ?
11. Ils ont trouvé leur ami.
12. Ils ont trouvé leurs amis.

B *Faisons une comparaison entre ma chambre et la vôtre. Décrivez votre chambre d'après ce modèle.*

> Ma chambre est très sombre.
> **La vôtre est très sombre ? La mienne aussi (*ou* La mienne est claire, La mienne n'est pas sombre, etc.).**

1. Ma chambre est trop petite.
2. Ma chambre est assez claire.
3. Mon lit est trop mou.
4. Ma commode a huit tiroirs.
5. Mes fenêtres sont trop petites.

6. Mes rideaux sont trop sales.
7. Mon placard n'est pas grand.
8. Ma chambre est toujours propre.
9. Je nettoie ma chambre une fois par semaine.

 C *Vous allez voyager en train avec Jean-Paul. Modifiez chaque phrase d'après ce modèle.*

> Jean-Paul et moi, nous avons nos billets.
> **Jean-Paul et moi, nous avons les nôtres.**

1. Jean-Paul met ses vêtements dans une valise.
2. Ma valise n'est pas trop lourde.
3. Nous montons dans notre train.
4. Nous cherchons notre compartiment.
5. J'ai mon billet et Jean-Paul a son billet.
6. Jean-Paul a oublié de composter son billet.
7. Les voyageurs lisent leurs journaux.
8. Ma banquette est confortable.
9. Le haut-parleur annonce le départ de notre train.
10. Jean-Paul lit son journal et je lis mon journal.
11. Les grands-parents de Jean-Paul nous attendent à la gare.
12. Nous montons dans la voiture des grands-parents.

D *Répondez aux questions en employant les pronoms possessifs appropriés.*

1. Est-ce que j'ai mon livre de français aujourd'hui ? Avez-vous le vôtre ? (Raymonde) a-t-elle le sien ?
2. Regardez ce stylo. Est-ce que c'est mon stylo ? Est-ce le vôtre ? Est-ce le stylo de (Jean-Pierre) ?
3. Regardez autour de vous. Est-ce que notre classe est grande ? Est-elle claire ? Ma table est-elle trop petite ? Votre chaise est-elle confortable ?
4. Je crois que ma montre retarde un peu. Croyez-vous que votre montre est à l'heure ? Demandez à (Jean) si la sienne est à l'heure.

5. Quelle est la couleur de (ma chemise) ? Quelle est la couleur de votre (chemise) ? Et la couleur de (la chemise de Madeleine) ?
6. Je vous ai posé une question. Avez-vous répondu à ma question ? Qui m'a posé une question ? Est-ce que j'ai répondu à la vôtre ?

En général, on s'occupe tranquillement dans le train.

APPLICATIONS

 A Dialogue et questions

Taisez-vous et asseyez-vous !
Le train vient de quitter la gare. Vous avez trouvé un compartiment vide. Vous vous asseyez après avoir mis vos valises dans le filet[1]. Vous voilà maintenant toute seule, confortablement installée dans le compartiment. Soudain, la porte s'ouvre et une dame entre, accompagnée de quatre enfants. Ils portent des valises, des paniers, des ballons, des filets à crevettes[2] . . .

5

PIERROT[3] Je vais m'asseoir près de la fenêtre.
PATOU[4] Moi aussi, je veux m'asseoir près de la fenêtre.

[1]c'est-à-dire, **filet à bagages** *luggage rack*
[2]*shrimp nets*
[3]diminutif de Pierre
[4]diminutif de Patrick

LA MÈRE	Excusez-moi, Mademoiselle. Est-ce que vous pouvez m'aider à mettre cette grosse valise dans le filet ?
MARTINE	Maman, Maman, j'ai oublié ma poupée. Est-ce qu'on peut retourner à la maison?
JANINE	Non, non, ta poupée est avec la mienne, dans la grosse valise.
PIERROT	Maman, j'ai soif. Achète-moi un Pschitt[1].
LA MÈRE	Ah, taisez-vous et asseyez-vous !
MARTINE	Maman, donne-moi ma poupée !
JANINE	Je veux la mienne aussi, Maman.
PATOU	Je veux faire pipi[2], Maman.
LA MÈRE	Oh ! là ! là ! Vous êtes fatigants ! Mademoiselle, pouvez-vous surveiller les enfants pendant que je vais aux toilettes avec Patou ?
VOUS	. . .

10

15

20

(lignes 1–5)

1. Quelle sorte de compartiment avez-vous trouvé ?
2. Qu'est-ce que vous avez mis dans le filet ?
3. Qu'est-ce qui s'ouvre soudain ?
4. Qui entre dans le compartiment ?
5. Qu'est-ce qu'ils portent ?

(lignes 6–20)

6. Qui veut s'asseoir près de la fenêtre ?
7. Où est-ce que la mère veut mettre la grosse valise ?
8. Où sont les poupées de Martine et de Janine ?
9. Qui veut aller aux toilettes ?
10. Qu'est-ce que la mère veut que vous fassiez ?

B Expressions utiles

Moyens de transport

aller
arriver
partir
venir
voyager

à pied
à / en bicyclette
par le / en train
en voiture
en avion
en bateau
en autobus
en autocar

faire de l'auto-stop

À la gare
consulter l'horaire *m* et choisir un train
aller au guichet et acheter les billets

---

[1]boisson gazeuse à l'orange ou au citron   [2]aller aux toilettes

Il faut composter son billet avant de monter dans le train.

un billet $\begin{cases} \text{de première (classe),} \\ \text{de seconde / deuxième (classe),} \end{cases}$ $\begin{cases} \text{aller-retour} \\ \text{aller / simple} \end{cases}$

réserver / retenir une place dans le train

$\begin{matrix} \text{laisser} \\ \text{reprendre} \end{matrix}$ $\begin{cases} \text{ses bagages} \\ \text{sa valise} \end{cases}$ à la consigne (automatique)

composter les billets avant d'arriver sur le quai
Les billets sont contrôlés dans le train par le contrôleur.

$\begin{matrix} \text{Les voies } f \text{ et les trains} \\ \text{Les wagons et les compartiments} \end{matrix}$ sont numérotés.

Le train

Il y a $\begin{cases} \text{une locomotive.} \\ \text{un wagon / une voiture.} \\ \text{un wagon- / une voiture-} \end{cases}$ $\begin{cases} \text{bar.}^{1} \\ \text{restaurant.} \\ \text{lits / couchettes}^{2}. \end{cases}$

Dans le compartiment il y a $\begin{cases} \text{des fenêtres.} \\ \text{des banquettes.} \\ \text{des filets (à bagages).} \\ \text{une porte (entre le compartiment et le couloir).} \end{cases}$

[1]On y sert des sandwichs, des plats froids, des boissons froides et chaudes.
[2]On peut voyager plus économiquement en prenant une couchette qu'un lit (mais les wagons-lits offrent plus de confort et de « *privacy* »).

le T.E.E.[1] : train international, avec des voitures de première classe seulement
le TGV[2] : train ultramoderne et exceptionnellement rapide
le train rapide : train à longue distance ; s'arrête seulement dans les grandes villes
le train express[3] : s'arrête seulement dans les villes et les bourgs (moins rapide que le train rapide)
le train omnibus : s'arrête à toutes les gares
le train de marchandises : transporte les marchandises

Pratique

1. Qu'est-ce qui peut arriver si on oublie de réserver une place dans le train ?
2. Si vous voulez bien connaître la France, et surtout ses provinces, quels seront les moyens de transports que vous choisirez ?
3. Quel est le but[4] des composteurs ? Pourquoi les voit-on dans toutes les gares en France ?
4. Qu'est-ce qu'on peut faire dans une voiture-bar ?
5. Quelle est la différence entre un train rapide et un train express ?
6. Dans quelle sorte de trains trouve-t-on des wagons-lits ou des wagons-couchettes ?
7. Qu'est-ce que c'est qu'un T.E.E. ?
8. Qu'est-ce que c'est qu'une consigne (automatique) ?
9. Les trains omnibus sont rarement des trains à longue distance. Pourquoi ?
10. Y a-t-il un équivalent du TGV aux États-Unis ?[5]

---

[1]Trans-Europ-Express
[2]Train à Grande Vitesse (vitesse maximum de 260 km / heure entre Paris et Lyon) existant sur quelques grandes lignes
[3]On dit « le train direct » en Belgique et en Suisse.
[4]*goal*
[5]Savez-vous ce que c'est que le *Metroliner* ? Avez-vous entendu parler d'un projet de système de transport très rapide entre Los Angeles et San Diego ?

Les trains français sont très confortables.

C *Vous êtes dans une gare et vous voyez beaucoup de panneaux et de pancartes. Dites ce que signifient les mots suivants.*

1. ENTRÉE	7. OCCUPÉ	13. ACCÈS INTERDIT
2. SORTIE	8. LIBRE	14. RENSEIGNEMENTS
3. CONSIGNE	9. POUSSEZ	15. COMPOSTEUR
4. ASCENSEUR	10. FUMEUR	16. SORTIE DE SECOURS
5. DAMES	11. FERMÉ	17. ACCÈS AUX QUAIS
6. RÉSERVATIONS	12. TIREZ	18. BUREAU DES OBJETS TROUVÉS

D *Les grands-parents de Jean-Paul, qui habitent à Angers*[1]*, ont invité leur petit-fils et Christine à passer quelques jours chez eux. Complétez le passage suivant.*

(1) Nous/arriver/hier/à/gare Montparnasse/vers/10 h 15. (2) Jean-Paul/penser/train/aller/partir/dans/quelques/minute. (3) Nous/courir/après/descendre/de/taxi. (4) Mais/c'est/10 h 35/que/train/aller/partir. (5) Nous/composter/notre/billets/avant/monter/dans/train. (6) Jean-Paul/mettre/son/valise/et/mien/dans/filet. (7) Je/être/content/il/réserver/notre/places,/car/train/être/bondé. (8) Vers/midi/demi/nous/aller/dans/wagon-bar. (9) Il/être/agréable/déjeuner/en/regarder/campagne. (10) Train/arriver/Angers/2 h/après-midi. (11) C'est/grand-mère/Jean-Paul/qui/nous/attendre/à/gare. (12) Il/la/voir/en/descendre/train/et/il/courir/vers/elle. (13) Nous/partir/tout de suite/après/mettre/notre/bagages/dans/son/voiture. (14) Grand-père/Jean-Paul/être en train de/cueillir/fleurs/quand/nous/arriver.

E *Renseignement et opinions*

1. Avez-vous un travail que vous êtes en train d'achever ? Quelle sorte de travail est-ce ?
2. Est-ce que je connais vos parents ? Connaissez-vous les miens ? Connaissez-vous les parents de votre voisin de gauche ?
3. Est-ce que c'est la semaine dernière que nous avons parlé du cinéma ? Est-ce que c'est du cinéma que nous parlons cette semaine ?
4. Avez-vous jamais fait de l'auto-stop ? Quels sont les avantages et les inconvénients (et même les dangers !) de voyager de cette façon ?
5. Quelle est la différence entre la première et la seconde classe dans un avion ?
6. Vous parlez à quelqu'un qui n'a jamais voyagé en avion. Décrivez-lui ce qu'on fait avant de monter à bord, pendant le vol, et après être arrivé à sa destination.
7. Y a-t-il des trains de voyageurs aux États-Unis ? Comment sont-ils ? En avez-vous jamais pris un ? Pourquoi (pas) ?

[1]Angers est dans la région ouest de la France, à 310 km de Paris.

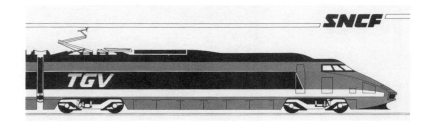

F Lecture

Les transports

Pour commencer par le commencement, un des moyens de locomotion qui a presque disparu aux États-Unis mais qui est encore utilisé en France, c'est la marche à pied. Une grande partie de la population vit dans des villages ou de petites villes. D'autre part[1], les villes importantes sont divisées en quartiers. Chacun des quartiers constitue une cellule autonome, et les habitants peuvent facilement se rendre[2] à pied dans 5 les magasins, à l'école, à l'église. En plus, les rues sont souvent agréables et les trottoirs permettent aux piétons de circuler en toute tranquillité : on voit des visages familiers, on s'arrête pour bavarder un moment, on regarde les vitrines en promenant son chien.

Pour aller un peu plus loin, c'est le vélo[3] ou le cyclomoteur[4] qui est le plus pratique. 10 Les cyclomoteurs ont un grand succès en France : peu chers à l'achat, ils sont très économiques à l'usage, et on n'a pas besoin de permis de conduire[5] pour s'en servir[6]. Pour circuler dans une grande ville ou dans sa banlieue on peut prendre l'autobus. Les villages sont reliés entre eux par un réseau d'autocars. Pour les voyages plus longs, on a le choix — et beaucoup de gens prennent leur voiture. La France possède le ré- 15 seau routier le plus dense d'Europe. Les routes nationales, entretenues[7] par l'État, sont en général très belles, bordées de grands arbres, mais insuffisantes à la circulation du dimanche soir ou des vacances. Les autoroutes ressemblent à celles[8] d'Allemagne ou des États-Unis — très monotones mais parfaites pour les gens pressés !

Indiscutablement, le point fort de la France, ce sont ses trains. La Société[9] Na- 20 tionale des Chemins de Fer (SNCF), sous contrôle de l'État, gère remarquablement le réseau de voies ferrées[10] et est constamment en train de le moderniser. Presque toutes les grandes lignes partent de Paris et relient la capitale à toutes les villes importantes de France et d'Europe.[11] Les trains *rapides* et *express* sont admirables de ponctualité, de confort et de rapidité, et le TGV qui roule à 260 km / heure est le 25 train le plus rapide du monde. Les wagons-restaurants, les wagons-lits et les couchettes rendent les longs voyages plus agréables et moins fatigants. Depuis le début de la crise d'énergie, et surtout à cause de l'augmentation continuelle du prix de l'essence, les trains sont de plus en plus[12] fréquentés. D'ailleurs, le gouvernement encourage le public à voyager en train — des affiches colorées l'invitent au pays du 30 soleil[13], à la mer et à la montagne. Les avantages économiques sont encore plus tentants : tarifs réduits pour les étudiants, les enfants, les militaires, les familles de trois enfants et plus, billets de groupe, billets touristiques, cartes d'abonnement pour les habitués d'un parcours[14], prix spéciaux pour les vacances en famille, pour les sports d'hiver, etc.

35

---

[1] *On the other hand*
[2] *aller*
[3] *bicyclette*
[4] *une bicyclette équipée d'un très petit moteur*
[5] *driver's license*
[6] **se servir de** *utiliser*
[7] **entretenir** *to maintain*
[8] *those*
[9] *Corporation, Company*

[10] *chemins de fer*
[11] *On compare souvent les réseaux routier et aérien et le réseau des chemins de fer en France à une toile d'araignée (a spiderweb) : toutes les grandes routes et les grandes lignes partent de Paris.*
[12] *more and more*
[13] *dans le Sud, vers la mer Méditerranée*
[14] **les habitués d'un parcours** *les gens qui font régulièrement le même trajet*

Le TGV est le train le plus rapide du monde. (Gare de Lyon, à Paris)

Les grandes villes sont reliées entre elles par un réseau aérien. La plus grande ligne aérienne s'appelle Air France et elle aussi est sous contrôle de l'État.[1] Les Français commencent à s'habituer aux voyages en avion, et sont souvent obligés d'y avoir recours[2]. Mais dans l'ensemble, contrairement aux Américains, ils préfèrent, sauf peut-être pour les affaires, voyager sur la terre ferme. Il est à remarquer, d'ail-leurs, que les distances à parcourir à l'intérieur du pays sont assez courtes et que les trains express sont très rapides. Le TGV, par exemple, va de Paris à Lyon (385 km) en deux heures. 40

Dans les grandes villes, les voitures sont de plus en plus nombreuses, les embouteillages de plus en plus fréquents et compliqués. Certains banlieusards mettent une heure et demie pour se rendre à leur travail. Le super-aéroport (Charles de Gaulle) de Roissy, où atterrit le Concorde[3], est à vingt kilomètres au nord-est de Paris. Mais, aux heures de pointe, il faut plus de temps pour y arriver en voiture que pour faire le trajet Paris-Londres en avion. On se demande où va mener cet absurde cercle vicieux. Heureusement, il y a toujours la marche à pied ! 45

50

[1] Il y a également plusieurs petites compagnies aériennes privées : Air Inter, Air Alsace, Air Alpes, Touraine Air Transport.

[2] **avoir recours à**   *to have recourse to*
[3] avion commercial supersonique

A *Trouvez dans le texte les mots qui sont définis ci-dessous.*

1. une bicyclette équipée d'un très petit moteur
2. qui n'a pas de variété, qui est trop uniforme
3. utiliser, employer
4. wagon où on peut prendre un repas
5. de manière très claire, sans discussion possible
6. personne qui habite dans la banlieue d'une grande ville
7. route sur laquelle on peut rouler rapidement sans rencontrer de feux rouges[1]
8. encombrement de la circulation sur une rue ou une route
9. la région sud de la France, vers la mer Méditerranée
10. indépendant, libre

B *Trouvez dans le texte l'antonyme des expressions et des mots suivants.*

faible	fin (*nom*)	inconnu
inconvénient	long	simple
malheureusement	de moins en moins	difficilement
échec	coupé / couper	suffisant
extérieur	sud-ouest	diminution

C *Répondez aux questions suivantes.*

1. À quoi servent[2] les trottoirs ?
2. Quels sont les avantages des cyclomoteurs ?
3. Qu'est-ce que c'est qu'une autoroute ?
4. Qu'est-ce que c'est que la SNCF ? Quelle est sa fonction principale ?
5. Comment sont les trains en France ?
6. Qu'est-ce que c'est que le TGV ?
7. Quelle sorte de tarifs réduits sont offerts par la SNCF ?
8. Pourquoi est-ce que les Français voyagent moins en avion que les Américains ?
9. Où se trouve l'aéroport Charles de Gaulle ?
10. Qu'est-ce que c'est que le Concorde ?

---

[1]*red lights*   [2]**servir à** *to be used for*

VOCABULAIRE[1]

Noms masculins

aéroport
·ballon
bagages *pl*
chariot
Coca-Cola
contrôle

·demi-tour
départ
embarquement
·filet (à bagages / à crevettes)
haut-parleur

jogging
·milieu
passager
passeport
placard
·poteau indicateur

·Pschitt
synonyme

Noms féminins

banquette
campagne
carte d'embarquement
ceinture

·consigne
·couchette
·coupe
·crevette

critique
étude
·route
·voiture-couchettes

·voiture-restaurant

Verbes

attacher
composter
confirmer

courir *irrég*
embrasser
mourir *irrég*

ôter
·s'ouvrir *irrég*
se peigner

retarder
serrer
·surveiller

Adjectifs

·inférieur(e)
·installé(e)
·intermédiaire

mou (molle)
propre
sale

sombre
·supérieur(e)
·vide

Autres expressions

·au milieu
c'est . . . que
c'est . . . qui
·confortablement

en + *participe présent*
être en train de + *inf*
·faire demi-tour
faire du jogging

·faire pipi
monter à bord
serrer la main à quelqu'un
·soudain

[1]The possessive pronouns are not included.

VINGT-QUATRIÈME LEÇON

CONVERSATIONS

🔲 **A. Un examen de maths**

ISABELLE   Ouf ! Je suis crevée. Heureusement, je n'ai qu'un examen à préparer maintenant.

ROBERT   Ah oui ? Lequel ?

ISABELLE   Celui de maths. Mais il ne m'inquiète pas trop.

ROBERT   C'est vrai. Tu es très forte en maths.

B. J'ai de quoi me plaindre.

JACQUES   Veux-tu sortir ce soir ?

FRANCE   Je ne peux pas. Il faut que je finisse ces bouquins pour le cours de Crussot.

JACQUES   Encore des bouquins à lire ! Il paraît que Crussot est très exigeant.

FRANCE   J'ai vraiment de quoi me plaindre. Si ça continue, je n'aurai plus du tout[1] de temps libre.

 C. Elle était déjà partie.

ANDRÉ   Pourquoi n'as-tu pas demandé à Mireille de t'aider à faire ton devoir ?

CHARLES   Eh bien, je suis allé chez elle, mais on m'a dit qu'elle était allée au cours de Martinet.

ANDRÉ   Tu n'es pas allé la chercher après son cours ?

CHARLES   Si, mais elle était déjà partie.

EXPLICATIONS ET EXERCICES ORAUX

● 1 PRONOM DÉMONSTRATIF : CELUI, CELLE, CEUX, CELLES

1. The demonstrative pronoun is used to avoid repetition of the same noun. It has four forms—**celui, celle, ceux, celles**—to agree in gender and number with the noun it replaces. You will see that the English equivalents of the demonstrative pronoun vary considerably, depending on how it is used. In the examples below, it occurs with **-ci** or **-là** (use of **-ci** and **-là** was presented in Lesson **22.3**), and replaces the construction **ce/cet/cette/ces** + noun-ci/-là. It corresponds to English *this (one)*, *that (one)*, *these*, and *those*.

J'ai trouvé deux livres. **Celui-ci** (= ce livre-ci) est à Jean, et **celui-là** (= ce livre-là) est à vous.	*This (one) . . . that (one)*
Cette robe-ci coûte moins cher que **celle-là** (= cette robe-là).	*that (one)*
Lesquels de ces étudiants connaissez-vous ?	
— Je connais **ceux-là** (= ces étudiants-là).	*those*
Lesquelles de ces fleurs voulez-vous ?	
— Je voudrais **celles-ci** (= ces fleurs-ci).	*these*

2. In the following examples, the demonstrative pronoun replaces definite article + noun, and is followed by **de** + noun indicating possession. The basic English equivalent is *that/those of* + possessor, but more commonly, possessor + **'s**.

---

[1] *any more . . . at all* (cf. **pas du tout** *not at all*)

Mon frère a douze ans ; **celui** (= le
frère) **de Jeanne** a treize ans.

that of Jeanne→Jeanne's

Ta voiture est rouge, mais **celle**
(= la voiture) **de Jean-Paul** est bleue.

that of Jean-Paul→Jean-Paul's

Mes parents habitent à Paris ; **ceux** (=
les parents) **de Philippe** sont à Dijon.

those of Philippe→Philippe's

Les valises de Daniel sont plus légères
que **celles** (= les valises) **de Marie**.

those of Marie→Marie's

3. When the demonstrative pronoun, replacing definite article + noun, is followed by a relative clause, it corresponds to English *the one, the ones,* or *those*.

Je ne connais pas cet hôtel ; **celui**
(= l'hôtel) **que** je connais est près de
la gare.

the one

L'étudiante qui est assise est ma sœur ;
celle (= l'étudiante) **à qui** elle parle
est notre cousine.

the one

Vos livres sont sur la table, mais **ceux**
(= les livres) **dont** j'ai besoin ne sont
pas là.

the ones, those

Je ne connais pas ces jeunes filles ;
celles (= les jeunes filles) **que** je
connais ne sont pas venues.

the ones, those

TABLEAU 98   Voilà deux valises ; **celle** de Robert est légère, mais **celle** de Jeanne est très lourde !

 A *Remplacez le nom dans chaque expression par le pronom démonstratif, d'après ces modèles.*

ce livre-ci
celui-ci
le cahier de l'étudiant
celui de l'étudiant

la pièce que j'ai vue
celle que j'ai vue

1. ce livre-là	8. la table du professeur
2. ces livres-là	9. la porte de la classe
3. cette table-ci	10. les crayons du professeur
4. ces chaises-là	11. le livre de l'étudiant
5. cette fenêtre-ci	12. les clés qui sont sur la table
6. ces murs-ci	13. les examens dont je parle
7. ce livre-ci	14. les cours que je suis

B *Répondez aux questions en employant le pronom démonstratif.*

1. Il y a beaucoup de chaises dans cette classe. Laquelle est pour vous ? Laquelle est pour moi ? Laquelle est pour (Maurice) ?
2. Regardez les photos en couleur dans notre livre. Laquelle vous intéresse le plus ? Pourquoi ? Laquelle vous intéresse le moins ? Pourquoi ?
3. Vous connaissez tous vos camarades dans ce cours, n'est-ce pas ? Choisissez deux de vos camarades et dites-moi comment ils s'appellent.
4. (Paul), donnez-moi votre livre, s'il vous plaît. Regardez bien. Lequel est à moi ? Lequel est à (Paul) ? Comment le savez-vous ?

C *Répondez aux questions suivantes.*

Savez-vous mon numéro de téléphone ?
Non, mais je sais celui de (Janine).

1. Savez-vous mon âge ?	5. Connaissez-vous mes amis ?
2. Savez-vous mon adresse ?	6. Comprenez-vous mes ennuis ?
3. Voyez-vous mon stylo ?	7. Avez-vous mon numéro de téléphone ?
4. Voyez-vous mon dos ?	8. Pouvez-vous regarder ma montre ?

 D *J'ai dîné dans un mauvais restaurant. Vous, au contraire, vous avez dîné dans un bon restaurant. Nous allons parler de nos impressions. Dites le contraire de ce que je vous raconte, d'après ce modèle.*

Le restaurant où j'ai dîné était loin de chez moi.
Celui où j'ai dîné n'était pas loin de chez moi.

1. Le repas que j'ai commandé était mauvais.
2. La soupe qu'on m'a servie n'était pas chaude.
3. La viande qu'on m'a apportée était dure.
4. Le garçon à qui j'ai commandé le repas ne m'a pas bien compris.
5. Les légumes que j'ai choisis n'étaient pas frais.
6. Les fromages que j'ai mangés étaient mauvais.
7. La table où j'ai mangé était trop petite.
8. L'addition qu'on m'a apportée avait des erreurs.

• 2 EMPLOI DE **NE . . . QUE**

1. The construction **ne . . . que** *only* expresses the idea of restriction or limitation, rather than true negation.

Je **n'**ai **pas** d'examens cette semaine.	*I don't have any tests this week.*
Je **n'**ai **qu'**un examen cette semaine.	*I have only one test this week.*

Elle **ne** parle **pas** de son fiancé.   *She doesn't talk about her fiancé.*
Elle **ne** parle **que** de son fiancé.   *She only talks about her fiancé.*

2. While true negative expressions such as **ne . . . pas/plus/jamais** change the indefinite article (**un, une, des**) and the partitive article (**du, de la, de l'**) to **de**, the construction **ne . . . que** does not.

OTHER NEGATIVE FORMS

Je **n'**ai **pas de** sœur(s).
Je **ne** vois **pas d'**étudiant(s).
Je **ne** bois **plus de** café.
Je **n'**ai **jamais** bu **de** bière.

NE . . . QUE

Je **n'**ai **qu'une** sœur.
Je **ne** vois **que des** étudiants.
Je **ne** bois **que du** café.
Je **n'**ai bu **que de la** bière.

3. **Ne**, like other negative constructions, is placed immediately before the verb. The position of **que** varies: it is placed immediately before the word or phrase to which the restriction applies.

Elle **ne** parle **que de son voyage**.   *only about her trip* (about nothing else)
Elle **ne** parle **que rarement** de son voyage.   *only rarely*
Elle **ne** parle de son voyage **qu'à ses parents**.   *only to her parents* (to nobody else)
Elle **ne** parle de son voyage à ses parents **que quand elle est heureuse**.   *only when she is happy* (at no other time)

« Ce n'est pas possible ! Il ne m'a donné qu'un douze ! »

4. Personal object pronouns usually come before the verb. But if the restriction applies to a personal object pronoun, then the pronoun must be moved *behind* the verb and **que**, and is changed to the corresponding stressed pronoun. Pronouns referring to things or ideas are replaced by **cela** or **ça** (ça is more colloquial).

Je **vous** connais.	→Je **ne** connais **que vous**.
Je **le** crois.	→Je **ne** crois **que lui**.
Je **te** dis la vérité.	→Je **ne** dis la vérité **qu'à toi**.
Je **la** mange tous les matins.	→Je **ne** mange **que cela** tous les matins.
J'**en** parle à Marianne.	→Je **ne** parle **que de ça** à Marianne.

 A *Répondez aux questions en employant la locution* **ne . . . que**.

1. Je n'ai qu'une montre. Combien de montres avez-vous ?
2. Y a-t-il beaucoup de lits dans votre chambre ?
3. Avez-vous mille dollars sur vous ?
4. Avez-vous deux nez ? Connaissez-vous quelqu'un qui ait deux nez ?
5. Bientôt ce sera la fin du semestre. Je connais un étudiant qui a (six) examens à passer. Combien d'examens avez-vous à passer ?
6. Y a-t-il quelqu'un qui a voyagé à l'étranger[1] ? Combien de pays avez-vous visités ?

 B *Répondez aux questions en employant la locution* **ne . . . que**, *d'après ce modèle.*

Est-ce que vous me parlez en français ?
Je ne parle qu'à vous en français.

1. Est-ce que vous m'écoutez en classe ?
2. Quand commencent les vacances d'été ? Y pensez-vous souvent ?
3. Il est difficile de bien comprendre les autres personnes. Comprenez-vous bien vos parents ?
4. Pour apprendre le français, il faut un professeur. Avez-vous besoin de moi ?
5. Vos parents écrivent beaucoup de lettres. Est-ce qu'ils vous écrivent très souvent ?
6. Il faut penser à son avenir et surtout à sa carrière. Est-ce que vous pensez à votre carrière ?

C *Expliquez la différence entre les deux phrases. Voici des modèles.*[2]

Je ne vois que mon ami pendant le week-end.
Je vois seulement mon ami, et personne d'autre, pendant le week-end.
Je ne vois mon ami que pendant le week-end.
Je vois mon ami seulement pendant le week-end.

1. Je ne sors qu'avec mon ami pendant le week-end.
2. Je ne sors avec mon ami que pendant le week-end.
3. Il ne boit du lait qu'avec son petit déjeuner.
4. Il ne boit que du lait avec son petit déjeuner.

---

[1]*abroad*
[2]Il y a d'autres réponses possibles. Par exemple, pour la première phrase, on peut dire : **Pendant le week-end, la seule personne que je vois est mon ami ; Je vois mon ami et je ne vois personne d'autre pendant le week-end.**

5. Cet étudiant ne va au labo qu'avant un examen.
6. Cet étudiant ne va qu'au labo avant un examen.
7. Nous ne regardons que la télé pour nous détendre.
8. Nous ne regardons la télé que pour nous détendre.
9. Je ne parle français que quand je suis dans ce cours.
10. Je ne parle que français quand je suis dans ce cours.

• 3 CRAINDRE, ÉTEINDRE

1. Here is the conjugation of **craindre** *to fear*. Note that **-gn-** /ɲ/ occurs only in the plural forms in the present indicative, and that before /ɲ/ the preceding vowel is not nasal. **Craindre** may take a direct object, de + infinitive, or que + dependent clause (with the verb after **que** being in the subjunctive).

Je **crains** que vous ayez tort.	/kʀɛ̃/
Tu **crains** que j'aie raison.	/kʀɛ̃/
Il **craint** de suivre ce cours.	/kʀɛ̃/
Nous **craignons** cet examen.	/kʀɛɲõ/
Vous **craignez** les chiens.	/kʀɛɲe/
Ils **craignent** l'eau.	/kʀɛɲ/
J'ai toujours **craint** le tonnerre.	
Je ne **craindrai** personne.	

crains	craignons
crains	craignez
craint	craignent
craint	
craindrai	

Other verbs conjugated like **craindre**:

plaindre	*to pity*	**joindre**	*to join*
se plaindre (de)	*to complain (about)*		

2. **Éteindre** *to extinguish, to turn off* (the opposite of **allumer**) is also conjugated like **craindre**.

J'**éteins** le feu.
Tu **éteins** la lumière.
Il **éteint** sa cigarette.
Nous **éteignons** la radio.
Vous **éteignez** la télévision.
Ils **éteignent** le feu.
J'ai **éteint** le magnétophone.
J'**éteindrai** la radio.

éteins	éteignons
éteins	éteignez
éteint	éteignent
éteint	
éteindrai	

Other verbs conjugated like **éteindre**:

peindre	*to paint*	**atteindre**	*to attain*

 A *Exercice de contrôle*

On ne craint pas les personnes qu'on connaît bien.

1. Nous	3. Les enfants	5. Vous
2. Je	4. Tu	6. On

Il craint que les étudiants ne le comprennent pas.

On plaint ceux qui se plaignent toujours.

1. Vous
2. Tu

3. Nous
4. Les gens

5. Je
6. On

J'éteins la lumière avant de me coucher.

1. On
2. Nous

3. Tu
4. Vous

5. Les gens
6. Je

B *Répondez aux questions.*

1. Craignez-vous quelqu'un ? Craignez-vous quelque chose ? Qu'est-ce qu'on craint vers la fin du semestre ?
2. Quand j'étais petit, je craignais le tonnerre. Qu'est-ce que vous craigniez quand vous étiez petit ?
3. On se plaint de la chaleur en été, et on se plaint du froid en hiver. Est-ce que vous vous plaignez de quelque chose ? Demandez-moi de quoi je me plains.
4. Est-ce qu'on allume ou éteint la lumière quand il fait nuit[1] ? Avez-vous éteint la lumière ce matin avant de quitter votre chambre ?
5. Qu'est-ce qu'on peut allumer et éteindre, outre le feu ? Mentionnez plusieurs objets qui se trouvent dans votre maison.
6. Qui a peint le portrait de Mona Lisa[2] ? Pourquoi est-ce qu'on appelle ce portrait « la Joconde » en français ?

[1]**il fait nuit** *it is dark* (contraire de **il fait jour**)
[2]Voir la note 2 à la page 403.

• **4 EXPRESSION DE RÉCIPROCITÉ**

1. Verbs taking a direct or indirect object can express reciprocal actions (*each other*, *one another*) by means of the reflexive pronouns **nous**, **vous**, and **se** when the subject is in the plural. In compound tenses, the auxiliary **être** is used, and the past participle agrees in gender and number with the reflexive pronoun if it is the *direct object* of the verb.

DIRECT OBJECT

Nous **nous comprenons** bien.	*We understand each other well.*
Vous **vous** êtes **vus** hier.	*You saw each other yesterday.*
Ils **se** sont **rencontrés**.	*They met one another.*

INDIRECT OBJECT

Nous **nous parlons** souvent.	*We often speak to each other.*
Vous **vous** êtes **écrit**.	*You wrote to each other.*
Ils **se** sont **répondu**.	*They answered each other.*

2. The reciprocal construction can lead to ambiguity. **Nous nous aimons** can mean *we love each other* (reciprocal) or *we love ourselves* (reflexive). If the *reciprocal* action needs emphasis, the phrase **l'un(e) l'autre** for two people, or **les un(e)s les autres** for two groups of people, can be added for transitive verbs. The forms **l'une l'autre** and **les unes les autres** are used when the subject is exclusively feminine.

Paul et Marie **se** voient (**l'un l'autre**).
Marie et sa sœur **se** comprennent (**l'une l'autre**).
Ces vendeurs et ces clients **se** connaissent (**les uns les autres**).
Ces vendeuses et ces clientes **se** comprennent (**les unes les autres**).

For verbs taking à + noun, **l'un(e) à l'autre** or **les un(e)s aux autres** may be added.

Bernard et Michel **s'**écrivent (**l'un à l'autre**).
Marie et Suzanne **se** plaisent (**l'une à l'autre**).
Vous **vous** posez des questions (**les uns aux autres**).
Elle et ses voisines **se** parlent (**les unes aux autres**).

3. Verbs that take a preposition other than à (such as **avoir besoin de** and **compter sur**) cannot be used with the reflexive pronouns **nous**, **vous**, and **se**. Instead, **l'un(e)** + preposition + **l'autre** or **les un(e)s** + preposition + **les autres** must be added after the verb. [1]

J'ai besoin **de** toi, et tu as besoin **de** moi.
→(Toi et moi,) nous avons besoin **l'un de l'autre**.
Vous comptez **sur** lui, et il compte **sur** vous.
→(Vous et lui,) vous comptez **l'un sur l'autre**.
Ils parlent **d'**elles, et elles parlent **d'**eux.
→(Eux et elles,) ils parlent **les uns des autres**.

---

[1]The preposition **de** becomes **des** if there are two groups of people: **les un(e)s des autres**.

TABLEAU 99   Il **se** gratte.   Ils **se** grattent (**l'un l'autre**).

 A *Modifiez les phrases suivantes d'après ce modèle.*

> Je regarde Sophie, et elle me regarde.
> **Sophie et moi, nous nous regardons.**

1. Je vois souvent Sophie, et elle me voit souvent.
2. J'aime Sophie, et elle m'aime.
3. Je tutoie Sophie, et elle me tutoie.
4. J'ai téléphoné à Sophie, et elle m'a téléphoné.
5. Vous connaissez Robert, et il vous connaît.
6. Vous avez parlé à Robert, et il vous a parlé.
7. Vous avez compris Robert, et il vous a compris.
8. Vous avez vu Robert, et il vous a vu.

 B *Jacques et Josette sont étudiants en psychologie. Ils se connaissent depuis deux ans. Ils sont de très bons amis et ils travaillent ensemble. Modifiez les phrases suivantes d'après ce modèle.*

> Jacques connaît Josette depuis deux ans ; Josette connaît Jacques depuis deux ans.
> **Jacques et Josette se connaissent depuis deux ans.**

1. Jacques a rencontré Josette il y a deux ans ; Josette a rencontré Jacques il y a deux ans.
2. Jacques voit souvent Josette ; Josette voit souvent Jacques.
3. Jacques comprend bien Josette ; Josette comprend bien Jacques.
4. Jacques plaît beaucoup à Josette ; Josette plaît beaucoup à Jacques.
5. Jacques a vu Josette plusieurs fois cette semaine ; Josette a vu Jacques plusieurs fois cette semaine.
6. Jacques avait besoin de Josette ; Josette avait besoin de Jacques.
7. Jacques comptait sur Josette ; Josette comptait sur Jacques.
8. Jacques a aidé Josette à préparer ses examens ; Josette a aidé Jacques à préparer ses examens.

C *Répondez aux questions d'après ce modèle.*

> Connaissez-vous (Marie) ?
> **Oui, nous nous connaissons (bien).**

1. Est-ce que je vous parle en français ?
2. Depuis quand connaissez-vous (Bernard) ?

3. M'avez-vous rencontré dans le couloir ?
4. Voyez-vous souvent vos parents ?
5. Écrivez-vous souvent à vos parents ?
6. Est-ce que les professeurs ont besoin de leurs étudiants ?
7. Est-ce que vous avez besoin de moi ?
8. Est-ce que vous me craignez ?

• 5 PLUS-QUE-PARFAIT DE L'INDICATIF

1. The past perfect tense (**le plus-que-parfait**), also known as the "pluperfect," consists of the auxiliary **avoir** or **être** in the *imperfect* tense and the past participle of the verb expressing the action. Study the conjugation of **manger** and **rentrer** below.

j'**avais** mangé	j'**étais** rentré(e)
tu **avais** mangé	tu **étais** rentré(e)
il **avait** mangé	il **était** rentré
nous **avions** mangé	nous **étions** rentré(e)s
vous **aviez** mangé	vous **étiez** rentré(e)(s)
ils **avaient** mangé	ils **étaient** rentrés

2. In English, the past perfect tense is expressed by *had* + past participle (*I had given, you had gone, she had left*). In both French and English, the past perfect is used in conjunction with other past tenses and denotes an action that had already been completed *before* another past action.[1] Compare the tenses of the verbs in the following examples.

Il **a dit** ce matin qu'il **avait lu** ce livre.	*He said this morning that he had read this book.* (**lire** took place before **dire**)
Elle **portait** le pull que sa mère lui **avait envoyé**.	*She was wearing the sweater that her mother had sent to her.* (**envoyer** took place before **porter**)

3. *Sequence of tenses.* The verb tense in the dependent clause is often determined by its time relationship to the action expressed in the main clause. In reference to the main verb, the action of the verb in the dependent clause (*a*) may have taken place before (*anterior*), (*b*) may be taking place at the same time (*simultaneous*), or (*c*) may take place after (*posterior*). You will note that English also has a similar sequence of tenses.

MAIN VERB IN THE PRESENT[2]

Elle **sait** que . . .	*She knows that . . .*
Daniel **est** ici. (*simultaneous*)	*Daniel is here.*
Paul **était** en classe. (*anterior*)	*Paul was in class.*
Marie **est venue**. (*anterior*)	*Marie came (has come).*
vous **serez** à Rome. (*posterior*)	*you will be in Rome.*

---

[1]Colloquial English tends to replace the past perfect with the simple past: *She was wearing the sweater her brother (had) sent to her; The road was slippery because it (had) rained.*
[2]The use of the future vs. the conditional was discussed in Lesson **18**.5 (p. 377).

Il **dit** que . . .	He says that . . .
Michel le **connaît**. (*simultaneous*)	Michel knows him.
Renée **voulait** partir. (*anterior*)	Renée wanted to leave.
Marie **a** déjà **déjeuné**. (*anterior*)	Marie ate (has eaten) lunch already.
son frère **viendra**. (*posterior*)	his brother will come.

Compare the examples above with those given below. The changes in the verb tenses of the dependent clauses are caused by the change of tense in the main verb.

MAIN VERB IN THE PAST

Elle **savait** que . . .	She knew that . . .
Daniel **était** ici. (*simultaneous*)	Daniel was here.
Paul **avait été** en classe. (*anterior*)	Paul had been in class.
Marie **était venue**. (*anterior*)	Marie had come.
vous **seriez** à Rome. (*posterior*)	you would be in Rome.

Il **a dit** que . . .	He said that . . .
Michel le **connaissait**. (*simultaneous*)	Michel knew him.
Renée **avait voulu** partir. (*anterior*)	Renée had wanted to leave.
Marie **avait** déjà **déjeuné**. (*anterior*)	Marie had already eaten lunch.
son frère **viendrait**. (*posterior*)	his brother would come.

4. The tense relationships between the verb of the main clause and that in the dependent clause are summarized below.

MAIN CLAUSE		DEPENDENT CLAUSE
present	(*simultaneous*)	present
	(*anterior*)	imperfect/*passé composé*
	(*posterior*)	future
past (imperfect/ *passé composé*)	(*simultaneous*)	imperfect/*passé composé*
	(*anterior*)	past perfect
	(*posterior*)	conditional

TABLEAU 100 La chaussée **était** glissante, car il **avait plu**.   Il s'**était** déjà **couché** quand je **suis rentré**.

A *Exercice de contrôle*

J'ai oublié que je n'avais pas mangé.

1. Nous
2. Tu
3. Mes copains
4. Mon copain
5. Vous
6. Je

Je ne savais pas que j'étais arrivé en retard.

1. Le professeur
2. Vous
3. Les étudiants
4. Tu
5. Nous
6. Je

 B *Mettez le verbe de chaque phrase d'abord à l'imparfait, ensuite au passé composé, et finalement au plus-que-parfait.*

Modèle : Je travaille beaucoup.
Je travaillais beaucoup.
J'ai beaucoup travaillé.
J'avais beaucoup travaillé.

1. Je suis un cours de chimie.
2. Je m'inscris à[1] ce cours.
3. Je prépare mon examen.
4. On réussit à l'examen.
5. Personne n'échoue à l'examen.
6. Elle se spécialise en anglais.
7. Elle reçoit de bonnes notes.
8. Elle assiste à tous ses cours.
9. Vous manquez vos cours.
10. Vous ne travaillez pas assez.

 C *Mettez le verbe de la proposition principale au passé et faites le changement de temps nécessaire dans le verbe de la proposition subordonnée.[2]*

1. Il me dit que son frère se spécialise en chimie.
2. Il me dit que son frère a suivi des cours de maths.
3. Il croit que son frère deviendra ingénieur-chimiste.
4. Je sais que vous préparez un examen.
5. Je sais que vous avez beaucoup travaillé.
6. Je suis sûr que vous réussirez à votre examen.
7. J'espère qu'elle a assez travaillé.
8. J'espère qu'elle aura de bonnes notes.
9. Elle déclare que le cours est très facile.
10. Elle affirme que personne n'a échoué aux examens.

D *Modifiez les phrases suivantes d'après ce modèle.*

Je suis à l'heure parce que je me suis dépêché.
J'étais à l'heure parce que je m'étais dépêché.

1. Je suis en retard parce que je suis rentré tard.
2. J'ai faim parce que je n'ai pas déjeuné.
3. Il fait froid, car il a neigé.
4. Je mets le pull que ma mère m'a envoyé.
5. Je téléphone à Marie ; elle m'a donné son numéro.
6. Je sais son adresse ; elle me l'a donnée.
7. J'arrive chez Marie, mais elle est déjà partie.
8. Je trouve le message qu'elle m'a laissé.

---

[1]**s'inscrire à** *to register for, to enroll in*
[2]Mettez **dire**, **déclarer** et **affirmer** au passé composé et les autres verbes à l'imparfait.

« Le prof joue son rôle dans l'amphi et, hop ! il disparaît. »

APPLICATIONS

 A Dialogue et questions

Au Quartier Latin[1]

Vous êtes au Quartier Latin. Vous venez de visiter la Sorbonne, une des universités les plus anciennes d'Europe.[2] Vous remontez le Boul' Mich',[3] artère principale du quartier où il y a de nombreux cafés, restaurants, magasins, cinémas et librairies. Vous vous arrêtez dans un café. Près de votre table sont assis deux étudiants qui parlent de leur professeur.   5

L'ÉTUDIANT	Alors, on se verra chez Daniel samedi ?
L'ÉTUDIANTE	Non, il faut que je commence mes recherches pour Thibaud.
L'ÉTUDIANT	À propos[4], comment as-tu trouvé son cours ce matin ?
L'ÉTUDIANTE	C'était génial. Tu n'étais pas là ?
L'ÉTUDIANT	Si. Thibaud est un bon acteur, mais ce n'est pas un bon prof. 10
L'ÉTUDIANTE	Tu exagères. Qu'est-ce que tu lui reproches ?

---

[1]ainsi appelé parce qu'au moyen âge on ne parlait que le latin dans ce quartier (sur la rive gauche de la Seine). Le latin était la langue officielle de la Sorbonne jusqu'en 1789. Dans ce quartier se trouvent aujourd'hui la Sorbonne (l'université de Paris IV), le Collège de France, l'École Normale Supérieure, l'École des Beaux-Arts et plusieurs grands lycées.
[2]fondée en 1257. Au moyen âge la Sorbonne était le centre des études théologiques.
[3]le Boulevard Saint-Michel, souvent appelé « le Boul' Mich' » par les étudiants
[4]*By the way*

L'ÉTUDIANT Il ne sait que réciter de grandes tirades[1]. Il joue son rôle dans l'amphi[2] et hop ! il disparaît.

L'ÉTUDIANTE Qu'est-ce que tu veux de plus ? Tout le monde dit que ses conférences[3] sont brillantes. Tu n'es pas d'accord ? 15

L'ÉTUDIANT Je n'aime pas beaucoup son style.

L'ÉTUDIANTE Tu te plains toujours de quelque chose.

L'ÉTUDIANT J'ai de quoi me plaindre. La semaine dernière il m'a donné un douze[4] pour mon exposé[5]. J'avais mis deux semaines entières à le préparer, tu te rends compte[6] ? 20

L'ÉTUDIANTE Tu as essayé de lui parler ?

L'ÉTUDIANT Non, aucun dialogue n'est possible avec lui. D'ailleurs, il n'est jamais dans son bureau.

(lignes 1–5)

1. Qu'est-ce que c'est que la Sorbonne ?
2. Qu'est-ce que c'est que le Boul' Mich' ?
3. Où sont les étudiants qui parlent de leur professeur ?

(lignes 6–23)

4. Pourquoi l'étudiante ne peut-elle pas aller chez Daniel ?
5. Comment a-t-elle trouvé le cours de M. Thibaud ?
6. D'après l'étudiant, que fait M. Thibaud dans l'amphithéâtre ?
7. Que pense tout le monde de ses conférences ?
8. De quoi l'étudiant se plaint-il ?
9. Combien de temps avait-il mis à préparer son exposé ?
10. Qu'est-ce qui n'est pas possible, d'après lui ?

l'étudiant

n° 10

LES UNIVERSITÉS

« Ce dossier répond à toutes les questions que se posent les nouveaux bacheliers et les étudiants en cours d'études ».
Ouest France

B Expressions utiles

Les études[7]

remplir }
envoyer } le dossier d'inscription[8]

envoyer le dossier }
prendre des renseignements } au service de scolarité[9]

payer les droits d'inscription[10]

comment préparer

SCIENCES-PO

(entrée en 1e ou 2e année)
224 pages
présentation des I.E.P.
(Paris, province),
Conseils de méthodes,
présentation des épreuves,
annales, débouchés, etc.
20 francs

•

VENTE en LIBRAIRIE
(diffusion VUIBERT)
ou par CORRESPONDANCE
prix 25 francs par guide
par chèque à
GROUPE SIGMA EDITIONS
16, rue du Cloître Notre Dame
75004 Paris
325.63.30

---

[1] *discours*
[2] *amphithéâtre (où on fait des conférences devant un grand nombre d'étudiants)*
[3] *lectures*
[4] En France, on donne des notes de 0 à 20. Les notes au-dessous de 10 ne sont pas bonnes.
[5] *(oral) report*
[6] **se rendre compte (de)** *to realize*
[7] Pour les cours, voir les **Expressions utiles** de la Leçon 2 (p. 50).
[8] *application forms* (littéralement, *record for registration*)
[9] *registrar's office*
[10] Les **droits d'inscription** (*registration fees*) couvrent les frais des travaux pratiques, certains frais médicaux, et donnent accès aux bibliothèques.

l'étudiant :
$$\left.\begin{array}{l} \text{s'inscrire au / aux} \\ \text{suivre le / les} \\ \text{assister au / aux} \\ \text{manquer / sécher}^1 \text{ le / les} \end{array}\right\} \left\{\begin{array}{l} \text{cours (de biologie)} \\ \text{travaux pratiques}^2 \\ \text{travaux dirigées}^3 \end{array}\right.$$

$$\left.\begin{array}{l} \text{être étudiant(e)} \\ \text{se spécialiser} \end{array}\right\} \text{en chimie}$$

l'étudiant :
$$\left\{\begin{array}{l} \text{travailler dur / beaucoup} \\ \text{mettre dix heures à faire un devoir} \\ \text{faire des / beaucoup de progrès } m\ pl \\ \text{être} \left\{\begin{array}{l} \text{fort / bon} \\ \text{faible / mauvais} \end{array}\right\} \text{en mathématiques} \end{array}\right.$$

$$\left.\begin{array}{l} \text{préparer} \\ \text{passer / se présenter à} \\ \text{réussir à / être reçu à} \\ \text{échouer à / rater} \end{array}\right\} \text{un examen de psychologie}$$

$$\left.\begin{array}{l} \text{avoir} \\ \text{recevoir} \\ \text{obtenir} \end{array}\right\} \text{de} \left\{\begin{array}{l} \text{bonnes} \\ \text{mauvaises} \end{array}\right\} \text{notes : avec la mention} \left\{\begin{array}{l} \text{« excellent »} \\ \text{« très bien »} \\ \text{« bien »} \\ \text{« assez bien »} \\ \text{« passable » / « médiocre »} \\ \text{« insuffisant »} \end{array}\right.$$

le professeur :
$$\left\{\begin{array}{l} \text{enseigner le français} \\ \text{faire un cours de français} \\ \text{faire des recherches} \\ \text{diriger} \left\{\begin{array}{l} \text{les recherches d'un étudiant} \\ \text{un mémoire / une thèse} \end{array}\right. \end{array}\right.$$

les dossiers de **l'étudiant**
n° 10 - bimestriel - Juin/Août 1979 - 10 Frs

Après le bac ?

Les UNIVERSITÉS

accès
études
débouchés

QUELLE UNIVERSITÉ CHOISIR?

[1] *to cut* (expression familière)

[2] ou les **T.P.** : l'application pratique en petits groupes et avec des appareils, de l'enseignement théorique, surtout dans les matières scientifiques, sous la direction d'un assistant.

[3] effectués en petits groupes ; l'assistant explique le cours magistral, donne des renseignements complémentaires et des exercices, et répond aux questions des étudiants.

Pratique

1. Aux États-Unis, quelle sorte de questions trouve-t-on dans les formulaires du dossier d'inscription ?
2. Aux États-Unis, dans quelle sorte de cours y a-t-il des travaux pratiques ou dirigés ?
3. Qu'est-ce que c'est qu'un assistant ? Que fait-il ? Quelle est la différence entre un assistant et un professeur ?
4. Donnez le contraire des expressions suivantes.

faire beaucoup de progrès	réussir à un examen
assister à un cours	recevoir de bonnes notes
la mention « très bien »	être fort(e) en quelque chose

C *Christine est allée au Quartier Latin aujourd'hui. Elle a tant marché qu'elle avait chaud et soif. Elle a décidé d'aller dans un café prendre quelque chose de frais. Complétez le passage suivant.*

(1) Je/être/assis/à/terrasse/un/café/quand/je/entendre/conversation/entre/deux/ étudiant. (2) Ils/boire/bière/et/parler/un/professeur. (3) Il/être/évident/ils/ne pas/avoir/ même/opinion/de/lui. (4) La/opinion/jeune fille/être/favorable ; /elle/penser/conférences/ professeur/être/brillant. (5) Celui/de/son/camarade/être/le contraire[1]. (6) D'après/lui,/ professeur/ne que/être/bon/acteur/qui/ne que/savoir/réciter/grand/tirades. (7) Il/se plaindre/surtout/de/notes/que/il/avoir reçu/pour/son/exposé/semaine/dernier. (8) Il/ avoir mis/deux/semaine/le/préparer,/et/il/ne que/avoir eu/un douze[2]. (9) Le/jeune fille/ lui/demander/si/il/avoir essayé/parler/professeur. (10) Il/répondre/aucun/dialogue/être/ possible/avec/lui.

D *Choisissez un des sujets suivants et écrivez une composition d'à peu près 250 mots.*[3]

1. Faites le résumé d'un film (d'un programme à la télévision) que vous avez vu récemment. Racontez ce qui se passe dans le film (le programme) en employant des temps du passé. Donnez votre opinion sur le film (le programme).
2. Imaginez les aventures (et les mésaventures) de quelqu'un qui a fait de l'auto-stop pour aller d'une ville à l'autre et décrivez-les d'une façon humoristique.
3. Avez-vous fait récemment un voyage en avion ou en train ? Décrivez votre voyage depuis le moment où vous êtes arrivé à l'aéroport ou à la gare jusqu'au moment où vous êtes arrivé à votre destination.
4. Décrivez un des premiers cours que vous avez suivis à l'université. Dites ce que vous avez pensé du professeur, des matières, des devoirs, etc. Dites ce que vous en pensez maintenant.
5. Qui est votre meilleur(e) ami(e) à l'université ? Décrivez comment il (elle) est et dans quelles circonstances vous avez fait sa connaissance.
6. Pourquoi avez-vous choisi cette université ? Énumérez les critères de votre choix. Qui avez-vous consulté avant de prendre votre décision ?

E *Renseignements et opinions*

1. En quoi est-ce que vous vous spécialisez ? Quels sont quelques-uns des cours obligatoires dans cette discipline ?

---

[1] *the opposite* (expression invariable)
[2] expression invariable (voir la note 4 à la page 505)
[3] Approximativement deux fois plus longue que l'Activité C de cette leçon.

2. Êtes-vous content de tous vos professeurs ? Y a-t-il des professeurs dont vous êtes mécontent ? De quelle sorte de professeur vous plaignez-vous en général ?

3. Vous êtes dans un cours de français. Combien de temps mettez-vous à faire votre travail pour ce cours ? Quel est le cours qui demande plus de temps que celui de français ?

4. Quand est-ce que vous allumez la lumière dans votre chambre ? Quand est-ce que vous l'éteignez ?

5. Vous vous êtes inscrit dans ce cours, n'est-ce pas ? Quel cours de français aviez-vous suivi avant de vous inscrire dans ce cours ?

6. Combien de fois par semaine est-ce que nous nous voyons dans ce cours ? Est-ce qu'on se pose des questions dans le cours ? Quelle sorte de questions se pose-t-on ?

F   Lecture

Les études universitaires

Autrefois il n'y avait que dix-sept universités en France, chacune divisée en Facultés (Lettres, Médecine, Droit, Sciences) et en sections (anglais, histoire, droit public, etc.).[1] Mais aujourd'hui les différentes disciplines se groupent en Unités d'Enseignement et Recherches (U.E.R.)[2] selon leurs affinités, ensuite ces U.E.R. se regroupent en universités. Il y a maintenant 57 universités, 8 centres universitaires et 3 instituts   5
nationaux polytechniques.[3] L'enseignement est gratuit à tous les niveaux, sauf certains frais complémentaires.[4] L'acquisition d'un nombre déterminé d'Unités de Valeur (U.V.)[5] conduit au *Diplôme d'Études Universitaires Générales* (D.E.U.G.). Après le D.E.U.G., c'est la *Licence*. Le diplôme qui suit la Licence est la *Maîtrise*. Les titulaires de la Maîtrise peuvent être candidats au *Doctorat* si les professeurs acceptent de   10
diriger leurs recherches.

Chantal Defleau
Je suis étudiante en anglais à la Fac[6] de Poitiers. J'avais d'abord pensé aller[7] à Paris, mais j'ai finalement décidé d'aller à Poitiers qui est plus près de chez moi. Comme ça, je peux rentrer à la maison tous les week-ends pour me reposer, voir   15
ma famille et retrouver des copains. C'est ma deuxième année, et en juin j'aurai toutes les U.V. nécessaires pour obtenir mon D.E.U.G., c'est-à-dire 18 U.V. en tout. Il y a deux sortes d'U.V. : d'abord les U.V. fondamentales, que vous devez obligatoirement suivre dans votre spécialité, et ensuite les U.V. au choix. Par exemple, moi, je me spécialise en anglais, donc mes 4 U.V. obligatoires pour cette année sont   20
en anglais. Mais je suis aussi deux cours de français et deux cours d'histoire que

---

[1] La plupart de ces universités dataient du moyen âge : Paris (1200), Toulouse (1233), Besançon (1287), Montpellier (1289), etc.
[2] L'U.E.R. est à peu près l'équivalent d'un *department* dans le système américain.
[3] Ainsi, dans la région parisienne il y a 13 universités : Paris III, IV (Sorbonne), Paris V (René Descartes), Paris VII (Jussieux), Paris VIII (Vincennes), Paris X (Nanterre), etc.
[4] par exemple, les droits d'inscription (voir la note 10 à la page 505)
[5] Comme les *credits* dans le système américain, chaque cours donne une ou deux U.V.
[6] Faculté
[7] **penser** + infinitif   *to expect to do (something)*

j'ai choisis pour diversifier mes connaissances[1]. J'ai environ 12 heures de cours par semaine. Certains cours sont des cours magistraux[2] où nous sommes très nombreux, et d'autres sont des travaux pratiques ou dirigés où nous sommes divisés en groupes de dix ou douze, ce qui permet de poser des questions à l'assistant et de discuter. 25

La plupart des cours pour le D.E.U.G. ont un contrôle continu. Au lieu d'avoir un seul examen à la fin de l'année, sur lequel le prof juge votre travail de huit mois, nous avons deux « partiels »[3], un en février et l'autre à la fin de l'année scolaire, et nous remettons au prof à peu près douze devoirs. À la fin de l'année, il fait la moyenne de ces notes : 35 % pour chaque partiel et 30 % pour tous les devoirs. Dans le 30 contrôle continu, la présence au cours compte beaucoup. Le prof nous demande de signer notre nom sur son cahier chaque semaine[4], et si nous séchons trop souvent, notre note finale s'en ressent[5]. L'année prochaine je vais continuer en anglais. Il faut 9 U.V. de plus pour avoir ma licence. Après, on verra !

Claude Didier 35

Je suis étudiant de première année en psychologie à Nanterre. J'ai fait mes études secondaires dans un lycée de la région parisienne, et en juin dernier j'ai passé mon bac[6] en lettres, langues et philosophie. Pendant ma dernière année au lycée, j'ai fait de la psycho[7] et je me suis tout de suite passionné pour[8] cette matière, probablement parce que j'avais un prof vraiment très fort, très dynamique, très cultivé[9]. Pendant 40 les grandes vacances[10] j'ai lu des tas de bouquins de psycho et j'ai décidé de me lancer et de faire une licence.

Cette année je dois passer 8 U.V., et je ne suis pas le seul. Les cours sont bondés ! Dans le cours d'*Activités perceptives et cognitives* du mercredi matin, nous sommes au moins 400 dans un énorme amphi. Le prof arrive sur l'estrade, comme 45 un acteur, et pendant une heure et demie il parle dans un micro[11] pendant que nous, assis sur les gradins, prenons des notes comme des fous. Quelquefois, si c'est trop barbant, on lit le journal (discrètement !) ou on fait des mots-croisés[12]. Le prof ne peut rien voir ! Je trouve qu'il est difficile de s'habituer à l'anonymat et à la passivité qui caractérisent les cours magistraux. 50

Je me sens un peu perdu cette année. Je n'ai pas eu le temps de me faire des copains à la Fac. Il n'y a pas beaucoup de contact entre les étudiants, et il n'y a pas d'endroit où nous puissions nous rencontrer après le cours et nous parler en prenant un café. En plus, la Fac est loin de Paris, et après le cours tout le monde rentre chez soi. Ça, ça me déçoit un peu, car j'avais imaginé une ambiance très différente et 55 j'avais espéré me faire de bons copains.

---

[1] *my knowledge*
[2] *lecture courses*
[3] c'est-à-dire, examens partiels
[4] La plupart des cours dans les universités françaises ne se réunissent qu'une fois par semaine.
[5] **se ressentir de** *to show/feel the effect of*
[6] baccalauréat : un examen national qui permet aux lycéens d'entrer à l'université
[7] psychologie
[8] **se passionner pour** s'intéresser beaucoup à
[9] *knowledgeable in many fields*
[10] vacances d'été
[11] microphone
[12] *crossword puzzles*

*On se sent un peu
perdu dans un
cours magistral.*

A *Répondez aux questions suivantes.*

1. À quel niveau est-ce que l'enseignement est gratuit en France ?
2. Quel est l'équivalent français de *department* et de *credit* dans le système américain ?
3. Qu'est-ce que c'est que le D.E.U.G. ?
4. Pourquoi Chantal a-t-elle décidé d'aller à Poitiers ?
5. En quelle matière se spécialise-t-elle ?
6. Quels cours suit-elle cette année ?
7. Qu'est-ce que c'est qu'un contrôle continu ?
8. Combien de fois par semaine est-ce que la plupart des cours se réunissent dans les universités françaises ?
9. Qu'est-ce que Chantal pense faire après son D.E.U.G. ?
10. Pourquoi Claude s'est-il passionné pour la psychologie pendant sa dernière année au lycée ?
11. Qu'est-ce qu'il a fait l'été dernier ?
12. Que font les étudiants dans un cours magistral ?
13. De quoi Claude se plaint-il ?
14. Que signifient les mots suivants ?

prof	bouquin	micro	amphi
Fac	bac	psycho	maths

B *Voici une description du système universitaire américain. Mais les renseignements qu'elle donne ne sont pas tous corrects. Corrigez donc ceux que vous trouvez incorrects.*

(1) Les universités américaines se divisent d'abord en *departments* et chaque *department* à son tour se divise en ce qu'on appelle *schools*. (2) Il faut généralement deux ans pour obtenir le *Bachelor of Arts*, premier diplôme universitaire. (3) La plupart des cours sont annuels, plutôt que semestriels : c'est-à-dire qu'il y a peu de cours qui durent un seul semestre. (4) L'année scolaire commence au début du mois de novembre et se termine à la fin de juin. (5) Les étudiants de première année suivent entre huit et dix cours pendant l'année. (6) La plupart des cours n'ont pas de contrôle continu. (7) Chaque cours donne un ou deux *credits* et il en faut 18 pour le B.A. (8) On « déclare » sa spécialisation à la fin de la troisième année. (9) Après avoir déclaré sa spécialisation, on doit obligatoirement suivre des cours dans sa discipline. (10) Les cours de travaux pratiques se réunissent dans un grand amphithéâtre. (11) Il y a aussi des cours magistraux dans lesquels il y a seulement dix ou douze étudiants. (12) Le diplôme qui vient après le B.A., c'est le *Master's*.

VOCABULAIRE

Noms masculins

·acteur	·exposé	portrait	tonnerre
·amphi(théâtre)	feu	·prof	
·le Boul' Mich'	ingénieur-chimiste	·Quartier Latin	
dos	message	·rôle	

Noms féminins

·artère	·conférence	la Joconde	·tirade
carrière	erreur	·la Sorbonne	

Verbes

affirmer	échouer (à)	peindre *irrég*	se spécialiser (en)
allumer	éteindre *irrég*	plaindre *irrég*	tutoyer
craindre *irrég*	·inquiéter	se plaindre (de) *irrég*	
se détendre	s'inscrire (à) *irrég*	·remonter	
·disparaître *irrég*	·paraître *irrég*	·reprocher (à)	

Adjectifs

·brillant(e)	dur(e)	·principal(e)
·crevé(e)	·fort(e)	

Autres expressions

à l'étranger	·hop !	ne . . . que	·se rendre compte (de)
·à propos	il fait nuit	·Ouf !	surtout
échouer à un examen	·il paraît que	outre	
·Eh bien	l'un l'autre	·plus du tout	

VINGT-CINQUIÈME LEÇON

CONVERSATIONS

Ces jeunes gens préparent une publicité pour la télévision.

 A. Je n'ai ni le désir ni l'intention de faire ça.

DANIEL   Pourquoi lis-tu les petites annonces[1] ? Tu veux acheter quelque chose ?
CÉCILE   Non, je cherche un emploi à mi-temps[2].
DANIEL   Le restaurant près de chez moi cherche une serveuse.
CÉCILE   Ah non ! Je n'ai ni le désir ni l'intention de travailler dans un restaurant, même à mi-temps.

[1] **petites annonces**   *ads*   [2] **à mi-temps**   *part-time*

B. Je n'aurais pas trouvé ce job[1] si . . .

LAURENCE	Mon oncle me dit que tu vas travailler pour lui.
JACQUES	Oui, le job est intéressant et bien payé.
LAURENCE	Tu t'entendras bien avec lui[2].
JACQUES	J'espère bien. Et je te remercie.
LAURENCE	Me remercier ? Pourquoi ?
JACQUES	Si je ne t'avais pas rencontrée la semaine dernière, je n'aurais pas trouvé ce job.

EXPLICATIONS ET EXERCICES ORAUX

• 1 VOIX PASSIVE

1. All sentences can be classified into two types: those in the *active voice* (**la voix active**) and those in the *passive voice* (**la voix passive**). In a sentence in the active voice, the subject performs the action expressed by the verb. In a sentence in the passive voice, however, an action is *performed on* the subject by someone or something else, often referred to as the "agent" of the action. The English statements *Paul writes this word* and *Bill loves Nancy* are in the active voice; but *This word is written by Paul* and *Nancy is loved by Bill* are in the passive voice.

   The passive construction in French consists of être + past participle. The subject of the active voice sentence becomes the agent in the passive voice, usually introduced by the preposition **par** *by*. The direct object of the active voice sentence becomes the subject in the passive voice.

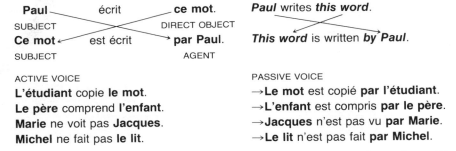

ACTIVE VOICE
L'étudiant copie **le mot**.
Le père comprend **l'enfant**.
Marie ne voit pas **Jacques**.
Michel ne fait pas **le lit**.

PASSIVE VOICE
→**Le mot** est copié **par l'étudiant**.
→**L'enfant** est compris **par le père**.
→**Jacques** n'est pas vu **par Marie**.
→**Le lit** n'est pas fait **par Michel**.

2. In the passive voice, the past participle agrees in gender and number with the subject, as if it were an adjective.[3]

---

[1]travail (expression familière, s'appliquant au travail à mi-temps)
[2]**s'entendre avec** *to get along with*
[3]You have learned three types of verbs that are conjugated with **être**. The first was "verbs of motion" (Lesson **10**.5): **Je suis allé au cinéma**; **Elle est rentrée à minuit**. Do not confuse them with the passive voice; these verbs are intransitive (they do not take a direct object) and cannot be used with **par** + noun. The second type was reflexive verbs (Lesson **13**.4): **Je me suis levé à sept heures**; **Elle s'est lavé les mains**. The reflexive verbs must have a reflexive pronoun before the auxiliary verb **être**. The third type occurs in the passive voice.

Cette dame ne comprend pas Marie.

→**Marie** n'est pas **comprise** par cette dame.

Le douanier inspecte toutes les valises.

→**Toutes les valises** sont **inspectées** par le douanier.

Furthermore, it is **être** that indicates the tense of the verb.

PRESENT

Le garçon **sert** le repas.	*serves, is serving*
→Le repas **est servi** par le garçon.	*is served, is being served*

IMPERFECT

L'agent **inspectait** les voitures.	*was inspecting*
→Les voitures **étaient inspectées** par l'agent.	*were being inspected*

PASSÉ COMPOSÉ

Cet homme **a réparé** ma montre.	*repaired, has repaired*
→Ma montre **a été réparée** par cet homme.	*was repaired, has been repaired*

FUTURE

L'étudiant **corrigera** les fautes.	*will correct*
→Les fautes **seront corrigées** par l'étudiant.	*will be corrected*

Toutes les voitures sont inspectées.

3. The meaning of the passive voice can be conveyed in two other ways. When the implied agent is a human being, the active voice with the indefinite pronoun **on** (Lesson **7**.1) can be used. With a few verbs (such as **acheter**, **vendre**, **trouver**, **manger**, **dire**, and **faire**), a reflexive construction may be used instead of the passive voice, provided that the implied agent is a human being and the subject of the passive voice is an inanimate object.

On ne **dit** pas cela en français. }
Cela ne **se dit** pas en français. }
That is not said in French.

On ne **fait** pas cela en France. }
Cela ne **se fait** pas en France. }
That is not done in France.

On trouve le musée là-bas. }
Le musée **se trouve** là-bas. }
The museum is (found) over there.

On mange ça ? }
Ça **se mange** ? }
Can that be eaten? (Is that edible?)

On vend du pain[1] à la boulangerie. }
Le pain[2] **se vend** à la boulangerie. }
Bread is sold at the bakery.

4. In French, only the *direct object* of the active voice can become the subject of a sentence in the passive voice. This means that, unlike English, an indirect object or the object of a preposition cannot be used as the subject in the passive voice. The only French equivalent to such English constructions is the active voice with **on** as the subject.

répondre à
On a répondu **à la lettre**.
The letter was (has been) answered.

offrir quelque chose **à**
On m'a offert de l'argent.
I was offered some money.

parler de
On a déjà parlé **de cela** à la réunion.
That was (has been) already talked about at the meeting.

---

[1]Note the use of the partitive article: *some bread* (but not all the bread in the world).
[2]*Bread* (in general). Note the use of the definite article (see Lesson **8**.1).

TABLEAU 101   La poupée **est cassée par** le garçon.   Le garçon **est puni par** la mère.

A *Mettez les phrases suivantes à la voix passive d'après ce modèle.*

Le professeur explique la leçon.
La leçon est expliquée par le professeur.

1. Le professeur écrit la phrase.
2. Le professeur a écrit la phrase.
3. Les étudiants copieront les mots.
4. Les étudiants copiaient les mots.
5. Le professeur corrige les fautes.
6. Le professeur corrigera les fautes.
7. Un étudiant donnait la réponse.
8. Un étudiant a donné la réponse.
9. Quelqu'un répète le dialogue.
10. Quelqu'un répétait le dialogue.
11. Le professeur ouvre la porte.
12. Le professeur ouvrira la porte.

B *Vous connaissez la Tour Eiffel, n'est-ce pas ? Elle est considérée comme le symbole de Paris par beaucoup de touristes. Elle a été construite il y a presque un siècle. Mettez les phrases suivantes à la voix passive d'après ces modèles.*

On a construit la Tour vers la fin du dix-neuvième siècle.
La Tour a été construite vers la fin du dix-neuvième siècle.[1]
Beaucoup de touristes utilisent les ascenseurs.
Les ascenseurs sont utilisés par beaucoup de touristes.

1. Gustave Eiffel a conçu[2] le projet pour la Tour.
2. On a achevé la construction en 1889.
3. On a utilisé plus de 7000 tonnes d'acier.
4. On a installé trois ascenseurs.
5. On a installé un escalier de 1652 marches.
6. Naturellement, peu de touristes utilisent l'escalier.
7. On a construit trois plates-formes.
8. Un laboratoire météorologique occupe la dernière plate-forme.
9. Plus tard, on a ajouté des antennes de radio et de télévision.
10. Les touristes considèrent la Tour comme le symbole de Paris.
11. On repeint la Tour tous les sept ans[3].
12. On la repeindra en 1989.

 C *Modifiez les phrases suivantes d'après ce modèle.*

On achète du bœuf à la boucherie.
Le bœuf s'achète à la boucherie.

1. On achète du veau à la boucherie.
2. On achète du porc à la charcuterie.
3. On vend de l'aspirine à la pharmacie.
4. On vend des timbres au bureau de tabac.
5. On mange des croissants au petit déjeuner.
6. On mange du fromage avec un morceau de pain.
7. On comprend cela facilement.
8. On ne fait pas cela en France.

D *Répondez aux questions suivantes en employant la voix passive.*

1. Est-ce qu'on a corrigé votre composition ? Par qui a-t-elle été corrigée ?
2. Est-ce qu'on a donné la réponse à la dernière question ? Par qui a-t-elle été donnée ?
3. Regardez la porte de la classe. Elle est fermée. Par qui sera-t-elle ouverte ?

---

[1]The indefinite subject pronoun **on** cannot be used after any preposition, including **par**.
[2]du verbe **concevoir** *to conceive*
[3]*every seven years*

4. J'ai écrit pas mal de mots au tableau. Par qui le tableau sera-t-il effacé ?
5. Est-ce qu'on doit ouvrir les valises à la douane ? Par qui doivent-elles être inspectées ?
6. Est-ce qu'on comprend bien les causes de l'inflation ? Et les causes du chômage ?

• 2 FORME NÉGATIVE : **NE . . . NI . . . NI . . .**

1. The construction **ne** . . . **ni** . . . **ni** . . . corresponds to English *neither* . . . *nor* . . . . **Ne** comes before the verb, as in all other negative constructions, and **ni** immediately precedes the phrase that is to be negated. Note that in the last two examples the indefinite or partitive article is *not* used after **ni** . . . **ni** . . . .[1]

Elle a travaillé pour mon père et pour mon oncle.
→Elle **n'**a travaillé **ni** pour mon père **ni** pour mon oncle.
Je voudrais voir ce film et cette pièce.
→Je **ne** voudrais voir **ni** ce film **ni** cette pièce.

J'ai un frère et une sœur.
→Je **n'**ai **ni** frère **ni** sœur.
Je mets du sucre et du lait dans mon café.
→Je **ne** mets **ni** sucre **ni** lait dans mon café.

[1]Another construction with the same meaning, **pas de . . . ni de . . .** , does require the negative partitive article: **Je n'ai pas de stylo ni de crayon ; Il ne met pas de sucre ni de lait dans son café.**

« Écoutez, je ne comprends ni ceci ni cela. »

2. **Ni . . . ni . . .** can begin a sentence when used with two subject nouns or pronouns. If used with two singular subjects, the verb is also in the singular.

Ni Robert **ni** Danielle **n**'a travaillé pour ce monsieur.
Ni ce film **ni** cette pièce **ne** m'intéresse.
Ni tes copains **ni** les siens **n**'ont trouvé d'emploi.

3. The expression **ni l'un ni l'autre** corresponds to English *neither (one)*. If the two nouns it replaces are feminine, it becomes **ni l'une ni l'autre**. Its opposite is **tous/toutes les deux** *both of them*.

Voulez-vous ce livre ou ce journal ?
— Je **ne** veux **ni l'un ni l'autre**. (Oui, je [les] veux **tous les deux**.[1])
Est-ce que c'est Renée ou Marianne qui vous a aidé ?
— **Ni l'une ni l'autre ne** m'a aidé. (**Toutes les deux** m'ont aidé.)

TABLEAU 102 Il **ne** fume **ni** cigarettes **ni** cigares.

 A *Ajoutez des phrases d'après ce modèle.*

Je n'ai pas de sœur. Je n'ai pas de frère.
C'est vrai ? Vous n'avez ni sœur ni frère ?

1. Je suis fatigué aujourd'hui. Je n'ai pas de patience. Je n'ai pas d'énergie.
2. J'ai très bien mangé aujourd'hui. Je n'ai pas faim. Je n'ai pas soif.
3. Je n'ai pas beaucoup voyagé aux États-Unis. Je ne connais pas (Chicago). Je ne connais pas (San Francisco).
4. Quand je suis entré dans la classe, (Robert) ne m'a pas dit bonjour. Et (Marie) non plus !
5. Quand j'avais seize ans, je n'avais pas de job. Je n'avais pas assez d'argent non plus.
6. Je connais un végétarien. Il ne mange pas de viande. Il ne mange pas de poisson.
7. Hier je n'ai pas pris de bain. Je n'ai pas pris de douche non plus.
8. Je ne connais pas toute l'Europe. Je ne suis pas allé en Angleterre. Je ne suis pas allé en Espagne non plus.

---

[1]**Tou(te)s les deux** as a direct object requires a corresponding direct object pronoun if it refers to **nous** or **vous**: **Je (les) veux tous les deux**; but **Il nous connaît toutes les deux; Je vous ai vus tous les deux.**

B *Vous allez entendre des questions qui sont plutôt bêtes. Répondez-y d'après ce modèle.*

Y a-t-il des chiens ou des chats dans cette classe ?
Mais non, il n'y a ni chiens ni chats dans cette classe !

1. Y a-t-il des lapins ou des poulets dans cette classe ?
2. Avez-vous des grenouilles ou des escargots dans votre poche ?
3. Êtes-vous paresseux et bête ?
4. Apprenez-vous le chinois ou le japonais dans ce cours ?
5. Est-ce votre père ou votre mère qui fait les devoirs pour vous ?
6. Avez-vous jamais parlé au président des États-Unis ou à celui de la France ?
7. Avez-vous jamais dîné avec Robert Redford ou Robert Wagner ?
8. Êtes-vous jamais sorti avec Yvette Mimieux ou avec Elizabeth Taylor ?

C *Répondez aux questions d'après ce modèle.*

Connaissez-vous Paris et Moscou ?
Oui, je les connais tous les deux. (Non, je ne connais ni l'un ni l'autre, etc.)

1. Connaissez-vous Chris Evert Lloyd ou Dan Fout ?
2. Aimez-vous le jazz ou la musique classique ?
3. Lisez-vous le *New York Times* et le *Washington Post* ?
4. Avez-vous jamais visité la France et le Canada ?
5. Avons-nous étudié la Leçon 20 et la Leçon 21 ?
6. Voulez-vous apprendre le chinois ou le japonais ?
7. Avez-vous jamais assisté à un match de football ou à un match de basket-ball ?
8. Avez-vous jamais fait un travail à temps complet[1] ou un travail à mi-temps ?

• 3 VIVRE

1. Here is the conjugation of the verb **vivre** *to live*. Note that the stem-final consonant /v/ occurs only in the plural forms in the present indicative.

Je **vis** aux États-Unis.
Tu **vis** à la campagne.
Il **vit** chez ses parents.
Nous **vivons** en paix.
Vous **vivez** dans une ville.
Ils **vivent** en Europe.
J'ai **vécu** deux ans en France.
Je **vivrai** très longtemps.

vis	vivons
vis	vivez
vit	vivent
vécu	
vivrai	

2. The common expression Vive/Vivent + noun uses the present subjunctive form. It is understood to be preceded by a phrase such as **Nous souhaitons que** or **Nous voulons que.**[2]

Vive la République !	*Long live the Republic!*
Vivent les vacances !	*Long live (Hurray for) vacation!*

---

[1]**À temps complet** est le contraire de **à mi-temps**.
[2]The opposite expression uses **À bas**: **À bas le despotisme !**; **À bas les examens !**

A *Exercice de contrôle*

Je vis aux États-Unis.

1. Nous
2. Tu
3. Vous
4. On
5. Les Américains
6. Je

B *Répondez aux questions.*

1. Est-ce que vous vivez en France ? Vivez-vous avec vos parents ?
2. Dans quelle sorte de ville aimeriez-vous vivre ? Où n'aimeriez-vous pas vivre ?
3. Quelle est la différence entre « manger pour vivre » et « vivre pour manger » ? Et la différence entre « travailler pour vivre » et « vivre pour travailler » ?
4. Savez-vous qui est Mathusalem ? D'après la Bible, combien de temps a-t-il vécu ?
5. Que veut dire ceci : « L'homme ne vit pas seulement de pain » ?
6. Qu'est-ce qu'on doit faire pour vivre en paix avec ses voisins ?
7. Complétez ces phrases.

Vive . . . ! Vivent . . . ! À bas . . . !

• 4 LE PASSÉ DU CONDITIONNEL

1. Before going over this lesson, you might review the formation of the present conditional (**le présent du conditionnel**) in Lesson 18.5. The past conditional consists of the auxiliary verb in the present conditional and the past participle of a verb. It often corresponds to English *would have* + past participle.

j'**aurais** parlé	je **serais** venu(e)
tu **aurais** parlé	tu **serais** venu(e)
il **aurait** parlé	il **serait** venu
nous **aurions** parlé	nous **serions** venu(e)s
vous **auriez** parlé	vous **seriez** venu(e)(s)
ils **auraient** parlé	ils **seraient** venus

2. The past conditional is used primarily in "contrary-to-fact" statements referring to past events. In such sentences, the *pluperfect indicative* occurs in the **si** clause, and the *past conditional* in the "result" (main) clause. In the examples below, (*a*) refers to a real or possible situation in the present or future, (*b*) to an unreal or "contrary-to-fact" situation, also in the present or future, and (*c*) to an unreal or "contrary-to-fact" situation in the past.

a) Que **ferez**-vous s'il **pleut** ? — *What will you do if it rains?*
b) Que **feriez**-vous s'il **pleuvait** ? — *What would you do if it rained?*
c) Qu'**auriez**-vous **fait** s'il **avait plu** ? — *What would you have done if it had rained?*

a) Il ne **viendra** pas s'il **est** occupé. — *He won't come if he is busy.*
b) Il ne **viendrait** pas s'il **était** occupé. — *He wouldn't come if he were busy.*
c) Il ne **serait** pas **venu** s'il **avait été** occupé. — *He wouldn't have come if he had been busy.*

a) Si vous **savez** la vérité, vous me la **direz**. — *If you know the truth, you will tell it to me.*

b) Si vous **saviez** la vérité, vous me la **diriez**.

If you knew the truth, you would tell it to me.

c) Si vous **aviez su** la vérité, vous me l'**auriez dite**.

If you had known the truth, you would have told it to me.

The following chart summarizes the tense and mood relationships of **si** clauses and main clauses.

TYPE OF SUPPOSITION	TIME REFERENCE	**SI** CLAUSE	"RESULT" CLAUSE
REAL, POTENTIAL	present future	present indicative	future indicative
UNREAL, CONTRARY-TO-FACT	present future	imperfect indicative	present conditional
	past	pluperfect indicative	past conditional

3. The present conditional of **devoir** corresponds to English *should* or *ought to*; the past conditional corresponds to *should have* or *ought to have*.

Je **devrais** partir à midi.
→J'**aurais dû** partir à midi.

I should leave at noon.
→*I should have left at noon.*

Vous **devriez** chercher un emploi.
→Vous **auriez dû** chercher un emploi.

You should look for a job.
→*You should have looked for a job.*

TABLEAU 103

Zut ! J'**aurais dû** prendre mon parapluie.

 A *Exercice de contrôle*

Si j'avais été malade hier, je ne serais pas venu au cours.

1. Nous	3. Vous	5. Les étudiants
2. On	4. Tu	6. Je

Je vais être en retard ; j'aurais dû partir plus tôt.

1. On	3. Les étudiants	5. Vous
2. Nous	4. Tu	6. Je

B *Faites des phrases d'après ce modèle.*

avoir besoin d'argent . . . chercher un emploi
ÉTUDIANT A **Si j'avais besoin d'argent, je chercherais un emploi.**
ÉTUDIANT B **Si j'avais eu besoin d'argent, j'aurais cherché un emploi.**

1. avoir besoin d'argent . . . aller à l'agence de travail
2. aller à l'agence . . . trouver un emploi
3. trouver un bon emploi . . . gagner beaucoup d'argent
4. gagner beaucoup d'argent . . . aller en Europe
5. aller en Europe . . . visiter Paris
6. visiter Paris . . . prendre des photos
7. prendre des photos . . . vous en montrer
8. vous en montrer . . . être content

C *Ajoutez des phrases d'après ce modèle.*

Vous vouliez apprendre le français ; vous vous êtes inscrit à ce cours.
Si je n'avais pas voulu apprendre le français, je ne me serais pas inscrit à ce cours.

1. Vous n'étiez pas paresseux ; vous vous êtes inscrit à ce cours.
2. Vous n'étiez pas malade hier ; vous êtes venu au cours.
3. Vous ne vouliez pas apprendre le chinois ; vous avez suivi ce cours.
4. Vous avez lu les explications ; vous avez compris la leçon.
5. Vous vouliez recevoir un diplôme ; vous êtes entré à l'université.
6. Vous n'aviez pas trop de travail ; vous êtes allé au cinéma.

D *Répondez aux questions.*

1. Qu'est-ce que vous avez fait hier, que vous n'auriez pas dû faire ?
2. Qu'est-ce que vous auriez dû faire ce matin, que vous n'avez pas fait ?
3. Que feriez-vous si vous étiez millionnaire ? Qu'est-ce que vous auriez fait si vous aviez été millionnaire ?
4. Que mettriez-vous s'il faisait très froid aujourd'hui ? Qu'est-ce que vous auriez mis hier s'il avait fait très chaud ?
5. Qu'est-ce que j'aurais fait hier si j'avais été malade ?
6. Demandez-moi ce que j'aurais fait le week-end dernier si j'avais eu beaucoup de temps.

• **5 PRONOM INDÉFINI : TOUT**

1. **Tout** as an *adjective* was presented in Lesson 13.2. As a *pronoun*, **tout** corresponds to *all* or *everything*. It can be the subject, direct or indirect object, or the object of a preposition. As a direct object it comes before the past participle in compound tenses. Compare the use of **tout** and its opposite, **ne . . . rien** (Lesson 13.3), in the sentences below.

Tout coûte cher ici.	**Rien ne** coûte cher ici.
Ce touriste achète **tout**.	Ce touriste **n'**achète **rien**.
Ce voyageur a **tout** vu.	Ce voyageur **n'**a **rien** vu.

Cet enfant obéit à **tout**.	Cet enfant **n'**obéit à **rien**.
Vous avez parlé de **tout**.	Vous **n'**avez parlé de **rien**.

Used as the object of an infinitive, **tout** comes immediately before the infinitive if it is a direct object; otherwise it follows the infinitive and the preposition that the verb in the infinitive form requires. Again, this construction parallels that of **ne . . . rien**.

Il me demande de **tout faire**.	Il me demande de **ne rien faire**.
Il me demande d'**obéir à tout**.	Il me demande de **n'obéir à rien**.
Il me demande de **parler de tout**.	Il me demande de **ne parler de rien**.

2. **Tous** (pronounced /tus/ as a pronoun) or **toutes** can be used as the subject of a sentence only if they replace **ils** or **elles**, meaning *all* or *all of them*.

Tous les ouvriers sont ici.	→**Tous** sont ici.
Toutes les ouvrières sont là.	→**Toutes** sont là.

When used with **nous** or **vous**, **tous/toutes** cannot begin a sentence. It must be placed after the verb in simple tenses, and before the past participle in compound tenses. In this usage, it corresponds to English *all of us, all of you,* or *we all, you all*.

Nous allons **tous** à Paris.	{ *All of us are going to Paris.* { *We are all going to Paris.*
→**Nous** sommes **tous** allés à Paris.	
Vous attendez **toutes** le patron.	{ *All of you are waiting for the boss.* { *You are all waiting for the boss.*
→**Vous** avez **toutes** attendu le patron.	

This construction can also be used with **ils** or **elles**, or may replace **ils** or **elles**.

Ils parlent **tous** français.	*All of them (They all) speak French.*
Tous parlent français.	*All speak French.*
Elles sont **toutes** au travail.	*All of them (They all) are at work.*
Toutes sont au travail.	*All are at work.*

3. As a direct or indirect object pronoun, **tous/toutes** cannot be used alone; it occurs as a "supplement" to the regular plural object pronouns **nous, vous,** or **les/leur**. If it is a direct object, it comes immediately after the verb or before the past participle.

Il **nous** voit **tous**.	*He sees all of us (us all).*
→Il **nous** a **tous** vus.	→*He saw all of us (us all).*
Je **les** fais **tous** moi-même.	*I do all of them (them all) myself.*
→Je **les** ai **tous** faits moi-même.	→*I did all of them (them all) myself.*

If it is an indirect object, it comes after the past participle in compound tenses.

Je **vous** parle **à toutes**.	*I speak to all of you (you all).*
→Je **vous** ai parlé **à toutes**.	→*I spoke to all of you (you all).*
Il **leur** téléphone **à toutes**.	*He phones all of them (them all).*
→Il **leur** a téléphoné **à toutes**.	→*He phoned all of them (them all).*

A *Je vais vous dire quelque chose, et vous allez me contredire[1]. Ajoutez donc des phrases d'après ce modèle.*

Il n'apprend rien, cet étudiant.
Mais si, il apprend tout !

1. Il ne comprend rien, cet étudiant.
2. Il ne sait rien, ce professeur.
3. Elle ne mange rien, cette jeune fille.
4. Il n'a rien fait, ce garçon.
5. Ils n'ont rien vu, ces touristes.
6. Elles n'ont parlé de rien, ces étudiantes.
7. Rien n'est bon dans ce restaurant.
8. Rien ne coûtera cher dans cette boutique.

 B *Nous allons parler d'ouvriers mécontents. Ils sont tous en grève. Mettez les phrases suivantes au passé composé d'après ce modèle.*

Nous refusons tous de travailler.
Nous avons tous refusé de travailler.

1. Nous demandons tous une augmentation de salaire.
2. Nous parlons tous à nos supérieurs.
3. Vous refusez tous de nous écouter.
4. Vous voulez tous nous mettre à la porte[2].
5. Nous essayons tous d'aller voir le patron.
6. Les usines sont toutes fermées.
7. Les ouvriers votent tous pour la grève.
8. Ils se mettent tous en grève.

C *Répondez aux questions d'après ces modèles.*

Connaissez-vous ces étudiants ?
Je les connais tous (*ou* Je ne les connais pas tous).
Avez-vous parlé à ces étudiants ?
Je leur ai parlé à tous (*ou* Je ne leur ai pas parlé à tous).

1. Faites-vous vos devoirs ?
2. Avez-vous fait vos devoirs ?
3. Avez-vous vu mes diapositives de Paris ?
4. Connaissez-vous les étudiantes dans ce cours ?
5. Avez-vous parlé aux étudiants dans ce cours ?
6. Est-ce que je vous ai parlé à tous ?
7. Connaissez-vous tous mes étudiants ?
8. Est-ce que j'ai posé toutes les questions ?

[1]**contredire** *to contradict*
[2]**mettre à la porte** *to dismiss, to fire*

Il cherche un emploi.

APPLICATIONS

 A Dialogue et questions

Un emploi d'été

Yannick Meillant, une étudiante en linguistique, cherchait un emploi d'été. Elle espérait trouver un poste dans lequel elle pourrait utiliser sa connaissance des langues étrangères. Elle a rencontré Bernard, un de ses copains, qui travaillait dans une grande agence de voyage. Si elle ne l'avait pas vu, elle n'aurait pas su qu'il y avait un poste dans son agence. Elle a soumis son CV[1]. La voilà maintenant dans le 5 bureau du directeur du personnel.

LE DIRECTEUR	Je vois que comme langues étrangères vous avez indiqué dans votre dossier : anglais et espagnol — lu, écrit, parlé ; et puis l'allemand — lu et parlé.
YANNICK	Oui, Monsieur. J'ai étudié l'anglais et l'allemand au lycée et je me 10 spécialise en espagnol et en linguistique à l'université.
LE DIRECTEUR	Parfait. Connaissez-vous quelqu'un qui travaille dans notre agence ?
YANNICK	Oui, Monsieur. Bernard Savin. Je crois qu'il est chez vous[2] depuis deux ans.
LE DIRECTEUR	Ah oui, je le connais. Avez-vous de l'expérience dans ce genre de 15 travail ?

[1]Curriculum Vitae (en anglais, on dit souvent « *a résumé* »)
[2]dans votre agence

YANNICK   Eh bien, j'ai participé aux programmes de l'OTU[1] et du Club Méditerranée, mais en tant que[2] membre, non comme organisatrice.

LE DIRECTEUR   Très bien, Mademoiselle. Vous ne l'avez pas indiqué dans votre dossier, mais savez-vous taper à la machine ?   20

YANNICK   Oui, Monsieur. Mais seulement 30 ou 35 mots-minute.

LE DIRECTEUR   Très bien. Si je vous promettais ce poste, à partir de[3] quelle date seriez-vous libre ?

YANNICK   À partir du 20 juin. Est-ce que cela vous conviendrait ?

LE DIRECTEUR   Parfaitement. Avez-vous des questions à me poser au sujet de ce 25 poste ?

YANNICK   Non, Monsieur. Je serais très contente de travailler dans votre agence.

(lignes 1–6)
1. Quelle sorte de poste est-ce qu'Yannick espérait trouver ?
2. Où est-ce que Bernard travaillait ?
3. Qu'est-ce qu'il a dit à Yannick ?
4. Qu'est-ce qu'elle n'aurait pas su si elle ne l'avait pas rencontré ?
5. Où est-elle au début de[4] ce dialogue ?

(lignes 7–27)[5]
6. Quelles langues Yannick parle-t-elle ?
7. En quelles matières se spécialise-t-elle à l'université ?
8. Depuis combien de temps Bernard travaille-t-il dans cette agence ?
9. À quels programmes touristiques Yannick a-t-elle participé ?
10. À partir de quelle date pourra-t-elle commencer à travailler ?
11. Si vous étiez à la place d'Yannick, quelle sorte de questions poseriez-vous au directeur ?[6]

B Expressions utiles

Métiers et professions[7]

*agent de police	avocat(e)	dactylo
*agent de voyage	biologiste	décorateur(trice)
*architecte	*cadre (moyen / supérieur)	dentiste
artisan(e)	chimiste	dépanneur(euse)
artiste	coiffeur(euse)	dessinateur(trice)
assistant(e) social(e)	commerçant(e)	diplomate
aviateur(trice)	comptable	*écrivain

---

[1] Organisation du Tourisme Universitaire
[2] *as* (littéralement, *in the capacity as*)
[3] *beginning (with)*
[4] **au début de**   *at the beginning of*
[5] La réponse à la question 11 n'est pas enregistrée sur la bande magnétique.
[6] Par exemple, des questions sur le salaire, le travail à faire, l'horaire (les heures de travail) et les jours de congé.
[7] Les noms précédés d'une astérisque n'ont pas de forme féminine.

électricien(ne)
employé(e) de bureau
esthéticien(ne)
fonctionnaire
garagiste
garçon (serveuse)
guide de tourisme / musée
hôtesse d'accueil *f*
infirmier(ère)
*ingénieur
instituteur(trice)

interprète
journaliste
mécanicien(ne)
*médecin
musicien(ne)
ouvrier(ère) spécialisé(e) /
    non spécialisé(e)[1]
peintre
pharmacien(ne)
photographe
*plombier

*professeur
programmeur(euse)
psychiatre
psychologue
savant(e)
secrétaire (de direction)
steward (hôtesse de l'air)
traducteur(trice)
vendeur(euse)
vétérinaire

Le travail

chercher / trouver
faire une demande pour $\Big\}$ un $\left\{\begin{array}{l}\text{emploi}\\\text{travail}\\\text{poste}\end{array}\right\}$ $\left\{\begin{array}{l}\text{à mi-temps}\\\text{à temps complet / à plein temps}\end{array}\right.$

choisir
exercer
abandonner $\Big\}$ $\left\{\begin{array}{l}\text{un job}\\\text{un métier}\\\text{une profession}\end{array}\right.$

gagner $\left\{\begin{array}{l}\text{de l'argent (de poche)}\\\text{sa vie}\\\text{800 F par heure / par semaine / par mois}\\\text{un salaire suffisant / insuffisant}\end{array}\right.$

changer de travail
donner sa démission

être $\left\{\begin{array}{l}\text{renvoyé}\\\text{mis à la porte}\end{array}\right.$

prendre sa retraite

être $\left\{\begin{array}{l}\text{en chômage / sans travail}\\\text{à la retraite}\end{array}\right.$

(ne pas) s'entendre bien avec $\left\{\begin{array}{l}\text{son patron / sa patronne}\\\text{ses supérieurs}\end{array}\right.$

Pratique

1. Mentionnez deux emplois qui nécessitent un apprentissage relativement court.[2]
2. Quels métiers et quelles professions demandent non seulement de l'expérience mais aussi des talents artistiques ?
3. Lesquels exigent des diplômes universitaires et de longues études spécialisées ?
4. Si on veut gagner beaucoup d'argent, quel métier ou quelle profession est-ce qu'on choisira ?
5. Quels emplois exigent des études dans une école spécialisée mais non pas à l'université ?

---

[1]*unskilled*
[2]Dites, par exemple : « le métier de vendeur ».

6. Expliquez la différence entre chaque paire d'expressions.

être à la retraite / être en chômage
être mis à la porte / donner sa démission
travailler à mi-temps / travailler à temps complet

C *Indiquez le lieu où travaillent les personnes suivantes.*

Les dentistes	Les comptables	Les fonctionnaires
Les artistes	Les serveuses	Les médecins
Les ouvriers	Les vendeuses	Les aviateurs
Les instituteurs	Les hôtesses de l'air	Les artisans

. . . dans une usine	. . . dans un avion
. . . dans un magasin	. . . dans un atelier
. . . dans une école	. . . dans un bureau
. . . dans un restaurant	. . . dans un cabinet

D *Claudine Didier, étudiante à l'université, travaille dans une agence de voyage. Lisez ce qu'elle dit et posez des questions sur les parties soulignées.*

C'est aujourd'hui (1) le premier juillet. Je travaille ici (2) depuis deux semaines. J'avais besoin (3) d'argent et c'est (4) mon copain Philippe qui m'a dit qu'il y avait un poste dans cette agence. Je travaille (5) trente-huit heures par semaine et gagne à peu près (6) 1700 francs. Ce n'est pas mal comme emploi d'été. D'ailleurs, (7) le travail est très intéressant — je fais des réservations, je donne des renseignements sur les voyages organisés par notre agence, je donne des conseils aux clients au sujet de (8) leurs

« Dans mon travail, j'utilise souvent des ordinateurs. »

itinéraires. Dans mon travail j'utilise souvent (9) <u>des ordinateurs</u>. J'aime mon emploi (10) <u>parce que</u> j'ai l'occasion d'utiliser ma connaissance des langues étrangères. Les gens avec qui je travaille sont (11) <u>sympathiques</u>. Je rencontre aussi des gens (12) <u>intéressants</u>. J'ai l'intention de travailler (13) <u>jusqu'au début septembre</u>. Après, j'aurai trois semaines de vacances avant de rentrer à l'université. Je veux aller (14) <u>en Yougoslavie et en Grèce</u>. (15) <u>Le voyage</u> ne coûtera pas cher, car mon billet d'avion sera payé (16) <u>par notre agence de voyage</u>. C'est chouette !

E *Renseignements et opinions*

1. Voulez-vous vivre à la campagne, dans la banlieue d'une grande ville ou dans le centre d'une grande ville ? Expliquez votre choix.
2. Est-ce que nous sommes tous américains ? Parlons-nous tous français et anglais ?
3. Savez-vous taper à la machine ? Avez-vous jamais été dactylo professionnelle ?
4. Avez-vous un job ? Quelle sorte d'emploi à mi-temps voudriez-vous trouver ? Pourquoi ?
5. Qu'est-ce que vous auriez fait si vous n'étiez pas entré à l'université ?
6. Qu'est-ce qui serait arrivé si on n'avait pas inventé la bombe atomique ?
7. Une jeune femme qui vit seule a été blessée. Elle avait entendu des bruits et des cris épouvantables dans l'escalier. Elle est sortie de son appartement voir ce qui se passait. Qu'est-ce que vous auriez fait à sa place ?

F Lecture

Ces gens qui travaillent

Jeanne Pradier, médecin généraliste
Médecin à mi-temps et à mi-salaire, médecin en blue-jean et en vieille chemise, médecin qui a appris à un vieil Arabe à écrire : Jeanne Pradier est une femme exceptionnelle.

Les études de médecine sont longues et difficiles. N'importe qui peut entrer à l'école   5 de médecine — il n'y a pas de sélection au départ ; mais à la fin de la première année, il y a un examen terrible. Ensuite viennent sept ans d'études avec, bien entendu, des stages[1] dans les hôpitaux et puis l'internat pendant la dernière année.

---

[1] période d'études pratiques obligatoires pour les personnes qui veulent exercer un métier ou une profession

Voilà[1] pour être médecin généraliste ! Si vous voulez vous spécialiser, vous en avez encore pour deux ans ! Les médecins ont tous énormément de[2] travail et très peu 10 de temps libre, mais moi, j'ai choisi une vie complètement différente et je suis médecin à mi-temps, ce qui est extrêmement rare. Nous sommes quatre jeunes docteurs dans le cabinet[3] médical et nous travaillons tous à mi-temps, chacun pour des raisons différentes. Quant à[4] moi, mon emploi du temps[5] me permet de faire pas mal de choses en dehors des[6] heures de travail : je peux lire, jouer avec mes deux enfants, 15 faire du sport et de la politique . . .

Nous avons installé notre cabinet au dernier étage d'une énorme tour[7] HLM[8] où habitent 5000 personnes. Ce sont presque tous des ouvriers non-spécialisés, des réfugiés politiques ou des immigrés venus chercher du travail en France. Tous sont pauvres, beaucoup sont en chômage depuis des mois à cause de la récession ; 20 certains sont analphabètes. Le cabinet ouvre à 9 h et je suis là jusqu'à midi avec un de mes trois confrères. L'après-midi, nous faisons des visites à domicile, toujours dans la tour HLM, et je rentre chez moi vers 14 h, quelquefois plus tard. J'habite aussi dans la tour. Je me fais mon déjeuner et je mange tranquillement en lisant une revue médicale. 25

Alain Adjemian, ingénieur
Il a quarante ans. Il a débuté comme ingénieur, mais il est actuellement[9] plus administrateur qu'ingénieur et ses responsabilités se multiplient.

Depuis quinze ans, je suis ingénieur dans une usine pétrochimique près de Marseille qui fabrique des engrais et des produits dérivés du pétrole. Il y a six mois, nos 30 chercheurs ont découvert une nouvelle matière plastique que nous voulons fabriquer industriellement. Quant à moi, je viens de terminer la préparation d'une nouvelle usine — un travail assez compliqué. J'étais à la tête d'une équipe de six ingénieurs et nous avons dû résoudre sur le papier, à l'aide d'un ordinateur, une longue liste de problèmes techniques, économiques et écologiques. Notre première décision con- 35 cernait l'emplacement de l'usine, puis l'accès à l'usine des matières premières[10]. Par exemple, le pétrole arriverait-il en train ou en camion, ou en pipeline ? Où serait-il entreposé ? Ensuite nous avons dû, bien entendu, stipuler quelles machines et quel équipement industriel il nous faudrait, quelle sorte de bâtiments l'architecte devrait dessiner, quelles méthodes nous emploierions pour ne pas polluer l'air ou les rivières. 40 Il ne fallait pas non plus oublier l'aspect financier : nous avons dû calculer le coût de l'usine et nous assurer que nous ne dépasserions pas notre budget.

Comme vous le voyez, je fais actuellement moins de travail de recherche et plus de coordination. Mes nouvelles fonctions m'obligent à voyager très souvent. Tout cela comprend[11] beaucoup de responsabilités, mais aussi de grandes satisfactions. 45

Catherine Chardin, guide
Voici une jeune fille qui travaille comme guide depuis plusieurs années. Elle aime voyager, donc c'est un métier idéal pour elle.

Pour me préparer à mon métier, j'ai fait deux ans d'études, après mon bac, dans

---

[1] Tout cela, c'est
[2] vraiment beaucoup de
[3] endroit où travaille un médecin, un dentiste ou un avocat
[4] As for
[5] schedule
[6] **en dehors de**   *outside of*

[7] grand immeuble
[8] Habitation à Loyer Modéré : logements construits pour les familles à revenus limités
[9] en ce moment
[10] *raw materials*
[11] *includes*

une école à Paris qui prépare les élèves aux carrières de tourisme et d'accueil : 50
hôtesse de l'air, hôtesse au sol dans un aéroport, hôtesse dans un grand hôtel, ou,
comme moi, guide touristique. Je fais partie d'une agence internationale qui s'appelle
Jet Tours et qui organise des voyages dans le monde entier. En ce moment je suis
à Angers pour deux mois et je fais tous les jours le tour de la ville avec un groupe
d'étrangers. Hier, par exemple, je suis arrivée à leur hôtel vers 8 h 30 avec un car[1] 55
climatisé et sonorisé[2]. Nous nous sommes d'abord arrêtés à la cathédrale et je leur
ai fait un petit discours en anglais et en allemand sur le portail et les vitraux ; ensuite
nous sommes allés dans les vieux quartiers admirer des maisons qui datent du moyen
âge ; enfin nous sommes arrivés au château — une forteresse impressionnante du
XIIe siècle qui abrite une magnifique collection de tapisseries. Vers midi et demi nous 60
sommes remontés dans le car et je les ai ramenés à leur hôtel, heureux et fatigués !

À la fin du mois de septembre, il n'y aura plus de touristes dans cette région et
je serai sans doute[3] envoyée à l'étranger, dans un pays chaud — l'Espagne ou la
Grèce, par exemple. Pour l'instant, ce travail est parfait pour moi. Je voyage dans
le monde entier, je rencontre des gens intéressants et j'ai un bon salaire. Je suis 65
donc privilégiée par rapport à[4] plusieurs de mes amies qui ont la même formation[5]
que moi et qui n'ont pas trouvé d'emploi. La plupart des agences préfèrent employer
des guides qui ont déjà de l'expérience, et le marché du travail est extrêmement
bouché pour les jeunes.

A *Répondez aux questions.*

1. Quelles sont les différences entre un médecin généraliste et un médecin spécialiste ? Donnez plusieurs exemples.
2. Pourquoi Mme Pradier ne travaille-t-elle qu'à mi-temps ?
3. Quelle sorte de gens habitent dans la tour HLM ?
4. Combien d'heures par jour Mme Pradier travaille-t-elle ?

[1] autocar
[2] équipé de climatisation et d'un microphone
[3] probablement (**sans aucun doute** *undoubtedly*)
[4] *with regard to*
[5] *education and training*

5. Quelle sorte de problèmes techniques M. Adjemian a-t-il dû résoudre pour la nouvelle usine ?
6. Qu'est-ce que c'est qu'une hôtesse au sol dans un aéroport ?
7. Où est-ce que Catherine a emmené les touristes hier matin ?
8. Pourquoi ne sera-t-elle plus à Angers en octobre ?
9. Pourquoi aime-t-elle son travail ?
10. Pourquoi Catherine se trouve-t-elle privilégiée ?

B *Trouvez dans le texte les mots qui sont définis ci-dessous.*

1. personne qui ne sait ni lire ni écrire
2. période d'études pratiques obligatoires pour les personnes qui veulent exercer un métier
3. personne qui accompagne les touristes pour leur montrer des sites intéressants
4. établissement industriel où on fabrique des choses à l'aide de machines
5. équipé d'un appareil qui amplifie la voix
6. endroit où travaille un médecin
7. personne qui vient de l'étranger
8. l'examen national à la fin des études au lycée
9. en ce moment, maintenant
10. collègues (personnes qui appartiennent à la même société)

VOCABULAIRE

Noms masculins

acier	despotisme	·horaire	·poste
chinois	diplôme	jazz	salaire
chômage	·directeur	·job	supérieur
·CV	·dossier	·membre	timbre
·désir	·emploi	·personnel	

Noms féminins

agence (de travail / ·de voyage)	Bible	marche	·petites annonces *pl*
	construction	·matière	plate-forme
antenne	grenouille	·organisatrice	tonne
augmentation	inflation	paix	

Verbes

achever	considérer	·participer à	vivre *irrég*
ajouter	copier	·soumettre *irrég*	voter
compléter	effacer	·taper (à la machine)	
concevoir *irrég*	installer	repeindre *irrég*	

Adjectifs

classique	·parfait(e)
météorologique	·payé(e)

Adverbes

facilement · naturellement · ·parfaitement

Autres expressions

·À bas + *nom* !	·au sujet de	mettre à la porte	ne . . . ni . . . ni . . .
à mi-temps	·en tant que	se mettre en grève	ni l'un(e) ni l'autre
·à partir de	·s'entendre bien avec	Moscou	tous les deux
à temps complet	quelqu'un	·(30) mots-minute	Vive (Vivent) + *nom* !

VINGT-SIXIÈME LEÇON

CONVERSATIONS

A. À la ferme

Avez-vous jamais vécu dans une ferme ? Vos parents ont-ils un potager ou un jardin ?
Connaissez-vous les plantes et les animaux ?

Quels sont les noms de fleurs ? Quels sont les noms de fruits ? Et les noms d'animaux ?

les violettes	les bananes	les olives
les fraises	les roses	les oies
les cerises	les cochons	le raisin
les vaches	les tulipes	les poires

Qu'est-ce qu'on peut trouver dans un verger ?

des pompiers	des cerisiers	des poiriers
des écoliers	des oliviers	des orangers
des pommiers	des escaliers	des métiers
des pruniers	des épiciers	des charcutiers

La vache est un animal très utile. Elle nous donne du lait et de la viande. On fabrique pas mal de choses avec le lait : fromage, beurre, yogourt, etc. La vache peut tirer une charrette, et sa peau nous donne le cuir. À quoi les animaux suivants sont-ils utiles ?

le cochon	l'oie[1]	le mouton

 B. Il est plus tard que tu ne penses.

DANIEL   Comment, tu n'es pas encore prêt ?
ROBERT   Une minute ! Nous avons tout le temps.
DANIEL   Il est plus tard que tu ne penses. Regarde ton réveil. Il est arrêté !
ROBERT   Il est arrêté ? Il faut que je le fasse réparer.

EXPLICATIONS ET EXERCICES ORAUX

• 1 EMPLOI DE FAIRE FAIRE

1. A causative construction expresses the idea that the subject of the sentence does not perform an action directly but instead causes it to be performed by someone else. In English, the causative meaning is often expressed by the verbs *to have* (*I have him cut the grass; I have the car fixed*), *to get* (*I'll get Mary to do the work; We can get it fixed*), or *to make* (*I made him come*).

In French, the causative meaning is usually expressed by **faire**. Faire + infinitive forms an inseparable unit, and no word may come between the two. In the examples below, **Monique** is the actor of the verb **chanter**, even if **Monique** follows the infinitive. It can also become the *direct object* pronoun and precede **faire**, as in the third example.

Monique chante.	*Monique sings.*
Je fais chanter **Monique**.	*I have Monique sing.*
Je **la** fais chanter.[2]	*I have her sing.*

In the following examples, **la chanson** is the thing acted upon by the verb **chanter**. Note that it can also become the *direct object* pronoun and precede **faire**, as in the third example.

On chante **la chanson**.	*One (Someone) sings the song.*
Je fais chanter **la chanson**.	*I have the song sung.*
Je **la** fais chanter.[2]	*I have it sung.*

---

[1]N'oubliez pas son **duvet** (plumes très légères) et son **foie**.
[2]When the direct object pronoun alone is used, there is an ambiguity of meaning that can be cleared up only by the context: **Je la fais chanter** may mean *I have her sing* or *I have it sung*; **Je la fais nettoyer** may mean *I make her clean* or *I have it cleaned*.

2. When both the actor and the thing acted upon follow the infinitive, the actor is expressed by à + noun or par + noun.

Monique chante **la chanson**.	*Monique sings the song.*
Je fais chanter **la chanson à Monique**.	*I have Monique sing the song.*
Je fais chanter **la chanson par Monique**.	*I have the song sung by Monique.*

The thing acted upon can become a direct object pronoun and precede **faire**; the actor, expressed by à + noun, can become the indirect object pronoun, while par + noun becomes par + stressed personal pronoun.

Je **la lui** fais chanter.	*I have her sing it.*
Je **la** fais chanter **par elle**.	*I have it sung by her.*

Voici un poème.
Il est beau, ce poème.
Je veux **le** faire lire.

Voilà Marie.
Elle lit bien.
Je veux **la** faire lire.

Je fais lire le poème à Marie.
Je **le lui** fais lire.

TABLEAU 104

3. If the action expressed by the infinitive is performed *to* or *for* the subject of the sentence, **se faire** + infinitive is used. Like any reflexive construction, **se faire** is conjugated with **être** in compound tenses, but the past participle **fait** remains invariable.

Je **me** coupe **les cheveux**.	*I cut my hair.*
→Je **me les** coupe.	*→I cut it.*
Je **me** fais couper **les cheveux**.	*I have my hair cut.*
→Je **me les** fais couper.	*→I have it cut.*
Je **me** suis **fait** couper **les cheveux**.	*I had my hair cut.*
→Je **me les** suis **fait** couper.	*→I had it cut.*

4. A few verbs are usually considered intransitive, that is, they cannot take a direct object.

bouillir	*to boil*		**frire**	*to fry*
cuire	*to cook*		**pousser**	*to grow*
fondre	*to melt*		**rôtir**	*to roast*

« J'essaie de le faire monter dans le camion, mais il ne veut pas ! »

In order to use such verbs transitively, **faire** must be placed in front of the infinitive.

L'eau **bout**.	*The water is boiling.*
Je **fais bouillir** l'eau.	*I am boiling the water.*
Cette viande **cuit** vite.	*This meat cooks fast.*
Je **fais cuire** cette viande.	*I am cooking this meat.*
Le beurre **fond** dans la poêle.	*The butter melts in the pan.*
Je **ferai fondre** du beurre.	*I will melt some butter.*
Les légumes **poussent**.	*The vegetables are growing.*
Vous **faites pousser** les légumes.	*You are growing the vegetables.*

 A *Il y a des choses que vous faites vous-même, et il y a d'autres choses que vous faites faire par quelqu'un. Répondez aux questions suivantes d'après ce modèle.*

Nettoyez-vous votre chambre ?
Oui, je la nettoie moi-même. (Non, je la fais nettoyer.)

1. Nettoyez-vous votre chambre ?
2. Lavez-vous vos chaussettes ?
3. Faites-vous votre lit ?
4. Faites-vous vos devoirs ?
5. Préparez-vous votre déjeuner ?
6. Réparez-vous votre montre ?
7. Vous coupez-vous les ongles ?
8. Vous coupez-vous les cheveux ?
9. Vous arrachez-vous les dents ?
10. Vous lavez-vous les mains ?

B *Modifiez les phrases suivantes d'après ce modèle.*

> Le porc rôtit dans le four.
> **Je fais rôtir le porc dans le four.**

1. Le poulet rôtit dans le four.
2. La viande cuit dans le four.
3. Le beurre fond dans la poêle.
4. L'eau va bouillir dans quelques minutes.
5. Les légumes pousseront dans le potager.
6. Les enfants mangeront à midi.
7. On a inspecté ma voiture.
8. On a vérifié les résultats.

C *Répondez aux questions.*

1. Qu'est-ce que c'est qu'un horloger ? Par qui faites-vous réparer votre montre ?
2. Qu'est-ce que c'est qu'un bijoutier ? Par qui faites-vous réparer votre bague ?
3. Qu'est-ce que c'est qu'un mécanicien ? Par qui faisons-nous réparer nos voitures ?
4. Qu'est-ce que c'est qu'un dépanneur ? Par qui faisons-nous réparer nos postes de télévision ?
5. Qu'est-ce que c'est qu'un coiffeur ? Par qui se fait-on couper les cheveux ?
6. Qu'est-ce que c'est qu'un dentiste ? Par qui vous faites-vous arracher les dents ?
7. Qu'est-ce que c'est qu'un garçon ? Par qui fait-on apporter les repas aux clients dans un restaurant ?
8. Qu'est-ce que c'est qu'un facteur ? Par qui fait-on distribuer les lettres ?

• 2 RIRE ET SOURIRE

1. **Rire (de)** *to laugh (at)* and **sourire (à)** *to smile (at)* are conjugated alike.

Je ne **ris** pas.
Tu **ris** des autres.
Il **rit** rarement.
Nous **rions** souvent.
Vous ne **riez** pas de cela.
Ils **rient** de tout.
J'ai **ri** quand il a dit cela.
Je ne **rirai** plus.

ris	rions
ris	riez
rit	rient
ri	
rirai	

Note that the **nous** and **vous** forms of **rire** and **sourire** contain -**ii**- in the imperfect indicative and present subjunctive.

Nous **riions** chaque fois que nous entendions cette plaisanterie.
Je suis surpris que vous ne lui **souriiez** plus.

2. As nouns, **rire** means *laughter* and **sourire**, *smile*. Both are masculine.

Le rire est un élément important des films comiques.
Ce monsieur a **un sourire** agréable.

 A *Exercice de contrôle*

> **Je ris quand j'entends quelque chose de drôle.**

1. Vous
2. Tu
3. Nous
4. On
5. Les enfants
6. Je

Je souris quand je suis heureux.

1. Le professeur
2. Vous
3. Les étudiants
4. Tu
5. Nous
6. Je

B *Répondez aux questions.*

1. Quand est-ce qu'on rit ? Quand est-ce qu'on ne devrait pas rire, même en voyant quelque chose de très comique ?
2. Est-ce que nous rions souvent dans ce cours ? Quand est-ce que nous avons ri ? De quoi avons-nous ri ?
3. Regardez (Jacqueline). Est-ce qu'elle vous sourit ? Est-ce que vous lui souriez ?
4. Montrez-moi la différence entre un sourire et une grimace. Montrez-moi la différence entre un sourire et un rire.
5. Quand est-ce qu'on sourit ? Quand est-ce qu'il est important qu'on sourie à quelqu'un ? Que signifie un sourire dans cette situation ?
6. Qu'est-ce que c'est qu'un sourire énigmatique ? Pensez au portrait de Mona Lisa. Savez-vous pourquoi elle sourit ?

3 EMPLOI DE L'ADVERBE **SI** ET DES PHRASES EXCLAMATIVES

1. The adverb **si** *so, such* intensifies the adjective or adverb it precedes. The construction **si** + adjective/adverb may be followed by **que** + clause, corresponding to the English construction *so/such . . . that . . . .*

Votre dessert est **si** délicieux !	*Your dessert is so delicious!*
Elle parle **si** bien français !	*She speaks French so well!*
Ils ont une **si** belle maison !	*They have such a beautiful house!*
Il a mangé **si** rapidement **qu'**il a une indigestion.	*He ate so fast that he has indigestion.*
Il avait un **si** beau jardin **que** tout le monde voulait le voir.	*He had such a beautiful garden that everyone wanted to see it.*

2. The adverb of quantity **tant** (+ noun), presented in Lesson **14**.5, corresponds to the English construction *so much/so many* (+ noun). It may be followed by **que** + dependent clause

Vous avez **tant** parlé !	*You spoke so much!*
Vous avez **tant** parlé **que** personne ne voulait vous écouter.	*You spoke so much that no one wanted to listen to you.*
Vous avez **tant** d'oncles !	*You have so many uncles!*
Vous avez **tant** d'oncles **que** je ne sais pas duquel vous parlez.	*You have so many uncles that I don't know which one you are talking about.*

3. A declarative sentence can be changed into an exclamatory sentence by adding **Comme** or **(Ce) que** at the beginning.[1] They are equivalent to English *how*.

Je suis heureux de vous voir.	*I am happy to see you.*
→**Comme** je suis heureux de vous voir !	*→How happy I am to see you!*

[1]**Ce que** occurs in more colloquial French.

Il travaille.	*He works.*
→**Comme** il travaille !	→*How he works!*
Il est intelligent.	*He is intelligent.*
→**(Ce) qu'**il est intelligent !	→*How intelligent he is!*
Il fait froid ce matin.	*It's cold this morning.*
→**(Ce) qu'**il fait froid ce matin !	→*How cold it is this morning!*

4. **Quel** + noun in an exclamation is equivalent to English *What (a)* + noun. **Quel** must agree in gender and number with the noun. The noun may be modified by an adjective.

Quel homme ! **Quel** fils !	*What a man! What a son!*
Quelle peinture splendide !	*What a splendid painting!*
Quels beaux arbres !	*What beautiful trees!*

TABLEAU 105

A *Vous faites, ou vous ne faites pas, certaines choses pour certaines raisons. Répondez aux questions d'après ce modèle.*

Pourquoi faites-vous ce devoir ? Est-il important ?
Je fais ce devoir parce qu'il est si important.

1. Pourquoi faites-vous ce travail ? Est-il important ?
2. Pourquoi mangez-vous en classe ? Avez-vous faim ?
3. Pourquoi voulez-vous faire une promenade ? Fait-il beau ?
4. Pourquoi allez-vous vous reposer ? Êtes-vous épuisé ?
5. Pourquoi avez-vous fait votre lit ? N'étiez-vous pas pressé ?
6. Pourquoi n'avez-vous pas fait vos devoirs ? Étiez-vous occupé ?
7. Pourquoi n'avez-vous pas répondu à ma question ? Était-elle difficile ?
8. Pourquoi n'avez-vous pas compris ma question ? Est-ce que j'ai parlé trop vite ?

B *Maintenant, vous allez parler de moi. Ajoutez des phrases d'après ces modèles.*

Je suis très patient. Tout le monde m'admire.
Vous êtes si patient que tout le monde vous admire.
J'ai trop parlé. Je n'ai plus rien à dire.
Vous avez tant parlé que vous n'avez plus rien à dire.

1. Je suis très sympathique. Tout le monde m'admire.
2. Je suis très content. Je souris tout le temps.

3. Je parle très vite. Personne ne me comprend.
4. J'ai trop de cousins. Je ne sais pas lesquels sont mariés.
5. J'ai très mal dormi. Je suis épuisé.
6. J'ai trop mangé. J'ai une indigestion.
7. Mes examens sont très faciles. Personne n'y échoue.
8. J'ai trop lu hier soir. J'ai mal aux yeux.

C *Vous êtes en train de visiter un château qui date de la Renaissance. Il est magnifique, bien restauré, et vous admirez tout ce que vous voyez. Ajoutez des phrases d'après ce modèle.*

> Regardez ces belles tapisseries.
> ÉTUDIANT A **Ah, quelles belles tapisseries !**
> ÉTUDIANT B **Ah, comme elles sont belles !**

1. Regardez cette salle magnifique.
2. Regardez cette cheminée splendide.
3. Regardez cet escalier magnifique.
4. Il faut regarder ces chambres bien restaurées.
5. Avez-vous remarqué ces sculptures curieuses ?
6. Avez-vous visité le beau jardin ?
7. Avez-vous remarqué ces meubles intéressants ?
8. Avez-vous remarqué cette statue curieuse ?
9. Avez-vous visité la cour majestueuse ?
10. Avez-vous vu le remarquable plafond peint ?

• 4 LE **NE** EXPLÉTIF

1. The so-called expletive **ne**, also called "redundant" or "pleonastic" negative, occurs only in formal speech and written language in subordinate clauses. It does *not* express a negative meaning, but reflects the speaker's wish that something would not happen. It is used, for example, after a main verb denoting fear, such as **avoir peur** or **craindre**.

J'**ai peur** qu'il **ne** pleuve.	*I'm afraid it will rain.*
Il **a peur** que vous **ne** sachiez la vérité.	*He's afraid you know the truth.*
Nous **craignons** que vous **n'**ayez tort.	*We are afraid you are wrong.*
Craignez-vous qu'elle **ne** vous ait reconnu ?	*Are you afraid she recognized you?*

2. The "expletive" **ne** also occurs after conjunctions such as **avant que** *before*, **à moins que** *unless*, and **de peur que** *for fear that, lest.*

Je veux partir **avant qu'**il **ne** pleuve à verse.	*I want to leave before it pours.*
Elle fera une promenade **à moins qu'**il **ne** fasse trop chaud.	*She will take a walk unless it is too hot.*
L'enfant se cache **de peur qu'**on **ne** le punisse.	*The child is hiding for fear that they may punish him.*

Examine the following sentences, in which the expletive **ne** and a true negation are contrasted.

Je crains qu'il **n'**ait trop plu.   *I'm afraid it has rained too much.*
Je crains qu'il **n'**ait **pas** assez plu.   *I'm afraid it hasn't rained enough.*

Nous partirons ce soir à moins qu'il **ne**   *We'll leave tonight unless he comes.*
  vienne.
Nous partirons ce soir à moins qu'il **ne**   *We'll leave tonight unless the weather*
  fasse **pas** beau.   *isn't nice.*

3. The expletive **ne** also occurs after the comparison of inequality **plus . . . que** and **moins . . . que**, if the term of the comparison is in the *affirmative*.[1]

Renée est **plus** intelligente **que** tu **ne** le   *Renée is more intelligent than you*
  supposes.   *imagine (suppose).*
La voiture coûte **moins que** vous **ne** le   *The car costs less than you think*
  croyez.   *(believe).*

BUT

Renée **n'**est **pas plus** âgée **que** tu le   *Renée is not older than you imagine*
  supposes.   *(suppose).*
La voiture **n'**a **pas** coûté **moins que** je   *The car did not cost less than I thought.*
  le pensais.

 A *Nous allons au théâtre. Mais nous trouvons que tout est mauvais. Ça va être une soirée perdue ! Ajoutez* **je crains que** *devant chaque phrase d'après ce modèle.*

    Il pleut à verse.
    Je crains qu'il ne pleuve à verse.

1. Nous sommes en retard.   6. La représentation est mauvaise.
2. Il n'y a pas de taxi.   7. La pièce ne plaît à personne.
3. La pièce a déjà commencé.   8. Tout le monde est mécontent.
4. Les acteurs sont médiocres.   9. On sort avant la fin de la pièce.
5. Vous n'êtes pas content.   10. C'est une soirée perdue.

 B *Modifiez les phrases suivantes d'après ces modèles.*

    Nous allons partir. Vous allez poser encore des questions.
    Nous allons partir avant que vous ne posiez encore des questions.
    Je ne peux pas finir ce travail si vous ne m'aidez pas.
    Je ne peux pas finir ce travail à moins que vous ne m'aidiez.
    Il va sécher le cours. Il a peur que vous ne posiez trop de questions.
    Il va sécher le cours de peur que vous ne posiez trop de questions.

---

[1]The pronoun **le** used in these sentences is known as the "invariable **le**"; it sums up an adjective or an entire clause: **Croyez-vous qu'il est paresseux ? — Oui, je le crois; Êtes-vous malade ? — Oui, je le suis.** In very colloquial French, the "invariable **le**" after the comparison, as in these sentences, is often dropped (see **Conversation B** of this lesson).

1. On va faire une promenade. Il va pleuvoir.
2. Je vais rentrer maintenant si vous n'avez pas besoin de moi.
3. Je ne prends pas le métro. J'ai peur qu'il ne soit trop bondé.
4. Nous allons faire une promenade s'il fait beau.
5. Nettoyez votre chambre. Il va venir chez vous.
6. Il va appeler un taxi. Il a peur que je ne sois en retard.

C *Répondez aux questions d'après ce modèle.*

Êtes-vous paresseux ?
Je suis plus (moins) paresseux que vous ne le supposez (pensez, croyez).

1. Êtes-vous discret ?
2. Êtes-vous paresseux ?
3. Êtes-vous travailleur ?
4. Êtes-vous optimiste ?

5. Travaillez-vous rapidement ?
6. Mangez-vous beaucoup ?
7. Me connaissez-vous bien ?
8. Comprenez-vous bien le français ?

Chambord, un des plus grands châteaux de la Renaissance dans la vallée de la Loire.

APPLICATIONS

A Dialogue et questions

Le rosé est le meilleur !

Avant leur retour aux États-Unis, Jean-Paul et Christine passent quelques jours à Angers, chez les grands-parents de Jean-Paul. Hier ils ont visité plusieurs châteaux célèbres, qui ont fait évoquer à Christine la vie fastueuse des seigneurs de la Renaissance. Ce matin ils se promènent sur des routes de campagne bordées de vergers et de vignobles. Ils aperçoivent un panneau « dégustation gratuite » et, un peu plus loin, un petit château au milieu des vignes. Ils laissent leurs bicyclettes dans la cour du château et se dirigent vers la cave[1]. M. Richard, le responsable[2] de la cave, les accueille[3]. 5

M. RICHARD	Bonjour, Monsieur, Mademoiselle.
JEAN-PAUL	Bonjour, Monsieur. Est-ce qu'on peut goûter votre vin ? 10
M. RICHARD	Mais bien sûr. Par ici, s'il vous plaît.
CHRISTINE	Comme il fait frais ici ! Ça fait du bien[4] après une si longue promenade à bicyclette.
M. RICHARD	Vous devez avoir soif. Voulez-vous commencer par le rosé ? Il est très doux. 15
JEAN-PAUL	Oui, d'accord. (*M. Richard leur offre deux verres, remplis au tiers[5]. Jean-Paul fait tourner[6] le vin, lentement, dans son verre et en examine la couleur.*) Quelle jolie couleur ! (*Il goûte le vin à petites gorgées[7].*) Humm, il est merveilleux, ce rosé. Le bouquet est très agréable. Qu'en penses-tu, Christine ? 20

[1] *wine cellar*
[2] *person in charge*
[3] *du verbe* **accueillir** /akœjiʀ/ *to greet, to welcome*
[4] *It feels good*

[5] *filled to one-third (of the glass)*
[6] **faire tourner** *to swish around*
[7] *in small sips*

CHRISTINE Il est délicieux.

M. RICHARD Voulez-vous essayer celui-ci ? C'est un vin blanc de 1980. Il est plus sec que le rosé.

JEAN-PAUL Il est moins fruité que le rosé, mais très bon aussi.

CHRISTINE Et il laisse une grande sensation de fraîcheur. (*Ils goûtent encore quel-* 25 *ques vins*.)

JEAN-PAUL Alors, qu'est-ce que tu en penses ?

CHRISTINE Moi, je préfère le rosé. Je crois qu'il plaira à mon père.

JEAN-PAUL Eh bien, achetons-en dix bouteilles. Je peux les faire envoyer chez tes parents. 30

CHRISTINE Et nous les déboucherons à Noël. Quelle merveilleuse idée !

(lignes 1–8)

1. Où habitent les grands-parents de Jean-Paul ?
2. Qu'est-ce que Jean-Paul et Christine ont vu hier ?
3. Que veut dire « dégustation gratuite » ?
4. Qu'est-ce que Jean-Paul et Christine aperçoivent au milieu des vignes ?
5. Où laissent-ils leurs bicyclettes ?

(lignes 9–31)

6. Est-ce qu'il fait chaud dans la cave ?
7. Par quelle sorte de vin commencent-ils leur dégustation ?
8. Qu'est-ce que Jean-Paul pense du rosé ?
9. Qu'est-ce qu'il pense du vin blanc ?
10. Qu'est-ce qu'il va faire du[1] vin qu'il va acheter ?

B Expressions utiles

À la ferme

$$
le \begin{cases} fermier \\ cultivateur \end{cases} : \begin{cases} cultiver \begin{cases} le\ champ \\ la\ terre \end{cases} \\ semer \\ récolter \end{cases} \begin{cases} le\ blé \\ le\ maïs \end{cases} dans\ le\ champ
$$

$$
\begin{matrix} cultiver \\ faire\ pousser \end{matrix} \begin{cases} des\ fleurs\ dans\ le\ jardin \\ des\ légumes\ dans\ le\ potager \end{cases}
$$

$$
Dans\ le\ verger\ il\ y\ a\ des \begin{cases} cerisiers\ (\leftarrow cerise). \\ poiriers\ (\leftarrow poire). \\ pommiers\ (\leftarrow pomme). \\ pêchers\ (\leftarrow pêche). \end{cases}
$$

[1]**faire de** *to do with*

les fruits :
$\begin{cases} \text{mûrir} \\ \text{être mûrs} \end{cases}$

Dans la cour il y a des
$\begin{cases} \text{canards } m. \\ \text{dindes } f. \\ \text{oies } f. \\ \text{coqs } m \text{ / poules } f \text{ / poussins } m. \end{cases}$

L'élevage de (On élève des)
$\begin{cases} \text{chevaux } m. \\ \text{moutons } m. \\ \text{cochons } m. \\ \text{bœufs } m \text{ / vaches } f. \end{cases}$

La dégustation du vin

déboucher une bouteille (avec un tire-bouchon)
verser le vin dans un verre / remplir un verre de[1] ce vin
examiner / admirer la couleur
sentir / humer le bouquet
goûter / boire à petites gorgées

Le vin est
$\begin{cases} \text{liquoreux (très sucré).} \\ \text{doux (un peu sucré).} \\ \text{moelleux (ni trop sec ni trop doux).} \\ \text{sec (peu sucré).} \end{cases}$

La dégustation du vin est une chose sérieuse.

$$\text{Le vin est } \begin{cases} \text{léger.} \\ \text{corsé.} \\ \text{fruité.} \\ \text{mousseux / pétillant.} \\ \text{acide.} \end{cases} \qquad \text{C'est un } \begin{Bmatrix} \text{bon} \\ \text{grand} \end{Bmatrix} \text{cru.}$$

Pratique

1. Donnez le contraire des mots et des expressions ci-dessous.

un coq	un vin sec	boucher le vin
un bœuf	récolter le blé	vider un verre

2. Quels fruits est-ce que ces arbres ou ces plantes produisent ?

bananiers	oliviers	pruniers
cerisiers	poiriers	orangers
fraisiers	pommiers	pêchers

3. Donnez, ou demandez à quelqu'un de vous donner, un exemple de chacun de ces types de vin produits aux États-Unis.

un vin liquoreux	un vin doux	un vin pétillant
un vin moelleux	un vin sec	un vin fruité
un vin blanc	un vin rouge	un rosé

4. La vue, l'odorat et le goût entrent en jeu[1] dans la dégustation du vin. Expliquez comment ils entrent en jeu.

C *C'est Christine qui parle de ce qu'elle a fait ce matin. Complétez le passage.*

(1) Comme/temps/passer/vite ! (2) Je/craindre/ce/ne/être/bientôt/fin/mon/vacances/ merveilleux. (3) Nous/devoir/quitter/Angers/demain matin/et/nous/rentrer/États-Unis/ trois/jour/plus tard. (4) Le/vallée/de/la Loire/me/plaire/beaucoup. (5) Ce/matin/nous/ faire/un/long/promenade/à bicyclette. (6) Route/que/nous/prendre/être/bordé/de/ vignobles/et/de/vergers. (7) Il/faire/chaud/mais/campagne/être/beau/et/paisible. (8) Nous/s'arrêter/dans/un/cave/parce que/Jean-Paul/vouloir/me/faire/goûter/vins/ région. (9) Il/me/montrer/comment/on/déguster/le vin/et/nous/en/goûter/plusieurs. (10) Nous/décider/faire/envoyer/dix/bouteille/de/rosé/à/mon/parents.

D *Choisissez un des sujets suivants et écrivez une composition d'à peu près 250 mots.*

1. À quelle profession vous préparez-vous ? Expliquez pourquoi vous avez choisi cette profession. Si vous n'avez pas encore choisi de profession, dites entre lesquelles vous hésitez et pourquoi.
2. Avez-vous jamais travaillé pendant l'été ? Décrivez ce que vous avez fait, ce que vous pensez de ce travail, et dites pourquoi vous voulez ou vous ne voulez pas le refaire.
3. Dans beaucoup de pays les jeunes ont abandonné leurs fermes pour aller travailler dans les villes, de sorte que le nombre d'agriculteurs continue à diminuer. Quels sont les avantages et les inconvénients du travail agricole ?

---

[1]**entrer en jeu**   *to be involved*

4. Vous avez sans doute appris quelque chose sur la France en étudiant le français et en écoutant votre professeur. Choisissez deux ou trois aspects de la France (ou d'un pays francophone) et comparez ce que vous pensiez savoir avant d'étudier le français à ce que vous avez appris depuis.

E *Renseignements et opinions*

1. Quand vous étiez petit, vos parents vous faisaient faire des choses que vous n'aimiez pas faire, n'est-ce pas ? Donnez-en quelques exemples et dites si vous faites toujours ces choses.
2. Qu'est-ce qu'on peut faire pour faire rire ou sourire quelqu'un qui a l'air trop sérieux ?
3. Vous voilà presque à la fin de ce livre. Vous avez beaucoup travaillé. Est-ce que le français est moins difficile que vous ne le pensiez ?
4. Préparez une question à poser à votre professeur au sujet des provinces en France.

F Lecture

Les agriculteurs

L'agriculture a toujours été une des richesses principales de la France, qui produit presque tout ce dont elle a besoin au point de vue alimentaire, sauf le café et quelques fruits exotiques. Traditionnellement, le paysan a été à la base de la société française, représentant la stabilité de la nation. Cependant, depuis les années 50, de grands changements se sont produits en agriculture, comme dans les autres secteurs de 5 l'économie. Beaucoup de jeunes gens ont quitté leurs fermes pour aller travailler dans les villes. La population rurale ne constitue que 20 % de la nation entière. Cet exode a eu comme résultat la consolidation des petites propriétés et l'emploi de grosses machines agricoles. Le gouvernement a créé des lycées et des centres de recherche agricole pour que les fermiers puissent se mettre au courant des[1] tech- 10 niques modernes. Il existe[2] aussi d'innombrables coopératives et organismes agricoles qui aident les fermiers à résoudre leurs problèmes techniques, financiers ou gestionnaires[3]. Écoutez ces deux cultivateurs qui parlent de leur vie.

Jean Nicolas, exploitant[4] agricole dans la Beauce
Dans ma famille, nous sommes paysans depuis des générations, et j'ai décidé de 15 continuer dans la tradition familiale. Mon père cultivait la terre comme au XIXe siècle et sa vie était dure ! Levé à cinq heures, il travaillait jusqu'au soir et ne prenait jamais de vacances. Heureusement, il m'a envoyé au collège[5] agricole où j'ai appris les méthodes de culture[6] modernes, et je suis fier des améliorations que j'ai apportées à notre exploitation durant les dix dernières années. J'ai acheté du matériel moderne 20 avec de l'argent emprunté au Crédit Agricole[7] : j'ai deux tracteurs, un camion et une moissonneuse-batteuse[8]. J'ai fait analyser le sol pour savoir quels engrais je devais employer, et maintenant, je cultive uniquement du blé. De plus en plus les fermiers se spécialisent et font de la monoculture. C'est le seul moyen de survivre au XXe siècle. Ils sont aussi obligés de se mettre au courant des méthodes de gestion 25

---

[1] **se mettre au courant de** *to keep themselves informed of*
[2] *There exist*
[3] concernant la gestion (*management*)
[4] cultivateur

[5] école secondaire
[6] action de cultiver
[7] banque qui prête de l'argent aux fermiers
[8] *combine*

C'est le moment des vendanges. On embauche des étudiants.

modernes et certains gros propriétaires de la région ressemblent davantage à des hommes d'affaires qu'[1] à des fermiers.

Nous ne sommes pas isolés comme l'étaient les paysans d'autrefois. Mon père vit avec nous, et il est encore très actif. Notre maison est bien équipée, avec tout le confort moderne, y compris[2] une télévision en couleur. Ma femme prend la voiture 30 quand elle veut pour aller faire des courses à Chartres, et plusieurs fois par an, nous allons ensemble à Paris passer le week-end.

Georges de Langalerie, viticulteur en Bourgogne
Je suis vigneron en Bourgogne, une région qui produit quelques-uns des meilleurs vins du monde. Tous les membres de ma famille travaillent avec moi et j'ai aussi 35 quinze employés, car la culture de la vigne demande beaucoup de travail qui doit, en grande partie, être fait à la main selon les méthodes traditionnelles. Pour les vendanges, qui ont lieu[3] en général au mois de septembre, nous embauchons environ une quarantaine de personnes — des étudiants aussi bien que des travailleurs qui vont de ferme en ferme pour le travail saisonnier. Ils habitent à la ferme pendant dix 40 jours environ, et à la fin des vendanges, nous faisons une grande fête où tout le monde mange, danse, chante et boit. Le lendemain, les vendangeurs repartent, mais pour nous, le travail vient de commencer : il faut surveiller constamment la fermen- tation du jus dans les grandes cuves et puis effectuer la mise en tonneau[4], et fina- lement la mise en bouteille. Le vin n'est pas fait seulement avec du jus de raisin : il 45 faut en plus[5] de l'expérience, beaucoup de patience et énormément de travail. La plupart du temps, le résultat est satisfaisant, mais de temps en temps nous produisons un grand cru[6], et il n'y a pas de plus grande satisfaction pour un vigneron.

[1]**davantage . . . que** plus . . . que
[2]*including*
[3]**avoir lieu** arriver

[4]*placing (**la mise**) into barrels*
[5]*moreover*
[6]*vin de très bonne qualité*

A *Répondez aux questions suivantes.*

1. Quel a été le résultat de l'exode des jeunes paysans vers la ville ?
2. Comment était la vie du père de M. Nicolas ?
3. Qu'est-ce que M. Nicolas a appris au collège agricole ?
4. Quelles machines agricoles possède-t-il ?
5. Comment sont quelques-uns des gros propriétaires de la région ?
6. Comment est la maison des Nicolas ?
7. Pour les vendanges, quelle sorte de gens M. de Langalerie embauche-t-il ?
8. Chez M. de Langalerie, comment fête-t-on la fin des vendanges ?
9. Que veut dire « la mise en bouteille » ?
10. Pourquoi M. de Langalerie dit-il que le vin n'est pas fait seulement avec du jus de raisin ?

B *Trouvez dans le texte les expressions et les mots qui sont définis ci-dessous.*

1. relatif à l'agriculture (l'adjectif de « agriculture »)
2. le jour suivant, le jour d'après
3. produit qu'on utilise pour fertiliser le sol
4. émigration d'un grand nombre de gens
5. action de rendre meilleur
6. culture d'un seul produit agricole
7. personne qui cultive la vigne
8. grand réservoir pour la fermentation du raisin
9. vin de très bonne qualité
10. qui concerne la famille (l'adjectif de « famille »)
11. qui dépend des saisons (l'adjectif de « saison »)
12. qui concerne la vie à la campagne, contraire de « urbain »
13. action de cultiver
14. la plante qui produit le raisin

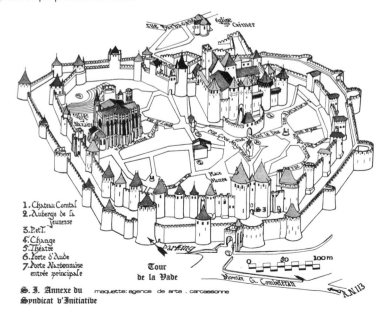

VOCABULAIRE

Noms masculins

·animal
bijoutier
·cerisier
·charcutier
·cochon
coiffeur
·cuir
dépanneur
·duvet
·écolier

·épicier
·foie
four
horloger
mécanicien
·métier
meuble
·mouton
·olivier

·oranger
·poirier
·pommier
·pompier
potager
·prunier
·raisin
·responsable
résultat

·retour
rire
·rosé
·seigneur
sourire
·tiers
·verger
·vignoble
·yogourt

Noms féminins

bague
·cave
·cerise
·charrette
cour
·dégustation
·ferme
·fraîcheur

·fraise
·gorgée
grimace
indigestion
·oie
·olive
·peau
·plante

·plume
poêle
·Renaissance
représentation
·rose
·sensation
statue
tapisserie

·tulipe
·vache
·vie
·vigne
·violette

Verbes

·accueillir *irrég*
·apercevoir *irrég*
arracher
bouillir *irrég*
cuire *irrég*

·déboucher
·se diriger
·évoquer
·examiner
fondre

pousser
réparer
rire *irrég*
rôtir
sourire *irrég*

supposer
·tirer

Adjectifs

·arrêté(e)
·bordé(e)
comique
·doux (douce)

drôle
énigmatique
épuisé(e)
·fastueux(euse)

·fruité(e)
majestueux(euse)
·merveilleux(euse)
remarquable

·sec (sèche)
splendide

Autres expressions

·ça fait du bien
de peur que
·faire de + *nom*

faire faire
·faire tourner
·Humm !

·par ici
Quel(le)(s) . . . !
si . . . !

LEÇON SUPPLÉMENTAIRE

EXPLICATIONS ET EXERCICES ORAUX

• 1 PASSÉ SIMPLE ET PASSÉ ANTÉRIEUR

1. The *passé simple* (also called *le passé défini*) replaces the *passé composé* in written, literary French. First conjugation verbs (-**er**) have a set of their own endings. Second and third conjugation verbs (-**ir** and -**re**) share another set of endings. Note that the singular forms of second conjugation verbs are identical with those of the present indicative (Lesson **4.3**).

parler	finir	vendre
je **parlai**	je **finis**	je **vendis**
tu **parlas**	tu **finis**	tu **vendis**
il **parla**	il **finit**	il **vendit**
nous **parlâmes**	nous **finîmes**	nous **vendîmes**
vous **parlâtes**	vous **finîtes**	vous **vendîtes**
ils **parlèrent**	ils **finirent**	ils **vendirent**

2. The set of *passé simple* endings required by most irregular verbs can be predicted from their past participles. Many irregular verbs whose past participle ends in -**i**, -**is**, or -(**i**)**t** take the same endings as second and third conjugation verbs.

s'asseoir	(assis)	je m'**assis**	nous nous **assîmes**
partir	(parti)	je **partis**	nous **partîmes**
rire	(ri)	je **ris**	nous **rîmes**
sentir	(senti)	je **sentis**	nous **sentîmes**
suivre	(suivi)	je **suivis**	nous **suivîmes**
mettre	(mis)	je **mis**	vous **mîtes**
prendre	(pris)	je **pris**	vous **prîtes**
dire	(dit)	je **dis**	vous **dîtes**
écrire	(écrit)	j'**écrivis**	vous **écrivîtes**
faire	(fait)	je **fis**	vous **fîtes**
ouvrir	(ouvert)	j'**ouvris**	vous **ouvrîtes**
craindre	(craint)	je **craignis**	vous **craignîtes**

The following verbs also take the same endings as the verbs above. Note that **tenir** and **venir** retain the **n** before **i/î** (the spelling **in/în** is pronounced /ɛ̃/ throughout the conjugation).

tenir	(tenu)	je **tins** /tɛ̃/	nous **tînmes** /tɛ̃m/
venir	(venu)	je **vins** /vɛ̃/	nous **vînmes** /vɛ̃m/
voir	(vu)	je **vis**	nous **vîmes**
naître	(né)	je **naquis**	nous **naquîmes**

3. **Être, avoir,** and most irregular verbs whose past participle ends in **-u** have the following *passé simple* forms.

avoir	**être**	**boire**
j'**eus** /y/	je **fus**	je **bus**
tu **eus**	tu **fus**	tu **bus**
il **eut**	il **fut**	il **but**
nous **eûmes**	nous **fûmes**	nous **bûmes**
vous **eûtes**	vous **fûtes**	vous **bûtes**
ils **eurent**	ils **furent**	ils **burent**

croire	(cru)	je **crus**	nous **crûmes**
devoir	(dû)	je **dus**	nous **dûmes**
lire	(lu)	je **lus**	nous **lûmes**
pouvoir	(pu)	je **pus**	nous **pûmes**
recevoir	(reçu)	je **reçus**	nous **reçûmes**
vivre	(vécu)	je **vécus**	nous **vécûmes**
vouloir	(voulu)	je **voulus**	nous **voulûmes**
falloir	(fallu)	il **fallut**	
valoir	(valu)	il **valut**	
pleuvoir	(plu)	il **plut**	

Mourir also takes the same endings as the verbs above.

mourir	(mort)	je **mourus**	nous **mourûmes**

The verb **aller** takes the same endings as first conjugation verbs.

aller	(allé)	j'**allai**	nous **allâmes**

4. The past anterior (**le passé antérieur**) consists of an auxiliary verb in the *passé simple* and the past participle of the verb that expresses the action. It is used to denote an action that had immediately, or almost immediately, occurred *before* another past action. It typically occurs in clauses that begin with **aussitôt que**, **dès que** *as soon as*, **à peine . . . que** *hardly . . . when*, **après que** *after*, and **quand, lorsque** *when*.

Elle **sortit** de la maison **dès qu'**il **eut cessé** de pleuvoir.
À peine fut-il **rentré**[1] à la maison **que** le téléphone **sonna**.
Il **sortit** du bureau **après qu'**ils **eurent terminé** le travail.
Elle **ouvrit** la porte **quand** elle **eut trouvé** la clé.

[1]Inversion is used after **à peine** when it begins a sentence.

A *Donnez la troisième personne du singulier et du pluriel et la première personne du pluriel de chaque verbe, d'après ce modèle.*

je parlai
il parla, ils parlèrent, nous parlâmes

1. je trouvai	4. j'eus	7. je bus
2. je choisis	5. je fus	8. j'écrivis
3. j'attendis	6. je fis	9. je vins

 B *Répétez chaque verbe après moi, ensuite mettez-le au passé composé.*

1. il parla	7. vous vendîtes	13. tu fis
2. nous finîmes	8. ils prirent	14. ils vinrent
3. j'entendis	9. on suivit	15. il eut
4. elle partit	10. elle s'assit	16. je dus
5. nous allâmes	11. il vécut	17. elle sourit
6. je naquis	12. ils firent	18. vous lûtes

C *Mettez au passé composé les verbes qui sont soulignés dans les passages suivants.*

On (1) vint nous chercher pour nous mettre à table, et je (2) suivis mon conducteur dans une salle magnifiquement meublée, mais où je (3) ne vis rien de préparé pour manger. Une si grande solitude[1] de viande, lorsque je périssais de faim, (4) m'obligea de lui demander où on avait mis le couvert. Je (5) n'écoutai point[2] ce qu'il (6) me répondit, car trois ou quatre jeunes garçons, enfants de l'hôte, (7) s'approchèrent de moi dans cet instant, et avec beaucoup de civilité (8) me dépouillèrent[3] jusqu'à la chemise. Cette nouvelle cérémonie (9) m'étonna si fort, que je (10) n'en osai pas seulement demander la cause à mes beaux valets de chambre, et je ne sais comment mon guide, qui (11) me demanda par où je voulais commencer, (12) put tirer de moi ces deux mots : *Un potage* ; mais je (13) les eus à peine proférés, que je (14) sentis l'odeur du plus succulent mitonné qui (15) frappa jamais le nez. Je (16) voulus me lever de ma place pour chercher la source de cette agréable fumée ; mais mon porteur (17) m'en empêcha : « Où voulez-vous aller ? » (18) me dit-il.

Cyrano de Bergerac, Voyage dans la lune

Elle (1) rencontra Candide en revenant du château, et (2) rougit : Candide (3) rougit aussi ; elle lui (4) dit bonjour d'une voix entrecoupée, et Candide lui (5) parla sans savoir ce qu'il disait. Le lendemain après le dîner, comme on sortait de table, Cunégonde et Candide (6) se trouvèrent derrière un paravent ; Cunégonde (7) laissa tomber son mouchoir. Candide le (8) ramassa, elle lui (9) prit innocemment la main, le jeune homme (10) baisa innocemment la main de la jeune demoiselle avec une vivacité, une sensibilité, une grâce toute particulière ; leurs bouches (11) se rencontrèrent, leurs yeux (12) s'enflammèrent, leurs genoux (13) tremblèrent, leurs mains (14) s'égarèrent. Monsieur le baron de Thunder-ten-tronckh (15) passa auprès du paravent, et, voyant cette cause et cet effet, (16) chassa Candide du château à grands coups de pied dans le

---

[1]ici, absence
[2]**ne . . . point** ne . . . pas du tout
[3]ici, déshabillèrent

derrière ; Cunégonde (17) s'évanouit ; elle (18) fut souffletée par madame la baronne dès qu'elle (19) fut revenue à elle-même ; et tout (20) fut consterné dans le plus beau et le plus agréable des châteaux possibles.

Voltaire, *Candide*

• 2 IMPARFAIT ET PLUS-QUE-PARFAIT DU SUBJONCTIF

1. The imperfect subjunctive is derived from the *passé simple*. The third person singular of the imperfect subjunctive is identical with that of the *passé simple*, except for the addition of a circumflex over the vowel in the ending and of a final -t in the case of the first conjugation verb ending -a (→ât).

il **parla**	→il **parlât**	il **finit**	→il **finît**	il **eut**	→il **eût**
il **aima**	→il **aimât**	il **vendit**	→il **vendît**	il **fut**	→il **fût**
il **alla**	→il **allât**	il **prit**	→il **prît**	il **put**	→il **pût**

The stem vowel in the rest of the conjugation remains the same as that of the **il** form. Note that the forms of the second conjugation verbs (-**ir**), except for the **il** form, are identical with those of the present subjunctive (Lesson **20**.2).

parler	**finir**	**vendre**
je **parl**asse	je **fin**isse	je **vend**isse
tu **parl**asses	tu **fin**isses	tu **vend**isses
il **parl**ât	il **fin**ît	il **vend**ît
nous **parl**assions	nous **fin**issions	nous **vend**issions
vous **parl**assiez	vous **fin**issiez	vous **vend**issiez
ils **parl**assent	ils **fin**issent	ils **vend**issent

avoir	**être**	**dire**
j'**eusse**	je **fusse**	je **disse**
tu **eusses**	tu **fusses**	tu **disses**
il **eût**	il **fût**	il **dît**
nous **eussions**	nous **fussions**	nous **dissions**
vous **eussiez**	vous **fussiez**	vous **dissiez**
ils **eussent**	ils **fussent**	ils **dissent**

2. The pluperfect subjunctive consists of an auxiliary verb in the imperfect subjunctive and the past participle of the verb that expresses the action.

Il resta dans sa chambre jusqu'à ce que tous les invités **fussent partis**.
Il était impossible que tout le monde **eût écouté** le conférencier.

3. The "signals" that call for the use of the present subjunctive (summarized in Lesson **22**.2) also apply to the use of the imperfect and pluperfect subjunctive. The basic rule is that these "literary" tenses occur when the verb in the main clause is in a past tense or in the conditional mood. Compare the use of various subjunctive tenses in the examples below.

MAIN VERB IN PRESENT OR FUTURE

(Colloquial) Je **veux** que vous **sortiez**.

(Literary) Je **veux** que vous **sortiez**.

(Colloquial)   Je **ne croirai pas** qu'elle l'**ait fait**.
(Literary)   Je **ne croirai pas** qu'elle l'**ait fait**.

MAIN VERB IN PAST OR CONDITIONAL
(Colloquial)   Je **voulais** que vous **sortiez**.
(Literary)   Je **voulais** que vous **sortissiez**.

(Colloquial)   Je **ne croyais pas** qu'elle l'**ait fait**.
(Literary)   Je **ne croyais pas** qu'elle l'**eût fait**.

(Colloquial)   Il **voudrait** que nous **ayons** de la patience.
(Literary)   Il **voudrait** que nous **eussions** de la patience.

4. The imperfect and pluperfect subjunctive may replace the past conditional.

Qui l'**eût cru** ? Qui l'**eût dit** ? (= Qui l'**aurait cru** ? Qui l'**aurait dit** ?)
Je ne fis rien de tout cela, qui **eût été** inutile. (= qui **aurait été** inutile)

The imperfect and pluperfect subjunctive may also occur in the **si** clause of a contrary-to-fact statement[1].

Ne **fût**-ce qu'un mot d'amour, tu aurais pourtant bien pu me le dire. (= Même si cela n'**avait été** qu'un mot d'amour)
Le nez de Cléopâtre : s'il **eût été** plus court, toute la face de la terre aurait changé.
    (= s'il **avait été** plus court)

A *Lisez chaque phrase, puis remplacez les temps de la langue écrite par ceux de la langue parlée d'après ce modèle.*

    On souhaitait qu'elle revînt.
    On souhaitait qu'elle revienne.

1. Jean-Paul fit tout son possible pour que je fusse heureuse en France.
2. Je fus étonnée que ses parents m'eussent considérée tout de suite comme leur fille.
3. Monique fut surprise que je parlasse bien français.
4. J'étais heureuse qu'elle m'eût félicitée de mon accent.
5. Après quelques semaines de séjour en France, il fallut que nous rentrassions aux États-Unis.
6. Monique eût voulu que je restasse plus longtemps chez eux.
7. Les Chabrier étaient contents que j'eusse pu les connaître.
8. Nous rentrâmes avant que les cours d'été commençassent.

B *Faites de même.*

1. Qui l'eût cru ? Qui l'eût dit ?
2. Ô toi que j'eusse aimée, ô toi qui le savais !
3. Je regrettais mon ami mais je n'eusse pas voulu le revoir.
4. Nous eût-il dit la vérité, nous lui eussions pardonné.

---

[1]For the verb tenses used in contrary-to-fact statements in colloquial French, see Lessons **18**.5 and **25**.4.

5. *Déclaration d'un grammairien à sa mie*[1]

Oui, dès l'instant que je vous vis,
Beauté féroce, vous me plûtes ;
De l'amour qu'en vos yeux je pris
Sur-le-champ[2] vous vous aperçûtes.

Ah ! fallait-il que je vous visse,
Fallait-il que vous me plussiez,
Qu'ingénument je vous le disse,
Qu'avec orgueil vous vous tussiez ?

Fallait-il que je vous aimasse,
Que vous me désespérassiez,
Et que je vous idolâtrasse
Pour que vous m'assassinassiez ?

H. Gauthier-Villars

[1]à son amie, à sa petite amie   [2]Tout de suite

VOCABULAIRE

Noms masculins

amour	couvert	instant	orgueil
baron	derrière	lendemain	paravent
conducteur	effet	mitonné	porteur
coup de pied	grammairien	mouchoir	valet

Noms féminins

baronne	déclaration	mie	vivacité
beauté	demoiselle	sensibilité	
cérémonie	fumée	solitude	
civilité	grâce	source	

Verbes

s'approcher (de)	désespérer	idolâtrer	se rencontrer
assassiner	s'égarer	oser	rougir
baiser	empêcher (de)	pardonner	souffleter
chasser (de)	s'enflammer	périr (de)	souhaiter
dépouiller	s'évanouir	proférer	trembler

Adjectifs

consterné(e)	féroce	succulent(e)
entrecoupé(e)	meublé(e)	

Adverbes

fort	innocemment	sur-le-champ
ingénument	magnifiquement	

Autres expressions

à peine . . . que	dès que	mettre le couvert
auprès de	faire tout son possible	ne . . . point
dès	lorsque	revenir à soi-même

APPENDICES

A. COGNATES

Words in two languages having approximately the same spellings are known as cognates. Some cognates are similar only in form and not in meaning. For example, the French words **lecture**, **rester**, and **demander** do not mean *lecture*, *to rest*, and *to demand*, but *reading*, *to remain*, and *to ask (for)*. But the majority of cognates in French and English share similarities in both form and meaning. Forms can be recognized by the stem as well as the ending. Typical cognate endings are listed below.

Noun endings

-ance/-ence →*-ance/-ence (-ency)*
  importance, élégance, tolérance, défiance, finance
  absence, innocence, intelligence, excellence, compétence
-eur (*f* **-euse/-trice/-drice**) →*-er/-or*
  danseur, voyageur, acteur, décorateur, ambassadeur
-ie →*-y*
  géographie, industrie, académie, ironie, hiérarchie
-isme →*-ism*
  nationalisme, militarisme, réalisme, optimisme, mécanisme
-ité →*-ity*
  capacité, possibilité, activité, curiosité, nécessité
-ment →*-ment*
  appartement, gouvernement, encouragement, segment, élément
-sion/-tion →*-sion/-tion*
  décision, occasion, possession, profession, expression
  nation, éducation, exclamation, affirmation, négation
-ture →*-ture*
  nature, culture, créature, structure, architecture

Noun and adjective endings

-ain (*f* **-aine**) →*-an*
  romain, africain, américain, humain, puritain
-aire →*-ary/-ar*
  dictionnaire, secrétaire, imaginaire, ordinaire, itinéraire
  circulaire, polaire, cellulaire, populaire, insulaire

-ien (*f* **-ienne**) →*-ian*
    italien, algérien, canadien, musicien, technicien
-ique →*-ic/-ical*
    république, musique, économique, logique, dramatique
-iste →*-ist/-istic*
    optimiste, pessimiste, humaniste, pianiste, journaliste

Adjective endings

-able/-ible →*-able/-ible*
    capable, stable, séparable, invariable, sociable
    possible, visible, accessible, combustible
-al/-el (*f* **-ale/-elle**) →*-al*
    national, général, social, normal, littéral
    naturel, visuel, partiel, réel, professionnel
-eux (*f* **-euse**) →*-ous*
    dangereux, délicieux, curieux, fameux, religieux
-if (*f* **-ive**) →*-ive*
    positif, adjectif, actif, passif, exclusif, possessif

Verb endings

-er →(no ending)/*-e/-ate*
    calmer, affirmer, amuser, admirer, indiquer, célébrer, associer
-ier →*-y*
    vérifier, glorifier, terrifier, simplifier, multiplier
-ir →*-ish*
    finir, punir, accomplir, bannir, nourrir, périr
-iser/-yser →*-ize/-yze*
    organiser, centraliser, nationaliser, utiliser, analyser

B. NOUN GENDERS

The ending of a noun, especially when it is a suffix, often provides a clue to the gender of the noun. The list below presents general guidelines for determining the gender of nouns.

Masculine endings

-age	patinage, village, étage, courage
-al	animal, journal, hôpital, cheval
-at	chocolat, soldat, doctorat, consulat
-eau	tableau, morceau, couteau, château
-ent	parent, client, président, antécédent
-er	dîner, déjeuner, danger
	épicier, boulanger, charcutier (*occupations*)
	pommier, poirier, pêcher, bananier (*arbres*)
-et	objet, buffet, cabinet, projet

-eur	vendeur, chanteur, acteur, professeur (*occupations*)
	moteur, radiateur, indicateur (*appareils*)
-ien	technicien, mécanicien, canadien
-in	médecin, marin, cousin, voisin, coussin
-isme	optimisme, nationalisme, impérialisme
-ment	monument, gouvernement, mouvement
-oir	soir, couloir, mouchoir, rasoir, devoir

Feminine endings

-ade	façade, orangeade, salade, charade
-aine	douzaine, fontaine, américaine
-aison	terminaison, comparaison, conjugaison
-ance	enfance, tendance, correspondance
-ande	demande, commande, viande, Hollande
-ée	cuillerée, année, journée, entrée
-eille	bouteille, oreille, corbeille
-ence	différence, agence, patience, présence
-ère	boulangère, épicière, charcutière (*occupations*)
-esse	vitesse, noblesse, richesse, jeunesse (*noms abstraits*)
	hôtesse, maîtresse, princesse, tigresse
-ette	assiette, fourchette, serviette, cigarette
-eur	chaleur, horreur, terreur, honneur (*noms abstraits*)
-euse	vendeuse, chanteuse, voyageuse, danseuse
-ie	géographie, mélodie, épicerie, crémerie
-ienne	technicienne, musicienne, canadienne
-ine	usine, machine, vitrine, cuisine, voisine
-ique	musique, boutique, botanique, basilique
-ise	valise, église, cerise, surprise
-oire	baignoire, poire, victoire, histoire, gloire
-onne	personne, consonne, colonne, Sorbonne
-sion	télévision, décision, discussion, profession
-té	liberté, nationalité, vérité, beauté
-tion	nation, question, correction, addition
-trice	lectrice, directrice, actrice
-tude	étude, attitude, habitude, solitude
-ure	culture, voiture, gravure, architecture

C. CONJUGATION OF REGULAR VERBS

French verbs have moods (such as the *indicative*, the *conditional*, and the *subjunctive*). Each mood has several tenses, which are divided into *simple* and *compound*, the latter consisting of the auxiliary verb and a past participle. In the following chart, the lesson or lessons in which a particular tense is discussed are given in parentheses.

1. Infinitif (Lessons **2**.1, **4**.3, **4**.4)

parl **er**   fin **ir**   descend **re**

2. Participe présent (Lesson **23**.2)

parl **ant**   finiss **ant**   descend **ant**

3. Participe passé (Lesson **10**.3, **10**.5)

parl **é**   fin **i**   descend **u**

4. Indicatif

présent (Lessons **2**.1, **4**.3, **4**.4)

je parl **e**	je fin **is**	je descend **s**
tu parl **es**	tu fin **is**	tu descend **s**
il parl **e**	il fin **it**	il descend
nous parl **ons**	nous fin **issons**	nous descend **ons**
vous par **ez**	vous fin **issez**	vous descend **ez**
ils parl **ent**	ils fin **issent**	ils descend **ent**

passé composé (Lesson **10**.3, **10**.5)

j' **ai** parlé	j' **ai** fini	je **suis** descendu(e)
tu **as** parlé	tu **as** fini	tu **es** descendu(e)
il **a** parlé	il **a** fini	il **est** descendu
nous **avons** parlé	nous **avons** fini	nous **sommes** descendu(e)s
vous **avez** parlé	vous **avez** fini	vous **êtes** descendu(e)(s)
ils **ont** parlé	ils **ont** fini	ils **sont** descendus

imparfait (Lesson **11**.4)

je parl **ais**	je finiss **ais**	je descend **ais**
tu parl **ais**	tu finiss **ais**	tu descend **ais**
il parl **ait**	il finiss **ait**	il descend **ait**
nous parl **ions**	nous finiss **ions**	nous descend **ions**
vous parl **iez**	vous finiss **iez**	vous descend **iez**
ils parl **aient**	ils finiss **aient**	ils descend **aient**

plus-que-parfait (Lesson **24**.5)

j' **avais** parlé	j' **avais** fini	j' **étais** descendu(e)
tu **avais** parlé	tu **avais** fini	tu **étais** descendu(e)
il **avait** parlé	il **avait** fini	il **était** descendu
nous **avions** parlé	nous **avions** fini	nous **étions** descendu(e)s
vous **aviez** parlé	vous **aviez** fini	vous **étiez** descendu(e)(s)
ils **avaient** parlé	ils **avaient** fini	ils **étaient** descendus

futur (Lesson **15**.3)

je parler **ai**	je finir **ai**	je descendr **ai**
tu parler **as**	tu finir **as**	tu descendr **as**
il parler **a**	il finir **a**	il descendr **a**
nous parler **ons**	nous finir **ons**	nous descendr **ons**
vous parler **ez**	vous finir **ez**	vous descendr **ez**
ils parler **ont**	ils finir **ont**	ils descendr **ont**

futur antérieur   (Lesson **15**.4)

j'**aurai** parlé	j'**aurai** fini	je **serai** descendu(e)
tu **auras** parlé	tu **auras** fini	tu **seras** descendu(e)
il **aura** parlé	il **aura** fini	il **sera** descendu
nous **aurons** parlé	nous **aurons** fini	nous **serons** descendu(e)s
vous **aurez** parlé	vous **aurez** fini	vous **serez** descendu(e)(s)
ils **auront** parlé	ils **auront** fini	ils **seront** descendus

passé simple   (*Leçon supplémentaire* 1)

je parlai	je finis	je descendis
tu parlas	tu finis	tu descendis
il parla	il finit	il descendit
nous parlâmes	nous finîmes	nous descendîmes
vous parlâtes	vous finîtes	vous descendîtes
ils parlèrent	ils finirent	ils descendirent

passé antérieur   (*Leçon supplémentaire* 1)

j'**eus** parlé	j'**eus** fini	je **fus** descendu(e)
tu **eus** parlé	tu **eus** fini	tu **fus** descendu(e)
il **eut** parlé	il **eut** fini	il **fut** descendu
nous **eûmes** parlé	nous **eûmes** fini	nous **fûmes** descendu(e)s
vous **eûtes** parlé	vous **eûtes** fini	vous **fûtes** descendu(e)(s)
ils **eurent** parlé	ils **eurent** fini	ils **furent** descendus

5. Conditionnel

présent   (Lesson **18**.5)

je parlerais	je finirais	je descendrais
tu parlerais	tu finirais	tu descendrais
il parlerait	il finirait	il descendrait
nous parlerions	nous finirions	nous descendrions
vous parleriez	vous finiriez	vous descendriez
ils parleraient	ils finiraient	ils descendraient

passé   (Lesson **25**.4)

j'**aurais** parlé	j'**aurais** fini	je **serais** descendu(e)
tu **aurais** parlé	tu **aurais** fini	tu **serais** descendu(e)
il **aurait** parlé	il **aurait** fini	il **serait** descendu
nous **aurions** parlé	nous **aurions** fini	nous **serions** descendu(e)s
vous **auriez** parlé	vous **auriez** fini	vous **seriez** descendu(e)(s)
ils **auraient** parlé	ils **auraient** fini	ils **seraient** descendus

6. Subjonctif

présent   (Lesson **20**.2)

je parle	je finisse	je descende
tu parles	tu finisses	tu descendes
il parle	il finisse	il descende
nous parlions	nous finissions	nous descendions
vous parliez	vous finissiez	vous descendiez
ils parlent	ils finissent	ils descendent

passé composé (Lesson **20**.3)

j'**aie** parlé	j'**aie** fini	je **sois** descendu(e)
tu **aies** parlé	tu **aies** fini	tu **sois** descendu(e)
il **ait** parlé	il **ait** fini	il **soit** descendu
nous **ayons** parlé	nous **ayons** fini	nous **soyons** descendu(e)s
vous **ayez** parlé	vous **ayez** fini	vous **soyez** descendu(e)(s)
ils **aient** parlé	ils **aient** fini	ils **soient** descendus

imparfait (*Leçon supplémentaire* 2)

je parl**asse**	je fin**isse**	je descend**isse**
tu parl**asses**	tu fin**isses**	tu descend**isses**
il parl**ât**	il fin**ît**	il descend**ît**
nous parl**assions**	nous fin**issions**	nous descend**issions**
vous parl**assiez**	vous fin**issiez**	vous descend**issiez**
ils parl**assent**	ils fin**issent**	ils descend**issent**

plus-que-parfait (*Leçon supplémentaire* 2)

j'**eusse** parlé	j'**eusse** fini	je **fusse** descendu(e)
tu **eusses** parlé	tu **eusses** fini	tu **fusses** descendu(e)
il **eût** parlé	il **eût** fini	il **fût** descendu
nous **eussions** parlé	nous **eussions** fini	nous **fussions** descendu(e)s
vous **eussiez** parlé	vous **eussiez** fini	vous **fussiez** descendu(e)(s)
ils **eussent** parlé	ils **eussent** fini	ils **fussent** descendus

7. Impératif (Lessons **2**.1, **16**.4)

[tu] Parl**e** !	[tu] Fin**is** !	[tu] Descend**s** !
[nous] Parl**ons** !	[nous] Fin**issons** !	[nous] Descend**ons** !
[vous] Parl**ez** !	[vous] Fin**issez** !	[vous] Descend**ez** !

D. CONJUGATION OF IRREGULAR VERBS

The following list presents the simple tenses of all main irregular verbs. In most cases, only the first person singular and plural forms (**je**, **nous**) are given, since the other forms can be derived from these two. Where this is not possible, the specific irregular form is provided in parentheses, or a reference is made to the grammar explanations in which the entire conjugation occurs. If the verb normally occurs only in impersonal expressions (for example, **pleuvoir** and **falloir**), only the third person singular form (**il**) of each tense is given.

The principal parts of each verb appear in the following order. References in parentheses indicate the lesson in which all the forms (endings) of a given tense are presented.

Infinitive	Present Participle (Lesson **23**.2)	Past Participle (Lesson **10**.3, **10**.5)	Present Indicative *passim*
	Imperfect Indicative (Lesson **11**.4)		Passé Simple (*Leçon supplémentaire* 1)
	Future Indicative (Lesson **15**.3, **15**.4)		Present Conditional (Lesson **18**.5)
	Present Subjunctive (Lesson **20**.2, **20**.3)		Imperfect Subjunctive (*Leçon supplémentaire* 2)

accourir   (*same conjugation pattern as* **courir**)

accueillir   (*same conjugation pattern as* **cueillir**)

acquérir   acquérant/acquis/acquiers, acquérons (ils acquièrent)
acquérais, acquérions/acquis, acquîmes
acquerrai, acquerrons/acquerrais, acquerrions
acquière, acquérions/acquisse, acquissions

admettre   (*same conjugation pattern as* **mettre**)

aller   allant/allé (*with* **être**)/(*see Lesson* **4**.2)
allais, allions/allai, allâmes
irai, irons/irais, irions
aille, allions/allasse, allassions

apparaître   (*same conjugation pattern as* **paraître**)

appartenir   (*same conjugation pattern as* **tenir**)

apprendre   (*same conjugation pattern as* **prendre**)

s'asseoir   asseyant/assis (*with* **être**)/assieds, asseyons
asseyais, asseyions/assis, assîmes
assiérai, assiérons/assiérais, assiérions
asseye, asseyions/assisse, assissions

atteindre   (*same conjugation pattern as* **éteindre**)

avoir   ayant/eu/(*see Lesson* **3**.2)
avais, avions/eus, eûmes
aurai, aurons/aurais, aurions
(*see Lesson* **20**.3)/eusse, eussions

boire   buvant/bu/bois, buvons (ils boivent)
buvais, buvions/bus, bûmes
boirai, boirons/boirais, boirions
boive, buvions/busse, bussions

bouillir   bouillant/bouilli/bous, bouillons
bouillais, bouillions/bouillis, bouillîmes
bouillirai, bouillirons/bouillirais, bouillirions
bouille, bouillions/bouillisse, bouillissions

comprendre   (*same conjugation pattern as* **prendre**)

concevoir   (*same conjugation pattern as* **recevoir**)

conclure   concluant/conclu/conclus, concluons
concluais, concluions/conclus, conclûmes
conclurai, conclurons/conclurais, conclurions
conclue, concluions/conclusse, conclussions

conduire	conduisant/conduit/conduis, conduisons
	conduisais, conduisions/conduisis, conduisîmes
	conduirai, conduirons/conduirais, conduirions
	conduise, conduisions/conduisisse, conduisissions
connaître	connaissant/connu/connais (il connaît), connaissons
	conaissais, connaissions/connus, connûmes
	connaîtrai, connaîtrons/connaîtrais, connaîtrions
	connaisse, connaissions/connusse, connussions
conquérir	(*same conjugation pattern as* **acquérir**)
consentir	(*same conjugation pattern as* **sentir**)
construire	construisant/construit/construis, construisons
	construisais, construisions/construisis, construisîmes
	construirai, construirons/construirais, construirions
	construise, construisions/construisisse, construisissions
contredire	contredisant/contredit/contredis, contredisons (vous contredisez)
	contredisais, contredisions/contredis, contredîmes
	contredirai, contredirons/contredirais, contredirions
	contredise, contredisions/contredisse, contredissions
coudre	cousant/cousu/couds, cousons
	cousais, cousions/cousis, cousîmes
	coudrai, coudrons/coudrais, coudrions
	couse, cousions/cousisse, cousissions
courir	courant/couru/cours, courons
	courais, courions/courus, courûmes
	courrai, courrons/courrais, courrions
	coure, courions/courusse, courussions
couvrir	(*same conjugation pattern as* **ouvrir**)
craindre	craignant/craint/crains, craignons
	craignais, craignions/craignis, craignîmes
	craindrai, craindrons/craindrais, craindrions
	craigne, craignions/craignisse, craignissions
croire	croyant/cru/crois, croyons (ils croient)
	croyais, croyions/crus, crûmes
	croirai, croirons/croirais, croirions
	croie, croyions/crusse, crussions
croître[1]	croissant/crû/croîs, croissons
	croissais, croissions/crûs, crûmes
	croîtrai, croîtrons/croîtrais, croîtrions
	croisse, croissions/crûsse, crûssions
cueillir	cueillant/cueilli/cueille, cueillons
	cueillais, cueillions/cueillis, cueillîmes
	cueillerai, cueillerons/cueillerais, cueillerions
	cueille, cueillions/cueillisse, cueillissions
cuire	cuisant/cuit/cuis, cuisons
	cuisais, cuisions/cuisis, cuisîmes
	cuirai, cuirons/cuirais, cuirions
	cuise, cuisions/cuisisse, cuisissions

[1]Aside from the infinitive, future, and conditional, the *accent circonflexe* is retained on all forms that are otherwise identical with **croire**.

décevoir	(*same conjugation pattern as* **recevoir**)
découvrir	(*same conjugation pattern as* **ouvrir**)
décrire	(*same conjugation pattern as* **écrire**)
défaire	(*same conjugation pattern as* **faire**)
déplaire	(*same conjugation pattern as* **plaire**)
desservir	(*same conjugation pattern as* **servir**)
détruire	(*same conjugation pattern as* **construire**)
devenir	(*same conjugation pattern as* **venir**; *conjugated with* **être** *in compound tenses*)
devoir	devant/dû (*f* due)/dois, devons (ils doivent)
	devais, devions/dus, dûmes
	devrai, devrons/devrais, devrions
	doive, devions/dusse, dussions
dire	disant/dit/dis, disons (vous dites)
	disais, disions/dis, dîmes
	dirai, dirons/dirais, dirions
	dise, disions/disse, dissions
disparaître	(*same conjugation pattern as* **paraître**)
distraire	distrayant/distrait/distrais, distrayons (ils distraient)
	distrayais, distrayions/(*none*)
	distrairai, distrairons/distrairais, distrairions
	distraie, distrayions/(*none*)
dormir	dormant/dormi/dors, dormons
	dormais, dormions/dormis, dormîmes
	dormirai, dormirons/dormirais, dormirions
	dorme, dormions/dormisse, dormissions
écrire	écrivant/écrit/écris, écrivons
	écrivais, écrivions/écrivis, écrivîmes
	écrirai, écrirons/écrirais, écririons
	écrive, écrivions/écrivisse, écrivissions
élire	(*same conjugation pattern as* **lire**)
émouvoir	(*same conjugation pattern as* **mouvoir**)
s'endormir	(*same conjugation pattern as* **dormir**; *conjugated with* **être** *in compound tenses*)
entretenir	(*same conjugation pattern as* **tenir**)
envoyer	envoyant/envoyé/envoie, envoyons (ils envoient)
	envoyais, envoyions/envoyai, envoyâmes
	enverrai, enverrons/enverrais, enverrions
	envoie, envoyions/envoyasse, envoyassions
éteindre	éteignant/éteint/éteins, éteignons
	éteignais, éteignions/éteignis, éteignîmes
	éteindrai, éteindrons/éteindrais, éteindrions
	éteigne, éteignions/éteignisse, éteignissions
être	étant/été/ (*see Lesson **1**.5*)
	étais, étions/fus, fûmes
	serai, serons/serais, serions
	sois, soyons/fusse, fussions
exclure	(*same conjugation pattern as* **conclure**)

faire	faisant/fait/(see Lesson 5.1)
	faisais, faisions/fis, fîmes
	ferai, ferons/ferais, ferions
	fasse, fassions/fisse, fissions
falloir	(none)/fallu/il faut
	il fallait/il fallut
	il faudra/il faudrait
	il faille/il fallût
frire	(none)/frit/fris (no plural forms)
	(none)/(none)
	frirai, frirons/frirais, fririons
	(none)/(none)
fuir	fuyant/fui/fuis, fuyons (ils fuient)
	fuyais, fuyions/fuis, fuîmes
	fuirai, fuirons/fuirais, fuirions
	fuie, fuyions/fuisse, fuissions
inscrire	(same conjugation pattern as **écrire**)
interdire	(same conjugation pattern as **contredire**)
joindre	joignant/joint/joins, joignons
	joignais, joignions/joignis, joignîmes
	joindrai, joindrons/joindrais, joindrions
	joigne, joignions/joignisse, joignissions
lire	lisant/lu/lis, lisons
	lisais, lisions/lus, lûmes
	lirai, lirons/lirais, lirions
	lise, lisions/lusse, lussions
maintenir	(same conjugation pattern as **tenir**)
mentir	mentant/menti/mens, mentons
	mentais, mentions/mentis, mentîmes
	mentirai, mentirons/mentirais, mentirions
	mente, mentions/mentisse, mentissions
mettre	mettant/mis/mets, mettons
	mettais, mettions/mis, mîmes
	mettrai, mettrons/mettrais, mettrions
	mette, mettions/misse, missions
mourir	mourant/mort (with **être**)/meurs, mourons (ils meurent)
	mourais, mourions/mourus, mourûmes
	mourrai, mourrons/mourrais, mourrions
	meure, mourions/mourusse, mourussions
mouvoir	mouvant/mû (f mue)/meus, mouvons (ils meuvent)
	mouvais, mouvions/mus, mûmes
	mouvrai, mouvrons/mouvrais, mouvrions
	meuve, mouvions/musse, mussions
naître	naissant/né (with **être**)/nais (il naît), naissons
	naissais, naissions/naquis, naquîmes
	naîtrai, naîtrons/naîtrais, naîtrions
	naisse, naissions/naquisse, naquissions
nuire	nuisant/nui/nuis, nuisons
	nuisais, nuisions/nuisis, nuisîmes
	nuirai, nuirons/nuirais, nuirions
	nuise, nuisions/nuisisse, nuisissions

obtenir	(*same conjugation pattern as* **tenir**)
offrir	offrant/offert/offre, offrons
	offrais, offrions/offris, offrîmes
	offrirai, offrirons/offrirais, offririons
	offre, offrions/offrisse, offrissions
ouvrir	ouvrant/ouvert/ouvre, ouvrons
	ouvrais, ouvrions/ouvris, ouvrîmes
	ouvrirai, ouvrirons/ouvrirais, ouvririons
	ouvre, ouvrions/ouvrisse, ouvrissions
paraître	paraissant/paru/parais (il paraît), paraissons
	paraissais, paraissions/parus, parûmes
	paraîtrai, paraîtrons/paraîtrais, paraîtrions
	paraisse, paraissions/parusse, parussions
parcourir	(*same conjugation pattern as* **courir**)
partir	partant/parti (*with* **être**)/pars, partons
	partais, partions/partis, partîmes
	partirai, partirons/partirais, partirions
	parte, partions/partisse, partissions
peindre	peignant/peint/peins, peignons
	peignais, peignions/peignis, peignîmes
	peindrai, peindrons/peindrais, peindrions
	peigne, peignions/peignisse, peignissions
permettre	(*same conjugation pattern as* **mettre**)
plaindre	plaignant/plaint/plains, plaignons
	plaignais, plaignions/plaignis, plaignîmes
	plaindrai, plaindrons/plaindrais, plaindrions
	plaigne, plaignions/plaignisse, plaignissions
plaire	plaisant/plu/plais (il plaît), plaisons
	plaisais, plaisions/plus, plûmes
	plairai, plairons/plairais, plairions
	plaise, plaisions/plusse, plussions
pleuvoir	pleuvant/plu/il pleut
	il pleuvait/il plut
	il pleuvra/il pleuvrait
	il pleuve/il plût
pouvoir	pouvant/pu/peux, pouvons (ils peuvent)
	pouvais, pouvions/pus, pûmes
	pourrai, pourrons/pourrais, pourrions
	puisse, puissions/pusse, pussions
prendre	prenant/pris/prends, prenons (ils prennent)
	prenais, prenions/pris, prîmes
	prendrai, prendrons/prendrais, prendrions
	prenne, prenions/prisse, prissions
prévoir	(*same conjugation pattern as* **voir**)
produire	(*same conjugation pattern as* **conduire**)
promettre	(*same conjugation pattern as* **mettre**)
promouvoir	(*same conjugation pattern as* **mouvoir**)
recevoir	recevant/reçu/reçois, recevons (ils reçoivent)
	recevais, recevions/reçus, reçûmes
	recevrai, recevrons/recevrais, recevrions
	reçoive, recevions/reçusse, reçussions

reconnaître	(*same conjugation pattern as* **connaître**)
recouvrir	(*same conjugation pattern as* **ouvrir**)
récrire	(*same conjugation pattern as* **écrire**)
rejoindre	(*same conjugation pattern as* **joindre**)
relire	(*same conjugation pattern as* **lire**)
repartir	(*same conjugation pattern as* **partir***; conjugated with* **être** *in compound tenses*)
repeindre	(*same conjugation pattern as* **peindre**)
résoudre	résolvant/résolu/résous, résolvons
	résolvais, résolvions/résolus, résolûmes
	résoudrai, résoudrons/résoudrais, résoudrions
	résolve, résolvions/résolusse, résolussions
ressentir	(*same conjugation pattern as* **sentir**)
ressortir	(*same conjugation pattern as* **sortir***; conjugated with* **être** *in compound tenses*)
retenir	(*same conjugation pattern as* **tenir**)
revenir	(*same conjugation pattern as* **venir***; conjugated with* **être** *in compound tenses*)
revoir	(*same conjugation pattern as* **voir**)
rire	riant/ri/ris, rions
	riais, riions/ris, rîmes
	rirai, rirons/rirais, ririons
	rie, riions/risse, rissions
rompre	rompant/rompu/romps (il rompt), rompons
	rompais, rompions/rompis, rompîmes
	romprai, romprons/romprais, romprions
	rompe, rompions/rompisse, rompissions
savoir	sachant/su/sais, savons
	savais, savions/sus, sûmes
	saurai, saurons/saurais, saurions
	sache, sachions/susse, sussions
sentir	sentant/senti/sens, sentons
	sentais, sentions/sentis, sentîmes
	sentirai, sentirons/sentirais, sentirions
	sente, sentions/sentisse, sentissions
servir	servant/servi/sers, servons
	servais, servions/servis, servîmes
	servirai, servirons/servirais, servirions
	serve, servions/servisse, servissions
sortir	sortant/sorti (*with* **être**)/sors, sortons
	sortais, sortions/sortis, sortîmes
	sortirai, sortirons/sortirais, sortirions
	sorte, sortions/sortisse, sortissions
souffrir	(*same conjugation pattern as* **offrir**)
soumettre	(*same conjugation pattern as* **mettre**)
sourire	(*same conjugation pattern as* **rire**)
soutenir	(*same conjugation pattern as* **tenir**)
se souvenir	(*same conjugation pattern as* **venir***; conjugated with* **être** *in compound tenses*)

suffire	suffisant/suffi/suffis, suffisons
	suffisais, suffisions/suffis, suffîmes
	suffirai, suffirons/suffirais, suffirions
	suffise, suffisions/suffisse, suffissions
suivre	suivant/suivi/suis, suivons
	suivais, suivions/suivis, suivîmes
	suivrai, suivrons/suivrais, suivrions
	suive, suivions/suivisse, suivissions
surprendre	(*same conjugation pattern as* **prendre**)
survivre	(*same conjugation pattern as* **vivre**)
se taire	taisant/tu (*with* **être**)/tais, taisons
	taisais, taisions/tus, tûmes
	tairai, tairons/tairais, tairions
	taise, taisions/tusse, tussions
teindre	(*same conjugation pattern as* **éteindre**)
tenir	tenant/tenu/tiens, tenons (ils tiennent)
	tenais, tenions/tins, tînmes
	tiendrai, tiendrons/tiendrais, tiendrions
	tienne, tenions/tinsse, tinssions
traduire	(*same conjugation pattern as* **conduire**)
vaincre	vainquant/vaincu/vaincs (il vainc), vainquons
	vainquais, vainquions/vainquis, vainquîmes
	vaincrai, vaincrons/vaincrais, vaincrions
	vainque, vainquions/vainquisse, vainquissions
valoir	valant/valu/vaux, valons
	valais, valions/valus, valûmes
	vaudrai, vaudrons/vaudrais, vaudrions
	vaille, valions/valusse, valussions
venir	venant/venu (*with* **être**)/viens, venons (ils viennent)
	venais, venions/vins, vînmes
	viendrai, viendrons/viendrais, viendrions
	vienne, venions/vinsse, vinssions
vêtir	vêtant/vêtu/vêts, vêtons
	vêtais, vêtions/vêtis, vêtîmes
	vêtirai, vêtirons/vêtirais, vêtirions
	vête, vêtions/vêtisse, vêtissions
vivre	vivant/vécu/vis, vivons
	vivais, vivions/vécus, vécûmes
	vivrai, vivrons/vivrais, vivrions
	vive, vivions/vécusse, vécussions
voir	voyant/vu/vois, voyons (ils voient)
	voyais, voyions/vis, vîmes
	verrai, verrons/verrais, verrions
	voie, voyions/visse, vissions
vouloir	voulant/voulu/veux, voulons (ils veulent)
	voulais, voulions/voulus, voulûmes
	voudrai, voudrons/voudrais, voudrions
	veuille, voulions/voulusse, voulussions

LEXIQUE FRANÇAIS-ANGLAIS

The vocabulary list below includes all words occurring in the **Conversations, Explications et Exercices oraux**, and **Applications**. Only numerals have been omitted. The number following the English equivalent indicates the lesson vocabulary in which a given word or expression is listed. The abbreviation L.S. refers to the **Leçon Supplémentaire**.

1. *Nouns.* Noun gender is indicated by the article. In a few cases, however, it is shown by *m* or *f* after the noun. Irregular plural forms are listed in parentheses after the entry.

œil (yeux)	the plural form is **yeux**
bijou(oux)	the plural form is **bijoux**
cheveux *pl*	the word normally occurs in the plural
gratte-ciel (*pl invar*)	the plural form is the same as the singular

2. *Adjectives.* Irregular feminine forms are indicated in parentheses. If (**e**) follows the adjective, it is regular (the feminine form is derived from the masculine by the addition of **e** in spelling). If nothing follows the masculine form, the feminine form is identical.

âgé(e)	the feminine form is **âgée**
affectif(ive)	the feminine form is **affective**
bref (brève)	the feminine form is **brève**
jeune	the feminine form is also **jeune**

3. *Verbs.* All irregular verbs appearing in the book are preceded by an asterisk (*) in this vocabulary. Their principal parts are listed in Appendix D.

4. *Idioms and Prepositional phrases.* Idiomatic expressions and prepositional phrases are normally listed under each word.

agent de police	listed under **agent** and **police**
bien sûr	listed under **bien** and **sûr**

5. An "aspirate" *h* at the beginning of a word blocks both liaison and elision. It is marked by a dot under the "h."

   ḥaut

6. Numbers in parentheses, such as (*13.3*) and (*20.5*), refer to specific grammar

lessons in which the usage of a word is explained. "Index" refers to the grammatical index at the end of the book. Other abbreviations are listed below.

adj	adjective	*past part*	past participle
adv	adverb	*pl*	plural
conj	conjunction	*pres part*	present participle
f	feminine	*pron*	pronoun
fam	familiar, colloquial	*qqch*	**quelque chose**
inf	infinitive	*qqn*	**quelqu'un**
invar	invariable	*sing*	singular
m	masculine		

A
à (*see Index*)
abandonner to leave, abandon
À bas + *noun* Down with + *noun* 25
une **abréviation** abbreviation
abonnement : une carte d'abonnement pass
à bord on board 23; **monter à bord** to go on board 23
d'abord first of all 15; **tout d'abord** first of all
abriter to shelter 17
une **absence** absence; lack
absent(e) absent
absolu(e) absolute 16
absolument absolutely 16
abstrait(e) abstract
absurde absurd
l'**Acadiana** *f* Louisiana Cajun country 11
l'**Acadie** *f* Acadia
acadien(ne) Acadian; **un(e) Acadien(ne)** Acadian, Cajun (*person*)
à cause de because of
un **accent** accent 7; **accent aigu** acute accent; **accent circonflexe** circumflex accent; **accent grave** grave accent
acceptable acceptable
accepté(e) accepted
accepter to accept 15
un **accès** access; **accès interdit** no entry; **donner accès à** to give access to
accessible accessible

un **accident** accident 10
accompagné(e) accompanied; guided 10
accompagner to accompany 17
d'accord agreed, O.K. 10; **être d'accord** to agree 10
accorder to agree; **faire accorder** to make agree
un **accueil** welcome; **une hôtesse d'accueil** receptionist, hostess
*accueillir to receive, welcome 26
un **achat** purchase; **faire des achats** to shop
acheter to buy 7
achever to achieve, finish 25
acide sour
l'**acier** *m* steel 25
à côté de next to
une **acquisition** acquisition, purchase
un(e) **acrobate** acrobat
l'**Acropole** *m* Acropolis
un **acte** act
un **acteur** actor 24
actif(ive) active 8
une **action** action
une **activité** activity
une **actrice** actress
les **actualités** *pl f* news (*on the radio or television*) 22
actuellement now, currently
une **addition** addition; check (*in a restaurant*) 5
à demain see you tomorrow 1

un **adjectif** adjective 9
*admettre to admit
un **administrateur** administrator
admirable remarkable, admirable
admirer to admire 19
adorer to adore; to love 5
une **adresse** address 3
s'adresser (à) to contact
un(e) **adulte** adult
un **adverbe** adverb
adverse opposing, opponent
aérien(ne) (of) air; **une ligne aérienne** airline
un **aéroport** airport 23
les **affaires** *pl f* belongings; business 19; **homme d'affaires** businessman; **ranger ses affaires** to put away one's things 19
une **affiche** poster, placard 14
affiché(e) posted
afficher to post, display (*notice, poster, etc.*)
une **affinité** affinity
affirmatif(ive) affirmative 16
une **affirmation** affirmation
affirmativement affirmatively 16
affirmer to affirm 24
africain(e) African
l'**Afrique** *f* Africa 13
un **âge** age 7; **le moyen âge** Middle Ages 17; **Quel âge avez-vous ?** How old are you? 7
âgé(e) old 9

une **agence** agency 25;
agence de travail job placement agency 25;
agence de voyage travel agency 25

un **agenda** engagement calendar

un **agent** agent; **agent (de police)** policeman 4;
agent de voyage travel agent

une **agglomération** agglomeration; metropolitan area 4

agile agile

s'**agir (de) : il s'agit de** it is a matter of 22

un **agneau** lamb 7

à grand spectacle spectacular

agréable pleasant 15

agricole agricultural

un **agriculteur** farmer

l'**agriculture** f agriculture

à haute voix out loud 4

Ah bon ! Really? 5; **Ah oui ?** Really? 1

une **aide** help; **à l'aide de** with the help of

aider to help 11; **aider (à + inf)** to help 20

Aïe ! Ouch! 16

aigu(ë) acute 7; **un accent aigu** acute accent 7

l'**ail** m garlic

une **aile** wing 17

ailleurs elsewhere 19; **d'ailleurs** besides 4

aimable nice, kind 21

aimer to like, love 2

ainsi so, thus 17; **ainsi de suite** and so forth; **ainsi que** as well as 17

un **air** air; looks 7; **avoir l'air** to seem, look 8; **en plein air** in the open, outdoor 7

ajouter to add 25

À la bonne vôtre ! To your health!

à l'aide de with the help of

à la place de in (the) place of 14

un **alcool** alcohol 15

alcoolique alcoholic

alcoolisé(e) alcoholic 21

l'**Algérie** f Algeria

un **aliment** food

alimentaire alimentary, related to food

une **alimentation** grocery store

les **allées et venues** f comings and goings

l'**Allemagne** f Germany 12

allemand(e) German 9; **l'allemand** m German language 12;
Allemand(e) German (person)

un **aller** one-way ticket; **un aller-retour** round-trip ticket 12

***aller** (see Index) to go; to be (health) 4; **aller bien à** to fit, to be becoming to (clothes) 19; **aller chercher** to go get, go for 4; **aller mieux** to feel better 13; **aller voir** to go see 5

Allô ! Hello! (on the telephone) 4

une **allocation** allowance, aid

un **allié** ally

allumer to light; to turn on 24

alors then, at that time, in that case 2; so, well

un **alphabet** alphabet

un **amant** lover

une **ambassade** embassy

une **ambiance** mood, atmosphere 22

une **ambulance** ambulance 4

une **amélioration** improvement

un **aménagement** settling, arrangement

une **amende** fine

amener to bring 7

américain(e) American 1; **Américain(e)** American (person) 14; **à l'américaine** American-style

l'**Amérique** f America 14

ameublement : un tissu d'ameublement upholstery fabric

un(e) **ami(e)** friend 3; boyfriend (girlfriend)

amical(e) friendly

à mi-temps part-time 25

à moins que unless 22

amortir to soften; to amortize

un **amour** love L.S.

un **amphi(théâtre)** amphitheater 24

amplifier to amplify

une **ampoule** medicine capsule; light bulb

amusant(e) amusing 2

un **amuse-gueule** (pl invar) appetizer, snack

amuser to amuse; **s'amuser** to have fun, to enjoy oneself 13

un **an** (see Index) year 7; **avoir x ans** to be x years old 7; **le Jour de l'An** New Year's Day

analyser to analyze

analphabète illiterate

l'**anatomie** f anatomy

un(e) **ancêtre** ancestor

ancien(ne) ancient, old; former (before a noun) 17

l'**Andorre** f Andorra (a principality in the Pyrenees) 12

un **âne** donkey

une **anecdote** anecdote

l'**anglais** m English language 2; **Anglais(e)** Englishman (Englishwoman)

l'**Angleterre** f England 12

un **animal** animal 26

une **animation** animation; bustle

animé(e) animated; **un dessin animé** cartoon 22

s'animer to come to life

un **anneau** ring

une **année** year 3; **les années cinquante** the Fifties

un **anniversaire** birthday 3; **anniversaire de mariage** wedding anniversary; **Bon anniversaire !** Happy Birthday! 20

une **annonce** ad 12; **petites annonces** pl want ads 25

annoncer to announce 12

un **annuaire** telephone directory 4

annuel(le) yearly, annual

annuler to cancel

l'**anonymat** *m* anonymity

anonyme anonymous 14

un **antécédent** antecedent

une **antenne** antenna 25

antérieur(e) anterior

l'**anthropologie** *f* anthropology

un **antiquaire** antique dealer 19

l'**Antiquité** *f* Antiquity

un **antonyme** antonym

août *m* August 3

à part separate(d) 11

à partir de beginning with 25

à peine hardly; **à peine . . . que** hardly . . . when L.S.

*****apercevoir** to notice, to perceive 26

un **apéritif** before-dinner drink 15

à peu près approximately 17

à point medium

un **appareil** apparatus, device; **appareil photographique** camera 20; **Qui est à l'appareil ?** Who is speaking?

un **appartement** apartment 3

*****appartenir (à)** to belong (to) 22

appeler to call 7; **s'appeler** to be called, one's name is 13

une **appendicite** appendicitis

un **appétit** appetite 6; **avoir un appétit d'oiseau** to eat like a bird 6

une **application** application

applaudir to applaud, clap 4

s'appliquer (à) to apply (to)

apporter to bring 6

une **appréciation** appreciation 19; evaluation

apprécier to appreciate, to evaluate 20

*****apprendre** to learn 6;

apprendre à + *inf* to learn to + *inf* 19

un **apprentissage** training

s'approcher (de) to approach L.S.

approprié(e) appropriate

approximatif(ive) approximate

approximativement approximately

appuyer (sur) to press 14

après (*see* Index) after 3; afterwards 10; **après que** after; **d'après** according to 8

après-demain the day after tomorrow

un **après-midi** (*pl invar*) afternoon 2

à propos by the way 24

une **aquarelle** watercolor 19

l'**arabe** *m* Arabic language; **un(e) Arabe** Arab (*person*)

une **araignée** spider; **une toile d'araignée** cobweb, spiderweb

un **arbre** tree 4

un **arc** arch 16

une **arche** ark

un **architecte** architect

une **architecture** architecture

l'**argent** *m* money 3; **argent de poche** spending money

une **aria** aria

aristocratique aristocratic

l'**Arkansas** *m* Arkansas River

une **arme** arm, weapon

une **armée** army 17

une **armoire** wardrobe 17; **armoire à pharmacie** medicine cabinet

une **armure** armor

arracher to pull (out) 26

un **arrêt** stop

arrêté(e) stopped 26

s'arrêter (de) to stop 19

l'**arrière** *m* back, rear 16; **à l'arrière de** in the back of 16

l'**arrière-pays** *m* hinterland

une **arrivée** arrival

arriver to arrive 2; to happen 13

arrogant(e) arrogant

un **arrondissement** district

l'**art** *m* art 17

une **artère** thoroughfare 24

un **artichaut** artichoke; **le fond d'artichaut** artichoke heart

un **article** article; piece of equipment

artificiel(le) artificial

un(e) **artisan(e)** artisan

un(e) **artiste** artist

artistique artistic 22

un **ascenseur** elevator 10

l'**Ascension** *f* Ascension

l'**Asie** *f* Asia

un **aspect** aspect

une **asperge** asparagus 6

aspiré(e) aspirate

une **aspirine** aspirin 13

assassiner to murder L.S.

*****s'asseoir** to sit down 18

assez (de) enough 7

une **assiette** plate, dish 6

assis(e) seated, sitting 18; **être assis(e)** to be seated 18

un **assistant** assistant; **un(e) assistant(e) social(e)** social worker

assister (à) to attend 5

l'**Assomption** *f* Assumption

s'assurer to make sure

une **astérisque** asterisk

l'**astrologie** *f* astrology 11

l'**astronomie** *f* astronomy

un **atelier** workshop, studio

à temps complet full-time 25

Athènes Athens

l'**athlétisme** *m* athletics

atlantique Atlantic

l'**Atlantique** *m* Atlantic

une **atmosphère** atmosphere

atomique atomic

À tout à l'heure ! See you soon! 1

à travers across 2

attacher to tie, fasten 23; **attacher de l'importance à** to value; **attacher sa**

ceinture to fasten one's seat belt 23

atteindre to reach, to attain 25

attendre to wait for 4

attentif(ive) attentive; careful 9

une **attention** attention, care; **faire attention à** to pay attention to

attentivement attentively 19

atterrir to land

attirer to attract

une **attitude** attitude 11

attraper to catch 18

un **attribut** attribute

une **auberge** inn; **auberge de jeunesse** youth hostel

au centre de in the center of 16

aucun(e) not any, not a single; *pron* none 22

au-delà (de) beyond

au-dessous de underneath 11

au-dessus de above 11

au contraire on the contrary 8

une **augmentation** increase 25

aujourd'hui today 3

au lieu de instead

au moins at least 10

auprès de near, around L.S.

au revoir good-bye 1

aussi also, too 3; **aussi bien que** as well as 10; **aussi . . . que** (*see Index*) as . . . as 9

aussitôt que as soon as

l'**Australie** *f* Australia

autant que as much as, as many as 14; **autant que je sache** as far as I know 21

une **auto** automobile 17

un **autobus** bus (*city*) 5

un **autocar** bus (*interurban*) 17

automatique automatic

automatiquement automatically

un **automne** autumn 3

une **auto(mobile)** automobile 17; *adj* automotive

un(e) **automobiliste** car driver

autonome autonomous

un **autoportrait** self-portrait

autorisé(e) authorized

une **autoroute** freeway

l'**auto-stop** *m* hitchhiking; **faire de l'auto-stop** to hitchhike

autour de around 9

autre other 2

autrefois before, long ago 11; once, formerly

autrement otherwise

l'**Autriche** *f* Austria 12

un(e) **Autrichien(ne)** Austrian (*person*)

un **auxiliaire** auxiliary

avaler to swallow

avancer to advance; to move forward 2; **l'horloge avance de 10 minutes** the clock is 10 minutes fast 2

avant before 4; **avant de + *inf*** before + *pres part* 14; **avant que** before 22

un **avantage** advantage

avantageux(euse) advantageous, attractive (*price*)

avant-hier day before yesterday 11

avec with 2; **avec plaisir** gladly 21

un **avenir** future 14

une **aventure** adventure

un **aventurier** adventurer

une **avenue** avenue 3

un(e) **aveugle** blind person 17

un(e) **aviateur(trice)** aviator, pilot

l'**aviation** *f* aviation

un **avion** airplane 7; **par avion** by airmail 9

un **avis** opinion 22; **à mon avis** in my opinion 22

un(e) **avocat(e)** lawyer

avoir (*see Index*) to have 3; **avoir besoin de** to need 7; **avoir chaud** to be warm 7; **avoir de la fièvre** to have a temperature 13; **avoir de la veine** to be lucky 12;

avoir envie de + *inf* to feel like + *pres part* 5; **avoir faim** to be hungry 7; **avoir froid** to be cold 7; **avoir horreur de** to detest 18; **avoir l'air** to seem, look 8; **avoir lieu** to take place; **avoir l'intention (de) + *inf*** to intend + *inf* 19; **avoir mal à** to have an ache 13; **avoir mauvaise mine** to look sick 13; **avoir peur (de)** to be afraid (to) 15; **avoir raison (de)** to be right (to) 19; **avoir recours à** to resort to; **avoir rendez-vous** to have a date, an appointment 13; **avoir soif** to be thirsty 7; **avoir sommeil** to be sleepy; **avoir tendance à** to have a tendency to 19; **avoir tort (de)** to be wrong (to) 19; **avoir un appétit d'oiseau** to eat like a bird 6; **avoir x ans** to be x years old 7; **en avoir pour + *time*** it will take you + *time*

À votre santé ! To your health! 15

avouer to admit, confess

avril *m* April 3

B

le **bac(calauréat)** *national examination at the end of lycée, qualifying students to enter the university*

le **bacon** bacon 7

les **bagages** *m* baggage, luggage 23; **le filet à bagages** luggage rack 23

la **bague** ring 26

la **baguette** long, thin loaf of bread

la **baie** bay

la **baignoire** bathtub 14

bâiller to yawn 4

bâillonner to gag

le **bain** bath 6; **la salle de**

bains bathroom 11
baiser to kiss L.S.
la **balance** scale
le **balcon** balcony
la **balle** ball 13
le **ballon** ball; balloon 23
la **banane** banana 8
le **bananier** banana tree
le **banc** bench
la **bande : bande illustrée**
    comics; **bande magnétique**
    recording tape
la **banlieue** suburb 8
le **banlieusard** suburbanite
la **banque** bank
la **banquette** seat (*in a train*)
    23
    barbant(e) boring
la **barbe** beard; **Quelle**
    barbe ! How awful!
le **baron** baron L.S.
la **baronne** baroness L.S.
    bas : à bas + *noun* down
    with + *noun* 25; **en bas**
    down below, at the bottom
    10
la **base** base, basis
    basé(e) based
le **base-ball** baseball 19
la **basilique** basilica 17
le **basket** basketball 22
le **basket-ball** basketball 5
le **bassin** basin
la **Bastille** Bastille
le **bateau** boat, ship; **en**
    bateau (by) boat
le **bâtiment** building 2
le **battant** window section; **la**
    fenêtre à battants
    vertically hinged window
    battre to beat
    bavard(e) talkative
    bavarder to chat 13
le **bayou** bayou 11
    beau (bel, belle) beautiful,
    handsome 8; **il fait beau**
    it's nice weather 4
la **Beauce** Beauce
    beaucoup much, many 2;
    beaucoup de a lot of 7
le **beau-fils** son-in-law
le **beau-frère** brother-in-law
le **beau-père** father-in-law
la **beauté** beauty L.S.
les **beaux-arts** *m* fine arts

le **bébé** baby
    beige beige
un(e) **Belge** Belgian (*person*) 12
la **Belgique** Belgium 12
la **Belle au bois dormant**
    Sleeping Beauty 8
la **belle-famille** in-laws
la **belle-fille** daughter-in-law
la **belle-mère** mother-in-law
la **belle-sœur** sister-in-law
    Berne Bern 18
le **besoin** need; want 7;
    avoir besoin de to
    need 7
    bête stupid, dumb 8
le **beurre** butter 6
le **bibelot** knickknack
la **Bible** Bible 25
la **bibliothèque** library 2;
    bookshelf
la **bicyclette** bicycle 10
le **bidet** bidet 14
    bien well; fine; very 1;
    bien cuit well done; **bien**
    d'autres many others;
    bien entendu of course;
    bien que although 22;
    bien sûr of course 10
    bientôt soon 2
la **bière** beer 8; **bière**
    pression beer on tap 18
le **bifteck** steak 6
le **bijou(oux)** jewel 9
la **bijouterie** jewelry
le **bijoutier** jeweler 26
    bilingue bilingual
le **billet** ticket; note 21
la **biologie** biology 2
le(la) **biologiste** biologist
le **biscuit** cracker; cookie
le **bistrot** café, bar
    bizarre bizarre 13
    blanc (blanche) white 9;
    la nuit blanche sleepless
    night 14; **un petit blanc**
    a glass of white wine
la **blanchisserie** laundry
le **blé** wheat
    blessé(e) wounded 17; **un**
    blessé a wounded person
    bleu(e) blue 4
    blond(e) blond; light 8
le **blouson** zippered jacket,
    windbreaker 2
le **blue-jean** blue jeans 9

le **bœuf** beef 7; ox
***boire** to drink 15
le **bois** wood; *la Belle au bois*
    dormant Sleeping
    Beauty 8
la **boisson** drink 6
la **boîte** box; **boîte de**
    conserve can; **boîte de**
    nuit nightclub 11
le **bol** bowl 7
la **bombe** bomb
    bon (bonne) good; right,
    correct 2; **Ah bon !**
    Really? 5; **À la bonne**
    vôtre ! To your health!;
    Bonne anniversaire !
    Happy Birthday! 20; **bon**
    marché *invar* inexpen-
    sive 12
le **bonbon** candy 11
    bondé(e) crowded 6
le **bonhomme** fellow
    bonjour hello, good
    morning (afternoon) 1
le **bord** shore, edge; side 11;
    au bord de on (at) the
    edge of 11; **monter à**
    bord to go on board 23
    bordé(e) lined 26
la **botanique** botany 2; *adj*
    botanical 4
la **botte** boot
la **bouche** mouth 13
    bouché(e) corked, plugged
    boucher to cork
le **boucher** butcher 7
la **boucherie** butchershop 7
    bouger to move
***bouillir** to boil 26; **faire**
    bouillir qqch to boil
    something 26
le(la) **boulanger(ère)** baker
la **boulangerie** bakery 7
la **boule** ball; **la partie de**
    boules game of bocci
le **boulevard** boulevard 16
    bouleversé(e) very upset
    16
le **Boul' Mich'** = le **Boulevard**
    Saint-Michel 24
le **bouquet** bouquet (*flowers,*
    wine) 14
le **bouquin** book (*slang*) 18
le **bourg** big village
le **bourgeois** bourgeois

la **Bourgogne** Burgundy
la **bourse** scholarship; **la Bourse** stock exchange
bousculer to bump 16
le **bout** end; **au bout de** at the end of; **d'un bout à l'autre** from one end to the other
la **bouteille** bottle 6; **la mise en bouteille** bottling (*wine*)
la **boutique** boutique, shop 2
le **bouton** button 9
le **bracelet** bracelet 9
le **bras** arm 13
Bravo ! Bravo!
bref (brève) short 16
le **Brésil** Brazil
le(la) **Brésilien(ne)** Brazilian (*person*)
le **Brie** Brie (*cheese*)
brièvement briefly 16
brillant(e) brilliant 24
briller to shine 4
la **brioche** sweet roll, bun
la **broche** brooch, pin
se **brosser** to brush oneself 13
brouillé(e) scrambled
le **bruit** noise 13; **faire du bruit** to make noise 19
brûlant(e) burning hot
brun(e) brown; dark
Bruxelles Brussels
la **bûche de Noël** Yule log
le **budget** budget
le **buffet** buffet 6; snack bar
la **Bulgarie** Bulgaria
le **bulletin météorologique** weather report
le **buraliste** tobacco shop owner
le **bureau** desk; study; office 4; **bureau de poste** post office 10; **bureau de tabac** tobacco shop 7; **bureau des objets trouvés** lost and found
le **buste** bust
le **but** aim; goal
la **butte** butte 17

C
ça that 1; **ça fait du bien** it feels good 26; **Ça ne fait rien.** It doesn't matter. 16; **ça vaut la peine** it's worth it 19
la **cabane** cabin 11
la **cabine** cabin; **cabine téléphonique** telephone booth
le **cabinet** small room; office; **cabinet de travail** study
la **cacahouète** peanut 15
le **cacao** cocoa
cacher to hide 17; **se cacher** to hide
le **cadeau** gift 9; **faire un cadeau à qqn** to give somebody a gift
le **cadre** executive
le **café** coffee 6; café 7; **café au lait** coffee with hot milk; **café filtre** espresso coffee; **café nature (noir)** black coffee
le **cahier** notebook 1
le Caire Cairo
la **caissière** cashier
la **calculatrice** calculator 11
calculer to calculate
la **calèche** horse and buggy 10
le **calendrier** calendar 3
la **Californie** California
calme quiet, calm
la **calorie** calorie
le(la) **camarade** friend (*casual*) 3, 21; **camarade de chambre** *m, f* roommate 5, 21
le **cambrioleur** burglar
la **caméra** movie camera
le **camembert** camembert cheese
le **camion** truck 17
la **campagne** country, countryside 23
le **camping** camping 3
le **campus** campus 2
le **Canada** Canada 7
canadien(ne) Canadian 3; **Canadien(ne)** Canadian (*person*)
le **canal** canal
le **canapé** canape, open-faced sandwich; sofa, couch
le **canard** duck
le **candidat** candidate

la **cantine** cafeteria
le **caoutchouc** rubber 21
capable (de) capable (of) 21
la **capacité** capacity, ability
le **capitaine** captain
la **capitale** capital 4
car for, because 4
le **car** bus (*interurban*)
caractériser to characterize
le **caramel** caramel
cardiaque : la crise cardiaque heart attack 16
cardinal(e) cardinal
Carême *m* Lent
le **carnet** notebook, book
la **carotte** carrot 6
la **carrière** career, job 24
la **carte** card; menu; map 7; **carte d'abonnement** pass; **carte de crédit** credit card; **carte d'embarquement** boarding pass 23; **carte postale** postcard 12; **carte routière** road map
le **cas** case; **au cas où** in case
la **case** box, square
casser to break; **se casser** to break
la **casserole** pan, pot 14
la **cassette** cassette 19; **le magnétophone à cassette** cassette recorder
la **catastrophe** catastrophe
la **catégorie** kind, category
la **cathédrale** cathedral 17
le **cauchemar** nightmare
la **cause** cause 14; **à cause de** because of
la **cave** cellar; wine cellar 26
le **caviar** caviar
ce (cet, cette) this, that 4, 5; **ce . . . -ci** this . . . 22; **ce . . . -là** that . . . 22; **ce que** what, that which 10; **ce qui** that which 19
ceci this
céder to cede, transfer
la **cédille** cedilla
la **ceinture** belt 23; **ceinture de sécurité** safety belt;

attacher sa ceinture   to fasten one's seat belt

cela   that   2; **cela dépend**   that depends   2

célèbre   famous   10

céleste   celestial

célibataire   single, unmarried

la **cellule**   cell

Cendrillon f   *Cinderella*   8

cent   hundred   4

le **centime**   centime (*1/100 of one franc*)

le **centimètre**   centimeter   9

central(e)   central

centralisé(e)   centralized

le **centre**   center   16; **au centre de**   in the center of   16; **centre ville**   downtown

cependant   however, but, still

Ce que . . . !   How . . . !

le **cercle**   circle

les **céréales** f   grain; cereal   7

la **cérémonie**   ceremony   L.S.

la **cerise**   cherry   26

le **cerisier**   cherry tree   26

certain(e)   certain; some   7

certainement   certainly   5

ces   these, those   5

cesser (de + *inf***)**   to stop, discontinue   19

c'est-à-dire   that is (to say)

c'est dommage   it's a pity, it's too bad   2

c'est donné   it's a bargain   12

c'est entendu   it's agreed   4

c'est . . . que   it's . . . that   23

c'est . . . qui   it's . . . that   23

chacun(e)   each, every   6; *pron*   22

la **chaîne**   chain   9; channel   22

la **chaise**   chair   1

la **chaleur**   heat, warmth   11

la **chambre**   bedroom   3; **chambre à coucher**   bedroom   11; **la femme de chambre**   maid, cleaning woman

le **champ**   field; **les Champs-Élysées**   Champs-Élysées (*in Paris*)

le **champagne**   champagne   15

le **champignon**   mushroom

le(la) **champion(ne)**   champion   5

le **championnat**   championship

le **changement**   change

changer (de)   to change   4

la **chanson**   song

chanter   to sing

le **chanteur**   singer

la **chanteuse**   singer   22

le **chapeau**   hat

la **chapelle**   chapel

le **chaperon**   riding hood; *Le Petit chaperon rouge*   *Little Red Riding Hood*   8

chaque   each, every   2

la **charcuterie**   pork butcher shop   7

le **charcutier**   pork butcher   26

le **chariot**   cart   23

la **charité**   charity

charmant(e)   charming

le **charme**   charm

la **charrette**   cart   26

le **charter**   charter   12

la **Chartreuse**   Chartreuse

la **chasse**   hunting

le **chasse-mouches** (*pl invar*)   flyswatter

chasser (de)   to drive (out of)   L.S.

le **chat**   cat   3

châtain(e)   brown (*for hair*)

le **château**   castle   10

le **châteaubriand**   filet of beef

la **chatte**   female cat

chaud(e)   warm   4; **avoir chaud**   to be warm (*person*)   7; **il fait chaud**   it is warm (*weather*)   4

chauffé(e)   heated

le **chauffe-eau**   hot-water heater

chauffer   to heat

le **chauffeur**   driver   16

la **chaussée**   pavement, road   10

la **chaussette**   sock   9

la **chaussure**   shoe   9

le **chef-d'œuvre**   masterpiece

le **chemin**   way   18; **chemin de fer**   railroad

la **cheminée**   fireplace   11; chimney

la **chemise**   shirt   5

le **chemisier**   blouse   9

le **chêne**   oak tree

le **chèque**   check; **chèque de voyage**   traveler's check; **toucher un chèque**   to cash a check

cher (chère)   expensive; dear (*before a noun*)   7; **coûter cher**   to cost a lot   7; **pas cher**   inexpensive   10

chercher   to look for   2

le **chercheur**   researcher

le(la) **chéri(e)**   darling, dear   14

le **cheval**   horse

la **cheville**   ankle

les **cheveux** m   hair   8

la **chèvre**   goat

chez   at (to) the house (store, office) of; with, among   4

le **chien**   dog   3

chiffonné(e)   wrinkled

le **chiffre**   figure, number

la **chimie**   chemistry   2

chimique   chemical

le(la) **chimiste**   chemist   8

la **Chine**   China

chinois(e)   Chinese   9; **le chinois**   Chinese language   25; **Chinois(e)**   Chinese (*person*)

la **chip**   potato chip

le **chocolat**   chocolate, hot chocolate   6

choisir   to choose   4

le **choix**   choice   18

le **cholestérol**   cholesterol

le **chômage**   unemployment   25; **être en chômage**   to be unemployed

la **chose**   thing   7

chouette *fam*   great

choyé(e)   pampered

chrétien(ne)   Christian

chronologique   chronological

chronologiquement   chronologically

Chut !   Sh!

la **chute** (water)fall 12
ci-contre on the facing
page
ci-dessous below
ci-dessus above 16
le **ciel** sky 4; heaven
le **cigare** cigar 12
la **cigarette** cigarette 7
le **ciné-club** cinema club 3
le **cinéma** movies 2
la **cinémathèque** film library
(*also shows classic films*)
17
cinématographique (of)
film; cinematographic
la **cinquantaine** about fifty
le **Cinzano** Cinzano
**circonflexe : un accent
circonflexe** circumflex
accent
la **circonstance** circumstance
circulaire circular 17
la **circulation** traffic
circuler to go around; to
drive around 17
la **cire** wax
le **cirque** circus
la **citadelle** citadel; fort(ress)
10
la **cité** *campus area where
dormitories are located* 2
citer to cite 13
le **citron** lemon; **citron
pressé** fresh lemonade
la **civilisation** civilization
la **civilité** civility L.S.
clair(e) clear; light 20
la **classe** class 1; **dans la
classe** in the class-
room; **en classe** in
class; **première classe**
first class; **la salle de
classe** classroom
le **classique** classic; *adj*
classic(al) 25
la **clé** key 1; **fermer à clé**
to lock 14
Cléopâtre Cleopatra
le **client** customer 6
la **cliente** customer
le **climat** climate
la **climatisation** air conditioning 17
climatisé(e) air-conditioned
18

la **clinique** private hospital
le **clocher** bell tower, steeple
17
le **clown** clown
le **club** club 12
le **Coca-Cola** Coca-Cola 23
le **cochon** pig 26
le **cocktail** cocktail; cocktail
party 15
le **cœur** heart; center 11
le **cognac** cognac
cognitif(ive) cognitive
le **coiffeur** barber; hairdresser
26
la **coiffeuse** beautician;
dresser, dressing table
le **coin** corner 2
coincé(e) squeezed 16
le **Cointreau** Cointreau
le **col** collar 9; **col roulé**
turtleneck 9; **le pull à col
roulé** turtleneck sweater 9
la **colère** anger 16; **être en
colère** to be angry 16
le **collage** collage
le **collant** pantyhose
la **collection** collection 19
collectionner to collect 19
le **collège** high school
le(la) **collègue** colleague
la **colline** hill
la **Colombie** Colombia
le **colon** settler
la **colonie** colony
la **colonne** column
le **Colorado** Colorado
coloré(e) brightly colored
combien (*see* Index) how
much, how many 2;
combien de fois how
many times 2; **combien
de temps** how much
time 2
la **comédie** comedy 3;
comédie musicale
musical
comique comical 26
commander to order 5
comme as; like 5;
how 7; **comme ça** that
way 11; **comme ci
comme ça** so-so 1
commémorer to commem-
orate 17
le **commencement** beginning

commencer (à + *inf*) to
begin 2; **commencer
par** to begin with
comment how 2;
**Comment allez-vous ?,
Comment ça va ?** How
are you? 1; **Comment
cela ?** How so? 2
le **commentaire** commentary
le(la) **commerçant(e)** merchant,
shopkeeper
le **commerce** commerce, trade
commercial(e) commercial 17
*commettre** to commit
le **commissariat de police**
police station
la **commode** chest of
drawers 11; *adj* practical,
handy
la **communion** communion
communiquer (avec) to
adjoin
la **compagnie** company
le **compagnon** companion
la **comparaison** comparison
le **comparatif** comparative
comparer to compare 9
le **compartiment** compartment
18
le **complément** complement
complémentaire com-
plementary, extra
le **complet** man's suit
complet(ète) full, complete;
à temps complet full-
time 24; **le pain complet**
whole wheat bread
complètement completely
compléter to complete; to
make complete 25
le **compliment** compliment
19; **faire des compliments**
to compliment 19
complimenter to compliment 19
compliqué(e) complicated
20
composé(e) composed;
compound (*tense*) 6
composer to compose
le **compositeur** composer 9
la **composition** composition;
paper 12
composter to punch
(*a ticket*) 23

le **composteur**   ticket-punching machine

*****comprendre**   to understand   6; to include; to consist of

compris(e)   included   6; **non compris**   not included; **y compris**   including

*****compromettre**   to compromise

le(la) **comptable**   accountant

le **comptant**   cash; **acheter au comptant**   to buy with cash

le **compte**   account; **se rendre compte**   to realize   24

compter   to count   4; **compter sur**   to count on   18

le **comte**   count

concerner   to concern

le **concert**   concert   2

*****concevoir**   to conceive   25

le(la) **concierge**   building superintendent   6

la **Conciergerie**   *monument in Paris*

la **conclusion**   conclusion

le **concombre**   cucumber

le **Concorde**   Concorde

la **concurrence**   competition

le **conditionnel**   conditional

conditionnel(le)   conditional

le **condor**   condor

le **conducteur**   guide   L.S.

*****conduire**   to drive; to lead   17; **le permis de conduire**   driver's licence

la **Confédération Helvétique**   The Swiss Republic

la **conférence**   lecture   24

le **conférencier**   lecturer

la **confiance**   trust; **avoir confiance en**   to trust; **faire confiance à**   to trust

confidentiel(le)   confidential

confirmer   to confirm   23

la **confiserie**   candy shop

le **confisier**   candy maker

la **confiture**   jam   7

le **conflit**   conflict

le **confort**   comfort   19

confortable   comfortable   9

confortablement   comfortably   23

le **confrère**   colleague

confus(e)   embarrassed   20

le **congé**   leave, day off   3

la **conjecture**   conjecture

la **conjonction**   conjunction

la **conjugaison**   conjugation

conjuguer   to conjugate

la **connaissance**   knowledge; acquaintance   15; **faire la connaissance de**   to become acquainted with, to meet   15

*****connaître**   to know, to be familiar with   8

connu(e)   known   17

le **conquérant**   conqueror

la **conquête**   conquest

consacré(e)   devoted

consécutivement   consecutively

le **conseil**   advice; council   10

conseillé(e)   advised

conseiller (à)   to advise   20

le **conservatoire**   conservatory

conserver   to preserve

les **conserves** *f*   canned goods

considérer   to consider   25

la **consigne**   checkroom; locker   23

la **consolidation**   strengthening

la **consommation**   drink

le **consommé**   broth

consommer   to eat; to drink; to use up   14

consonantique   of consonants

la **consonne**   consonant

constamment   constantly   16

constant(e)   constant   16

consterné(e)   in dismay   L.S.

constituer   to represent, to make up

la **construction**   building   25

*****construire**   to build, to construct   17

construit(e)   built, constructed   17

consulter   to consult   4

le **contact**   contact

le **conte**   tale; **conte de fées**   fairy tale

*****contenir**   to hold; to contain

content(e) (de)   content, glad   8; **être content(e) de**   to be satisfied with, happy about   18

le **contexte**   context

le **continent**   continent

continu(e)   continuous

continuel(le)   continual

continuer (à + *inf*)   to go on; to continue   10, 19

la **contraction**   contraction

la **contradiction**   contradiction

le **contraire**   contrary, opposite; **au contraire**   on the contrary   8

contrairement à   contrary to

le **contraste**   contrast

contre   against

*****contredire**   to contradict

le **Contrexéville**   mineral water

contribuer (à)   to contribute (to)

la **contribution**   contribution

le **contrôle**   verification, check; control, supervision   23

contrôler   to check, to control

le **contrôleur**   ticket collector, inspector

*****convenir (à)**   to suit   12

la **conversation**   conversation

la **coopérative**   coop

la **coordination**   coordination

le **copain**   pal, good friend   6

Copenhague   Copenhagen

copier   to copy   25

copieux(euse)   copious

la **copine**   pal, good friend   6

le **coq**   rooster

la **coquille Saint-Jacques**   scallop

le **cor**   horn

la **corbeille**   basket, wastebasket   1

la **corde**   cord

le **cordon-bleu**   gourmet cook   19

la **Corée**   Korea

la **corne**   horn

le **corps**   body   13

correct(e)   correct, proper

la **correspondance** corres-
pondence; connection;
transfer
correspondre to correspond
corriger to correct 7
corsé(e) full-bodied (*wine*)
le **costume** outfit; suit;
costume
la **côte** coast; cutlet; **la Côte-
d'Ivoire** Ivory Coast
le **côté** side; **à côté de** by
the side of, next to 14
la **côtelette** chop; **côtelette de
veau** veal cutlet
le **cou** neck 9
le **couchage : sac de
couchage** sleeping bag
coucher to sleep 11; **se
coucher** to go to bed 13
la **couchette** economy-class
berth 23
le **coucou** cuckoo
la **couleur** color 4; **De quelle
couleur ?** What color?
le **couloir** hall, corridor 1;
aisle
le **coup** blow; **coup de pied**
kick L.S.; **coup de
téléphone** telephone
call 14; **tout d'un coup**
all of a sudden 12
la **coupe** cross-section 23; **la
Coupe** Cup (*sports*)
coupé(e) cut
couper to cut; **se couper**
to cut oneself 13
le **couple** couple 21
la **cour** courtyard; court (*of
kings, justice*); barnyard 26
le **courant** current; **courant
d'air** draft 18; **se mettre
au courant (de)** to keep
oneself informed (of)
***courir** to run 18, 23
le **courrier** mail
le **cours** course 1; length
(*of a river*); exchange rate;
cours d'eau river; **cours
de change** exchange
rate; **cours magistral**
lecture course; **au cours
de** in the course of 17;
en cours de during

la **course** errand 7; race;
faire des courses to go
shopping 7; **course de
chevaux** horse racing
court(e) short 8; **tout
court** as such
le(la) **cousin(e)** cousin 8
le **coût** cost
le **couteau** knife 6
coûter to cost 7; **coûter
cher** to cost a lot 7
coûteux(euse) costly,
expensive
la **couture** sewing; **la haute
couture** high fashion
le **couvert** cover; cover
charge; table (setting)
L.S.; **mettre le couvert**
to set the table L.S.
couvert(e) (de) covered
(with) 17
la **couverture** blanket
***couvrir** to cover 14
cracher to spit 18
***craindre** to fear 24
la **cravate** necktie 9
le **crayon** pencil 1
la **création** creation
la **crèche** daycare center;
manger
le **crédit** credit; bank; **à
crédit** on credit; **le Crédit
Agricole** bank that lends
money to farmers; **la
carte de crédit** credit
card
créer to create
un **crème** a cup of coffee with
milk
la **crème** cream 7; **crème de
cacao** crème de cacao;
crème de menthe crème
de menthe
la **crémerie** cheese and milk
shop
le **crémier** dairy merchant
créole creole
la **crêpe** crepe 15
crevé(e) bushed, beat; flat
(*tire*) 24
la **crevette** shrimp 23; **le filet
à crevettes** shrimp net 23
le **cri** scream
crier to shout

le **crime** crime
la **crise** crisis 16; **crise
cardiaque** heart attack
16
le **critère** criterion
le **critique** critic 22
la **critique** review 23
le **crocodile** crocodile
***croire** to believe, to think
11; **croire en Dieu** to
believe in God
le **croissant** crescent-shaped
pastry 12
la **croix** cross
le **croque-monsieur** (*pl invar*)
grilled ham and cheese
sandwich
le **cru** vintage
les **crudités** *f* raw vegetables
***cueillir** to pick
la **cuillère** spoon 6
le **cuir** leather 26
***cuire** to cook 26; **faire
cuire qqch** to cook
something; **bien cuit** well
done
la **cuisine** kitchen 11;
cooking
cuisiné(e) : le plat cuisiné
prepared food
la **cuisinière** stove 14
la **cuisse** thigh; **cuisse de
grenouille** frog leg
le **cuivre** copper
le **cultivateur** farmer
cultivé(e) educated,
knowledgeable
cultiver to cultivate; to farm
la **culture** culture; cultivation
culturel(le) cultural
curieux(euse) curious 5
la **curiosité** curiosity
la **cuve** vat
le **CV** curriculum vitae,
resumé 25
le **cycle** cycle
le **cyclisme** cycling
le **cyclomoteur** moped

D

d'abord first of all 15
d'accord agreed, O.K. 3;
être d'accord to agree
10

la **dactylo** typist
d'ailleurs besides 4
le **Dalmatien** Dalmatian
la **dame** lady 8
le **Danemark** Denmark
le **danger** danger
dangereux(euse) dangerous 18
le(la) **Danois(e)** Dane
dans in, inside 1; **dans l'ensemble** in general
la **danse** dance
danser to dance 16
le(la) **danseur(euse)** dancer
d'après according to 8
la **date** date 3
dater (de) to date back to 10
davantage more; **davantage que** more than
de (*see Index*); **de . . . à** from . . . to 10
déboucher to uncork, to open 26
debout standing 18; **être debout** to be standing 18
le **début** beginning 11; **au début de** at the beginning of 25
le **débutant** beginner
débuter to begin one's career
décembre *m* December 3
*__décevoir__ to disappoint
décider (de + *inf*) to decide 9
la **décision** decision
la **déclaration** declaration L.S.
déclarer to declare 14
le **décor** (stage) set 22
le(la) **décorateur(trice)** decorator
découragé(e) discouraged
la **découverte** discovery
*__découvrir__ to discover 14; to uncover
*__décrire__ to describe 19
décrocher to unhook, lift (*telephone receiver*) 4
déçu(e) disappointed
le **défaut** flaw, defect 20; shortcoming
défavorable unfavorable

défendre (de + *inf*) to defend; to forbid 20
défendu(e) forbidden
défini(e) definite
définir to define
la **définition** definition
la **dégustation** (wine) tasting 26
déguster to sample; to taste
dehors out 11; **en dehors de** outside of, with the exception of
déjà already 9
le **déjeuner** lunch 6; **le petit déjeuner** breakfast 6
déjeuner to eat lunch 2
délabré(e) dilapidated
délicieux(euse) delicious 15
demain tomorrow 2; **à demain** see you tomorrow 1
la **demande** request; **sur demande** upon request
demander to ask (for) 3; **se demander** to wonder 19; **demander à qqn de** + *inf* to ask somebody to + *inf* 20
déménager to move 11
demi(e) half 2; **la demi-heure** half hour 6; **le demi-million** half million; **(à) demi-tarif** half price
la **démission** resignation; **donner sa démission** to resign
le **demi-tour** U turn 23; **faire demi-tour** to turn around 23
la **demoiselle** young lady L.S.
démolir to demolish 17
démonstratif(ive) demonstrative
de nouveau again 12
dense dense
la **dent** tooth 13
le(la) **dentiste** dentist 3
le(la) **dépanneur(euse)** repairman (repairwoman) 26
le **départ** departure 23; **au départ** at the beginning
le **département** department
dépasser to pass; to exceed 4

se dépêcher to hurry 13
dépendant(e) dependent
dépendre (de) to depend (on); **cela dépend** that depends 2
la **dépense** expense 17
dépenser to spend; to expend
de peur que for fear that 26
déplacer to move; **se déplacer** to move; to travel 16
*__déplaire (à)__ to displease 22
de plus en plus more and more
la **déportation** deportation
déporter to deport
dépouiller to strip L.S.
depuis since, for 17; **Depuis combien de temps ?** How long? 17; **Depuis quand ?** Since when? 17
déranger to bother 15
de rien you're welcome 20
la **dérivation** derivation
dérivé(e) derived
dernier(ière) last 3
derrière behind 1
le **derrière** behind; bottom L.S.
dès from, beginning L.S.; **dès que** as soon as L.S.
désagréable unpleasant 18
descendant(e) descending, falling
descendre to go down; to get off 5
la **description** description
désespérément desperately
désespérer to drive to despair L.S.
déshabiller to undress; **se déshabiller** to get undressed 13
désigner to designate
le **désinfectant** disinfectant
le **désir** desire, wish 25
désirer to desire 19
désolé(e) very sorry 5
le **désordre** disorder 11
le **despotisme** despotism 25

le **dessert** dessert 15

le **dessin** drawing; **dessin animé** cartoon 22

le(la) **dessinateur(trice)** drafts-man (draftswoman); designer

dessiner to draw, design

dessous : au-dessous de underneath; **ci-dessous** below

dessus : au-dessus above; **au-dessus de** over, above; **ci-dessus** above 16

la **destination** destination

de temps en temps from time to time 19

se **détendre** to relax 24

détenir to detain

le **déterminant** determinative

déterminé(e) determined

déterminer to determine 18

détester to hate 8

détruire to destroy 17

la **dette** debt 19

le **DEUG = diplôme d'études universitaires générales**

devant before, in front of 1

le **développement** development

devenir to become 17

deviner to guess 7

la **devise** motto

le **devoir** duty; homework 3

devoir to owe; to have to, must 14

d'habitude usually 7

le **diabolo-menthe** mint-flavored drink 21

le **dialogue** dialog 11

le **diamant** diamond

la **diapositive** slide 15

le **dictionnaire** dictionary

le **dieu** god 2; **Mon Dieu !** Goodness! 2; **croire en Dieu** to believe in God

la **différence** difference 14

différent(e) different; various (*before noun*)

difficile difficult 2; fussy

difficilement with difficulty

la **difficulté** difficulty

le **digestif** after-dinner drink

diligemment diligently 16

diligent(e) diligent 16

le **dimanche** Sunday 3

la **dimension** dimension, size

diminuer to diminish

le **diminutif** nickname

la **diminution** decrease

la **dinde** turkey

le **dîner** dinner 5

dîner to have dinner 4

le **diorama** diorama

le(la) **diplomate** diplomat

le **diplôme** diploma 25

dire to tell, say 8; **dire à qqn (de)** to tell somebody to 20; **c'est-à-dire** that is (to say); **dis-moi** tell me 4

direct(e) direct; **en direct** live (*radio, television*)

directement directly 16

le **directeur** director 25

la **direction** direction 16; management; leadership; supervision

diriger to direct; to lead; **se diriger (vers)** to go (toward) 26; **les travaux dirigés** lab work

le **disciple** disciple

la **discipline** subject, topic

la **discothèque** disco 10

le **discours** speech 4; **faire un discours** to give a speech 5

discret(ète) discreet 8

discrètement discreetly 16

la **discussion** discussion 22

discuter (de) to discuss 18

disparaître to disappear 24

disperser to disperse

la **dispersion** dispersion

le **disque** record 5; parking disc

la **dissertation** dissertation 12

la **distance** distance

la **distinction** distinction

distinguer to distinguish

la **distraction** recreation, entertainment

se distraire to entertain oneself

distribuer to distribute 17

la **distribution** cast (*movie, play*)

diversifier to diversify

divisé(e) divided

se **diviser** to be divided

divorcé(e) divorced

la **Dixième** second grade

le **docteur** doctor 15

le **doctorat** doctorate, Ph.D.

le **document** document

le **documentaire** documentary

dodo : faire dodo *fam* to go nighty-night

le **doigt** finger 7

le **dollar** dollar 12

le **domicile** home, residence

dominer to dominate 17

dommage : c'est dommage it's a pity 2; **Quel dommage !** What a pity! 15

donc so, therefore, then 19

donner to give 5; **donner accès à** to give access to; **donner sa démission** to resign; **donner rendez-vous** to make an appointment

dont of whom, which; whose 18

dormir to sleep 13

le **dos** back 24; **le sac à dos** backpack

le **dossier** folder; resumé; dossier 25; **dossier d'inscription** application form

d'où from where

la **douane** customs 14

le **douanier** customs official 14

doublé(e) dubbed

doucement softly; gently 12

la **douche** shower 6

le **doute** doubt 10; **sans doute** probably 10; **sans aucun doute** undoubtedly

douter (de) to doubt 21

douteux(euse) doubtful 20

doux (douce) soft, gentle; mild 26

le **drame** drama

le **drap** sheet

le **drapeau** flag
dresser : dresser une liste to make a list; **se dresser** to stand up, jut out 17
le **droit** law; **les droits d'inscription** registration fees
droit(e) straight; right (*hand, foot*) 13; **à droite** to the right 9; **de droite** on the right 3; **tout droit** (very) straight; straight ahead
drôle funny 26
le **Dubonnet** Dubonnet
dur(e) hard, solid, harsh; hard-boiled 24; **être dur(e) d'oreille** to be hard of hearing 6
durant during
durer to last 10
le **duvet** down 26
dynamique energetic

E

l'**eau** *f* water 6
échanger to exchange, switch 20
un **échec** failure, fiasco 22
une **échelle** ladder; scale
échouer (à) to fail 24; **échouer à un examen** to fail a test 24
éclairer to light up; **s'éclairer** to brighten, light up 12
une **école** school 8
un **écolier** schoolboy 26
l'**écologie** *f* ecology
écologique ecological
l'**économie** *f* economy
économique economic(al); **les sciences économiques** economics
économiquement economically
l'**Écosse** *f* Scotland
écouter to listen 4
écrémé(e) skimmed 6; **le lait écrémé** skimmed milk
*****écrire** to write 12
écrit(e) written 8
une **écriture** writing 16
un **écrivain** writer 9
un **édifice** building 17
une **éducation** education

effacé(e) erased
effacer to erase 25
effectué(e) done, organized
effectuer to do
un **effet** effect, result L.S.; **en effet** in fact, as a matter of fact 13
efficace efficient; effective
effrayer to frighten 7
également equally, likewise
s'égarer to wander; to get lost L.S.
une **église** church 10
l'**Égypte** *f* Egypt 17
un(e) **Égyptien(ne)** Egyptian (*person*)
Eh bien ! Oh well! 24
un(e) **électricien(ne)** electrician
l'**électricité** *f* electricity
électrique electric(al)
électro-magnétique electro-magnetic
électro-ménager(ère) of electrical household appliances
élégamment elegantly 16
l'**élégance** *f* elegance 19
élégant(e) elegant 16
un **élément** element
l'**électronique** *f* electronics
l'**élevage** animal breeding, raising
élevé(e) high
élever to raise (*children, animals*); to build; **s'élever** to stand, jut out
elle she 1; her 14
emballé(e) carried away, enthusiastic
un **embarquement** embarkation 23; **la carte d'embarquement** boarding pass 23
embaucher to hire
une **embouchure** mouth of a river
un **embouteillage** traffic jam, bottleneck
embrasser to kiss 23
une **émeraude** emerald
*****émettre** to broadcast, telecast
l'**émigration** *f* emigration
une **émission** broadcasting, telecasting; program

emmener to take, take away 15
une **émotion** emotion
empêcher (de) to prevent (from) L.S.
un **emplacement** spot, location
un **emploi** use; employment 25; **emploi du temps** schedule 12
un(e) **employé(e)** employee 7, 17
employer to employ, use 7
emprunté(e) borrowed 23
emprunter (à) to borrow (from) 18; to use
une **émulsion** emulsion
en in 1; *pron* 15 (*see Index*); **en** + *pres part* 23; **en bas** down below 10; **en direct** live (*radio, television*); **en effet** in fact, as a matter of fact 13; **en face de** opposite 4; **en général** in general 2; **en haut** upstairs; up above 11; **en haut (de)** at (to) the top (of); **en même temps** at the same time 22; **en plein air** outdoors 7; **en réalité** actually, in reality 2; **en retard** late 1; **en solde** on sale; **en sus** in addition; **en tant que** as 25; **en tout** altogether; **en ville** downtown 9
encercler to encircle, put a circle around
un **enchaînement** linking
enchanté(e) thrilled, delighted 15
un **encombrement** obstruction
encore again; still 4; **encore une fois** one more time 16
encourager to encourage 20
une **encyclopédie** encyclopedia
les **Encyclopédistes** *pl m* compilers of *l'Encyclopédie*
un **endroit** place, spot 14
l'**énergie** *f* energy 7
énergique energetic 8
énergiquement energetically 16

une **enfance** childhood 19
un **enfant** child 2
enfin finally; in short 16
s'enflammer to burn (*with passion*) L.S.
un **engrais** fertilizer
énigmatique enigmatic 26
enlever to remove; to take off
un **ennemi** enemy
un **ennui** trouble, problem 11; boredom
ennuyé(e) sorry, upset 16
ennuyer to trouble, annoy; to bore; **s'ennuyer** to be bored 13
ennuyeux(euse) boring 8
énorme enormous; great
énormément very much 22; **énormément de** a lot of
un **enregistrement** recording
enregistrer to register, record
un **enseignement** teaching; education
enseigner to teach 15
un **ensemble** whole, general effect; group; outfit 17; **dans l'ensemble** in general; *adv* together 1
ensuite next, then 4
entendre to hear 4; **entendre parler de** to hear about 14; **bien entendu** of course; **s'entendre bien avec** to get along with 25
entier(ière) entire, whole
entouré(e) surrounded
entourer to surround; to circle
entre between, among 14
entrecoupé(e) broken L.S.
une **entrée** admission 3; entrance 4; first course
entreposé(e) stocked
une **entreprise** firm; undertaking
entrer (dans) to enter, go in 2; **entrer en jeu** to be involved
*entretenir to entertain; to maintain, support
une **énumération** list
énumérer to list
envahir to invade

une **enveloppe** envelope 9
une **envie** desire, longing 5; **avoir envie de** + *inf* to feel like + *pres part* 5
environ around, about, approximately
*envoyer to send 7
épais(se) thick
une **épaule** shoulder
épeler to spell 7
une **épicerie** grocery store 7
un **épicier** grocer 26
l'**Épiphanie** *f* Epiphany
un **épisode** episode 22
une **époque** time; period 10
épouser to marry 17
épouvantable dreadful
l'**épouvante** *f* dread, horror
épuisé(e) exhausted 26
une **équipe** team 5
équipé(e) equipped
un **équipement** equipment
l'**équitation** *f* horseback riding
un **équivalent** equivalent 9
une **ère** era, epoch
une **erreur** error, mistake 24
l'**érudition** *f* erudition 10
un **escalator** escalator 17
un **escalier** stairs 11; **escalier roulant** escalator
une **escalope** cutlet
un **escargot** snail 12
un(e) **esclave** slave
l'**escrime** *f* fencing
un **espace** space 17
l'**Espagne** *f* Spain 12
espagnol(e) Spanish 9; l'**espagnol** *m* Spanish language 12; **Espagnol(e)** Spaniard
espèces : payer en espèces to pay cash
espérer to hope 6
l'**espionnage** *m* espionage
l'**espoir** *m* hope
essayer (de +*inf*) to try 2
l'**essence** *f* gasoline 14
essuyer to wipe 7
l'**est** *m* east
est-ce que (*question marker*) 1
un(e) **esthéticien(ne)** beautician
esthétique esthetic 22
un **estomac** stomach

une **estrade** platform
et and 1
établir to establish
un **établissement** establishment, place 22
un **étage** floor, story 4
une **étagère** bookshelf
une **étape** section (*of a race*)
un **état** state; condition 12; les **États-Unis** the United States 3
un **été** summer 3
*éteindre to extinguish; to turn off 14, 24; **s'éteindre** to go off
éteint(e) turned off 14
une **étoile** star 17
étonnant(e) surprising 20
étonné(e) astonished, surprised 21
un **étonnement** astonishment
étrange strange
un(e) **étranger(ère)** foreigner 14; stranger; *adj* foreign 14; **à l'étranger** abroad 24
*être to be 1; **être à l'heure** to be on time 20; **être à qqn** to belong to someone 14; **être au régime** to be on a diet 6; **être d'accord** to agree 10; **être dur(e) d'oreille** to be hard of hearing 6; **être en colère** to be angry 16; **être en grève** to be on strike; **être en train de** + *inf* to be in the process of + *pres part* 23
étroit(e) narrow
une **étude** study 23
un(e) **étudiant(e)** student 1
étudier to study 23
Euh . . . Well . . ., Er . . . (*hesitation*) 9
l'**Europe** *f* Europe 10
européen(ne) European
eux them 14
évaluer to evaluate
s'évanouir to faint L.S.
un **événement** event 10
l'**Évian** *m* mineral water
évidemment evidently, obviously
évident(e) obvious 20

un **évier** kitchen sink 14
éviter (de) to avoid 11
évoquer to evoke, conjure up (*in one's mind*) 26
exagérer to exaggerate 20
un **examen** exam, test 8; **échouer à un examen** to fail a test 24; **passer un examen** to take a test 16; **préparer un examen** to prepare for a test 16; **réussir à un examen** to pass a test 16
examiner to examine 26
l'**excellence** *f* excellence
excellent(e) excellent 6
exceptionnel(le) exceptional 9
exceptionnellement exceptionally
excessif(ive) excessive
exclamatif(ive) exclamatory
excuser to excuse 16; **excuser qqn de** + *inf* to excuse somebody for + *pres part* 20; **excuse-moi**, **excusez-moi** excuse me 1
un **exemple** example 13; **par exemple** for example
exercer to exert; to exercise
un **exercice** exercise 1
exigeant(e) demanding 20
exiger to demand 20
existant(e) existing 17
l'**existentialisme** *m* existentialism
un(e) **existentialiste** existentialist
exister to exist 12
un **exode** exodus
un **exorciste** exorcist
exotique exotic
une **expérience** experience; experiment 25
un **expert** expert
une **explication** explanation 22
expliquer to explain 12
un **exploitant** farmer
une **exploitation** farm
un **explorateur** explorer
une **exploration** exploration
explorer to explore
un **exposé** paper, report 24
exposé(e) exhibited 19
exposer to show, exhibit
une **exposition** exhibition 17

exprès on purpose, expressly 16
un **express** express train; espresso coffee; **la voie express** freeway
une **expression** expression; phrase 7
exprimer to express 19; **s'exprimer** to express oneself
un **extérieur** exterior 17; **à l'extérieur** on the outside 17
un **extrait** excerpt
extraordinaire extraordinary 17
extraterrestre extra-terrestrial
extrêmement extremely

F
fabriquer to manufacture 22
fabuleux(euse) fabulous
la **façade** front (*of a building*)
la **face** face; **en face (de)** opposite 4
fâché(e) angry; sorry 21
facile easy 5
facilement easily 25
faciliter to facilitate
la **façon** way, manner 2
le **facteur** mailman 17
la **facture** bill 14
facultatif(ive) optional
la **Fac(ulté)** college, school
faible weak
la **faim** hunger 7; **avoir faim** to be hungry 7
faire (see Index) to do; to make 5; to be (*weather*) 4; **faire bon voyage** to have a good trip 10; **faire confiance** to trust; **faire de** to do with 26; **faire de l'auto-stop** to hitchhike; **faire demi-tour** to turn around 23; **faire des compliments** to pay compliments 19; **faire des courses** to go shopping 7; **faire des photos** to take pictures 4; **faire des progrès** to make progress 18; **faire des projets** to

make plans 21; **faire dodo** *fam* to go nighty-night; **faire du bruit** to make noise 19; **faire du jogging** to jog 23; **faire du sport** to practice sports 5; **faire exprès** to do on purpose 16; **faire faire** to have done 26; **faire la connaissance de** to meet 15; **faire la cuisine** to cook 19; **faire le pont** to take a long weekend; **faire la queue** to stand in line 6; **faire la sieste** to take a nap 10; **faire partie de** to belong to 5; **faire pipi** to pee 23; **faire plaisir à** to please 21; **faire tourner** to swirl 26; **faire tout son possible** to do one's utmost L.S.; **faire un cadeau à qqn** to give somebody a gift 20; **faire un discours** to give a speech 5; **faire un saut** to take a leap; **faire un tour** to take a walk 21; **faire un voyage** to take a trip 10; **ça fait du bien** it feels good 26; **ça ne fait rien** it doesn't matter 16; **il fait du soleil** it is sunny; **il fait jour** it's daylight; **il fait nuit** it's night 24
*falloir to be necessary; to require 19; **il faut (que)** it is necessary (that) 19, 20; **il ne faut pas** one must not 19; **il faut qqch à qqn** someone needs something
familial(e) (of) family; family-owned
familier(ière) familiar
la **famille** family 3
fantastique fantastic 22
fascinant(e) fascinating
fastueux(euse) pompous 26
fatigant(e) tiring 20
la **fatigue** fatigue
fatigué(e) tired 7
le **faubourg** suburb

fauché(e) *fam* broke
Fauchon Fauchon's (*specialty store in Paris*)
le **faune** faun
faut : il faut que it is necessary that 20
la **faute** fault, mistake 7
le **fauteuil** armchair; **fauteuil d'orchestre** orchestra seat
faux (fausse) false, wrong
favorable favorable
favori(te) favorite
la **fédération** federation
la **fée** fairy; **le conte de fées** fairy tale
la **félicitation** congratulation 19
féliciter to congratulate 19
féminin(e) feminine
la **femme** woman; wife 8; **femme de chambre** maid; **femme de ménage** cleaning lady
la **fenêtre** window 4; **fenêtre à deux battants** vertically hinged window; **fenêtre à guillotine** sliding window (*American-style*)
le **fer** iron; **fer à repasser** iron (*laundry*); **le chemin de fer** railroad
férié(e) : le jour férié legal holiday 20
ferme firm; **la terre ferme** terra firma
la **ferme** farm 26
la **fermentation** fermentation
fermer to close 2; **fermer à clé** to lock 14
le **fermier** farmer
féroce ferocious L.S.
fertiliser to fertilize
le **festival** festival 22
la **fête** holiday; feasting 3
fêter to celebrate
le **feu** fire; traffic light; car light 24; **feu rouge** red light
la **feuille** leaf; sheet of paper 4
le **feuilleton** serial
la **fève** bean
février *m* February 3
le(la) **fiancé(e)** fiancé(e) 16
fictif(ive) fictitious
fier (fière) proud
la **fièvre** fever 13; **avoir de**

la **fièvre** to have a temperature 13
la **figure** face; figure 13
le **filet** net, mesh bag 23; **filet à bagages** luggage rack 23; **filet à crevettes** shrimp net 23
la **fille** daughter 8; girl; **la jeune fille** girl, young lady 2
le **film** film, movie 2
le **fils** son 8
le **filtre** cup of espresso coffee
la **fin** end 5; **mettre fin à** to put an end to
fin(e) refined, delicate; thin
final(e) (*pl* finals) final
finalement finally 16
financé(e) financed
financier(ière) financial
les **fines herbes** *f* herbs for seasoning or garnish
finir to finish 4; **finir de + *inf* to finish + *pres part* 19
la **Finlande** Finland
le **flacon** bottle 14
le **flamand** Flemish language 12
flâner to wander leisurely
la **fleur** flower 14
le **fleuve** river
la **Floride** Florida
flots : entrer à flots to gush into
la **FNAC = Fédération Nationale des Achats des Cadres**
le **foie** liver 26; **foie gras** goose liver (*delicacy*)
la **fois** time 2; **combien de fois** how many times 2; **deux fois de suite** twice in a row; **encore une fois** once more
la **fonction** function; responsibility 14
le(la) **fonctionnaire** civil servant
le **fond** bottom 18; **au fond de** at the back of 18; **fond d'artichaut** artichoke heart
fondamental(e) fundamental; mandatory
fonder to found
fondre to melt 26; **faire**

fondre qqch to melt something
la **fondue** fondue
la **fontaine** fountain
le **football** football; soccer (*in Europe*) 3
(pas) forcément (not) necessarily 16
la **formation** formation; training
la **forme** form, shape; **sous forme de** in the form of
former to form 19
formidable terrific, great 3
le **formulaire** form 18
fort(e) strong; loud 24; *adv* very L.S.
le **fort** fort 10
la **forteresse** fortress
fortifié(e) fortified
la **fortune** fortune
le **forum** forum 17
fou (fol, folle) crazy; stupid; *noun* crazy person
la **foule** crowd
se **fouler** to sprain
le **four** oven 26; **petits fours** bite-size cakes
la **fourchette** fork 6
fourni(e) provided
fournir to supply, furnish
la **fourrure** fur
la **fraîcheur** coolness 26
frais (fraîche) cool; fresh 4; **il fait frais** it is cool (*weather*) 4
les **frais** *m* expenses
la **fraise** strawberry 26
le **fraisier** strawberry plant
le **franc** franc (*French monetary unit*)
franc (franche) frank 16
le(la) **Français(e)** Frenchman (Frenchwoman) 3; *adj* French 1; **le français** French language 2
la **France** France 3
franchement frankly 16
les **Franco-Canadiens** *m* French Canadians
francophone French-speaking 11
frapper to hit, strike; to knock 11
fréquemment frequently 16

la **fréquence** frequency
fréquent(e) frequent 16
fréquenté(e) frequented; popular
fréquenter to patronize
le **frère** brother 3
la **fresque** fresco
le **frigo** refrigerator 14
*__**frire**__ to fry; **faire frire qqch** to fry something
le **frisson** shiver 13
les **frites** *f* French fries 6; **pommes frites** French fries
le **froid** cold 13
froid(e) cold 4; **avoir froid** to be cold (*person*) 7; **il fait froid** it's cold (*weather*) 4
le **fromage** cheese 21
le **front** forehead
frugal(e) frugal 16
frugalement frugally 16
le **fruit** fruit 7; **fruits de mer** seafood
fruité(e) fruity 26
fumé(e) smoked
la **fumée** aroma, smoke L.S.
fumer to smoke 7
le **fumeur** smoker
le **funiculaire** cable car 10
le **futur** future; **le futur antérieur** future perfect; *adj* future

G

gagner to earn 19; to win
la **galerie** gallery 19; **galerie d'art** art gallery 19; **les Galeries Lafayette** *large department store in Paris*
la **galette** cake; **galette des rois** Epiphany cake
le **gallon** gallon
le **gant** glove 9
le **garage** garage 14
le(la) **garagiste** garage mechanic
la **garantie** guarantee, warranty
le **garçon** boy; waiter 6
la **garçonnière** boys' room 11; bachelor's pad
garder to keep; to watch 20
le **gardien** guard
la **gare** railroad station 4

garni(e) garnished
gaspiller to waste 20
gastronomique gastronomical, gourmet
gâté(e) spoiled
le **gâteau** cake 7; **petit gâteau** cookie
la **gauche** left; *adj* left 13; **à gauche** on the left 9; **de gauche** on the left 3
le **gaz** gas; gas range 13
gazeux(euse) bubbly, carbonated
la **gelée** jelly; **en gelée** in aspic
geler to freeze 18
gêner to bother 14
le **général** general 17
général(e) general 17; **en général** in general 2
généralement generally
la **généralisation** generalization
généraliste : le médecin généraliste general practitioner
la **génération** generation
généreux(euse) generous 8
la **générosité** generosity
génial(e) brilliant 9
le **genou(oux)** knee 13
le **genre** gender; kind; genre 22
les **gens** *m* people 3; **jeunes gens** young people
gentil(le) nice, kind 12
gentiment nicely, kindly
la **géographie** geography 12
géographique geographic(al)
la **géologie** geology
la **Géorgie** Georgia
gérer to manage
la **gestion** management
gestionnaire managerial
gigantesque gigantic
les **Gitanes** *f* Gitanes cigarettes
la **glace** ice cream; ice; mirror 21
glacé(e) iced; ice-cold
le **glaçon** ice cube
glissant(e) slippery 10
le **golf** golf
le **golfe** gulf
la **gorge** throat
la **gorgée** gulp, swallow 26; **à petites gorgées** in small sips
gothique gothic 17

le **gourmet** gourmet
le **goût** taste
goûter to taste 10
le **gouvernement** government
gouvernemental(e) governmental
gouverner to govern 22
le **gouverneur** governor 10
la **grâce** grace L.S.; **grâce à** thanks to
gracieusement gracefully 16
gracieux(euse) gracious, graceful 16
les **gradins** *m* seats; bleachers
la **grammaire** grammar 7
le **grammairien** grammarian L.S.
le **gramme** gram
grand(e) tall; great 5; **pas grand-chose** not much 5; **la grande surface** large department store; **le grand magasin** department store; **à grand spectacle** spectacular
la **Grande-Bretagne** Great Britain
le **Grand Marnier** Grand Marnier
la **grand-mère** grandmother 8
le **grand-père** grandfather 8
les **grands-parents** *m* grandparents 8
les **Grands Lacs** *m* Great Lakes
gras(se) fat; **le foie gras** goose liver
gratin : au gratin au gratin
gratiné(e) au gratin, with cheese and crumbs
le **gratte-ciel** (*pl invar*) skyscraper
gratter to scratch; **se gratter** to scratch oneself
gratuit(e) free (of charge) 3
grave serious; grave 7; **un accent grave** a grave accent
la **gravure** engraving, etching 9
grec (grecque) Greek
la **Grèce** Greece
le **grenier** attic 11
la **grenouille** frog 25; **la cuisse de grenouille** frog leg
la **grève** strike 25; **être en grève** to be on strike; **se**

mettre en grève to go on strike 25
la **grille** grid
grillé(e) grilled
la **grimace** grimace 26
la **grippe** flu 13
gris(e) gray
gros(se) big; fat 9
grossir to put on weight; **faire grossir** to be fattening; to make (someone) gain weight
grotesque grotesque
grouillant(e) swarming, teeming
le **grouillement** swarming
grouiller to swarm, teem
le **groupe** group
se **grouper** to gather, bunch together; to be grouped
le **gruyère** Gruyère cheese
guérir to cure
la **guerre** war
le **guichet** window (*in box office, bank, etc.*) 11
le **guide** guide; guidebook 10
guidé(e) guided
la **guillotine** guillotine; **la fenêtre à guillotine** sliding window (*American-style*)
guillotiner to guillotine 17
la **gymnastique** gymnastics 5

H

habillé(e) dressy
s'**habiller** to get dressed 13
un **habitant** inhabitant 4
une **habitation** home; lodging
habiter to live 3
une **habitude** habit; **d'habitude** usually 7
habitué(e) (à) used to 21
s'**habituer (à)** to get used to
un **hall** entry, hall; **hall d'entrée** entry hall
les **Halles** *f former market place in Paris* 17
un **hamburger** hamburger
le **handball** handball
hanté(e) haunted 14
un **haricot** bean; **haricot vert** string bean 6
harmonieux(euse) harmonious

haut(e) high, tall 4; **à haute voix** out loud 4; **du haut de** from the top of; **en haut** upstairs 11; **en haut de** at (to) the top (of); **Haut les mains !** Hands up!; **la haute couture** high fashion
un **haut-parleur** loudspeaker 23
La Haye The Hague
l'**hébreu** *m* Hebrew language
un **hebdomadaire** weekly newspaper
Hein ? Huh? 13
Hélas ! Alas! 15
une **herbe** grass 18; **fines herbes** herbs for seasoning or garnish
une **héroïne** heroine 22
un **héros** hero 22
hésiter (à + inf) to hesitate 19
une **heure** hour; o'clock 2; **à l'heure** on time 20; **à quelle heure** (at) what time 2; **Quelle heure est-il ?** What time is it? 2; **à tout à l'heure** see you soon 1; **heures de pointe** rush hours; **un quart d'heure** a quarter of an hour 13
heureusement fortunately
heureux(euse) happy 8
se **heurter (à)** to bump (into) 16
un **hibou(oux)** owl
hier yesterday 10; **hier soir** yesterday evening, last night 11
une **high school** high school 13
une **histoire** history; story 8
historique historic(al) 11
un **hiver** winter 3
une **H.L.M. = Habitation à Loyer Modéré** low-cost housing
le **hockey** hockey
un(e) **Hollandais(e)** Hollander, Dutchman (Dutchwoman)
le **Hollande** Holland cheese
un **homme** man 5; **homme d'affaires** businessman; **homme d'état** statesman
un **honneur** honor
Hop ! Poof! 24

un **hôpital** hospital 2
un **horaire** timetable, schedule 25
une **horloge** clock 2
un **horloger** watchmaker 26
une **horreur** horror 18; **avoir horreur de** to detest 18
horrible horrible
horriblement horribly 18
un **hors-d'œuvre** (*pl invar*) hors d'oeuvre 6
hors taxe *invar* duty-free
l'**hospitalité** *f* hospitality 11
un **hôte** host 19
un **hôtel** hotel; residence 10; **Hôtel de ville** City Hall 4
hôtelier(ière) (of) hotel
une **hôtesse** hostess, stewardess 18; **hôtesse au sol** ground hostess; **hôtesse d'accueil** receptionist, welcome hostess; **hôtesse de l'air** stewardess
un **hublot** porthole, window
une **huître** oyster 6
humain(e) human 13; humane
humer to inhale; to smell
Humm ! Hmm! 26
humoristique humorous
l'**hygiène** *f* hygiene
un **hypermarché** large supermarket

I

ici here 4; **par ici** this way 26
idéal(e) ideal
idéaliste idealistic
une **idée** idea 2
identifier to identify
idolâtrer to idolize L.S.
une **île** island 17
l'**Illinois** *m* Illinois River
une **illustration** illustration 2
illustré(e) illustrated; **la bande illustrée** comics
illustrer to illustrate
Il n'y a pas de quoi. Don't mention it. 20
il y a (*see Index*) there is, there are 2; **il y a 10 minutes** 10 minutes ago 11
imaginatif(ive) imaginative 9
une **imagination** imagination 7

imaginer to imagine 12
imbattable unbeatable
imiter to imitate
une **immatriculation** registration
immédiatement immediately
immense immense, huge 17
un **immeuble** building
un(e) **immigré(e)** immigrant
immobilisé(e) immobilized
l'**imparfait** *m* imperfect (tense)
l'**impatience** *f* impatience
impeccable faultless, impeccable 19
l'**impératif** *m* imperative (mood)
impérial(e) imperial
un **imperméable** raincoat 9
impersonnel(le) impersonal
une **importance** importance 19; **attacher de l'importance à** to value
important(e) important 18
n'importe quel + *noun* any + *noun* 22
imposer to impose; to tax
une **imposition** imposition
impossible impossible 17
un **impôt** tax
une **impression** impression 22
impressionnant(e) impressive, imposing
un **impressionniste** impressionist; *adj* impressionistic
imprévu(e) unexpected
improviste : à l'improviste unexpected(ly)
impulsif(ive) impulsive
une **incertitude** uncertainty
un **incident** incident 13
inconnu(e) unknown 17
un **inconvénient** disadvantage, drawback
incorrect(e) incorrect
l'**Inde** *f* India
indéfini(e) indefinite
une **indépendance** independence
indépendant(e) independent
les **Indes occidentales** *f* West Indies
un **index** index
l'**indicatif** *m* indicative (mood)

indicateur : le poteau indicateur road sign 23
une **indication** indication 20
un(e) **Indien(ne)** Indian (*person*); *adj* Indian
une **indigestion** indigestion 26
indiqué(e) indicated
indiquer to indicate 12
indirect(e) indirect
indiscret(ète) indiscreet 8
indiscutablement unquestionably
individualiste individualist 22
industriel(le) industrial
industriellement industrially; in large quantity
inférieur(e) lower 23
infiniment infinitely, very much 20
un **infinitif** infinitive 19
un(e) **infirmier(ière)** nurse 3
l'**inflation** *f* inflation 25
une **information** information; **les informations** news (*radio, television*)
l'**informatique** *f* computer science
informel(le) informal
une **infusion** herb tea
un **ingénieur** engineer 8; **ingénieur-chimiste** chemical engineer 24
ingénument naively; ingenuously L.S.
un **ingrédient** ingredient
une **initiative** initiative; **le syndicat d'initiative** tourist information office
innocemment innocently L.S.
innombrable countless, innumerable
inquiéter (de) to worry (about); to cause concern 24; **s'inquiéter** to worry 16
une **inscription** registration; **les droits d'inscription** registration fees
*s'**inscrire (à)** to register (*for a course*) 24
une **insistance** insistence
inspecter to inspect 14
une **installation** settling
installé(e) settled 23
installer to set up 25

un **instant** instant L.S.; **dès l'instant que** from the moment that L.S.; **pour l'instant** for the time being
instantanément instantly
un **institut** institute
un(e) **instituteur(trice)** schoolteacher
un **instrument** instrument 17
insuffisant(e) inadequate
un **intellectuel** intellectual; *adj* intellectual
intelligemment intelligently 16
intelligent(e) intelligent 8
une **intention** intention 25; **avoir l'intention de** + *inf* to intend + *inf* 25
interdit(e) forbidden 18; **accès interdit** no entry
intéressant(e) interesting 5; attractive (*price*)
intéresser to interest 11; **s'intéresser à** to be interested in
un **intérêt** interest 2
un **intérieur** inside, interior 11; **à l'intérieur (de)** inside 14
intermédiaire intermediary, middle 23
interminable endless 6
un **internat** internship
international(e) international
interplanétaire interplanetary
un(e) **interprète** interpreter
interpréter to interpret; to play a part
interrogatif(ive) interrogative
une **interrogation** interrogation
interroger to question, ask
***intervenir** to intervene
une **interview** interview
un **intestin** intestine
intime intimate
une **intonation** intonation
intrépide fearless
intriguer to intrigue
inutile useless
les **Invalides** *f* former residence for war veterans in Paris
invariable invariable

inventer to invent
inventif(ive) inventive
une **inversion** inversion
une **invitation** invitation 15
un(e) **invité(e)** guest 15
inviter to invite 9; **inviter qqn à** + *inf* to invite somebody + *inf* 20
invraisemblable unlikely, unbelievable
l'**Irak** *m* Iraq
un(e) **Irlandais(e)** Irishman (Irishwoman)
l'**Irlande** *f* Ireland 12
irrégulier(ière) irregular
l'**Israël** *m* Israel
un(e) **Israélien(ne)** Israeli
isolé(e) isolated
l'**Italie** *f* Italy 12
un(e) **Italien(ne)** Italian (*person*) 12; *adj* Italian 9; l'**italien** *m* Italian language 12
un **itinéraire** itinerary
une **ivoire** ivory; **la Côte-d'Ivoire** Ivory Coast

J

jamais ever 12; **ne ... jamais** never 12
la **jambe** leg 13
le **jambon** ham 7
janvier *m* January 3
le **Japon** Japan 12
le(la) **Japonais(e)** Japanese (*person*) 14; *adj* Japanese 21; **le japonais** Japanese language 11
le **jardin** garden 1
jaune yellow
le **jazz** jazz 25
jeter to throw (away) 7
le **jeu** play, game; **entrer en jeu** to be involved
le **Jeu de Paume** *art museum in Paris*
le **jeudi** Thursday 3
jeune young 5; **la jeune fille** young lady, girl 2; **les jeunes (gens)** young people; **le nom de jeune fille** maiden name
la **jeunesse** youth
Je vous en prie. You're welcome. 4

le **job** job 25
la **Joconde** Mona Lisa 24
le **jogging** jogging 23; **faire du jogging** to jog 23
la **joie** joy 11; **joie de vivre** joie de vivre 11
*joindre** to join
joli(e) pretty; nice 9
jouer to play 6; **jouer aux cartes** to play cards 7; **jouer au tennis** to play tennis 6
le **jouet** toy 16
le **joueur** player 9
le **jour** day 2; **il fait jour** it's daylight; **le Jour de l'An** New Year's Day; **jour férié** legal holiday 20; **par jour** per day 2; **tous les jours** every day 2
le **journal** newspaper 3
le **journalisme** journalism
le(la) **journaliste** journalist
la **journée** day 11
joyeux(euse) joyous, merry
judiciaire judiciary, legal, judicial
le **judo** judo 5
juger to judge
juillet *m* July 3
juin *m* June 3
la **jungle** jungle
Junior (of) teenagers
la **jupe** skirt 9
le **jus** juice 7
jusqu'à until, up to; **jusqu'à ce que** until 22; **jusque dans** up to, as far as; **jusque-là** up to there 20
juste just, right 20; *adv* just 18
justement as a matter of fact; exactly
la **justice** justice 17; **le palais de justice** courthouse 17

K

le **kilo** kilo 7
le **kilomètre** kilometer

L

là there 1; **là-bas** over there 5; **là-dessus**

about it, thereupon 22
le **labo** lab 19
le **laboratoire** laboratory 2
le **lac** lake
laid(e) ugly 8
la **laine** wool
laisser to leave; to let 14; **laisser passer** to let through 16; **laisser tomber** to drop 16
le **lait** milk 6; **lait écrémé** skimmed milk
la **lampe** lamp 14
se **lancer** to get started; to launch into
la **langue** tongue; language 4
le **lapin** rabbit 3
large wide, broad
la **laryngite** laryngitis
le **latin** Latin language; *adj* Latin
le **lavabo** bathroom sink 14
laver to wash 14; **se laver** to wash (oneself) 13
le **lave-vaisselle** (*pl invar*) dishwasher 14
le, la, les the 1, 11
la **leçon** lesson 2
la **lecture** reading
légal(e) legal
léger(ère) light 8; slight
le **légume** vegetable 6
le **lendemain** next day L.S.
lent(e) slow 21
lentement slowly 13
Léonard de Vinci Leonardo da Vinci
lequel, laquelle, lesquels, lesquelles which 18 (*see Index*)
la **lettre** letter 2; **les lettres** literature
leur(s) their 3; *pron* to them 12; **le (la) leur** theirs 23
levé(e) up
lever to raise 7; **lever la main** to raise one's hand 7; **se lever** to get up 13
la **lèvre** lip
le **lexique** vocabulary list
la **liaison** liaison, linking
la **libération** liberation 10
la **liberté** liberty 11

le **libraire** bookstore owner
la **librairie** bookstore 9
libre free, unoccupied 2
librement freely
le **libre-service** self-service restaurant
le **libretto** libretto
la **Licence** *French university degree*
la **licorne** unicorn
le **Liechtenstein** Liechtenstein 12
le **lieu** place; **au lieu de** instead of; **avoir lieu** to take place
la **ligne** line 16; **ligne aérienne** airline
ligoter to bind
limité(e) limited
la **limonade** unflavored sweet soda
la **linguistique** linguistics 25
le(la) **lion(ne)** lion
liquoreux(euse) sweet
***lire** to read 12
Lisbonne Lisbon
lisible readable, legible 16
lisiblement legibly 16
la **liste** list 17
le **lit** bed 5
le **litre** liter 21
littéraire literary
littéralement literally
la **littérature** literature
le **livre** book 1; **livre de poche** paperback
la **livre** pound 9
local(e) local 22
locatif(ive) locative
la **locomotion** locomotion
la **locomotive** locomotive
la **locution** phrase, expression
la **loge** building superintendent's apartment
le **logement** housing, apartment
loger to live; to lodge 12
logique logical
loin (de) far (from) 4
la **Loire** Loire River
Londres London
long (longue) long 8; **le long de** along
longer to run along

longtemps long, a long time 14
longuement long, at great length 16
la **longueur** length
lorsque when L.S.
la **loterie** lottery
la **Louisiane** Louisiana 3
lourd(e) heavy 8
le **Louvre** the Louvre 17
le **loyer** rent
lui to him (her) 12; (*disjunctive*) him 14; **lui aussi** he (him) too 8
la **lumière** light 14
lumineux : le spot lumineux spotlight
le **lundi** Monday 3
la **lune** moon 21
les **lunettes** *f* **(de soleil)** (sun)glasses 11
lutter to fight
le **luxe** luxury; **de luxe** deluxe, luxury
le **Luxembourg** Luxemburg; **le jardin du Luxembourg** Luxembourg garden 21
le(la) **Luxembourgeois(e)** inhabitant of Luxemburg
le **lycée** French high school 8
le(la) **lycéen(ne)** lycée student

M

ma my 3
la **machine** machine; **machine à écrire** typewriter; **machine à laver** washer
madame (mesdames) Mrs. 1
mademoiselle (mesdemoiselles) Miss 1
le **magasin** store 7; **grand magasin** department store; **magasin de régime** health-food store
le **magicien** magician
la **magie** magic 11
magistral(e) magisterial; **le cours magistral** lecture course
le **magnétophone à cassette** cassette recorder
magnifique magnificent, splendid 4
magnifiquement splendidly L.S.

mai *m* May 3
maigre skinny
le **maillot de bain** bathing suit 9
la **main** hand 7; **à la main** by hand; **Haut les mains !** Hands up!; **lever la main** to raise one's hand 7
le **Maine** Maine
maintenant now 1
***maintenir** to maintain, keep
le **maire** mayor 5
la **mairie** city hall
mais but 2
le **maïs** corn
la **maison** house 1; **maison de la presse** newspaper, magazine, and bookstore; **à la maison** at home 2
le **maître** master
la **maîtresse** schoolteacher; mistress 20
la **Maîtrise** *French degree more or less like the Master's Degree*
majestueusement majestically
majestueux(euse) majestic 26
la **majuscule** capital letter
le **mal** pain; **avoir mal à la tête** to have a headache 13
mal badly, poorly 16; **pas mal** not bad 1; **pas mal de** a lot of, quite a few 14; **plus mal** worse
le(la) **malade** patient; *adj* sick, ill 3
la **maladie** sickness 14
le **mâle** male
le **malentendu** misunderstanding 14
malgré despite
le **malheur** unhappiness, misfortune
malheureusement unfortunately 12
malheureux(euse) unhappy, unfortunate 8
la **maman** mama, mom 13
manger to eat 4
la **manière** manner; way
manquer to miss; to lack 16
le **manteau** coat, overcoat 9
la **maquette** (scale) model
le **marchand** merchant;

**marchand de primeurs
(marchand des quatre
saisons)** vegetable
merchant 17
la **marchandise** merchandise
la **marche** walking; march;
step 25; **marche à pied**
walking; **se mettre en
marche** to start
le **marché** market 7; **bon
marché** (*invar*) cheap
12
marcher to walk; to
function, run 2; **faire
marcher** to make work;
marcher sur to step on
le **mardi** Tuesday 3
le **mari** husband 8
le **mariage** wedding; marriage
17; **un anniversaire de
mariage** wedding
anniversary
marié(e) married 11
se **marier (avec)** to marry 21
la **marine** seascape; marine
maritime (of) sea; maritime
le **Maroc** Morocco
la **marque** brand, make
la **marraine** godmother
mars *m* March 3
la *Marseillaise* *French national
anthem*
le **Martini** vermouth
masculin(e) masculine
le **Massif Central** *mountainous
region in center of France*
le **match** game 5
le **matériel** equipment
la **maternelle** nursery school
les **mathématiques** *f* mathe-
matics
les **maths** *f* math 20
la **matière** subject 25;
matière plastique plastic;
matière première raw
material
le **matin** morning 2
la **matinée** morning, entire
morning 20
mauvais(e) bad 4; wrong;
il fait mauvais the
weather is bad 4
maximum (*invar*) maximum
me me, to me 11, 12

le(la) **mécanicien(ne)** mechanic
26
mécontent(e) dissatisfied
8
le **médecin** doctor 1
la **médecine** (field of)
medicine
le **médicament** medicine,
medication 13
médiéval(e) medieval
médiocre mediocre 21
la **Méditerranée** Mediterranean
Sea
meilleur(e) better 9
le **mélange** mixture; cocktail
le **membre** member 25
même same (*before noun*)
6; itself, very (*after noun*);
en même temps at the
same time 22
même *adv* even 10
le **mémoire** term paper
le **ménage** housekeeping; **un
article de ménage**
household item; **la femme
de ménage** cleaning lady
ménager(ère) domestic
la **ménagère** housekeeper;
housewife
mener (à) to lead (to), take
(to), go to 10
la **mentalité** mentality
la **menthe** mint
la **mention** mention, remark
mentionner to mention 13
le **menu** menu 5
la **mer** sea; **à la mer** at the
seaside; **les fruits de mer**
seafood
merci thank you 1
le **mercredi** Wednesday 3
la **mère** mother 3
mériter to deserve
merveilleux(euse) marvelous
26
la **mésaventure** misadventure
16
le **message** message 24
la **messe** Mass
messieurs-dames ladies
and gentlemen 10
la **mesure** measure,
measurement
mesurer to measure 9

le **métal** metal
la **météo** weather report
météorologique related to
weather 25; **le bulletin
météorologique** weather
report
la **méthode** method
le **métier** trade, job 26
le **mètre** meter 9
métrique metric
le **métro** subway 16
le **metteur en scène** movie
director
***mettre** to put, place; to put
on (*clothes*) 9; **mettre à
la porte** to fire 25;
mettre fin à to put an end
to; **mettre le couvert** to
set the table L.S.; **se
mettre au courant** to
inform oneself; **se mettre
en grève** to go on strike
25; **se mettre en marche**
to start
le **meuble** piece of furniture
26
meublé(e) furnished L.S.
le **meurtre** murder
le(la) **Mexicain(e)** Mexican
(*person*)
le **Mexique** Mexico 12
**mi-Carême : les vacances
de mi-Carême** spring
break
Michel-Ange Michelangelo
le **Michigan** Michigan
le **micro(phone)** mike
(microphone)
midi *m* noon 2
la **mie** sweetheart L.S.
le **mien (la mienne)** mine 23
mieux *adv* better 13; **aller
mieux** to feel better 13;
le mieux *adv* the best
16
mignon(ne) cute
le **mil** thousand
le **milieu** (*pl* **milieux**) middle
23; **au milieu (de)** in the
middle (of) 23
le **militaire** soldier; *adj*
military
le **mille** mile
le **mille** thousand 4

le **millier** (about a) thousand
le **million** million 4
le **millionnaire** millionaire 18
minceur : la cuisine minceur lean cuisine
la **mine** look 13; **avoir bonne mine** to look good; **avoir mauvaise mine** to look sick 13
minéral(e) mineral
le **mini-car** van 10
minimiser to minimize 19
le **Minnesota** Minnesota
minuit *m* midnight 2
la **minuscule** lower case letter
la **minute** minute 2
la **minuterie** timed switch, hall light 14
le **mi-salaire** half salary
la **mise** placing; **mise en bouteille** bottling; **mise en scène** (stage) setting 22; **mise en tonneau** putting into barrels
misérable very poor, miserable
la **mission** mission
le **Mississippi** Mississippi River
le **Missouri** Missouri River
mi-temps : à mi-temps part-time 25
le **mitonné** simmering soup L.S.
le **mobilier** furniture
le **mode** mood
la **mode** fashion; **à la mode** fashionable, in style, popular
le **modèle** model, example; **modèle réduit** scale model
modéré(e) moderate
moderne modern 17
moderniser to modernize
modeste modest
la **modestie** modesty 19
modifier to modify, change
moelleux(euse) full-bodied (*wine*)
moi me, to me 14; **moi aussi** me too, I also 2; **moi-même** myself; **moi**

non plus neither do I, me neither 14
moins less 2; **au moins** at least 10; **le moins** the least 14; **moins que** less than 14; **moins . . . que** less than 9; **à moins que** unless 22; **de moins en moins** less and less
le **mois** month 3
la **moissonneuse-batteuse** combine
la **moitié** half; **à moitié** half
le **moment** moment; time 4; **en ce moment** now 4
mon my 3
Monaco *m* Monaco 12
la **monarchie** monarchy 12
le **monastère** monastery 17
le **monde** world; people 13; **il y a du monde** there are lots of people; **tout le monde** everybody 6
mondial(e) worldwide
le **moniteur** instructor
la **monnaie** change (*money*) 18; **une pièce de monnaie** coin 18
la **monoculture** monoculture
le **monologue** monologue
Monoprix *m* *inexpensive department store*
monotone monotonous
le **monsieur** sir 1; Mister; gentleman
le **monstre** monster
monstrueux(euse) monstrous
la **montagne** mountain
montant(e) rising
la **montée** climb
monter to go up; to get on 5; **monter à bord** to get on board 23
la **montre** watch 1
montrer to show 2
le **monument** monument 10
le **morceau** piece 15
la **morille** morel (*mushroom*)
le **mort** dead person; *adj* dead; **la nature morte** still life

la **mort** death 17
Moscou Moscow 25
le **mot** word 2; **les mots-croisés** crossword puzzle; **x mots-minute** x words per minute 25
le **moteur** motor, engine 10
la **moto** motorcycle
mou (molle) soft 23
le **mouchoir** handkerchief L.S.
mouillé(e) wet 21
*****mourir** to die 23
la **mousse au chocolat** chocolate mousse
mousseux(euse) foamy
la **moustache** mustache
la **moutarde** mustard
le **mouton** sheep; mutton 26
le **mouvement** movement 10
le **moyen** means, method 16
moyen(ne) average, medium 17; **le moyen âge** Middle Ages 17
la **moyenne** average
muet(te) mute
se **multiplier** to increase; to multiply
municipal(e) municipal 21
le **mur** wall 1
mûr(e) ripe
la **muraille** wall; **la Grande Muraille** the Great Wall
mural(e) mural
mûrir to ripen
musclé(e) muscular 5
le **musée** museum 10
musqué(e) : le rat musqué muskrat
musical(e) musical; **la comédie musicale** musical
le(la) **musicien(ne)** musician
la **musique** music 5
le **mystère** mystery

N
nager to swim 8
le(la) **nageur(euse)** swimmer
la **naissance** birth
*****naître** to be born 10
la **nappe** tablecloth 6
la **natation** swimming 5

la **nation** nation
national(e) national 3
la **nationalité** nationality 3
la **nature** nature; **nature morte** still life; *adj* plain; **le café nature** black coffee
naturel(le) natural 20; **au naturel** just as they are
naturellement naturally 25
nautique nautical; **le ski nautique** waterskiing
le **navet** turnip; bad film
navré(e) very sorry 16
ne (*see* Index); **ne ... jamais** never 12; **ne ... ni ... ni** neither ... nor 25; **ne ... pas** not 1; **ne ... personne** no one, nobody 13; **ne ... plus** no more 12; **ne ... point** not L.S.; **ne ... que** only 24; **ne ... rien** nothing 13
né(e) born 10
nécessaire necessary 19
nécessairement necessarily
la **nécessité** necessity
nécessiter to necessitate, require
négatif(ive) negative 16
la **négation** negation
négativement negatively 16
négliger (de + inf) to neglect 14
la **neige** snow
neiger to snow 4
nettement clearly
nettoyer to clean 7
neuf (neuve) brand-new 5
la **Neuvième** third grade
le **neveu** (*pl* **neveux**) nephew
le **nez** nose 13
ni ... ni neither ... nor 25; **pas de ... ni de** no ... or 9; **ni l'un(e) ni l'autre** neither 25; **ni moi non plus** neither do I, me neither 14
le **Niagara** Niagara
niçois(e) Nice-style; **la salade niçoise** vegetable and tuna salad

le **nid** nest
la **nièce** niece
nier to deny 21
n'importe où anywhere; **n'importe quel(le)** any 22; **n'importe qui** anybody; **n'importe quoi** just anything
le **niveau** level 14; **au niveau de** on the level of 14
Noël *m* Christmas 3; **le Père Noël** Santa Claus
noir(e) black; dark 11
le **nom** name 3; noun; **nom de jeune fille** maiden name
le **nombre** number
nombreux(euse) numerous 11
nommer to name; to appoint 7
non no 1; not
non-gazeux(euse) flat, not carbonated
le **nord** north
normal(e) normal 20
la **Norvège** Norway
le(la) **Norvégien(ne)** Norwegian (*person*)
la **notation** notation
la **note** note; grade, mark 14; bill 17
noter to note
notre our 3
la(la) **nôtre** ours 23
se nourrir to eat; to nourish
nous we 1; us 11; to us 12; (*disjunctive*) us 14
la **nourriture** food
nouveau (nouvel, nouvelle) new; **de nouveau** again 12
le **Nouveau-Brunswick** New Brunswick
la **nouvelle** a piece of news
la **Nouvelle-Angleterre** New England
la **Nouvelle-Écosse** Nova Scotia
la **Nouvelle-France** New France (*in North America*)
les **Nouvelles Galeries** department store

la **Nouvelle-Orléans** New Orleans 11
novembre *m* November 3
le **nu** nude (*painting*)
la **nuit** night 14; **nuit blanche** sleepless night 14; **la boîte de nuit** nightclub 11; **il fait nuit** it is dark 24
le **numéro** number 2
numéroté(e) numbered

O

obéir (à) to obey 4
un **obélisque** obelisk 17
un **objet** object 14; **objet d'art** artifact 19; **le bureau des objets trouvés** lost and found
obligatoire mandatory, compulsory
obligatoirement obligatorily
obligé(e) obligated; obliged 20
obliger to oblige
observer to observe
*****obtenir** to obtain 22
une **occasion** occasion 14; **à l'occasion de** on the occasion of 17; **d'occasion** used, second-hand
l'**occident** *m* West
occidental(e) Western
une **occupation** occupation, job
occupé(e) occupied, busy 14; taken
occuper to take up (*space*) 17; **s'occuper de** to take care of
octobre *m* October 3
une **odeur** smell 11
l'**odorat** *m* sense of smell
une **odyssée** odyssey, voyage
un **œil (yeux)** eye 13
une **œuvre** work; **œuvre d'art** work of art
un **œuf** egg 7; **œuf brouillé** scrambled egg; **œuf dur** hard-boiled egg
un **office** office
officiel(le) official
officiellement officially

*offrir to offer 14

Oh ! là ! là ! Oh, my! 6

l'Ohio *m* Ohio River

une oie goose 26

un oignon onion

un oiseau bird 6; avoir un appétit d'oiseau to eat like a bird 6

une olive olive 26

un olivier olive tree 26

une omelette omelet 14

une omission omission

un omnibus local train; commuter train

on one, we, they 7

un oncle uncle 8

un ongle fingernail 13

l'O.N.U. = l'Organisation des Nations Unies United Nations

la Onzième first grade

un opéra opera; opera house 16

une opinion opinion 22

optimiste optimistic 8

une option option

l'or *m* gold 9

oral(e) oral 8

oralement orally

une orange orange 7; *adj invar* orange-colored

une orangeade orange-flavored soda

un oranger orange tree 26

un Orangina *orange-flavored soda*

un orchestre orchestra; un fauteuil d'orchestre orchestra seat

ordinal(e) ordinal

un ordinateur computer 21

une ordonnance prescription

un ordre order 6; ordre du jour agenda

une oreille ear 6

un oreiller pillow

une organisation organization

une organisatrice organizer 25

organisé(e) organized

organiser to organize 12

un organisme organization

l'orgueil *m* pride L.S.

l'Orient-Express *m* Orient Express

un original original; *adj* original 9; la version originale original version

une origine origin 3

une orthographe spelling

oser to dare L.S.

ôter to take off 23

ou or 1; ou bien or else 15

où where 1; when; d'où from where, hence

oublier to forget 10; oublier de + *inf* to forget + *inf* 19

l'ouest *m* west

Ouf ! Whew! 24

oui yes 1

outre beyond, besides 24

ouvert(e) open 2

un(e) ouvrier(ière) worker

une ouvreuse usher

*ouvrir to open 14; s'ouvrir to open up 23

oval(e) oval

P

la page page 2

le pain bread 6; pain complet whole wheat bread

la paire pair

paisible peaceful, quiet

la paix peace 25

le palais palace; large building 17; palate; palais de justice courthouse 17

le pamplemousse grapefruit

la pancarte sign; billboard

le panier basket 3

le panneau panel, board 18

le panorama panorama

le pansement bandage

le pantalon pants, trousers 9

le papa papa, dad 13

la papeterie stationery shop 7

le papetier stationery shop owner

le papier paper 6; papier de verre sandpaper; la serviette en papier paper napkin

le papillon butterfly

Pâques *pl f* Easter

le paquet package; parcel; pack 16

par by; through; per 2; par avion by airmail 9; par exemple for example; par ici this way 26; par jour (semaine) per day (week) 2; par terre on the ground 16

le paragraphe paragraph

*paraître to seem, appear 24; il paraît (que) it seems (that) 24

le parapluie umbrella 4

le paravent screen L.S.

le parc park

parce que because 2

*parcourir to travel; to cover (*distance*)

le parcours trip, journey

Pardon ! Excuse me! 1

pardonner to forgive L.S.

le parent parent; relative 3

la parenté relationship, kinship

paresseux(euse) lazy 8

le parfait ice cream

parfait(e) perfect 25

parfaitement perfectly 25

parfois sometimes

le parfum perfume; flavor 14

parfumé(e) flavored

le(la) Parisien(ne) Parisian (*person*); *adj* Parisian 8; le parisien Parisian language

le parking parking (lot) 10

parlé(e) spoken

parler to speak, talk 2; entendre parler de to hear about 14; Tu parles ! You're joking (kidding)! 5

parmi among

la parodie parody

le parrain godfather

la part : à part separate(d) 11; d'autre part on the other hand 11; de votre part on your behalf 21

partager to share

le parti party

le participe participle; participe passé past participle; participe présent present participle;

participer à to participate in 25

particulier(ière) private 16; **en particulier** in particular

la **partie** part; portion 5; game; **faire partie de** to belong to 5; **partie de boules** game of bocci

le **partiel** exam; **un examen partiel** exam

***partir** to leave 10; **partir en vacances** to go on vacation 10; **à partir de** beginning with, based on 25

partitif(ive) partitive

partout everywhere 11

***parvenir à** to succeed in

pas : ne . . . pas not 1; **pas cher (chère)** cheap 10; **pas de** not any 3; **pas de . . . ni de** no . . . or 9; **pas du tout** not at all 10; **pas encore** not yet 4; **pas grand-chose** not much 5; **pas mal** not bad 1; **pas mal de** a lot of, quite a few 14; **pas tellement** not much 4

passable acceptable, passable

le **passage** passage 4

le **passager** passenger 23

le(la) **passant(e)** passer-by 17, 20

le **passé** time gone by, past 11; **passé antérieur** past anterior; **passé composé** past indefinite; **passé défini, passé simple** past definite

le **passeport** passport 23

passer to pass; to spend (time); to show (movie) 7; **passer un examen** to take an exam 16; **se passer** to happen 5; **laisser passer** to let through 7

le **passe-temps** pastime 11; **passe-temps préféré** hobby

passif(ive) passive

passionnant(e) exciting 5

passionné(e) excited 22

se **passionner** to be very interested

la **passivité** passivity

le **Pastis** licorice-flavored beverage

la **patate douce** sweet potato

le **pâté** pâté; paste; **pâté de campagne** country-style pâté

patiemment patiently 16

la **patience** patience 7

patient(e) patient 8

le **patin** skate; **patin à glace** ice skate; **patin à roulettes** roller skate

le **patinage** skating

patiner to skate

la **pâtisserie** pastry; pastry shop 7

le **pâtissier** pastry maker, pastry shop owner

le(la) **patron(ne)** boss 22

la **pause** pause

pauvre poor 8; unfortunate (before noun); poor, destitute (after noun)

payant(e) pay, not for free 14

payé(e) paid 25

payer to pay (for) 2; **payer en espèces** to pay cash

le **pays** country 12; region

le **paysage** landscape 10

le **paysan** farmer

les **Pays-Bas** m the Netherlands

le **péage** toll

la **peau** skin 26

la **pêche** peach

le **pêcher** peach tree

se **peigner** to comb one's hair 23

***peindre** to paint 24

la **peine** pain; trouble 19; **à peine** hardly; **à peine . . . que** hardly . . . when L.S.; **valoir la peine** to be worth the trouble 19

le **peintre** painter 9

la **peinture** paint; painting 19

Pékin Peking

la **pelouse** lawn

penché(e) leaning, leaned

pendant during, for 10; **pendant que** while 11

la **penderie** closet

la **pendule** clock 17

pénible painful; difficult 18

la **pénicilline** penicillin 14

la **Pennsylvanie** Pennsylvania

penser (à) to think (about) 9

le **penseur** thinker

la **Pentecôte** Pentecost

perceptif(ive) perceptive

perdre to lose 16

le **père** father 3; **Père Noël** Santa Claus

la **période** epoch, period

le **Périphérique** freeway around Paris

périr (de) to die (from) L.S.

***permettre (de + inf)** to allow 15, 20

le **permis de conduire** driver's licence

le **Pernod** licorice-flavored beverage

perpétuel(le) everlasting

le **Perrier** carbonated mineral water

le **Perrier-menthe** mixture of crème de menthe and Perrier 18

la **personne** person 3; **ne . . . personne** no one, nobody 13

le **personnel** personnel 25

personnel(le) personal 22

la **perspective** perspective

la **perte** loss; **perte de temps** waste of time

peser to weigh 9

pessimiste pessimistic 8

les **P.E.T.** = **Postes et Télécommunications** Post Office; **le bureau des P.E.T.** Post Office

la **pétanque** bocci, **la partie de pátanque** game of bocci

pétillant(e) sparkling

petit(e) small, little 2; **petites annonces** want

ads 25; **petit blanc**
small glass of white wine;
le Petit chaperon rouge
Little Red Riding Hood 8;
petit déjeuner breakfast
6; **petit-enfant** grandchild 9;
petite-fille granddaughter;
petit-fils grandson; **petit
four** bite-size cake; **petits
gâteaux** *pl* cookies 15;
petit pain (small) roll 6;
petits pois *pl* peas
pétrochimique petro-
chemical
le **pétrole** petroleum
peu little, few 14; **à peu
près** approximately 17;
un peu a little 1; **peu de**
little, few 7; **un tout petit
peu** just a little bit 15
la **peur** fear 15; **avoir peur
(de)** to be afraid (of) 15
peut-être perhaps 5
la **pharmacie** pharmacy 25;
une armoire à pharmacie
medicine cabinet
le(la) **pharmacien(ne)** pharmacist
le **philosophe** philosopher,
thinker
la **philosophie** philosophy
philosophique philosophic(al)
phonétique phonetic
le(la) **photographe** photographer
la **photo(graphie)** photo-
(graph) 4; photography;
prendre des photos to
take pictures 15
photographique photo-
graphic 20; **un appareil
photographique** camera
20
la **phrase** sentence 2
la **physique** physics; *adj*
physical
le **piano** piano
le **pichet** pitcher
la **pièce** room 11; play;
pièce (de monnaie) coin
18; **pièce de résistance**
main course; **pièce de
théâtre** play
le **pied** foot 10; **à pied** on
foot 10; **un coup de pied**

kick L.S.; **la marche à
pied** walking
le **piège** trap
la **pierre** stone
le **piéton** pedestrian 17
le **pinceau** paintbrush
le **pipeline** pipeline
pipi : faire pipi to pee 23
le **pique-nique** picnic
pire worse, worst
pis worse, worst; **tant pis**
so much worse, too bad
la **piscine** swimming pool 21
pittoresque picturesque,
colorful 10
la **pizza** pizza 9
le **placard** closet, cup-
board 23
la **place** room, space; seat,
place; square (*of a town*)
10; **à la place de** instead
of 14
placé(e) placed
se **placer** to be placed
le **plafond** ceiling 7
*plaindre to pity 24; **se
plaindre de** to complain
about 24
la **plaine** plain, flat country
*plaire (à)** to please 22; **s'il
te plaît** please 13; **s'il
vous plaît** please 4
plaisanter to joke 6
la **plaisanterie** joke
le **plaisir** pleasure 21; **avec
plaisir** gladly 21; **faire
plaisir à** to please 21
le **plan** map, plan 10
la **planche** board; skateboard
le **plancher** wood floor
le **planétarium** planetarium
la **planète** planet
la **plante** plant 26
planter to plant
la **plaque** plate
**plastique : la matière
plastique** plastic
le **plat** dish 17; platter; **plat
cuisiné** prepared food
la **plate-forme** podium 25
le **plâtre** plaster; cast
plein(e) (de) full (of) 7;
plein de lots of; **à plein

temps** full-time; **en plein
air** in the open, outdoor
7
*pleuvoir** to rain 4; **il pleut
à verse** it's pouring 4
le **plombier** plumber
la **pluie** rain
la **plume** feather 26
la **plupart** most 22
le **pluriel** plural; *adj* plural
plus more; **le plus** the
most 14; **ne . . . plus** no
longer 12; **plus de** more
than 4; **plus du tout** no
more at all 24; **plus fort**
louder 4; **plus ou moins**
more or less 25; **plus que**
more than 14; **plus . . .
que** more . . . than 9;
plus tard later 4; **de
plus, en plus** moreover,
besides; **de plus en plus**
more and more; **ni moi
non plus** neither do I, me
neither 14
plusieurs several 7
le **plus-que-parfait** pluperfect,
past perfect
plutôt que rather than
la **poche** pocket 3; **l'argent
de poche** spending
money; **le livre de poche**
paperback
la **poêle** frying pan 26
le **poème** poem
le **poète** poet
le **poids** weight
le **point** point; period; **à point**
medium; **ne . . . point** not
at all L.S.; **point d'exclamation** exclamation point;
point d'interrogation
question mark; **points de
suspension** suspension
points; **point-virgule**
semicolon; **point de vue**
point of view 22; **deux
points** colon
**pointe : les heures de
pointe** *f* rush hours
la **pointure** size (*shoes,
socks, gloves*) 9
la **poire** pear 8

le **poirier** pear tree 26
le **poisson** fish 14
la **poissonnerie** fish market
le **poissonnier** fish merchant
le **poivre** pepper 6
poli(e) polite
la **police** police 4; **l'agent de police** policeman 4
policier(ière) (of) police
poliment politely 16
la **politesse** politeness 18
la **politique** politics; policy; *adj* political 22
polluer to pollute
la **Pologne** Poland
le(la) **Polonais(e)** Pole; **le polonais** Polish language
polytechnique polytechnic
la **pomme** apple 6; **pomme de terre** potato; **pommes frites** French fries
le **pommier** apple tree 26
le **pompier** fire fighter 26
la **ponctualité** punctuality
la **ponctuation** punctuation
le **pont** bridge; **faire le pont** to take a long weekend off
le **Pont-l'évêque** *brand of cheese*
la **population** population 4
le **porc** pork 7
portable portable
le **portail** portal
la **porte** door 1; **porte-fenêtre** French door; **mettre à la porte** to fire, dismiss 25
le **portefeuille** wallet 3
porter to carry; to wear 9
le **porteur** porter L.S.
le **porto** port wine
le **portrait** portrait 24
le **Port-salut** *brand of cheese*
le(la) **Portugais(e)** Portuguese (*person*); **le portugais** Portuguese language 12
le **Portugal** Portugal 12
poser to put 4; **poser une question** to ask a question 4
posséder to possess, own
possessif(ive) possessive
la **possession** possession

la **possibilité** possibility
possible possible 10; **faire tout son possible** to do one's utmost L.S.
le **poste** position 25; **poste de radio** radio; **poste de télévision** television set 22
la **poste** post office 7; **le bureau de poste** post office; **le timbre-poste** postage stamp
le **poster** poster
postposé(e) postposed, placed behind
le **pot** drink; cocktail party 21; **prendre un pot** to have a drink 21
le **potage** soup
le **potager** vegetable garden 26
le **poteau indicateur** road sign 23
le **pouce** inch; thumb 9
la **poule** hen
le **poulet** chicken 6
le **poumon** lung
la **poupée** doll 17
pour for 2; **pour** + *inf* in order to 7; **pour moi** for me 6; **pour que** so that 22
le **pourboire** tip 16
pour cent percent
pourquoi why 2
la **poursuite** chase 22
pourtant however
pourvu que provided that 22
pousser to push; to grow 26; **faire pousser** to grow
le **poussin** chick
la **poutre** beam 17
*****pouvoir** to be able, can 7
la **prairie** prairie
la **pratique** practice; *adj* practical; **les travaux pratiques** lab work
précédent(e) preceding; previous
précéder to precede
précieux(euse) precious, valuable

précis(e) precise
précisément precisely
préciser to make precise, specify
*****prédire** to predict, foretell
préférable preferable
préféré(e) favorite 3
la **préférence** preference
préférer to prefer 7
préfigurer to prefigure, foreshadow
la **prélude** prelude
premier(ière) first 3; **en premier** at first, first; **la première** first class; **la Première** *next to the last year in lycée*
*****prendre** to take 6; **prendre des photos** to take pictures 15; **prendre le thé** to have tea 16; **prendre sa retraite** to retire; **prendre un pot** to have a drink 21
la **préparation** preparation
préparer to prepare 9; **préparer un examen** to study for an exam 16; **se préparer** to get ready
préposé(e) preposed, placed before
la **préposition** preposition 19
prépositionnel(le) prepositional
près near, close; **près de** + *noun* near + *noun* 2; **à peu près** approximately 17
la **présence** presence
le **présent** present; *adj* present
la **présentation** presentation; introduction 15; lecture
présenter to present; to introduce 7; **se présenter à un examen** to take an exam
préserver to preserve, save 11
le **président** president 4
presque almost 2
la **presse** press; **la maison de la presse** newspaper, magazine, and bookstore

pressé(e) in a hurry 14; squeezed

la **(bière) pression** beer on tap 18

prestigieux(euse) prestigious

prêt(e) (à + *inf* **)** ready (to) 21

prêter to lend 11

*****prévenir** to warn

*****prévoir** to foresee

prier (qqn de faire qqch) to beg (somebody to do something) 20; **Je vous en prie.** You're welcome. 4

la **prière** prayer 20; **prière de** + *inf* please + *verb* 20

primaire primary

les **primeurs** *f* spring vegetables; **le marchand de primeurs** vegetable merchant 17

principal(e) principal, main 24

le **printemps** spring 3

le **Printemps** *large department store in Paris* 19

pris(e) busy 5

la **prison** jail 17

privé(e) private 11

privilégié(e) privileged

le **prix** price 14; prize 22

probable probable

probablement probably 16

le **problème** problem

prochain(e) next 10

proche near 16

la **production** production

*****produire** to produce; to give 17; **se produire** to happen

le **produit** product; *adj* produced

le **prof** prof 24

proférer to utter L.S.

le **professeur** teacher, professor 1

la **profession** profession 3

professionnel(le) professional

profiter (de) to take advantage (of)

profond(e) deep

le **programme** program; curriculum 5

le(la) **programmeur(euse)** programmer

le **progrès** progress 18; **faire des progrès** to make progress 18

le **projet** project; plan 21; **faire des projets** to make plans 21

projeter to project, show

la **promenade** walk 10; **faire une promenade** to take a walk 10

promener qqn to take somebody for a walk; **se promener** to take a walk 13

la **promesse** promise 10

*****promettre (de** + *inf* **)** to promise 10, 20

promotionnel(le) specially priced

le **pronom** pronoun

prononcer to pronounce

la **prononciation** pronunciation

propos : à propos by the way 24

proposer (de + *inf* **)** to propose

la **proposition** clause

propre own (*before a noun*); clean (*after a noun*) 23

le **propriétaire** owner

la **propriété** property; estate

protégé(e) protected 11

provençal(e) from Provence; **à la provençale** Provence-style

le **proverbe** proverb 10

la **province** province

provisoirement temporarily

prudemment prudently, carefully 16

la **prune** plum

le **prunier** plum tree 26

le **Pschitt** *fruit-flavored soda* 23

le(la) **psychiatre** psychiatrist

la **psycho(logie)** psychology

psychologique psychological

le(la) **psychologue** psychologist

public(ique) public 21

le **public** public

la **publicité** advertisement

puis then 2

puisque since 22

puissant(e) powerful

le **pull(-over)** sweater 9; **pull à col roulé** turtleneck sweater 9

le **punch** punch

punir to punish

la **pyramide** pyramid

Q

le **quai** street (*along a river or canal*); pier; platform (*railroad*) 16

la **qualité** quality 7

quand when 2; **quand même** all the same 4

quant à as for

la **quantité** quantity

la **quarantaine** about forty

le **quart** quarter 2; ¼ liter; **un quart d'heure** quarter of an hour 2

le **quartier** district, quarter 10; **Quartier Latin** Latin Quarter 24

que (*see Index*)

le **Québec** Quebec (*province*) 10

le(la) **Québécois(e)** Québécois, Quebecer (*person from Quebec*) 10; *adj* of Quebec 10

quel(le) which, what 3, 26; **Quel âge avez-vous ?** How old are you? 7; **Quelle barbe !** What a nuisance! 13; **Quel dommage !** What a pity! 15; **Quelle heure est-il ?** What time is it? 2; **quelle sorte de** what kind of 4; **Quel temps fait-il ?** What is the weather like? 4

quelque(s) some 7; a few

quelque chose something 7; **quelque chose de +** *adj* something + *adj* 9

quelquefois sometimes

quelques-un(e)s some 15

quelqu'un someone 5

qu'est-ce que what 5; **Qu'est-ce que c'est ?** What is it? 1; **Qu'est-ce que c'est que . . . ?** What is . . . ? 17; **Qu'est-ce qu'il y a ?** What's the matter? 14

qu'est-ce qui what 5

la **question** question 4; **il est question de** it is a matter of; **poser une question** to ask a question 4

la **queue** tail; line 6; **faire la queue** to stand in line 6

qui who, what 1, 5, 17 (*see Index*); **Qui est à l'appareil ?** Who is speaking?

la **quiche** quiche 15

qui est-ce que whom 6

la **quincaillerie** hardware store

la **quinzaine** about fifteen 17

le **quiproquo** misunderstanding

quitter to leave 2; **Ne quittez pas !** Hold the line!, Just a minute!

quoi what 4; **Quoi de neuf ?** What's new? 5; **Il n'y a pas de quoi.** Don't mention it. 20; **n'importe quoi** just anything

R

raccrocher to hang up (*telephone receiver*)

la **racine** root

raconter to tell (*a story*)

la **radio** radio 11; X-ray photograph; **le poste de radio** radio (set)

la **radiodiffusion** broadcasting

rafraîchissant(e) refreshing, cold 21

le **rafraîchissement** refreshment; cold drinks

le **raisin** grapes 26

la **raison** reason 15; **avoir**

raison (de) to be right (to) 19

raisonnable reasonable

le **rallye** rally

ramasser to pick up 16

ramener to bring back

le **rang** rank; row

ranger to put in order 19; **ranger ses affaires** to put away one's belongings 19

râpé(e) grated

rapide fast

rapidement fast, quickly 13

la **rapidité** speed

rappeler to call again; to call back; to remind

rapport : par rapport à compared to

rapporter to bring back 20

la **raquette** racket

rare rare

rarement rarely

se **raser** to shave

le **rat** rat; **rat musqué** muskrat

rater to miss; to fail

le **rayon** department (*in a large store*) 20

rayonner to go in all directions 17

le **réalisateur** film director 22

réaliste realistic

la **réalité** reality; **en réalité** in reality, actually 2

récemment recently 17

récent(e) recent

le **récepteur** receiver 4

la **réception** reception; front desk; party

le(la) **réceptionniste** receptionist; clerk 14

la **récession** recession

*recevoir** to receive; to entertain 14; **être reçu(e) à un examen** to pass a test

la **recherche** search; research 12

recherché(e) refined, elaborate

rechercher to look for

la **réciprocité** reciprocity

le **récit** story, narration

réciter to recite 21

la **réclame** advertisement

récolter to harvest

recommander to recommend 21

la **récompense** reward

*reconnaître** to recognize

la **reconstitution** reconstruction; replica

se **recoucher** to go back to bed

recours : avoir recours à to resort to, have recourse to

la **récréation** entertainment

le **reçu** receipt 20

reçu(e) : être reçu(e) à un examen to pass a test

*redire** to say again; **redites** say again 2

réduit(e) reduced; smaller than life; **l'échelle réduite** reduced scale; **le modèle réduit** scale model; **le tarif réduit** reduced rate

réel(le) real

*refaire** to do again

réfléchi(e) reflexive

le **réfrigérateur** refrigerator

le **refuge** refuge

le **réfugié** refugee

le **refus** refusal 21

refuser to refuse; to decline 15

regarder to look at; watch 2

le **régime** diet; regime 6; **être au régime** to be on a diet 6; **le magasin de régime** health-food store

la **région** region 3

régional(e) regional; local 8

la **règle** rule 14

regretter (de + inf) to be sorry, regret; to miss 14

se **regrouper** to regroup; to be regrouped

régulièrement regularly

la **reine** queen

relatif(ive) relative; **relatif à** concerning, related to

relativement relatively

se relever to get up again
relier to link, put together
religieux(euse) religious 17
la **religion** religion
*****relire** to read again
remarquable remarkable 26
remarquablement remarkably
remarquer to note, notice 11
rembourser to reimburse; **se faire rembourser** to get one's money back
remercier to thank 15; **remercier qqn de** to thank somebody for 20
*****remettre** to hand in; to put back; to postpone
remonter to go back up; to go up 24; **remonter loin** to go back far
le **rempart** rampart 10
remplacer to replace 10
rempli(e) (de) full (of)
remplir to fill out, fill up 18
la **Renaissance** Renaissance 26
la **rencontre** meeting, encounter
rencontrer to meet (*by chance*) 13; **se rencontrer** to meet L.S.
le **rendez-vous** appointment, date 13; **avoir rendez-vous** to have a date, an appointment 13
rendre to give back 16; **rendre + adj** to make + *adj*; **rendre service à qqn** to do somebody a favor 20; **se rendre** to go 16; **se rendre compte (de)** to realize 24
le **renom** fame
renommé(e) famous
le **renseignement** information 17
se renseigner to get information
la **rentrée** return to school
rentrer to go (come) home 2; to come back to; **rentrer**

dans qqch to hit something
renuméroter to renumber
renverser to spill 16
renvoyé(e) kicked out
la **réorganisation** reorganization
réparer to repair 26
*****repartir** to leave again 10
le **repas** meal 5
repasser to iron; **le fer à repasser** iron (*laundry*)
*****repeindre** to repaint 25
le **repère** reference; **le point de repère** guide mark
répéter to repeat 7
la **réplique** reply, rejoinder
répondre (à) to answer 4
la **réponse** answer 8
le **reportage** documentary; reporting
se reposer to rest, relax 13
*****reprendre** to pick up
la **représentation** performance, representation 26
représenter to represent; to present (*a play*)
reprocher (à) to reproach 24
la **reproduction** reproduction
la **république** republic
le **R.E.R = Réseau Express Régional** express subway lines
le **réseau** network
la **réservation** reservation
réserver to reserve (*tickets, seats*)
le **réservoir** tank
la **résidence** residence; home; dormitory 3
le **résident** resident
résidentiel(le) residential
la **résistance** resistance; **la pièce de résistance** main course
résister to resist
la **résolution** resolution
*****résoudre** to solve, resolve
la **responsabilité** responsibility
le(la) **responsable** person in charge 26; *adj* responsible
ressembler (à) to look like 10

*****ressentir : se ressentir de** to suffer from; to feel the effect of
*****ressortir** to go out again 10; to stand out
les **ressources** *f* resources
le **restaurant** restaurant 2; **la voiture-restaurant** dining car 23
la **restauration** restoration
restauré(e) restored 17
restaurer to restore 17
le **reste** rest, remainder
rester to stay, remain 7
le **resto-U** university cafeteria
le **résultat** result 26
le **résumé** resumé
retard : en retard late 1
retarder to be slow (*watch*) 23
*****retenir** to keep; to retain; to reserve; to hold back
le **retour** return 26
retourner to go back, return 10
la **retraite** retirement; **être à la retraite** to be retired; **prendre sa retraite** to retire
le **retraité** retired man
retrouver to find again; to meet (*by arrangement*) 21; **se retrouver** to meet
la **réunion** meeting
se réunir to meet, get together
réussi(e) successful 15
réussir (à) to succeed in 16; **réussir à un examen** to pass a test 16
le **rêve** dream
le **réveil** alarm clock 13
le **réveille-matin** alarm clock 14
réveiller qqn to wake up somebody; **se réveiller** to wake up 13
le **réveillon** *Christmas dinner after Midnight Mass*
*****revenir** to come back; to return 10; **revenir à soi-même** to regain consciousness L.S.
le **revenu** income
rêver (à) to dream (about); to think (about)

la **révision** review
*revoir to see again 15; **au revoir** good-bye 1
la **révolution** revolution 17
la **revue** magazine, journal
le **rez-de-chaussée** first (ground) floor 4
le **rhume** cold 18
riche rich 8
la **richesse** richness, wealth
le **rideau** curtain 14
ridicule ridiculous 21
rien nothing 13; **De rien.** Don't mention it. 20; **ne . . . rien** nothing 13; **Ça ne fait rien.** It doesn't matter. 16
le **rire** laughter 26
*rire (de) to laugh (at, about) 26
la **rive** bank; shore
la **rivière** river
le **riz** rice
la **robe** dress 19
le **robinet** faucet 14
le **robot** robot
le **roi** king
le **rôle** role, part 24
le **roman** novel 12
roman(e) romanesque 17
romano-byzantin(e) Romanesque-Byzantine 17
romantique romantic
*rompre to break (up)
rond : tourner en rond to go in circles; to go around and around
le **Roquefort** Roquefort cheese
le **rosbif** roast beef 6
la **rose** rose 26
le **rosé** rosé (wine) 26
le **rôti** roast
rôti(e) roasted
rôtir to roast 26; **faire rôtir qqch** to roast something
rouge red 8; **le feu rouge** red light; *Le Petit chaperon rouge* Little Red Riding Hood 8
rougir to blush L.S.
roulant(e) : un escalier roulant escalator

roulé(e) : un pull à col roulé turtleneck sweater 9
rouler to drive; to roll (up) 19
roulettes : le patin à roulettes roller skate
la **Roumanie** Romania
la **route** road 23
routier(ière) of the road; **la carte routière** road map
roux (rousse) red (*hair*), redheaded
royal(e) royal 17
le **rubis** ruby
la **rue** street 3
le **rugby** rugby
rural(e) rural
le(la) **Russe** Russian (*person*); **le russe** Russian language 22
la **Russie** Russia
le **rythme** rhythm
rythmique rhythmic(al)

S

sa his, her, its 3
le **sable** sand 17
le **sac** purse 3; **sac à dos** backpack; **sac à main** handbag; **sac de couchage** sleeping bag
sacré(e) sacred, holy 17; **le Sacré-Coeur** *basilica in Paris* 17
saignant(e) rare (*meat*)
le **Saint-Laurent** Saint Lawrence River 10
la **Saint-Sylvestre** New Year's Eve
la **saison** season 4; **le marchand des quatre saisons** vegetable merchant 17
saisonnier(ière) seasonal
la **salade** salad 6; **salade composée** combination (tossed) salad 6
le **salaire** salary 25
le **salami** salami
sale dirty 23
salé(e) salted
la **salle** room 1; **salle à manger** dining room 6; **salle de bains** bathroom

11; **salle de cinéma** movie theater; **salle de classe** classroom 1; **salle de séjour** living room 11; **salle de théâtre** theater 17
le **salon** drawing room 16
Salut ! Hi! 1
la **salutation** greeting
le **samedi** Saturday 3
la **sandale** sandal
le **sandwich** sandwich 21
la **sangria** sangria
sans without 10; **sans + *inf*** without + *pres part* 22; **sans doute** probably 10; **sans que** without 22
la **santé** health 5; **À votre santé !** To your health! 15
le **santon** *tiny clay figure*
la **sardine** sardine
la **satisfaction** satisfaction
satisfaisant(e) satisfying; satisfactory
satisfait(e) satisfied 18
saturé(e) saturated
la **sauce** sauce; gravy 21
la **saucisse** sausage 7
le **saucisson** hard salami
sauf except
le **saumon** salmon; **saumon fumé** smoked salmon
le **saut** jump; **faire un saut** to take a leap
le(la) **savant(e)** scientist, scholar
*savoir to know 8
le **savon** soap
le **scandale** scandal
le **scénario** scenario, film script 22
la **scène** scene 22
le **Schweppes** *tonic water*
la **science** science; **science-fiction** science fiction 22; **sciences économiques** economics 1
scientifique scientific
scolaire scholastic, academic
le **scotch** Scotch whiskey; Scotch tape
la **sculpture** sculpture 17
se oneself 13

sec (sèche) dry 26; harsh; hard

sécher un cours to cut a class 19

second(e) second

secondaire secondary

la **seconde** second 2

la **Seconde** fifth year in lycée 8

secours : la sortie de secours emergency exit

le(la) **secrétaire** secretary; **secrétaire de direction** administrative assistant

le **secrétariat** secretary's office

le **secteur** sector, part

la **section** section, department

sécurité : la ceinture de sécurité seat belt; **la Sécurité Sociale** *French Social Security System*

le **seigneur** lord 26

la **Seine** Seine River

le **séjour** stay, sojourn 15; **la salle de séjour** living room 11

séjourner to stay, spend some time

le **sel** salt 6

la **sélection** selection

le **self-service** self-service restaurant

selon according to 17

la **semaine** week 2; **par semaine** per week 2

sembler to seem

semer to sow

le **semestre** semester 10

semestriel(le) (of) semester; semester-long

semi-automatique semi-automatic

la **semi-consonne** semi-consonant

le **sens** direction; sense; meaning

la **sensation** sensation 26

sensationnel(le) sensational 19

la **sensibilité** sensitivity L.S.

sentimental(e) sentimental

****sentir** to feel; to smell; to smell like 13; **se sentir**

to feel (*sick, tired*) 13; **se sentir chez soi** to feel at home

la **séparation** separation

séparatiste separatist 10

séparé(e) separated

séparément separately

se **séparer de** to part with 19

septembre *m* September 3

la **série** series

sérieusement seriously 16

sérieux(euse) serious 9

le **serpent** snake

serré(e) squeezed

serrer to squeeze 23; **serrer la main à qqn** to shake somebody's hand 23

la **serveuse** waitress 5

le **service** service; service charge 6; **service judiciaire** legal service; **service de scolarité** registrar's office; **À votre service.** You're welcome. 20; **rendre service à qqn** to do somebody a favor 20

la **serviette** briefcase 1; napkin 6; **serviette de bain** bath towel 14; **serviette en papier** paper napkin

****servir** to serve 13; **servir à** to be used for, useful for; **servir de** to serve as, act as 17

seul(e) alone; lonely 13

seulement only 2; **non seulement** not only

le **short** shorts 8

si (*see Index*) yes 4; *conj* if 3; *adv* so

sicilien(ne) Sicilian

le **siècle** century 10

le **siège** seat, headquarters

le **sien (la sienne)** his, hers, its 23

la **sieste** nap 10; **faire la sieste** to take a nap 10

siffler to whistle; to boo

signaler to signal

le **signe** sign; signal

signer to sign

la **signification** meaning

signifier to mean 9

le **silence** silence

la **silhouette** silhouette, outline 17

s'il vous plaît please 4

simple simple 18; mere (*before a noun*)

simplement simply 21

simultanément simultaneously

sincère sincere

la **sincérité** sincerity

le **singe** monkey

le **singulier** singular; *adj* singular

sinon if not, otherwise

sinueux(euse) winding

le **sirop** syrup

le **site** site 17

la **situation** situation; position 16

situé(e) placed, located 17

le **skate** skateboard

le **ski** ski 5; **faire du ski** to ski

la **S.N.C.F.** = **Société Nationale des Chemins de Fer** *National Railroad Corporation*

sociable sociable

social(e) social

la **société** society

la **sociologie** sociology

la **sœur** sister 3

soi oneself 14

la **soif** thirst 7; **avoir soif** to be thirsty 7

soigner to care after

le **soin** care

le **soir** evening 2; **hier soir** yesterday evening, last night 11

la **soirée** evening 10; entire evening; (evening) party; **toute la soirée** the whole evening 10

le **sol** ground; **une hôtesse au sol** ground hostess

le **soldat** soldier 17

le **solde** sale 9; **en solde** on sale 20

le **soleil** sun 4; **il fait du soleil** it is sunny

solide strong, solid 9
la **solitude** solitude L.S.
la **solution** solution 9
sombre dark 23
le **somme** nap; **faire un somme** to take a nap
le **sommeil** sleep; **avoir sommeil** to be sleepy
somptueux(euse) magnificent
son his, her, its 3
sonner to ring, sound 4; **sonner du cor** to blow the horn
sonorisé(e) sound-equipped
le **sorbet** sherbet
la **Sorbonne** Sorbonne 24
le **sort** fate 11
la **sorte** kind, sort 4; **de sorte que** so that; **quelle sorte de** what kind of 4
la **sortie** exit; going out; **sortie de secours** emergency exit
*****sortir** to go (come) out 10
le **souci** care, worry
soudain suddenly 23
le **soufflé** soufflé
souffleter to slap L.S.
*****souffrir (de)** to suffer (from) 14
souhaiter to wish L.S.
souligné(e) underlined
*****soumettre** to hand in 25
la **soupe** soup 9
la **source** source, cause L.S.
le **sourd** deaf man 17
le **sourire** smile 26
*****sourire (à)** to smile (at) 19, 26
sous under 1
le **sous-sol** basement 11
le **sous-titre** subtitle
*****soutenir** to support
souterrain(e) underground 17
le **souvenir** souvenir 10
se **souvenir (de)** to remember
souvent often 4
spacieux(euse) spacious
spatial(e) (of) space
spécial(e) special
la **spécialisation** specialization
spécialisé(e) specialized 7
se **spécialiser (en)** to

specialize (in); to major (in) 24
le **spécialiste** specialist
la **spécialité** specialty 10
le **spectacle** show 21; **spectacle de variétés** variety show; **à grand spectacle** spectacular
le **spectateur** spectator; *pl* audience
splendide magnificent 26
spontané(e) spontaneous
le **sport** sport 3; **faire du sport** to practice sports 5
sportif(ive) athletic, fond of sports 5
le **sport-spectacle** spectator sport
le **spot lumineux** spotlight
la **stabilité** stability
le **stade** stadium
le **stage** stay; practical training
la **station** station 16; resort
le **stationnement** parking 18
stationner to park 10
la **statue** statue 26
la **statuette** statuette 19
le **steak** steak 6
la **stéréo** stereo 14
le **steward** steward
stipuler to stipulate
le **store vénétien** Venetian blind
la **structure** structure
le **studio** efficiency apartment
le **style** style 17
le **stylo** pen 1
subitement suddenly 16
le **subjonctif** subjunctive
subordonné(e) subordinate
subsister to remain
substantiel(le) substantial
le **succès** success 22
succulent(e) succulent L.S.
le **sucre** sugar 6
sucré(e) sweet
le **sud** south 3
la **Suède** Sweden
le(la) **Suédois(e)** Swede
suffisant(e) sufficient
suggérer (de + inf) to suggest 20

se **suicider** to commit suicide
suisse Swiss
la **Suisse** Switzerland 12
le(la) **Suisse** Swiss (*person*)
la **suite** continuation; **ainsi de suite** and so forth; **deux fois de suite** twice in a row
suivant(e) following 2
*****suivre** to follow 10; **suivre un cours** to take a course (*in school*) 10
le **sujet** subject 12; **au sujet de** concerning 25
le **super-aéroport** superairport
supérieur(e) upper 23
le **supérieur** superior 25
le **superlatif** superlative
le **supermarché** supermarket 7
supersonique supersonic
supplémentaire extra; supplementary
supposer to suppose 26
la **supposition** supposition
supprimer to suppress; to omit; to delete
sur on, on top of 1
sûr(e) sure 20; **bien sûr** of course 10
la **surboum** party
la **surface** surface 17; **grande surface** large department store
surgelé(e) frozen
sur-le-champ on the spot L.S.
la **surpatte** party
surpris(e) surprised 21
la **surprise** surprise 18; **la surprise-party** party 15
surtout especially, above all 24
surveillé(e) watched, looked after 11
surveiller to watch 23
le **survivant** survivor
*****survivre (à)** to survive
sus : en sus extra
suspendu(e) suspended
le **suspense** suspense; **à suspense** (of) suspense
la **syllabation** syllabification
la **syllabe** syllable

le **symbole** symbol 17
sympa *invar* nice, likeable 15
sympathique nice, likeable 9
le **syndicat d'initiative** tourist information office
le **syndrome** syndrome
le **synonyme** synonym 23
le **système** system 9

T
ta your 3
le **tabac** tobacco; **le bureau de tabac** tobacco shop
la **table** table 1; **table de nuit** night stand; **à table** at the table
le **tableau** blackboard 1; painting 19; chart, drawing
taché(e) stained
le(la) **Tahitien(ne)** Tahitian
la **taille** size; height 9
le **tailleur** suit *(for women)*
*se **taire** to be silent, become silent 22
le **talent** talent
tandis que whereas, while
tant so much, so many; **tant de** so many 21; **en tant que** in the capacity of 25
la **tante** aunt 8
taper (à la machine) to type 25
le **tapis** rug, carpet 16
la **tapisserie** tapestry 26
tard late 3
le **tarif** price, fare, rate; **tarif réduit** reduced rate; **demi-tarif** half price
la **tarte** open-faced pie
la **tartine** *slice of bread with butter and/or jam*
le **tas : des tas de** lots of
la **tasse** cup 7
le **taudis** slum
le **taux** rate
la **taxe : hors taxe** *invar* duty-free
le **taxi** taxi 7
la **technique** technique; *adj* technical
le **T.E.E. = Trans-Europ-Express**

un(e) **tel(le)** + *noun* such a + *noun;* **tel(le) que** such as
la **télé** television, TV 4
la **télécommunication** telecommunication
le **télégramme** telegram
le **téléphone** telephone 4
téléphoner (à) to telephone 4
téléphonique (of) telephone
le **téléviseur** TV set
la **télévision** television 3; **le poste de télévision** TV set 22
tellement so much; **pas tellement** not really 4
le **temps** time 2; weather; verb tense 4; **à mi-temps** part-time 25; **à plein temps** full-time; **à temps complet** full-time 25; **de temps en temps** from time to time 19; **en même temps** at the same time 22; **il est temps** it is time; **Quel temps fait-il ?** How is the weather? 4; **tout le temps** all the time 2
la **tendance** tendency; **avoir tendance à** to tend to 19
Tenez ! Listen!
tenir to hold; to keep 10; **tenir à** to cherish; to insist 19; **Tenez !** Listen!; **Tiens !** Well!
le **tennis** tennis 3
tentant(e) tempting, attractive 12
le **terme** term
la **terminaison** ending
la **Terminale** *last year in lycée*
terminé(e) finished, over 1
terminer to finish 15; **se terminer** to end
le **terminus** end of the line
la **terrasse** terrace; sidewalk 10; **terrasse de café** sidewalk café
la **terre** earth; land; ground; **par terre** on the floor (ground) 16; **terre ferme** terra firma, solid ground; **la pomme de terre** potato

terrible terrible
la **terrine** meatloaf
le **territoire** territory
tes your 3
le **test** test
la **tête** head 13; **avoir mal à la tête** to have a headache 13; **la tête la première** headfirst
têtu(e) stubborn
le **texte** text
le **T.G.V. = Train à Grande Vitesse** *high-speed train*
le **thé** tea 7; **prendre le thé** to have tea 16
le **théâtre** theater 17
théologique theological
théorique theoretical
la **thèse** thesis
le **ticket** ticket 16
tiède warm, lukewarm
le tien (la tienne) yours 23
Tiens ! Well! 1
le **tiers** third 26
le **tigre** tiger
le **timbre** stamp 25; **timbre-poste** postage stamp 19
timide timid, shy
la **tirade** long speech, discourse 24
tiré(e) (de) taken (from)
le **tire-bouchon** corkscrew
tirer to pull, draw 26
le **tiret** dash
le **tiroir** drawer 14
le **tissu** fabric; **tissu d'ameublement** upholstery fabric
le **titre** title
le **titulaire** bearer, holder of certificate
le **toast** toast 7
toi you 1; *disjunctive* 14
la **toile** cloth; canvas; **toile d'araignée** cobweb, spiderweb
les **toilettes** *f* restroom; **aller aux toilettes** to go to the bathroom
le **toit** roof 11
la **tomate** tomato 6; **une salade de tomates** tomato salad
le **tombeau** tomb, grave 16
tomber to fall 16; **tomber**

malade to get sick;
laisser tomber to drop
16
ton your 3
la **tondeuse** lawn mower
tonique stressed,
disjunctive
la **tonne** ton 25
le **tonneau** barrel; **la mise en
tonneau** putting into
barrels
le **tonnerre** thunder 24
tort : avoir tort (de) to be
wrong (to) 19
le **torticolis** stiff neck
tortueux(euse) tortuous,
twisted
tôt early 4
le **total** total 17; *adj* total 22
toucher to touch 7;
toucher un chèque to
cash a check
toujours always, still 3
le **tour** turn 6; trick; tour,
walk 21; **faire le tour de**
to travel around; **faire un
tour** to take a walk 21
la **tour** tower 16; **la Tour
Eiffel** Eiffel Tower 17;
La Tour d'Argent *famous
restaurant in Paris*
le **tourisme** travel, tourism
10
le(la) **touriste** tourist 4
touristique (of) tourist;
economy 10
tourner to turn; to make
(*film*) 10; **tourner en
rond** to go in circles; to
go around and around
le **tournevis** screwdriver
la **Toussaint** All Saints' Day
tout (tous, toutes) *pron*
everything, all 11, 25; **pas
du tout** not at all 10;
plus du tout no more at
all 24; **faire tout son
possible** to do one's
utmost L.S.
tout(e) (*pl* **tous, toutes**)
whole, every 13; **tous les
deux** both 25; **tous les
jours** every day 2; **tout
le monde** everybody 6;

tout l'après-midi all
afternoon 11; **tout le
temps** all the time 2;
toute la soirée the whole
evening 10
tout quite 8; **tout à fait**
quite 8; **à tout à l'heure**
see you soon 1; **tout
court** as a whole; **tout
d'abord** first of all; **tout
de même** just the same;
tout de suite right away
11; **tout d'un coup**
suddenly 12; **tout en** +
pres part while + *pres
part*; **en tout** in all; **tout
près (de)** very close (to)
8; **un tout petit peu** just
a little bit 15
toutefois however
le **tracteur** tractor
la **tradition** tradition
traditionnel(le) traditional
traditionnellement traditionally
le(la) **traducteur(trice)** translator
la **traduction** translation
*traduire to translate 17
la **tragédie** tragedy
le **train** train 2; **être en train
de** + *inf* to be in the
process of + *pres part* 23
le **trait d'union** hyphen
le **traité** treaty
le **trajet** trip, ride
la **tranche** slice
tranquille quiet
tranquillement quietly,
peacefully 11
la **tranquillité** peace,
tranquillity
la **transaction** transaction
transatlantique transatlantic
le **transistor** transistor radio
*transmettre to transmit
transparent(e) transparent,
thin 14
le **transport** transportation
16
transporter to carry
le **travail** work 3; **une
agence de travail** job
placement agency 25; **la
Fête du Travail** May Day,
Labor Day; **les travaux**

dirigés lab work; **les
travaux pratiques** lab
work
travailler to work, study 2
travailleur(euse) hard-
working, diligent 8
travers : à travers across,
through
traverser to cross, go
through 5
le **tréma** diaeresis
trembler to shake, tremble
L.S.
la **trentaine** about thirty
très very 1
le **tribunal** courthouse
triomphal(e) triumphant
17
le **triomphe** triumph 16
triste sad 18
se **tromper (de)** to make a
mistake 22
trop too much 2; **trop de**
too much, too many 7
tropical(e) tropical
le **tropique** tropic
le **trottoir** sidewalk
trouver to think; to find 2;
se **trouver** to be located
17; **Tu trouves ?** Do you
think so? 2
la **truffe** truffle
le **T-shirt** T-shirt
se **tuer** to kill oneself 22
la **tulipe** tulip 26
la **Tunisie** Tunisia
Tu parles ! You bet!; You're
joking (kidding)! 5
la **Turquie** Turkey
tutoyer to call somebody **tu**
(instead of **vous**) 24
le **tuyau** pipe 17
le **type** type; guy
typique typical
typiquement typically

U
une **U.E.R. = Unité
d'Enseignement et
Recherche** department
(*in a university*)
ultramoderne ultramodern
10
l'un(e) l'autre (les un(e)s les

autres) each other, one another 24
uni(e) of a piece, united
un **uniforme** uniform; *adj* uniform
unique unique; only
uniquement exclusively
l'**Union Soviétique** *f* Soviet Union
une **unité** unity; unit; **Unité d'Enseignement et Recherche** department (*in a university*); **unité de valeur** credit hour
universitaire (of) university 2
une **université** university 2
un peu a little 1
urbain(e) urban
l'**U.R.S.S.** *f* U.S.S.R.
un **usage** use
une **usine** factory 25
un **ustensile** utensil 7
l'**Utah** *m* Utah
utile useful 9
utiliser to use 9
une **U.V.** = unité de valeur credit hour

V

les **vacances** *f* vacation 6; **partir en vacances** to go on a vacation 10
la **vache** cow 26
le **vaisseau** ship; **vaisseau spatial** spaceship
la **vaisselle** dishes
le **valet** valet L.S.
la **valeur** value; **une unité de valeur** credit hour
valider to validate
la **valise** suitcase 14
la **vallée** valley
***valoir** to be worth; to merit; to earn 19; **valoir la peine** to be worth it 19; **il vaut mieux** + *inf* it is better to + *inf* 19; **Mieux vaut tard que jamais.** Better late than never.
la **vanille** vanilla
la **vapeur** steam; **les pommes vapeur** *f* steam-cooked potatoes

varié(e) varied
varier to vary
la **variété** variety; **spectacle de variétés** variety show
Varsovie Warsaw
le **vase** vase
vaste large, huge 17
le **veau** veal 7; calf
la **vedette** movie star 22
le(la) **végétarien(ne)** vegetarian 6
la **veille** day before; eve
veine : avoir de la veine to be lucky 12
le **vélo** bike
la **vendange** grape harvest
le **vendangeur** grape picker
le(la) **vendeur(euse)** salesman (saleslady) 2
vendre to sell 4
le **vendredi** Friday 3
***venir** to come 10; **venir chercher** to come to get; to come for 15; **venir de** + *inf* to have just + *past part* 10
le **vent** wind 4; **il fait du vent** it's windy 4
la **ventilation** ventilation 17
le **ventre** stomach, belly 13; **avoir mal au ventre** to have a stomachache
Vénus *f* Venus
la **véranda** porch 11
le **verbe** verb 19
le **verger** orchard 26
vérifier to verify, confirm 14
véritable true, real
la **vérité** truth 10
le **vermicelle** vermicelli
le **vernissage** private viewing before an exhibition
le **verre** glass 6; **le papier de verre** sandpaper
vers toward; about 4
verse : pleuvoir à verse to pour (*rain*) 4
verser to pour
la **version originale** original version
le **verso** other side of a page
vert(e) green 21
la **veste** jacket 9

le **vestiaire** cloakroom
le **vestibule** hall; foyer
le **veston** jacket (*of a man's suit*) 9
les **vêtements** *m* clothes 4
le(la) **vétérinaire** veterinarian 3
le(la) **veuf (veuve)** widower (widow)
la **viande** meat 6
le **vice-président** vice president 12
le **vice-roi** viceroy 17
le **Vichy** *Vichy carbonated water*
vicieux(euse) vicious
la **victoire** victory 10; **la Fête de la Victoire** Armistice Day; **Victoire de Samothrace** Winged Victory
vide empty 23
vider to empty
la **vie** life 26; living
Vienne Vienna
Viens ! Come! 4
vieux (vieil, vieille) old 8; **le Vieux Carré** Vieux Carré (*in New Orleans*) 11
la **vigne** vine; vineyard 26
le **vigneron** vine-grower; vintner
le **vignoble** vineyard 26
le **village** village 10
la **ville** city, town 4; **en ville** downtown 9; **un Hôtel de ville** City Hall 4
le **vin** wine 6
la **vingtaine** about twenty
violet(te) violet, purple
la **violette** violet 26
la **Virginie** Virginia
la **virgule** comma
le **visage** face 12
vis-à-vis de with respect to 11
visible visible
la **vision** vision
la **visite** visit 10; **rendre visite à** to visit (*people*)
visiter to visit (*monuments, places*) 10
le **visiteur** visitor
vite quickly; fast 13

la **vitesse** speed
le **viticulteur** vine-grower
le **vitrail** stained-glass window
la **vitrine** window (*of a shop*)
le **Vittel** *Vittel mineral water*
la **vivacité** intensity, liveliness
   L.S.
   vivant(e) alive; living
   Vive(nt) + *noun* ! Long live
   + *noun*! 25
   *****vivre** to live 25; **la joie de
   vivre** joie de vivre 11
le **vocabulaire** vocabulary
le **vœu** (*pl* **vœux**) wish
   voici here is, here are 11
la **voie** lane, track 17; **voie
   express** freeway; **voie
   ferrée** railroad
   voilà there is, there are;
   here is, here are 1
   *****voir** to see 5, 11
le(la) **voisin(e)** neighbor 3; *adj*
   neighboring, close 12
la **voiture** car 3; **voiture-
   bar** snack car (*on a train*);
   voiture-couchettes
   economy sleeping car 23;
   voiture-lits sleeping car;
   voiture-restaurant dining
   car 23
la **voix** voice 4; **à haute voix**
   aloud 4
le **vol** flight 12

les **volailles** *f* fowl
le **volant** steering wheel 10
   voler to fly; to steal 17;
   voler qqch à qqn to steal
   something from somebody
le **volet** shutter 14
le **voleur** thief 17; **Au
   voleur !** Thief! 17
le **volley-ball** volleyball
la **volonté** will
   volontiers gladly 15
   voter to vote 25
   votre (vos) your 3
le(la) **vôtre** yours 23; **À la
   bonne vôtre !** To your
   health!
   *****vouloir** to want, wish 6;
   vouloir dire to mean 6
   vous you 1, 11; to you
   12; (*disjunctive*) you 14
le **voyage** trip, travel 9; **une
   agence de voyage** travel
   agency 25; **un chèque de
   voyage** traveler's check;
   faire bon voyage to have
   a good trip 10
   voyager to travel 19
le **voyageur** traveler 14
la **voyelle** vowel
   Voyons Let's see 6
   vrai(e) true, real 6
   vraiment truly, really 10

la **vue** view, sight 17; **le
   point de vue** point of
   view

W

le **wagon** wagon; coach 16;
   wagon-bar snack car (*on
   a train*); **wagon-couchettes**
   economy sleeping car;
   wagon-lits sleeping car;
   wagon-restaurant dining
   car
les **w.-c.** *m* toilet 14
le **week-end** weekend 6
le **western** western (*film*) 22
le **whisky** whiskey
le **Wisconsin** Wisconsin River

Y

y (*see Index*) there 14;
   y compris including
le **yachting** yachting
les **yeux** *m* eyes (*sing* **œil**) 12
le **yogourt** yogurt 26
le(la) **Yougoslave** Yugoslavian
   (*person*)
la **Yougoslavie** Yugoslavia

Z

le **Zaïre** Zaire
le **zéro** zero
la **zoologie** zoology
Zut ! Darn! 14

PHOTO CREDIT LIST

Chapter 1 *Page 16*: David Kupferschmid. *Page 23*: Martine Franck/Magnum. *Page 26*: Mark Antman/The Image Works. *Page 28*: Beryl Goldberg.

Chapter 2 *Page 34*: Peter Menzel/Stock Boston. *Page 38*: Mark Antman/The Image Works. *Page 45*: Gabor Demjen/Stock Boston, Stuart Cohen, Mark Antman/Stock Boston. *Page 48*: Beryl Goldberg. *Page 51*: Peter Menzel.

Chapter 3 *Page 55*: David Kupferschmid. *Page 63*: M. Delluc/VIVA/Woodfin Camp. *Page 65*: Peter Menzel. *Page 68*: Barbara Alper/Picture Group.

Chapter 4 *Page 75*: Guy Le Querrec/Magnum, Harvey Stein. *Page 79*: Helena Kolda/ Photo Researchers. *Page 81*: Stuart Cohen. *Page 84*: Owen Franken.

Chapter 5 *Page 90*: Rancinan/Sygma. *Page 93*: Mark Antman/The Image Works. *Page 97*: Richard Frieman/Photo Researchers. *Page 103*: Kay Reese & Associates, Remi Berli/Rapho. *Page 105*: Martine Franck/Magnum.

Chapter 6 *Page 113*: M.P. Hagiwara. *Page 116*: Stuart Cohen. *Page 120*: Beryl Goldberg. *Page 122*: Owen Franken. *Page 125*: Peter Menzel.

Chapter 7 *Page 133*: James Andanson/Sygma. *Page 134*: Owen Franken. *Page 137*: Owen Franken/Stock Boston. *Page 144*: David Kupferschmid. *Page 145*: M.P. Hagiwara.

Chapter 8 *Page 151*: Peter Menzel. *Page 152*: M.P. Hagiwara. *Page 155*: Owen Franken. *Page 158*: David Kupferschmid. *Page 163*: Peter Menzel/Stock Boston.

Chapter 9 *Page 170*: Stuart Cohen. *Page 177*: Mark Antman/The Image Works. *Page 180*: Arthur Sirdofsky/Art Resource. *Page 182*: Mark Antman/The Image Works. *Page 185*: Michel Craig.

Chapter 10 *Page 190*: Paolo Koch/Photo Researchers. *Page 192*: Stuart Cohen. *Page 199*: James St Laurent. *Page 203*: Mark Antman/The Image Works. *Page 207*: Richard Dibon-Smith/Photo Researchers. *Page 209*: Paolo Koch/Photo Researchers.

Chapter 11 *Page 213*: Harold Chapman/Jeroboam, Mark Antman/The Image Works. *Page 216*: Stuart Cohen. *Page 227*: M.P. Hagiwara.

Chapter 12 *Page 236*: Carl Frank/Photo Researchers. *Page 238*: Stuart Cohen. *Page 240*: Pavlovsky/Sygma. *Page 243*: F.B. Grunzweig/Photo Researchers. *Page 247*: Peter Menzel. *Page 251*: Bernard Pierre Wolff/Photo Researchers.

Chapter 13 *Page 254*: Beryl Goldberg. *Page 258*: Stuart Cohen. *Page 261*: Owen Franken. *Page 264*: J. Ling/WHO-Unicef. *Page 269*: Phelps/Rapho-Photo Researchers. *Page 271*: Mark Antman/The Image Works.

TOPICAL AND THEMATIC INDEX

Numbers refer to pages in the text in which pertinent vocabulary, phrases, or discussion are found. The *n* following a page number refers to a footnote appearing on that page.

GRAMMATICAL INDEX

Numbers refer to pages in the text. The *n* following a page number refers to a footnote appearing on that page. The following abbreviations are used to indicate the tenses and moods of verbs.

cond.	conditional	*part.*	participle
fut.	future	*p.c.*	passé composé
imp.	imperfect	*p.s.*	passé simple
ind.	indicative	*pres.*	present
inf.	infinitive	*subj.*	subjunctive